PAYS BALTES

Estonie, Lettonie, Lituanie

Collection sous la responsabilité d'Anne Teffo

Édition	Catherine Brett, Guillaume d'Oléac d'Ourche
Rédaction	Pierre Plantier, François Sichet
Cartographie	Michèle Cana, Thierry Lemasson, Dominique Defranchi, Terracarta
Conception graphique	Laurent Muller (couverture), Agence Rampazzo (maquette intérieure)
Relecture	Anna Crine
Régie publicitaire et partenariats	michelin-cartesetguides-btob@fr.michelin.com *Le contenu des pages de publicité insérées dans ce guide n'engage que la responsabilité des annonceurs.*
Remerciements	Anne Meen, Antra Svalbe, Gele Uzdaviniene
Contacts	Michelin Cartes et Guides Le Guide Vert 46, avenue de Breteuil 75324 Paris Cedex 07 ✆ 01 45 66 12 34 – Fax : 01 45 66 13 75 LeGuideVert@fr.michelin.com www.cartesetguides.michelin.fr www.ViaMichelin.fr

Parution 2008

Note au lecteur

L'équipe éditoriale a apporté le plus grand soin à la rédaction de ce guide et à sa vérification. Toutefois, les informations pratiques (prix, adresses, conditions de visite, numéros de téléphone, sites et adresses Internet...) doivent être considérées comme des indications du fait de l'évolution constante des données. Il n'est pas totalement exclu que certaines d'entre elles ne soient plus, à la date de parution du guide, tout à fait exactes ou exhaustives. Elles ne sauraient de ce fait engager notre responsabilité.

Le Guide Vert,

la culture en mouvement

Vous avez envie de bouger pendant vos vacances, le week-end ou simplement quelques heures pour changer d'air ? Le Guide Vert vous apporte des idées, des conseils et une connaissance récente, indispensable, de votre destination.

Tout d'abord, **sachez que tout change**. Toutes les informations pratiques du voyage évoluent rapidement : nouveaux hôtels et restaurants, nouveaux tarifs, nouveaux horaires d'ouverture... Le patrimoine aussi est en perpétuelle évolution, qu'il soit artistique, industriel ou artisanal... Des initiatives surgissent partout pour rénover, améliorer, surprendre, instruire, divertir. Même les lieux les plus connus innovent : nouveaux aménagements, nouvelles acquisitions ou animations, nouvelles découvertes enrichissent les circuits de visite.

Le Guide Vert **recense** et **présente ces changements** ; il réévalue en permanence le niveau d'intérêt de chaque curiosité afin de bien mesurer ce qui aujourd'hui vaut le voyage (distingué par ses fameuses 3 étoiles), mérite un détour (2 étoiles), est intéressant (1 étoile). Actualisation, sélection et appréciation sur le terrain sont les maîtres mots de la collection, afin que Le Guide Vert soit à chaque édition le reflet de la réalité touristique du moment.

Créé dès l'origine pour **faciliter et enrichir vos déplacements**, Le Guide Vert s'adresse encore aujourd'hui à tous ceux qui aiment connaître et comprendre ce qui fait l'identité d'une région. Simple, clair et facile à utiliser, il est aussi idéal pour voyager en famille. Le symbole signale tout ce qui est intéressant pour les enfants : zoos, parcs d'attractions, musées insolites, mais également animations pédagogiques pour découvrir les grands sites.

Ce guide vit pour vous et par vous. N'hésitez pas à nous faire part de vos remarques, suggestions ou découvertes ; elles viendront enrichir la prochaine édition de ce guide.

ANNE TEFFO, RESPONSABLE DE LA COLLECTION
LE GUIDE VERT MICHELIN

ORGANISER SON VOYAGE

OÙ ET QUAND PARTIR

SE RENDRE SUR PLACE

PAYS BALTES PRATIQUES

À FAIRE ET À VOIR

POUR PROLONGER LE VOYAGE

COMPRENDRE LES PAYS BALTES

PAYSAGES

HISTOIRE

CULTURE ET ARTS

LES PAYS BALTES AUJOURD'HUI

DÉCOUVRIR LES PAYS BALTES

ESTONIE

LETTONIE

LITUANIE

VILLES ET SITES

À l'intérieur des deux rabats de couverture, la **carte générale** intitulée « **Les plus beaux sites** » donne :

- une **vision synthétique** de tous les lieux traités ;
- les **sites étoilés** visibles en un coup d'œil ;
- les **propositions d'itinéraires** pour chacun des pays.

Dans la partie « **Découvrir les pays baltes** » :

- les **destinations principales** sont classées dans le sens des aiguilles d'une montre, à partir de chaque capitale ;
- les **destinations moins importantes** leur sont rattachées sous les rubriques « Aux alentours » ou « Circuits de découverte » ;
- les **informations pratiques** sont présentées dans un encadré vert à la fin de chaque chapitre.

L'**index** permet de retrouver rapidement la description de chaque lieu.

Les balades en traîneau agrémentent les courtes journées d'hiver.

W. Buss / Michelin

ORGANISER SON VOYAGE

OÙ ET QUAND PARTIR

Au fil des saisons

Quand partir dans les pays baltes ? Les saisons y étant très marquées, le voyage sera totalement différent selon la période choisie.

LUMIÈRES D'ÉTÉ

La **haute saison touristique** court de juin à fin août. Les Baltes, sevrés de soleil durant le long hiver, fêtent joyeusement l'arrivée de l'été lors de la nuit de la Saint-Jean. Tous semblent se mettre alors d'accord pour profiter au maximum des beaux jours. En été, la température moyenne est de 20 °C et peut monter jusqu'à 30 °C. L'eau de la Baltique, qui atteint 16 à 22 °C, se laisse approcher (et plus si affinités). Les journées s'allongent au point de manger presque totalement la nuit qui ne dure que 5 heures, fin juin, en Estonie. Cette lumière abondante est exploitée au mieux : **festivals** multiples et variés *(voir p. 46)*, sports en tous genres, camping près des lacs et des plages, cueillettes dans des forêts odorantes et colorées. Les liens forts entre les locaux et la nature se resserrent un peu plus.

La pluie gâche parfois quelques précieux jours de vacances. Les moustiques, qui pullulent autour des lacs, deviennent une gêne pour qui n'est pas préparé *(voir p. 33)*. Les Baltes migrent (en août surtout) vers la côte et les parcs naturels. Les touristes étrangers les rejoignent et entraînent la hausse des tarifs hôteliers. Il est alors impératif de réserver les nuitées à l'avance. Mais malgré ces quelques désagréments, l'été est assurément la meilleure saison pour visiter les pays baltes et partager la joie des habitants.

SOUS UN MANTEAU BLANC

L'hiver (de novembre à mars) se caractérise par des chutes de neige dès novembre, des pluies et un froid mordant. Les températures ne dépassent jamais les 5 °C et sont le plus souvent négatives. Le climat est un peu moins rude sur les côtes, où golfes et détroits sont gelés, et la mer Baltique reste libre (sauf quand un vent glacial souffle plusieurs jours). En étant bien couvert, en se réchauffant régulièrement, on peut atténuer l'effet du froid et visiter les trois capitales, belles quelle que soit la météo. C'est avant tout la **brièveté des jours** qui perturbe les locaux comme les touristes. On ne profite de la lumière que durant une

P. Plantier / Michelin

La plage de Loksa (Estonie) en hiver.

demi-douzaine d'heures, ce qui réduit considérablement les temps de visite (quelques sites ferment ou tournent « au ralenti »). S'y ajoute parfois un fort brouillard, que l'on croit matinal mais qui ne se lève… qu'à 18h. La plaine devient particulièrement triste et monotone. Et une franche mélancolie apparaît dans les regards que l'on croise. Mais quand le soleil perce et illumine les lacs et les pavés glacés, les parcs et les toits enneigés, l'émerveillement est assuré. Le manteau blanc est permanent en janvier et février. La période de **Noël** permet de découvrir d'intéressantes coutumes religieuses et culinaires. Les touristes scandinaves et russes viennent en nombre, pour profiter des marchés. Les villes s'illuminent et préparent un Nouvel An festif.

Le froid permet d'apprécier l'intérieur chaleureux des cafés, la robustesse de la cuisine locale, la sécheresse brûlante des **saunas**. L'hiver est aussi la saison des concerts, du patinage, de la pêche sur glace et du ski.

CHARMES INTERMÉDIAIRES

Le printemps et l'automne, assez courts, font eux aussi partie de la basse saison. Le pluvieux mois de mars, quand la neige fond, que la terre devient boue et que la brume persiste, est un peu déprimant. Mais avril et mai, très doux, peuvent être enchanteurs. Les jours s'allongent enfin et la nature renaît. Les fleurs colorent les prés, les oiseaux migrateurs reviennent de voyage et des sourires illuminent les visages des habitants. Les festivals culturels se multiplient et les fêtes de **Pâques**, catholiques ou orthodoxes, attirent les touristes des pays limitrophes. Des plats de saison sont confectionnés, et les tables, décorées d'œufs peints.

L'automne vient très vite, dès septembre. Les tarifs hôteliers descendent aussi rapidement que les feuilles des arbres se colorent. Les Baltes tentent de prolonger l'été en le qualifiant d'indien. Les festivals continuent à être organisés malgré la pluie. Quant aux tempêtes côtières, elles offrent l'avantage de déposer des cailloux d'ambre sur les plages. Mais la pluie se transforme peu à peu en une neige qui annonce le long hiver.

Les lieux de séjours

Vue sur la mer – La température de la Baltique fait sourire les Méditerranéens. On peut pourtant se baigner dans cette mer quasiment fermée, bordée de longues plages de sable blanc. Les solitaires se cacheront dans les criques isolées de Saaremaa ou Lahemaa (Estonie). Les autres préféreront les immenses étendues des plages de l'isthme de Courlande et de la côte lettone. Pour une ambiance balnéaire (plage, fête, restaurant), choisissez Pärnu (Est), Palanga (Lit), Liepāja ou Jūrmala (Let).

En pleine nature – Les amoureux de la nature se dirigeront vers les parcs nationaux qui offrent tous les équipements nécessaires (camping, chemins balisés, location de vélos ou de canoës, centres d'information) pour la découverte en plein air : dunes, plages, forêts de pins dans l'isthme de Courlande (Lit), le parc de Slītere (Let), de Lahemaa ou sur les rives du lac Peïpous (Est) ; zones humides du delta du Niémen (Lit), du parc de Soomaa (Est) ; forêts profondes, lacs communicants dans l'Aukštaitija (Lit) ; rivière et grottes du parc de la Gauja (Let).

À travers chants – Si votre voyage est avant tout une découverte des cultures baltes, où le chant tient une place primordiale, reportez-vous en p. 46. Vous y trouverez une liste des festivals durant lesquels s'expriment les folklores et l'énergie créatrice locale.

P. Plantier / Michelin

La vieille ville de Rīga vue de la Daugava.

Énergie urbaine – Tallinn, Rīga et Vilnius sont les locomotives économiques, culturelles et touristiques des pays baltes. Mais ne négligez pas non plus Tartu l'universitaire et Pärnu la balnéaire en Estonie, Liepāja la rockeuse en Lettonie, Kaunas l'ancienne capitale et Palanga la festive en Lituanie.

Idées de week-ends

TROIS JOURS À RĪGA

Si Vilnius ou Tallinn apparaissent comme de gros bourgs, Rīga est une vraie métropole. La vieille dame huit fois centenaire est animée, cosmopolite comme doit l'être un port, entreprenante et belle sans être devenue une cité-musée.

Jour 1 – La journée commence dans l'ascenseur du clocher de l'**église St-Pierre** (fermé le lundi). De là-haut apparaît la morphologie de cette ville aux dizaines de clochers. Parcourez ensuite, plus ou moins au hasard, le dédale des rues pavées de la vieille ville, bordées d'édifices élevés par les riches marchands de la Hanse. Détaillez les façades de la place Doma laukums, levez la tête vers l'immense orgue de la cathédrale, cherchez la maison des Chats, celle des Têtes Noires (un vrai sapin de Noël). Pour admirer les intérieurs, un musée fera l'affaire : ceux d'art et d'histoire dans le château et dans la maison Mentzendorff, celui des Arts décoratifs installé dans une ancienne église, ceux de l'Occupation, de la photographie. La journée peut se terminer en hésitant entre une échoppe à l'ancienne, une cave à bière, un restaurant sous les voûtes.

Jour 2 – Assistez à l'ouverture du **marché central**, immense et abrité dans d'anciens hangars à zeppelins : un lieu idéal pour découvrir l'odeur et la couleur des produits locaux. Suivez les parcs de la rivière Pilsetas qui font le tour de la vieille ville. Au-delà du **monument de la Liberté** s'alignent de belles demeures **Art nouveau**, style architectural dont Rīga est la plus grande vitrine européenne. Le soir, du bar au dernier étage de l'hôtel Reval, vous regarderez les lumières de la ville s'allumer une à une.

Jour 3 – Le bus n° 1 relie le **Musée ethnographique en plein air** où, au bord d'un lac, s'alignent de typiques maisons villageoises lettones, de diverses régions et époques. Le dernier après-midi peut être passé sur les plages de **Jūrmala** (à 20 km de Rīga) que l'on atteint en train, en voiture, ou à vélo pour les plus sportifs.

TROIS JOURS À TALLINN

Jour 1 – Vos pas résonnent sur les pavés de la vieille ville. Pour découvrir ses trésors architecturaux protégés par des remparts aux tours pointues, **Raekoja plats** est un point de départ idéal. Pénétrez dans les belles églises de St-Nicolas ou Pühavaimu, recensez les couleurs et ornements des demeures caractéristiques du style hanséatique. En haut de la rue **Pikk jalg** qui relie le port à la colline Toompea, commence la ville haute : château, immense église russe et celle du Dôme. Dans la soirée, passez derrière les façades anciennes, où se cachent des cafés aux décors futuristes ou des restaurants volontairement rustiques, voire médiévaux.

Jour 2 – La vieille ville s'éveille. Le marché aux laines s'anime le long des remparts et les galeries d'art ouvrent une à une. Visitez le musée historique ou celui de la Ville. Dans l'après-midi, flânez dans le **parc de Kadriorg** qui entoure le palais du même nom. Vous y découvrirez deux musées d'art, l'un logé dans un superbe palais baroque (art étranger), l'autre dans une structure futuriste (art d'Estonie). Au pied de l'amphithéâtre en plein air, imaginez comment peuvent se réunir 150 000 chanteurs et spectateurs lors des grands festivals quinquennaux. Profitez-en pour flâner dans le quartier de Pirita, sur la plage et le port olympique.

Jour 3 – Un bus vous emmène au Musée ethnographique en plein air longeant la mer à Rocca al Mare : maisons paysannes et moulins vous feront découvrir le paysage traditionnel de l'Estonie rurale. Vous pouvez aussi voguer vers les îles Aegna ou Naissaar, à moins qu'empruntant un véhicule vous ne partiez à la découverte du parc national de **Lahemaa** (80 km à l'est). Ses sentiers sillonnent de superbes paysages forestiers et maritimes.

TROIS JOURS À VILNIUS

Moins visitée que ses cousines baltes, elle est pourtant riche de sa diversité, chaleureuse et tout aussi belle.

Jour 1 – La **place de la Cathédrale**, avec son beffroi, son palais royal, son animation, s'impose comme point de départ. Quelques dizaines de mètres plus haut, la **colline de Gédymin** offre un beau panorama sur le hérisson de clochers qu'est Vilnius. Revenu sur terre, explorez la vieille ville en zigzaguant entre les ruelles et les cours intérieures de l'**axe d'or** Pilies-Didžioji-Aušros Vartų. L'**ambre** exposé dans les vitrines éclaire votre chemin. Perdez-vous dans les passages de l'**université**, souvenez-vous de Napoléon dans le **palais présidentiel**, baissez le ton dans les innombrables églises baroques ou gothiques, catholiques ou orthodoxes.

Jour 2 – Pour ajouter un pays à votre collection, passez la frontière de la république utopique d'**Užupis**, le quartier des artistes. Le long de Stiklių et Vilniaus, les boutiques artisanales et les restaurants s'activent sous les voûtes ; quant aux grands vides, ils rappellent les ghettos juifs. En remontant l'avenue moderne de **Gedimino**, visitez le musée des Victimes du génocide. Du sommet de la **tour de la télévision**, regardez le soleil se coucher sur la ville.

Jour 3 – Bus ou trains mènent rapidement à **Trakai**, capitale médiévale de la Lituanie. Ce charmant village entouré de lacs compte un château rouge et insulaire. Vous ferez connaissance avec les Karaïtes (musée, restaurant), avant de pédaler, ramer ou marcher dans des paysages bucoliques. En louant une voiture, vous passerez la matinée à Trakai avant de rejoindre **Druskininkai** (à 80 km), jolie cité thermale en pleine nature. Si vous préférez passer votre journée à cueillir des fruits des bois dans une forêt profonde, choisissez le **parc national d'Aukštaitija** (à 85 km de Vilnius).

La porte de l'Aube à Vilnius.

Propositions d'itinéraires

1 CLASSIQUES ESTONIENS

Circuit de 10 jours et d'environ 1 000 km au départ de Tallinn.

Jour 1 – Une bonne journée est nécessaire pour découvrir le **vieux Tallinn**, ses ruelles pavées, ses maisons colorées et ses remparts si bien dessinés.

Jour 2 – Visitez le **parc de Kadriorg**, son palais et un musée, avant de prendre la

Toompea (la ville haute) à Tallinn.

route 1 vers le **parc national de Lahemaa**, région côtière paisible et variée.

Jour 3 – Au-delà du parc, la route 1 vous convie à un **voyage dans l'ex-URSS**. Les squelettes industriels, les villes-dortoirs, la cité modèle de Sillamäe sont peuplés de russophones écartelés entre deux nations. Vous irez jusqu'à **Narva** dont la fière citadelle défie sa voisine russe.

Jour 4 – La route 3 longe les rives du vaste **lac Peïpous**. À Mustvee, Raja, Kasepää et Kallaste, découvrez la communauté des vieux-croyants. Puis bifurquez vers **Tartu**, cité universitaire où naquit l'idée de l'Estonie, et où les statues s'embrassent avec fougue.

Jour 5 – Poursuivez jusqu'à Võru, posée sur la rive du **lac Tamula**. Au sud de la cité où un médecin créa de toutes pièces l'épopée nationale des Estoniens, lacs et forêts giboyeuses abondent autour de Rõuge et du Suur-Munnämagi. La vue sur les futaies s'étalant à l'infini, depuis le sommet du château d'eau panoramique, est sublime. Explorez les sentiers ou partez à la découverte du pays des Sètes autour de Värska.

Jour 6 – Remontez vers le nord-ouest et, si le temps s'y prête, vous pourrez aller skier à Otepää. Sinon, poursuivez par le lac Võrtsjärv vers le site spectaculaire de **Viljandi** (lac et château teutonique). Poursuivez par la route 92 et découvrez (si vous ne craignez pas les mauvaises routes) les marais du Soomaa. **Pärnu,** cité balnéaire élégante et animée, vous attend avec ses bains de boue réputés.

Jour 7 et 8 – L'heure est venue d'embarquer. Le ferry vous attend à Virtsu et vous dépose sur Muhu reliée à **Saaremaa** par une digue. Profitez de la plus grande île du pays, de sa capitale (Kuressaare) et de ses plages. Explorez ses chemins : moulins à vent, phares au bout du monde et cratère de météorite de Kaali.

Jour 9 – De Triigi, un ferry vogue vers l'île voisine de **Hiiumaa**, encore plus sauvage et fière de son folklore.

Jour 10 – En passant par **Haapsalu** la mélancolique, où à l'ombre de la forteresse-cathédrale flânent les fantômes de l'aristocratie russe, ne manquez pas l'émouvant petit musée créé par la minorité suédoise, présente jusqu'en 1944. Enfin, vous regagnerez Tallinn pour une dernière soirée dans un restaurant médiéval de la vieille ville.

2 LETTONIE PLURIELLE

Circuit de 10 jours et d'environ 1 250 km au départ de Rīga.

Jour 1 – À Rīga, perdez-vous dans le labyrinthe de la **vieille ville**, longez les avenues rectilignes bordées d'édifices **Art nouveau** et débusquez les bonnes affaires dans le grand marché central.

Jour 2 – Profitez encore un peu de l'animation de la capitale avant de prendre la route. Après un arrêt au **Musée ethnographique en plein air**, à la sortie de la ville, suivez l'A 2 vers l'agréable cité de **Sigulda**.

Jour 3 – À pied, en vélo, en canoë, découvrez le **parc national de la Gauja**, sa flore variée, la citadelle de **Cēsis** et l'agréable Valmiera.

Jour 4 – Prenez la direction des **hautes terres de la Vidzeme** : collines, lacs, forêts, champs et villages pittoresques. De **Madona**, profitez des deux réserves naturelles ou des petites bourgades alentour pour un après-midi excursion.

Jour 5 – Via Viļāni et Preiļi, vous atteignez **Aglona**, cité religieuse entre deux lacs, typique du Latgale. Les alentours (au sud, à l'est) enchanteront les amateurs de campagne de contes de fées. L'A 6, qui suit **la Daugava**, traverse quelques intéressantes cités : Jēkabpils (château), Lielvārde (ruines).

Jour 6 – Évitez Rīga, roulez vers Bauska et **Pilsrundāle**, avec son palais baroque digne de St-Pétersbourg. De **Jelgava**, l'A 9 file droit vers Liepāja et **la côte**.

Jour 7 – Oubliez la voiture et passez la journée dans la ville dynamique de **Liepāja** : plage, cafés, musées.

Jour 8 – Longez la côte vers le nord et **Pāvilosta**. Visitez le Musée ethnographique et cherchez des larmes d'ambre sur le rivage. À Jūrkaine, tournez vers **Kuldīga**, petite cité aux charmes multiples : cascades, vieille ville qui semble surgie d'un passé révolu. Réservez une chambre et partez à la découverte des villages du duché de Courlande : Sabile et sa vigne, Talsi au cœur des collines.

Jour 9 – Vous gagnerez **Ventspils,** port industriel riche en surprises aussi inattendues qu'agréables. De là, par Dundaga et son château, une route, sur le territoire de la minorité live et le parc naturel de Slītere, vous mène à Mazirbe. Dès lors, le chemin est rude (non asphalté), mais le **cap Kolka** est une belle récompense.

Jour 10 – Suivez la route côtière qui mène à Rigapasse par le **lac d'Engure**, formidable réserve ornithologique, puis à **Jūrmala**, l'élégante station balnéaire de la capitale.

3 BOUCLE LITUANIENNE

Circuit de 13 jours et d'environ 1 350 km au départ de Vilnius.

Jour 1 – Votre grand tour de Lituanie commence logiquement par une découverte de la **capitale**, ville de parcs, de collines et de rues pavées bordées de superbes bâtiments baroques.

Jour 2 – Après un petit déjeuner en terrasse et la visite d'un dernier musée, quittez la ville par l'A 16 pour **Trakai**. Ce parc national aux paysages variés préserve un village pittoresque et un château de contes de fées. Nature et culture se découvrent à pied, en vélo, ou... à table, en goûtant aux spécialités karaïtes.

Jour 3 – L'A 4 mène au sud du pays et à la bucolique cité thermale de **Druskininkai**. Au programme : promenade en vélo, relaxation dans un bain de boue et massage au miel.

Jour 4 – Les environs de Druskininkai ne manquent pas d'intérêt. Partez à vélo vers le **Grūto Parkas** et sa collection de statues staliniennes. Ou rejoignez en voiture Merkinė, porte d'entrée du parc **Dzūkija** pour une journée de cueillette dans les forêts de pins et les marais.

Jour 5 – Quelques heures suffisent pour rejoindre **Kaunas**, au milieu de la **Lituanie des plaines**. La deuxième ville du pays, qui fut un temps capitale, compte un grand nombre de musées dont un consacré... aux diables.

Jour 6 – La route 141 longe le fleuve **Niémen** en direction de Jurbarkas, et permet d'intéressantes haltes au village de Veliuona et au château de Panemunės. Après Šilutė, faites votre nid dans un des villages du delta, avant de regarder les oiseaux construire les leurs.

Jour 7 – Le **delta du Niémen** se découvre en vélo ou en barque : Mingė et sa rue-canal, le village de pêcheurs de Rusnė, la presqu'île sauvage de Ventės Ragas. En soirée, rejoignez **Klaipėda**, port dynamique qui entame une mue prometteuse.

Jour 8 – Le ferry ne met que 5 minutes pour atteindre **l'isthme de Courlande** (Neringa), paradis naturel protégé par l'Unesco : dunes de sable blanc, plages, forêts de pins, villages pittoresques. Passez la nuit à Nida, ville des girouettes.

Jour 9 – Retour à Klaipėda, puis trajet (E 272) vers la station balnéaire aérée et boisée de **Palanga**, célèbre pour son parc et son musée de l'Ambre.

F. Sichet / Michelin

À Juodkrantė – isthme de Courlande (LIT).

Jour 10 – L'A 11 vous mène au **parc national de Žemaitija**. Balade entre les sapins, au bord du lac et dans les îles de Plateliai. Rappelez-vous de la guerre froide dans l'ancienne base soviétique de Plokštinė, située non loin de la ville de pèlerinage de Žemaičių Kalvarija.

Jour 11 et 12 – L'A 11 continue vers **Šiauliai**, ville voisine de la **colline des Croix**. Puis, par l'A 9, passez Panevėžys, capitale du lin. L'une des plus grandes réserves de bisons d'Europe se situe non loin. Rejoignez Anykščiai, puis Ignalina et **Palūšė.** Marchez, pédalez, ou ramez à travers le superbe parc national **d'Aukštaitija**. Aux beautés des forêts et des lacs s'ajoute l'intérêt de villages aux maisons et églises anciennes. Dormez au bord d'un des lacs.

Jour 13 – Après avoir encore goûté aux fruits des bois, champignons et poissons du parc, revenez vers Vilnius.

4 LA RÈGLE DE TROIS

Itinéraire de 11 jours et d'environ 1 500 km au départ de Vilnius (ou de Tallinn), qui permet de parcourir à un rythme soutenu trois pays, trois capitales : l'essentiel des pays baltes.

Jour 1 – De la tour Gedimin, dominez les toits et les clochers de **Vilnius**, avant de succomber aux charmes des rues pavées de la vieille ville. Pour cette première soirée, découvrez la gastronomie locale sous les voûtes d'un restaurant.

Jour 2 – Dites au revoir à Vilnius lors d'un petit déjeuner en terrasse. À l'écart de l'A 2, **Kernavė**, berceau de la Lituanie classé au patrimoine de l'Unesco, aligne ses tertres verts. Passez au rouge brique à **Trakai**, son île-château, ses maisons karaïtes, ses lacs. Endormez-vous bercé par le clapotis de l'eau.

Jour 3 – L'A 1 mène à **Kaunas**, où les musées vous occuperont quelques heures, avant de filer vers **Klaipėda,** et sa petite mais charmante vieille ville.

Jour 4 – Prenez le ferry et explorez (en voiture ou en vélo) l'**isthme de Courlande**, ses dunes, ses plages et ses villages enchanteurs. Retour à Klaipėda.

Jour 5 – Partez tôt pour longer la côte par l'A 11, arrêtez-vous à **Palanga** pour visiter le musée de l'Ambre. La même route mène à la **colline des Croix**. Par l'A 12, filez vers Rīga sans oublier d'effectuer un crochet par le **palais de Rundale**.

Jour 6 – Rīga, la plus grande ville balte, mériterait tellement plus qu'une journée… : rues médiévales, architecture éclectique ou Art nouveau, quartiers branchés et animés, friches industrielles rénovées – une capitale plurielle.

Jour 7 – Par l'A2, vous atteignez **Sigulda** puis **Cēsis,** cités harmonieuses du parc de la Gauja. Via Limbaži, vous rejoignez la côte, où l'A1 vous mène à la ville balnéaire de **Pärnu**.

Jour 8 – Après avoir profité des plages et des bains de boue de Pärnu, entamez votre traversée d'ouest en est du pays. Succombez aux charmes de **Viljandi.** La journée s'achève dans la dynamique et pittoresque ville universitaire de **Tartu**.

Jour 9 – Ne perdez pas de temps et roulez vers le nord via Rakvere pour atteindre Palmse. Là s'offrent à vous le **parc national de Lahemaa** et ses beaux paysages forestiers et côtiers.

Jour 10 – Encore un peu imprégné du parfum combiné de la résine et des embruns, rejoignez **Tallinn**. Perdez-vous dans une longue flânerie au hasard des ruelles pavées qu'éclaire la lueur vacillante des réverbères. Vous comprendrez alors le charme que la cité exerce sur tous les visiteurs.

Jour 11 – Tallinn est à vous pour la journée : les remparts et les tours pointues, la place de Raekoja et ses couleurs, les boutiques d'artisanat et l'étourdissant choix de musées.

AVEC LE TEMPS...

Si vous disposez de trois semaines ou plus, vous pouvez combiner les différents itinéraires proposés. Suivre le 5 et le 6, ou le 4 et le 6 offre un vaste aperçu des pays baltes.

Séjours thématiques

En lisant la partie *Découverte du patrimoine (voir p. 38-39)*, vous trouverez de nombreuses idées pour composer votre propre itinéraire thématique : le folklore, l'héritage soviétique, la découverte des minorités…

5 AMBRE ET LUMIÈRES

Circuit de 7 jours et de 600 km (pour Kaliningrad), ou de 850 km (pour Vilnius), au départ de Rīga.

Jour 1 – Appréciez l'architecture variée mais harmonieuse de **Rīga**. Comparez les étalages du vaste et populaire marché central et ceux des boutiques de souvenirs (ambre, *balsam*).

Jour 2 – La route 128 (puis 131) quitte la capitale lettone vers l'ouest en longeant la côte : **Engure** et son lac aux oiseaux, Roja, puis le bout du monde qu'est le **cap Kolka**. Ici apparaissent pour la première fois la Baltique et sa célèbre lumière. À **Mazirbe,** la minorité live expose sa culture en danger. Par une côte sauvage, rejoignez le port letton de **Ventspils**.

Jour 3 – Après un coup d'œil au charmant centre-ville, au château de l'ordre de Livonie (très belle collection d'ambre), reprenez la route en longeant la côte en direction du sud. À **Pāvilosta**, visitez un musée ethnographique ou cherchez quelques « pépites d'or » de la Baltique. Rejoignez **Liepāja**, une ville jeune et dynamique où l'on bronze sous les spots des discothèques.

Jour 4 – À Liepāja, les **belles pièces d'ambre** ne manquent pas : des cadrans solaires, un collier de plus de 120 m et des bijoux millénaires. En suivant l'A 11 puis l'A 13, les drapeaux bicolores (lettons) deviennent tricolores (lituaniens). À **Palanga**, une des stations balnéaires les plus courues, ne ratez pas le musée et la manufacture d'ambre (et sa boutique).

Jour 5 – Sur les plages, le long de la route de l'intéressant port de Klaipėda, vous trouverez peut-être un peu de résine. Prenez le ferry pour **Neringa** : dunes, pins et plages sans fin. À **Nida**, ville des girouettes, une galerie est consacrée à l'ambre.

Jour 6 et 7 – Si vous ne pouvez plus vous séparer des paysages de l'isthme, prolongez le plaisir en filant vers **Kaliningrad** *(voir encadré p. 14)*. Cette cité russe, enclavée et mystérieuse, est couronnée premier producteur d'ambre du monde : musées, prix imbattables. Les « sans visa » rejoindront **Vilnius**, ses rues pavées et ses boutiques… d'ambre.

6 L'APPEL DE LA FORÊT

Circuit de 10 jours et de 1 000 à 1 300 km, selon vos détours, au départ de Vilnius.

Jour 1 – De Vilnius, rejoignez le **parc d'Aukštaitija** par la route 102. En voiture, à côté de **Palūšė** et son église en bois, on atteint une zone de petits villages, véritable réserve ethnographique : maisons en bois, musée de l'Apiculture, collines fortifiées. L'office de tourisme vous trouvera une chambre chez l'habitant au bord d'un lac, avec sauna si c'est possible.

Jour 2 – À pied, à vélo ou en canoë, enfoncez-vous dans la profonde **forêt** du parc national et longez les innombrables lacs. Les oiseaux assurent l'ambiance sonore et les fruits des bois colorent votre pique-nique.

Jour 3 – Reprenez la 102 et passez la frontière lettone. Traversez le centre tellement russe de Daugavpils avant d'atteindre les **hautes terres du Latgale**. Dans cette région rurale un peu oubliée, les prés couverts de pissenlits se reflètent dans d'innombrables lacs. Passez la nuit dans la région d'**Aglona**, dominée par une imposante basilique.

Jour 4 – L'A 6 permet de remonter la **vallée de la Daugava** et de visiter Jēkabpils (château) et Lielvārde (ruines). À Kegums, tournez vers Suntaži pour rejoindre l'attrayante cité de **Sigulda** (grottes, château, maisons pittoresques), porte du **parc national de la Gauja.**

Jour 5 – Partez à la découverte du parc de la Gauja, de sa flore variée et de ses vestiges historiques. Puis reposez-vous dans l'intéressante bourgade de **Cēsis**.

Jour 6 – L'A 3vous mène en Estonie. Suivez Tartu puis **Otepää**, capitale des activités en plein air.

Jour 7 – Prenez la direction de **Viljandi**, ville pleine de charme qui mérite une halte. Puis filez vers Kõpu et Kõrtsi-Tõramaal, d'où les marais et les forêts du **parc national de Soomaa** se découvrent dans une embarcation traditionnelle. Passez la nuit à **Pärnu**.

Jours 8 et 9 – De Pärnu, rejoignez Lihula puis Virtsu pour prendre le ferry vers l'île fabuleuse de **Saaremaa** : côte sauvage, forêts, îlots boisés du parc national de Vilsandi, et charmants villages. L'occasion de belles journées à vélo.

Jour 10 – Voguez en ferry vers Ventspils ou musardez sur le chemin de Tallinn.

Visas russe et biélorusse

Si votre voyage est préparé par une agence, celle-ci s'occupe généralement de ces formalités. Ces visas ne peuvent pas être achetés aux frontières ou aux aéroports. Si vous organisez vous-même votre voyage, il faut donc passer par les ambassades. Pour atténuer les difficultés et la durée d'obtention de ces visas, il est plus simple et rapide (en théorie) d'en faire la demande dans votre pays d'origine ou auprès d'une agence de voyage spécialisée, en France ou sur place *(voir Agences spécialisées p. 17, Vilnius p. 276)*.
Attention, le passage de la frontière russe est parfois compliqué par des problèmes politiques. Informations sur les formalités : *www.mfa.gov.by.* (Biélorussie), *www.france.mid.ru.* (Russie), *www.diplomatie.gouv.fr.* (France) et *www.visa-express.fr.*

Escapades aux frontières

EN FINLANDE

Profitez des innombrables ferries qui quittent Tallinn pour visiter la capitale de ce grand pays de lacs et de forêts où, selon les statistiques onusiennes, on vit si bien. Au fond de son golfe, **Helsinki** combine les charmes scandinaves et russes. Divers styles architecturaux s'y côtoient : Art nouveau, néoclassique et édifices maintes fois copiés d'Alvar Aalto. Ici, comme en Estonie, on profite de l'été en bronzant dans les parcs en bord de mer, en faisant la fête… Le ferry qui relie Tallinn à Marienhamn vous permet d'atteindre l'archipel finnois de **Åland**.
Liaisons en ferry, voir p. 20. Informations touristiques : www.visitfinland.com/fr.

EN POLOGNE

De Varsovie, la capitale qui ne cesse de renaître, à Cracovie, la belle « méridionale », d'Auschwitz (à visiter par devoir de mémoire) aux montagnes du Tatras, les possibilités de haltes sont multiples et variées *(voir Guide Vert Pologne)*. Depuis la Lituanie, vous pouvez aussi effectuer une brève excursion. À partir de Suwałki, visitez le monastère des Camaldules, promenez-vous autour du lac Jaczno, ou faites du canoë dans le **parc national de Wigry**. Plus loin au sud, les amoureux de la nature ne manqueront pas le **parc national de la Bierbza**, un immense marécage surnommé « l'Amazonie polonaise », et la **forêt de Białowieża**, territoire du bison d'Europe.
Autocars et trains quotidiens entre Vilnius et Varsovie. Informations touristiques : www.tourisme.pologne.net.

SE RENDRE SUR PLACE

Où s'informer ?

OFFICES DE TOURISME

Pour le moment, seule la Lituanie a ouvert un office de tourisme à Paris. Pour les autres pays, on consultera les sites Internet très bien faits.

Office du tourisme de Lituanie – *72 r. Pierre Demours - 75017 Paris - ✆ et fax 01 46 22 53 84 - www.infotour-lituanie.fr.*

ORGANISMES OFFICIELS

En France

Ambassade d'Estonie – *17 r. de la Baume - 75008 Paris - ✆ 01 56 62 22 00 - fax 01 49 52 05 65 - www.est-emb.fr.*

Ambassade de Lettonie – *6 villa Saïd - 75116 Paris - ✆ 01 53 64 58 16 - fax 01 53 64 58 19 - www.am.gov.lv/fr/paris. ou www.paris.am.gov.lv.*

Ambassade de Lituanie – *22 bd de Courcelles - 75017 Paris - ✆ 01 40 54 50 50 - fax 01 40 54 50 75 - www.amb-lituanie-paris.fr.*

En Belgique

Ambassade d'Estonie – *1 av. Isidore Gérard - 1160 Bruxelles - ✆ 02 779 07 55 - www.estemb.be.*

Ambassade de Lettonie – *158 av. Molière - 1050 Bruxelles - ✆ 02 344 16 82 - embassy.belgium@mfa.gov.lv.*

Ambassade de Lituanie – *48 r. Maurice Lietart - 1150 Bruxelles - ✆ 02 772 27 50 - www.be.mfa.lt.*

En Suisse

Il n'y a pas d'ambassades baltes en Suisse, seulement des consulats. Les ambassades de référence sont : Vienne pour la Lettonie et l'Estonie, Rome pour la Lituanie. Plus d'informations : *www.mig.ee.* (Estonie), *www.mfa.gov.lv.* (Lettonie) et *www.urm.lt.* (Lituanie).

Consulat honoraire d'Estonie – *Bergstrasse 52 - 8712 Stäfa - ✆ (44) 926 88 37.*

Consulat honoraire de Lettonie – *Münsterhoff 13 - 8001 Zurich - ✆ (1) 215 16 10.*

Consulat de Lituanie – *13 ch. Louis-Dunant - 1202 Genève - ✆ (22) 748 24 71.*

Au Canada

Ambassade d'Estonie – *260 Dalhousie St. - Suite 210 - Ottawa - Ontario K1N 7E4 - ✆ (613) 789 42 22 - www.estemb.ca.*

Ambassade de Lettonie – *350 Sparks St. - Suite 1200 - Ottawa - Ontario K1R 7S8 - ✆ (613) 238 60 14 - www.ottawa.am.gov.lv.*

Ambassade de Lituanie – *130 Albert St. - Suite 204 - Ottawa - Ontario K1P 5G4 - ✆ (613) 567 54 58 - www.lithuanianembassy.ca.*

ASSOCIATIONS

Voir p. 51 Pour prolonger le voyage.

SITES INTERNET

Sites généraux

www.pays-baltes.com. Guide pratique, langue, culture, gastronomie, actualité.

www.regard-est.com. Articles et reportages sur l'actualité économique, culturelle, religieuse et politique des pays baltes (et Europe orientale).

www.inyourpocket.com. En anglais : des guides téléchargeables très complets (informations pratiques actualisées) de toutes les grandes villes baltes.

www.baltictimes.com. et **www.balticsworldwide.com.** En anglais : actualité et informations pratiques.

www.amberroad.net. En anglais et allemand : l'itinéraire touristique de 418 km dédié à l'ambre et soutenu par l'Union européenne.

Estonie

www.estonica.org. En anglais : histoire, culture, nature.

www.estonie.info. Site de l'Institut culturel estonien.

www.est-emb.fr. Le site de l'ambassade estonienne en France, très complet.

www.france-estonie.org. Site de l'association France-Estonie. Histoire, actualité, culture.

www.einst.ee. et **www.estonica.org.** En anglais : site de l'Institut culturel estonien. Très bien fait et complet.

www.tallinn.ee. En anglais et allemand : très bon site de l'office de tourisme de la capitale estonienne, qui regorge d'informations pratiques.

www.visitestonia.com. En anglais et allemand : site de l'office de tourisme.

Lettonie

www.latviatourism.lv. Site de l'office de tourisme, très complet (histoire, culture, pratique).

www.latviansonline.com. En anglais : l'actualité culturelle en Lettonie (manifestations, patrimoine).

www.li.lv/fr. ou **www.latinst.lv.** Site de l'Institut letton (histoire, culture).
www.kultura.lv/fr. Site du ministère letton de la Culture offrant un panorama complet du patrimoine local.
www.youwontbelieveit.eu. Site proposant des activités ou des curiosités originales.
www.muzeji.lv. En anglais : tous les musées du pays comme si vous y étiez.
www.celotajs.lv. ou **www.countryholidays.lv.** En anglais : le site du tourisme rural et actif en Lettonie.

Lituanie

www.infotourlituanie.fr. Site de l'office du tourisme de Lituanie à Paris.
www.travel.lt. En anglais et allemand : tout pour organiser votre séjour.
www. tourism.lt. En anglais : le site de l'autorité touristique lituanienne.
www.muziejai.lt. Site permettant de découvrir virtuellement les musées lituaniens.
www.amb-lituanie-paris.fr. Site de l'ambassade lituanienne à Paris proposant de nombreuses informations pratiques, culturelles, et des liens vers des sites spécialisés.

AGENCES SPÉCIALISÉES

Ne pas oublier les agences locales, signalées dans les carnets pratiques des capitales, et qui proposent des circuits originaux. À titre d'exemples :
Taïga Euro Baltika – *✆ 370 - 5212 1388 (en Lituanie) et 04 42 69 29 59 (en France) - www.taigaeurobaltika.com.* Agence franco-balte qui organise des voyages sur mesure pour une personne seule ou de petits groupes francophones, dans les trois pays. Réservations, transports, guides francophones pour une heure ou plusieurs jours, activités en plein air et tous les thèmes possibles (tourisme historique, culturel, industriel, artisanat…).
Celotajs-Country Holidays – *www. countryholidays.lv., site en anglais.* Agence lettone spécialiste du tourisme actif et rural.
Estonian Holidays – *www.holidays.ee., site en anglais.* Circuits culturels, nature, en Estonie.

En France

Allibert – *✆ 08 25 09 01 90 - www.allibert-trekking.com.* Plusieurs adresses en France. Parcours en groupe de 13 jours : randonnée + route, de Vilnius à Tallinn.
Amslav Tourisme – *10 r. Bachaumont - 75002 Paris - ✆ 01 44 88 20 40 - www. amslav.fr.* Week-ends (avion + hôtel) et

P. Plantier / Michelin

Girouette sur l'isthme de Courlande (LIT).

circuit parcourant les capitales baltes et St-Pétersbourg.
Cgtt Voyages – *82 r. d'Hauteville - 75010 Paris - ✆ 08 25 16 24 88 - www.cgtt-voyages.fr.* Forfaits et réservations d'hôtels dans les capitales baltes.
Clio – *15 r. du Hameau - 75015 Paris - ✆ 08 26 10 10 82 - www.clio.fr.* Prestations vendues dans les agences de voyages. Parcours culturel Vilnius-Tallinn et grands sites touristiques baltes durant 9 jours avec un conférencier.
Donatello – *✆ 01 44 58 30 60 - www. donatello.tm.fr.* Adresses dans toute la France et vente dans les agences. Week-ends et circuits dans les trois capitales.
Inexco Voyages – *29 r. Tronchet - 75008 Paris - ✆ 01 47 42 25 95 - www.inexco.fr.* Week-ends dans les capitales, séjour « marché de Noël à Tallinn ».
Intermèdes – *60 r. de la Boëtie - 75008 Paris - ✆ 01 45 61 90 90 - www.intermedes.com.* Spécialiste du voyage culturel. Escapades dans les capitales, séjour sur mesure, circuit de 10 jours de Gdansk à Tallinn.
Nord Espaces – *35 r. de la Tombe-Issoire - 75014 Paris - ✆ 01 45 65 00 00 - www. nord-espaces.com.* Autotours, circuits accompagnés dans les trois pays.
Nouvelles Frontières – *✆ 08 25 00 08 25 - www.nouvelles-frontieres.fr.* Agences dans toute la France. Propose des séjours dans les capitales baltes, et un autotour de 9 jours.
Slav'Tours – *29 bd Rocheplatte - 45000 Orléans - ✆ 02 38 77 07 00 - www.slavtours.com.* Hébergement sur place (hôtel, chez l'habitant), excursions.
Terres d'aventures – *Plusieurs adresses en France - ✆ 08 25 84 78 00 - www. terdav.com.* Séjour de 11 jours : marche (facile) + route, de Vilnius à Tallinn.
Voyageurs du monde – *Plusieurs adresses en France - ✆ 08 92 23 61 61 - www. vdm.com.* Week-ends et courts séjours dans les trois pays baltes.

En Belgique

Escape – *www.escapetravel.be.* Avion, réservations d'hôtels dans les trois pays baltes et circuit culturel en groupe de 9 jours. En vente dans les agences.

Nouvelles Frontières – ✆ *02 547 44 44 - www.nouvelles-frontieres.be.* Plusieurs agences à Bruxelles et en Wallonie. Séjours et autotour.

RTA - East-West – *1 r. du Gentilhomme - 1000 Bruxelles -* ✆ *02 502 44 40.* Spécialiste du voyage sur mesure en Russie et dans toutes les ex-républiques d'URSS.

Bureau Scandinavia – *Rond-Point du Meir 9 - 1070 Bruxelles -* ✆ *02 521 77 70 - www.bureauscandinavia.be.*

Formalités

DOCUMENTS IMPORTANTS

Il est plus prudent de faire des photocopies de tous vos documents, que vous garderez à part des originaux.

Entrée / séjour

Pour **un séjour n'excédant pas trois mois**, les ressortissants de l'Union européenne et les Suisses doivent présenter un passeport ou une carte d'identité sécurisée en cours de validité. Les Canadiens se muniront d'un passeport. Tous ces documents doivent être valables au moins trois mois au-delà du séjour sur place. On exige parfois une attestation d'assurance (hospitalisation, rapatriement) et la justification de moyens de subsistance suffisants. Si vous pensez demeurer plus de trois mois, vous devrez faire une demande de carte de séjour. Vous trouverez des informations sur les modalités d'obtention de ce document sur les sites (en anglais) des ministères des Affaires étrangères : *www.mig.ee.* (Estonie), *www.mfa.gov.lv.* (Lettonie) et *www.urm.lt.* (Lituanie). Le site du ministère français des Affaires étrangères *(www.diplomatie.gouv.fr.)* donne aussi des informations dans la rubrique « Conseils aux voyageurs ». Si vous suivez un traitement médical, emportez une ordonnance justifiant la possession de vos médicaments.

Pour les automobilistes

Depuis l'entrée des pays baltes dans l'UE, votre **permis de conduire** national (en bon état) suffit. Mais rien ne vous empêche de demander un permis international. Les Suisses et les Canadiens se muniront de préférence d'un permis international. Vous devez pouvoir présenter l'original de la **carte grise** du véhicule. Les assurances automobiles européennes sont valables, y compris pour les véhicules de location. La carte verte, les polices d'assurance responsabilité au tiers, sont donc reconnues. Néanmoins, si vous utilisez votre propre véhicule, vérifiez que votre assurance couvrira dans les pays baltes les mêmes risques qu'en France.

ASSURANCE SANTÉ

Munissez-vous de la **carte européenne d'assurance maladie** afin que vos éventuels soins sur place soient pris en charge. Elle s'obtient auprès de votre caisse d'assurance maladie deux semaines avant votre départ. Il est recommandé de souscrire une **assurance voyage** (hospitalisation, rapatriement), en théorie obligatoire. Il est possible que votre carte de crédit propose cette prestation. Si vous devez pratiquer un sport extrême, vérifiez que l'activité est couverte par votre police d'assurance. Pour connaître les risques éventuels encourus, voyez plus loin le chapitre *Santé p. 33.*

DOUANES

Les passages en douane sont rapides dans les aéroports et aux frontières entre les pays baltes, même si les documents sont parfois scrupuleusement décortiqués. Prévoyez un long temps d'attente aux frontières terrestres avec la Pologne, Kaliningrad, la Biélorussie ou la Russie. Aucune restriction d'importation n'est imposée **en théorie** aux citoyens de l'Union européenne, sauf en ce qui concerne le tabac et l'alcool (un litre de spiritueux ou deux litres de vin, 200 cigarettes, 50 ml de parfum). L'importation de végétaux et de produits crus (viande, produits laitiers) est interdite. Au retour, quelques restrictions concernant les œuvres d'art ou l'ambre sont à prendre en compte. Voir plus loin dans *Que rapporter ? p. 44.* Informations douanières sur *www.diplomatie.gouv.fr/fcv.* et *www.douane.gouv.fr.*

PARTIR AVEC VOTRE ANIMAL

Pour voyager avec un animal, vous devrez fournir un certificat de bonne santé, un passeport communautaire, une identification via une puce électronique et un carnet de vaccinations. L'animal doit être âgé d'au moins 10 semaines. La vaccination contre la rage (+ de 30 jours et moins d'un an avant l'arrivée) est obligatoire. Mais attention, peu d'hôtels acceptent les animaux de compagnie.

Se rendre dans les pays baltes

EN AVION

Les compagnies régulières desservent les capitales, directement ou avec escale, depuis Paris, Bruxelles ou Genève. Du Canada, il faut d'abord rejoindre les grands *hubs* européens, tel Francfort, Amsterdam ou Paris. Les compagnies à bas prix relient aussi certains aéroports secondaires (Kaunas, Palanga, Tartu).

Compagnies régulières

Air Baltic – *0892 78 04 47 en France, 02 712 64 27 en Belgique et 438 16 40 80 en Suisse - www.airbaltic.com.* La compagnie dessert Rīga et Vilnius depuis Paris, Bruxelles et Zurich, en vol direct.

FlyLAL – *01 58 22 20 04 en France, 02 716 00 68 en Belgique - www.lal.lt.* La compagnie lituanienne dessert Vilnius en vol direct depuis Paris et Bruxelles.

Estonian Airlines – *01 53 77 13 47 - www.estonian-air.ee.* Vols directs vers Tallinn depuis Paris et Bruxelles.

Lufthansa – *0826 103 334 - www.lufthansa.com.* Depuis la France (Paris et province), Bruxelles, la Suisse et le Canada, vols vers les trois capitales *via* Francfort ou Munich.

Air France – *3654 - www.airfrance.fr.* Vols vers Amsterdam et Prague où des compagnies desservent la Baltique.

KLM – *0890 710 710 - www.klm.fr.* Relie la France, Bruxelles, la Suisse et Montréal aux capitales baltes *via* Amsterdam.

Conseils aériens

Pour connaître les dernières évolutions du trafic aérien (nouvelles dessertes ou compagnies), il est utile d'effectuer vos propres recherches sur Internet ou d'interroger votre agence de voyage.

Low cost – Les compagnies à bas prix permettent des économies à condition de réserver très tôt vos billets et de les acheter par Internet.

Mesures de sécurité – Les passagers à destination de l'UE ne peuvent pas prendre en cabine des liquides, pâtes, gels, crèmes et aérosols (ils doivent être en soute dans une valise). Ceux achetés dans les duty-free sont mis sous plastique. Il n'y a pas de restriction pour les aliments pour bébés ou les médicaments liquides. Ces derniers nécessitent une ordonnance ou une attestation à votre nom.

Austrian Airlines – *0820 816 816 - www.aua.com.* Relie la France, Bruxelles, la Suisse, à Rīga et Vilnius, *via* Vienne.

LOT – *0800 101 224 - www.lot.com.* La compagnie polonaise relie les capitales baltes *via* Varsovie. Départs de Paris (et de province), Bruxelles et la Suisse.

CSA – *0825 540 002 - www.czechairlines.com/fr.* La compagnie relie la France (Paris, Lyon, Marseille, Nice), Bruxelles, la Suisse aux capitales baltes, *via* Prague.

SAS – *0825 325 335 - www.flysas.com.* Depuis la France, Bruxelles et la Belgique, dessert Vilnius, Rīga et Tallinn *via* Copenhague ou Stockholm.

Finnair – *0821 025 111 - www.finnair.com.* Vols vers les capitales baltes, avec escale à Helsinki.

Compagnies à bas prix

Wizzair – *082 554 0001 - www.wizzair.com.* Depuis Paris Beauvais, Grenoble et Bruxelles Charleroi, vol vers Varsovie.

Ryanair – *0892 232 375 - www.ryanair.com.* Dessert Rīga et Kaunas depuis Londres Stansted et Francfort.

Sites de recherche

Plusieurs sites Internet permettent de comparer des tarifs négociés et de réserver en ligne : *www.opodo.fr., www.easyvols.fr., www.ebookers.com., www.lastminute.fr., www.govoyages.fr.*

EN TRAIN

On ne choisit pas le train pour gagner du temps, ni pour faire des économies, mais pour apprécier l'ambiance des lignes internationales, des gares, et profiter, pourquoi pas, d'escales en Europe centrale. Aucune ligne ne relie directement les pays francophones aux pays baltes. Il faut **changer en Allemagne et/ou à Varsovie**. Vingt heures sont nécessaires pour rejoindre la capitale polonaise et une dizaine de plus pour atteindre Vilnius. Le *Balti Ekspress* part de Varsovie vers Tallinn avec 3 arrêts en Lituanie. La ligne Berlin-St-Pétersbourg passe par Vilnius (Lituanie) et Daugavpils (Lettonie). Un train entre Varsovie et Helsinki *via* les pays baltes est en projet. Les liaisons entre Tallinn et St-Pétersbourg sont très fréquentes (6 par jour en 7h40). Les trajets Varsovie-Vilnius impliquent désormais un changement et ne passent plus par la Biélorussie.

Attention, les cartes Interrail et Eurodomino ne couvrent pas les pays baltes. Informations sur les trajets et horaires : *www.sncf.fr., www.b-rail.be.* et *www.budgettravel.com/eurorail.* (en anglais, liens vers tous les sites du rail européen).

EN AUTOCAR

L'autocar est a priori le moyen le plus économique pour se rendre dans les pays baltes. Mais on peut parfois trouver des vols moins chers que les longs trajets routiers (2 jours et une nuit minimum).

Eurolines – *Gare routière internationale de Paris-Gallieni - 28 av. du Gén.-de-Gaulle - 93170 Bagnolet - www.eurolines.com.* Relie la France, la Belgique (directement ou non) et la Suisse (avec changement) à Kaunas, Vilnius, Rīga, Tallinn et quelques étapes intermédiaires. Tarifs très variés selon la période et la date de l'achat. Il existe des « pass » valables 15 jours ou un mois, qui permettent un nombre de trajets illimité. Les billets sont en vente sur Internet, dans les gares routières et les agences de voyage.

Ecolines – Effectue les mêmes liaisons pour des tarifs un peu moins élevés. Départs de Paris, Lille, Bruxelles. Informations et vente en ligne (moins cher) sur *www.ecolines.net.* (en anglais). Les billets peuvent être achetés en agences :

Rewers – *390 r. St-Honoré - 75008 Paris - ✆ 01 40 15 09 09* et *r. de la Montagne 64 - 1000 Bruxelles - ✆ 02 527 50 12.*

Voyages Baudart – *93 r. de Maubeuge - 75010 Paris - ✆ 01 42 80 95 60* ou *7 pl. St-Hubert - 59800 Lille - ✆ 03 28 36 53 53 - www.voyages-baudart.fr.*

EN VOITURE

La distance de Paris est de 2 000 km pour Vilnius, 2 200 km pour Rīga et 2 400 km pour Tallinn. Selon votre point de départ et la destination finale, comptez de 2 à 3 jours. Pour préparer une feuille de route personnalisée, consultez *www.ViaMichelin.fr.* Vous trouverez sur le site des informations sur le kilométrage, les routes à suivre, les hôtels, les restaurants et les curiosités touristiques. Enfin, pour naviguer au mieux dans les pays baltes, des conseils pratiques et les usages locaux sont détaillés p. 26-28.

EN FERRY

Il est possible de se rendre par la mer dans les pays baltes depuis la Finlande, la Suède ou l'Allemagne. Ce type de trajet, avant tout estival, a un certain charme et peut vous permettre de réduire les distances. Attention, les horaires, les liaisons, voire les compagnies, changent souvent et il vaut mieux se renseigner sur Internet avant votre séjour. À part sur la liaison Tallinn-Helsinki, très bien desservie, il est conseillé de réserver.

Le site en français *www.directferries.fr.* recense toutes les liaisons, fréquences et horaires, et renvoie vers les sites des compagnies. Les sites Internet indiqués ci-dessous signalent clairement les lignes en activité, les nouveautés, les informations pratiques et permettent même de réserver. L'agence Euro-Mer offre également des informations.

Euro-Mer – *5 quai de Sauvages CS 10024 - 34078 Montpellier Cedex 3 - www.euromer.net.*

Dans les carnets pratiques, vous trouverez les adresses des agences qui vendent des billets sur place.

Depuis l'Allemagne

Vers l'Estonie – Silja Line *(www.siljaline.de.)*, ferry de passagers Rostock-Tallinn (deux fois par semaine, 14h).

Vers la Lettonie – Scandlines *(www.scandlines.de.)* relie Rostock à Ventspils en 27h.

Vers la Lituanie – Scandlines *(www.scandlines.de. ou .lt)* dessert la ligne Kiel-Klaipėda, pour passagers et quelques voitures. Durée : 21 h.

Depuis la Suède

Vers l'Estonie – La compagnie Tallink *(www.tallink.ee. ou .se)* assure des liaisons de 17h pour voitures et passagers entre Stockholm et Tallinn avec un arrêt intéressant dans l'archipel finnois de Åland (Mariehamn). Autre liaison entre Kapellskär (nord de Stockholm) et Paldiski (à l'ouest de Tallinn) en 11h.

Vers la Lettonie – Tallink *(www.tallink.lv.)* relie Rīga à Stockholm. Scandlines *(www.scandlines.lv.)* relie Nynäshamn (sud de Stockholm) à Ventspils en 9h.

Vers la Lituanie – Ferry de Klaipėda à Karlshamm en 15h. Infos : *www.lisco.lt.*

Depuis la Finlande

Les **liaisons** sont **permanentes** entre Tallinn et Helsinki seulement distantes de 80 km. Le trajet dure 1h30 en été avec les hydrofoils et 3h30 en ferry toute l'année. Réserver n'est pas nécessaire tant

P Plantier / Michelin

Ferry Tallink dans le port de Tallinn.

les trajets sont nombreux. Attention, les bateaux sont très fréquentés et les tarifs plus élevés en fin de semaine. Vous trouverez les coordonnées des compagnies, les tarifs et horaires sur le très bon site de la ville de Tallinn : **www.tallinn.ee.** Tallink *(www.tallink.ee.)*, grands ferries et hydrofoils pour passagers et véhicules. Silja Line *(www.siljaline.ee.)*, liaisons rapides en 1h45 plusieurs fois par jour. Eckerö Line *(www.eckeroline.ee.)* et Viking Line *(www.vikingline.ee.)* affrètent d'énormes ferries. Citons aussi Nordic Jet Line *(www.njl.fi.)* ou Linda Line Express *(www.lindalinii.ee.)*.

Réserver son hébergement

Les agences de voyages citées p. 17-18 peuvent toutes réserver des nuits d'hôtels à des tarifs négociés. Si vous préférez vous débrouiller seul, voici quelques sites Internet utiles. Enfin, pour plus d'informations sur l'hébergement dans les pays baltes, regardez p. 29-31 dans la rubrique *Se loger*.

www.inyourpocket.com. En anglais : ce site propose des liens vers les hôtels des principales villes baltes.

www.maaturism.ee. (Estonie), **www.celotajs.lv.** ou **www.countryholidays.lv.** (Lettonie) et **www.countryside.lt.** (Lituanie). En anglais : informations et réservations dans des fermes, gîtes ruraux ou chez l'habitant.

Sur **www.visitestonia.ee.** (Estonie), **www.hotelsinlatvia.lv.** (Lettonie) et **www.hotels.lt.** (Lituanie). En anglais : listes des hôtels et liens pour réserver.

www.iyhf.org. Site donnant la description de toutes les auberges de jeunesse affiliées. Permet de réserver pour certaines adresses seulement.

www.tch-voyages.com. - ✆ *0892 680 336*. TCH, spécialiste du séjour chez l'habitant, propose aussi des nuitées en pensions, hôtels ou appartements.

Argent

DEVISES

En attendant d'être autorisés à adopter l'euro, sans doute dans quelques années, les pays baltes utilisent leurs **monnaies nationales**, qui sont très stables. L'affichage en euros est de mise par endroit, mais on ne paie qu'en monnaie locale.

Estonie – Couronne estonienne, adoptée en 1992, *kroon* (EEK ou Kr), divisée en *senti*. Billets de 2, 5, 10, 50, 100 et 500 Kr. Pièces de 1, 5 Kr et de 10, 20, 50 *senti*.

Lettonie – *Lats* letton (LVL ou Ls), *lati* au pluriel, adoptée en 1993, divisée en 100 *santīmi*. Billets de 5, 10, 20, 50, 100 et 500 *lati* et pièces de 1 et 2 *lati*, et 1, 2, 5, 10, 20 et 50 *santīmi*.

Lituanie – *Litas* lituanien, (LTL ou Lt), *litai* au pluriel, adoptée en 1993 (après l'éphémère *talonas*), est divisé en 100 *centai*. Billets de 10, 20, 50, 100, 200 et 500 *litai* et pièces de 1, 2 et 5 *litai*. Les pièces de *centai* circulent mais sont peu utilisées.

CHANGE ET PAIEMENTS

Les trois monnaies baltes sont stables et le taux de change par rapport à l'euro varie peu. Il est même fixe en Lettonie et Lituanie. Le site *www.xe.com.* indique les derniers cours.

Conseil – Dans les trois pays, au moment de changer, demandez des petites et moyennes coupures. Les grosses coupures ne pourront être changées dans les petits commerces, transports…

Changer, retirer

Les **banques** sont les meilleurs endroits pour changer des devises. Voir dans *Pays baltes pratiques* *p. 36* pour les horaires d'ouverture. On trouve aussi un peu partout des **bureaux de change** sous la forme de kiosques ou de simples comptoirs. Dans les capitales, quelques-uns ouvrent 24h/24, mais appliquent des commissions élevées. C'est encore plus cher à l'hôtel. Attention, quel que soit le lieu, les billets abîmés, marqués, sales ou déchirés sont refusés. Changer de l'argent au noir est interdit.

Cartes de crédit

Les cartes Visa et MasterCard/Eurocard sont acceptées par la plupart des **distributeurs automatiques**. Ces derniers sont nombreux dans les grandes villes, mais plus discrets à la campagne. La

Taux de change

Estonie :
- 1 € = 15,6 Kr ; 10 Kr = 0,60 €
- 1 CAD = 10,1 Kr ; 10 Kr = 0,9 CAD
- 1 CHF = 9,6 Kr ; 10 Kr = 1 CHF

Lettonie :
- 1 € = 0,7 Ls ; 1 Ls = 1,42 €
- 1 CAD = 0,46 Ls ; 1 Ls = 2,2 CAD
- 1 CHF = 0,43 Ls ; 1 Ls = 2,32 CHF

Lituanie :
- 1 € = 3,45 Lt ; 1 Lt = 0,28 €
- 1 CAD = 2,23 Lt ; 1 Lt = 0,45 CAD
- 1 CHF = 2,11 Lt ; 1 Lt = 0,47 CHF

commission peut être élevée quand vous retirez de l'argent. Il est donc plus avantageux de retirer une grosse somme en une seule fois que des petites sommes plusieurs fois. On peut théoriquement payer avec sa carte dans les hôtels, les restaurants et les magasins des grandes villes. C'est plus difficile à la campagne. Il est déconseillé de l'utiliser dans les lieux nocturnes. Sachez enfin qu'une carte bancaire est obligatoire si vous souhaitez louer une voiture.

En cas de vol ou de perte de votre carte, faites une déclaration à la police locale et gardez un récépissé pour votre banque. N'oubliez pas de téléphoner au numéro fourni par votre établissement bancaire pour faire opposition.

Chèques de voyage

S'ils sont une garantie contre le vol, il peut être difficile de les utiliser en dehors des grandes villes. Il est possible en théorie de les changer dans les banques avec une commission souvent élevée.

BUDGET

Idées de budget

Les pays baltes, et en particulier leurs capitales, ne sont plus des destinations bon marché. Mais chaque type de voyageur pourra néanmoins les visiter selon ses moyens. Les **écarts de prix** sont énormes entre les capitales et la campagne, et selon les saisons : la période juin-août, Pâques et Noël étant des « pics ». L'hébergement représentera la majeure partie de votre budget journalier. Mais les déplacements, visites et repas simples sont en revanche très **bon marché**.

Petit budget – En logeant en auberge de jeunesse (10-20 €), au camping (8 € maxi), en se restaurant modestement et en prenant les transports en commun, vous voyagerez pour 30-35 € par jour.

Budget moyen – Pour 55-100 € par jour, vous pourrez loger dans des pensions, fréquenter les restaurants. Si vous louez un véhicule pour quelques jours, privilégiez les agences locales.

Budget plus large – pour 100 à 150 € par jour, vous pourrez loger dans de confortables hôtels de caractère et fréquenter des restaurants plus huppés. Pour la location d'une voiture auprès d'une agence internationale, attendez-vous à des tarifs élevés.

Voyager moins cher

Si votre budget est serré, n'oubliez pas que c'est en vivant près de la population locale que vous ferez le plus d'économies : chambre chez l'habitant, campings, transports en commun, achats de

D. Chapuis / Michelin

Monnaies des trois pays baltes.

produits locaux, restaurants simples (où l'on mange toujours copieusement).

Cartes touristiques – À Rīga, Vilnius et Tallinn, vous pourrez acquérir des cartes donnant droit à divers avantages : visite guidée, réductions ou gratuité dans les sites, dans les transports, aux spectacles. Elles s'achètent dans les offices de tourisme ou les hôtels, et leur coût dépend de la durée de validité choisie. Informations : Tallinn Card *(www.tallinn.ee.)*, Riga Card *(www.rigatourism.com.)* ou Vilnius City Card *(www.tourism.vilnius.lt.)*.

Étudiants – La carte internationale d'étudiant (ISIC) est bien acceptée et donne droit à diverses réductions et avantages : visites, transports.

Carte des auberges de jeunesse – Si vous comptez séjourner de nombreuses nuits en auberge de jeunesse, il est intéressant d'acheter la carte HI qui donne droit à des tarifs préférentiels. Elle s'acquiert dans toutes les auberges de jeunesse affiliées à Hostelling International. Informations : *www.iyhf.org.*

Circuits à petits prix – Les associations d'auberges de jeunesse locales organisent souvent des activités en plein air variées (canoë, ornithologie, chasse aux fossiles). Pour la Lettonie, informations sur *www.hostellinglatvia.com.*

Qu'emporter ?

Hormis les médicaments spécifiques dont vous pourriez avoir besoin, vous trouverez tout ce qu'il vous faut sur place. En été, emportez un bon produit antimoustique ou achetez-le sur place. En **hiver**, prévoyez des habits chauds et coupe-vent, des collants, des chaussures étanches, des gants, un bonnet. Préférez plusieurs pulls fins à superposer sous un anorak, plutôt qu'un gros pull. En toute saison, emportez un maillot de bain (mer, lacs, et au sauna pour les plus pudiques), et un vêtement de pluie. Les pays baltes peuvent être humides toute l'année.

PAYS BALTES PRATIQUES

Adresses utiles

OÙ S'INFORMER ?

Offices de tourisme

Vous trouverez des offices de tourisme dans toutes les villes ou sites touristiques. Ils sont signalés par **i** blanc sur fond vert et parfois indiqués dès l'entrée des villes. Ils fournissent une documentation abondante, le plus souvent en anglais, en russe ou en allemand, et plus rarement en français. On vous y renseigne sur les curiosités, les visites guidées, les transports et il est parfois possible de réserver vos nuitées.

Les carnets pratiques de la partie Découvrir indiquent leurs coordonnées.

Publications

Diverses publications, le plus souvent anglophones et vendues dans les librairies ou les offices de tourisme, offrent des informations pratiques et culturelles. C'est le cas des guides **In Your Pocket** *(www.inyourpocket.com.)* dédiés aux grandes villes baltes. Ils paraissent tous les deux mois pour les capitales et une ou deux fois par an pour les autres villes. *Baltic Times* est un hebdomadaire d'information commun aux trois pays. D'autres publications (*City Paper, Riga this Week, Exploring Vilnius,* etc.) sont disponibles dans les capitales, toutes trois très bien « couvertes ».

Centres culturels français

Ils peuvent vous permettre de rencontrer des Baltes francophones et de consulter la presse hexagonale.

CCF de Tallinn – *Kuninga 4 - 10146 Tallinn - ✆ 6 271 193/4 - www.ccf.ee.*

CCF de Riga – *Elizabetes iela 59 - 1050 Riga - ✆ 720 18 51 - www.ccf.lv.*

CCF de Vilnius – *Didzioji 1 - 01128 Vilnius - ✆ 231 29 84 - www.ccf.lt.*

AMBASSADES ET CONSULATS

En Estonie

Ambassade de France – *Toom Kuninga 20 - 3001 Tallinn - ✆ (372) (6) 311 493, permanence 24h/24 ✆ 516 9440 - www.ambafrance-ee.org.*

Ambassade de Belgique – *Rataskaevu 2 - 10123 Tallinn - ✆ (372) (6) 274 100 - tallinn@diplobel.be.*

Consulat général de Suisse – *Tuvi 12-28 - 10119 Tallinn - ✆ (372) (6) 313 041.*

P. Plantier / Michelin

Office du tourisme à Vilnius.

Ambassade du Canada – *Toom-Kooli 13 - 15186 Tallinn - ✆ (372) (6) 273311 - tallinn@canada.ee.*

En Lettonie

Ambassade de France – *Raina bulvaris 9 - 1050 Rīga - ✆ (371) 703 6600, urgences 24h/24 ✆ (371) 29 57 06 23 - www.ambafrance-lv.org.*

Ambassade de Belgique – *Alberta iela 13 - 1010 Rīga - ✆ (371) 7114852 - www.diplomatie.be/rigafr/.*

Ambassade de Suisse – *Elizabetes 2 - 1340 Rīga - ✆ (371) 67338351 - www.eda.admin.ch/riga.*

Ambassade du Canada – *Baznicas 20/22 - ét. 6 - 1010 Rīga - ✆ (371) 7813945.*

En Lituanie

Ambassade de France – *Švarco 1 (/ Didzioji) - 2600 Vilnius - ✆ (370) (5) 212 2979 ou 212 2484, et urgences 24h/24 ✆ 8 (tonalité) 699 43 230 - www.ambafrance-lt.org. - lun.-vend. 9h-17h30.*

Ambassade de Belgique – *Kalinausko 2b - 2009 Vilnius - ✆ (370) (5) 2660820 - www.diplomatie.be/vilniusfr.*

Consulat général de Suisse – *Gostauto gatve 12a - 01108 Vilnius - ✆ (370) (6) 103 7210 - swissconsulate.lt@gmail.com.*

Ambassade du Canada – *Jogailos 4 - ét. 7 - 01116 Vilnius - ✆ (370) (5) 249 0950 - www.canada.lt.*

Se déplacer

EN AVION

Vols intérieurs

Les distances sont courtes dans les pays baltes, et les lignes intérieures, rares. En Estonie, on peut rejoindre depuis Tallinn les îles Saaremaa (Kuressaare) et Hiiumaa

(Kärdla) sur la compagnie Avies *(www.avies.ee.)*. Informations également sur *www.tallinn-airport.ee*. En été, théoriquement, FlyLAL *(www.lal.lt.)* assure des vols entre Vilnius et Palanga.

Vols entre les pays baltes

Les vols entre les capitales baltes sont effectués par la compagnie Air Baltic *(www.airbaltic.com.)*. Ils sont assez onéreux (à moins de réserver à l'avance) et le gain de temps est somme toute modeste (enregistrement, trajets ville-aéroport), à l'exception de la liaison Vilnius-Tallinn. À noter que FlyLAL doit aussi ouvrir une ligne Vilnius-Tallinn.

EN TRAIN

Les chemins de fer baltes ont vécu leurs heures de gloire. Aujourd'hui, s'ils sont très bon marché, ils s'avèrent lents, peu modernes, et parfois inconfortables. Mais, comme partout dans le monde, le voyage en train possède un charme que la route n'offre pas : ambiance des gares, stations isolées, compartiments, sons et odeurs. Si vous n'êtes pas pressé, pourquoi pas ?

Destinations

Réseau estonien – L'Estonie est le parent pauvre du rail balte. Trois compagnies se partagent le réseau. Les trains ne sont pas plus lents que les autocars mais moins nombreux. De Tallinn, on peut rejoindre Tartu, Narva, Pärnu, Valga ou Viljandi. Informations sur *www.baltijaam.ee.* ou *www.tallinn.ee.* (horaires et tarifs depuis Tallinn).

Réseau letton – Depuis Rīga, les trains partent vers Daugavpils, Ventspils, Liepāja, Rēzekne ou Cēsis. La durée du trajet dépend du type de train, direct ou omnibus. Les premiers valent l'autocar pour les mêmes tarifs. Informations : *www.ldz.lv.* et *www.pv.lv.*

Réseau lituanien – Les trains assez nombreux concurrencent l'autocar au niveau de la durée, du tarif, voire de la fréquence. De Vilnius, vous pouvez rejoindre Kaunas, Klaipėda, Ignalina, Trakai ou Šiauliai. Informations : *www.litrail.lt.*

Lignes interbaltes – Depuis l'indépendance des pays baltes, le réseau soviétique n'est plus adapté aux nouvelles frontières ni aux nouveaux besoins. La seule ligne intercapitales desservant Vilnius-Kaunas-Rīga en 7h30 a une fréquence faible. L'autocar apparaît donc bien plus pratique pour se rendre d'une capitale à une autre. On peut en revanche préférer le train pour le trajet Vilnius-Daugavpils.

Lignes internationales – Grandes lignes de nuit entre les capitales et les grandes villes de l'ex-URSS : Minsk, Kiev, St-Pétersbourg (très bien desservie depuis Tallinn), Moscou. Les trains sont lents, imposent de longs arrêts à la frontière, mais s'avèrent très peu chers.

Billets, tarifs

Il est assez facile de s'orienter dans les gares ferroviaires des capitales : affichage en anglais, quais clairs, guichets spéciaux pour les lignes internationales, achats à l'avance. Les trains sont **très bon marché** dans les pays baltes. En deuxième classe, selon la ligne et le pays, comptez de 2 à 4 € pour 100 km.

EN AUTOCAR

C'est **le moyen le plus** efficace (néanmoins assez lent) et économique pour découvrir l'intégralité ou presque des trois pays et effectuer les liaisons entre les capitales. Un peu plus rapide et fréquent que le train, l'autocar dessert toutes les villes. L'accès à certaines zones rurales, où les gares se résument à de simples arrêts (au milieu de « rien »), est parfois difficile. Sur les lignes courtes et rurales, les arrêts sont nombreux tout au long du trajet. Le voyage est certes plus pittoresque mais bien moins confortable que sur les grandes lignes. Certains véhicules datent d'une tout autre époque.

Destinations

Réseau estonien – De Tallinn, des autocars fréquents desservent entre autres Narva, Haapsalu, Pärnu (toutes les heures), Tartu (toutes les 1/2h) et même Kuressaare et Kärdla (avec ferry). Les lignes entre villes de province sont également nombreuses. Informations sur *www.tallinn.ee.* (horaires et tarifs depuis Tallinn) et *www.bussireisid.ee.*

Réseau letton – Les autocars sont très nombreux à sillonner le pays, depuis la capitale ou entre les villes principales. Informations sur les lignes et horaires sur

S. Ollivier / Michelin

Arrêt de bus en campagne.

www.autoosta.lv. La compagnie Nordeka est une des principales *(www.nordeka.lv.)* et propose des liaisons à partir de toutes les villes de Lettonie ainsi que quelques lignes internationales.

Réseau lituanien – Le réseau est très développé et permet de relier toutes les grandes villes entre elles. Il complète aussi le réseau ferroviaire en desservant des régions oubliées par le rail : Druskininkai, le sud, le delta du Niémen, et Panevėžys. Informations : *www.autobusai.lt.* ou *www.toks.lt.*

Lignes interbaltes – De confortables autocars Eurolines et Ecolines relient directement plusieurs fois par jour (et nuit) les trois capitales. Vilnius-Tallinn prennent 9 à 10h, Rīga-Tallinn et Rīga-Vilnius prend 4 à 5h. Les liaisons transfrontalières sont également nombreuses entre les villes secondaires : Tartu-Rīga, Pärnu-Rīga ou Vilnius, par exemple.

Billets, tarifs

Dans les grandes villes, les gares routières sont relativement bien conçues. Vous trouverez au moins une personne parlant anglais. Les billets des grandes lignes entre les pays se réservent à l'avance aux guichets Eurolines et Ecolines. Pour les lignes intérieures courtes, on paye le plus souvent à bord. Les informations sont toujours affichées dans la langue locale (en anglais dans les grandes villes) sur des panneaux assez compréhensibles. Les **tarifs** des autocars et des trains sont sensiblement les mêmes : de 3 à 5 € pour 100 km et un peu plus pour les lignes traversant les frontières.

EN FERRY

Les principales liaisons intérieures sont décrites succinctement ci-dessous. Mais les détails (coordonnées des compagnies, fréquences) figurent dans les carnets pratiques des lieux concernés.

Estonie – Le ferry relie le continent aux nombreuses îles ou les îles entre elles. Depuis Virtsu, passagers et véhicules peuvent rejoindre Muhu (reliée par une digue à Saaremaa) 7 à 11 fois par jour en été. En hiver, les traversées dépendent des conditions climatiques. Depuis Rohuküla, on rejoint Hiiumaa (4-6 fois par jour toute l'année) et Vormsi (2-3 fois par jour toute l'année). Les deux grandes îles, Saaremaa et Hiiumaa sont reliées entre elles toute l'année. D'autres îles, plus petites, ne sont desservies qu'en été : Kihnu depuis les environs de Pärnu, Ruhnu depuis Saaremaa, Naissaar et Aegna depuis Tallinn.

Les offices de tourisme de Tallinn, Haapsalu et Pärnu fournissent une liste complète et mise à jour de toutes les liaisons vers les îles de l'ouest. Les billets peuvent s'acheter dans les ports. En été, il est préférable de réserver un ou deux jours à l'avance depuis Tallinn. Informations : ✆ *452 4444 - www.laevakompanii.ee.*

Lituanie – La traversée de 5 minutes (passagers et voitures) entre Klaipėda et Smiltynė est incontournable pour tous ceux qui veulent découvrir l'isthme de Courlande. Informations : *www.keltas.lt.* La rivière Niémen sera un jour utilisée pour d'agréables liaisons fluviales : Kaunas-Rusnė ou Nida. Un projet à suivre.

Liaison interbalte – Un ferry pour passagers et véhicules relie Ventspils (Lettonie) au sud de l'île estonienne de Saaremaa (port de Mõntu). Informations : *www.sscf.ee.*

EN VOITURE

En voiture, toutes les régions, même les plus reculées, sont accessibles. Les distances courtes et la circulation peu dense hors des grands axes rendent la conduite facile. Néanmoins, pour sortir des sentiers battus (autrement dit asphaltés), il faudra emprunter des routes sans revêtements, souvent bosselées et peu praticables en hiver ou par temps de pluie. L'emploi d'un 4x4 n'est tout de même pas nécessaire pour un séjour touristique.

Documents

Les documents nécessaires pour conduire sont indiqués p. 18.

Règles de conduite

La conduite s'effectue à droite.

Vitesse – La vitesse maximale autorisée est de 90 km/h sur route (70 km/h parfois à l'approche des villes) et 50 km/h en ville. Sur les autoroutes, elle est de 110 à 130 km/h selon les lieux et les saisons, sauf sur l'axe Vilnius-Kaunas où la limitation est de 100 km/h toute l'année. Attention, ces limitations ne sont pas toujours clairement indiquées en Lituanie et en Lettonie, notamment les fins de limitation. Il arrive aussi que sur route, voire sur autoroute, la limitation baisse à 70 ou 50 km/h sur certains tronçons traversant des villages peu visibles.

Phares – Ils doivent obligatoirement être allumés toute l'année, jour et nuit. La position code ne suffit pas.

Conduite en ville – La « loi du plus fort » est souvent celle qui prévaut. Les gros 4x4 aux plaques customisées, les transports en commun s'imposent souvent franchement. Attention aux tramways et trolleys auxquels les automobilistes français sont peu habitués. Ainsi, lorsqu'un tramway circule au milieu d'une avenue, vous devez marquer l'arrêt en même temps que lui, pour permettre aux passagers qui descendent (et à ceux qui montent) de rejoindre le trottoir.

En Lituanie, une petite flèche verte (non lumineuse) en haut des feux de signalisation permet aux personnes tournant à droite de s'engager même quand le feu est rouge. Mais attention, vous n'êtes alors pas prioritaire.

Conduire en hiver – Les législations baltes imposent en hiver que les véhicules soient équipés de pneus neige ou cloutés, à installer impérativement avant le 1er déc. Ils peuvent être enlevés à partir du 1er avril. Ces pneus sont interdits en été (avril-octobre). En hiver équipez-vous contre le givre et la glace, et prévoyez une pelle à neige.

Alcoolémie – L'alcoolisme est un fléau généralisé au bord de la Baltique. Sachez que les contrôles de police sont fréquents auprès des conducteurs. Taux d'alcoolémie autorisé : 0 en Estonie, 0,5 g/l en Lettonie et 0,4 g/l en Lituanie. Ces taux peuvent néanmoins évoluer. Voir *www.diplomatie.gouv.fr.*, dans la rubrique « Conseils aux voyageurs ».

Équipements obligatoires – Votre véhicule doit être équipé d'un triangle, d'un extincteur et d'une trousse de pharmacie (en vente dans les stations services). Vous serez les seuls à respecter cette règle, mais sachez qu'il est interdit de téléphoner au volant sauf si vous êtes équipé d'un kit mains libres.

Précautions – Si les Estoniens sont assez disciplinés, les autres Baltes n'ont pas très bonne réputation sur la route et le taux de mortalité par accident est très élevé. Pour la plupart des conducteurs, les panneaux d'interdiction ou de circulation font juste partie du décor. La

P. Plantier / Michelin

Route du cap Kolka (EST).

plus grosse voiture a « naturellement » la priorité sur les grandes routes comme sur les petites. Les camions dominent tout le monde et doublent souvent n'importe comment – reste aux petits à s'écarter... Sachez enfin que rares sont les passages à niveau gardés et protégés.

Contrôles policiers et douaniers – Ils sont très fréquents et concernent avant tout les limitations de vitesse. Les amendes se payent sur le champ. Demandez toujours un reçu pour éviter un tarif volontairement surévalué... Vous devez toujours pouvoir présenter vos papiers et ceux des véhicules. Ils peuvent être étudiés avec soin lors des contrôles ou aux passages des frontières.

Réseau routier

Les **grands axes** de circulation ont fait l'objet d'importants travaux de réfection et sont praticables toute l'année. L'état des **routes secondaires** est en revanche bien moins satisfaisant : signalisation déficiente, absence de marquage au sol, revêtement endommagé et **nombreux axes non asphaltés** dans les zones rurales. Mais ne soyez pas effrayé par toutes les routes de terre ou de graviers. Si certaines sont de vrais champs de mines, on circule très bien sur les autres. De plus, elles sont inévitables pour découvrir bien

Distances entre les principales villes

	Daugavpils	Kaunas	Tartu	Tallinn	Rīga	Vilnius
Daugavpils (Lettonie)		209 km	398 km	511 km	231 km	172 km
Kaunas (Lituanie)	209 km		558 km	541 km	242 km	103 km
Tartu (Estonie)	398 km	558 km		186 km	317 km	582 km
Tallinn (Estonie)	511 km	541 km	186 km		301 km	566 km
Rīga (Lettonie)	231 km	242 km	317 km	301 km		265 km
Vilnius (Lituanie)	172 km	103 km	582 km	566 km	265 km	

des parcs nationaux et villages. En ville, attention aux nombreux nids-de-poules (voire d'autruches…).

Cartes et informations

La **signalisation** urbaine n'est pas le point fort des trois pays et il vaut mieux se munir d'une bonne carte, voire d'une boussole dans les villes où l'information est vraiment déficiente. À la campagne, les petits villages, les curiosités (panneaux marron), les aires de repos (peu ou pas équipées) et les lieux d'hébergement sont bien indiqués mais souvent au tout dernier moment. Certains panneaux inconnus en France peuvent désorienter le conducteur. Sachez ainsi que deux marteaux croisés représentent les jours travaillés sur les panneaux de limitation de circulation en centre-ville.

P. Plantier / Michelin

Sens interdit selon les heures (LIT).

Heureusement, cartes, atlas routiers et plans de villes sont de plus en plus nombreux dans les librairies françaises ou sur place (éditions locales). Vous pourrez ainsi trouver les cartes Michelin **781** (carte générale), **782** (Estonie), **783** (Lettonie), **784** (Lituanie). Si vous lisez l'anglais, consultez le site Internet *www.balticroads.net.*, qui fournit des informations en direct sur l'état des routes et la météo.

Accès aux centres-villes / stationnement

Les centres-villes des capitales sont déconseillés aux automobilistes : rues étroites ou piétonnes, sens uniques… À Rīga, conduire dans la vieille ville est taxé (carte magnétique) pour les autos et les motos. Se garer est également problématique. Pour des raisons de sécurité, nous vous conseillons, en particulier la nuit, les parkings gardés. Ils sont bien indiqués, mais prévoyez un budget conséquent car ils peuvent être particulièrement coûteux.

Si vous désirez à tout prix résider dans le centre-ville des capitales, la solution la plus simple est donc de trouver un hôtel proposant un parking.

Problèmes / Assistance

En cas d'accident, vous devez immédiatement appeler la police locale qui dressera un constat. Rien ne doit être déplacé avant ce constat. Ne signez ce dernier que si vous le comprenez dans son intégralité. Un téléphone portable vous sera également d'un grand secours en cas de panne. Le numéro d'urgence ☎ 112 permet de contacter police et ambulance.

Pour une assistance automobile :

- ☎ 1188 numéro assistance routière 24h/24 en Estonie.
- En Lituanie, la compagnie Atlas est spécialisée dans l'assistance routière - ☎ (8-800) 181 00 ou 1810 - *www.atlas.lt*.

Essence

Aucun problème d'approvisionnement sur les grands axes (stations 24h/24), excepté pour le GPL. En milieu rural, les stations sont peu nombreuses. L'essence est un peu moins chère qu'en France : environ 0,90 € par litre en 2007.

Louer un véhicule

Les grandes compagnies internationales sont présentes dans les trois capitales, en ville et à l'aéroport. Il vous faudra obligatoirement une carte de crédit. Les tarifs varient énormément selon la compagnie (locale ou internationale), selon le véhicule, la saison et la durée. Les grandes compagnies permettent de prendre une voiture dans une capitale (ou une grande ville) et de la rendre dans une autre pour un supplément. Certaines agences imposent un âge minimum au conducteur (19, 20, 22 ans) ou un certain nombre d'années de conduite. Selon leurs critères, elles peuvent demander un supplément. Si vous désirez parcourir plusieurs pays baltes avec la même voiture, vérifiez toujours que l'assurance vendue le permet. C'est théoriquement le cas avec les grandes compagnies, habituées à cette demande.

TRANSPORTS URBAINS

De nombreux bus, trolleybus et tramways sillonnent les grandes villes. Ultramodernes ou promis à la casse, ils sont très bon marché, facilement utilisables, mais bondés aux heures de pointe. Ils circulent en général de 6h à minuit. Quel que soit le transport, les tickets doivent toujours être compostés. Ils s'achètent dans les kiosques ou auprès des conducteurs, à l'unité, par carnet ou sous forme de forfait. Les cartes proposées dans les capitales (Tallinn Card, Rīga Card, Vilnius City Card) donnent accès aux réseaux urbains. Dans un avenir proche, tous les titres de transports pourraient être remplacés par des tickets électroniques (e-ticket).

Les grandes villes sont également parcourues par des lignes de minibus qui proposent des prix fixes où que vous vous arrêtiez. Ils sont rapides mais moins faciles à utiliser. Des trains de banlieue desservent les périphéries.

Informations plus précises pour chaque ville dans les carnets pratiques et sur : www.tallinn.ee., www.rigatourism.com., www.vilnius.tourism.lt.

EN TAXI

Dans les grandes villes, ils sont nombreux et bon marché. Mais il convient d'être prudent car ils ont tendance à profiter des innocents touristes. Évitez les taxis en maraude qui vous sollicitent dans la rue, à la gare ou à l'hôtel et appelez (ou faites appeler) une compagnie sûre. Demandez quel sera le coût approximatif de la course et, surtout, vérifiez que le taximètre fonctionne.

AUTO-STOP

Il est très pratiqué dans les zones rurales. Si vous désirez vous lancer ainsi sur les routes, sachez que sur les petits axes les véhicules sont rares. Et, comme partout dans le monde, cette pratique comporte des risques.

EN VÉLO

Le relief plat des pays baltes attire de plus en plus de cyclotouristes étrangers.

Pour plus de précisions et des conseils par pays, consultez les p. 39-40.

Se loger

BON À SAVOIR

De juin à août, les lieux d'hébergement sont pris d'assaut, dans les capitales par les touristes étrangers, à la campagne par les Baltes, et sur la côte par… tout le monde. Les prix montent et réserver devient nécessaire *(voir p. 22)*. La côte et les villes thermales sont plus chères le week-end. De septembre à mai, les tarifs baissent de 20 à 40 %. En général, les lieux d'hébergement sont toujours très bien indiqués, avec des symboles spéciaux pour les gîtes ruraux.

P. Plantier / Michelin

Hôtel à Ventspils (Lettonie).

TYPES D'HÉBERGEMENT

Hôtels

Il n'y a pas si longtemps, les pays baltes ne comptaient que quelques hôtels tous identiques : des barres ou cubes de béton communs à tous les pays du bloc de l'Est, portant toujours les mêmes noms. Aujourd'hui, on transforme les blocs cités en tours modernes, on attire les chaînes internationales, on rénove de belles demeures des centres historiques pour créer des chambres luxueuses. Une classification de 1 à 5 étoiles basée sur des critères communs à tous les pays scandinaves et baltes, devrait bientôt être mise en place. Jusqu'à présent, le barème est peu fiable. Les hôtels de luxe pratiquent les mêmes tarifs que leurs cousins européens. Mais, hors des capitales, on trouve des petits hôtels flambant neufs offrant des chambres impeccables et très bien équipées, pour des tarifs modestes. Attention, les lits dits matrimoniaux ne sont pas si courants, et sont le plus souvent remplacés par des lits jumeaux.

Pour une visite virtuelle des hôtels locaux : www.visitestonia.com. (Estonie), www.hotelsinlatvia.lv. (Lettonie), www.hotels.lt. (Lituanie).

Appartements

Des appartements équipés sont proposés par des agences dans les capitales. Les tarifs varient selon le confort et l'emplacement (central ou non). Ce type d'hébergement possède plusieurs avantages : autonomie, tarifs par personne très avantageux pour les familles.

Étages

Le rez-de-chaussée est indiqué comme étant le premier étage, le premier comme le second… À l'exception de quelques hôtels, il n'existe donc pas de rez-de-chaussée.

Auberges de jeunesse

Qu'elles soient affiliées à l'HI (Fédération internationale des auberges de jeunesse), ou indépendantes, il s'en ouvre de plus en plus dans les zones touristiques des trois pays, même si le choix reste encore restreint hors des capitales. Il peut s'agir de belles demeures médiévales rénovées, comme de centres sportifs mis à disposition. Certaines ne sont ouvertes qu'en été, période durant laquelle elles sont prises d'assaut par les jeunes Européens qui apprécient les lits en dortoir (ou en chambre) **bon marché** et la **convivialité**. Il est conseillé de réserver durant cette saison. C'est possible pour certaines auberges, sur le site en français : *www.iyhf.org*. Sachez que le nombre de nuitées consécutives est limité. Le tarif d'un lit en dortoir va de 10 à 15 €, et un peu plus en chambre. Dans les auberges affiliées, les membres paient moins cher, la carte peut être achetée en France ou sur place. Informations : *www.estonia-hostels.com*. ou *www.hostels.ee*. (Estonie), *www.hostellinglatvia.com*. (Lettonie), *www.lithuaniahostels.org*. (Lituanie).

Les auberges de jeunesse sont souvent une source d'informations intéressantes. Les associations locales organisent des circuits, sorties et activités en plein air variées, destinés aux jeunes touristes.

Campings

Pour les personnes motorisées (ou qui se déplacent à vélo), le camping est le moyen le plus économique de se loger dans la région durant la belle saison. Les sites, souvent au bord d'un lac, d'une plage, ou en pleine forêt, permettent d'être **au plus près de la nature**. Mais cet isolement les rend peu accessibles par les transports en commun. Vous pouvez planter votre tente, garer le camping-car, mais aussi louer de petits chalets ou bungalows basiques, très économiques si vous voyagez à 3 ou 4 personnes. La qualité des installations communes (douche, toilettes, loisirs, sauna) varie énormément d'un lieu à l'autre. Les terrains sont tous ouverts de mi-mai à mi-septembre, mais certains le sont toute l'année. Informations sur Internet : *www.maaturism.ee*. et *www.rmk.ee*. (Estonie), *www.camping.lv*. ou *www.countryholidays.lv*. (Lettonie) et *www.camping.lt*. ou *www.countryside.lt*. (Lituanie).

Camping sauvage – Il est a priori autorisé hors des villes et des parcs naturels. Mais il est indispensable de demander la permission du propriétaire du terrain.

Pensions - Chez l'habitant

Passer la nuit **chez l'habitant** est un excellent moyen de découvrir le quotidien des Baltes : habitation, coutumes, cuisine de tous les jours. Dans les lieux les plus touristiques, vous serez sollicités par des locaux disposant d'une chambre ou apercevrez de petites affiches sur les maisons, souvent en allemand : *Zimmer frei*. Des **agences spécialisées** possèdent des listes de chambres, à tous les prix (belle maison historique, bloc de banlieue), dans tous les pays. Les contacter permet d'éviter les mauvaises surprises.

Des adresses sont données dans les carnets pratiques de la partie Découvrir. *Des agen-*

Infos pratiques

NOS ADRESSES

Vous trouverez nos adresses d'hébergement et de restauration dans les **carnets pratiques** de chaque localité. Ils présentent une sélection d'établissements dans et à proximité des villes ou des sites touristiques remarquables auxquels ils sont rattachés. Pour repérer facilement ces adresses sur nos plans, nous leur avons attribué des **pastilles numérotées**.

NOS CATÉGORIES DE PRIX

Les adresses sont classées en 4 catégories de prix pour répondre à toutes les attentes *(voir le tableau ci-dessous)*. Les prix que nous indiquons correspondent au **prix d'une chambre double en haute saison** pour l'hébergement (sauf concernant les campings et les auberges de jeunesse), et au **prix d'un repas** pour la restauration.

NOS CATÉGORIES DE PRIX			
Se restaurer		Se loger (ch. double)	
	moins de 8 €		moins de 25 €
	8 € - 15 €		25 € - 50 €
	15 € - 25 €		50 € - 80 €
	plus de 25 €		plus de 80 €

ces en France peuvent aussi vous aider, tel Slav'Tours ou TCH (voir p. 17 et 22).

Les **pensions** de famille sont un moyen terme entre la chambre chez l'habitant et l'hôtel. Leurs principaux atouts sont des tarifs modérés et un faible nombre de chambres qui permet d'espérer un service et une attention plus exclusifs. Dans les capitales, ces établissements sont rapidement complets.

Gîtes ruraux et fermes

Les belles campagnes baltes attirent depuis longtemps les Baltes eux-mêmes et depuis peu les étrangers. Dans des fermes, manoirs, châteaux ou maisons traditionnelles, on propose désormais des chambres, on sert une cuisine typique et, selon le lieu, on organise des activités (pêche, cueillette). Les tarifs commencent à 12-15 € par personne et peuvent vite augmenter selon le type d'hébergement et de prestations.

Chaque pays compte une association qui gère ce type de **tourisme rural**. Leurs sites Internet donnent une liste d'adresses, des tarifs, et permettent parfois d'effectuer une réservation : Eesti Maaturism *(www.maaturism.ee.* ou *www.rmk.ee.)* en Estonie, Lauku Ceļotājs *(www.countryholidays.lv.* ou *www.celotajs.lv.)* en Lettonie et Atostogos Lietuvos Kaime *(www.countryside.lt.)* en Lituanie (pays où ces lieux sont très bien indiqués). Ce dernier, par exemple, classe les établissements à l'aide de cigognes (de 1 à 4 selon le confort). On trouve théoriquement leurs catalogues dans les librairies locales ou les offices de tourisme.

Se restaurer

Manger sur le pouce ou s'asseoir confortablement ? Manger balte ou mexicain ? Tout est possible, mais cela dépendra vraiment du lieu où vous vous trouvez. Mais où que vous soyez, il est possible d'être rassasié à (très) peu de frais.

Types d'établissements – Depuis quelques années, les restaurants se sont multipliés dans les capitales baltes. On y trouve la cafétéria la plus simple, l'auberge traditionnelle, le concept tendance et éphémère, l'adresse de grand luxe. Les nombreux **bars et cafés** (ou salons de thé) permettent de se restaurer à moindre prix et à toute heure, de sandwiches, de salades, de soupes froides ou chaudes et de pâtisseries. Certains s'apparentent à des cafétérias et offrent des plats plus copieux. L'ambiance et le décor diffèrent énormément selon le lieu : maison historique d'une vieille ville, établissement bruyant d'une gare,

P. Plantier / Michelin

Enseigne d'un restaurant estonien.

etc. Les **restaurants** les plus populaires auprès des Baltes sont ceux qui offrent un décor rustique et traditionnel (artificiel ou non), où de jolies filles en costume folklorique servent de grandes portions de cuisine locale ou des plateaux composés (charcuterie, fromage, légumes marinés) pour accompagner la bière. C'est sans doute ici que votre curiosité gustative sera satisfaite. Les restaurants plus classiques, typiques des capitales, suivent les modes et servent (moins généreusement) une cuisine locale et internationale. Les sites *www.meniu.lt.* (Lituanie) et *www.restaurants.ee.* (Estonie) donnent une liste de restaurants dans ces deux pays.

Cuisines locales/cuisines du monde – Jadis fermée aux influences extérieures, la scène culinaire locale est désormais grande ouverte aux cuisines du monde. Vous trouverez ici les mêmes restaurants chinois, indiens, italiens qu'en France. Ce ne sont pas a priori ceux que vous êtes venus fréquenter. Mais il est toujours bon de connaître leur existence au cas où les saveurs locales vous lasseraient. Pour que votre voyage soit aussi fait de découvertes gustatives, autant choisir des gastronomies que vous ne pourrez pas goûter en bas de chez vous : cuisines baltes, cuisines russe et des ex-républiques soviétiques (arménienne, géorgienne, ukrainienne, tatar…). La cuisine régionale est mise en avant dans des établissements arborant des labels. Ainsi, le logo *Kulinarinis paveldas Aukštaitija* en Lituanie indique les lieux

Bon appétit !

Les Baltes apprécient que les étrangers fassent l'effort d'apprendre quelques mots de leur langue. À table, n'oubliez pas de dire « bon appétit » : *head isu* (estonien), *labu apetiti* (letton), *gero apetito* ou *skanaus* (lituanien).

proposant des plats à base de produits réputés de la région d'Aukštaitija.

Capitales/province – Si le choix est vaste dans les capitales et les grandes villes (tarifs, cuisines), il se réduit considérablement dans les villes moyennes et les zones rurales. On y trouve quelques auberges (le plus souvent au bord des grandes routes), des pizzerias (omniprésentes), et des restaurants ou self-services un peu déprimants mais que l'on peut trouver pittoresques. Ils constituent en tout cas une solution de dépannage. Un restaurant au bord d'un lac ou un self-service urbain bon marché (cuisine locale assurée) peuvent offrir de belles expériences. Avec l'essor du tourisme, les produits locaux sont mis en valeur. Les poissons frais ou fumés, les fruits des bois, les champignons trouvent sans mal leur place dans les assiettes des touristes qui ont la curiosité de s'aventurer à l'extérieur des villes. Se restaurer hors des capitales n'est donc pas un problème de qualité mais de manque de choix. Sachez enfin que loger dans un gîte rural ou à la ferme donne accès à de copieux repas locaux.

Repas – Les hôtels proposent la plupart du temps le petit-déjeuner. Ces derniers diffèrent beaucoup d'un établissement à l'autre. Mais sachez qu'un petit-déjeuner traditionnel, donc copieux, pourra vous permettre de faire l'impasse sur le déjeuner. Le déjeuner n'est pas pour autant négligé. Comme en France, il constitue le repas le plus important avec le dîner, servi souvent dès 17h-18h dans les restaurants. Les repas de fête traditionnels sont souvent longs, très copieux et abondamment arrosés.

Horaires – Les bars et cafés ouvrent de 8h-9h à 22h-23h. Les restaurants restent ouverts en continu de 12h à 22h-23h.

Usages – Un pourboire de 10 % est d'usage si le service vous a satisfait.

Menus – Ils sont écrits dans la langue locale dans tous les établissements. On en trouve néanmoins en anglais, voire en allemand et en russe, dans les restaurants des capitales ou des sites touristiques. Les menus enfants sont rares. Particularité locale, les plats (voire les boissons) sont indiqués en grammes. Dans les restaurants populaires, les plats exposés rendent le choix plus simple.

Tarifs – Dans les restaurants des capitales, ils sont très proches de ceux pratiqués en France : de 8 à 30 € pour un repas. Mais les établissements prisés des locaux offrent un rapport quantité/prix imbattable. Dans un café ou un self-service, vous vous restaurerez pour 4-6 €.

Vous trouverez la grille de nos catégories de prix dans le tableau de la p. 30.

Sorties

Les sorties culturelles ou festives ne manquent pas dans les capitales et villes touristiques. Que vous aimiez fréquenter les salles dorées des opéras ou les discothèques survitaminées, les pays baltes vous combleront. Les voyageurs avides de culture fréquenteront les innombrables festivals, produits de l'énergie créatrice locale. Les oiseaux de nuit savent déjà que Tallinn et ses voisines jouissent d'une réputation internationale. Ceux qui aiment l'ambiance des gradins iront voir un match de basket en Lituanie, une rencontre de hockey sur glace en Lettonie.

Les carnets pratiques dans Découvrir, vous donnent des suggestions de sorties.

Argent

Vous trouverez les informations nécessaires sur les devises, le change, les moyens de paiements et le budget p. 22-23.

Sécurité

MISES EN GARDE

L'essor du tourisme entraîne celui de la petite délinquance. Mais avec un peu de bon sens, vous ne devriez pas connaître de problèmes dans les pays baltes. Le principal risque que court un visiteur est le **vol** (direct ou dans la voiture). Les gares, marchés et quartiers touristiques des grandes villes sont les lieux les plus prisés des pickpockets. N'affichez pas ouvertement votre « fortune », ne laissez jamais sans surveillance vos effets personnels et évitez les propositions douteuses : faux policiers en civil qui demandent à voir votre argent, change au noir, drogue, prostitution. Nous vous conseillons aussi de ne pas déambuler seul en pleine nuit, où que ce soit. Soyez discret même en plein jour dans les quartiers « sinistrés » : périphérie des grandes

Le numéro d'urgence

Le numéro de téléphone ✆ **112**, commun aux pays membres de l'UE, permet dans les trois pays d'être connecté à un interlocuteur anglophone qui alertera les services d'ambulance, d'aide médicale d'urgence ou de la police.

villes, cités industrielles. Pour plus de sécurité, gardez toujours des photocopies de vos documents importants et rangez-les à part des originaux.

Malheureusement, comme en Russie, le racisme est ici une réalité, et les voyageurs de couleur pourront parfois ressentir une certaine gêne.

Les **automobilistes** suivront quelques règles spécifiques, surtout s'ils conduisent leur propre véhicule (plaque d'immatriculation étrangère qui attire). Évitez de rouler de nuit et de vous arrêter dans des lieux isolés. Ne gardez aucun document dans le véhicule. Le vol de voiture n'est malheureusement pas rare, en Lettonie notamment. La nuit, privilégiez toujours les parkings gardés ou fermés, proposés par les hôtels.

EN CAS DE PROBLÈME

Pour tout vol ou perte, il convient d'effectuer une déclaration à la police locale (sur le lieu du méfait), puis de s'adresser à son ambassade. Le numéro d'urgence européen ✆ **112** (pompier, urgences, police) est le plus approprié car vous êtes à peu près sûr d'y trouver un interlocuteur anglophone. Autres numéros utiles pour contacter la police : en Estonie ✆ 110, en Lettonie et Lituanie ✆ 02.

Santé

PRÉCAUTIONS

Pour des informations précises sur l'état sanitaire de chaque pays, vous pouvez consulter les sites Internet du CIMED *(www. cimed.org.)* ou celui du ministère des Affaires étrangères *(www.diplomatie. gouv.fr.)*.

Vaccinations – Aucune vaccination n'est exigée. Mais il est recommandé d'être immunisé contre la diphtérie, la typhoïde, la poliomyélite, la rougeole et le BCG.

Eau – Les avis divergent quant à la qualité de l'eau du robinet. Pour éviter les désagréments, ne buvez que de l'eau en bouteille ou filtrée.

Tiques et moustiques – Les zones rurales, les forêts où locaux et touristes aiment se promener, sont infestées de tiques d'avril à octobre. L'encéphalite à tiques fait en conséquence plusieurs victimes par an. Il est donc recommandé de se promener jambes et bras couverts et de toujours vérifier sa peau. Faites-vous vacciner contre cette maladie avant votre départ, si vous pensez fréquenter assidûment les sous-bois. Les moustiques sont, eux, omniprésents en été, en particulier autour des lacs. Pensez à vous munir d'un produit répulsif très efficace.

Sida – Jusqu'alors limité à la population toxicomane, le sida est désormais en progression inquiétante dans les pays baltes. Le tourisme sexuel n'est pas étranger à cette propagation.

SOINS - ASSISTANCE

Infrastructures – La qualité des soins « usuels » dans les capitales est globalement bonne, et le nombre d'hôpitaux et de médecins suffisant. La situation est moins satisfaisante en province. Vous trouverez les adresses de centres médicaux dans les carnets pratiques de chaque ville ou région décrite. Des médecins francophones, anglophones ou germanophones, vous seront recommandés sur demande par votre ambassade.

Pharmacies – Elles s'appellent *apteek* en Estonie, *aptieka* en Lettonie et *vaistinė* en Lituanie. Vous trouverez les médicaments des grandes firmes dans les officines des trois pays. Néanmoins, si vous suivez un traitement particulier, il est préférable d'emporter avec vous les médicaments nécessaires pour la durée de votre séjour.

S. Ollivier / Michelin

Boîtes aux lettres en Estonie.

Poste et télécommunications

POSTE

Les bureaux de poste, *postkontor* en Estonie, *past* en Lettonie et *pastas* en Lituanie, sont installés dans toutes les villes et dans tous les villages. Vous pourrez vous procurer sur place des timbres et envoyer vos lettres et vos cartes qui parviendront en France 3 à 4 jours plus tard. Informations : Eesti Post (Estonie) sur *www.post.ee.*, Latvijas Pasts (Lettonie) sur *www.riga.post.lv.*, Lietuvos Paštas (Lituanie) sur *www.post.lt.*

TÉLÉPHONER

Téléphones publics – Les cabines sont de moins en moins nombreuses car elles sont « chassées » par les portables. Dans les trois pays, ces cabines publiques fonctionnent avec des cartes à puce que l'on achète dans les postes et dans les kiosques. Il existe aussi des cartes à code, plus intéressantes pour les appels internationaux. Dans toutes les cabines est indiqué un numéro qui vous permet d'être rappelé.

Téléphones mobiles – Si votre abonnement ne comprend pas d'option internationale, vous pouvez acheter sur place (postes, kiosques) une carte SIM sans forfait, avec un numéro local. La couverture est assez bonne, bien que pas toujours assurée dans les zones les plus reculées (îles estoniennes par exemple).

Indicatifs régionaux – Vous les trouverez dans les carnets pratiques de chaque ville ou région évoquée.

Estonie

Appeler l'Estonie – Pour appeler l'Estonie depuis la France, composez le 00 + **372** (indicatif du pays) + numéro du correspondant.

Numéros estoniens – Pour appeler d'une ville estonienne à une autre, vous devrez faire le 0 et ajouter l'indicatif de la ville. Pour appeler un portable, faites le 0 plus le numéro. Ils commencent généralement par 50-57. Tous les numéros de postes fixes comptent 7 chiffres. Ceux des mobiles commencent par un 5 et se composent de 7 ou 8 chiffres.

Lettonie

Appeler la Lettonie – Pour appeler la Lettonie depuis la France, composez le 00 + **371** (indicatif du pays) + 6 + numéro du correspondant.

Numéros lettons – Faire le 6 + le numéro à 7 chiffres du correspondant. Les numéros de mobiles comptent également 7 chiffres et commencent par un 9 ou un 6. Pour trouver un numéro : *www.118.lv.* ou ✆ 118.

Lituanie

Appeler la Lituanie – Pour appeler la Lituanie depuis la France, composez le 00 + **370** (indicatif du pays) + numéro du correspondant.

Numéros lituaniens – Pour appeler une autre ville ou région, il faut composer le 8 (un système peu pratique qui pourrait changer), attendre la tonalité, composer l'indicatif régional (communiqué dans les carnets pratiques de chaque site) puis le numéro du correspondant. Informations : *www.telecom.lt.*

. baltes

Sur les adresses en ligne, l'Estonie est **.ee**, la Lettonie **.lv**, et la Lituanie **.lt**.

INTERNET

L'Estonie est connue dans le monde entier pour faire partie des pays qui ont le plus rapidement adopté Internet à grande échelle. On y vote même en ligne. D'où son surnom d'e-stonie. La Lettonie et la Lituanie se mettent peu à peu au niveau, mais, dans les zones les plus reculées, la Toile a peu de succès. Dans les capitales et les sites touristiques, les hôtels et les restaurants comptent souvent des espaces Wifi ou des points d'accès (gratuits ou payants). Là encore, l'Estonie a pris de l'avance. Les cybercafés sont assez nombreux dans les grandes villes. Ils ne sont pas toujours bien indiqués, mais ouverts à toute heure et peu onéreux (2 € de l'heure environ). Les bibliothèques proposent souvent des postes gratuits.

Us et coutumes

Respect de la nature – Les Baltes ont une relation presque intime avec la nature. Vous serez par exemple frappé par le grand nombre de nichoirs à oiseaux et par tout ce qui est fait pour faciliter l'installation des nids de cigognes. Chaque jour férié, les citadins quittent les villes pour camper au bord d'un lac, rénover leur maison de campagne, s'allonger sur de longues plages. Les touristes étrangers qui découvrent eux aussi ces belles régions sont invités à profiter de ces lieux en faisant preuve de bon sens. La responsabilité individuelle est essentielle pour préserver les zones naturelles. Que ce soit dans les espaces protégés ou ailleurs, évitez de faire un feu en pleine nature, ne jetez pas vos ordures n'importe où, ne vous lavez pas dans les eaux d'un lac et ne cueillez pas tout et n'importe quoi.

Se saluer – S'embrasser ne fait pas partie des mœurs locales. Une poignée de main franche ou un simple hochement de tête suffit.

Être invité – Il est d'usage d'enlever ses chaussures en pénétrant dans une maison ou un appartement. Si vous répondez à une invitation, apportez un petit cadeau. Des fleurs (nombre impair), que l'on vend partout et que l'on offre même aux hommes, seront les bienvenues. Ne vous asseyez pas n'importe où à table. Des places précises sont souvent attribuées à tel ou tel membre de la famille. Si vous n'êtes pas intimes, évitez les sujets qui fâchent, comme les relations avec les russophones.

Superstitions – Ici, comme dans beaucoup de pays d'Europe orientale, on ne siffle pas dans les lieux clos.

Visites de sites religieux – Lors de votre voyage, vous visiterez sans doute de nombreux sites religieux. En été, évitez de visiter les églises en étant trop dévêtu(e)s. Les hommes penseront à se couvrir la tête dans les synagogues et à se découvrir dans les églises. Dans les lieux de culte orthodoxes, il est interdit de passer derrière l'iconostase.

Pays baltes pratiques de A à Z

ACCUEIL

Les Baltes vous paraîtront parfois froids au premier abord : à la réception d'un hôtel, à la caisse d'un magasin. Les touristes français habitués aux « bonjour-merci » ressentent cette attitude comme de l'indifférence, voire de l'impolitesse. Mais elle concerne tout le monde sans déranger personne. Et cette froideur disparaît vite lorsque les liens se créent.

ACHATS

Horaires – Les magasins sont généralement ouverts :

- En Lituanie et Lettonie : lun.-vend. 10h-19h, sam. 10h-16h.
- En Estonie : lun-vend. 9h-18h, sam. 9h-15h.

Lieux d'achats – Chaque ville compte désormais des supermarchés (ouverts tous les jours et parfois tard le soir) en périphérie et un ou plusieurs centres commerciaux flambant neufs dans les quartiers centraux. Vous y trouverez les mêmes marques et produits que chez vous : alimentation, habillement à des tarifs quasi équivalents. Les petites villes possèdent au moins un petit supermarché. Sur les marchés, souvent modestes, on trouvera des produits locaux, moins chers, et parfois de l'artisanat. Ils s'apparentent parfois à de grands bazars où des commerçants de toute l'ex-URSS vendent tout et encore plus.

Marchandage – Ce n'est pas vraiment une tradition dans les pays baltes. Il est néanmoins vaguement pratiqué sur les marchés d'artisanat, dans les bazars urbains. N'espérez pas de gros rabais.

Achats détaxés – Les touristes n'appartenant pas à l'Union européenne peuvent théoriquement se faire rembourser la TVA de certains produits signalés au moment de quitter le pays. Les magasins vendant des produits détaxés le signalent par un autocollant *Tax-free*. Les trois aéroports possèdent des comptoirs *Tax-Free* où l'opération de remboursement s'effectue. Le système est plutôt au point en Lettonie *(www.taxfree.lv.)*.

Bon à savoir – Vérifiez toujours avant d'acheter que la TVA est comprise dans le prix affiché.

Les p. 44-45 recensent de nombreuses idées d'achats pour ramener des souvenirs typiquement baltes : artisanat, ambre, produits de bouche…

ADRESSES

Dans les trois pays, le nom de la rue peut-être suivi de 2 chiffres. Si c'est le cas, le premier indique le numéro dans la rue, le second celui de l'appartement.

ALCOOL

L'alcoolisme étant un fléau dans les trois pays, il est sévèrement combattu. Les contrôles sont nombreux sur les routes. En Estonie et en Lituanie, il est interdit de boire en public (boire une bière dans la rue par exemple), en dehors des établissements spécialisés. En Lettonie, l'achat d'alcool est interdit la nuit, en dehors des lieux de fête et de restauration.

ÉLECTRICITÉ

Dans les trois pays, on utilise des prises au standard européen (220 V, 50 Hz) avec deux trous et une broche. Les Français, Belges ou Suisses peuvent utiliser leurs appareils électriques. Mais les Canadiens doivent prévoir un adaptateur.

HANDICAP

En dehors des capitales, où quelques lieux sont équipés, les personnes à mobilité réduite ne seront pas à la fête. Seuls les hôtels de luxe possèdent des chambres adaptées. Les nouveaux bus ou trolleys des capitales possèdent des accès surbaissés. Les vieux quartiers, attractions touristiques majeures, avec leurs pavés et rues en pente ne sont absolument pas praticables. Dans les parcs nationaux, quelques courts che-

mins aménagés permettent parfois d'accéder en fauteuil roulant à de beaux panoramas. Agences de voyages spécialisées : APF Évasion *(www.apf.asso.fr.)* ou Handi Cap Évasion *(www.hce.asso.fr.)*.
Dans les carnets pratiques, nous signalons les hôtels ou les lieux de visite adaptés par le pictogramme ♿.

HEURE ET DATE

L'heure des pays baltes est GMT+2h. Le **décalage horaire** est donc d'une heure par rapport à la France, la Suisse et la Belgique et de 7 heures avec le Québec. Quand il est midi à Paris, il est 13h à Rīga. Quand il est midi à Montréal, il est 19h à Rīga. L'**heure d'été** est appliquée du dernier dimanche de mars au premier dimanche d'octobre.

Les **dates** sont le plus souvent indiquées de la manière qui suit : mois/jour/année.

JOURS ET HEURES D'OUVERTURE

Dans les trois pays, l'affichage des jours et des heures d'ouverture diffère. Les jours sont désignés de I à VII ou par des symboles en Lituanie, ce qui les rend très compréhensibles. En Lettonie et en Estonie, les indications sont des plus variées et il vous faudra souvent reconnaître les jours de la semaine dans les langues locales.

Voir p. 109 pour l'Estonie, p. 181 pour la Lettonie et p. 255 pour la Lituanie.

Attention, les musées sont souvent fermés le lundi, voire le mardi. En hiver, les lieux touristiques dits « secondaires » tournent au ralenti. Si les églises orthodoxes sont ouvertes toute la journée, les autres lieux de culte ne sont accessibles la plupart du temps que lors des messes ou des offices, en particulier à la campagne.

En Lettonie et en Lituanie

Poste : lun-vend. 8h-19h, sam. 8h-15h.
Magasins : lun.-vend. 10h-19h, sam. 10h-16h.
Banques : lun.-jeu. 9h-17h, vend. 9h-16h.
Cafés : tlj 8h-23h.
Restaurants : tlj 12h-23h.
Supermarchés : tlj 8h-22h.

En Estonie

Poste : lun-vend. 9h-18h, sam. 9h-15h.
Magasins : lun.-vend. 10h-18h, sam. 10h-15h.
Banques : lun.-vend. 9h-16h.
Cafés : tlj 9h-22h.
Restaurants : tlj 12h-23h.
Supermarchés : tlj 9h-22h.

JOURS FÉRIÉS	EST.	LET.	LIT.
1er Janvier - Nouvel An	X	X	X
16 février - fête de l'Indépendance de 1918			X
24 février - fête Nationale	X		
11 mars - fête de la restauration de la République			X
Pâques (Vendredi saint et dimanche de Pâques) - Dates variables	X	X	X
1er Mai - fête du Travail	X	X	X
4 mai - jour de la Constitution		X	
1er dimanche de mai - fête des Mères			X
2e dimanche de mai - fête des Mères		X	
mai / juin - Pentecôte	X	X	
23 juin - fête de la Victoire (E), fête de Līgo (Let.), Joninės (Lit.)	X	X	X
24 juin - St-Jean : Jaanipäev (Est.), Jāņi (Let.), Joninės (Lit.)	X	X	X
6 juillet - fête de l'État (sacre du roi Mindaugas)			X
15 août - fête de l'Assomption			X
20 août - fête de la restauration de l'Indépendance	X		
1er novembre - Toussaint			X
18 novembre - fête Nationale		X	
25-26 décembre - Noël	X	X	X
31 décembre		X	

JOURS FÉRIÉS

Aux jours fériés dont l'inventaire est fait dans le tableau ci-dessous s'ajoutent des jours de commémoration propres à chaque pays. Ils ne sont pas chômés mais donnent lieu à diverses cérémonies qui peuvent parfois perturber l'activité habituelle (défilés par exemple).

LANGUES PARLÉES

Les langues baltes sont réputées difficiles. Très rares sont les touristes étrangers qui font l'effort d'apprendre quelques mots. Pourtant, savoir dire ne serait-ce que *bonjour* et *merci* sera apprécié. Avec quelques mots de plus, vous vous attirerez même la sympathie des locaux *(voir p. 50-51)*. Pour vous débrouiller, voire engager la conversation, l'anglais et l'allemand seront très utiles. Le premier est parlé par beaucoup de jeunes et dans tous les lieux touristiques. L'allemand est bien compris dans les régions côtières. Ceux qui maîtrisent le polonais trouveront à qui parler à Vilnius. Le russe est évidemment utilisé dans les régions lettones et estoniennes où les russophones sont majoritaires. Mais évitez de le parler dans les autres régions. Si vous devez demeurer une longue période dans l'un des trois pays, vous pourrez prendre des cours sur place dans des universités ou des instituts privés.

MÉDIAS

Presse locale – Les titres locaux sont nombreux et vendus dans des kiosques. On trouve également des publications en anglais éditées sur place et dédiées aux pays baltes. Elles sont proposées avant tout dans les librairies et lieux touristiques. *In your pocket (www.inyourpocket.com.)* est un guide en anglais actualisé tous les deux mois dans les capitales et qui regorge d'informations pratiques. *The Baltic Times (www.baltictimes.com.)* paraît tous les jeudis et vous informera sur l'actualité locale. Citons aussi le très soigné magazine *City Paper (www.balticsww.com.)*. Les germanophones choisiront le mensuel *Baltische Rundschau (www.baktische-rundschau.de.)*.

Presse française – Les journaux francophones sont quasiment impossibles à trouver dans les kiosques. Vous êtes sûr de pouvoir les consulter dans les centres culturels français des trois capitales.

Radio – Les stations se sont multipliées et diversifiées au cours de la dernière décennie. Actualité, musique locale, folklorique ou internationale sont au programme. Vous aurez parfois la surprise d'entendre des classiques français adaptés en langue balte. Des émissions en anglais sont proposées sur certains canaux. Pour capter Radio France Internationale (RFI) : Vilnius (98,3 MHz), Tallinn (103,5 MHz). À Rīga et partout ailleurs connectez-vous sur *www.rfi.fr.*

Télévision – Chaque pays possède ses chaînes publiques et privées (nées après l'indépendance). Les programmes étrangers sont soit doublés sommairement (Lettonie, Lituanie), soit en version originale sous-titrée (Estonie). Des chaînes russes, biélorusse (avec hymne national en karaoké un peu avant 7h), polonaises et finlandaises sont visibles selon les pays : programmes incompréhensibles mais très instructifs. Les chaînes françaises (TV5 ou Canal France International) passent sur le câble ou le satellite dans les grands hôtels.

POIDS ET MESURES

Le système métrique est utilisé dans les trois pays.

POURBOIRES

Ils ne sont pas obligatoires mais il est d'usage de laisser 5 à 10 % à un chauffeur de taxi ou dans les lieux où l'on vous sert à table (pas au bar). N'offrez un pourboire qu'en cas de service satisfaisant.

TABAC

Estonie et Lettonie – Depuis 2002, il est interdit de fumer dans les lieux publics. Des espaces fumeurs sont aménagés dans les bars et restaurants, en attendant peut-être une interdiction totale.

Lituanie – Depuis 2007, les lieux publics couverts sont non-fumeurs, y compris les cafés, les bars, les restaurants ou les discothèques.

TOILETTES

Toilettes publiques – La situation s'est considérablement améliorée dans les capitales où l'on trouve des toilettes, payantes ou non, parfois correctes et assez bien indiquées. Mais il est prudent de prévoir du papier hygiénique. En province, à part dans les grandes villes, la situation n'est pas aussi reluisante. Mais les restaurants et cafés offrent une alternative.

Pour femmes ou pour hommes ? – Pour reconnaître quelles toilettes utiliser, suivez ces conseils.

En Estonie : M ou un triangle vers le bas indique le coin des hommes, N et le triangle vers le haut, celui des femmes.

En Lettonie : V pour les hommes et S pour les femmes.

En Lituanie : V pour les hommes et M pour les femmes.

À FAIRE ET À VOIR

Activités et loisirs

DÉCOUVERTE DU PATRIMOINE

Découvrir le folklore

Avant et après l'indépendance, les identités baltes se sont affirmées à travers les chants, les danses, l'artisanat, les écrits, les costumes et les coutumes païennes ou chrétiennes. Ce patrimoine apparaît dans des musées ruraux (parfois en plein air) ou urbains. De très nombreux **festivals** se déroulent tout au long de l'année pour que ces traditions vivent et s'exposent aux yeux des locaux comme des touristes étrangers. Il peut s'agir aussi bien d'une fête dédiée au concombre, d'une reconstitution de bataille, que d'un événement musical attirant des artistes internationaux.

Vous trouverez p. 46-47 une liste des grands festivals. Elle est complétée par les événements dits « mineurs » dans les carnets pratiques de chaque site.

Ornithologie

En été, de nombreux oiseaux migrateurs prennent leur quartier ou font halte dans les zones humides. Vous observerez des grues, des butors, de nombreux canards et oies ou encore des espèces forestières plus discrètes. Les cigognes noires ou blanches, auxquelles les Baltes vouent un véritable culte, sont visibles dans les champs et les villages, où leurs nids sont souhaités. Les vastes espaces naturels que l'on parcourt à pied, à vélo, à cheval ou en canoë, sont parfois équipés de postes d'observation ou de chemins écologiques balisés. Ces derniers sont bordés de panneaux informant les promeneurs sur les espèces végétales et animales qu'ils peuvent rencontrer.

Ambassade d'Estonie

Cigognes dans leur nid.

Les lieux d'observation les plus connus sont : Matsalu ou Vilsandi en Estonie, le lac d'Engure en Lettonie, le delta du Niémen, l'isthme de Courlande et les rives boisées des lacs d'Aukštaitija (rapaces) en Lituanie.

Sites spécialisés : *www.eoy.ee.* (Estonie), *www.lob.lv.* (Lettonie), *www.birdwatching.lt.* (Lituanie) et l'agence *www.avanturas.lt.* qui organise des séjours d'écotourisme en Lituanie.

Des agences d'écotourisme proposent des sorties permettant de découvrir la flore *(voir l'encadré p. 41)*.

Musées et visites guidées

L'art sous toutes ses formes, le folklore, l'histoire sont comme dans le monde entier à l'honneur dans des musées souvent bien conçus, mais de petite taille et assez peu visités. On les parcourt dans le calme, sous le regard de vieilles dames consciencieuses. Les droits d'entrée sont modiques mais les explications ne sont pas toujours traduites en plusieurs langues. Attention, nombre de ces lieux ferment, ou tournent au ralenti pendant la période hivernale.

Pour un avant-goût virtuel, consultez *www.muzeji.lv.* (en anglais, les musées de Lettonie comme si vous y étiez) et *www.muziejai.lt.* (en français, un panorama de tous les musées lituaniens).

Les offices de tourisme locaux, dans les capitales, comme dans les parcs nationaux, proposent de temps à autre les services de guides parlant anglais, allemand et plus rarement français. Ils vous accompagneront dans vos visites à pied, voire à vélo.

Héritage soviétique

Les statues des leaders soviétiques, les drapeaux, les prisons, une certaine architecture, ont fait et font encore partie du quotidien des Baltes. Aujourd'hui, certains de ces vestiges sont présentés dans des musées par devoir de mémoire, et parfois volontairement ridiculisés pour mieux oublier. Ces legs soviétiques qui plaisent énormément aux visiteurs « occidentaux » deviennent de vraies attractions touristiques.

En Estonie – Dans la capitale, la tour de la télévision est le vestige soviétique le plus spectaculaire. À l'est du pays, Sillamäe et Narva offrent un décor et une ambiance qui confirment tous les clichés sur la période soviétique. Quant au port de Paldiski, c'est une ancienne base de sous-marins.

En Lettonie – À Rīga, vous pouvez visiter le musée de l'Occupation. À Daugavpils, vous verrez une vaste forteresse que l'armée Rouge n'a quitté qu'en 1993. Pour aller encore en peu plus loin dans ce voyage dans le temps, passez la nuit dans une ancienne prison à Liepāja, port dans lequel flottaient les navires de guerre.

En Lituanie – À Vilnius, le musée des Victimes du génocide est abrité dans un bâtiment où siégea le KGB. Le palais des sports est, lui, un bel exemple d'architecture soviétique. On y accède notamment par le pont vert et ses statues d'héroïques et volontaires travailleurs. Dans le parc national de Žemaitija, visitez la base souterraine de missiles. À Šiauliai, se trouve l'ancienne plus grande base militaire soviétique hors de Russie. Les kolkhozes abandonnés sont nombreux dans la plaine alentour. Visaginas, au nord-est, est un exemple parfait d'une ville de béton à vocation unique. Elle fut construite pour les ouvriers de la centrale nucléaire. Enfin, à Grūtas au sud du pays (près de Druskininkai), des statues de toutes tailles et divers objets de cette période ont été regroupés dans un parc et un musée.

D'autres cultures

Héritage juif – Exterminée par les nazis, la population juive des pays baltes est aujourd'hui numériquement très faible. Pourtant, jusqu'à 100 000 juifs ont vécu à Vilnius qui a été le principal centre de la culture yiddish. Dans cette ville (où l'ancien ghetto est en restauration), comme à Rīga, les traces de ce passé sont rares. On visite quelques musées, des synagogues, des cimetières et des mémoriaux sur les sites des massacres (la forêt de Paneriai près de Vilnius ou le IXe Fort à Kaunas).

Setu – Ce peuple finno-ougrien *(voir Glossaire p. 334)*, qui ne comprend pas plus de 7 000 personnes, vit à l'extrême sud-est de l'Estonie (le Setumaa) et de l'autre côté de la frontière russe. Pour découvrir ce peuple oublié, en voie de folklorisation, visitez les villages typiques de Tonja ou de Võporzova, les musées d'Obinitsa et de Värska, et assistez aux fêtes estivales *(voir p. 46-47)*.

Livoniens (Lives) – Ce peuple finno-ougrien se concentre aujourd'hui dans une douzaine de villages de la côte lettone, entre Pūrciems et Lūžļa. En parcourant cette zone protégée, visitez à Mazirbe la maison du peuple livonien et assistez en août à un festival live *(voir p. 246)*.

Karaïtes – Cette minorité juive de moins de 300 âmes aujourd'hui peut être

S. Ollivier / Michelin

Scène rurale.

découverte à Trakai, près de Vilnius, à travers quelques maisons, un musée ethnographique ou encore des restaurants de spécialités karaïtes.

Vieux-croyants – Cette communauté religieuse de Russes orthodoxes qui fuirent la Russie des réformes à la fin du 17e s. s'est installée sur la rive ouest du lac de Peïpous en Estonie et à l'est de la Lettonie. Visitez les villages typiques de l'île de Piirissaar, Kallaste, Kolkja (musée des Vieux-croyants), Raja, Mustvee ou Kasepää.

Vous trouverez plus d'informations sur les minorités dans les pays baltes dans la partie Comprendre *p. 99-100.*

SPORTS ET LOISIRS DE A À Z

Les zones naturelles des pays baltes sont d'immenses aires de jeux pour tous ceux qui aiment s'activer en groupe ou seul. Pour des idées originales, vous pouvez consulter le site letton (en français) : *www.youwontbelieveit.eu.*

Dans la partie Découvrir, souvent dans les carnets pratiques des sites concernés, vous trouverez des adresses liées aux activités décrites ci-dessous.

Cyclotourisme

Le **relief plat** et les vastes zones peu habitées attirent de plus en plus d'amateurs de cyclotourisme. À tel point que certains sillonnent les trois pays en pédalant. Mais la plupart des touristes se contentent de petites randonnées occasionnelles. Les routes de campagne, peu fréquentées, s'y prêtent très bien. Les pistes cyclables ou les **chemins balisés numérotés** sont de plus en plus nombreux dans les villes, dans les régions côtières et dans les parcs nationaux. Et on trouve de plus en plus de **loueurs de vélos** dans les zones touristiques (hôtels, auberges de jeunesse...). Vous pouvez aussi venir avec votre propre bicyclette, que les compagnies aériennes acceptent théoriquement pour un supplément.

Informations – Cette activité se pratique essentiellement à la belle saison (de mai à octobre). Vous trouverez des informations dans les offices de tourisme : adresses des loueurs de vélos, cartes des pistes cyclables. Avant de partir, consultez le site Internet de Baltic Cycle *(www.bicycle.lt.)*.

En Estonie – Les deux grandes îles estoniennes, Hiiumaa et Saaremaa, se prêtent fort bien à la pratique du vélo. Les pistes forestières du parc de Lahemaa sont un autre paradis des cyclistes. À Tallinn, des tours de la ville, guidés et à vélo, sont proposés.

En Lettonie – Des pistes permettent de découvrir toutes les régions : parc national de la Gauja, hautes terres de Vidzeme et Latgale. Si vous êtes à Rīga pour un week-end prolongé, suivez la piste cyclable de 25 km vers la ville balnéaire de Jūrmala. Latvia Tourism *(www.latvia-tourism.lv.* en français*)* conseille 17 itinéraires thématiques à travers le pays, en fournissant des informations pratiques. Baltic Country Holidays organise des circuits en vélo (8 à 13 jours) à travers les trois pays baltes : *www.celotajs.lv.* ou *www.countryholidays.lv.*

En Lituanie – La côte peut être presque intégralement parcourue à vélo. L'isthme de Courlande, ses calmes villages, forêts, plages et dunes, sont sillonnés par 28 km de pistes. Les parcs nationaux et régionaux peuvent aussi être parcourus sur une selle, en empruntant les mêmes chemins balisés que les marcheurs. Informations : *www.bicycle.lt.*

Dans la partie Découvrir, tous les sites ou adresses liés au cyclotourisme sont indiqués par le pictogramme 🚲.

Équitation

Les haras sont assez nombreux dans les trois pays, le plus célèbre étant peut-être celui de Zagare en Lituanie. Les gîtes ruraux possèdent aussi parfois quelques chevaux. Dans les parcs naturels et les zones touristiques, des chemins équestres sont tracés et on propose bien souvent des promenades en calèche ou en traîneau (en hiver). Celotajs organise des séjours à cheval en Lettonie : *www.countryholidays.lv.*

Les offices de tourisme, ou leurs sites Internet, fournissent la liste complète des haras ou centres équestres.

Golf

Contrairement à leurs riches voisins scandinaves, les Baltes n'ont pas encore couvert de *green* leurs paysages pour le plaisir des golfeurs (les amateurs locaux sont rares).

L'**Estonie** a pris de l'avance puisque 8 parcours de 9 ou 18 trous sont déjà aménagés à travers le pays. Il existe même un site Internet consacré à ce sport et fournissant toutes les informations nécessaires : *www.golf.ee.* En **Lettonie**, il existe deux parcours 18 trous autour de Rīga. Informations : *www.ozogolf.lv.* et *www.salienagolf.lv.* En **Lituanie**, on trouvera un parcours de 18 trous à Vilnius, le Central European Golf Club, près du centre de l'Europe. Le site de l'office de tourisme *(www. tourism.lt.)* indique les autres *green*.

Pêche

Avec près de 9 000 lacs, des centaines de rivières et ruisseaux, de vastes zones de marais, et des côtes encore sauvages, les pays baltes raviront les pêcheurs. Carpes, brochets, perches, anguilles, sandres, truites, lamproies, plies, saumons, turbots ou sardines les « attendent ». Le **plaisir est ici très varié** : pêche à la mouche, pêche en barque ou, activité inconnue en France, pêche sur glace. Il s'agit de percer un trou dans la glace d'un lac ou d'une lagune gelés (celle de Courlande) puis d'attendre une prise en évitant de finir congelé.

Il est obligatoire d'acheter **un permis** pour pêcher, où que vous soyez. Vous pourrez l'acquérir pour une somme modique (au jour ou au mois) dans les offices de tourisme locaux, mais aussi dans les postes et magasins spécialisés en Lettonie. Attention, certains lacs sont privés et il faudra demander au propriétaire si la pêche est autorisée. C'est en discutant avec le personnel des offices de tourisme (depuis lesquels des excursions pêche sont parfois organisées) ou avec les pêcheurs locaux, que vous connaîtrez les meilleurs « coins ». Dans les zones les plus populaires, les restaurants proposent souvent aux pêcheurs de préparer leurs prises du jour. Informations : *www.maaturism.ee., www.lvm.lv. www.celotajs.lv., www.countryside.lt.*

P. Plantier / Michelin

Pêcheur sur glace (LIT).

La cueillette, loisir balte

Depuis des siècles, de mai à octobre, les Baltes parcourent les forêts pour remplir de grands seaux de **baies** ou de **champignons**. La récolte est consommée en famille ou vendue sur les marchés et au bord des routes.

Vous pouvez profiter de cette activité en dégustant des plats à base de produits forestiers ou en récoltant votre futur repas. Faites vous accompagner par un ami ou hôte local qui connaît forcément mieux les champignons de la région. À défaut, sachez que des organisations d'écotourisme proposent des **« sorties-cueillettes » guidées** pour les touristes. Informations auprès des offices de tourisme locaux et Eesti Maaturism *(www.maaturism.ee.)* en Estonie, Lauku Ceļotājs *(www.countryholidays.lv.* ou *www.celotajs.lv.)* en Lettonie et Atosgos Lietuvos Kaime *(www.countryside.lt.)* en Lituanie.

Marches et randonnées

Les chemins des parcs nationaux et régionaux permettront à tous les types de marcheurs de découvrir à leur rythme la grande diversité des paysages baltes. Le relief, peu marqué, n'use pas à lui seul votre énergie et les longues balades deviennent possibles pour tout le monde. Des **itinéraires balisés** sont décrits sur de bonnes cartes vendues dans les offices de tourisme locaux ou dans les centres d'informations des parcs.

Au bord des chemins, les autorités ont aménagé des espaces de repos, de pique-nique, voire des campings. Cela permet aux grands randonneurs de partir pour plusieurs jours et de s'éloigner des zones les plus fréquentées. Hors des aires protégées, les **petites routes des régions rurales**, peu fréquentées par les voitures, se parcourent aisément. Elles invitent les touristes de passage à délaisser leur véhicule pour leurs déplacements quotidiens.

Informations sur les **marches organisées** : Eesti Maaturism *(www.maaturism.ee.)* en Estonie, Lauku Ceļotājs *(www.countryholidays.lv.* ou *www.celotajs.lv.)* en Lettonie et Atosgos Lietuvos Kaime *(www.countryside.lt.)* en Lituanie. Certaines auberges de jeunesse organisent des randonnées pédestres.

Dans la partie Découvrir, tous les sites et les adresses qui permettent de pratiquer la randonnée pédestre sont indiqués par le pictogramme .

Sports d'air

Les aéro-clubs locaux, signalés dans les offices de tourisme régionaux, proposent souvent des **survols des régions touristiques** (avion, planeur ou hélicoptère) ou des sauts en parachute. La **montgolfière** est un moyen plus silencieux et plus lent de découvrir les paysages. La Lituanie est particulièrement fière de sa tradition dans ce domaine. Le survol de Vilnius et de sa région est particulièrement attrayant. Informations : *www.oreivystescentras.lt.* ou *www.ballooning.lt.* (Lituanie) ou *www.altius.lv.* (Lettonie).

Sports d'eau

Baignade – L'eau de la Baltique atteint 16 à 22 °C en été. À vous de juger si cela correspond à vos critères de baignade. Les longues plages de sable blanc que l'on peut fréquenter dans les trois pays sont idéales pour s'étendre, jouer, marcher ou courir. Les plages naturistes ou réservées aux femmes sont normalement bien signalées. Des efforts ont été faits pour combattre la pollution (la lagune de Courlande reste néanmoins déconseillée pour la baignade), et plusieurs plages baltes, près des villes ou plus sauvages, bénéficient désormais du label européen Pavillon bleu. Liste précise et actualisée sur le site *www.blueflag.org.*

Canoës, kayaks, radeaux, rafting – Les lacs et les calmes rivières baltes sont propices à la pratique de ces sports d'eau, pour quelques heures ou plusieurs jours. C'est en avril-mai, après la fonte des neiges, que les eaux sont les plus rapides. Des agences proposent des embarcations et des sorties guidées.

Tous les offices de tourisme locaux fournissent une liste des parcours possibles et des loueurs ou organisateurs de sorties (auberges de jeunesse, agences). En Estonie, les cours d'eau et marécages du parc national de Soomaa se parcourent en *haabjas* (pirogues locales). En Lituanie, on passe de lac en lac dans le parc

W. Buss / Michelin

Canoë sur le lac Galvė (LIT).

d'Aukštaitija (Lituanie). On peut aussi descendre des ruisseaux ou rivières sur quelques kilomètres ou beaucoup plus (460 km pour la Nemunas). La région de Druskininkai offre également de nombreuses possibilités. En Lettonie, les cours d'eau de la Gauja ou d'Abava sont les sites les plus prisés.

Plaisance – Les plaisanciers scandinaves, connus pour fréquenter les littoraux du monde entier, apprécient de plus en plus les côtes baltes, et en particulier l'Estonie et ses îles. C'est dans ce pays que les infrastructures sont les plus développées. Des sites estoniens en anglais et très bien faits décrivent toutes les marinas : *www.vta.ee.* ou *www.marinas.nautilus.ee.*

Le port lituanien de Klaipėda est le cadre d'un festival annuel dédié à la mer, le Sea Festival, l'un des évènements du programme Baltic Sail (bateaux historiques, croisières de port en port, traditions maritimes…). Informations : *www.balticsail.info.*

Pour naviguer sur les lacs ou en mer pour quelques heures, des agences organisent des sorties ou louent toutes sortes d'embarcations. Informations : *www.lbs.lt.* (Lituanie).

Sports d'hiver

Ski – Les pays baltes ont la neige mais pas les reliefs… De décembre à mars, glisser est une activité prisée. Le ski de fond est bien sûr la discipline la plus répandue. Mais les quelques collines (mêmes urbaines) sont utilisées pour pratiquer le ski alpin sur des pistes faciles et bien équipées.

La **Lituanie est idéale pour le fond**. La station d'Ignalina *(www.lzsc.lt.)*, dans le parc d'Aukštaitija, est celle qui offre le plus de possibilités. Les fondeurs y suivent les chemins que les marcheurs empruntent en été. En Lettonie, la région de Vidzeme, en particulier la **vallée de la Gauja** (Cēsis, Sigulda…), est la plus fréquentée. En Estonie, **Otepää** (au sud-est de Tartu) est une vraie petite station où toutes les disciplines sont proposées : fond, descente, luge, saut à ski. Dans tous ces lieux, on loue du matériel.

Autres activités – L'hiver est propice à bien d'autres activités : motoneige, luge, balade en traîneau tiré par un cheval, pêche sur glace, char à voile sur glace, bobsleigh et, bien sûr, le hockey et le patinage, pratiqués à grande échelle sur les lacs gelés des villes.

Kiiking ?

Connaissez-vous le kiiking ? Cette activité s'est développée à Pärnu (Estonie) depuis 1997 et donne lieu à des compétitions annuelles. Il s'agit d'une **balançoire géante** sur laquelle on effectue des rotations à 360° en passant par dessus la barre, le plus vite et le plus grand nombre de fois possible. Ne manquez pas d'assister à une compétition lors de votre séjour en Estonie. Informations sur *www.kiiking.ee.* (en anglais).

Être spectateur

Assister à un match de hockey sur glace en Lettonie ou de basket en Lituanie (qui organisera l'Euro 2011) peut être une expérience inoubliable tant la passion pour ces sports est grande. *Voir les carnets pratiques de Vilnius (p. 281), Kaunas (p. 329) pour plus d'informations.*

BIEN-ÊTRE

Sauna

Comme en Finlande ou en Russie, le **sauna** fait partie du quotidien. Les Estoniens l'appellent *saun*, les Lettons *pirts*, les Lituaniens *pirtis*, et les russophones *bania* (*баня*). On y naissait à une certaine époque, on s'y lave, on s'y relaxe, on y discute. Devenus atouts touristiques, les saunas sont installés un peu partout (surtout en Estonie) : dans les hôtels, les campings, les gîtes, et chez les particuliers. Ce sont les saunas simples et rustiques qui offrent les expériences les plus authentiques. Il peut s'agir d'une simple petite baraque branlante en bois en pleine forêt. Après la brûlure du sauna, vous plongez dans un lac, une rivière voire dans la mer. En hiver, le saut dans un trou percé dans la glace d'un lac gelé ou la roulade dans la neige ne sont pas conseillés à tout le monde.

Principe – Le terme de sauna désigne à la fois la pièce et le bain de vapeur chaude. Les murs sont en bois, ce qui permet d'absorber l'humidité de l'air et provoque un bain de vapeur sèche. La température varie selon le lieu et est maintenue en versant régulièrement de l'eau sur des pierres chaudes. La chaleur dilate les pores, active la circulation et libère les toxines. Ces phénomènes sont parfois accentués en se fouettant légèrement avec des brindilles de bouleau ou de chêne.

Après avoir abondamment transpiré, on prend une douche fraîche ou on plonge dans un lac. On pratique l'opération une fois ou deux à la suite. Un choc thermique trop fort doit être évité et cette pratique est déconseillée aux personnes souffrant de problèmes cardiaques. Il est préférable de se rendre au sauna à jeun et de se restaurer copieusement à la sortie.

Deux types de saunas – Les saunas dits « finlandais » sont les plus modernes, car équipés d'un chauffage électrique. Ce sont ceux que l'on trouve dans les hôtels urbains, associés à des douches froides ou des piscines.

Les saunas « russes », plus rustiques, sont chauffés par un poêle qui enfume l'intérieur de la pièce. On jette de l'eau sur les pierres pour créer plus de chaleur, plus de vapeur. Souvent en pleine nature, ils permettent de plonger dans un lac ou une rivière.

Usages – Les Baltes se rendent au sauna en soirée. Être invité à partager ce moment est un honneur et il serait malvenu de refuser. On y transpire nu ou « protégé » par une serviette si le lieu est mixte. Les tarifs varient selon le lieu et la durée choisis.

Thermalisme, Spas

Les Soviétiques ont développé dans toute la région des établissements de cure dans des lieux souvent connus depuis des siècles pour la qualité de leurs eaux et de l'air. Beaucoup ont été rénovés ces dernières années pour devenir des hôtels-Spas. Ils sont modernes, agréables, et proposent toutes sortes de soins d'eau, de boue, de plantes, et

W. Buss / Michelin

Sauna traditionnel dans l'Aukštaitija (LIT).

des massages. Souvent implantés dans d'élégantes et charmantes villes proches de la mer ou de zones naturelles, ils permettent de combiner cure et **activités de plein air**.

Le pictogramme ⚕ signale les villes d'eau dans la partie Découvrir.

En Estonie – Vous trouverez des établissements proposant des traitements, principalement des bains de boue, dans les villes côtières de Pärnu, Haapsalu et Kuressaare.

En Lettonie – Les hôtels-Spas lettons se concentrent à Jūrmala, Liepāja et Baldone.

En Lituanie – La principale station thermale est Druskininkai, une ville très agréable au sud du pays et particulièrement animée en été. Citons aussi la ville thermale de Birštonas (au sud de Kaunas) et Palanga au bord de la Baltique.

SITES OU ACTIVITÉS À DÉCOUVRIR EN FAMILLE, PAR RÉGION

Chapitre du guide	Sites
Tallinn (Est.)	Musée en plein air à Rocca al Mare *(p. 125)*
	Jardin zoologique *(p. 125)*
Tartu (Est.)	Musée du jouet *(p. 153)*
Saaremaa (Est.)	Ferme de Mikhli *(p. 172)*
Rīga (Let.)	Musée ethnographique en plein air *(p. 197)*
	Parc zoologique *(p. 198)*
Ventspils (Let.)	Musée maritime en plein air *(p. 243)*
	Aquapark *(p. 243)*
Jūrmala (Let.)	Aquapark *(p. 251)*
Druskininkai (Lit.)	Parc aquatique *(p. 331)*
Isthme de Courlande (Lit.)	Colline des Sorcières à Juodkrantė *(p. 313)*
	Musée de la mer à Smyltinė *(p. 314)*
Kaunas (Lit.)	Musée zoologique *(p. 322)*
	Musée en plein air à Rumšiškės *(p. 327)*
Panevėžys (Lit.)	Musée du cheval à Niūronys *(p. 294)*

Les pays baltes en famille

Les séjours en famille ne posent pas de problèmes particuliers. Les attractions et équipements réservés aux enfants ne sont pas légion. Mais en été, les activités en plein air, dans les parcs nationaux et le long des côtes, sont une joie pour tous. Page précédente, un tableau vous indique la liste des lieux à vivre en famille.

P. Plantier / Michelin

Enseigne du musée du Jouet de Tartu (EST).

Activités urbaines – Théâtre de marionnettes, parcs zoologiques, parcs d'attractions, parcs aquatiques, patinoires et plusieurs musées thématiques occuperont vos enfants dans les grandes villes.

En pleine nature – Quelques-unes des activités de plein air décrites ci-dessus se pratiquent très bien en famille : vélo sur des reliefs peu marqués, canoë sur des rivières calmes, baignades, cueillettes. Plages, dunes et lacs deviennent vite d'immenses terrains de jeux.

Informations pratiques – Les bons hôtels possèdent souvent des chambres familiales. Néanmoins, les familles nombreuses seront sans doute plus à l'aise dans un hébergement de type pension ou chalet en camping, que dans des chambres d'hôtel traditionnel. Les restaurants proposent rarement des menus adaptés aux enfants. Tout ce qu'il faut pour les bébés est en vente dans les supermarchés. Les enfants bénéficient de nombreux tarifs réduits ou de la gratuité à l'entrée des sites.

Dans la partie Découvrir, *le pictogramme signale les lieux susceptibles d'intéresser les enfants.*

Que rapporter ?

Conseils pratiques

Où acheter ? – Les boutiques de souvenirs et d'artisanat se multiplient dans les trois capitales. La rue Pilies à Vilnius en compte un grand nombre. La capitale lituanienne possède aussi un quartier où artisans et artistes sont chez eux : Užupis. Ne manquez pas le marché central de Rīga, le marché de la laine de Tallinn au pied des remparts. Les fêtes et festivals sont aussi l'occasion de découvrir (et acheter) l'artisanat local. Le 4 mars, pour la Kaziukas (St-Casimir), Vilnius se transforme en marché d'artisanat géant. Rīga accueille en juin une foire artisanale. Les marchés de Noël des capitales sont également intéressants.

Restrictions – Pour savoir ce que vous êtes autorisé à rapporter, consultez le site *www.douane.gouv.fr*. Sachez que les trois pays imposent des restrictions (interdictions, taxes) pour l'exportation d'œuvres d'art anciennes, de certaines quantités d'ambre…

Achats détaxés – Consulter le paragraphe *Achats détaxés p. 35*.

Spécialités baltes

Alcools – Outre les bières locales, quelques alcools, souvent vendus dans de belles bouteilles décorées, méritent votre attention. La Lettonie est fière de son *balsam* de Rīga, un breuvage noir, acide et très épais, fabriqué depuis la fin du 18e s. à base de 24 herbes. En Estonie, vous trouverez la *Vana Tallinn*, une liqueur épaisse et sucrée, ou la *Metsa Maasika*, plus douce mais encore plus sucrée. Les Lituaniens préfèrent, eux, le *Midus*, un très ancien hydromel.

Ambre – Cette résine fossilisée surnommée l'or balte (80 % de tout l'ambre du monde vient de la Baltique) est présente dans toutes les boutiques touristiques de Lituanie et de Lettonie. Souvent orangé (mais l'ambre peut prendre d'autres teintes), il est vendu sous la forme de cailloux (renfermant parfois un insecte, une feuille), ou poli, sculpté en bijoux, en tableau… Les prix sont plus avantageux ici qu'en France. Les chanceux trouveront peut-être de l'ambre sur les plages des côtes lituaniennes et lettones, au lendemain d'une tempête d'automne.

Tout ce qui brille…

Le risque d'acheter du faux ambre est minime tant la résine est facile à trouver quand on s'y connaît. Néanmoins, les contrefaçons existent. Et malheureusement, le moyen de reconnaître le vrai du faux est peu apprécié des vendeurs. Il suffit de promener une flamme (briquet, allumette) sur le caillou d'ambre. Le feu ne doit laisser aucune marque et la pierre doit refroidir immédiatement.

A. Bazydlo / Michelin

Étal d'ambre en Lituanie.

Antiquités, art – Les antiquaires sont nombreux dans les grandes villes. Ils vendent de l'argenterie, du mobilier, de belles icônes et des objets rétro (gramophones, samovars russes, instruments de musique…) qui pourraient décorer votre intérieur. Les galeries d'artistes commencent elles aussi à se multiplier.

Artisanat – Vous trouverez des céramiques et des œufs peints, des ceintures de mariage colorées (Lituanie), des verreries (bijoux, vitraux), du cuir (maroquinerie, livres reliés anciens), des sculptures en terre cuite et des poteries (région de Latgale en Lettonie), de la dentelle (des Setus), de la vannerie.

Bois – Les pays baltes étant recouverts par de vastes étendues de forêts, le bois est logiquement utilisé dans l'artisanat local. Vous trouverez des jouets, des couverts, des poupées sculptées et décorées et diverses sculptures (notamment à Panevėžys lors d'un festival en mai). Des créateurs utilisent également le bois pour confectionner des bijoux. Signalons aussi les jolies girouettes en bois décorées des villages de l'isthme de Courlande.

Laine – Les moufles, chaussettes et pulls tricotés main sont fréquents dans les boutiques de souvenirs estoniennes et lettones. Les plus intéressants sont ceux décorés de symboles locaux.

S. Ollivier / Michelin

Vente de peaux lors d'une fête folklorique.

Lin – Saviez-vous que la Lituanie est le premier producteur mondial de lin ? La matière est utilisée depuis des siècles par les paysans pour confectionner des vêtements, des nappes ou des draps. On en trouve dans les boutiques de souvenirs et les marchés, en particulier à Vilnius. Pour du haut de gamme (toujours à Vilnius), voyez les boutiques où des créateurs mondialement connus confectionnent des vêtements originaux.

Mode – Les créateurs baltes se font peu à peu un nom sur la scène européenne. Citons Ivo Nikkolo en Estonie ou Juozas Statkrevičius en Lituanie. Vous trouverez leurs adresses dans les carnets pratiques des capitales.

Musique et livres – Il est peu aisé de trouver en France des CD de musiques baltes, chants traditionnels ou sons modernes, et de beaux livres de photographies ou généralistes (histoire, cuisine, art…). Profitez de votre séjour pour faire votre réserve. Si vous lisez l'anglais, le choix de livres sera plus vaste.

Produits de bouche – Les pains noirs, les confitures, les poissons fumés (anguilles, harengs) se trouvent partout, dans les boutiques ou vendus au bord de la route en saison. Chaque pays possède quelques spécialités dont il est fier. En Estonie, ne manquez pas les chocolats Kalev de Tallinn (un musée y est même consacré), les petites conserves de sprats de Tallinn (petits poissons épicés), ou le *kama,* une poudre aigre typiquement estonienne. Tous sont facilement transportables. De Lettonie, rapportez du chocolat Laima, des airelles enrobées de sucre glace, du pain d'épice ou du fromage (un festival lui est consacré à Preiļi). Le *gira* (boisson de pain de seigle fermentée), le miel et les confitures de fruits des bois d'Aukštaitija constitueront de beaux souvenirs de Lituanie.

Souvenirs soviétiques – Dans les boutiques de souvenirs, chez les antiquaires, vous trouverez des insignes, drapeaux, uniformes, billets, pièces, montres, et bien d'autres objets soviétiques qui faisaient partie du quotidien des Baltes et qui ravissent les touristes. Attention, la marchandise commence à manquer et de faux « objets d'époque » apparaissent.

Timbres et monnaies – Les antiquaires vendent parfois des pièces, billets et timbres de l'époque soviétique ou actuelle. Parmi les curiosités, citons le *Talonas* lituanien, monnaie éphémère du début de l'indépendance. Les postes principales des grandes villes proposent les timbres et les monnaies de ces dernières années, souvent très colorés.

Fêtes et festivals

Ces événements, et bien d'autres, sont repris dans les carnets pratiques des sites. Pour connaître les dates exactes (changeant chaque année), consultez les sites suivants : *www.culture.ee.* (Estonie), *www.kultura.lv/fr.* (Lettonie), *www.travel.lt.* ou *www.eb.lt.* (Lituanie).

Janvier-février

Estonie, Lettonie, Lituanie – Nouvel An : fête populaire et familiale avec repas, danses et feux d'artifice.

Estonie, Lettonie, Lituanie – Noël orthodoxe : 7 janv.

Estonie – Festival de musique baroque : dans les grandes villes (fin-janv. début fév.), *www.concert.ee.*

Dusetos, Lituanie – Lac Sertai : course hippique sur glace (1er sam. de fév.).

Lituanie – Užgavėnės (Mardi gras) est très fêté (défilés, carnaval), notamment au musée en plein air de Rumšiškės, près de Kaunas.

Mars-avril

Île Setumaa, Estonie – Jour de la dentelle de Setu (1er mars).

Vilnius, Lituanie – Kaziukas (St-Casimir) : jour du saint patron lituanien, foire artisanale dans la vieille ville (autour du 4 mars).

Birštonas, Lituanie – Festival de jazz : artistes locaux et étrangers (les années paires, en mars).

Kaunas, Lituanie – Festival international de jazz : le plus grand du genre dans les pays baltes (avr.).

Tallinn, Estonie – Eesti Muusika Päevad : les journées des musiques estoniennes (mi-avr.), *www.helilooja.ee.*

Lituanie, Lettonie, Estonie – Pâques : fêté différemment selon les régions et les religions (Pâques est célébré à des dates différentes). Cuisine, artisanat (œufs peints).

Estonie – Jazzkaar : festival international de jazz à travers le pays (fin-avr.), *www.jazzkaar.ee.*

Rīga, Lettonie – Festival international de ballet : avec des troupes locales et internationales (fin-avr.), *www.ballet-festival.lv.*

Tartu, Estonie – Tartu Kevad Päevad : les étudiants fêtent la fin de l'année scolaire et l'arrivée du printemps (fin avr.). *www.studentdays.ee.*

Mai-juin

Viljandi, Estonie – Festival international de marionnettes (mi-mai), *www.viljandinukuteater.ee.*

Tallinn, Estonie – Journées de la vieille ville : fête « médiévale » (déb. juin).

Rīga, Lettonie – Gadatirgus : foire des arts et métiers (1er w.-end de juin) au Musée ethnographique en plein air de la ville, *www.muzeji.lv.*

Tallinn, Estonie – Journées Memmetaadi : les Estoniens célèbrent leur culture traditionnelle (mi-juin).

Rīga, Lettonie – Festival international d'opéra : durant 10 jours (juin), *www.music.lv/opera.*

Estonie, Lettonie, Lituanie – La St-Jean (nuit du 23-24 juin) : elle donne lieu aux fêtes baltes les plus populaires. On se rend à la campagne pour danser, boire et chanter autour d'un grand feu. Cette survivance païenne qui célèbre le début de l'été est appelée *Jaanipäev* en Estonie, *jāņi* en Lettonie et *Joninės* en Lituanie.

W. Buss / Michelin

Feux de la Saint Jean.

Les peuples qui chantent

Le chant est une composante importante des cultures baltes. De nombreux festivals y sont consacrés (festival Baltica, festivals locaux). Chaque pays organise un **grand événement chanté**, tous les 4 ans en Lituanie et tous les 5 ans en Lettonie et Estonie. Il dure de trois jours à une semaine et regroupe dans des parcs, ou sur des scènes géantes, plus de 30 000 chanteurs. Le prochain aura lieu à Rīga en 2008, puis à Tallinn en 2009 et à Vilnius en 2011.

Vilnius, Lituanie – Festival de Vilnius : musique classique durant plusieurs semaines, *www.vilniusfestivals.lt.*

Juillet

Tallinn, Estonie – Olleseummer : fête de la bière (début juil.) durant 5 jours.

Kuressaare, Estonie – Fête médiévale dans le château (début juil.).

Kernavė, Lituanie – Festival international d'archéologie (3 j. déb. juil.).

Žemaičių Kalvarija, Lituanie – Fête religieuse attirant des milliers de pèlerins (première semaine).

Lituanie – Journée du couronnement de Mindaugas, fête nationale (6 juil.). À voir à Vilnius et Kernavė, deux lieux symboliques pour les Lituaniens.

Parc national de Lahemaa, Estonie – Viru Säru : festival folklorique (1er w.-end de juil., les années paires).

Tallinn, Estonie – Festival estival du rock : 3 jours de rock dans le grand amphithéâtre de chants.

Tallin, Rīga, Vilnius – Festival Baltica : depuis 1987, le festival des traditions populaires baltes (costumes, danses, chants...) anime durant une semaine l'une des capitales. À Vilnius en 2008, Rīga en 2009, Tallinn en 2010...

Sigulda, Lettonie – Festival d'opéra en plein air dans les ruines du château, *www.sigulda.lv.*

Saaremaa, Estonie – festival de musique religieuse (mi-juil.).

Vilnius, Lituanie – Festival d'été St-Christophe : théâtre de rue, danse, défilés et artisanat dans la vieille ville durant plusieurs semaines, *www.kristupofestivaliai.lt.*

Château de Bauska, Lettonie – Festival de musique ancienne (fin juil.), *www.bauska.lv.*

Viljandi, Estonie – Pärimusmuusika Festivalile : folklore international (fin juil.), *www.folk.ee.*

Liepāja, Lettonie – Baltic Beach Party : concerts, parades et bals sur les plages de la station lettone (fin juil.) *www.balticbeachparty.lv.*

Klaipėda, Lituanie – Festival de la mer : dans le port de la ville (fin juil.).

Haapsalu, Estonie – Kimp Valgele Daamile : Jour de la dame blanche (fin juil.-déb. août) et des festivals musicaux l'été, *www.haapsalu.ee.*

Palanga, Lituanie – Festival de musique de chambre (fin-juil, début août), *www.filharmonija.lt.*

Août

Tallinn, Estonie – Festival international d'orgue (début août).

Région de Setumaa, Estonie – Jour du royaume de Setu : on élit en Estonie le nouveau roi de Setu.

Aglona, Lettonie – Assomption : réputée dans cette ville (14 et 15 août).

Liepāja, Lettonie – Liepajas Dzintars : festival rock (mi-août).

Visaginas, Lituanie – Visagino Country : festival international de musique country (2 jours, mi-août), *www.visagino-country.lt.*

Rīga, Lettonie – Festival international de musique sacrée (août-sept.).

Septembre-octobre

Vilnius, Lituanie – Jours de Vilnius : théâtre, concerts dans les rues de la vieille ville (3 jours mi-sept.).

Tallinn, Estonie – Festival de musique sacrée orthodoxe (mi-sept.), *www.orthodoxsingers.ee.*

Rīga, Lettonie – Jaunās Mūzikas festivāls : les musiques d'aujourd'hui mises à l'honneur (2 premières semaines d'oct.), *www.arenafest.lv.*

Vilnius, Lituanie – Festival international de jazz durant 5 jours en octobre, *www.vilniusjazz.lt.*

Novembre-décembre

Estonie – Période des esprits : on se souvient des morts, dont les esprits errent sur Terre (nov.).

Lituanie, Lettonie, Estonie – Toussaint.

Lettonie – Lāčplēsu Diena : souvenir des grands hommes (11 nov.).

Tallinn, Estonie – Tallinna Pimedate Ööde Filmi : festival du film Nuits Noires (fin nov.-début déc.), *www.poff.ee.*

Lituanie, Lettonie, Estonie – Noël : diffère selon les pays (marchés, cérémonies, spécialités culinaires...).

POUR PROLONGER LE VOYAGE

Nos conseils de lecture

Pour trouver des livres ou des idées de lecture, vous pouvez consulter les sites suivants. Mais il est plus aisé de trouver dans les librairies des trois capitales des ouvrages sur les pays baltes et des romans traduits (surtout en anglais).

www.librairie-compagnie.fr. Vente de livres et fiches sur les auteurs baltes.

www.slavika.com. Librairie en ligne, spécialiste de l'Europe de l'Est.

www.litterature-estonienne.com. Histoire de la littérature estonienne.

www.booksfromlithuania.lt. En anglais, toute la littérature lituanienne.

Bibliothèque nordique – *6 r. Valette - 75005 Paris - ✆ 01 44 41 97 50.* Nombreux ouvrages estoniens ou sur l'Estonie.

HISTOIRE, OUVRAGES GÉNÉRAUX

Pays Baltes. Estonie, Lettonie, Lituanie : Le réveil, dirigé par Yves Plasseraud, Autrement, 1991. Un ouvrage de témoignages au lendemain de l'Indépendance.

Les Pays Baltes, indépendance et intégrations, Antoine Jacob, Alvik, 2004. Voyage dans les pays baltes au moment de l'entrée dans l'UE.

La Baltique, une nouvelle région en Europe, N. de Blanc-Noël, L'Harmattan, 2002.

Dans la forêt d'ambre, Wolfgang Weitschat, Wilfried Wichard, Jean Wuest, Joie de Lire, 2005. Sur l'intérêt de l'ambre pour la paléontologie et la paléozoologie.

Estonie

L'Estonie, des Estes aux Estoniens, Suzanne Champonnois et François de Labriolle. Histoire du pays et de son peuple.

Lettonie

Dictionnaire historique de la Lettonie, Suzanne Champonnois et François de Labriolle, Armeline, 2003. Histoire.

La Lettonie en Europe - Atlas de la Lettonie, Pascal Orcier, Zvaigzne ABC, 2005. Histoire, géographie, économie, architecture, culture, en textes et en cartes.

Lituanie

« Les Cahiers lituaniens », en français, *www.cahiers-lituaniens.org*. Dédiés à la culture, la langue et l'histoire, ils sont publiés chaque automne.

Dictionnaire historique de la Lituanie, Suzanne Champonnois et François de Labriolle, Armeline, 2001. Histoire.

La Lituanie, Leonas Tebeiris. L'histoire, du Moyen Âge à l'indépendance de 1990.

Visas pour 6 000 vies, Yukiko Sugihara, Picquier Poche, 2002. L'histoire du consul du Japon à Kaunas en 1940 qui délivra des visas à des milliers de juifs en fuite.

Vilna, Wilno, Vilnius, la Jérusalem de Lituanie, Henri Minczeles, La Découverte. L'histoire de Vilnius, métropole juive.

Lituanie juive, 1918-1940 : message d'un monde englouti, Yves Plasseraud, Autrement, 1996.

LITTÉRATURE ET POÉSIE

Estonie

Le Kalevipoeg, épopée nationale estonienne, Friedrich Reinhold Kreutzwald, NRF-Gallimard, coll. L'Aube des Peuples, 2004. Basé sur les légendes populaires, le texte fondateur de l'éveil national et de la littérature estonienne.

Le Désir de la poussière, Jaan Kaplinski, Riveneuve, 2003. Recueil de textes d'un grand poète contemporain.

Dans l'insaisissable : le roman de Juri Vilms, Jaan Kross, L'Harmattan, 2001. Vie clandestine en 1939-1945 d'un homme qui s'identifie au héros national Juri Vilms.

Le Vol immobile, Jaan Kross, Noir sur Blanc, 2006. La vie à Tallinn de la première à la seconde indépendance en passant par la période soviétique, retraçant ainsi six décennies d'une histoire mouvementée.

Les Hirondelles, Presses universitaires de Caen, « Fictions étrangères », 2002. Nouvelles estoniennes contemporaines.

Pays frontière, Emil Tode (pseudonyme pris par Tõnu Õnnepalu), Gallimard, 1997. L'expérience d'un jeune homosexuel voyageant à travers l'Europe.

Lettonie

Dainas : poèmes lettons, L'Archange Minotaure, 2004. Traduction de poèmes mythologiques lettons.

Cette peau couleur d'ambre, Presses universitaires de Caen, 2004. Recueil de nouvelles lettones contemporaines.

Beate et Mareile, E. von Keyserling, Actes Sud, 1990. Cet écrivain allemand (1855-1918) né en Courlande décrit dans ses romans le déclin de l'aristocratie balte.

La chute d'Hababuc et autres nouvelles, Eriks Ādamsons, Noir sur blanc, 2003.

Les chiens de Rīga, Henning Mankell, Seuil, 2004. Le maître du polar suédois vous entraîne dans les rues de Rīga.

En escarpins dans la neige de Sibérie, Sandra Kalniete, Syrtes, 2003. Le drame de la déportation des Lettons en Sibérie, par la ministre des Affaires étrangères.
Le coup de grâce, Marguerite Yourcenar, Folio. Un triangle amoureux dans la Lettonie de 1919. Écrit en 1939.

Lituanie

Sur les bords de l'Issa, Czesław Milosz, L'Imaginaire Gallimard, 1956. Le prix Nobel de littérature (1980), né en Lituanie, décrit avec précision le monde rural lituanien du début du siècle dernier vu par un enfant. Du même auteur : *Le Chien Mandarin*, Mille et une nuits, 2004 ou *De la Baltique au Pacifique*, Fayard, 1990.
Bohimi, un manoir en Lituanie, Tadeusz Konwicki, Robert Laffont, 1990.
La Dernière femme de ma vie, Stephan Collishaw, Rivages, 2004. Roman historique où Vilnius tient le rôle principal.
Contes de Lituanie, Oskar Wladyslaw de Lubicz, Seuil Jeunesse, 2005. Le folklore lituanien présenté aux enfants.
Lietuva - Légendes historiques de Lituanie, G. Carion-Machwitz, Fédérops, 1988. Les grands contes héroïques lituaniens.
Des âmes dans le brouillard, Presses Universitaires de Caen, 2003. Nouvelles d'auteurs lituaniens contemporains.
L'oiseau de pluie, Ike Hidekel, Les éditions de Paris. La fuite désespérée d'un juif de Lituanie à partir de 1941 dans l'URSS de Staline : maquis biélorusse, déportation en Sibérie, traversée de la Kirghizie.

BEAUX LIVRES ET CARNETS DE VOYAGES

Échappées baltes, Marc Vion, L'Harmattan, 2005. Récits de séjours dans les pays baltes des années 1990.
Carnet de Lettonie, Christophe Blain, Casterman, 2005. Descriptions et dessins de la Lettonie, en hiver comme en été.
Maisons de la Baltique, Laura Gutman-Hanhivaara et Solvi de Santos, Chêne, 2004. Photos de belles maisons des pays baltes et scandinaves.
La route de l'ambre : l'or de la Baltique, Patrick Geoffroy et Christophe Dubois, Le Félin, 2002.
Pays baltes, Martina Szepnik et Wotjek Buss, Lodi, 2006. Livre de belles photos couvrant les trois pays.
Sartre et Beauvoir. Cinq jours en Lituanie, Antanas Sutkus, Le bord de l'eau, 2005. Photographies du voyage en Lituanie de J.-P. Sartre et S. de Beauvoir en 1965.
Via Baltica, Aleksi Cavaillez et Viktor Vejunda, Noir sur Blanc, 2007. Une traversée sensible et originale des trois pays, en textes, photos et dessins.

C. Labonne / Michelin

LANGUES BALTES

Ces quelques ouvrages et méthodes vous seront utiles pour mieux comprendre et parler avec vos interlocuteurs baltes.
Baltic Phrasebook, Lonely Planet, 2001. Petit format pour ce guide complet de conversation anglais-langues baltes.
Le lituanien de poche, Assimil, 2005. Guide de conversation franco-lituanien.
Parlons estonien, Fanny de Sivers, L'Harmattan, 1993. Une méthode d'apprentissage un peu abrupte qui permet de découvrir les subtilités et les difficultés de l'estonien. Il existe aussi : *Parlons letton* (2004), *Parlons lituanien* (2005).
Des méthodes d'apprentissage progressif (en anglais) pour les trois langues baltes existent dans la collection Routledge.

Écouter...

À l'exception de *Voix des pays baltes*, de Domicela Liepina, il est difficile de trouver de la musique pop et folklorique balte en France. Par contre, le classique et le jazz figurent en bonne place dans les magasins spécialisés. Nous vous conseillons plutôt de chercher chez les disquaires lors de votre séjour. Dans *Comprendre*, *p. 90*, vous trouverez des informations sur la musique. À consulter aussi, *www.music.lv.* (en anglais) sur la musique lettone, et *www.folklora.lv.*, où toutes les musiques baltes sont à l'honneur.

Sur les écrans

Ces sites Internet en anglais offrent des informations sur le cinéma balte : *www.efsa.ee* (Estonie), *www.latfilma.lv.* (Lettonie), *www.lfc.lt.* (Lituanie).

FILMS

Peu de films baltes sont disponibles en DVD. Il est plus facile de les visionner lors de festivals ou de rétrospectives.
Gravé dans le marbre (Nimed Marmortahvlil), Elmo Nüganen, 2002, Estonie.

D'après l'œuvre d'Albert Kivikas, des lycéens luttant pour l'indépendance.
La Révolution des cochons (Sigade revolutsioon), Jaak Kilmi et Rene Reinumagi, 2004, Estonie. Début de révolution dans un camp de jeunesse estonien en 1986.
Le Cœur de l'ours (Karu Süda), Arvo Iho, Estonie. Film vedette de l'année 2001, inspiré par le roman de Nikolai Baturin.
Printemps (Kevade), Arvo Kruusement, 1969, Estonie. Un des films préférés des Estoniens, tiré du livre d'Oskar Luts.
La Chaussure (Kurpe), Laila Pakalniņa, 1998, Lettonie.
L'Enfant, Jānis Streičs, 1991, Lettonie. Une jeunesse sous le régime soviétique (grand prix de San Remo en 1992).
Le Pays de verre (Stiklo Šalis), Janina Lapinskaité, Lituanie. Adapté du roman éponyme de Vanda Juknaité, le film relate le quotidien d'une femme dépressive.
En souvenir d'un jour passé (1990), *Trois jours* (1995, à Kaliningrad), *The House* (1997) ou *Seven invisible men* (2005), du Lituanien Šarūnas Bartas. Sujets variés tournés dans le monde entier.
Retrouvez le cinéma balte lors du **Festival du cinéma nordique de Rouen** (*75 r. du Gén. Leclerc - 76000 Rouen - ✆ 02 32 76 73 22 - www.festival-cinema-nordique.asso.fr*). Chaque printemps, il présente des œuvres de réalisateurs, confirmés ou novices, venus de la Scandinavie et des trois pays baltes, comme : *La Brigade*, Liivo Niglas, 2001, Estonie ; *Le Vol*, Valentin Kuik, 1995, Estonie ; *Cosette et le petit cordonnier*, Arnolds Burovs, 2005, Lettonie ; *Letton(ant) Charlot*, Arnolds Burovs, 2005, Lettonie ; *Seven invisible men*, Sharunas Bartas, 2005, France-Lituanie.

FILMS D'ANIMATION

Lotte from Gadgetville (Leiutajateküla Lotte), 2006, Estonie-Lettonie. Les habitants et les animaux d'un village rivalisent pour créer des gadgets.
Frank & Wendy, Priit Tender, 2004, Estonie. Les aventures d'agents secrets en mission en Estonie.
Le Moulin du chat (Kaķīsa dzirnavas), studio Dauka, 1993, Lettonie.
Et bien sûr les dessins animés de l'Estonien Priit Pärn, habitué des festivals spécialisés (Annecy, Bruxelles...).

Retrouver les Baltes

Les Baltes sont peu nombreux, et l'émigration s'oriente avant tout vers l'Irlande, la Grande-Bretagne ou les États-Unis. Dans les pays francophones, il est donc assez difficile de les rencontrer.

ASSOCIATIONS

En France

Les sites Internet des ambassades baltes à Paris *(voir p. 16)* donnent une liste actualisée des associations.
Institut estonien – *3 r. Robert-Estienne - 75008 Paris - ✆ 01 42 56 53 46 - www.estonie.info*. Informations, cours de langue et manifestations culturelles.
Association France-Estonie – *2 r. de Lille - 75343 Paris Cedex 07 - www.france-estonie.org*. Depuis 1991, son but est de faire connaître l'Estonie et sa culture, tout en favorisant les échanges.
Association France-Lettonie – *suz.champonnois@tiscali.fr*.
Coordination des associations France-Lituanie – *42b bd du 14 Juillet - 10000 Troyes - ✆ 03 25 73 74 78 - www.france-lituanie.org*. Elle regroupe 50 associations françaises engagées auprès de la Lituanie (culture, éducation, sciences, tourisme...). Vous trouverez sur son site Internet la liste des associations, dont les très actives **Association Alsace-Lituanie** ou l'Association culturelle **Baltelatino** basée à Marseille.

Au Canada

Musée-archives des Lituaniens du Canada – *2185 Stavebank - Mississauga, Ontario L5C 1T3 - ✆ (905) 566 8755 - litharch@the-wire.com*.

COURS DE LANGUE

Si vous souhaitez dépasser le niveau des méthodes de langue *(voir p. 50)*, l'Institut national des langues et civilisations orientales (INALCO) propose des enseignements de langue et de civilisation estoniennes, lettones ou lituaniennes. Le cursus dure 3 ans et aboutit au diplôme unilingue de langue et civilisation orientale (DULCO).
INALCO – *2 r. de Lille - 75343 Paris Cedex 07 - ✆ 01 49 26 42 00 - www.inalco.fr*.

ÉVÉNEMENTS

Les trois pays, fiers de leur indépendance, affirment leur identité en participant à de nombreuses manifestations internationales : festivals de danse, musique, folklore, cinéma, expositions d'art... Des sites Internet, dont ceux des ambassades baltes à Paris et Bruxelles, annoncent les événements. Ainsi, concernant l'Estonie, les différentes manifestations dans le monde sont signalées sur *www.vm.ee*. Et celles pour la France (court métrage dans un festival, reportage à la télévision...) sont indiquées dans la rubrique *Actualités* sur *www.est-emb.fr*.

Fête de la Saint-Jean à Kernavė

W. Buss / Michelin

PAYSAGES

D'immenses forêts où dominent le pin et le bouleau, des centaines de lacs, un littoral aux longues plages de sable blanc, une faune sauvage souvent disparue ailleurs : la nature est ici l'objet d'un véritable culte (peut-être hérité du paganisme ancestral). En dépit de la taille réduite du territoire, et en raison de la faible densité de la population, c'est paradoxalement une illusion de grands espaces sauvages qui saisit le promeneur, vite séduit par des paysages parfois somptueux, et bien plus variés que la modestie des reliefs ne pourrait le laisser supposer. Canyons et grottes, falaises et dunes, lacs et cascades, collines escarpées et rivières encaissées : tel est le cadre quasiment inviolé et jalousement préservé où les Baltes évoluent avec plaisir et respect, à la recherche de champignons ou de baies sauvages, quand ils ne partent pas bras dessus, bras dessous, en quête de fougères en fleur…

W. Buss / Michelin

La côte de la Baltique : une immense plage de sable.

Une façade sur la Baltique

Baigné à l'ouest et au nord par la mer Baltique, bordé par l'enclave russe de Kaliningrad, la Pologne, la Biélorussie et la Russie, le territoire que se partagent les trois pays baltes, d'une superficie totale de 135 000 km², constitue la façade septentrionale de l'immense plaine européenne qui s'étend des Flandres à l'Oural.

DE LA TERRE ET DE L'EAU

Seules quelques collines morainiques (constituées de roches charriées par les glaciers qui recouvraient la région), ponctuées de lacs parfois disposés en chapelets, viennent rompre la monotonie de cet espace, sillonné par quelques fleuves et rivières, tributaires de la Baltique. Au sud, la Lituanie est irriguée par le **Niémen (Nemunas)**. Né en Biélorussie, ce fleuve, long de 937 km, trouve son embouchure à Klaipėda, après avoir reçu à Kaunas un important affluent, la **Neris**. La Lettonie est baignée par le plus long fleuve de la région, la **Dvina occidentale**, ou **Daugava** (1 020 km), qui trouve sa source en Russie avant de traverser Rīga. Les autres sont plus modestes, comme la **Venta** (embouchure à Ventspils), le **Lielupe** (qui court de Jelgava à Jūrmala) et l'emblématique **Gauja** qui propose les paysages les plus spectaculaires. L'Estonie doit se contenter pour sa part de quelques fleuves côtiers, avec à l'ouest le **Pärnu** et, tout au nord, à la frontière de la Russie, la **Narva**, née des eaux du lac Peïpous, deux cours d'eau qui irriguent les cités éponymes, sans oublier la **Pirita**, dont l'embouchure est proche de Tallinn, ou l'**Emajõgi** qui relie les lacs Võrtsjärv et Peïpous.

Sur les sols, constitués pour l'essentiel de sables et de sédiments déposés par les glaciers quaternaires, subsistent de nombreux marais et tourbières (qui constituent jusqu'à 20 % de la surface de l'Estonie). Cette terre se termine à l'ouest par une côte basse et sablonneuse enserrant le golfe de Rīga, au nord par un littoral constitué de falaises de craie.

D'Europe en Amérique

Ce n'est pas un hasard si le Venezuela possède comme la Lettonie une Gauja. C'est en effet un aventurier letton, **Aleksandrs Laime** (1911-1994), chercheur d'or à ses heures, qui nomma le fleuve de la sorte, lorsqu'il découvrit sur son cours le Salto del Ángel, la plus haute chute d'eau du monde (979 m).

UNE MER EN VASE CLOS

Enserrée entre le Danemark, l'Allemagne, la Pologne, la péninsule scandinave, la Russie et les pays baltes, la **mer Baltique** (432 000 km²) est dotée de plusieurs golfes. Parmi eux, le golfe de Rīga ou de Livonie, entre la Lettonie et l'Estonie, est quasiment fermé par les îles de Saaremaa et de Hiiumaa. Quant à l'étroit golfe de Finlande, entre la côte nord de l'Estonie et la Finlande (il n'y a que 85 km entre Tallinn et Helsinki), il se prolonge au nord par le golfe de Botnie entre la Suède et la Finlande.

Peu profonde (maximum de 459 m entre l'île suédoise de Gotland et la Lettonie) et à peine soumise aux marées, la Baltique était un lac jusqu'à ce que les glaciers en se retirant entraînent un mouvement de bascule du sol qui lui a permis de communiquer avec la mer du Nord. Se laissant volontiers prendre par les glaces, elle est parsemée d'îlots et d'écueils, ce qui ne facilite pas le trafic maritime…

Elle se caractérise par un très faible taux de salinité (1 % contre 3,5 % pour les autres mers), dû notamment à l'importance des précipitations et aux apports en eau douce des fleuves riverains. De ce fait, peu d'espèces vivantes peuvent y évoluer : on en a dénombré seulement 84 alors que les autres mers du globe en comptent plus de 1 500. Son trait le plus distinctif reste son statut de mer quasiment fermée. La Baltique ne communique avec les autres mers de la planète que par le détroit de l'Øresund entre Elseneur (Danemark) et Helsingborg (Suède). Il lui faut une bonne trentaine d'années pour renouveler ses eaux. Les produits toxiques généreusement déversés par certains pays riverains ont donc tendance à stagner. Cependant, des efforts menés au plan supranational tentent de lutter contre cette pollution *(voir encadré p. 105)*.

UNE CÔTE PRÉSERVÉE

À quelque chose malheur est bon ! En classant « secret défense » pour des raisons stratégiques une partie du littoral balte, et en imposant des restrictions d'accès allant jusqu'à l'interdiction totale, les autorités soviétiques ont contribué à sauvegarder une côte pratiquement exempte de tout bétonnage… même si quelques installations de surveillance achèvent tranquillement d'y rouiller. Les villages côtiers sont en outre établis derrière un cordon dunaire, à quelques centaines de mètres à l'intérieur des terres. Les plages ont donc conservé un aspect sauvage que l'on serait bien en peine de trouver ailleurs. Quelques stations balnéaires plus ou moins importantes s'y sont établies au cours du 19ᵉ s., souvent liées à la découverte des vertus curatives des bains de mer ou de boue. Elles sont parfois réduites à leur plus simple expression : un hôtel-Spa doublé d'un camping, comme en Estonie à **Toila** *(voir p. 143)*. D'autres, plus élaborées, ont conservé une architecture (le plus souvent de bois) leur conférant une allure désuète évoquant la nostalgie des fastes d'antan. C'est le cas en Estonie d'**Haapsalu** et de **Pärnu**, en Lettonie de **Jūrmala**, en Lituanie de **Palanga** *(voir p. 306)* ou de **Nida** *(voir p. 311)*. Les ports, quant à eux, se sont nichés au fond de baies protégées de la pleine mer par des îles (**Tallinn**, **Rīga**) ou à l'embouchure de fleuves ou de canaux (**Ventspils**, **Liepāja**, **Klaipėda**).

L'Estonie (Eesti vabariik)

Le plus septentrional des trois États baltes est aussi le plus petit avec ses 45 227 km², soit une superficie légèrement supérieure à celle des Pays-Bas pour une population dix fois moindre. L'Estonie est aussi le plus maritime des trois, avec 3 800 km de littoral. C'est également le seul à posséder des îles (plus de 1 500 !), habitées ou non, constituant à peu près 10 % de la surface de la nation. C'est sur le territoire de ce pays (altitude moyenne 50 m), couvert pour moitié de forêts que se trouve le point culminant des pays baltes, le **Suur Munamägi** (la « Grande Colline de l'Œuf », 318 m). Séparée à l'est de la Russie par l'immense **lac Peïpous** (ou **Peipsi Järve**, le quatrième d'Europe), l'Estonie, dont les lacs représentent près de 5 % de la superficie, est bordée au sud par la Lettonie.

Falaises et criques

C'est face au golfe de Finlande, à la pointe nord-est de l'Estonie, que le littoral se montre le plus spectaculaire, avec une vingtaine de kilomètres d'abruptes falaises de calcaire. Ces reliefs peuvent certes paraître modestes, même si, à certains endroits, ils atteignent une hauteur de plus de 50 m, comme à **Ontika** *(voir p. 144)*. Les Estoniens en sont assez fiers pour avoir fait du calcaire, qui servit à construire les villes, un des symboles de leur pays.

Plus à l'ouest, de part et d'autre de Tallinn, presqu'îles effilées et îlots rocheux découpent la côte, en particulier sur le littoral du parc national de **Lahemaa**. Posés dans les flots, nombre de rochers, parfois imposants, aux formes douces, et jadis charriés par les glaciers et érodés par les intempéries, composent d'étranges paysages qui semblent sortis du pinceau d'un Magritte. De belles plages de sable fin (qui, en s'accumulant, a fait des îles d'hier, les péninsules d'aujourd'hui) s'abritent au fond des anses.

Façonné par les sables

Le littoral de la Baltique entre Haapsalu (Estonie) et l'isthme de Courlande (Lituanie), moins tourmenté, est bordé de prairies envahies par les genévriers, de forêts comme le **parc naturel de Slītere** *(voir p. 244)* en Lettonie, ou encore d'étendues de roseaux, zones humides appréciées des oiseaux migrateurs. Parmi les sites les plus remarquables figurent la **baie de Matsalu** en Estonie *(voir p. 166)* et le **lac d'Engure** *(voir p. 250)* ou le **lac Pape** *(voir p. 236)* en Lettonie.

Pratiquement rectiligne entre la frontière estonienne et Rīga, puis du cap Kolka à l'isthme de Courlande, cette côte n'est qu'une grande plage constituée d'un sable très blanc. Les dunes légèrement en retrait prennent parfois des allures de falaises. Ce décor, sans doute monotone, ne manque cependant pas d'une beauté primitive, pouvant paraître serein ou désolé selon les saisons et l'humeur du temps. Cette impression culmine au **cap Kolka** *(voir p. 244)*, longue langue

P. Plantier / Michelin

Canard au cap Kolka.

de sable fermant au sud-est l'immense golfe de Rīga, qui prend volontiers des allures de bout du monde.

Le plus beau joyau du littoral balte est à rechercher à l'extrême sud. Partagé entre la Lituanie et l'enclave russe de Kaliningrad, l'**isthme de Courlande (Kuršių Nerija)**, étroite bande sablonneuse, sépare la Baltique de la lagune créée par le delta du Niémen. Aussi fragiles que sublimes, ces somptueux paysages façonnés par les vents sont inscrits sur la liste du patrimoine mondial de l'Unesco. En lisière de **Nida**, du sommet de l'immense **dune mouvante de Parnidis**, culminant à 52 m au-dessus du niveau de la mer, on peut découvrir la grâce de cet écosystème.

Un millier d'îles

Qu'elles se situent dans le golfe de Finlande ou dans la Baltique proprement dite, les îles baltes sont toutes estoniennes. Les plus importantes sont **Saaremaa**, **Muhu** *(voir p. 168)*, **Hiiumaa** *(voir p. 177)* et **Vormsi** *(voir p. 176)*, à quelques encablures de la côte ouest du pays, au large du golfe de Rīga. Dotées de peu de reliefs, hors quelques modestes falaises, ces îles, territoire des genévriers, sont le plus souvent longées par de belles plages de sable. C'est à l'intérieur des terres de Saaremaa que vous pourrez voir l'une des curiosités naturelles les plus impressionnantes de la région : un cratère creusé il y a environ 7 000 ans par un météorite à **Kaali**.

La Lettonie (Latvija)

Avec 64 600 km² (un peu moins que la république d'Irlande), la Lettonie est bordée au nord par l'Estonie, à l'est par la Russie, au sud-est par la Biélorussie et au sud par la Lituanie. Son littoral, d'une longueur totale de 500 km, s'organise autour du golfe de Rīga puis, au-delà du cap Kolka vers le sud, par la côte de l'Ambre. Même si elle est le plus urbanisé des trois pays, la Lettonie reste très forestière (44 % du territoire). Elle ne compte pas moins de 2 256 lacs de plus de 1 hectare, couvrant au total 1 000 km², et culmine à 311 m au **Gaiziņkalns**.

La Lituanie (Lietuva)

Avec ses 65 300 km², la **Lituanie** est (de justesse) le plus grand et le plus peuplé des trois États. C'est aussi celui qui bénéficie de la côte la moins longue (99 km entre la frontière lettone et le sud de la péninsule de Courlande). Le pays, qui culmine au **Juozapinės** à une altitude de 294 m, est doté de quelque 6 000 lacs, dont dix seulement ont une superficie supérieure à 10 km², le plus important étant le **lac Drūkšiai** à l'est du pays. La Lituanie est bordée par la Lettonie au nord, la Biélorussie (au sud et à l'est), la Pologne (au sud) et l'enclave russe de Kaliningrad au sud-ouest.

UN PAYSAGE VARIÉ

Le relief modeste des pays baltes pourrait laisser craindre une uniformité des paysages. Il n'en est rien ! Les forêts, les différents milieux aquatiques et les quelques monts et vallées forment pour le promeneur une vaste palette de vues.

Le royaume de la forêt

Ce qui frappe en premier lieu le voyageur, c'est l'omniprésence d'une **forêt**, parfois immense : il arrive que, lorsque l'on parvient au sommet d'une éminence ou d'une tour d'observation, on découvre à perte de vue une mer végétale. La forêt recouvre en effet près de 50 % du territoire estonien, et 44 % de la Lettonie (un peu moins en Lituanie, plus défrichée), contre 26 % en France. Ces étendues sont accessibles au public, en dehors de quelques zones « sanctuarisées », et méritent d'être parcourues au printemps et en été, lorsque les sols se tapissent de fleurs et de mousses (sans oublier les baies !).

Au nord règne la **taïga** avec ses conifères et ses bouleaux, comme dans les parties boisées les plus septentrionales des continents eurasien et américain. En cheminant vers le sud, les forêts se peuplent peu à peu d'arbres à feuilles caduques. Une partie de ces bois, appelés « forêts humides », ont des sols marécageux et sont inondés toute l'année, ce qui favorise leur préservation.

Ambassade d'Estonie

Forêt en Estonie.

Ambassade d'Estonie

Les marécages d'Endla.

Lacs et marais

D'innombrables lacs de tailles très diverses se nichent dans les forêts, en particulier dans l'est... Parfois profonds, souvent bordés de plages de sable (voire de dunes), ils sont très appréciés des baigneurs en été. Les pêcheurs profitent des lieux en toute saison, en tout cas ceux qui osent s'aventurer sur la glace aux premiers frimas pour lancer leur lignes dans les trous qu'ils ont pratiqués. Un itinéraire en Lettonie permet notamment de découvrir les lacs des hautes terres du Latgale, dont le très beau lac Ežezers *(voir p. 225)*.

Parfois, la végétation se mêle aux moins profonds de ces plans d'eau et les transforme peu à peu en marais : c'est le cas de **la réserve naturelle d'Endla** *(voir p. 155)*.

Les pays baltes ont également préservé un écosystème souvent disparu dans le reste de l'Europe : les **tourbières**. Ces marécages acides sont peuplés de mousses (sphaignes ou hypnes) et de plantes insectivores (drosera) dont la décomposition forme la tourbe, combustible pouvant servir de succédané au charbon. On peut notamment parcourir ces paysages en Estonie dans la réserve naturelle de **Nigula** *(voir p. 166)*, ou en Lettonie dans la réserve naturelle de **Teiči** *(voir encadré p. 219)*. Attention, n'oubliez pas de vous munir d'un bon produit antimoustiques !

Les plus beaux paysages

Une sélection trop brève et éminemment subjective !

En **Estonie** : la forêt et la côte du parc national de **Lahemaa** à l'est de Tallinn ; la rive nord du **lac Peïpous** autour d'**Alajõe** ; la région du **Võrumaa** avec les lacs de **Rõuge** et les immenses forêts du **Haanja** autour du **Suur Munamägi** *(voir p. 159)* ; le parc national de **Soomaa** à la saison des crues *(voir p. 162)* ; les paysages maritimes de la **péninsule de Sõrve** *(voir p. 171)*.

En **Lettonie** : le parc national de la **Gauja** autour de **Sigulda**, avec ses grottes, ses forêts, et ses falaises de grès ; le **Latgale** ou « terre des lacs bleus », avec le superbe **lac Ežezers** ; l'immensité sauvage du **cap Kolka** ; les collines de la **péninsule de Courlande** lorsque les paysages s'illuminent du jaune des champs de colza et des fleurs blanches des arbres fruitiers *(voir p. 310)*.

En **Lituanie** : le parc national d'**Aukštaitija** avec ses forêts et ses 126 lacs, notamment autour d'**Ignalina** ; les forêts et les lacs servant d'écrin au site historique de **Trakai** ; le **lac Platelių** et ses abords au cœur du parc national de la **Žemaitija** (Samogitie) ; le dédale aquatique du **delta du Niémen** ; et, bien sûr, l'**isthme de Courlande (Kuršių Nerija)**, ses paysages enchanteurs et ses dunes mouvantes entre mer et lagune.

W. Buss / Michelin

Dune de Parnidis, isthme de Courlande.

Collines escarpées

L'eau et la végétation investissent aussi des terrains plus accidentés. Certes, il ne s'agit que de collines, puisque le **Suur Munamägi**, le « toit » des pays baltes, n'atteint que 318 m ! Néanmoins, reliefs karstiques et vallées encaissées parviennent à donner l'illusion d'un pays montagneux. La région du **parc national de la Gauja** n'est-elle pas surnommée la « Suisse lettonne » ? Bien entendu, cette illusion se renforce lorsque l'on aperçoit les amateurs de glisse dévaler les pentes comme à **Otepää** *(voir p. 155)* ou **Sigulda** *(voir p. 207)*. Il est vrai que les Baltes n'hésitent pas à chausser leurs skis sur les pentes des terrils comme dans les parcs des capitales ! Où que vous soyez, en parcourant cette nature, vous comprendrez pourquoi les habitants des trois pays l'aiment tant et profitent de chaque rayon de soleil pour s'y promener.

F. Sichet / Michelin

Lac près de Meironys, dans le parc national d'Aukštaitija.

Flore et faune

Un territoire peu exploité, des forêts primaires sanctuarisées, de vastes zones de marais et de tourbières : tout ces facteurs expliquent que les pays baltes aient conservé une faune sauvage comptant quelques espèces en voie de disparition sous d'autres latitudes.

SANCTUAIRES SYLVESTRES

Au sein des forêts, vous pourriez vous trouver nez à nez avec quelques grands mammifères, tels que **cerfs**, **daims**, **sangliers** et surtout **élans**, dont la population est soigneusement régulée… mais ces braves bêtes à l'allure pataude aiment à se faire discrètes. Il en va de même, fort heureusement, des grands prédateurs tels que les **ours bruns**, les élégants **lynx** qui ne recherchent pas vraiment la compagnie des humains, sans oublier les **loups** dont quelques meutes hantent encore les forêts… Vous avez plus de chances d'apercevoir en hiver quelque **renard** en quête de sa pitance aux abords des villages. Les cours d'eau sont quant à eux peuplés de nombreux **castors** qui semblent avoir apprécié leur réintroduction récente et qui ont tendance à proliférer. Des programmes en cours tentent de réintroduire et de préserver le **vison d'Europe**, longtemps décimé pour les raisons que l'on devine.

RÉSERVES AQUATIQUES

Parmi les mammifères marins, vous pourrez peut-être observer sur le littoral des colonies de **phoques annelés** et de **phoques gris**.

Étangs du littoral, lacs et marais constituent de véritables havres de paix pour des centaines d'oiseaux, migrateurs ou non : parmi ceux-ci, le plus emblématique est sans doute la timide **cigogne noire**, mais vous aurez plus souvent l'occasion de rencontrer sa cousine blanche qui investit aux premiers beaux jours les nids juchés sur le moindre poteau. Parmi les autres « vedettes » des lieux, citons le **grand tétras**, ainsi que plusieurs espèces d'**aigles**.

Excellents indicateurs de la qualité des eaux, les **amphibiens** sont nombreux, et il n'est pas rare, au printemps, d'entendre des concerts de grenouilles. Les reptiles, censés abriter des esprits bénéfiques, ont longtemps été protégés. Gare toutefois aux morsures de l'**aspic**, souvent présent dans les marais !

GOURMANDISE NATURELLE

Les baies sauvages font la joie des amateurs de cueillette. On les trouve entre juin et octobre dans les forêts (fraises des bois, myrtilles, framboises), comme dans les zones de marais (canneberges, airelles). Il en va de même des champignons, abondants dans les sous-bois. Les botanistes en herbe partiront quant à eux à la recherche d'une des trente variétés d'**orchidées** présentes dans la région ou de lichens et de fougères rares.

M. Jeanningros / Michelin

Quand les cigognes sont de retour…

P. Plantier / Michelin

Rencontre au Suur Munamägi.

L'homme et la nature

Qu'ils soient chasseurs, pêcheurs (brochets, perches, saumons, truites ou écrevisses peuplent rivières et lacs), amateurs de baies ou de champignons, ou simples promeneurs, les Baltes se précipitent dans les forêts à la moindre occasion.

UN EFFORT CONSTANT

Si certaines questions dépassant la simple compétence des États restent en suspens (pollution maritime, exploitation du pétrole par les Russes au large de Kaliningrad, centrale nucléaire lituanienne d'Ignalina de type Tchernobyl en fonction jusqu'en 2009), les espaces naturels sont de mieux en mieux protégés contre la pollution. Les agriculteurs commencent à bannir les engrais artificiels et développent les cultures « bio », avec des résultats probants en ce qui concerne l'état général des rivières. Réserves naturelles, parcs nationaux, réserves de biosphère tendent à se multiplier pour protéger les paysages, des espèces animales ou végétales, ainsi que certains écosystèmes particulièrement fragiles. En outre, une réglementation plus ou moins inspirée de celle des pays scandinaves régit les rapports entre la nature et les promeneurs.

Les Baltes communient avec la nature avec d'autant plus de… naturel, qu'ils rejoignent en cela leurs ancêtres païens. Pour ceux-ci, apercevoir une fougère en fleurs garantissait la santé, le succès en amour, la fertilité et autres privilèges tels que le don de traverser les murailles ou de comprendre le langage des animaux… Il est de tradition la nuit de la St-Jean que les jeunes couples disparaissent dans les sous-bois à la recherche de ce phénomène. En ce qui concerne la fertilité, les résultats paraissent probants !

HISTOIRE

L'appellation de pays baltes pour désigner l'ensemble constitué par l'Estonie, la Lettonie et la Lituanie peut tromper le profane qui imagine volontiers une longue histoire partagée. Or, l'unique point commun des trois États est d'avoir fait l'objet des appétits de puissances étrangères : Allemands sous couvert de christianisation, Danois, Suédois, Polonais et Russes sous les régimes impérial ou soviétique. Tous ces envahisseurs ont contribué au destin de ces terres et à forger des identités fortes, au cours de plus de sept siècles d'asservissement.

W. Buss / Michelin

L'ombre de Lénine à Narva... Les Baltes ont été longtemps soumis à l'appétit de leurs voisins.

Avant l'histoire

Les hommes ont vécu sur ces terres septentrionales depuis le Xe millénaire avant notre ère. Mais ce sont les nomades venus de l'est qui fondèrent le socle des différents peuples baltes.

DEUX VAGUES

Au Ve millénaire av. J.-C. des populations venant de l'Oural s'installent en bordure de la Baltique : il s'agit des **Estes (Eestlased)**, futurs Estoniens, des Finnois, des Caréliens et des **Lives**, qui peuplent l'actuelle Lettonie et donneront leur nom à la Livonie. D'autres **Finno-ougriens** partent plus au sud : ils sont devenus les Hongrois.

Deux mille ans plus tard, un groupe de peuples indo-européens, qualifiés aujourd'hui de « **Proto-Baltes** », entame une longue migration depuis les rives de la mer Caspienne. Les futurs Lettons et Lituaniens s'installent en Russie centrale au IIe millénaire, puis continuent leur marche vers l'ouest, s'arrêtant au passage sur le territoire de l'actuelle Biélorussie vers 500 av. J.-C., avant d'atteindre les rives de la Baltique en Lettonie, en Lituanie, en Prusse Orientale et en Poméranie.

Tribus païennes

Ces peuples, organisés en tribus et ignorant l'écriture, vivent pendant des siècles à l'écart de l'Europe, en pratiquant l'élevage, la cueillette, la domestication des abeilles, la culture du froment, la pêche et la chasse au phoque. Ils exploitent aussi l'or de la Baltique : l'ambre. Au 1er s. de notre ère, une **route de l'ambre** reliait les actuels pays baltes à Vindobona (Vienne). Des traces archéologiques prouvent l'existence d'échanges commerciaux entre Rome et ces peuples décrits par l'historien Tacite.

Pendant très longtemps, nul ne songe à catéchiser ces joyeux païens. Leur civilisation se développe, intégrant de nouvelles techniques d'agriculture et d'artisanat. Cependant, à partir du 9e s., les premières incursions commencent à l'ouest avec les **Varègues** (Vikings suédois) qui colonisent la côte. Et, au début du 11e s., les Russes de **Iaroslav le Sage**, prince de Kiev, fondent une citadelle sur le site de Tartu, à l'est.

Des esquisses d'États

Si les Estes ne songent guère à s'unir, plus au sud quelques regroupements de tribus semblent annoncer la formation de futurs États. En Lettonie, à côté des Lives, installés autour de l'actuelle Rīga, les **Coures** (ou Couroniens) de Courlande sont connus pour leurs actes de piraterie. D'autres peuples sont en formation tels les **Latgaliens** (qui donnent leur nom au Latgale), les **Séloniens** et les **Sémigalliens** (de Sémigalle ou Zemgale). Quelques-uns de leurs princes sont mêmes passés à la postérité, tel **Rusinch** dont la bannière rouge à bande blanche est devenue le drapeau national letton.

L'organisation d'un État semble plus avancée en Lituanie, même s'il est difficile de démêler la légende de l'histoire. La mention la plus ancienne est celle d'un dénommé **Kunas**, chef samogitien, fondateur de Kernavė. Son fils **Kernius** aurait régné depuis cette ville sur l'est de la Lituanie, tandis que son frère **Gambutas** gouvernait la Samogitie.

Invasion allemande

L'installation en 1159 par les marchands de Brême d'un comptoir commercial à l'embouchure de la Daugava est le signe avant-coureur de l'entrée des pays baltes dans l'histoire européenne.

AU NOM DU CHRIST !

En 1185, le **chanoine Meinhard de Brême**, arrivé de l'abbaye de Segesberg, vient prêcher l'Évangile dans ces contrées païennes et se fait proclamer l'année suivante évêque de Livonie à Üxhüll (**Ikšķile**). Si les **Lives** ne voient pas trop d'inconvénients à adopter la nouvelle religion, ils changent d'avis lorsque le bon chanoine tente de leur imposer le paiement de la dîme. Le successeur de Meinhard, **Berthold**, en appelle au pape et prêche une guerre sainte, ce qui lui vaut le désagrément d'être occis par ses turbulents paroissiens.

Un évêque de choc

Entre alors en scène l'évêque **Albert (Albrecht) von Buxhövden** (v. 1165-1225). Le prélat s'installe à Rīga en 1201, où il entreprend aussitôt d'élever une cathédrale et une forteresse, afin d'en faire la tête de pont de l'expansion chrétienne. Pour diffuser l'Esprit saint, il fonde en 1202 un ordre militaire calqué sur celui des Templiers, l'**ordre des chevaliers Porte-Glaive**. Il recrute notamment des croisés allemands inoccupés depuis qu'ils ont été chassés de Terre sainte. Les chevaliers conduisent cette nouvelle croisade, prêchée par le pape **Célestin III**, avec d'autant plus d'ardeur que, conformément aux règles du genre, ils y voient l'occasion de se tailler des fiefs héréditaires.

L'épisode danois

Lorsque **Valdemar II** met le siège en 1214 devant Tallinn, c'est à la demande de l'évêque Albert. Mais, après la prise de la future capitale, les Danois, oubliant leurs pieux desseins, agissent pour leur propre compte et se rendent maîtres de tout le nord de l'Estonie, construisant des forteresses à Rakvere (1220) et Narva (1223). C'est en 1347 que le Danemark, par le traité de Marienburg, cède ses territoires à l'ordre Teutonique.

Soumissions au nord

L'avancée des soudards vers le nord, facilitée par la désunion des tribus, est rapide et se matérialise sur le terrain par la construction de forteresses et d'églises. Après des victoires à Sigulda en 1207 et à Cēsis en 1209, ils prennent pied en Estonie en 1211, et mettent le siège devant Viljandi. Quatre ans plus tard, à Lõhavere, le potentat local, **Lembitu**, se soumet et accepte de se convertir. Il réussit à unir plusieurs tribus estoniennes et à reprendre les armes, avant d'être vaincu et tué devant sa forteresse le 21 septembre 1217. Dès lors, rien ne semble pouvoir arrêter les Porte-Glaive, en dépit de quelques révoltes sporadiques. Lorsqu'ils s'emparent de l'île de Saaremaa (1227), la tâche de l'Ordre semble achevée, ce que confirme la création de l'évêché d'Osek-Wiehl dont le siège est fixé à Haapsalu (1228). Enfin, les **Coures**, dont le territoire s'étend entre la Baltique et la Daugava, sont soumis et convertis sans trop de difficultés en 1230-1231.

Résistances au sud

Les Porte-Glaive portent ensuite leurs regards sur une Lituanie tout aussi païenne. Mais ils se heurtent à une farouche résistance des peuples de la région (Lituaniens, Coures, Sémigalles, Sudaves et Jotvingues), au point qu'ils sont décimés à la **bataille de Šiauliai** (1236) : 480 chevaliers périssent. Les survivants n'ont d'autre choix que de se regouper avec les moines-soldats de l'**ordre Teutonique**, pour constituer l'ordre

Pas faciles à convertir !

Le 29 janvier 1223, les Estoniens de Viljandi étripent tous les Allemands de la place, s'emparent du bailli, font mitonner son cœur dans un chaudron et le mangent en portant un toast « à la santé des chrétiens ! »

La statue de Mindaugas à Vilnius.

de Livonie. L'ordre Teutonique avait pour sa part lancé ses chevaliers en Borussie (Prusse orientale). Après avoir fondé Memel (Klaipėda) en 1252, et établi leur capitale à Königsberg (Kaliningrad) en 1255, ils attaquent la Samogitie.

Or, les Lituaniens étaient parvenus entre temps à s'unir sous la férule de **Mindaugas** (v. 1203-1263), premier et unique roi de Lituanie, couronné en 1253. Fin politique, le monarque, de sa capitale de Kernavė, décide de se convertir à titre personnel. Il choisit le catholicisme de préférence à l'orthodoxie, la Russie dominée par les Tatars (Mongols) étant alors au plus bas. Il enlève ainsi tout prétexte religieux aux Teutoniques. Mais ses sujets refusent d'abandonner le paganisme et Mindaugas est assassiné. À sa mort, le duché est pris en tenailles entre les chevaliers Teutoniques, qui peuvent reprendre en toute bonne conscience leur conquête sous couvert de christianisation, et les Tatars, qui multiplient leurs incursions depuis la Russie.

L'âge d'or lituanien

C'est l'un des descendant de Mindaugas, Gediminas, qui va étendre le plus les frontières du pays. Mais après sa mort la Lituanie va peu à peu devenir une province polonaise.

LE GRAND-DUCHÉ

Parvenu au pouvoir en 1316, le grand-duc **Gediminas** fonde une dynastie (dite des Gédiminiens puis des Jagellons). Tout en restant joyeusement païen, il décide de s'allier avec la Pologne en mariant sa fille Aldona au roi **Casimir II le Grand**. Gediminas, qui avait établi sa capitale au vieux Trakai (Senieji Trakai), s'attache à refouler les Tatars vers l'est. Il y parvient tant et si bien que, la faiblesse des principautés russes aidant, il bâtit un immense empire reliant la Baltique à la mer Noire, et englobant l'actuelle Biélorussie, Smolensk et Kiev. En 1323, il se fait bâtir un château de bois sur le site d'une vieille cité marchande, Vilnius, qui dès lors devient sa « cité royale ». Mais il est tué au combat (toujours contre les Teutoniques) en 1341 devant le château de Veliuona. Le duché est alors partagé entre ses deux fils, **Algirdas** et **Kęstutis**. Un accord avec la Pologne semble alors nécessaire même si les Polonais, pas entièrement désintéressés, aimeraient bien faire main basse sur quelques possessions du grand-duché…

L'UNION AVEC LA POLOGNE

Né en 1348, le grand-duc **Jogaila**, fils d'Algirdas, succède à son père en 1377 et fait égorger Kęstutis cinq ans plus tard… ce qui lui vaut quelques démêlés avec son ambitieux cousin Vytautas.

Le 14 avril 1385, Jogaila signe avec les Polonais l'**union de Krewo**. Cet accord dynastique prévoit : le mariage du grand-duc avec la reine de Pologne, **Hedwige (Jadwiga) d'Anjou**, âgée alors de 13 ans ; sa conversion et celle de la noblesse lituanienne au catholicisme ; l'union des deux États sous la souveraineté des lois polonaises. L'année suivante, il accède donc au trône de Pologne sous le nom de **Ladislas II Jagellon**, fondant ainsi une dynastie qui perdurera jusqu'en 1572. Le nouveau souverain pousse même le zèle jusqu'à détruire la statue du dieu Perkūnas à Vilnius en cette année 1385, aujourd'hui considérée comme la date de la conversion officielle du dernier peuple païen d'Europe. Le paganisme survivra néanmoins en s'affublant des habits du christianisme.

Le chant du cygne

Le grand-duché de Lituanie est donc officiellement uni à son voisin, malgré les réticences de **Vytautas le Grand**. Nommé gouverneur de Lituanie (1390), celui-ci se montre soucieux de ne pas voir les Polonais prendre trop d'importance dans cette union des deux États, scellée en principe sur un pied d'égalité. Mais après une défaite face aux Mongols (bataille de Vorskla, 1399), Vytautas, affaibli politiquement, doit accepter de composer et reçoit la Samogitie en viager, avant d'obtenir le titre de grand-duc de Lituanie en 1401. Il participe activement à la victoire de la coalition lituano-polonaise sur les Teutoniques, vaincus en 1410 à la bataille de Grünwald-Tanenberg (Žalgerus). Organisateur, réformateur et centralisateur, Vytautas, qui préfère résider dans son

F. Sichet / Michelin

Vytautas le Grand à Trakai.

palais de Trakai sous la protection de sa garde **karaïte**, se comporte en véritable souverain autonome et tente même de se faire couronner roi de Lituanie en 1429. Mais il meurt l'année suivante, avant d'avoir reçu sa couronne.

Le grand-duc **Švritigaila**, qui succède à Vytautas et gouverne de 1430 à 1442, a beau proclamer l'indépendance de la Lituanie, celle-ci n'est que formelle. En 1447, le grand-duc Casimir devient **Casimir IV Jagellon**, roi de Pologne, et cumule les deux fonctions. Désormais, la Lituanie et la Pologne sont dirigées directement par un seul souverain.

La République des deux peuples

Si les Lituaniens ont adopté bon gré mal gré la culture polonaise, ils continuent cependant à se méfier de leurs puissants « amis ». En 1529, le **Statut lituanien** interdit aux Polonais d'acheter des terres sur le territoire du grand-duché.

Mais la noblesse polonaise (25 % de la population) souhaite l'intégration complète du grand-duché au royaume de Pologne. C'est ce qui est réalisé à la suite du **traité de Lublin** (1569), qui crée la « **République des deux peuples** » **(Rzeczpospolita)**, et ce d'autant plus facilement que l'aristocratie lituanienne a l'ambition de bénéficier des privilèges de la noblesse polonaise. Dépourvue d'existence légale, la Lituanie perd ses territoires de l'Est au profit du royaume de Pologne. Le polonais devient la langue officielle et se répand grâce à la fondation de l'université de Vilnius (1579), créée pour lutter contre la Réforme. De cette ville, **Sigismond II Auguste** gouverne son royaume depuis 1551.

La noblesse lituanienne participe avec gourmandise à la **Sejm (Diète)**, assemblée de la noblesse qui élit les rois et vote les lois et les budgets, mais ne se soucie guère de l'intérêt national. En 1652, les notables lituaniens font adopter le « liberum veto », selon lequel toutes les lois doivent être adoptées à l'unanimité. Ce faisant, ils paralysent de facto la Diète, ouvrant la voie aux partages de la Pologne.

La Livonie

Sur les territoires correspondant à peu près aux actuelles Lettonie et Estonie, les conquérants organisent un nouveau pouvoir. La société comprend la noblesse, les marchands et le peuple autochtone, réduit en servage.

TERRE DE CHEVALIERS

Au nord, la conquête est achevée. Bien que battus à plates coutures par **Alexandre Nevski** sur les glaces du lac Peïpous (1242), les chevaliers parviennent à contenir les visées expansionnistes des principautés russes de Pskov et de Novgorod. Les terres sont partagées entre les évêchés de Rīga, de Windau (Ventspils), d'Haapsalu et de Dorpat (Tartu). Le centre du territoire appartient aux chevaliers, et le nord, baptisé duché d'Estonie, reste danois jusqu'à sa cession en 1347 par le roi **Valdemar IV**. Le grand-maître de l'Ordre (qui va devenir l'**ordre de Livonie** après la défaite des Teutoniques en 1410), élu à vie, exerce le pouvoir depuis sa résidence installée selon les époques à Cēsis (Lettonie) ou à Viljandi (Estonie), lieux choisis pour leur position centrale. La Livonie est divisée en seigneuries, chacune dirigée par un bailli. Elle se couvre de châteaux (une centaine en Lettonie, autant en Estonie), résidences des baillis ou des évêques, et de monastères établis par les Cisterciens, puis par les Dominicains et les Franciscains. Cette installation suscite quelques révoltes, comme celle de la **Saint-Georges** (1343-1345), lorsque les Estoniens se rebellent contre leurs nouveaux maîtres, notamment à Saaremaa, pillant églises et monastères et tuant moines et chevaliers. Comme on peut l'imaginer, la répression fut sans pitié.

Un nouvel ordre social

Cependant, l'Ordre doit composer avec les évêques, mais surtout avec la puissance économique des villes qui se sont développées à l'abri des châteaux forts et se sont peuplées de commerçants et

Les dates clés de l'Estonie

1217 – Défaite de Lembitu face aux chevaliers Porte-Glaive.
1224 – Prise de Tallinn par les Danois.
1347 – Les Teutoniques se rendent maîtres de Tallinn, rebaptisée Reval.
1558 – Après la prise de Narva par Ivan le Terrible, les chevaliers font appel à la Suède.
1660 – L'Estonie est intégrée officiellement au royaume de Suède.
1721 – La paix de Nystad met fin à la guerre du Nord entre la Russie et la Suède ; l'Estonie est rattachée à l'Empire russe.
1857 – La publication de l'épopée nationale, le *Kalevipoeg*, marque la naissance de l'Éveil national sous l'égide du mouvement des Jeunes Estoniens.
24 février 1918 – Proclamation de l'indépendance qui sera reconnue par les Alliés, trois ans plus tard, en 1921.
1934 – Institution d'un régime autoritaire par Konstantin Päts.
1941-1949 – Occupée par les Russes, puis par les Allemands, « libérée » par l'armée Rouge, l'Estonie est finalement rattachée à l'URSS.
1988 – La « Révolution chantante » à Tallinn marque le début du processus de libération.
20 août 1991 – Proclamation de l'indépendance à Tallinn.
Mai 2004 – Entrée officielle dans l'Union européenne.

d'artisans venus d'abord d'Allemagne, puis d'Angleterre et des Flandres. La campagne, quant à elle, est mise en coupe réglée par de nombreux colons allemands qui se taillent de vastes propriétés terriennes, constituant une oligarchie que l'on désignera sous le nom de **barons baltes**.

Dès lors s'institue un modèle social qui va perdurer en Estonie et en Lettonie jusqu'au début du 20e s. Tout en haut de l'échelle se trouve l'aristocratie féodale germanique. Dans les cités qui vont bientôt recevoir des chartes calquées sur celle de Lübeck, la capitale de la **Hanse**, vie une bourgeoisie industrieuse, qui entre parfois en conflit avec les féodaux. C'est notamment le cas à Rīga, en 1484, lorsque les citoyens, exaspérés par la prétention des chevaliers à abuser de la prospérité de la ville, dévastent le château. Enfin, dans les campagnes, les Estoniens et les Lettons de souche, réduits en servitude, ne disposent d'aucun droit.

La Hanse

À sa plus grande époque (12e-16e s.), cette ligue maritime et commerciale fondée en 1161, dont **Lübeck** est le centre, regroupait plus de 200 villes. Elle exerce de fait un monopole sur le commerce dans le nord de l'Europe, ce qui en fait une puissance politique européenne. Parmi les cités baltes affiliées à la Hanse : Tallinn, Pärnu, Tartu et Narva en Estonie ; Rīga et Kuldīga en Lettonie ; Kaunas en Lituanie.

Rīga se développe. Après avoir rejoint en 1282 la Ligue hanséatique, la cité se voit attribuer le monopole du transport sur la Daugava. Son port devient l'un des plus importants de la Baltique. Tout aussi prospère, Reval (Tallinn) commerce avec la Scandinavie et Novgorod. Ces villes sont régies par des guildes réunissant les plus riches commerçants, d'où sont issus les édiles. Ces cités, exportant vers l'Europe de l'Ouest miel, cire, céréales, lin, bois, fourrures et ambre, seront le terreau idéal pour l'implantation de la **Réforme luthérienne** qui s'impose à partir de 1520, avant d'essaimer dans les campagnes. Les représentants du catholicisme, honnis, voient leurs sanctuaires pillés ou détruits : c'est le cas de la cathédrale de Tartu, tandis que l'archevêché de Rīga, jusque-là une des principales puissances de la région, disparaît dans la tourmente, son ultime titulaire faisant don des biens du clergé à la Pologne.

LA FIN DE L'ORDRE LIVONIEN

La Russie, désormais débarrassée des Tatars et unie sous la houlette des princes de Moscovie, commence à s'intéresser à ces territoires. En 1558, **Ivan IV le Terrible** s'empare de Narva, Tartu et Viljandi, dans l'actuelle Estonie. Deux ans plus tard, il est aux portes de Tallinn. Effrayés, les descendants des chevaliers germaniques font appel au roi de Suède (1561). C'est le début de la **guerre de Livonie** qui va dévaster le pays jusqu'en 1583 et s'achever par la victoire complète des Suédois.

Partage de la Lettonie

Parallèlement, en Lettonie, le grand-maître de l'Ordre, **Gotthard Kettler** a fait appel en 1561 au roi de Pologne, **Sigismond II Auguste**. Le pays est alors divisé en deux entités : le duché de Trans-Daugava, administré par les Polonais, et le duché de Courlande et Semigallie, au sud-ouest du pays que Gotthard, converti au protestantisme, se réserve à titre héréditaire, après avoir sécularisé l'Ordre. L'installation des Polonais s'accompagne de l'arrivée des Jésuites, chargés de ramener, au besoin en utilisant la manière forte, les Lettons dans le giron de l'église catholique. Cela ne va pas sans quelques résistances, notamment à Rīga lors de l'**Émeute du calendrier** (1584). Le féodalisme de l'aristocratie polonaise ne soulage guère les paysans lettons et mécontente une noblesse terrienne, aussi soucieuse de ses intérêts que rétive au catholicisme. Celle-ci fait appel aux Suédois protestants mais ceux-ci sont défaits par les Polonais au terme d'une guerre qui dévaste le territoire (1609). Il faudra attendre 1621 pour que les Suédois, conduits par le roi **Gustave II Adolphe**, prennent leur revanche, s'emparent de la totalité de la Trans-Daugava et de Rīga et sécurisent le cours de la Daugava en y bâtissant des forteresses. La Pologne quant à elle conserve le Latgale, tandis que le duché de Courlande et de Semigallie, en principe vassal du roi de Pologne, va mener en pratique une existence autonome.

L'ÂGE PROSPÈRE

Avec une capitale installée à Kuldīga puis à Jelgava, la Courlande va connaître un développement étonnant sous la dynastie fondée par Gotthard. C'est sous le règne du petit-fils de celui-ci, le **duc Jēkabs** (1642-1682), que le duché va atteindre son plus grand développement. L'agriculture et le commerce prennent alors leur essor, et sa cour est une des plus brillantes d'Europe. Doté

Un calendrier conflictuel

En 1582, le pape **Grégoire XIII** fait adopter un nouveau calendrier, dit grégorien. Deux ans plus tard, lorsque les églises sont fermées le jour traditionnel des fêtes de Pâques, les habitants de Rīga, en majorité luthériens, ressentent cette décision comme une provocation. Il en résulte une mise à sac générale de tout ce qui de près ou de loin évoque le rite catholique dans la ville.

P. Plantier / Michelin

La Grande Guilde de Tallinn.

d'une âme de marin, le grand-duc fait construire une flotte puissante dans les chantiers navals de Ventspils, fonde le port de Liepāja et acquiert l'île caraïbe de Tobago ainsi que des terres africaines à l'embouchure de la Gambie. Cette richesse sera malheureusement dilapidée par le successeur de Jekābs, le duc Frédéric II, qui sera contraint de céder aux Anglais ses possessions d'outre-mer. Sa mort prématurée, en 1698, va ouvrir une crise de succession.

Le « bon temps suédois »

Sur les terres de Livonie (qui ne sera officiellement intégrée au royaume de Suède qu'en 1660), l'époque suédoise va laisser un excellent souvenir, malgré le déclin de la Ligue hanséatique et la pérenité du système féodal qui marche si bien. L'économie de Rīga, notamment, va connaître un nouvel âge d'or, en monopolisant le commerce entre la Hollande et la Russie.

C'est surtout dans le domaine éducatif que les Suédois vont laisser leur empreinte : sous l'influence de l'humaniste **Bengt Gottfried Forselius** (v. 1660-1688) et de son disciple **Ignati Jaak** (v. 1670-1741), le roi Charles IX ordonne l'ouverture d'une école dans chaque paroisse de Livonie. Son successeur, **Gustave II Adolphe**, fonde le gymnasium (lycée) de Tallinn en 1631 et l'université de Tartu en 1632. Des imprimeries sont créées, des journaux édités, des hôpitaux construits, et les Suédois dotent le pays d'un code législatif.

L'époque voit aussi la montée en puissance des **manoirs**. Ces résidences campagnardes de l'aristocratie germano-balte deviennent de véritables

entreprises et, à leurs activités agricoles traditionnelles commencent à s'associer d'autres sources de profit. Filatures, forges, distilleries, brasseries témoignent d'une industrialisation naissante.
Même si le projet d'abolition de l'esclavage ne voit pas le jour, les propriétaires terriens sont mécontents car les aristocrates suédois commencent à convoiter leurs terres. **Reinhold von Patkul** s'insurge contre cet état de fait et défend les privilèges des barons baltes en arguant de leur antériorité sur les lieux. Condamné à mort par **Charles XII** de Suède, Patkul fait appel à **Auguste II**, l'électeur de Saxe, et à la Russie de **Pierre Ier le Grand** qui conviennent de se partager le territoire (1700) : c'est le début de la guerre du Nord qui oppose la Suède à la Russie, aidée d'autres prédateurs.

C. Brett / Michelin

Pierre le Grand, fondateur de St-Pétersbourg.

Sous le joug russe

En moins d'un siècle, les territoires des trois pays baltes vont passer dans le giron de l'Empire russe.

La guerre du Nord

La bataille s'engage à Narva où les Russes qui assiégeaient la place forte suédoise sont taillés en pièce. Mais le jeune Charles XII (il n'a que 19 ans) n'écoute pas ses conseillers qui l'engagent à pousser son avantage et à marcher sur Moscou. Sceptique quant aux capacités des Russes à se remettre de leur défaite, il préfère s'en aller écraser le hobereau saxon. Mal lui en prend car Pierre le Grand, qui vient de fonder sa capitale du nord, St-Pétersbourg, retient la leçon de son échec et reconstitue et modernise son armée. Il s'empare de Narva et massacre la population, avant de marcher sur Reval (Tallinn) qui tombe à son tour. En 1709 vient le tour de Rīga. Pour autant, le choc des deux titans ne s'arrête pas là, et la guerre, accompagnée d'une épidémie de peste, va ravager la Livonie pendant plus de vingt ans. La **paix de Nystad** en 1721, en mettant fin au conflit, scelle le destin des Estoniens et d'une partie des Lettons, désormais rattachés à l'empire de Russie.
Que ce soit en Estonie ou en Lettonie, le changement de maîtres se traduit par une certaine continuité. Le pouvoir exorbitant des barons baltes est encouragé par les Russes, rare exemple de stabilité en dépit des multiples changements d'appartenance. L'allemand reste la langue officielle. Les paysans sont maintenus en servage quand ils ne servent pas de chair à canon dans les armées impériales. Pierre le Grand fait aménager un port militaire à Paldiski et édifier pour son épouse lettone, la future Catherine Ire, le palais de Kadriorg à la périphérie de la capitale estonienne. Le monarque s'attache particulièrement à développer le port de Rīga qui deviendra bientôt le principal débouché du commerce de l'Empire russe. Catherine la Grande montre quant à elle une certaine bienveillance envers l'Estonie en fondant Võru et en faisant reconstruire la ville de Tartu, dévastée par les incendies.

Comme un fruit mûr...

En Courlande, le duc Frédéric II est mort en 1698 en laissant un fils âgé de six ans, Frédéric-Guillaume. Le duché semble bon à prendre : des pressions amicales suffisent à Pierre le Grand pour marier sa nièce **Anna Janovna** au jeune héritier. Le mariage est célébré à St-Pétersbourg en 1710, mais l'heureux époux n'y survit qu'un an. Dès lors, il suffit aux Russes de surveiller les ambitions des prétendants à la main de la jeune veuve, comme **Maurice de Saxe** (un fils illégitime du roi de Pologne), au besoin par la force (occupation de Jelgava, 1726-1727), pour contrôler la situation.
Les hasards dynastiques faisant parfois bien les choses, la mort prématurée du tsar Pierre II (1730) laisse le trône impérial sans autre héritier que Anna Janovna. Le duché de Courlande entre alors véritablement dans la sphère d'influence russe même s'il va paradoxalement connaître une de ses périodes les plus brillantes. Devenue tsarine, Anna Janovna fait don de ses possessions à son favori, **Ernest Johann von Bühren** dit **Biron** (1690-1772). Celui-ci, qui fait la pluie et le beau temps à St-Pétersbourg, embauche **Ras-**

trelli pour bâtir de somptueux palais à Jelgava et à Rundāle. Il va connaître, certes, une disgrâce sévère à la mort de sa bien-aimée (1740) mais sera rappelé de son exil sibérien par **Catherine II** en 1763. Biron parvient à léguer le duché à son fils, **Peter Biron**. C'est celui-ci qui cède bon gré mal gré en 1795 ses possessions à l'Empire russe…

LA POLOGNE DÉPECÉE

La Lituanie existe-t-elle encore au sein de son union avec la Pologne ? De moins en moins depuis le traité de Lublin et la fin de la dynastie des Jagellon.

Depuis 1569, la Diète s'est donné le droit d'élire le souverain. Mais son fonctionnement aberrant paralyse un pays par ailleurs ruiné par les guerres. Après 1698 et le règne brillant de **Jean III Sobieski**, le royaume sombre dans la confusion, et la Suède comme la Russie font et défont les rois au gré de leurs fortunes militaires. Une fois la Suède écartée par sa défaite dans la guerre du Nord, la Pologne devient une proie aussi tentante que facile pour ses ambitieux voisins. L'Autriche, la Prusse et la Russie encouragent habilement les dissensions d'une noblesse peu soucieuse de l'intérêt national. Trois partages successifs vont faire disparaître progressivement de la carte tant la Pologne que la Lituanie en 1772 (annexion du Latgale par l'Empire russe), 1793 et 1795.

Résistances

C'est d'une main de fer que les Russes vont gouverner la Lituanie où une forte identité nationale a persisté. Il est vrai que nombre de citoyens de l'ancien grand-duché se laissent séduire en 1812 par les promesses de **Napoléon** de restituer à leur terre son indépendance, et rejoignent la Grande Armée, par haine de l'occupant russe. Mais la plupart succombent lors du désastre de l'équipée napoléonienne. La publication d'imprimés en lituanien est interdite, et l'écriture cyrillique devient un temps obligatoire dans l'ancien grand-duché, qui va perdre son nom pour devenir en 1840 les Provinces du Nord-Ouest.

L'aristocratie lituanienne (et notamment les étudiants de l'université de Vilnius) participe toutefois aux soulèvements polonais de 1830 et de 1863, dont la répression féroce vaudra au gouverneur militaire de Vilnius, **Mikhaïl Nicolaïevitch Mouraviev**, le peu enviable surnom de « Pendeur ».

Cependant, ces mouvements restent dominés par une intelligentsia polonaise ou polonisée. Il faudra attendre 1883 pour voir paraître la première revue en lituanien, *L'Aurore*, publiée par **Jonas Basanavičius** (1851-1927), considéré depuis comme « le père de la nation lituanienne ».

Abolir le servage ?

Il n'en est pas question pour les barons baltes. L'un d'entre eux, **Otto Fabian von Rosen** (1683-1764), se rend tristement célèbre en 1739 en donnant son nom à la déclaration adoptée par le collège des conseillers territoriaux de Livonie. Selon ce texte, les seigneurs ont tous les droits sur leurs serfs. Quant au meunier dont la plainte avait été à l'origine de cette déclaration, il finira ses jours en Sibérie.

RUSSIFICATION

L'ancienne Livonie continue de son côté à bénéficier d'une politique relativement libérale. Sous le règne du tsar **Alexandre Ier** (1801-1825), l'université de Tartu ouvre à nouveau ses portes. En 1819, le servage est aboli en Vidzeme. Rīga, quant à elle, commence à se développer hors de ses murailles. La vogue des bains de boue et de mer entraîne l'apparition de nombreuses stations balnéaires fréquentées par une bonne part de l'aristocratie et de l'intelligentsia russe. Les cités de Pärnu, Haapsalu, Kuressaare, Jūrmala, Narva-Jõesuu deviennent des lieux à la mode. L'industrie se développe à Tallinn, Rīga, Narva (où les filatures Kreenholm deviennent les plus grandes de l'Empire russe) et à Dvinsk, l'actuelle Daugavpils, dans le Latgale.

Cette période est également celle du développement d'une conscience nationale. Plusieurs mouvements s'insurgent tant contre le féodalisme que contre l'oppression russe, qui devient particulièrement pesante sous le règne du tsar **Alexandre III** (1881-1894). Ce dernier décrète une russification intensive de la Livonie en s'appuyant sur l'hégémonie des barons baltes, dont les quelque deux cent familles possèdent plus de 60 % des terres.

C'est également à cette époque que sont mises en chantier les grandes cathédrales orthodoxes sur le territoire balte (Rīga, Tallinn, Liepāja, Narva) et qu'est renforcé l'arsenal russe avec la création du port militaire de Liepāja.

UN ÉVEIL NATIONAL

Des conflits opposants Lettons et Estoniens de souche aux Germano-baltes vont émerger des mouvements

Les dates clés de la Lettonie

1201 – L'évêque Albert von Buxhövden transfère l'évêché de Livonie à Rīga et fonde l'ordre des chevaliers Porte-Glaive chargé d'évangéliser le pays.

16e s. – Invasion de la Livonie par Ivan le Terrible ; les barons baltes se placent sous la protection de la Pologne.

1629 – Les Suédois se rendent maître de la Livonie ; seul le Latgale reste aux mains des Polonais. Le duché de Courlande, indépendant de fait, est attribué à Gotthard Kettler, dernier grand-maître de l'ordre de Livonie.

1682 – Apogée du duché de Courlande à la fin du règne du duc Jekābs.

1710-1795 – Par étapes successives, la Livonie suédoise, le Latgale et enfin la Courlande sont intégrés à l'Empire russe.

19 novembre 1918 – Proclamation par Jānis Čakste de l'indépendance qui ne sera reconnue qu'en janvier 1921 après une guerre contre les Bolcheviks.

1934 – Coup d'État de Kārlis Ulmanis.

1939-1944 – Les occupations allemande puis russe s'accompagnent de l'anéantissement des Juifs lettons, puis de la déportation en Sibérie de près de 15 % de la population.

1991 – Des manifestations à Rīga durement réprimées précèdent le référendum du 3 mars, triomphe pour les partisans de l'indépendance.

2004 – Adhésion à l'Union européenne.

d'émancipation nationale, qui s'appuient sur une redécouverte de la langue et de la culture locale. En Estonie, **Friedrich Reinhold Kreutzwald** (1803-1882) écrit le *Kalevipoeg (Le Fils de Kalev),* devenu l'épopée nationale. En Lettonie, les travaux d'un germano-balte, **Johann Gottfried von Herder** (1744-1803), sur le corpus de chansons traditionnelles, sont repris par le folkloriste **Krišjānis Barons** (1835-1923), qui entreprend une classification systématique. **Andrejs Pumpurs** (1841-1902) donne en 1888 avec son *Lāčplēsis* un héros mythique national au pays. Cet éveil culturel trouve sa traduction politique avec le mouvement des Jeunes Lettons, fondé par **Krišjānis Valdemārs** (1825-1921). En 1856, paraît à Rīga le premier journal en letton, *Mājas viesus*. En Estonie, c'est **Johann Voldemar Jannsen** (1819-1890) qui publie en 1857 le *Pärnu Postimees* auquel collabore sa fille **Lydia Kõidula**. Vingt ans plus tard, **Carl-Robert Jakobson** poursuit son action en publiant à Viljandi la revue *Sakala*. Et les étudiants de l'université de Tartu créent en 1884 à Otepää le drapeau national bleu blanc noir.

Pour les paysans, rien ne change, et la misère entraîne une émigration massive en Australie ou aux Amériques. L'arrivée du chemin de fer (Rīga-Daugavpils en 1861, Pskov-Sigulda, et Tallinn-St-Pétersbourg à la fin du siècle) facilite l'industrialisation et l'apparition d'un prolétariat qui prend une part active à la révolution russe manquée de 1905. Ce mouvement se teinte en Estonie comme en Lettonie de revendications nationales : protestations contre l'ordre social (allemand) et l'ordre politique (russe). Les manifestations sont durement réprimées, notamment à Rīga (70 personnes sont tuées le 13 janvier lors d'une marche pacifique), Tukums et Tallinn.

Trois jeunes États

C'est le premier conflit mondial et surtout le chaos qui s'ensuit après les deux révolutions russes de 1917 qui vont permettre aux trois États baltes d'apparaître comme des entités distinctes sur la scène internationale.

LA GRANDE GUERRE

Les soldats baltes vont tout naturellement combattre dans l'armée russe sans rechigner outre mesure tant l'impopularité de l'ordre social allemand est fort. Ils préféreraient néanmoins le faire au sein d'unités représentatives de leurs pays. C'est ce qui se passe en 1915 avec la formation du régiment d'élite des **Tirailleurs lettons**. Ces derniers contribuent à contenir aux portes de Rīga l'avancée des troupes des empires centraux (Allemagne et Autriche-Hongrie) qui, plus au sud, s'étaient emparés de Kaunas le 7 août 1915. Le front va dès lors se stabiliser pendant plus de deux ans sur une ligne Rīga-Daugavpils, le sud de la Lettonie et la totalité de la Lituanie étant aux mains des Allemands.

INDÉPENDANCES

La révolution russe entraîne un chaos qui va permettre aux trois pays d'accéder

F. Sichet / Michelin

Monument aux Tirailleurs lettons.

à l'indépendance. En septembre 1917, le général **Kornilov**, commandant l'armée russe, reçoit l'ordre d'abandonner ses positions. Rīga est occupée sans le moindre échange de coup de feu. C'est bientôt le tour de l'Estonie, où les Allemands prennent pied lorsqu'à la suite de la révolution d'Octobre, le traité de Brest-Litovsk entérine la cessation du conflit sur le front Est.

En Estonie

En 1917, le gouvernement russe de Kerenski, qui avait rattaché à l'Estonie le nord de la Lettonie, accorde une certaine autonomie à ce territoire, dirigé par un Conseil national élu, présidé par **Konstantin Päts**. Mais les Allemands avancent. Le Conseil national proclame le 24 février 1918 l'avènement d'une république « démocratique, indépendante et neutre ». Le lendemain, les Allemands entrés à Tallinn suspendent le gouvernement provisoire et envisagent d'annexer l'Estonie. Parti à la recherche de soutiens internationaux, l'un des membres du comité, **Jüri Vilms**, est capturé à Helsinki et fusillé. La défaite contraint les Allemands à renoncer à l'annexion. L'armée Rouge continue d'avancer, aidée par les Bolcheviks locaux. Elle se heurtera à l'armée estonienne, formée par le général **Johan Laidoner**, qui va lutter victorieusement jusqu'en février 1919. Le traité de Tartu (2 février 1920) met officiellement fin à la guerre. En 1921, l'Estonie indépendante est reconnue par les puissances occidentales.

En Lettonie

Le traité de Brest-Litovsk prévoyait de faire de la Lettonie un protectorat allemand. Le Conseil national letton **Latvijas Tautas padome**, présidé par **Jānis Čakste**, s'élève contre cette décision et, la défaite allemande aidant, proclame la République lettone indépendante le 18 novembre 1918. C'est le début d'une guerre civile qui voit les héroïques tirailleurs lettons se diviser en deux groupes antagonistes, tirailleurs rouges alliés des Bolcheviks contre tirailleurs blancs. Le gouvernement provisoire formé par **Kārlis Ulmanis** doit se replier à Liepāja pour organiser son armée, reprendre Rīga aux Bolcheviks et bénéficier de l'aide des Estoniens de Laidoner. Le 1er décembre 1919, ils ont chassé l'armée Rouge et les Allemands de von der Goltz, alliés avec un aventurier du nom de Bermondt.

En Lituanie

Le vide du pouvoir sur le territoire de l'ancien grand-duché va favoriser le changement. La Diète réunie à Vilnius et son Comité exécutif, le **Taryba,** proclament l'indépendance en juillet 1918 et élaborent une constitution monarchique. Le but est de placer la Lituanie sous protectorat allemand. Le roi désigné, Wihelm von Urach (1869-1928), ancien prétendant au trône de Monaco, prend le nom de **Mindaugas II**. Mais la défaite des Allemands anéantit ce projet, et le roi monégasque ne viendra jamais dans son royaume. L'année suivante, la république de Lituanie est créée et reconnue par l'Angleterre (en septembre) puis la France (mai 1920)... mais la Pologne s'empare de Vilnius, privant ainsi le jeune État de sa capitale historique. Le gouvernement doit alors se résoudre à s'installer à Kaunas et se console en faisant main basse sur Memel, qui retrouve son nom de Klaipėda (1923).

SOUS LE REGARD DES PRÉDATEURS

Les trois pays sont désormais chacun pourvus d'une constitution démocratique et reconnus par les instances internationales. L'Estonie comme la Lettonie s'attachent en priorité à résoudre le problème agraire en nationalisant les propriétés terriennes des barons baltes, et à redresser une économie mise à mal par le conflit mondial. Mais les trois pays restent sous la menace de l'URSS qui n'a pas renoncé à récupérer les territoires de l'ancien empire des tsars, que ce soit de manière frontale ou, plus insidieusement, en encourageant le développement du mouvement communiste. L'instabilité politique et la menace soviétique vont pousser les trois nations à se doter de gouvernements autoritaires.

Approuvée le 1er août 1922, la Constitution lituanienne prévoit l'élection d'une Diète au suffrage universel. Deux partis se partagent le pouvoir, les démocrates-chrétiens nationalistes et anti-polonais conduits par **Aleksandras Stulsinskis** (1885-1969, président de 1922 à 1926), et le parti social-populiste, volontiers anticlérical. En juin 1926, le social-populiste **Kazys Grinius** (1866-1950) est élu à la présidence, un gouvernement de gauche est formé. Mais en décembre, un coup d'État porte **Antanas Smetona** (1874-1944) à la présidence. Le leader de la ligue fasciste « Les Loups d'Acier », **Augustinas Voldemaras** (1883-1942) forme un cabinet appuyé sur la droite traditionaliste et l'armée. La Diète est dissoute quelques mois plus tard et une modification de la Constitution (1928) renforce les pouvoirs du président. Voldemaras quant à lui est écarté après une tentative de coup d'État (1934).

En Lettonie, l'Assemblée constituante vote en octobre 1920 une loi agraire qui démantèle l'hégémonie des barons baltes, avant même d'adopter une Constitution, le 15 février 1922. Le pouvoir exécutif est confié à un gouvernement émanant de la *Saeima*, assemblée de 100 membres, élue pour 3 ans au suffrage universel. Le président de la République a un mandat de la même durée. **Jānis Čakste** est élu en 1922 et en 1925, et **Gustavs Zemgals** (1871-1939) lui succède en 1928. L'un comme l'autre s'appuient sur les partis bourgeois, si l'on excepte une brève expérience socialiste (1926-1927). Mais en 1934, un coup d'État mène au pouroir **Kārlis Umanis** (1877-1942), qui institue un régime autoritaire paternaliste.

La République estonienne, dotée le 15 juin 1920 d'une Constitution, connaît un essor culturel sans précédent. À la crise ouverte par les communistes qui tentent un coup d'État en 1924, répond la croissance d'un mouvement d'inspiration fasciste, la Ligue des Vétérans, qui semble sur le point de remporter les élections de 1934... lorsque le chef du gouvernement, **Konstantin Päts** (1874-1956) impose la loi martiale et institue un régime répressif surnommé « l'ère du silence ». Päts devient en 1938 le premier président de la République.

Konstantin Päts.

Pays soviétiques

Signé le 23 août 1939, le pacte Molotov-Ribbentrop (pacte germano-soviétique) était officiellement un simple accord de non-agression. En réalité, il comportait des clauses secrètes comme le partage de la Pologne entre l'Allemagne nazie et l'URSS, et, accessoirement, la cession des trois nations baltes aux Soviétiques.

L'ANNÉE ROUGE

Le 2 octobre 1939, l'armée Rouge occupe l'est de la Pologne : « généreuse », l'URSS rend Vilnius aux Lituaniens. En échange, elle exige l'implantation de bases militaires dans les trois pays. Il ne faut pas attendre longtemps pour que le premier acte du drame se noue. Quelques incidents plus ou moins sortis de l'imagination des stratèges moscovites servent de prétexte à un ultimatum adressé aux trois nations baltes le 14 juin. Le lendemain, 800 000 hommes envahissent les trois pays. En même temps, l'Allemagne nazie organise l'évacuation des Germano-baltes prévue par le pacte. Les Soviétiques représentés à Tallinn par Jdanov, à Rīga par le procureur Vychinski, à Kaunas, par un lieutenant de Beria, procèdent immédiatement à l'arrestation des principaux dirigeants politiques. Les trois chefs d'État, des dizaines de parlementaires et de ministres, des milliers de citoyens sont arrêtés et déportés au Goulag. Des élections sont immédiatement organisées (les 14 et 15 juillet). Dans les trois pays, les communistes l'emportent, et pour cause : ils sont seuls à présenter une liste... À peine réunis, les députés demandent par acclamation l'incorporation de leurs pays au sein de l'URSS. Celle-ci a la bonté d'accepter : la Lituanie devient membre de l'Union le 3 août, la Lettonie le 5, l'Estonie le 7. C'est le début de l'Année rouge qui voit une soviétisation à marche forcée de l'économie, tandis que les organes de répression se mettent au travail.

TERREUR NAZIE

Ce que Staline n'avait probablement pas prévu, c'est que Hitler romprait aussi rapidement le pacte et attaquerait l'URSS le 22 juin 1941. L'armée Rouge décapitée par les grandes purges de 1937 bat aussitôt en retraite. Dans les pays baltes occupés, la Gestapo succède au NKVD. Les partisans du bref régime soviétique sont arrêtés et torturés. Mais l'époque est aussi marquée par l'arrestation et la déportation des Juifs, après qu'une propagande nauséabonde a encouragé un antisémitisme jusque-là presque absent en terres baltes, en assimilant les Juifs aux communistes qui venaient de faire régner la terreur. En Lituanie, berceau de l'intense foyer culturel des **Litvaks**, la population du ghetto de Vilnius est exterminée dans la forêt de Paneriai. En Lettonie, la quasi totalité des 90 000 Juifs sont assassinés (massacre du ghetto de Rīga, le 30 novembre 1941) ou déportés : moins d'un millier survivront. En Estonie, le camp de Klooga, aux portes de Tallinn, est également un lieu d'exécutions sommaires.

Force est de reconnaître que nombre de citoyens des pays baltes se sont tristement compromis aux côtés des nazis, que ce soit par idéologie ou par nationalisme.

Les Litvaks

C'est ainsi que se désignaient les Juifs installés à partir du 14e s. sur les territoires du grand-duché de Lituanie (pour l'essentiel autour de Vilnius et en Biélorussie). Ils développèrent une brillante culture qui valut à Vilnius le surnom de Jérusalem du Nord. Le prestigieux **Gaon de Vilna** (« Sage de Vilnius »), Eliyahu ben Schlomo Zalman (1720-1797), reste le personnage emblématique de cette communauté qui compta aussi parmi ses membres prestigieux **Eliezer Ben Yehuda** (1858-1922), le créateur de l'hébreu moderne. La ville comptait plus de cent synagogues lorsque la communauté fut anéantie par les nazis. Certains de leurs descendants se sont rendus célèbres : ainsi les leaders israéliens **Golda Meir** et **Menahem Begin**, le philosophe **Emmanuel Lévinas** (1901-1995), l'écrivain **Romain Gary**, le poète **Ossip Mandelsam** (1892-1938), le violoniste virtuose **Jascha Heifetz** (1901-1987), les peintres **Chaim Soutine** et **Marc Chagall**, les photographes **Willy Ronis** et **Izis** mais aussi deux hommes d'affaires, fondateurs de fleurons du Royaume-Uni, Marks & Spencer et Burton of London.

P. Plantier / Michelin

Mémorial de Salaspils.

Parfois volontaires, parfois enrôlés de force, nombre d'entre eux ont combattu dans les rangs de la Wehrmacht...

UNE LONGUE NUIT

En 1944, le retour de l'armée Rouge s'accompagne de destructions liées aux combats : la ville baroque de Narva (Estonie), les ports de Klaipėda (Lituanie), et de Ventspils (Lettonie) sont rasés. La vieille ville de Tallinn est bombardée.

Des dizaines de milliers de Baltes profitent de la confusion pour fuir le retour des Soviétiques, qu'ils soient impliqués ou non dans les exactions des nazis. D'autres choisissent la résistance armée et rejoignent les **Frères de la Forêt** qui mèneront une guérilla active jusqu'au milieu des années 1950. Déportations massives (elles concernent 200 000 Lituaniens, 320 000 Lettons et des dizaines de milliers d'Estoniens) et exécutions sommaires vont achever de rendre exsangues les trois pays à nouveau rattachés à l'URSS.

Commence alors la longue nuit soviétique, marquée par une série de purges (1949-1953) visant à éradiquer les tentations « nationalistes bourgeoises » et à préparer la collectivisation des terres en déportant les paysans considérés comme « riches ». Les installations de bases militaires, en particulier sur le littoral (et les îles), imposent quant à elle des restrictions d'accès pouvant aller jusqu'à l'interdiction totale.

Sur le plan économique, les républiques baltes se voient imposer une industrialisation lourde, guère respectueuse de l'environnement. Pour faire fonctionner les usines, la main-d'œuvre est acheminée d'URSS : Russes, Ukrainiens ou Biélorusses. Ces nouveaux arrivants représentent en 1989 49 % de la population d'Estonie, 40 % de celle de la Lettonie. Leur présence massive contribue à diluer l'éventuelle renaissance d'un sentiment national, redoutée par les despotes locaux, notamment en Lettonie où le pouvoir est exercé par des « Latovichi », Russes « lettonisés » qui appliquent avec zèle la politique du Kremlin et vont jusqu'à interdire les manifestations folkloriques. En Lituanie, **Antanas Sniečkus** (1903-1974) dirige ses compatriotes d'une main de fer, mais sa politique qui sait parfois flatter l'orgueil national, lui vaut une certaine popularité.

Les chemins de la liberté

Le sentiment national va pouvoir s'exprimer à partir de 1985, avec l'arrivée au pouvoir de Mikhaïl Gorbatchev et la mise en place de la perestroïka qui ouvre peu à peu des espaces d'expression, avant de profiter de l'effondrement de l'Empire soviétique.

LA RÉVOLUTION EN CHANTANT

Des préoccupations écologiques mobilisent les foules en Estonie contre un projet de développement de mines de phosphates, en Lettonie contre la construction d'un barrage sur la Daugava (1986). Le pouvoir soviétique recule… et les Baltes s'enhardissent : c'est la **Révolution chantante** de Tallinn (1988) qui réunit 25 % de la population estonienne dans la capitale. La foule entonne au nez et à la barbe des autorités officielles des chants traditionnels en estonien. Mais c'est le 23 août 1989, jour du cinquantenaire du pacte Molotov-Ribbentrop, qu'une action spectaculaire va symboliser la solidarité des trois pays face à l'occupant. Une **chaîne humaine** de 600 km, constituée par deux millions de personnes, relie Vilnius, Rīga et Tallinn.

DERNIERS SOUBRESAUTS

Plus rien ne semble pouvoir arrêter la marche vers les indépendances. En Lituanie, en 1989, le **Sajūdis** (front populaire de Lituanie) dirigé par **Vytautas Landsbergis** triomphe aux élections du Congrès des députés des peuples de l'URSS en remportant 30 des 42 sièges. La même année, le parti communiste lituanien dirigé par **Algirdas Brazauskas** porte le coup de grâce en prenant son autonomie par rapport au PCUS, le Parti de l'Union soviétique. Même les communistes locaux s'émancipent donc du pouvoir central. Gorbatchev se rend à Vilnius en janvier 1990,

D.R / Michelin

La Chaîne humaine, symbole de solidarité.

mais il ne peut que constater le désir d'indépendance d'un pays, qui donne à nouveau une majorité écrasante au Sajūdis aux élections au soviet suprême de Lituanie. Le 11 mars, l'indépendance est proclamée. En mesure d'intimidation, les Soviétiques organisent des manœuvres militaires autour de Vilnius. Après quelques péripéties et un bouleversant appel de Landsbergis à l'opinion internationale (qui rencontre peu d'écho en Occident où l'on tient à ménager le leader de l'URSS), le coup d'État tenté à Moscou en août 1991 par les ultra du régime vient débloquer la situation. À Vilnius, l'assaut a été donné par des forces paramilitaires au siège de la télévision (14 morts), mais dès l'annonce de l'échec du putsch, les choses rentrent dans l'ordre. Le 6 septembre 1991, l'indépendance est reconnue par ce qui subsiste de l'URSS.

En Lettonie, où un Front populaire a gagné les élections de 1988, l'année 1991 débute sous les pires auspices : l'armée Rouge marche sur Rīga en janvier. Mais la foule fait de la vieille ville une forteresse imprenable. Les escarmouches entraînent plusieurs morts. Relayés par la télévision finlandaise, les affrontements provoquent une indignation internationale qui contraint les Russes à reculer. Plus tard, les putschistes d'août tentent de prendre le Parlement qui vient de voter l'indépendance, mais la foule derrière des barricades les oblige à reculer.

Le Parti communiste estonien attend 1990 pour se déclarer autonome. C'est le prélude à l'indépendance du pays, proclamée le 20 août 1991, au lendemain du coup d'État manqué de Moscou.

VERS L'EUROPE

Redevenus indépendants, les pays baltes vont dès lors s'attacher à se reconstruire et à assurer la transition de l'économie planifiée à l'économie de marché, avec en point de mire l'adhésion à l'Union européenne (en mai 2004).

Estonie

L'Estonie doit faire face à la question délicate de l'importante minorité russophone qu'elle n'est toujours pas parvenue à régler de façon satisfaisante, comme en témoignent les incidents liés à la maladroite décision de déplacer la statue d'un soldat soviétique en avril 2007. Du fait de sa dépendance économique étroite, elle doit également affronter les répercussions de l'effondrement de l'économie russe en 1998.

Le président **Lennart Meri** (1992-2002) obtient en 1994 le retrait des garnisons russes et entreprend avec son Premier ministre **Mart Laar** une politique de rigueur qui ne va pas sans dommages sociaux. Ces réformes vont entraîner l'élection en 2001 d'un ancien communiste, **Arnold Rüütel**, auquel succède en 2007 **Toomas Hendrik Ilves**, qui affirme avec humour son ambition de faire de l'Estonie un pays « aussi ennuyeux que les pays scandinaves ».

Lettonie

En Lettonie, la corruption, le développement des activités mafieuses et la gabegie financière sont les points noirs auxquels doit faire face une république qui se caractérise par une rare instabilité politique. Par contre, le dynamisme de la renaissance culturelle et le règlement de la contraigante question liée aux nationalités vont être des moteurs pour l'évolution du pays.

Au premier président, **Guntis Ulmanis** (1993-1999), neveu de Kārlis, succède **Vaira Viķe-Freiberga** (1999-2007). C'est sous son double mandat que la Lettonie accède à l'OTAN et à l'Union européenne, tout en réglant un problème frontalier avec la Russie. Le nouveau président de la République est **Valdis Zatlers**.

Lituanie

En Lituanie, Landsbergis assure la présidence provisoire jusqu'aux élections de 1992 qui donnent la victoire à… l'ancien leader communiste, Algirdas Brazauskas. Mais son mandat, entaché par la corruption, est économiquement désastreux : l'inflation atteint 1 000 %, l'industrie lourde se désagrège, et le système bancaire s'écroule en 1995-1996, tandis que la monnaie de transition, le *talonas* (coupon) cède la place au litas. C'est un ancien émigré aux États-Unis, **Valdas Adamkus**, élu en 1998, qui conduit le pays à l'adhésion à l'Union européenne, en appliquant à l'économie des remèdes vigoureux qui ont permis de dégager une forte croissance.

Après un intermède confié à **Rolandas Paksas** (2003-2004) aux relations douteuses, Adamkus est revenu aux affaires et a nommé au poste de Premier ministre son prédécesseur, Algirdas Brazauskas. Ce dernier a été remplacé le 4 juillet 2006 par **Gediminas Kirkilas**, suite à l'éclatement de la coalition au pouvoir.

Les dates clés de la Lituanie

1253 – Mindaugas, couronné roi de Lituanie.

1386 – Conversion officielle du peuple lituanien au christianisme sous la houlette du grand-duc Jaegella qui devient roi de Pologne.

1430 – Échec de la tentative de Vytautas le Grand de restaurer l'indépendance du grand-duché.

1529 – « Statut lituanien » protégeant les terres du pays des appétits de la noblesse polonaise.

1795 – Troisième partage de la Pologne : la Lituanie passe sous le contrôle de la Russie.

1863 – Participation de Vilnius au soulèvement polonais contre les Russes.

Juillet 1918 – Proclamation de l'indépendance… mais les Polonais s'emparent de Vilnius en 1923. La capitale est déplacée à Kaunas.

1928-1940 – Dictature de Antanas Smetona.

1939-1944 – Terreur nazie puis soviétique. La Lituanie devient une république de l'URSS.

1989 – La victoire du Sajūdis aux élections marque le début de la marche vers l'indépendance, proclamée le 11 mars 1991 et reconnue par la Russie en septembre de la même année.

2004 – Adhésion à l'Union européenne.

Gens du pays

Qu'ils soient autochtones, Litvaks, Germano-baltes, Polonais ou venus de Russie (ces distinctions subtiles étonnent parfois les Français pour qui la citoyenneté et la nationalité sont toujours identiques), qu'ils se soient illustrés sur leur terre ou qu'ils aient choisi d'émigrer, nombre de ressortissants des pays baltes se sont rendus célèbres dans tous les domaines. Bref florilège…

Karl Ernst von Baer (1792-1876) – Naturaliste, professeur à l'université de Tartu, il est considéré comme le père de l'embryologie moderne.

Krišjānis Barons (1835-1923) – Folkloriste, il collecte, classifie et publie plus de 217 000 chants populaires lettons, les **dainas** *(voir p. 197 et 209)*.

Mikhaïl Baryshnikov (1948) – Danseur et chorégraphe né à Rīga, il fait les beaux jours de l'opéra de sa ville natale avant de passer à l'Ouest (1974) et de diriger l'*American Ballet Theatre*.

Jonas Basanavičius (1851-1927) – Médecin, il fonde en 1883 *Aušra* (*L'Aurore*), première revue publiée en langue lituanienne, avant d'organiser la Grande Diète de Vilnius de 1905. Membre de la « Taryba », il est cosignataire de la déclaration d'indépendance de la Lituanie (1918).

Arvīds Blūmentāls (1925-) – Après avoir fui l'armée Rouge, ce Letton de Dundaga s'est fixé en Australie où il est devenu chasseur de crocodiles, et aurait servi de modèle au célèbre *Crocodile Dundee (voir p. 243)*.

Charles Bronson (1920-2003) – L'interprète des *Sept Mercenaires* et de *Il était une fois dans l'Ouest* est né Charles Buchinski, version américaine du Bužinskis lituanien.

Simon Dach (1605-1695) – Poète né à Memel (Klaipėda), il anima le cercle de Königsberg (Kaliningrad) réunissant poètes et musiciens *(voir p. 305)*.

Mikhaïl Eisenstein (1867-1921) – Architecte, il fut un des maîtres de l'Art nouveau à Rīga, sa ville natale.

Sergueï M. Eisenstein (1898-1948) – Fils du précédent, né à Rīga, il est devenu le grand cinéaste de l'URSS stalinienne, auteur de fresques épiques qui sont autant de chefs-d'œuvre, comme *Le Cuirassé Potemkine* ou *Ivan le Terrible*.

Romain Gary (1914-1980) – Le double prix Goncourt, créateur d'Émile Ajar, était né Romain Kacew à Vilnius.

Vitas Gerulaitis (1954-1994) – Tennisman américain d'origine lituanienne. Le « gentleman des courts » marqua de son empreinte le tennis de son époque, plus par son jeu flamboyant que par son palmarès pourtant enviable (vainqueur de l'open d'Australie et de la coupe Davis en 1977, finaliste de l'US Open en 1979 et de Roland Garros en 1980).

John Gielgud (1904-2000) – Difficile de trouver plus britannique que cet interprète de Shakespeare. Et pourtant, né Gelgaudas, sir John descendait de l'un des leaders du soulèvement lituanien de 1831 contre la tyrannie russe.

Lydia Kõidula (1843-1886) – Poète romantique et dramaturge estonienne (*Le Rossignol de l'Emajõgi*, 1869), elle est la fille de l'un des plus illustres représentants de l'Éveil national, **Johann Voldemar Jannsen** *(voir p. 165)*.

Friedrich Reinhold Kreutzwald (1803-1882) – En rédigeant les quelque 19 000 vers du *Kalevipoeg*, il donna naissance à l'épopée nationale estonienne *(voir p. 157)*.

Vytautas Landsbergis (1932-) – Ce musicologue, membre du groupe d'avant-garde *Fluxus*, fut le porte-parole du parti Sajūdis et reste à ce titre dans l'Histoire comme l'homme qui proclama l'indépendance de la Lituanie, le 11 mars 1990.

Lembitu (-1217) – Chef de la résistance estonienne aux Porte-Glaive. Mentionné en 1211, il est une première fois vaincu en 1215. Il parvient ensuite à unifier les tribus estoniennes et à rassembler une armée de 6 000 hommes. Mais celle-ci est défaite le 21 septembre 1217 près de Viljandi, et Lembitu est tué.

Jacques Lipchitz (1891-1973) – Sculpteur cubiste, né Chaïm Jacob dans une famille litvak, il se fixe à Paris en 1909, puis aux États-Unis en 1941.

Henri de Livonie – Parfois aussi appelé Henri le Letton, ce prêtre qui officiait dans la région de Pärnu a laissé un texte en latin, *Henrici Cronicon Lyvoniae*, irremplaçable document sur la conquête de la Livonie par les Porte-Glaive.

P. Plantier / Michelin

Lydia Kõidula.

A. Bazydlo / Michelin

Adam Mickiewicz.

Lennart Meri (1929-2006) – Romancier et ethnologue, cet ancien élève du lycée parisien Janson de Sailly fut président de la République estonienne de 1992 à 2000.

Adam Mickiewicz (1798-1855) – Étudiant à Vilnius, il crée à l'université la société des Philomathes, pour laquelle il écrit ses premiers poèmes. Ami de Pouchkine, il est le principal poète romantique de langue polonaise et ne cesse de chanter la Lituanie, notamment dans *Pan Tadeuz* *(voir p. 261)*.

Czesław Milosz (1911-2004) – Bien que de langue polonaise, le prix Nobel de littérature 1980 est né à Szetejnie (Lituanie).

Mindaugas – Fondateur en 1240 du grand-duché de Lituanie et premier et unique roi de ce pays *(voir p. 274)*.

Arvo Pärt (1935-) – Musicien estonien. Il s'intéresse à la musique sérielle, puis se consacre à la musique sacrée, recherchant le « silence éternel » au cœur du son. Son œuvre majeure reste *La Passion selon saint Jean* pour 4 voix d'hommes, chœur et orgue.

Konstantin Päts (1874-1956) – Fondateur de la première république estonienne. Chef du gouvernement, il suspend les libertés constitutionnelles en 1934, se fait désigner président et exerce une dictature paternaliste jusqu'à l'arrivée des Soviétiques. Arrêté et déporté, il meurt en URSS.

Andrejs Pumpurs (1841-1902) – Auteur de *L'Éventreur d'Ours*, l'épopée nationale lettone qui joua un rôle capital dans la Renaissance nationale lettone.

Jānis Rainis (1865-1929) – Né Jānis Pliekšans en Courlande, ce poète et dramaturge letton est considéré comme le poète national. *Les Cinq Cahiers d'esquisses de Dagoda* (1920-1925) sont l'aboutissement d'une œuvre exigeante. *(voir p. 248)*.

Mark Rothko (1903-1970) – Le grand maître américain de l'abstraction chromatique était né Markus Rothkovitch à Daugavpils (Lettonie).

Balthasar Russow (1536-1600) – Pasteur de l'église du Saint-Esprit à Tallinn, il est l'auteur des *Chroniques livoniennes*, document sur la guerre de Livonie.

Michel Sittow (1469-1525) – Né à Reval (Tallinn), ce peintre se forme auprès de Hans Memling à Bruges et devient un des principaux représentants de la Renaissance flamande. De retour dans sa ville natale en 1506, il joue un rôle important à la tête de la guilde de St-Canut.

Boris Vildé (1908-1942) – Cet ethnologue russe d'Estonie s'installa en France en 1932 et y créa en 1940 le groupe de Résistance du musée de l'Homme. Arrêté, il est exécuté au mont Valérien.

Jüri Vilms (1889-1918) – Avocat membre du premier gouvernement provisoire estonien en 1918. Mandaté pour plaider la cause nationale auprès des gouvernements européens, il est capturé par les Allemands à Helsinki et fusillé. Son destin tragique est au centre du roman de **Jaan Kross**, *Dans l'Insaisissable*.

Vaira Vīķe-Freiberga (1937-) – Née à Rīga, exilée (au Maroc puis au Canada) de 1944 à l'indépendance, psychologue mais aussi spécialiste des chants traditionnels lettons, Vaira prend en 1998 la direction de l'institut de Lettonie à Rīga. L'année suivante, une pétition populaire propose sa candidature aux élections présidentielles. Élue, elle est la première femme à accéder à la tête d'un pays du bloc soviétique et accomplit deux mandats, laissant la présidence en 2007 après avoir conduit la Lettonie dans l'Union européenne.

Lejzer Zamenhof (1859-1917) – Né à Białystok (aujourd'hui en Pologne), il se lance dans des recherches visant à créer un langage universel. À l'âge de 28 ans, il publie le résultat de ses cogitations sous le pseudonyme de « Docteur Esperanto »…

E. Peres / AP/Sipa

Vaira Vīķe-Freiberga, présidente lettone.

CULTURE ET ARTS

La synthèse des diverses influences extérieures, danoises, polonaises, allemandes, russes, ou encore suédoises (plus ou moins prépondérantes selon les lieux), et l'ajout des éléments puisés dans le fond populaire autochtone ont permis de faire émerger au début du 20e s. trois cultures nationales. Écrivains, peintres, sculpteurs, architectes ou musiciens, Estoniens, Lettons ou Lituaniens, les artistes et les hommes de culture ont joué un rôle essentiel dans la transmission des identités nationales. La plupart restent peu connus à l'étranger. Mais avant d'essayer de réparer cette injustice, bref coup d'œil sur ces cultures originelles qui les ont inspirés et dont ils se revendiquent…

P. Plantier / Michelin

Un buste de Kreutzwald à Rakvere.

Légendes et mythes fondateurs

Quelles que soient les influences qu'ils ont eu à subir (et leurs traductions aux plans historique, culturel ou religieux) les ressortissants des trois pays baltes cultivent une « nostalgie » des origines, souvent idéalisées. Certes, hors quelques groupes liés à l'extrême droite, nul ne se revendique plus vraiment du paganisme d'antan. Cependant, celui-ci reste sous-jacent (ne serait-ce que dans le rapport avec la nature) et nourrit bien des mythes liés à une société perçue comme « idéale » et à l'impossible résistance aux conquérants allemands du Moyen Âge.

DES TRADITIONS VIVANTES

Loin d'être figées à l'état de folklore, les traditions populaires des pays baltes sont demeurées bien vivantes, car elles ont incarné tout au long des siècles la survie et l'identité de la nation. Soutiens de l'aspiration à la liberté face aux dominations étrangères, elles ont permis au renouveau national de s'exprimer, conduisant aux premières indépendances.

Elles ont joué à nouveau un rôle important à la fin des années 1980 lorsqu'il s'agissait d'affirmer les valeurs nationales face aux Soviétiques. Ces traditions se manifestent de façon spectaculaire par les chœurs entonnant des chants traditionnels (dainas ou dainos), qui ponctuent presque toutes les manifestations officielles : n'a-t-on point parlé en Estonie en 1989 de « Révolution chantante » ? Bref, chaque village ou presque possède une chorale, le plus souvent de qualité. Les prestations de ces groupes attirent des foules considérables lors des festivals qui sont organisés régulièrement dans la plupart des grandes villes.

La Saint-Jean, symbole d'identité

La célébration du solstice d'été lors des festivités de la Saint-Jean est encore aujourd'hui, bien plus que Noël, le point d'orgue de l'année festive dans les trois pays baltes. Au-delà du folklore et de l'exploitation touristique qui peut être parfois faite de ce moment de communion avec les forces de la nature, force est de constater la ferveur impressionnante avec laquelle, toutes générations confondues, les Baltes célèbrent cette nuit. Il ne s'agit certes pas là de retrouver le paganisme des aïeux, mais de communier dans une identité commune venue du fond des temps, bref de s'affirmer Estonien, Letton ou Lituanien.

Le retour vers la culture populaire

La culture autochtone, qui s'exprime par les chants traditionnels, a été retrouvée au moment des Éveil nationaux du 19e s., à l'époque où un peu partout en Europe, sous l'influence des romantiques, on portait une attention nouvelle aux cultures populaires.

En Lettonie, c'est le jeune philosophe allemand **Johann Gottfried von Herder** qui est le premier à s'intéresser à cet immense fond populaire que **Krišjānis Barons** va s'attacher à classifier thématiquement en utilisant un célèbre meuble à tiroirs. Plus de 2 millions de textes et 300 000 mélodies ont été dénombrés, ce qui constitue le plus important corpus de littérature populaire de l'humanité. En Estonie, c'est un groupe d'intellectuels liés à l'université de Tartu qui s'attache à récolter textes et légendes.

MYTHES NATIONAUX

L'épopée du Kalevipoeg

Les Estoniens sont très attachés au **Kalevipoeg** *(Le Fils de Kalev)*. Kalev était un géant, fondateur selon la légende de la citadelle de Tallinn. Tout aussi impressionnant en taille et en force, son fils est mentionné dans plusieurs contes (sa célébrité est telle que nombre de rochers gigantesques et de collines portent d'ailleurs son nom). Il n'en fallait pas plus pour que certains y voient le héros d'une épopée dont seuls subsisteraient quelques fragments. C'est du moins ce que supposait un pharmacien de Tartu, **Friedrich Robert Faehlmann**, lorsqu'il entreprit de collecter les textes afin de reconstituer le chant originel. Tâche vouée à l'échec... Mais son disciple **Friedrich Reinhold Kreutzwald**, en n'hésitant pas à écrire les passages manquants et en s'inspirant du *Kalevala* finlandais (ce héros prométhéen qui vole aux dieux le secret du feu), est parvenu à faire du fils de Kalev, le héros de l'indépendance nationale. La peinture, la sculpture, la littérature et le cinéma se sont dès lors emparés, avec plus ou moins de respect et de bonheur, de ce mythe rassembleur.

L'incontournable Lāčplēsis

Il en va de même pour les Lettons de **Lāčplēsis** (« l'éventreur d'ours »), dont la légende a été recueillie et mise en forme par le poète **Andrejs Pumpurs**. Fils d'une ourse, ce bon géant aurait tenu de sa mère de belles oreilles velues, d'où son premier surnom de Lāčausis (« qui porte des oreilles d'ours »), avant de devenir, en grandissant, un tueur d'ours.

Selon d'autres récits, c'est le père qui aurait été un ours et qui aurait enlevé la mère pour la garder au fond de sa tanière fermée par une pierre. Lāčplēsis devenu jeune homme aurait tué le papa et délivré sa mère... avant de prendre la tête de la résistance lettone aux Teutoniques. Mais une sorcière, jalouse et nantie d'un fils à trois têtes, défie le jeune homme. Or celui-ci tient sa force de ses oreilles. Lors d'une terrible bataille, Lāčplēsis coupe deux des têtes mais se fait arracher une oreille, et les deux adversaires tombent enlacés dans la Daugava. Adapté sous toutes les formes possibles (y compris sous celle d'un un opéra rock !), figurant au pied du monument de la Liberté de Rīga, le Tueur d'Ours a donné son nom à la plus haute distinction du pays lors de la première indépendance.

Ambassade d'Estonie

Festival de chant choral à Tallinn.

D'autres héros peuplent également certaines provinces lettones : ainsi **Suur Tõll** qui régna sur l'île de Saaremaa avec sa femme Piret *(voir p. 168)*. Mais quels que soient leur nom et le détail de leurs aventures, tous ces héros incarnent la résistance à l'envahisseur.

Mindaugas, Vytautas et autres héros historiques

Pour les Lituaniens qui, contrairement à leurs voisins, ont réussi à lutter avec succès contre les chevaliers germaniques, le mythe national consiste à cultiver la grandeur passée du grand-duché de Lituanie, puissance européenne de premier plan jusqu'à la fusion avec la Pologne. Ce thème sera la principale source d'inspiration des écrivains et des poètes réunis à la fin du 19e s. sous la houlette de **Jonas Basanavičius**. Dès lors, le roi Mindaugas, les grands-ducs Gediminas et, surtout, Vytautas le Grand deviennent les héros d'une geste sans cesse revue et embellie et, de manière posthume, les fondateurs d'une identité nationale mise à mal tant par les Polonais que, plus tard, par les Russes sous l'empire puis sous le régime soviétique.

P. Plantier / Michelin

Suur Tõll et Piret, les rois de Saaremaa.

Architectures

On serait bien en peine de citer un style architectural qui ne soit pas représenté dans les pays baltes! Les splendeurs médiévales de Tallinn, les bijoux baroques de Vilnius et les fantaisies Art nouveau de Rīga sont les plus connus. Une balade dans les pays baltes révèle ainsi un véritable catalogue de styles architecturaux, allant de l'art roman finissant à l'architecture internationale contemporaine, en passant par le néoclassicisme et le « rococo stalinien ».

LES PREMIERS FORTS

Seule l'archéologie peut nous donner une idée des bâtiments élevés par les autochtones avant l'irruption des chevaliers allemands. L'unique matériau employé était le bois, et les éléments de construction ont été le plus souvent réutilisés par la suite, ce qui explique qu'aucun bâtiment antérieur à l'arrivée des Porte-Glaive n'ait résisté au temps ni aux vicissitudes de l'histoire.

À ce que l'on sait, les tribus locales établissaient des forteresses et des villages fortifiés sur des éminences remblayées. Les bâtiments étaient ordinairement très bas, avec des murs en rondins et des toits de chaume. Ce type de construction a perduré sans altérations notables dans les campagnes jusqu'au 19e s.

Pour se faire une idée assez précise de cette architecture, il existe diverses possibilités : admirer les maquettes présentées dans certains musées, visiter les quelques reconstructions in situ, comme à Āraiši, ou passer un moment sur le site archéologique de Kernavė, près de Vilnius (malgré sa beauté indéniable, ce très ancien village ne mérite toutefois pas le nom de « Pompéi lituanienne », qui lui a été donné de façon un peu abusive !).

Estonie : sites de Lõhavere (voir p. 163) – Lettonie : village d'Āraiši (voir p. 210), vestiges de Talsi (voir p. 240) – Lituanie : site de Kernavė (voir p. 274).

CHÂTEAUX ET ÉGLISES

Il faut attendre la conquête germanique pour voir s'élever des constructions de pierre ou de brique sur le territoire des pays baltes. Ce sont les massifs **châteaux forts** élevés par les Porte-Glaive (ou par les Danois), parfois sur le plan « conventuel » qui seyait à ces moines-soldats : quatre ailes enserrant une cour centrale sur laquelle donnent les différents bâtiments à usage d'habitation. La plupart de ces édifices ont été démantelés ou largement remaniés par la suite, mais il en reste d'imposants, propres à témoigner de l'importance de l'architecture militaire dans ces terres de « mission » quelque peu inhospitalières pour les « conquérants-évangélisateurs ». Si les Germaniques n'ont jamais réussi à prendre pied en Lituanie, ils ont assez inquiété les autochtones pour que ceux-ci élèvent à leur tour de puissantes forteresses, la brique étant le principal matériau utilisé.

Estonie : Viljandi (voir p. 161), Kuressaare (voir p. 171), Haapsalu (voir p. 175) – Lettonie : Sigulda (voir p. 207), Jēkabpils (voir p. 217), Ventspils (voir p. 242) – Lituanie : Vilnius (voir p. 261), Trakai (voir p. 283).

Du roman au gothique

La croisade s'est bien entendu accompagnée de la construction d'édifices religieux. S'il ne reste presque rien de la première église fondée en 1184 à Ikšķile,

W. Buss / Michelin

Village lette sur l'île du lac Āraiši.

d'autres ont traversé les siècles. Nombre d'entre elles, toutefois, ont été largement remaniées, souvent « baroquisées » avant d'être « regothisées » au 19e s., si bien qu'il n'est pas toujours aisé d'y « lire » le style d'origine. Qui, par exemple, reconnaîtrait dans la cathédrale de Rīga le sanctuaire roman fondé par l'évêque Albert en 1211 ? L'ancienne cathédrale d'Haapsalu, à l'architecture cistercienne, est sans doute le plus pur témoignage du roman finissant qui allait bientôt céder la place au gothique nordique, moins sévère. Ce style est représenté par de grandes églises de brique, notamment à Tartu, à Rīga, à Kaunas ou à Vilnius, tandis que, dans les campagnes, les églises sont le plus souvent aussi massives que fortifiées.

Estonie : église St-Jean à Tartu (voir p. 153), cathédrale d'Haapsalu (voir p. 175), église du Saint-Esprit à Tallinn (voir p. 117) – Lettonie : cathédrale de Rīga (voir p. 189) – Lituanie : églises Ste-Anne et St-François des Bernardins (voir p. 262) à Vilnius, cathédrale St-Pierre-et-Paul à Kaunas (voir p. 321).

Les cités médiévales

Les principales cités étaient jadis ceintes de **remparts** : seule Tallinn a conservé une partie importante de ce système de fortifications, parmi les plus puissants d'Europe du Nord. Au centre de la ville, la place du marché est dominée par l'**hôtel de ville,** dont le beffroi orgueilleusement dressé témoigne des libertés communales dont jouissaient les cités de la Hanse. Autour des places et le long des ruelles au cours capricieux s'alignent les maisons édifiées par les guildes d'artisans et par les marchands. Construites dans un style que l'on a pu appeler **gothique hanséatique**, ces demeures rappellent parfois plus ou moins les bâtisses des « cités-mères » de Lübeck ou de Brême. À la fois boutiques, maisons d'habitation et entrepôts, elles se caractérisent par des façades hautes et étroites, coiffées d'un pignon, les étages supérieurs étant réservés au stockage des marchandises, hissées à l'aide de poulies. Elles étaient autrefois dotées, de part et d'autre de la porte d'entrée, de bancs de pierre destinés à la clientèle, quelques rares exemples étant parvenus jusqu'à nous. Si ces demeures ont évolué avec le temps, notamment au point de vue décoratif, leur principe de construction et de distribution des espaces n'a pas changé pendant les trois siècles d'apogée de la ligue hanséatique.

Estonie : hôtel de ville (voir p. 113) et rue Pikk (voir p. 116) à Tallinn – Lettonie : Les Trois Frères à Rīga (voir p. 187) – Lituanie : beffroi de la place de la Cathédrale à Vilnius (voir p. 260), maison Perkūnas à Kaunas (voir p. 318).

P. Plantier / Michelin

Le musée d'Histoire à Tallinn est installé dans une maison hanséatique.

EUPHORIE BAROQUE

Expression artistique de la Contre-Réforme conduite par les Jésuites (il s'agit d'affirmer avec faste la prééminence de l'Église romaine), le baroque trouve naturellement son terrain d'élection dans la Lituanie catholique, avec la construction de l'église St-Casimir calquée sur celle du Gesù à Rome. S'imposant dès le milieu du 17e s., ce style marque le règne de la profusion décorative et de la ligne courbe, du stuc et du trompe-l'œil. Les premiers architectes sont des Italiens, comme **Matteo Castello** (v. 1560-1632) et son neveu **Constantino Tencalla** (1610-1647), accompagnés de peintres, de stucateurs et de sculpteurs (**Giovanni Pietro Perti**, **Giovanni Maria Galli**...). Le style plaît tant qu'il séduit également des architectes locaux : ainsi **Jan Krzysztof Glaubitz,** qui donne à Vilnius un joyau, en dessinant en 1741 l'église Ste-Catherine.

Au-delà de toute connotation religieuse, le baroque qui apparaît bientôt comme un art total mariant architecture, art du jardin, peinture et sculpture, a du succès et s'impose dans toute l'Europe. Pierre le Grand fait construire sa capitale (St-Pétersbourg) par des architectes italiens, et envoie l'un d'eux, **Niccolò Michetti** (1675-1743), édifier son palais d'été de Kadriorg (Tallinn). Le baroque religieux russe (ou style Narychkine) est représenté dans les églises

P. Plantier / Michelin

L'église Sainte-Catherine à Vilnius.

orthodoxes, comme à Pärnu. Quelques décennies plus tard, un autre Italien de St-Pétersbourg, **Francesco Bartolomeo Rastrelli**, élève, en compagnie de son disciple **Severin Jensen**, les somptueux palais de Rundāle et de Jelgava. Les marchands des cités de la Hanse, les barons baltes qui font bâtir dans les campagnes de confortables manoirs, et même les sévères pasteurs luthériens de Livonie, tous succombent aux attraits de cette architecture aimable : clochers chantournés, portails sculptés à profusion, colonnes torsadées, stucs, façades aux teintes pastel, transforment l'apparence des palais, des églises et des ensembles urbains, même si le baroque luthérien reste empreint d'une retenue toute protestante. Nombre de témoignages du baroque subsistent de nos jours. Mais le cœur historique de Narva (Estonie), véritable bijou baroque, a malheureusement été détruit lors des combats de 1944.

Moins décorative, et pour cause, l'architecture militaire voit se dresser des forteresses suédoises construites à la veille de la guerre du Nord par **Erik Dahlberg** dans cette même ville et, de l'autre côté de la frontière, à Ivangorod. Mais à force de surenchère décorative, le baroque finit par lasser…

Estonie : palais de Kadriorg (voir p. 123) – Lettonie : palais de Jelgava (voir p. 229) et de Rundāle (voir p. 230) – Lituanie : université (voir p. 266) et église Ste-Catherine (voir p. 270) à Vilnius.

RETOUR À LA LIGNE DROITE

Réaction à cette exubérance décorative, le **classicisme** marque à partir du milieu du 18e s. un retour aux formes simples et à une symétrie inspirée de l'Antiquité, parfois au risque d'une certaine froideur dont la cathédrale de Vilnius n'est pas exempte. Privilégié par Catherine la Grande, ce style connaît de belles réussites, créées notamment par l'architecte attitré de l'impératrice, **Giacomo Quarenghi** (1744-1817), disciple de Palladio, qui dessine le palais de Mežotne près de Bauska (Lettonie). Un autre architecte, allemand, s'illustre tant en Lettonie qu'en Estonie : il s'agit de **Christoph Haberland**, auteur de la salle des Colonnes du chapitre de la cathédrale de Rīga et des églises d'Alūksne et de Võru.

Mais le plus bel exemple d'aménagement urbain est représenté par la ville de Tartu reconstruite en 1775 par un bâtisseur de Rostock, **Johann Heinrich Walter**, avant que, quelques années plus tard, **Johann Wilhelm Krause** dessine les bâtiments de l'université.

Les manoirs cèdent aussi à l'esprit du temps, montrant de nobles colonnades

W. Buss / Michelin

Le palais de Mežotne : après le baroque, retour à la symétrie !

W. Buss / Michelin

Mikhaïl Eisenstein dans ses œuvres : ici, rue Alberta à Rīga.

sur les anciennes façades baroques.

Estonie : manoir de Palmse (voir p. 135), place de l'Hôtel de Ville (voir p. 152) et université (voir p. 153) à Tartu – Lettonie : palais de Mežotne (voir p. 231) – Lituanie : cathédrale de Vilnius (voir p. 260).

LE RÈGNE DU « NÉO »

En terres germaniques, l'historicisme, dit aussi éclectisme ou style « néo », fleurit dans les orgueilleux immeubles dressés dans les anciens faubourgs après le démantèlement des remparts. Combinant ou pastichant tous les styles répertoriés, forçant volontiers sur l'allégorie et la profusion décorative, peuplant les façades d'angelots joufflus et fessus ou d'imitations de l'antique, puisant leur inspiration dans un Orient de pacotille comme dans un Moyen Âge réinventé, ces bâtiments témoignent de l'émergence d'une nouvelle bourgeoisie.

À Rīga, c'est l'architecte **Johann Daniel Felsko** (1813-1902) qui s'illustre dans ce domaine, tant par ses constructions nouvelles que par les retouches qu'il apporte aux monuments du passé. C'est dans le même esprit que sont élevées les cathédrales orthodoxes de Rīga, de Tallinn ou de Liepāja. Symbolisant la mainmise russe et construites en un style néobyzantin, elles rappellent certaines cathédrales moscovites. Quant aux barons baltes, ils apprécient particulièrement le néogothique. Parallèlement, l'Éveil national s'accompagne de l'apparition d'un style qualifié selon les lieux d'« estonien » ou de « romantique national », et illustré en Lettonie par **Wilhelm Neumann** ou **Eižens Laube**, en Estonie par **Karl Burman**.

Estonie : cathédrale Alexandre-Nevski (voir p. 119), manoir d'Alatskivi (voir p. 149) – Lettonie : Grande Guilde de Rīga (voir p. 194), cathédrale orthodoxe de St-Nicolas à Liepāja (voir p. 236) – Lituanie : poste centrale de Klaipėda (voir p. 306).

L'Art nouveau

C'est à Rīga que s'impose le Jugendstil (ou Art nouveau). Prisant moins les courbes que son homologue ouest-européen, il recherche son inspiration dans l'Antiquité égyptienne ou grecque, ce qui n'exclut pas une profusion décorative parfois inouïe, tout un bestiaire fantastique animant les façades. Vitraux, céramiques, ferronneries, fresques à décor floral, matériaux venant droit des Arts décoratifs caractérisent ce style original, qui atteint son apogée avec les architectes **Mikhaïl Eisenstein** (1867-1921), **Wilhelm Bokslaff** (1858-1945) ou **Konstantins Peksens** (1859-1928), auteur de plus de deux cent cinquante bâtiments à Rīga et à Jūrmala. Un autre architecte de Rīga, **Jacques Rosenbaum**, se distingue à Tallinn, avec l'aide du sculpteur **August Volz**. La génération suivante, à la veille de la Première Guerre mondiale, revient à plus de sobriété, annonçant déjà le fonctionnalisme et concentrant la décoration au faîte des immeubles.

Estonie : immeubles Rosenbaum à Tallinn (voir p. 117), villa Ammende à Pärnu (voir p. 165) – Lettonie : Elizabetes iela (voir p. 195) et Alberta iela (voir p. 196) à Rīga.

DU FONCTIONNALISME AU POST-MODERNISME

En accédant à l'indépendance, les pays baltes voient émerger une nouvelle génération d'architectes locaux, pour la plupart formés en Allemagne, à l'Institut

Le goût pour le bois

S'agit-il d'une forme d'attachement aux racines ? À la charnière des 19e et 20e s., l'architecture de bois, appréciée depuis longtemps, connaît un engouement nouveau, les bâtiments déclinant les styles à la mode, du néoclassicisme au néobaroque en passant par l'Art nouveau, le fonctionnalisme ou l'Art déco. Divers exemples de cette tendance subsistent entre autres dans les cités balnéaires (Pärnu, Jūrmala, Liepāja, Palanga) ou dans les quartiers résidentiels de Tallinn (Kadriorg) ou Rīga (autour d'Elizabetes iela).

polytechnique de Rīga ou à St-Pétersbourg. L'heure est à l'expérimentation et à la recherche de formes simples et rationnelles. C'est ainsi que se développe à Tallinn une école expressionniste qui a pour principaux représentants **Herbert Johanson** et **Eugen Haberman**. Ce groupe évoluera autour de 1930 vers le fonctionnalisme, représenté entre autres par **Edgar Johann Kuusik, Elmar Lohk** et **Anton Soans** (mais aussi le Finlandais **Alvar Aalto**), tandis qu'**Aleksander Vladovsky** impose le style Art déco.

Estonie : siège du Parlement à Tallinn (voir p. 120), Scandic Rannahotell à Pärnu (voir p. 167).

Les traces du formalisme stalinien

Rattachés plus de quarante ans à l'URSS, les trois pays baltes pouvaient d'autant moins échapper à la gourmandise des architectes soviétiques que les destructions liées aux bombardements de 1944-1945, comme l'arrivée massive de main-d'œuvre russe, imposaient de reconstruire vite. Urgence et idéologie aidant, le paysage urbain porte les séquelles de cette période : centres industriels terrifiants, barres des cités dortoirs posées sur des terrains volontiers boueux, ruines d'équipements collectifs dans les campagnes où le moindre village possède son immeuble, témoignent d'une époque où la qualité de l'architecture, comme des matériaux, ne semblait pas être prioritaire. C'est le cas à Narva où de tristes blocs d'immeubles bruns semblent flotter dans une cité jadis baroque, trop grande pour eux.

Pour autant, tout n'est pas à dédaigner : le **style stalinien** (qualifié parfois de « rococo stalinien »), visant au monumental et ne dédaignant ni la grandiloquence ni le kitsch, voulait témoigner de la grandeur des réalisations du socialisme. Rīga y a gagné en 1957 un gratte-ciel, dévolu à l'Académie des sciences et élevé par **Osvalds Tīlmanis**, **Kārlis Plūksne** et **Vaidelotis Apsītis** sur le modèle de l'université de Moscou.

En Estonie, un soin particulier a été apporté à la construction de la cité nouvelle de Sillamäe, pastiche du classicisme moscovite du début du 19e s. C'est également avec égards qu'a été reconstruite la partie de la place centrale de Tartu détruite par les bombardements.

Estonie : Sillamäe (voir p. 143).

Les rénovations des années 1980

Depuis les années 1980 et les indépendances, les pays baltes se sont attachés à restituer son lustre d'antan aux centres historiques des cités, en éliminant certaines « verrues » léguées par les Soviétiques, en rénovant les monuments délabrés qui ont repris un aspect pimpant, ou en reconstruisant à l'identique des bâtiments rasés pendant la Seconde Guerre mondiale. C'est surtout le cas dans le vieux Rīga qui a retrouvé la maison des Têtes Noires et le clocher de l'église St-Pierre. Autre exemple, la récupération d'une friche industrielle a donné naissance à Rīga au Berga Bazārs, réalisé par **Zaiga Galle**. Un hôtel, des restaurants et des boutiques de luxe confèrent désormais à ce lieu un aspect branché.

Rīga : Berga Bazārs (voir p. 197).

Des projets futuristes

L'essor économique entraîne la floraison de quartiers neufs aux gratte-ciel audacieux de verre et de métal, le plus souvent construits sous l'égide des banques : en témoignent la place Europos à Vilnius, le quartier de la route de Narva à Tallinn, celui de la rive gauche de la Daugava à Rīga (où un audacieux projet d'aménagement de l'île de la Daugava, face à la vieille ville, devrait voir prochainement le jour). En Estonie, l'école de Tallinn, conduite par **Vilen Künnapu**, **Veljo Kaasik**, **Jüri Okas** et **Leonhard Lapin**, tente de retrouver le fonctionnalisme des années 1930. En Lettonie, **Modris Gelzis** dessine une nouvelle bibliothèque nationale futuriste.

Mais les concours sont souvent gagnés par des architectes étrangers, comme le Finlandais Peka Vapaavuori qui réalisa à Tallinn le superbe KUMU (musée d'Art estonien), ou le cabinet autrichien Gienche & Co, qui conçoit une salle de concerts futuriste pour Liepāja.

Vilnius : place Europos (voir p. 272).

Peintres et sculpteurs

Du 17e s. à nos jours, voici un bref florilège (se limitant aux noms essentiels) des principaux artistes baltes, qui restent pour la plupart peu connus au-delà des frontières des trois pays…

PORTRAITS ET PAYSAGES

Si en Lituanie il est possible de distinguer des artistes locaux bien avant l'Éveil national (encore que nombre d'entre eux peuvent relever de l'art polonais !), il n'en va pas de même dans l'ancienne Livonie où les autochtones étaient pour la plupart réduits à l'état de serfs.

L'école de Vilnius

Le besoin de l'Église catholique de disposer d'œuvres à même de magnifier la foi et d'édifier les fidèles (tout en luttant contre la tentation de la Réforme) a entraîné la venue en territoire lituanien de nombreux artistes italiens ou flamands comme **Danchers de Ry** (1605-1661). C'est leur exemple qui a permis à des artistes locaux de se former, notamment sous l'égide de l'université de Vilnius. Parmi ceux-ci se détache le nom de **Pranciškus Smuglevičius** (1765-1807), auteur de portraits brossés d'un pinceau parfois vigoureux et de scènes religieuses empreintes d'une certaine mièvrerie. Cette peinture encore baroque cède la place au classicisme d'un **Juozapas Oleškevičius** (1777-1830), amateur de thèmes inspirés de l'Antiquité, tandis que **Jonas Rustemas** (1762-1835) se révèle comme un maître du portrait. C'est à l'époque romantique qu'apparaissent les premiers paysagistes : **Kanutas Ruseckas** (1800-1860) puise son inspiration dans ses voyages en Italie et **Vincentas Dmachauskas** (1807-1862) apprécie les paysages nocturnes. D'excellents portraitistes se succèdent, au premier rang desquels on peut citer **Jonas Moračinskus** (1807-1870), tandis que **Vincentas Slendzinskis** (1837-1909) se révèle un maître du paysage et que la peinture de genre fait son apparition avec **Stanislovas Bohušas-Sestšencevičius** (1809-1927).

Latvian National Museum of Art

« Spring » de Vilhelm Purvītis.

Dans l'austère Livonie

Rigueur protestante aidant, la peinture religieuse est pratiquement absente des terres livoniennes dominées par les barons allemands. Ce ne sont naturellement pas les autochtones, pour la plupart maintenus en servage, qui pouvaient peindre pour les notables locaux. Ceux-ci font donc appel à des artistes étrangers, Danois, Russes ou Allemands, tels que **Friedrich Hartmann Barisien** (1724-1796) pour les portraits, que ce soit dans le style rococo jusqu'à la fin du 18e s. ou Biedermeier au début du siècle suivant. La deuxième étape voit l'irruption de peintres fixés en Livonie, comme **Karl Ferdinand Von Kügelen** (1772-1832), qui réalise d'intéressantes vues de Tallinn. Ils cèdent la place aux Germano-baltes, artistes nés sur place mais représentants de la culture dominante germanique. Parmi ceux-ci, **Carl Timoleon von Neff** (1804-1877), premier peintre né en Estonie, traite de thèmes bibliques et mythologiques, ainsi que des scènes paysannes idéalisées.

Vers des arts nationaux

Il faut attendre la seconde partie du 19e s. pour voir apparaître en Lettonie comme en Estonie des artistes autochtones. Formés généralement à l'académie des Beaux-Arts de St-Pétersbourg, ces

Artistes en terres baltes

Qu'ils soient nés dans les pays baltes ou qu'ils y aient exercé leur art, nombre d'artistes se sont fait connaître avant la véritable naissance des arts nationaux : on peut citer le peintre tallinnois **Michel Sittow** (1469-1525), élève de Memling, un des meilleurs représentants de la Renaissance brugeoise ; un sculpteur de Lubeck, **Hermen Rode** et son collègue peintre **Bernt Notke** (v. 1435-1509), tous deux actifs au 15e s. En Lettonie, c'est le sculpteur **Jakob Raab** qui s'illustre à la cathédrale de Rīga à la fin du 16e s. Ventspils donne le jour au 17e s. à un sculpteur sur bois, **Nikolas Sefrens,** et Haapsalu, à son collègue **Joachim Winter**. Et pour mémoire, il faut citer les Italiens, tels que Francesco Martini ou Carlo Zucchi au 18e s.

pionniers, qui ne s'écartent guère de la tradition académique, doivent pour la plupart s'expatrier pour vivre de leur art : c'est le cas de l'Estonien **Johann Köler** (1826-1899), « père de la peinture estonienne » et portraitiste officiel de la famille impériale russe ou de son compatriote sculpteur **August Weizenberg** (1837-1921), qui travaille à Rome et à St-Pétersbourg avant de regagner son Estonie natale en 1914, et dont l'œuvre réaliste s'inspire de la mythologie nationale. **Amandus Adamson** (1855-1929) marche sur ses traces et élève des monuments aux grands personnages de l'Éveil national. En Lettonie, d'autres artistes connaissent une certaine renommée, comme **Kārlis Hūns** (1811-1877), **Jānis Staņislavs Roze** (1823-1897) ou **Jūlijs Feders** (1838-1909).

LE TEMPS DES RUPTURES

Cet art un peu compassé et encore balbutiant va céder la place au tournant du 20e s. à de véritables écoles nationales après l'irruption de fortes personnalités qui rejettent l'enseignement académique et se tournent vers la peinture de leur temps, celle que l'on pratique à Paris ou à Munich.

Synthèses baltes

En Estonie, le personnage clé est **Paul Raud** (1865-1930) qui se situe entre impressionnisme et symbolisme. Dans son sillage, **Kristjan Raud** (1865-1943), **Ants Laikmaa** (1866-1942) et son élève **Oskar Kallis** (1892-1948) posent les bases d'un style appelé « romantisme national », puisant ses thèmes dans la mythologie nationale, tandis que **Konrad Mägi** (1878-1925) tente une synthèse entre impressionnisme, fauvisme et expressionnisme.

La peinture lettone moderne, elle, a été fondée par quatre peintres réunis dans un groupe baptisé Rūkis pour affirmer

« Lac Pühajärv » de Konrad Mägi.

www.est-emb.fr

leur rupture avec la tradition. Il s'agit de **Jānis Rozentāls** (1866-1916) qui évolue vers l'impressionnisme et le symbolisme, du paysagiste **Vilhelm Purvītis** (1872-1945), adepte du pointillisme, de **Jānis Valters** (1869-1932), maître du portrait, et de **Valdemārs Zeltiņš** (1879-1909) avec ses paysages violents. **Teodors Zaļkans** (1876-1972) est quant à lui considéré comme le chef de file de la sculpture lettone.

Un artiste singulier

Le Lituanien **Mikalojus Konstantinas Čiurlionis** (1875-1911), également musicien, fait sensation en 1906 au salon d'automne de Paris organisé au Grand Palais avec ses tempera sur cartons représentant des architectures fantastiques et des « impressions musicales » réalisées en utilisant les tonalités « constitutives de l'aura des êtres spirituellement réceptifs ». Cette œuvre exigeante et inclassable domine le paysage pictural lituanien. Pour autant, il convient de ne pas négliger **Antanas Žmuidzinavičius** (1876-1966), l'impressionniste **Pranas Domšaitis** (1880-1965) ainsi que le symboliste **Ričardas Vaitiekūnas** (1953).

Les courants d'avant-garde

Toute la première moitié du 20e s. voit la plupart des artistes baltes se tourner vers les grands courants de l'avant-garde européenne.

Le cubisme est exploré en Estonie par **Nikolaï Triik** (1884-1940), **Ado Vabbe** 1892-1960) ou **Arnolds Blumenfeldt** (1903-1946), en Lettonie par **Oto Skulme** ou **Jānis Liepiņš**. L'expressionnisme a pour maîtres le graveur estonien **Eduard Wiiralt** (1898-1954), le Letton **Valdemārs Tone** ainsi que le peintre de Jelgava, **Ģerderts Eliass** (1887-1975). Le courant allemand de la « Nouvelle objectivité » est représenté à Rīga par **Aleksandra Belcova** et **Uga Skulme**, à Tallinn par **Adamson-Eric**. D'autres personnalités s'imposent : parmi elles, en

Où voir les artistes ?

Estonie – KUMU à Tallinn *(voir p. 121)*, musées d'art de Viinistu *(voir p. 133)*, et de Tartu *(voir p. 152)*.
Lettonie – Musée des Beaux-Arts de Rīga *(voir p. 195)* et musée d'Art de Tukums *(voir p. 249)*.
Lituanie – Galerie de peinture de Vilnius *(voir p. 263)*, musée Čiurlionis de Kaunas *(voir p. 323)*.
Pour les musées du design et/ou des arts appliqués : Tallinn *(voir p. 114)*, Rīga *(voir p. 193)*, Vilnius *(voir p. 261)*.

Lettonie, le dessinateur **Kārlis Padegs** (1911-1940) et surtout **Jānis Tidemanis**, formé à Bruxelles, et, en Estonie, **Eduard Ole**, **Felix Randel** ou **Märt Laarman**. En contrepoint de ces courants d'avant-garde naît également un mouvement exaltant les valeurs (idéalisées) des anciens Lettons ou Estoniens à travers leurs mythes fondateurs : **Ansis Cīrulis** (1883-1942) s'illustre dans le genre.

DE L'ART SOVIÉTIQUE À NOS JOURS

L'époque soviétique, en imposant thèmes et forme, marque un brutal coup d'arrêt de l'élan créateur. Il faut désormais que l'art relaie les mots d'ordre politiques, et les artistes restés au pays doivent se plier aux nouvelles règles sous peine de ne pouvoir exercer, mésaventure dont fut victime entre autres l'Estonien Adamson-Eric, pourtant sympatisant du régime. Cependant, après la mort de Staline, le « dégel » de l'époque de Khrouchtchev permet à certaines personnalités de tenter de discrètes recherches formelles, tout en demeurant fidèles au réalisme exigé par les autorités (citons les Estoniens **Evald Okas** ou **Henn Roode**, qui, après sept ans de réclusion dans un camp du Goulag, essaie une synthèse entre cubisme et hyperréalisme).

De nouveaux supports

Seuls les exilés peuvent poursuivre sereinement leurs recherches formelles. Ainsi le Lituanien **Jurgis Mačiūnas** (1931-1978) qui lors d'une « performance » restée célèbre fonde en 1962 à Wiesbaden le mouvement d'avant-garde pluridisciplinaire **Fluxus**, qui défraie longtemps la chronique artistique avec ses joyeux happenings post dadaïstes. La situation est bien entendu tout autre aujourd'hui, et les artistes, libérés, utilisent de nouveaux supports (vidéo, néon, installations…). Parmi eux, le vidéaste lituanien **Deimantas Narkevičius** s'est fait une place au soleil, de même que son collègue estonien **Jaan Toomik**. Mais on peut apprécier également les photos montages de **Raul Rajangu** (1960-), l'un des artistes estoniens contemporains les plus prometteurs.

Sculpteurs baltes

Les sculpteurs lettons tels que **Kārlis Zemdega** ou **Kārlis Zāle** avaient approfondi les formes classiques. Ils ont cédé la place à des artistes beaucoup plus imaginatifs, tels que **Ojārs Arvīds Feldsbergs**, représenté notamment à Ventspils. En Lituanie, **Konstantinas Bogdanas** s'est illustré dans la tradition du réalisme socialiste avec nombre de bronzes représentant les grands hommes du communisme… mais il est également l'auteur d'un buste de Frank Zappa ! **Steponas Sarapovas** (1936-1981) est quant à lui un adepte de la sculpture monumentale.

akg-images

« L'Arche de Noé » de Čiurlionis.

On peut leur préférer un élève de Zadkine, **Antanas Mončys** (1921-1993), qui a montré une originalité indéniable dans ses « chaînes » inspirées de l'art populaire. Né en 1968, **Gintaras Karosas** est surtout connu pour être le créateur d'Europos Parkas, à Vilnius *(voir p. 275)*. Dans ce parc dédié à la sculpture contemporaine, il est parvenu à attirer des œuvres des plus grands artistes contemporains. Parmi les Estoniens, citons **Tauno Kangro**, qui puise son inspiration dans la mythologie nationale, **Ülo Õun** et surtout **Mati Karmin** qui ont tous deux parsemé la cité universitaire de Tartu de leurs réalisations.

Klucis et l'avant-garde russe

Au moment de l'indépendance, certains artistes choisissent Moscou où l'effervescence artistique est à son apogée. Le Letton **Gustav Klucis** (1895-1938), par exemple, y est élève de Kazimir Malevitch et d'Antoine Pevsner et adhère aux mouvements de l'avant-garde russe, tels que le constructivisme et le suprématisme. Ardent partisan de la jeune révolution soviétique, il développe un langage original dans ses photomontages réalisés parfois en compagnie de Maïakovski. Mais sa liberté de formes dérange un pouvoir qui pose bientôt une main de fer sur l'expression artistique, et Klucis est une des victimes des purges staliniennes : déporté dans un camp, il y meurt presque aussitôt.

Langues et littératures

Pour des raisons historiques compréhensibles, les littératures propres aux pays baltes ne sont apparues que tardivement. En Estonie et en Lettonie, les élites s'exprimaient en allemand, langue des maîtres sous l'ordre Teutonique. En Lituanie, c'était le polonais qui dominait depuis la fusion des deux États. Les langues autochtones, qui n'étaient guère parlées que par la paysannerie, ne firent l'objet dans un premier temps que de publications édifiantes…

DEUX RACINES, TROIS LANGUES

L'**estonien** est une langue d'origine ouralienne rattachée au groupe **finno-ougrien**, dont font partie les langues des peuples de la Volga : le carélien, le **live** (parlé en Lettonie par quelques dizaines de locuteurs), le hongrois et le finnois. Très proche de ce dernier, l'estonien s'en distingue cependant par deux héritages de l'histoire du pays : des tournures germaniques et une part non négligeable de vocables d'origine russe. Il s'agit d'une langue agglutinante (c'est-à-dire ne disposant ni d'articles ni de genres grammaticaux), qui se décline en une dizaine de cas.

Scindée en divers dialectes lors des occupations étrangères (les habitants du Võrumaa se font un point d'honneur d'entretenir le leur !), la langue estonienne a été normalisée et simplifiée à l'approche de l'indépendance par divers linguistes, dont **Johannes Aavik** (1880-1973) fondateur en 1912 du **keeleuuendus** (mouvement de rénovation de la langue).

L'inventeur des pays baltes

C'est indirectement que l'on doit le terme de pays baltes à **Ferdinand Nesselman**. Lorsque ce linguiste utilise le mot « balte », c'est pour désigner le groupe de langues comprenant le letton et le lituanien parlé sur les rives de la mer Baltique. L'estonien en était donc exclu, mais la communauté de destin et la proximité géographique des trois États a entraîné l'adoption du mot pour les désigner collectivement en toute commodité.

Le letton et le lituanien

L'estonien n'a rien à voir avec le **letton** et le **lituanien** qui sont deux langues de « branche balte » du groupe indo-européen, pour reprendre la terminologie du linguiste Ferdinand Nesselman. Proches à la fois des langues slaves et des langues germaniques, celles-ci se déclinent comme le russe selon six cas et ne connaissent pas d'article.

Le **letton** (ou **lette**) s'est imposé sur le territoire de la Lettonie à la place du **coure**, jadis parlé en Courlande mais aujourd'hui disparu, et du **live**. C'est le dialecte letton « moyen » parlé en Livonie centrale, imprégné de germanismes, qui a donné naissance au letton littéraire, dont l'orthographe (dotée de signes « diacritiques » – cédilles, points ou tirets – afin de noter certains sons particuliers) a été codifiée en 1908 par **Kārlis Mīlenbachs** et **Jānis Endzelīns**.

Constitué de différents dialectes, comme le semigallien ou le haut-lituanien, le **lituanien** a survécu à la politique de russification, particulièrement active sous le tsar Alexandre III, qui avait rendu obligatoire l'usage du cyrillique. Les caractères latins retrouvent droit de cité en 1904, trois ans après la « mise au point » du lituanien moderne et la codification de son orthographe. Mais les Lituaniens s'enorgueillissent surtout d'avoir conservé une langue dont les traits archaïques ont pu faire dire aux spécialistes qu'il s'agissait de la langue la plus proche du sanscrit. Ses cas, au nombre de huit, et sa conjugaison en font une langue extrêmement complexe pour le profane.

PREMIERS OUVRAGES

Plantons le décor : en Estonie comme en Lettonie, jusqu'au 19e s., la langue de culture est l'allemand, et en Lituanie, c'est le polonais. Les langues vernaculaires sont uniquement parlées par les paysans, et seules quelques initiatives individuelles en assurent la diffusion écrite.

L'édification des fidèles

Il faut attendre 1547 pour voir paraître un livre en lituanien : il s'agit d'un catéchisme écrit par un bon père, **Martynas Mažvydas**, soucieux de porter une parole que ses ouailles soient en mesure de comprendre. Cette œuvre fondatrice sera suivie par la publication d'un dictionnaire polonais-latin-lituanien. À Rīga, c'est en 1585 qu'un jésuite allemand publie un catéchisme en letton. Un siècle plus tard, c'est dans le même esprit que le pasteur d'Alūksne, **Ernst Glück**, traduit la Bible. En Estonie, c'est la fondation par les Suédois des écoles et des imprimeries de Tartu (1631) et de Tallinn (1635), qui entraîne la diffusion de premiers textes rédigés dans la langue du pays. Almanachs et livres religieux constituent jusqu'au 19e s. l'essentiel de la production littéraire dans les trois langues…

Des récits populaires aux littératures nationales

Dans les trois pays, l'Éveil national va s'appuyer sur la redécouverte d'un immense corpus oral constitué de chansons et de contes populaires. Négligés par « l'élite », ces textes attirent à l'époque romantique l'attention d'intellectuels (pas toujours autochtones). On découvre alors sous le folklore paysan l'existence d'une culture, et cette découverte, tout en attisant les mouvements nationaux, va permettre de donner naissance à une véritable littérature écrite dans ces langues, jusque-là tenues peu ou prou pour des « patois ». Au 18e s., le futur écrivain et philosophe allemand, **Johann Gottfried von Herder** (1744-1803), montre la voie en révélant la richesse des **dainas**, les chansons populaires de Lettonie. Un demi-siècle plus tard, de jeunes Lettons se mettent en quête de leurs racines : c'est autour d'un journal fondé par **Krišjānis Valdemārs** (1825-1891) que **Krišjānis Barons** (1835-1923) consacre sa vie à classer thématiquement et publier la poésie populaire, tandis qu'**Andrejs Pumpurs** (1841-1902), avec *Le Tueur d'Ours*, met en forme le mythe national de **Lāčplēsis**.

Épopées d'Estonie et de Lituanie

En Estonie, c'est à Tartu que les récits et chansons sont recueillis et mis en forme par **Friedrich Robert Faehlmann** (1798-1850) et son successeur, **Friedrich Reinhold Kreutzwald** (1803-1882), qui écrit une longue épopée, le *Kalevipoeg* (*Le Fils de Kalev*), texte fondateur de l'identité nationale. En parallèle, **Johann Voldemar Jannssen** et sa fille **Lydia Kõidula** (1813-1886), également poète romantique, publient à Pärnu le *Postimees* où les jeunes littérateurs estoniens peuvent s'exprimer.

En Lituanie, si un prêtre, **Kristijonas Donelaitis** (1714-1780), avait donné avec *Les Saisons* une image assez truculente de la vie dans les campagnes de son pays, ce mouvement de redécouverte du passé national a pour maîtres d'œuvre **Simonas Daukantas** (1793-1864), auteur de recherches historiques sur la grandeur lituanienne passée, et l'évêque **Antanas Baranauskas** (1835-1902), auteur d'un chant d'amour pour sa terre avec *La Pinède d'Anykščia*. Ici aussi, et malgré la russification imposée par Alexandre III, la littérature populaire est redécouverte à travers les dainos transmis de génération en génération. **Jonas Basanavičius** (1851-1927) s'impose comme le « père de la renaissance nationale » en publiant dans sa revue *L'Aurore* des poèmes exaltant le glorieux passé du grand-duché, tandis que **Vincas Kudirka** (1858-1899) écrit le poème *Tautimë giesmë* qui va devenir l'hymne national du pays.

Fulgurances préromantiques

Né à Rīga dans une famille estonienne, étudiant à Tartu, **Kristjan Jaak Peterson** (1801-1822) laisse une œuvre lyrique brève mais dense, constituée d'une vingtaine de poèmes. Sa sensibilité annonçant le romantisme, son style novateur aux vers presque libres, ses thèmes font de ce « Rimbaud estonien » qui ne sera découvert et publié que bien après sa mort, une des figures fondatrices de la littérature de son pays.

EN ESTONIE, DE VILDE À KROSS

Né près de Rakvere, **Eduard Bornhöhe** (1862-1923) est le premier romancier important de langue estonienne. L'œuvre multiple de cet écrivain volontiers aventurier comporte des récits de voyage et surtout un roman, *Le Vengeur*, retraçant la lutte contre les envahisseurs allemands. Tout aussi voyageur, **Eduards Vilde** (1865-1933) s'inscrit dans un courant réaliste dont la critique sociale n'est pas absente *(Mains de fer)*. Parmi les œuvres marquantes de cette période

P. Plantier / Michelin

Oscar et Eduard, ou Wilde et Vilde à Tartu.

de transition, il faut citer celle, pleine de mélancolie, du poète **Juhan Liiv** (1864-1913), ainsi que celle, plus militante, de son confrère **Gustav Suits** (1883-1956), un des hérauts de l'indépendance, mais aussi de l'ouverture à l'Europe : « Laissez-nous être Estoniens, mais laissez-nous aussi devenir Européens », s'exclamait celui qui avait pour programme : « Toujours plus de culture ! » C'est dans cette mouvance que se situent le nouvelliste **Friedebert Tuglas** (1886-1971) et la poétesse **Marie Under** (1883-1980).

La première indépendance est dominée par **Anton Hansen Tammsaare** (1878-1940), qui évoque avec réalisme son enfance dans *Le Maître de Korboj* (1922), avant de publier une « saga philosophique », *Vérité et justice* (1926-1934) qui lui vaut une célébrité internationale. Il a pour rival, **Oskar Luts** (1887-1953), auteur entre autres du *Printemps*. L'auteur dramatique **Hugo Raudsepp** (1883-1952) connaît aussi un vif succès.

De futurs prix Nobel ?

L'ère stalinienne est celle de l'exil pour nombre d'écrivains : c'est en Suède que vit la littérature avec la « Coopérative des écrivains estoniens », animée par **Bernard Kangro** (1910-1994). Il faut attendre la déstalinisation pour voir fleurir une nouvelle génération au premier rang de laquelle se placent deux auteurs considérés comme « nobelisables ». Le premier, le romancier **Jaan Kross** (1920-) met en scène l'histoire de son pays. *Le Fou du tsar* (prix du Meilleur livre étranger en France en 1990) a précédé *Le Vol immobile* (1998), évocation de la vie à Tallinn durant les années de plomb de l'occupation soviétique, et *Dans l'insaisissable*, abordant les événements qui ont accompagné l'indépendance de 1918. **Jaan Kaplinski** (1941), également dramaturge et essayiste, est considéré pour sa part comme le principal poète contemporain. **Arvo Valton** (1935-) publie des paraboles grinçantes. Enfin parmi les auteurs d'aujourd'hui, **Emil Tode** (1962-) s'est fait connaître avec *Pays frontière*, relatant les tribulations en Europe de l'Ouest d'un jeune homosexuel estonien.

EN LETTONIE, L'OMBRE DE RAINIS

Poète lyrique, militant révolutionnaire mais aussi dramaturge, **Jānis Rainis** (1865-1929) est le poète national letton par excellence. Né dans une famille paysanne aisée, formé à St-Pétersbourg, il est déporté en Sibérie par le régime

P. Plantier / Michelin

Rainis et Aspazija, estivants de Jūrmala.

tsariste (1897-1903), puis contraint à un long exil en Suisse (1904-1920). Il y rédige un recueil de poèmes, *Les Cinq Cahiers d'esquisses de Dagda*, qui reçoit un accueil triomphal dans sa terre natale. Auteurs de drames exaltant sa patrie, ami et correspondant des principaux intellectuels européens de l'époque, il demeure en Lettonie l'auteur de référence et a donné son nom à nombre de rues dans les principales cités du pays. Elle aussi dramaturge, mais avant tout poète, sa compagne, Elza Pliekšāne (1865-1943), dite **Aspazija**, s'est affirmée dans une œuvre empreinte de romantisme, mais aussi de féminisme, et a parfois été comparée à George Sand.

À côte de ces deux grands noms qui semblent écraser la littérature lettone naissante, il convient de citer le dramaturge **Ādolf Alunāns** (1840-1912), « père du théâtre letton », la poétesse **Anna-Marija Brigadere** (1869-1933) et **Rūdolfs Blaumanis** (1865-1908) dont les meilleures nouvelles ont pu être rapprochées de celles de Tchekhov ou de Maupassant. Poète « néo-romantique », **Jānis Akuraters** (1876-1937) écrit des romans réalistes, comme **Andrējs Upīts** (1877-1970), tandis que **Kārlis Skalbe** (1879-1945) puise l'inspiration de ses contes dans le fonds populaire *(La Pièce d'un sou)*. Le poète **Vilis Plūdonis** (1874-1940) exalte avec lyrisme la nature.

Un Français de Lituanie

Diplomate, **Oskar Milosz** (1877-1939) passe la plus grande partie de sa vie en France où il arrive en 1889 pour suivre des cours à l'École des langues orientales. C'est en français qu'il compose une œuvre poétique exigeante sur le thème de la solitude, avant de se rendre célèbre en publiant des contes inspirés par le folklore de sa terre natale, comme les fameux *Contes de ma mère l'Oye*.

Après l'indépendance

À l'indépendance correspond un essor créatif important : **Aleksandrs Čaks** (1901-1950) impose dans sa poésie une rupture avec le lyrisme qui prédominait jusqu'alors et est le premier à employer le vers libre. Il reste célèbre pour un cycle de balades, *Touchés par l'Éternité* (1936-1938), consacré aux fameux tirailleurs lettons. Poète fulgurant, **Eriks Ādamsons** (1907-1946) s'impose comme un nouvelliste original au style très personnel, décrivant l'angoisse de l'homme confronté au monde moderne *(La Chute d'Habacuc)*.

Sous la domination soviétique, vient l'heure des écrivains officiels, comme **Vilis Lacis** (1904-1966), dont *Le Fils du pêcheur* (1933) avait pourtant connu le succès auparavant. D'autres ont choisi l'exil : ainsi la poète **Veronika Strēlerte** (1912-1995). Sortant des thèmes et des formes imposés, **Ojārs Vācietis** (1933-1983) est victime de la censure. Le « dégel » permet à quelques nouveaux noms d'apparaître : **Vizma Belševica** (1931-2005) se révèle ainsi comme une poète d'importance.

Bien entendu, après 1991, le panorama a changé du tout au tout, et de nouveaux noms occupent le devant de la scène littéraire : **Gundega Repše** (1960) violente pourfendeuse de l'hypocrisie, la nouvelliste **Nora Ikstena** (1969) et sa consœur **Inga Ābele** (1972), auteur de *Nature morte à la grenade*.

EN LITUANIE, DES VOIX QUI DÉRANGENT...

C'est un prêtre de Kaunas, Jonas Mačiulis (1862-1932), dit **Maironis**, qui invente littéralement la poésie lyrique lituanienne dans une œuvre exaltant la lutte contre l'influence polonaise *(Les Voix du printemps)*. Tout aussi prêtre (du moins jusqu'à son mariage !) mais nettement moins édifiant, **Vincas Mykolaitis-Putinas** (1893-1967) se révèle un poète raffiné. Mais c'est en tant que romancier qu'il rencontre le succès, en évoquant le cas d'un prêtre ayant perdu la foi ou en retraçant, dans *Les Insurgés*, la révolte des paysans lituaniens en 1863.

Balys Sruoga (1896-1947), comme tant d'autres, est obligé de « reconnaître ses erreurs ». Ce fin poète a laissé un témoignage émouvant de sa déportation dans un camp nazi *(La Forêt des dieux)*. Parmi les auteurs ayant émigré, le poète surréaliste **Antanas Skėma** (1911-1961) publie un roman autobiographique, *Le Linceul blanc*. À partir des années 1960, **Justinas Marcinkevičius** (1930-) profite

W. Buss / Michelin

Une statue du poète (et prêtre) Maironis.

de la relative libéralisation du régime soviétique. Il rencontre un grand succès avec une trilogie historique relatant les grandes heures de son pays, publiée entre 1968 et 1977.

Le tournant des années 1990

Il faut attendre la fin du régime soviétique pour voir la littérature lituanienne amorcer un tournant : elle le doit à **Ričardas Gavelis** (1950-2002). Son roman, *Le Poker à Vilnius*, fait sensation : d'une part et pour la première fois, il se situe en milieu urbain ; d'autre part, il dépeint la réalité de l'heure en n'hésitant pas à employer des mots qui heurtent la pudibonderie de son lectorat... Décédée prématurément, **Jurga Ivanauskaitė** (1961-2007) a fait une irruption remarquée dans la littérature avec un roman *La Sorcière et la pluie*, dont quelques scènes assez crues mettant en scène un homme d'église ne pouvaient que choquer dans un pays aussi profondément catholique. Le scandale s'est, comme souvent, accompagné d'un succès de libraire qui ne doit pas occulter la qualité d'une œuvre... qui attend toujours sa traduction française. Malheureusement, les principaux auteurs baltes, parfois révérés dans leur pays d'origine, sont encore rarement traduits en français.

Polonais peut-être... mais Lituaniens

Formé à Vilnius, le plus connu des poètes romantiques d'expression polonaise, **Adam Mickiewicz** (1798-1855), n'a cessé de chanter sa terre natale, notamment dans *Pan Tadeusz*. Le prix Nobel de littérature (1980) **Czesław Milosz** (1911-2004) est lui aussi un enfant de la campagne lituanienne qu'il évoque avec sensibilité dans son roman autobiographique *Sur les bords de l'Issa*.

Musique et cinéma

La vie culturelle des pays baltes connaît un bel essor depuis les indépendances. Si le cinéma comme le théâtre restent peu connus hors des frontières, la musique et la danse, outre quelques compositeurs de talent, ont permis à quelques interprètes de génie d'acquérir une réputation universelle.

PAR ICI LA MUSIQUE !

Dans les capitales ou dans les autres grands pôles culturels (Kaunas en Lituanie, Liepāja et Jūrmala en Lettonie, Tartu et Pärnu en Estonie), les théâtres offrent des mises en scène audacieuses, et les concerts se multiplient, qu'il s'agisse des grandes œuvres du répertoire classique ou des musiques d'aujourd'hui. Un constat qui ne peut que mettre à mal l'image « provinciale » qui s'attache parfois aux pays baltes.

La musique, à travers le chant choral, a toujours joué ici un rôle fondamental. Au-delà des chants traditionnels, les trois pays s'enorgueillissent d'une tradition musicale puisant ses influences en Allemagne et en Russie, que de prestigieux orchestres s'attachent à promouvoir.

Du romantisme à l'avant-garde

C'est au conservatoire de St-Pétersbourg que sont formés les premiers compositeurs, l'Estonien **Rudolf Tobias** (1873-1918), resté célèbre pour *La Mission de Jonas*, et le Letton **Emīls Dārziņš** (1875-1910), auteur d'une célèbre *Valse mélancolique*. En Lituanie, le peintre **Mikalojus Konstantinas Čiurlionis** (1875-1911) est l'auteur de poèmes symphoniques *Dans la forêt* (1900) et *La Mer* (1907), qui en font le musicien le plus célèbre du pays, d'autant plus populaire qu'il s'est inspiré, dans une veine romantique, du folklore national. À ces pionniers, il faut ajouter les noms des Lettons **Alfrēds Kalniņš** (1879-1951), auteur d'opéras, de **Jāzeps Vitols** (1863-1948), qui compose quatre symphonies, et de l'Estonien **Eduard Tubin** (1905-1982), auteur d'opéras et de symphonies. **Vytautas Bacevičius** (1905-1970), compose quant à lui l'essentiel d'une œuvre avant-gardiste à Kaunas entre 1926 et 1939.

Parmi les plus contemporains, il faut citer le Letton **Pēteris Vasks**, (1946), les Lituaniens **Bronius Kutavičius**, **Rytis Mažulis** (1961), adepte du minimalisme, et **Osvaldas Balakauskas**, parfois comparé à Olivier Messiaen, ainsi que l'Estonien **Arvo Pärt**.

M. Horst / akg-images

Le violoniste Gidons Krēmers.

> **Un pionnier**
>
> Premier à composer de la musique savante sur le territoire letton, **Johann Adam Hiller**, maître de chapelle du duc Biron, est l'auteur en 1786 d'une cantate retrouvée par hasard dans l'église de la Sainte-Trinité de Liepāja.

De prestigieux interprètes

Cette tradition musicale se traduit par l'éclosion de grands interprètes. Parmi les chefs prestigieux figurent **Gintaras Rinkevičius**, chef de l'orchestre symphonique de Lituanie, le Letton **Mariss Jansons** (1943), qui dirige de grands ensembles internationaux (Oslo, Pittsburg, etc.), ou l'Estonien **Paavo Jäärvi,** qui vient de prendre la direction de l'orchestre de Paris.

Parmi les virtuoses, les violonistes **Gidons Krēmers** (né à Rīga en 1947), **Jascha Heifetz** (élève en 1905 de l'école de Vilnius) et **Baiba Skride** (1981) qui a remporté le concours international Reine Elisabeth en 2001, sont incontournables. Le chant n'est pas en reste avec la diva lituanienne **Violeta Urmana**. Les cantatrices lettones **Inese Galante** (1954) et **Elīna Garanča** (1976) et leur partenaire masculin **Egils Siliņš** (1961) sont les principaux interprètes lettons d'opéra. Quant au ballet, il a longtemps suivi la tradition de qualité de la chorégraphie classique russe, à l'époque où **Mikhaïl Baryshnikov** faisait les beaux jours du théâtre de sa ville natale, Rīga.

DANS LES SALLES OBSCURES

Une production modeste mais souvent de qualité, un accent mis sur le documentaire et le dessin animé, ainsi se définit à grands traits le cinéma des pays baltes qu'on ne peut hélas découvrir qu'à l'occasion de quelques festivals. Né relativement tôt (1909 en Lituanie avec *Près du Niémen*, de **Vadislavas Starevičius**, 1914 en Estonie avec *Chasse à l'ours dans la province de Pärnu*, de **Johannes Pääsuke**), le cinéma balte s'est quelque peu développé au temps des premières indépendances, comme en Estonie avec les studios Eesti Kultuurfilm, créés en 1931.

À l'époque soviétique, plusieurs longs métrages sont réalisés chaque année dans les studios d'État de chaque pays, employant réalisateurs, techniciens et acteurs autochtones, et rencontrent un certain succès. L'un d'entre eux, *La Dernière Relique*, tourné par **Grigori Kromanov** en 1969 en Estonie, d'après un roman de Bornhöhe sur un scénario de Arvo Valton, est devenu un film culte dans ce pays. Depuis lors, des studios indépendants se sont créés, mais la production, malgré sa qualité, est limitée pour des raisons économiques.

Des réalisateurs de talent

Ces dernières années, quelques réalisateurs ont montré une belle personnalité, parfois primée dans les festivals. En Estonie, **Arvo Iho** réalise *Le Cœur de l'ours* en 2001, et, un an plus tard, **Elmo Nüganen** évoque dans *Gravé dans le marbre* l'héroïsme des lycéens luttant pour l'indépendance en 1918. Mais le grand succès est signé de **Jaak Kilmi** et de **Rene Reinumagi** qui, avec la décapante *Révolution des cochons*, remportent en 2004 à Moscou le prix spécial du jury.

En Lettonie, **Jānis Streičs** est l'auteur de *L'Enfant* (récompensé à San Remo en 1992 et nominé à l'Academy Award en 1994) et du *Mystère de la vieille maison* (2000), qui évoque la collaboration avec les nazis et les Soviétiques durant la Seconde Guerre mondiale. **Laila Pakalniņa**, quant à elle, s'est fait connaître avec *La Chaussure*, traitant de l'occupation de son pays, et le film a été sélectionné en 1998 à Cannes. Le Lituanien **Šarūnas Bartas** s'est imposé en 1995 avec *Le Corridor*, film muet en noir et blanc dont l'action est située dans un immeuble délabré de la Vilnius soviétique. Citons aussi **Algimantas Puipa**, auteur de *Un Collier de dents de loup* (1998) et surtout **Arūnas Matelis** dont l'un des films fut primé en 2005 au festival de Leipzig.

Terre de tournages

Créés à Kaunas à l'époque soviétique avant de s'établir à Vilnius, les Studios du film lituanien profitent des faibles coûts de production du pays pour attirer des productions étrangères, comme *The Source*, troisième volet de la série *Highlander*, tourné en 2005 à Vilnius, Kaunas et Trakai.

Deux grands noms du cinéma soviétique

Sergueï M. Eisenstein (1898-1948) et le chef opérateur **Eduard Tisse** (1897-1961), qui travaille avec le documentariste Dziga Vertov avant de collaborer avec le réalisateur, étaient tous deux nés en Lettonie.

Le documentaire

Le cinéma documentaire a eu pour maîtres en Estonie **Teodor Luts** (1896-1980), auteur prolifique dans les années 1930. Plus près de nous, **Mark Soosaar**, auteur de *La Femme de Kihnu*, est le créateur du Festival du film documentaire et anthropologique de Pärnu, en compagnie de **Lennart Meri**, également réalisateur… et chef de l'État ! Auteur d'une œuvre importante, le Letton **Juris Podnieks** a pour sa part exploré l'univers d'une URSS en bout de course, notamment dans *Est-il facile d'être jeune ?* (1985). En Lituanie, le documentaire a trouvé son maître avec **Audrius Stonys**, auteur de *La Route balte* en 1990.

Le dessin animé

Contrairement à l'école américaine, dans les pays de l'Est, le dessin animé, tant par son graphisme (souvent audacieux) que par les thèmes traités, n'est pas uniquement considéré comme un divertissement pour les enfants.

C'est notamment le cas en Estonie où les studios Nukufilm ont produit à partir de 1957 des dizaines de films d'animation. Le réalisateur le plus connu est **Priit Pärn**, auteur de succès mondiaux, comme *Déjeuner sur l'herbe* (1987) ou *La Nuit des carottes* (1998). Citons également **Mait Laas** qui, avec *Le Chemin du Nirvana* (2000), film plusieurs fois primé, évoque un jeune homme désireux de voir ce qu'il y a derrière l'horizon, ou encore **Riho Unt** qui, dans *La Tête de chou*, a traité de la transition vers l'indépendance, avant de jeter un regard ironique sur l'Union européenne dans *De Retour en Europe* (1997).

Ancien directeur du théâtre de marionnettes de Rīga, **Arnolds Burovs** (1915-) a donné une impulsion décisive au cinéma d'animation letton en créant en 1966 le studio Animacijas Brigade d'où sont sortis des courts et moyens métrages empreints de poésie (*Cosette et le petit cordonnier*, *Le Charlot letton*).

LES PAYS BALTES AUJOURD'HUI

Un fort atavisme rural mais une population majoritairement urbaine, un attachement aux valeurs des aïeux mais un goût prononcé pour les technologies d'aujourd'hui… entre chant choral et rock' n roll, valeurs du paganisme et catholicisme exacerbé (en Lituanie) ou tiédeur religieuse (ailleurs), entre démocratie retrouvée et fierté nationale, les trois pays baltes ont profité de leurs quelque quinze années d'indépendance pour se reconstruire chacun une personnalité et, tout en valorisant un passé traditionnel, embrasser avec gourmandise la modernité et le modèle libéral.

L'héritage rural

Si les Estoniens, forts de leur « cousinage » avec les Finlandais, semblent, à la différence de leurs voisins du sud, jouer ouvertement la carte des valeurs scandinaves, par leur histoire comme par leurs goûts, ils ne se différencient guère des Lettons ou des Lituaniens.

L'APPEL DE LA NATURE

Dès qu'ils disposent de temps libre, les citadins abandonnent la ville pour se retrouver au cœur de la nature. Qu'il s'agisse de marcher en forêt, de passer un moment au bord des rivières ou des lacs pour pêcher en hiver (« à la mode scandinave » à travers un trou pratiqué dans la glace), ou, en saison, de s'adonner à la cueillette des baies sauvages ou des champignons (un sport national !), tout est bon pour communier avec une nature en grande partie miraculeusement préservée de l'urbanisation. Dès que la neige fait son apparition, des voitures chargées de skis envahissent les routes à la recherche de la moindre pente, quand ce n'est pas pour s'adonner aux joies du ski de fond… pratiqué jusque dans les parcs des capitales. Bien entendu, aux beaux jours, ce sont les plages qui sont envahies, et nul ne semble se soucier de la fraîcheur des eaux de la Baltique !

W. Buss / Michelin

Chants lituaniens.

À la pointe

Tallinn et Rīga sont aujourd'hui considérées comme deux des capitales du **design**, que ce soit dans le domaine graphique, mobilier, luminaire ou textile. Vilnius est quant à elle réputée pour ses stylistes de **mode**. La Lituanie (et en particulier Kaunas où se tient un prestigieux festival) est un haut lieu du **jazz**. Parmi les interprètes les plus connus, citons le saxophoniste **Petras Vysniaiuskas**. La Lettonie, elle, est la terre d'élection du **rock**, et plus particulièrement Liepāja où s'est illustré entre autres **Ēriks Kiģelis**. Mais c'est de Jelgava qu'est originaire le plus célèbre groupe balte de rock, Brainstorm.

Le rite du sauna

Dans les campagnes d'Estonie et de Lettonie, il n'est pas une ferme qui ne soit dotée de son sauna. Traditionnellement en Estonie, le *saun* occupe une construction semi-enterrée au toit recouvert de tourbe. Ce bain de vapeur sèche est chauffé par un feu de bois allumé au centre de la pièce. Après avoir abondamment transpiré (d'autant que l'exercice s'accompagne souvent de la dégustation de quelques bières), les convives se fouettent mutuellement le corps avec des branchages (bouleau, sureau ou autres, choisis pour leurs valeurs curatives ou symboliques et trempés dans l'eau froide), afin d'activer la circulation sanguine. Ils plongent ensuite dans les eaux fraîches d'un lac ou se roulent dans la neige, le tout dans le plus simple appareil, naturellement ! En Lettonie, les *pirts* sont chauffés par un four souterrain, construits en rondins et coiffés d'un toit d'argile.

Cette activité, où la convivialité demeure la règle, est pratiquée également en milieu urbain, en particulier le samedi soir, soit dans les bains publics dont disposent les cités, soit dans les saunas plus intimes, ouverts dans la plupart des hôtels et accessibles à tous. Il n'est pas rare alors de voir des groupes d'amis des deux sexes, les bras chargés de bouteilles, s'engouffrer dans les sous-sols de l'établissement, pour s'adonner à ce qui peut être considéré comme un véritable rite dans lequel survivent probablement quelques traces du paganisme ancestral.

UNE POPULATION URBAINE

Il existe assez peu de villes au sens où on l'entend en France : outre la mégapole Rīga, seules Tallinn, Tartu, Narva et Pärnu en Estonie, Liepāja, Ventspils, Jelgava et Daugavpils en Lettonie, Vilnius, Kaunas, Panevėžys, Šiauliai et Klaipėda en Lituanie, présentent des ensembles urbains conséquents. Mais la majorité de la population des pays baltes vit cependant en milieu urbain, plus par nécessité que par choix. Une bonne partie réside dans ces cités satellites sans âme qui ont fleuri dans les faubourgs à l'ère soviétique.

C'est dans les plus dynamiques de ces villes que se font et se défont modes et réputations, que ce soit sur le plan vestimentaire, artistique ou musical. Mais c'est là aussi que se cultive la nostalgie de la vie rurale (ne serait-ce qu'avec ces musées de plein air, en périphérie de Tallinn, Rīga, Kaunas, Ventspils ou Tartu, où les écoliers viennent découvrir l'architecture, les savoir-faire et les costumes traditionnels de leur pays). C'est aussi dans les villes que se tiennent les festivals de chants choraux, immenses rassemblements où s'exaltent les valeurs de la terre natale.

DANS LES CAMPAGNES

Après le bouleversement de la collectivisation des terres et des moyens de production à l'ère soviétique, les campagnes ont pratiquement retrouvé leur sérénité traditionnelle, si l'on excepte quelques vestiges architecturaux laissés par l'occupant. C'est ainsi que vous découvrirez

W. Buss / Michelin

La moisson en Lituanie.

F. Sichet / Michelin

Maison rurale de Lituanie.

d'anciennes fermes collectives en ruines, et parfois même quelques barres d'immeubles achevant de s'effriter dans les endroits les plus reculés : une hérésie en ces régions où les autochtones semblent ne concevoir l'habitat qu'individuel et dispersé ! Heureusement, on oublie bien vite ces verrues que le temps semble effacer peu à peu. Les villages des pays baltes ne sont le plus souvent que de gros hameaux aux maisons et aux fermes éparpillées sous les arbres.

L'habitat traditionnel

Avec quelques disparités régionales, les bâtiments sont construits en rondins (sauf dans les îles où la pierre est à l'honneur), parfois peintes de teintes pastel, mais les toits de chaume ont le plus souvent cédé la place à des couvertures de tôle ondulée à qui la patine du temps a parfois fini par conférer une certaine noblesse. Le chaume regagne un peu de terrain avec les résidences secondaires huppées des environs de Tallinn ou de l'isthme de Courlande.

En Estonie et en Lettonie du Nord, la ferme traditionnelle aux bâtiments disposés autour d'un espace central a pour élément principal le **Rehielamu**, servant à la fois de grange, pour conserver le grain à l'abri des intempéries, et de lieu d'habitation. Une église, catholique, luthérienne ou orthodoxe, reflet de la composition ethnique des lieux, domine l'ensemble, souvent située en Lettonie et en Estonie face aux vestiges d'un château fort de l'ordre de Livonie et aux restes d'un manoir généralement décrépit, deux témoignages de la mainmise germanique passée.

Au jour le jour

Les musées ethnographiques donnent une idée assez précise de la vie quotidienne dans les campagnes. C'était une vie industrieuse, rythmée par les travaux des champs. On cultivait essentiellement des **céréales** (que ce soit sur sa propre

S. Ollivier / Michelin

Réserve de bois pour l'hiver à Kuremäe.

parcelle ou au bénéfice des maîtres des manoirs), mais aussi le **lin**, particulièrement en Lituanie et dans le Latgale. Pratiqué en forêt, l'emblématique élevage des **abeilles** dont les essaims étaient abrités non dans des ruches, mais dans des troncs d'arbre spécialement creusés à cet effet, apportait un complément indispensable.

Du fait de la petite taille des parcelles, les paysans ne possédaient que rarement des têtes de bétail et, lorsque c'était le cas, en très petite quantité : on estime par exemple qu'en Lettonie, une ferme moyenne à la fin du 19e s. abritait une dizaine de vaches, autant de moutons et cinq à six cochons. Enfin, et en toute saison, la **pêche**, en rivière, en lac ou en mer, était une activité annexe importante (ce qu'elle est demeurée de nos jours en devenant un des loisirs les plus prisés des Baltes).

Les *musées ethnographiques de plein air de Rīga (voir p. 197) et de Kaunas (voir p. 327), le Musée estonien de Tartu (voir p. 154), les villages du parc de l'Aukštaitija (voir p. 286).*

L'ARTISANAT

Activité hivernale de l'agriculteur, l'artisanat consistait essentiellement à fabriquer son outil de travail et les ustensiles de la vie quotidienne.

Dentelles de bois

C'est ainsi que s'est développée la **vannerie** (notamment en Lituanie), tandis que le **bois** occupe une place centrale : outils et récipients, éléments de mobilier (coffres) sont souvent finement gravés (en Estonie, surtout), voire sculptés. Les artisans utilisaient souvent du bois de genévrier pour fabriquer nombre d'ustensiles (couteaux à beurre, mailloches, etc.) que vous découvrez aujourd'hui dans les boutiques d'artisanat. C'est également en bois que sont réalisées les chopes à bière, de taille parfois impressionnante et souvent finement ouvragées, sans oublier les barques taillées d'une seule pièce dans un tronc de sapin, ces **haabja** dont les Estoniens d'aujourd'hui ont retrouvé le goût. Quant aux maisons de bois, elles rivalisent, notamment dans les stations balnéaires, d'éléments décoratifs sculptés parfois comme de la dentelle : cette tradition a pour origine les demeures construites par la communauté des vieux-croyants en bordure du lac Peïpous.

Les **tissages** et la **broderie** sont d'autres activités dont vous trouverez des exemples lors de votre voyage. La **poterie** est également répandue dans les régions aux terres argileuses, qui permettaient de fabriquer des briques.

Tout cet artisanat traditionnel a peu à peu donné naissance au 19e s. aux différentes écoles d'Arts décoratifs qui se sont développées dans les trois pays. S'inspirant des artisans traditionnels, les créateurs des pays baltes ont développé un art nouveau qui a su ne pas se couper de ses racines populaires.

Les « larmes des oiseaux de mer »

L'**ambre** est une résine fossilisée qui provient de forêts de pins et d'épicéas englouties dans la Baltique. La résine, dans laquelle on trouve parfois des inclusions animales ou végétales, est facile à travailler. D'une couleur changeante, oscillant entre le brun et le miel, elle est utilisée en parures (bijoux), mais aussi en porte-bonheur et pour ses vertus thérapeutiques aussi multiples que légendaires (circulation du sang, stress et dépression, asthme...). Son commerce se développa dans l'Antiquité : les routes de l'ambre conduisaient de la Baltique à la Grèce en 2000 av. J.-C., puis allèrent jusqu'à la Chine des Han à travers la Russie et le Cachemire. Au Moyen Âge, les artisans de Bruges en faisaient des chapelets pour les chevaliers Teutoniques. Aujourd'hui, l'ambre est produite et travaillée en Pologne, en Russie (enclave de Kaliningrad) et dans les pays baltes où elle fait l'objet d'un artisanat florissant.

F. Sichet / Michelin

Sculpture sur bois à Birštonas (Lituanie).

Créations d'aujourd'hui

Les articles en **lin** constituent aujourd'hui un des points forts de l'artisanat proposé aux visiteurs, qu'il s'agisse (le plus souvent) de linge de maison (napperons, etc.) ou de vêtements : si le tout-venant est présent un peu partout au centre des villes touristiques, certaines boutiques de créateurs à Rīga *(voir p. 205)* ou à Vilnius *(voir p. 269 et 281)* proposent des articles de grande qualité, dessinés avec beaucoup de goût.

Vous ne pourrez pas manquer non plus la fameuse **ambre de la Baltique**, rejetée par la mer sur les grèves entre l'isthme de Courlande et la cap Kolka. Elle est vendue aujourd'hui un peu partout, montée en bijoux, parfois très simples, le plus souvent quelque peu kitsch. Le travail de l'ambre perpétue aujourd'hui encore une tradition qui remonte à l'âge de pierre.

Fêtes et folklore

Christianisées de gré ou de force, les populations baltes, urbaines ou rurales, entretiennent nombre de traditions de leurs aïeux païens. Le souvenir de cette époque est parfois exalté dans des élans nationalistes, même si nul, hors de rares huluberlus, n'envisage de retourner au paganisme originel.

LE PAGANISME ORIGINEL

En Estonie, les divinités étaient directement liées à la nature, d'où le culte de certains arbres ou rochers dotés d'un caractère sacré. Les Lettons et les Lituaniens, eux, vénéraient tout un panthéon avec, au premier rang, **Perkūnas** ou **Pērkons**, dieu du Tonnerre, Laima et Mara, déesses de la Terre et de la Fortune, ou Ausra, déesse de l'Aube, sans compter une foule de dieux de second rang... Ces croyances ont disparu sous l'influence des églises qui allaient jusqu'à faire abattre les arbres sacrés des païens. D'autres se sont fondues dans les rites chrétiens, comme les fêtes du solstice d'été qui honorent désormais saint Jean, tout en y associant le mythe de la fertilité.

AU FIL DES SAISONS

Dans l'ensemble des pays baltes, les calendriers chrétiens et païens se mêlent harmonieusement dans un syncrétisme réjouissant. Les grandes fêtes chrétiennes se sont souvent substituées à d'anciennes festivités, provenant droit de l'ère païenne, époque où la vie était rythmée par le changement des saisons qui déterminaient les activités. Pour célébrer la plupart de ces événements (comme du reste ceux du cycle de la vie : la naissance, l'arrivée à l'âge adulte, le mariage et la mort), il était de coutume que chacun brasse sa propre bière en l'honneur des dieux.

Mardi Gras – les Lituaniens fêtent bruyamment **Užgavėnės** en se déguisant en animaux ou en sorcières afin de chasser l'hiver, **Lašininis**, et de célébrer l'avènement du printemps, **Kanapinis**.

Rameaux – Les villes lituaniennes, à commencer par Vilnius, sont décorées de bouquets de fleurs séchées et tressées. En Žemaitija, ce jour s'accompagne de processions en costume traditionnel.

Pâques – Elle est fêtée avec des œufs colorés (**margučiai** en lituanien). Dans les campagnes, les jeunes gens donnent des sérénades aux fenêtres des jeunes filles à marier qui les accueillent en leur offrant des coupes d'hydromel : c'est le **lalavimas**.

De l'été à l'hiver

Les fêtes de la Saint-Jean (Līgo et Jāni), d'origine païenne, célèbrent le retour du soleil et constituent la principale fête de l'année. En Lituanie, elles prennent le nom de **Rasos** (fête de la Rosée) ou de **Kupolinės**. Ce jour-là, on se rend traditionnellement à la campagne, où l'on investit la moindre colline, à moins que l'on ne préfère la plage. Marquée par une nuit de chants et de danses avec sauts par-dessus les feux de joie, cette fête est associée à la légende de la fleur de bruyère censée apporter bonheur, santé et fertilité, excellent prétexte pour les jeunes couples pour s'isoler en pleine campagne… et souvent en ramener un projet de petit Balte.

Jour des morts (Kapu svçtki) – C'est en Lituanie la dernière des fêtes automnales, les **Ilgės,** qui célébraient la fin des récoltes et étaient accompagnées d'offrandes aux divinités tutélaires. Elles culminaient au terme de neuf jours avec la fête des morts **(vėlės)**, à l'intention desquels était préparé un repas. De nos jours, les Lettons se réunissent au cimetière puis, après la messe, composent dans certaines régions un grand repas en plein air, agrémenté de danses. En Lituanie, on allume des cierges sur les tombes des proches.

Noël est une fête beaucoup plus modeste, même si les Lettons s'enorgueillissent d'une tradition qui a essaimé partout : le plus ancien arbre de Noël au monde fut en effet érigé à Rīga en 1510 ! Ce soir-là, il est de tradition en Lettonie de déguster un repas composé de neuf plats, parmi lesquels figurent obligatoirement des pois gris. Bon à savoir pour les demoiselles à marier : si elles entendent ce soir-là dans l'étable un coq chanter, elles trouveront un mari aussi courageux qu'élégant. Si en revanche c'est un mouton qui bêle, elles ont toutes les chances d'épouser un imbécile ! Autre tradition, celle des **ķekatniki** : déguisés, les jeunes gens vont de maison en maison en posant des devinettes. Pour les Lituaniens, le 24 décembre est le point culminant des festivités et tout le monde est invité au repas, qu'il s'agisse des morts, des animaux, ou même des arbres fruitiers dont on badigeonne le tronc avec de la purée de grain d'orge. Le repas du soir est maigre, mais constitué de douze plats en référence au nombre des apôtres. En Estonie, en période de Noël **(Yuletide)**, certains travaux étaient interdits et la table était toujours mise : qui mangeait beaucoup s'assurait une année de réussite, affirmaient les anciens.

S. Ollivier / Michelin

Danse estonienne.

W. Buss / Michelin

Danse lettone.

Musique et danses

Bien entendu, toutes ces festivités s'accompagnent de chants et de danses. Chalumeau, pipeau, flûte, clarinette, accordéon, cithare et violon, tels sont les instruments de base de la musique populaire présente dans l'ensemble pays baltes. D'autres sont plus locaux : ainsi la cornemuse, en Estonie et en Lettonie protestante ; le tympanon, en Lituanie et dans la Lettonie catholique ; le *hiukannel*, sorte de harpe que l'on trouve dans les îles d'Estonie ; et enfin « l'arbre chantant » (*kannel*, *kokles* ou *kanklės* du nord au sud), désignant une sorte de cithare à six ou douze cordes, mais dont l'usage s'est pratiquement perdu. Celui-ci est notamment utilisé pour le **sutartinės**, mélopée à la fois vocale et instrumentale.

Des costumes chatoyants

C'est dans les musées ethnographiques où ils sont présentés sur des mannequins, ou au cours de fêtes traditionnelles comme les festivals de chant choral, que vous pourrez découvrir la grande variété des costumes traditionnels, jadis en usage dans les différentes régions (on en dénombre quatre dans chacun des pays), avec d'innombrables variantes locales. Un dicton estonien ne dit-il pas que, de même que « chaque ferme possède sa propre bière, chaque village a son propre costume » ? Bien entendu, les vêtements de tous les jours étaient beaucoup plus simples que les somptueux habits utilisés pour les grandes occasions comme les mariages.

Certains sont particulièrement colorés : ainsi les costumes féminins de

Suvalkija (Lituanie) et ceux du sud de l'Estonie (régions de Pärnu ou de Võru où le rouge domine). Il en est de très originaux comme ceux portés dans les îles estoniennes, dérivés des costumes des différentes régions de Suède d'où étaient originaires les insulaires. À ces costumes s'ajoutent des parures, coiffes et bijoux d'argent dont le poids peut atteindre plusieurs kilos, notamment chez les Sètes.

Saveurs du terroir

Les Estoniens en conviennent volontiers : pour eux, « la nourriture est faite pour nourrir le corps et non pas pour satisfaire l'esprit ». C'est en vertu de cette maxime (que les autres Baltes peuvent partager) que la cuisine traditionnelle des pays baltes, d'origine paysanne et donc concoctée à partir de produits de saison, se caractérise d'abord par son caractère roboratif.

S. Ollivier / Michelin

Poisson fumé.

POUR TOUS LES GOÛTS

Outre son caractère toujours plus que copieux, la cuisine des pays baltes a su jusqu'à présent s'adapter au rythme des saisons… et à la géographie : vous ne trouverez guère de fraises à Noël ni de poissons de mer à l'intérieur des terres. C'est dans l'esprit de cette sagesse toute paysanne qu'elle est faite essentiellement à base de produits locaux, frais et de saison, le plus souvent accommodés avec des pommes de terre cuisinées de toutes les façons possible. Lorsque l'on songe qu'il fallut attendre le milieu du 19e s. pour que cet honorable tubercule trouve droit de cité sur les tables baltes, on imagine la révolution culturelle que son apparition a déclenchée : l'Estonie est devenue aujourd'hui le second producteur au monde de pommes de terre après la Pologne (par rapport au nombre d'habitants bien entendu) !

La cuisine traditionnelle balte, toutefois, évolue peu à peu, le caractère roboratif cédant le pas à la recherche des qualités gustatives. Ainsi, dans les restaurants des grandes villes, les chefs font assaut de créativité, tandis que les gastronomies étrangères se font chaque jour plus présentes, ouvrant ainsi de nouvelles perspectives aux palais autochtones. Quant aux plus jeunes, comme partout, ils se ruent sur les chaînes de fast-food ou les pizzerias qui fleurissent dans les contrées les plus improbables.

Petites faims…

Se prenant à toute heure du jour (sauf dans les quelques restaurants, généralement huppés, qui n'ouvrent qu'aux heures des repas), votre déjeuner ou votre dîner pourra être composé à votre guise en fonction de votre appétit ou de votre budget. Nombre de Baltes, du reste, commandent de petites assiettes destinées à accompagner une bière, variante inattendue sous ces latitudes des fameuses « tapas » espagnoles. Le choix est présenté sur une page spéciale des menus… il peut s'agir de charcuterie, de harengs, d'omelette, de fromage, mais aussi d'oreilles de porc, de pain de seigle aillé et frit accompagné de fromage fondu apprécié en Lituanie **(kepta duona)**, de **blyneliai** ou **blini,** crêpes salées ou sucrées, qui peuvent être associées à du lait caillé **(varskōčiai)** et qui sont parfois faites à partir d'une pâte de pommes de terre et garnies de viande et de fromage frais, le **varske (bulviniai blyneliai)**. Influence russe aidant, vous trouverez également des **pelmenis** (raviolis à la viande), des **pīrāgi** (chaussons à la viande) ou des **pankuki** (crêpes).

… et solides appétits

La tradition veut que l'on commence par une **soupe**, chaude en hiver (et parfois garnie de viande), froide en été, dont le fameux **bortsch** russe à la betterave (il existe aussi des variantes à base de concombre, par exemple). Mais vous pourrez aussi commander en entrée des charcuteries, du hareng (ou du sprat, son petit cousin) accommodé sous diverses formes (salade, marinade), ou différentes salades dont l'omniprésente Caesar.

Les viandes peuvent être servies grillées ou braisées et accompagnées de sauces mélangeant douceur et amertume (c'est le cas du gibier, dont l'élan). Elles sont parfois au préalable marinées. Sachez toutefois que les grillades « saignantes » (selon le goût français) sont assez difficiles à trouver. Les amateurs de poissons dégusteront un peu partout du brochet

Bortsch de Kretinga.

et autres poissons d'eau douce, et bien entendu du saumon. Pour les autres poissons de mer, il faudra se rendre de préférence sur le littoral. Tous ces plats sont généralement accompagnés d'une généreuse portion de légumes où dominent la pomme de terre, la choucroute (beaucoup plus sucrée que l'alsacienne) et les champignons.

SPÉCIALITÉS RÉGIONALES

En Estonie

La cuisine estonienne n'est ordinairement pas très épicée, mais l'est avec subtilité : gingembre, poivre, ail sont fréquemment utilisés. Vous trouverez absolument partout des soupes, et parmi les soupes d'hiver, celle aux pois bruns au porc fumé devrait vous prémunir des rigueurs des frimas. Le pain est souvent incorporé aux plats une fois rassis, qu'il s'agisse de pain de seigle ou de pain noir, parfois parfumé au cumin **(carvi)**. Parmi les plats nationaux, vous goûterez au boudin noir ou au boudin blanc constitué de graisse de porc, d'oignons et d'épices, à moins que vous ne préfériez essayer le **kartulid**, ragoût de pommes de terre aux côtes de porc, ou le **sült** à base de pieds de porc. Si vous appréciez le poisson, sachez qu'il est consommé salé ou fumé : c'est le cas des **sprats** de Tallinn, marinés en saumure aromatisée aux épices et servis accompagnés d'œufs durs. Le **suitsukala** est une spécialité de poissons fumés que vous trouverez sur les rives du lac Peïpous. Goûtez également au **täidetud munad**, constitué d'œufs farcis aux anchois. Le **kohupiim** est un fromage frais, parfois accommodé en gâteau **(kohupiimakook)**. Parmi les desserts, le **kringel** est un pain sucré garni de noisettes et de raisins secs.

La canneberge, reine des baies

Cet arbrisseau poussant dans les tourbières des pays froids donne des baies rouges au goût acidulé, comparables aux airelles. Ces fruits sont consommés en confiture, en coulis ou nappés de sucre glace. Connue au Québec sous le nom d'*atoca*, la canneberge l'est également en France où l'on juge plus commercial d'employer le nom anglais de **cranberry**...

En Lettonie

Vous commencerez souvent par l'une des nombreuses soupes **(zupos)** proposées dans les menus. Parmi les recettes traditionnelles, vous aurez le choix entre choucroute, pois au lard, jarret de porc fumé, harengs à l'aneth ou boudin noir. Vous consommerez également des galettes de pommes de terre râpées puis frites, servies avec de la crème fraîche ou de la confiture. En dessert, des baies sauvages, en particulier les **dzërveres** (ou canneberge), sont servies en bouillie **(kiselis)**. Le **kinjeris** est un gâteau traditionnel de fête, constitué d'une sorte de pain d'épice roulé et aromatisé à la cardamone, tandis que la **debesmanna** est une mousse à la semoule. Vous aurez sans doute l'occasion de déguster un fromage crû, le **biezpiens**. Le pain de seigle **(rupjmaize)** est particulièrement apprécié, accompagné notamment de lait ou de miel. Et si vous êtes dans le pays pour les fêtes de la Saint-Jean, ne manquez pas de goûter au **Jāņu siers**, un fromage blanc aromatisé au cumin. Les petits pains au lard **(pīrādziņi)** et le pain d'épice **(piparkūkas)** sont quant à eux indispensables à Noël.

En Lituanie

Vous consommerez en entrée des harengs **(silkė)**, des sprats **(sprotai)**, des salades, dont la traditionnelle **lietuviško salotos** aux cornichons, carottes bouillies et autres, généreusement nappée de mayonnaise. On vous proposera aussi des soupes comme la **šaltibarsčiai**, très appréciée en été : servie froide, cette variante du bortsch, est concoctée à base de betterave, ou bien d'orties, d'oseille... et parfois même d'anguille (dans l'isthme de Courlande). Signalons également les soupes aux poissons servies dans une miche de pain complet dans la région de l'Aukštaitija.

En plat de résistance, les pommes de terre et les produits laitiers tiennent le haut du pavé. Les **cepelinai** (qui doivent leur nom aux célèbres dirigeables zeppelins) sont des quenelles de pommes de terre farcies au fromage, à la viande *(mesa)* ou aux champignons

P. Plantier / Michelin

Charcuteries lituaniennes.

(grybai) et nappées de sauce au beurre, à la crème fraîche et aux lardons : le plat national par excellence pour nombre de Lituaniens. Si vous avez encore faim, poursuivez par un **kugelis**, mélange de pommes de terre et de carottes râpées à la crème aigre, par des **koldūnai**, raviolis farcis à la viande, ou par des **virtiniai**, boulettes de pâte. Le chou est farci à la viande (**balandėliai**) ou au poisson (**kopūstainiai**). Les Karaïtes de Trakai conservent jalousement la recette ancestrale du **kibinai**, chausson farci à la viande… et à quelques aromates connus d'eux seuls. Les amateurs trouveront des abats : **liežuvis** (langue de bœuf), **alionių skilandis** (viande fumée dans une vessie de porc), **vėderai** (tripes de porc), **šiupinys** (groin mitonné avec les pieds et la queue). Quant au gibier, il est bien entendu apprécié.

Goûtez également aux **altanosiai** (sortes de raviolis) aux myrtilles et aux cerises, spécialité de l'Aukštaitija, aux charcuteries fumées ou séchées de la Dzūkija, aromatisées aux baies de genévrier et aux herbes aromatiques, au **kastinys**, plat de pommes de terre à la crème fouetté de la Žemaitija, ou aux **skilandis** concoctés en Suvalkija, des boulettes de viande hachée fumée au bois d'aulne, puis fermentée pendant quelques mois et servie en tranches fines presque translucides. En dessert, le **lietiniai** est une crêpe au fromage ou aux fruits.

Amateurs de vin

Vous trouverez une carte de vins (le plus souvent australiens, chiliens ou argentins) dans la plupart des restaurants… Mais il est douteux que vous puissiez déguster le seul vin produit en terre balte : il s'agit de vignes plantées à Sabile (Lettonie) par le duc de Courlande… mais considérées de nos jours comme expérimentales.

ET COMME BOISSON ?

Les Baltes sont de fervents amateurs de bière qu'ils appellent **ölu** pour les Estoniens (qui peuvent choisir entre les marques Saku, LeCoq ou Sillamäe), **alus** pour les Lituaniens et pour les Lettons, qui ne jurent que par l'Aldaris de Rīga.

Héritage de l'histoire, la **vodka** conserve ses partisans, en particulier au sein des minorités russophones, de même que le **kvas**, sorte de bière légère fabriquée à partir de pain de seigle fermenté…

Les liqueurs ne manquent pas avec le **gëfzu sula** letton, l'hydromel ou le **Melnais Balzams,** une liqueur (très amère) aux propriétés pharmaceutiques, mise au point par un citoyen de Rīga, Abraham Kunze, au milieu du 18e s. : baies, herbes et racines diverses entrent dans la composition de ce breuvage noir qui est devenu la liqueur nationale.

Identités baltes

Estoniens, Lettons ou Lituaniens : les habitants des pays baltes possèdent tous une de ces trois citoyennetés. Quant à la nationalité, c'est une autre question, tant il est difficile ici de se débarrasser de ses origines.

MAJORITÉS, MINORITÉS

S'il ne reste plus de **Germano-baltes** depuis 1940, et si les **Suédois de la côte**, présents dans l'ouest de l'Estonie et dans les îles, ont pour la plupart émigré en 1945 (après près de dix siècles de présence, ils étaient encore des **Rannarootsi** !), les **Russes** (dans les trois pays) et les **Polonais** (en Lituanie) constituent toujours des nationalités à part. Quant aux **Juifs**, exterminés lors de l'occupation nazie, ils ont pratiquement disparu de leurs fiefs de Lettonie et de Lituanie.

Petites communautés

Sur le territoire des pays baltes, plusieurs minorités ethniques (ou culturelles), parfois minuscules, maintiennent leurs traditions, leur mode de vie et, quelque fois, leur langue, désormais souvent protégés par les États. Le cas le plus étrange est celui des **Karaïtes** *(voir p. 283)*. Issus de Mésopotamie, pratiquant un judaïsme bien à eux, et s'exprimant dans un dialecte turc, les Karaïtes sont les descendants des 400 familles amenées par **Vytautas le Grand** en 1397 pour former sa garde personnelle. Les **vieux-croyants** *(voir p. 147)* sont quant à eux des descendants des raskolniki, membres de l'église orthodoxe russe ayant refusé d'adopter les réformes liturgiques de 1666. Pourchassés, ils se sont réfugiés aux marges de l'empire des tsars et pratiquent encore aujourd'hui le rite ancien. Les quelques dizaines de **Lives** qui peuplent aujourd'hui les villages côtiers de part et d'autre du cap Kolka *(voir encadré p. 244)* sont pour leur part les descendants d'une tribu finno-ougrienne, majoritaire sur les lieux à l'arrivée des évangélisateurs germaniques (d'où le nom de Livonie donné à la région par les envahisseurs). Quant aux **Setu** ou Sètes *(voir p. 158)*, également d'origine finno-ougrienne, ils se distinguent de leurs frères Estoniens par l'adoption de la religion orthodoxe (accommodée à leur façon), et le maintien d'une langue qu'ils sont quelques milliers à parler. Leur territoire est traversé par la frontière russo-estonienne.

Le cas des Russes

L'industrialisation des pays baltes menée par l'URSS s'est accompagnée de l'arrivée dans les trois républiques d'une importante population slave (Russes, Biélorusses, Ukrainiens…), destinée à répondre aux besoins en main-d'œuvre spécialisée, mais aussi à « diluer » le poids des autochtones dans la population. C'est ainsi qu'en 1989, près de la moitié de la population de l'Estonie était d'origine slave. Le nombre de ces russophones à avoir regagné leur pays d'origine après l'indépendance des trois Républiques étant minime, les nouveaux États se sont trouvés confrontés à la question de leur intégration dans les communautés nationales respectives. Force est de reconnaître que le sentiment anti-russe, répandu aussi bien chez l'homme de la rue que dans les élites, n'a pas contribué à prendre à bras le corps le problème, en particulier en Estonie et en Lettonie même si, depuis l'adhésion à l'Union européenne, quelques avancées ont été réalisées. C'est ainsi qu'en Lettonie, 18 % de la population totale, faute d'avoir été naturalisée, a encore aujourd'hui un étrange statut de « non-citoyen ». Cela se traduit par l'absence de droit de vote et des restrictions au niveau des déplacements dans l'Union, même si l'obligation de visa pour les courts séjours a été supprimée en janvier 2007. Des maladresses comme l'affaire du déplacement de la statue honorant l'armée Rouge, qui embrasa Tallinn en mai 2007, montrent que les rancœurs sont loin d'être éteintes.

Le goût pour les sciences

L'université de Tartu (Estonie) a réuni de distingués hommes de sciences. Parmi eux, le naturaliste **Karl Ernst von Baer** (1792-1876), considéré comme le père de l'embryologie moderne, l'astronome **Friedrich Georg Wilhelm Struve** (1793-1864), qui s'est rendu célèbre en mesurant la courbure du globe terrestre (l'arc géodésique portant son nom est classé par l'Unesco au Patrimoine de l'humanité), et le chirurgien **Nikolaï Pirogov**. Rīga n'est pas en reste puisqu'elle a donné naissance à **Wilhelm Ostwald** (1853-1932, prix Nobel de chimie 1909), dont les découvertes allaient donner naissance à l'industrie chimique moderne, et à **Walter Zapp** (1905-2003), qui mit au point en 1937 la caméra miniature Minnox très appréciée des espions…

La diaspora balte

La misère à la fin du 19e s. et les événements politiques au 20e s. ont entraîné plusieurs vagues d'émigration et la création d'une importante diaspora partout dans le monde, mais surtout en Amérique du Nord, en Australie et dans les pays scandinaves. Quelques-uns de ces émigrés et de leurs descendants se sont distingués dans divers domaines, comme Jānis Konrads, né à Rīga, 31 fois recordman du monde de natation et médaillé d'or aux JO de Rome pour le compte de l'Australie, le tennisman lituano-américain Vitas Gerulaitis, le peintre Marc Rothko ou encore Pēteris Lejiņš (1909-2002), devenu aux USA un des pères de la police scientifique moderne. En dépit de leur attachement à leurs racines, ils sont relativement peu à être rentrés au pays après les indépendances, mais il est significatif d'observer que plusieurs des chefs d'États récents ou actuels (l'Estonien Ilves, la Lettone Viķe-Freiberga, le Lituanien Adamkus) ont passé la plus grande partie de leur vie à l'étranger… quand ils n'y sont pas nés.

RELIGIONS : FERVEUR OU INDIFFÉRENCE

Liens avec la Pologne obligent, c'est le **catholicisme** qui domine en Lituanie (et dans le Latgale letton occupé par les Polonais et soumis à l'influence des Jésuites). La ferveur lituanienne, jamais démentie, et exacerbée lors de la période d'athéisme officiel soviétique, donne lieu à d'impressionnantes manifestations où la foi la plus ardente le dispute parfois à une certaine idolâtrie.

P. Plantier / Michelin

La colline des Croix en Lituanie.

Vous en verrez des démonstrations à Vilnius où des fidèles n'hésitent pas à monter à genoux l'escalier conduisant à la chapelle de la Vierge miraculeuse de la porte de l'Aube, et plus encore à la colline des Croix, près de Šiauliai, ancien symbole de résistance à l'orthodoxie puis à l'athéisme imposés par les Russes. Ce site est devenu aujourd'hui une étape de la tournée européenne des lieux saints, et chaque pèlerin y va de sa croix achetée sur les étals à la descente du car. Les croix très ouvragées et couvertes de symboles (pas toujours très chrétiens) plantées dans presque tous les villages et aux carrefours du pays, comme ce personnage récurrent appelé le « Penseur » **(Rūpintojėlis)** que l'on assimile aujourd'hui au Christ, sont un témoignage autrement plus émouvant de cette ferveur.

Le déclin de la foi

En Lettonie, à l'exception du Latgale catholique, et en Estonie, la conversion des cités hanséatiques puis de l'ordre de Livonie au **luthéranisme**, suivie de la domination suédoise, a fait du protestantisme la religion dominante des autochtones. Force est de reconnaître que la majorité de la population se déclare sans religion ou ne pratique qu'avec tiédeur. Il en va de même pour la troisième grande religion, l'**orthodoxie**, qui concerne essentiellement les russophones : cette communauté ne connaît pas en effet un regain de foi comparable à celui qui existe en Russie.

C'est le bouquet !

Vous serez frappé par le nombre de marchés aux fleurs parfois ouverts toute la nuit. C'est qu'il est ici de tradition d'offrir un bouquet en toutes occasions, y compris aux hommes. Mais attention à ne pas commettre de gaffe ! Les fleurs doivent toujours être en nombre impair, sauf si elles sont destinées à honorer un mort.

LE RÔLE DU SPORT

Le **sport** est une manière classique d'affirmer sa fierté nationale. Ici, il existe un sport roi, et c'est le **basket-ball** : vous découvrirez des terrains dans les lieux les plus improbables, au fond des campagnes les plus reculées. Les exploits du BC Žalgiris de Kaunas (vainqueur de l'Euroligue en 1999) font l'orgueil de tous les Lituaniens. D'autres sportifs se sont distingués dans plusieurs disciplines comme le Letton **Martins Rubenis**, médaille de bronze en luge aux JO de Turin (2006), ou sa compatriote **Yelena Prokopchuk**, qui a remporté deux fois celui de New York. Le Lituanien **Virgilijus Alekna** a été champion du monde du lancer du disque en 2001, marchant sur les traces de son aîné **Romas Ubartas**, premier Lituanien à rapporter une médaille d'or olympique dans le pays indépendant (Barcelone, 1992). Quant aux Estoniens, ils excellent dans les disciplines nordiques… ce qui n'a pas empêché un des leurs, Kaido Höövelson, d'avoir été admis sous le nom de **Baruto** dans le cercle restreint des professionnels de sumo ! Mais pardessus tout, et quel que soit le sport, une rencontre contre la Russie revêt une saveur spéciale, surtout si elle s'achève sur une victoire des autochtones…

UNE PÉRIODE CHARNIÈRE

Ce chauvinisme s'accompagne chez certains d'un nationalisme exacerbé, explicable en regard d'une histoire douloureuse, mais qui peut mettre mal à l'aise le voyageur confronté dans des musées à une vision de la Seconde Guerre mondiale à laquelle il n'est guère habitué. Cela dit, pour les jeunes générations, ce passé est révolu. Ancrés dans l'Europe, ils aspirent à connaître cette société de consommation que le développement économique spectaculaire de ces dernières années ne devrait pas tarder à mettre à leur portée. Sauront-ils conserver leur originalité, leur culture nationale et leur mode de vie ou laisseront-ils comme tant d'autres diluer leur identité dans l'uniformisation mondiale qui s'annonce ? C'est sans doute l'un des enjeux des années à venir.

La vie politique

Depuis leur indépendance en 1991, les trois États baltes sont des régimes parlementaires. Le Parlement, l'instance la plus importante, est élu au suffrage universel. En dehors de ce point commun, chaque pays a développé une identité politique différente, forgée par les défis sociaux et économiques.

ESTONIE

Depuis les premières élections réellement libres de 1992 se sont succédé 5 chambres et 3 présidents : **Lennart Meri** (1992-2001), **Arnold Rüütel** (2001-2006) et **Toomas Hendrik Ilves** (2006-). Aucun des partis en présence n'a jamais dégagé de majorité absolue (51 sièges) pour gouverner seul. En conséquence, la vie politique de l'Estonie s'organise autour de coalitions, parfois agitées d'affrontements.

Les deux mandats de Lennart Meri ont été marqués par une volonté de réformes pour mener à marche forcée le pays du Gosplan soviétique à l'économie de marché. Si les années 1992-1995 voient le règne d'une coalition ultralibérale, les années 1995-1999 sont celles d'un centre droit élu sur un programme visant à adoucir l'impact des réformes sur la population (retraite, secteur agricole...). Les élections législatives de 1999, malgré la percée du parti de centre gauche (Parti du centre), verront le retour au gouvernement d'une coalition libérale (Pro Patria, le Parti de la réforme et les Modérés).

Régimes parlementaires

Dans les pays baltes, l'élément central du système politique est le Parlement. Les élus votent les lois, entérinent la nomination du Premier ministre et de son gouvernement. Le président de la République est désigné par le parlement en Estonie et en Lettonie. Par contre, il est élu par les citoyens en Lituanie.

Estonie – Parlement *(Riigikogu)* : 101 membres élus tous les 4 ans. Président nommé pour 5 ans.

Lettonie – Parlement *(Saeima)* : 100 sièges élus tous les 4 ans. Président nommé pour 3 ans.

Lituanie – Parlement *(Seimas)* : 141 membres élus tous les 4 ans. Président élu au suffrage universel pour 5 ans.

En 2001, Arnold Rüütel, dirigeant du Parti du centre, est élu président de la République. Sous le mandat de cet ancien président du Soviet suprême d'Estonie, le pays va entrer dans l'Union européenne (2004) et siéger à l'OTAN (2004) et, parallèlement, transformer le système des retraites et mettre en place un nouveau régime d'assurance sociale.

L'évolution du paysage politique de l'Estonie depuis 1992 s'est faite au détriment des petites formations. Les partis se regroupent dans des coalitions, voire fusionnent dans de nouvelles entités plus puissantes. Cependant, c'est le parti libéral « la Réforme », du Premier ministre sortant **Andrus Ansip**, qui est arrivée en tête des élections législatives de mars 2007. Cette pérennité nouvelle d'un Premier ministre après les législatives marque peut-être, après les années de transition, le passage du pays à une nouvelle étape de sa vie politique.

LETTONIE

La Lettonie a été gouvernée depuis 1993 par 5 chambres et 3 présidents : **Guntis Ulmanis** (Union des paysans 1993-1999), **Vaira Vīķe-Freiberga** (sans étiquette 1999-2007) et **Valdis Zatlers** (2007-). Derrière cette stabilité institutionnelle des présidents du pays se cache un *turnover* important pour l'exécutif : le pays a connu douze gouvernements depuis son indépendance (1991-2006). Néanmoins, leur orientation politique, plus ou moins de centre-droit, a permis une certaine continuité des réformes.

En 1993, les 5 et 6 juin, les premières élections réellement libres créent un parlement qui réintroduit la Constitution de 1922 *(Satsversme)*. Cependant, ce vote ne représente pas tous les « Lettons ». Environ 40 % des habitants, qui sont russophones, sont considérés comme étrangers. Ce problème de citoyenneté et l'accession à ce statut par la plus grosse minorité de Lettonie va être au cœur de nombreux affrontements politiques.

Si la première Chambre est dominée par les partis d'Anatolijs Gorbunovs (la Voie lettone), des nationalistes (Mouvement pour l'indépendance de la Lettonie) et d'Harmonie pour la Lettonie, favorable à l'intégration des russophones, les élections de 1995, sur fond de crise économique et sociale, voient l'apparition de formations favorables à un rapprochement avec la Russie (Saimnieks, Mouvement populaire pour la Lettonie).

Malgré cette modification de l'équilibre des forces, c'est finalement un homme d'affaires, **Andris Skele**, qui dirige le gouvernement (déc. 1995-août 1997) et mène une politique de réforme entraînant une période de croissance tant industrielle que commerciale pour la Lettonie, même si celle-ci fut teintée d'affairisme. Comme dans bien des cas, c'est la mésentente dans la coalition au pouvoir qui amène ensuite au poste de Premier ministre Guntars Krasts, dont la principale volonté sera de mener à bien l'adhésion du pays à l'Europe.

Aux élections législatives de 1998, ce sont le centre et la droite qui reprennent le pouvoir au Parlement, et les changements réguliers de gouvernements (1998, 1999, 2000) n'empêchent pas cette période d'être celle de réformes importantes et d'une vague de privatisations. C'est en 1999 que Vaira Viķe-Freiberga (sans étiquette) accède à la présidence. Sous son deuxième mandat la Lettonie rejoint l'OTAN (2 avril 2004) et entre dans l'Union européenne (1er mai 2004).

Les élections législatives de 2002 voient se former une coalition de deux partis de droite (Nouvelle Ère et Parti populaire), de l'Union des Verts et des Fermiers et du Premier Parti de Lettonie. La Nouvelle Ère va basculer dans l'opposition avant les élections de 2006 qui verront la coalition restante conserver le pouvoir exécutif. Le Premier ministre, **Aigars Kalvitis** (parti populaire), se succède à lui-même, grande première en Lettonie. En mai 2007, Valdis Zatlers est devenu le troisième président de la République lettone.

LITUANIE

Les premières élections législatives libres ont lieu en Lituanie début 1990. C'est le Sajudis, parti de **Vytautas Landsbergis**, qui remporte le scrutin. Le nouveau Parlement proclame l'indépendance de la République le 11 mars. L'Union soviétique réplique par la troupe (23 mars 1990 et 11-13 janvier 1991), puis par un embargo sur les matières premières (17 avril 1990). Comme pour les autres pays baltes, la véritable indépendance ne commencera qu'après l'échec du putsch des généraux à Moscou (août 1991).

C'est donc en novembre 1992, après le référendum de février sur l'indépendance (90,4 % de oui) et l'adoption d'une constitution le 13 octobre, que le premier Parlement réellement souverain siège à Vilnius. Mais ce sont les ex-communistes du Parti démocratique du travail qui remportent largement les élections (majorité absolue), menant leur leader, **Algirdas Brazauskas**, au poste de président de la République le 14 février 1993. Favorable à une transition douce, et préservant les

S. Ollivier / Michelin

L'e-Estonie.

relations économiques avec la Russie, le Parti démocratique du travail perd peu à peu du terrain, et les élections locales de mars 1995 voient la victoire de l'opposition menée par Landsbergis. Cette période a été marquée par des scandales financiers, qui ne seront pas épargnés aux législatures suivantes.

Les élections législatives de 1996 accentuent le virage à droite et la coalition rassemblant le Sajudis et les chrétiens-démocrates remportent le scrutin. Landsbergis est élu président du Parlement et le candidat du centre et des conservateurs, **Valdas Adamkus**, est élu président de la République.

L'année 1999 est secouée par des crises ministérielles (3 Premiers ministres). Aux législatives de 2000, l'alternance joue encore. Cette fois, c'est une coalition de centre gauche qui gagne. Mais c'est une association entre Nouvelle Union (centre gauche) et l'Union libérale (centre droit) qui va permettre au président de ce dernier parti, **Rolandas Paksas**, de revenir au siège de Premier ministre. La destitution du président Paksas en avril 2004 marque une modification du calendrier électoral. Les députés ramènent Valdas Adamkus au poste de président de la République (juin 2004), et les législatives (octobre 2004), une majorité de droite au Parlement. Cependant, une coalition de gauche est formée et, sous la houlette du Premier ministre Brazauskas, garde le pouvoir exécutif jusqu'en mai 2006, quand éclate cette union. Depuis le 4 juillet 2006, **Gediminas Kirkilas**, social-démocrate, dirige un gouvernement de coalition.

Malgré l'alternance droite/gauche et les crises politiques au plus haut niveau, les gouvernants lituaniens ont maintenu dans l'ensemble une politique aussi cohérente que leurs voisins pour assurer, parfois avec des hoquets, le passage du pays de la sphère d'influence soviétique à la CEE.

Mutation économique

Pour leur seconde indépendance, les pays baltes, région économique de pointe de l'URSS, sont face à des défis multiples : privatisation des outils de production, création d'un système monétaire stable, réorientation des importations et des exportations... Les approches sont sensiblement différentes selon les États, et le passage à l'économie de marché et aux aléas de la libéralisation est parfois difficile.

P. Plantier / Michelin

Éoliennes à Liepāja.

L'HÉRITAGE DU GRAND-FRÈRE

Estonie

Le premier atout du pays sont ses ressources naturelles (schistes bitumineux) qui lui permettent de produire les deux-tiers de ses besoins énergétiques. Les industries de transformation (outils industriel, électronique, meubles) étaient un modèle dans l'ex-URSS, mais la production était avant tout destinée au marché soviétique.

Sur cette base, le pays va effectuer un virage vers l'économie de marché : libération des prix (juillet 1991), création d'une monnaie stable (le kroon, juin 1992), privatisation accélérée des terres et des commerces. En 1993, l'économie estonienne se redresse et le commerce extérieur est réorienté vers l'Europe, en particulier la Finlande, premier partenaire commercial et investisseur. En 1994, la croissance reprend et l'inflation est jugulée. Entre 1995 et 1997, les changements politiques entraînent des réformes sociales, notamment pour les retraités et les paysans. Mais ces dépenses ne modifient pas le cap ascendant du pays, et, en 1997, l'inflation et le déficit commercial sont en baisse constante.

Lettonie

Pendant la même période, en Lettonie, les changements sont plus lents. Le pays est dépendant de la Russie pour son énergie et pour ses exportations (1/4 en 1993). Les investisseurs étrangers restent en retrait face à un système juridique encore flou et à une industrie très spécialisée, malgré l'aide financière du FMI. De son côté, le Parlement s'enferre dans des luttes sur la restitution des biens commerciaux et des terres, dont sont exclus les russophones. La Lettonie parvient néanmoins, en réduisant ses dépenses publiques, à maintenir sa nouvelle monnaie (lats, 1993) et à réduire son inflation. Mais le chômage augmente et le déficit budgétaire, aggravé par une crise bancaire en 1995, n'est équilibré qu'en 1997.

Lituanie

À la différence des autres pays baltes, la Lituanie exporte son énergie (centrale nucléaire d'Ignalina). Mais elle dépend de la Russie pour les matières premières et pour ses échanges commerciaux. Moins spécialisée industriellement que sa voisine lettone, elle doit moderniser ses infrastructures. Le pays va entreprendre des réformes prudentes, plus lentes, et il faudra attendre 1993 pour que l'économie commence à se stabiliser. En 1996, elle a rejoint la dynamique de croissance de l'Estonie et de la Lettonie.

1998-2001 : CRISES

En 1998, la Russie est frappée par une importante crise financière qui va affecter les pays baltes. Deux ans plus tard, c'est le ralentissement de l'économie mondiale qui entraîne une crise.

L'Estonie, qui est plus ouverte que ses voisines sur l'Europe, résiste plutôt bien à la crise russe, même si les exportations vers Moscou baissent drastiquement. Par contre, la crise mondiale fait redémarrer l'inflation malgré les mesures d'austérités du gouvernement Laar.

La Lettonie parvient dans un premier temps à limiter les effets de la crise russe. Mais malgré ses ventes, vers l'Allemagne en particulier, la croissance ralentit et l'État est obligé de soutenir sa monnaie. Par contre, le pays ne subit pas le ralentissement de l'économie mondiale et, en 2001, la croissance se poursuit pour la deuxième année de suite, la monnaie est stabilisée et le chômage en recul.

Quant à la Lituanie, qui était sur le chemin de la reprise, elle sera freinée par ces crises. Mais, dans l'ensemble, à part un chômage toujours préoccupant, le pays renoue avec la croissance dès 2001.

L'EUROPE ET L'AVENIR

Avec leur entrée en 2004 dans l'UE, les pays baltes signent l'une des plus belles réussites de transition économique et structurelle de l'ex-URSS, ce qui leur a valu le surnom de « tigres baltes ».

Le bilan est positif sur de nombreux points. La mutation de l'industrie a permis de rattraper le retard technologique grâce à la confluence d'une main-d'œuvre qualifiée et aux investissements étrangers. L'Estonie a même acquis le nom « e-Estonie » pour sa maîtrise des nouvelles technologies (le logiciel Skype a été conçu dans le pays). Ses exportations vers l'Europe se sont orientées de plus en plus vers des produits de consommation (téléphone portable) ou technologiques (câble UMTS). La Lituanie doit encore une grande part de ses gains à la livraison de produits pétroliers en provenance de la Russie. Ses productions industrielles (textile, électronique...) lui permettent peu à peu d'augmenter les échanges avec d'autres partenaires. Quant à la Lettonie, elle a réussi à développer ses échanges avec l'Union européenne (56 %) et exporte essentiellement des produits agricoles, textiles et de l'électroménager.

Ces résultats sont contrebalancés par certaines difficultés. L'inflation reste le problème majeur. Cela a d'ailleurs valu aux trois pays de voir leur adhésion à la zone euro, prévue en 2007, repoussée à l'horizon 2010. Sur le marché du travail, il manque de plus en plus de main-d'œuvre qualifiée. Les jeunes partent souvent dans les autres pays européens chercher des salaires plus élevés et, dans cette dynamique, la dénatalité ne peut qu'inquièter. Quant au salaire minimum, encore assez bas, il augmente rapidement (+11,6 % en 2006 en Estonie). Ces facteurs font redouter une « surchauffe » de l'économie estonienne dans les années à venir, et un ralentissement de la croissance pour ses voisines.

Nettoyer la mer

Le caractère presque fermé de la **mer Baltique** (30 ans pour renouveler ses eaux) accentue l'impact de la pollution et l'apparition d'algues qui menacent la vie marine. Heureusement depuis 1974 (**Convention d'Helsinki**), les pays riverains se sont mis d'accord pour protéger cet environnement fragile. Sur les 132 zones les plus atteintes, un peu plus de cinquante sont déjà dépolluées.

Géopolitique

Les relations avec la Russie sont parfois difficiles pour les pays baltes : enclave de Kaliningrad, matières premières, énergie, minorité russophone, adhésion à l'OTAN, analyses différentes de la période soviétique... les sujets de discorde ne manquent pas !

KALININGRAD

Avec le rattachement des pays baltes à l'Europe, l'enclave de Kaliningrad, coincée entre la Pologne et la Lituanie, s'est transformée en un îlot russe au sein de la CEE. Dans ce nouveau contexte, l'ancien port de la flotte soviétique pour la Baltique est devenu un enjeu stratégique entre Bruxelles et Moscou. Application des accords de Shengen d'un côté, volonté de l'autre de ne pas créer des velléités séparatistes. De plus, avec l'entrée des pays baltes à l'OTAN (2004), la région, ancien fer de lance de la défense soviétique sur le nord de l'Europe, pourrait devenir un point d'appui militaire pour l'Alliance Atlantique.

LE CONTRÔLE ÉNERGÉTIQUE

À côté des problèmes liés aux minorités russophones *(voir p. 100)*, la perte du débouché le plus logique des exportations russes vers l'Europe entraîne des tensions régulières entre Moscou, Rīga, Tallinn et Vilnius. La question se pose avec d'autant plus d'acuité pour les matières premières, la Russie possédant 13 % des réserves mondiales de pétrole et 45 % des réserves de gaz. Les intérêts des pays européens sont d'ailleurs parfois opposés sur l'acheminement.

Différentes solutions ont été imaginées par Moscou : ouverture de ports au nord de l'Estonie (Primorsk), projet d'un oléoduc Russie-Allemagne passant par la Baltique... Cette dernière solution soulève bien des objections. En dehors des problèmes environnementaux, pour les Baltes, ce serait la perte de revenus importants générés par le transit des hydrocarbures (Ventspils, Klaipėda).

UE et PECO

Le défi à venir des pays baltes, outre leur développement économique, est la valorisation de leur rôle dans les relations entre l'Union européenne et la Fédération de Russie. L'un des problèmes majeurs restant les regards différents qui sont lancés de part et d'autre des frontières de l'ex-URSS sur le passif de la période soviétique.

Le vieux Tallinn vu de Toompea.

W. Buss / Michelin

DÉCOUVRIR L'ESTONIE

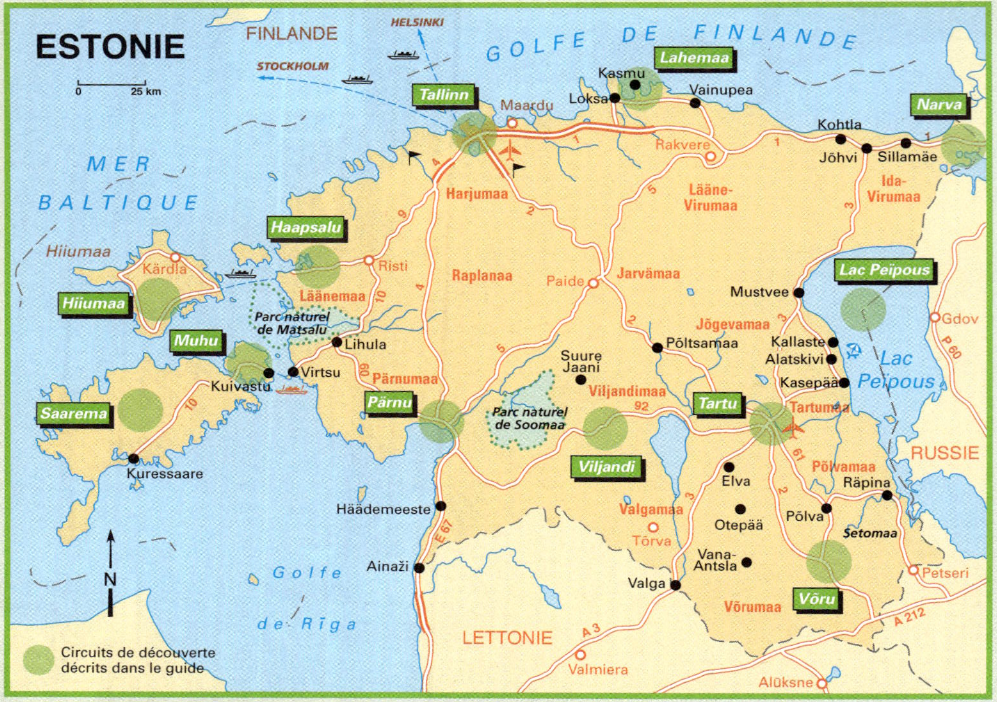
ESTONIE
0
25 km
FINLANDE
HELSINKI
STOCKHOLM
GOLFE DE FINLANDE
MER BALTIQUE
Golfe de Rīga
RUSSIE
LETTONIE
Lac Peïpous
Tallinn
Lahemaa
Narva
Haapsalu
Hiiumaa
Muhu
Saarema
Pärnu
Viljandi
Tartu
Lac Peïpous
Võru
Kasmu
Loksa
Vainupea
Maardu
Rakvere
Kohtla
Jõhvi
Sillamäe
Harjumaa
Lääne-Virumaa
Ida-Virumaa
Hiiumaa
Kärdla
Risti
Läänemaa
Raplanaa
Paide
Jarvämaa
Mustvee
Gdov
P 60
Parc naturel de Matsalu
Lihula
Virtsu
Kuivastu
Pärnumaa
Suure Jaani
Põltsamaa
Jõgevamaa
Kallaste
Alatskivi
Kasepää
Viljandimaa
Tartumaa
Parc naturel de Soomaa
Kuressaare
Põlvamaa
Räpina
Elva
Põlva
Setomaa
Häädemeeste
Valgamaa
Otepää
Tõrva
E 67
Ainaži
Vana-Antsla
Valga
Petseri
Võrumaa
A 212
A 3
Valmiera
Alūksne
N
Circuits de découverte décrits dans le guide

ESTONIE

EESTI

Géographie

Situation – Le plus septentrional des pays baltes est bordé à l'ouest par la mer Baltique, au nord par le golfe de Finlande, les côtes représentant 1 330 km (sans compter le littoral des 1 500 îles). Frontières avec la Russie à l'est et la Lettonie au sud.

Superficie – 45 227 km^2, dont 10 % de réserves naturelles.

Fuseau horaire – GMT + 2 (+ 3 en été).

Point culminant – 318 m (Suur Munamägi, au sud-est).

Principaux cours d'eau – Pärnu (144 km), Emajõgi (100 km), Narva (75 km).

Principaux lacs – Peïpous (3 550 km^2), Võrtsjärv (270 km^2).

Températures moyennes – Janvier (-4° à -5°), juillet (15° à 18°).

Longueur des jours – 6h (décembre) à 19h (juin), époque des « nuits blanches ».

Population

Nombre d'habitants – 1 361 000 hab. dont 70 % en agglomération urbaine – Densité : 32,6 habitants/km^2.

Capitale – Tallinn (396 200 hab.).

Villes principales – Tartu (101 700 hab.), Narva (67 000 hab.) et Pärnu (44 200 hab.).

Espérance de vie – 71,6 ans.

Nationalités – 70 % d'Estoniens, 25 % d'origine russe (autres : ukrainiennes, biélorusses et finnoises).

Religions – 80 % luthériens, 19 % orthodoxes (autres : catholiques, juifs et musulmans).

Politique

Régime – Démocratie parlementaire.

Fête nationale – 24 février.

Hymne national – Mu isamaa, mu õnn ja rõõm (Mon pays natal, ma fierté et ma joie).

Patrimoine

Unesco – La vieille ville de Tallinn.

Parcs nationaux – Lahemaa (725 km^2), Soomaa (367 km^2), Vilsandi (182 km^2).

Communications

Téléphone – Code téléphonique international : **372** suivi du numéro du correspondant à 7 chiffres. Les numéros des mobiles, à 7 chiffres aussi, commencent par 5.

Internet – .ee.

Langues parlées – Estonien (langue officielle), russe pour un tiers de la population. Anglais, allemand et finnois souvent compris dans les grandes villes.

Petit lexique

Bonjour/Au revoir : Tere/Head aega.

S'il vous plait/Merci : Palun/Tänan (aitäh).

Oui/Non : Jah/Ei.

À droite/À gauche : Paremal/Vasakul.

Ouvert/Fermé : Avatud/Suletud

Tirer/Pousser : Tõmba/Lükka

Banque : Pank

Bureau de change : Rahavahetuspunkt

Les jours de la semaine *(signalés sur les boutiques et musées par leur lettre initiale)* – esmaspäev (lundi), teisipäev (mardi), kolmapäev (mercredi), neljapäev (jeudi), reede (vendredi), laupäev (samedi), pühapäev (dimanche).

En déplacement – centre-ville : *kesklinn* - place : *väljak* - autoroute : *maantee* - route : *tee* - rue : *tänav* - village : *küla* - ville (linn).

Hébergement – auberge/maison d'hôte : *külalistemaja* - camping : *kämping* - chambre : *tuba* - chambre double : *kahekohaline* -chambre simple *ühekohaline* - hôtel : *hotell* - pension : *võõrastemaja* - petit-déjeuner : *hommikusöök* - non fumeurs : *suitsuvaba.*

Restauration – restaurant : *restoran* - taverne : *kõrts/trahter* - beurre : *või* - lait : *piim* - pain : *leib* - fromage : *juust* - poisson : *kala* - légumes : *köögivili* - viande : *liha* - vin : *vein* - eau : *vesi* - bière : *õlu.*

Culture et loisirs – église : *kirik* - manoir : *mõis* - bateau : *laev* - marché : *turg* -musée : *muuseum* - plage : *rand* -sauna : *saun* - vélo : *jalgratas.*

Tallinn★★★

396 200 HABITANTS
CARTE GÉNÉRALE 1ER RABAT DE COUVERTURE – CARTE MICHELIN N° 782 O-P 1

Plus que tel ou tel monument en particulier, ce qui séduit à Tallinn, c'est un ensemble : à l'animation de la vieille ville aux rues médiévales bordées de sièges de corporations et de maisons hanséatiques, servant jadis à la fois d'habitations et d'entrepôts aux marchands allemands, répond la sérénité hautaine de la ville haute où se dressent le château et les cathédrales. Deux villes en une où le temps semble parfois suspendu lorsque, à la nuit tombante, seul le bruit des pas de quelques rares passants sur le pavé des ruelles vient troubler le silence…

- **Se repérer –** La capitale estonienne est située sur la côte nord du pays, à 85 km seulement d'Helsinki. Très étendue, l'agglomération est sillonnée de larges avenues conduisant vers le centre historique. Celui-ci, constitué de la vieille ville (Vanalinn) et de la colline de la Cathédrale (Toompea) est enserré dans une ceinture de boulevards : Mere pst, Rannamäe tee, Toompuiestee, Kaarli pst et Pärnu mnt : au carrefour de ces deux derniers, un parking bien commode est aménagé sur Vabaduse väljak.
- **Se garer –** La solution la moins onéreuse consiste à laisser la voiture au parking de votre hôtel.
- **À ne pas manquer –** De longues flâneries dans la ville, bien entendu, et la visite de musées : Niguliste, le musée de la Ville, le KUMU, le Musée de plein air…
- **Organiser son temps –** Tallinn mérite une halte de quatre jours.
- **Avec les enfants –** Selon leur âge et leurs centres d'intérêt, vous aurez le choix entre une visite au zoo, une balade au Musée ethnographique de plein air et la découverte du musée de la Ville de Tallinn.
- **Pour poursuivre son voyage –** Voir aussi le parc national de Lahemaa.

W. Buss / Michelin

Au cœur du vieux Tallinn, la place de l'Hôtel de Ville concentre l'animation de la ville.

Comprendre

De Lindanise à Tallinn

Origines légendaires – La capitale de l'Estonie est née sur la colline de Toompea : celle-ci aurait été constituée par de gros rochers amassés par **Linda**, l'épouse du héros mythique du pays, **Kalev**, sur la tombe de son mari. Quant aux larmes versées par la veuve éplorée, elles auraient contribué à former le lac Ülemiste au sud-est de la ville. Toujours est-il que sur Toompea se dresse une citadelle estonienne de bois dont les noms, Lindanise ou Kolõvan (cité en 1154 par le géographe arabe al-Idrīsi), dérivent de ceux des deux héros. Le lieu commande un port naturel protégé par deux îles, essentiel pour les échanges avec la proche Finlande.

La Hanse en bref

Lübeck joue un rôle majeur dans la création de la Ligue hanséatique, association économique qui contrôle le commerce de l'Europe du Nord et devient entre le 13e et le 15e s. assez puissante pour traiter d'égal à égal avec les nations. Tallinn adhère en 1284 à cette association qui parvient à regrouper à son apogée 70 cités.

La ville danoise – C'est en 1219 que la flotte du puissant **Valdemar II**, roi du Danemark, débarque sur la côte et s'empare de la forteresse : Tallinn y gagne son nom actuel, dérivé du mot Taanilinn (« la ville danoise »), donné par les conquérants à leur propre forteresse. Mais l'intermède est de courte durée car la croisade menée par les chevaliers de l'**ordre des Porte-Glaive**, lancé depuis Rīga par l'évêque Albert de Buxhövden, arrive sur le territoire estonien. Tallinn tombe entre leurs mains en 1227, mais redevient danoise neuf ans plus tard après que l'Ordre ait subi en Lituanie une sévère défaite. Elle est définitivement cédée à l'**ordre de Livonie** (nouvel avatar des Porte-Glaive) en 1346 par le roi **Valdemar IV** contre espèces sonnantes et trébuchantes. Désormais et pour plus de cinq siècles, la langue et la culture allemandes s'imposent à Tallinn.

La prospérité d'une cité hanséatique – Devenue Reval, la cité profite de l'ordre allemand pour se développer. La ville haute est le siège du pouvoir féodal. La ville basse, le royaume des marchands allemands qui s'établissent autour de leur église vouée à saint Nicolas. Des fortifications séparent les deux ensembles entre lesquels l'entente n'est pas toujours cordiale. Reval reçoit en 1248 sa charte de ville, inspirée de celle de Lübeck. En adhérant à la **Ligue hanséatique**, elle va connaître un prodigieux essor commercial : le commerce du sel, notamment, assure une remarquable prospérité qui se traduit par la croissance de la cité : avec près de 8 000 habitants, Reval est au 16e s. une des grandes agglomérations de l'Europe du Nord. Les rues sont pavées et, après l'interdiction d'utiliser le bois pour construire les maisons, les demeures des marchands s'édifient en pierre calcaire : la cité prend pour l'essentiel l'aspect que la vieille ville revêt aujourd'hui.

Sous les Suédois – En 1558, les ambitions du tsar **Ivan le Terrible** déclenchent un conflit connu sous le nom de **guerre de Livonie**, qui va durer un quart de siècle et opposer à la Russie, la Pologne et la Suède. En 1560, Tallinn est assiégée par les Russes pendant trente-sept semaines et, l'année suivante, elle passe sous le contrôle des Suédois. Malgré les fléaux (peste de 1603, incendie meurtrier de 1684, famines…), et la perte de l'importance commerciale de la ville, cette époque qui se poursuit jusqu'en 1710 laisse un excellent souvenir, en particulier grâce au règne de **Gustav II Adolphe**, qui développe l'enseignement et réduit les privilèges féodaux. Durant cette période, la cité médiévale gothique prend des allures baroques.

Sous le joug russe – C'est la guerre du Nord lancée en 1700 par **Pierre le Grand** qui marque le terme de ce « bon temps ». La paix de 1721, qui sanctionne la défaite des Suédois, voit Reval devenir la capitale d'une province de l'Empire russe. Les descendants des chevaliers retrouvent leurs privilèges. Le tsar fait aménager un port militaire, ainsi que le parc de Kadriorg où il construit son palais d'été. Au milieu du 19e s., la ville cesse d'être une place forte et une ceinture verte remplace les remparts. Mais Reval vivote. Il faut attendre la création de la ligne ferroviaire la reliant à St-Pétersbourg (1870) pour qu'elle retrouve un peu de son lustre et commence à s'industrialiser, tandis que les faubourgs, constitués de maisons de bois, s'étendent, pour répondre à la croissance de la population qui passe de 60 000 à 159 000 habitants entre 1900 et 1917. Les maîtres russes laissent leur empreinte avec la cathédrale Alexandre-Nevski, élevée en 1900 sur Toompea par **Mikhaïl Preobajenski**.

Hauts et bas du 20e s. – Après que la ville ait sacrifié à l'Art nouveau au début du siècle (constructions de **Jacques Rosenbaum** sur Pikk et Harju), la période de la première Indépendance marque un essor culturel et économique sans précédent. Tallinn (la cité prend officiellement ce nom en 1925) est le champ d'expérimentations de la première génération d'architectes estoniens, dominée par **Eugen Haberman**, auteur du siège du Parlement sur Toompea dans un style expressionniste. Les autres sont souvent adeptes du fonctionnalisme, comme **Elmar Lohk**, **Edgar Johann Kuusik** (qui s'illustrent autour de Vabaduse väljak), ou **Herbert Johanson**, tandis qu'**Alar Kotli** dessine en 1938 le palais présidentiel de Kadriorg dans un style néobaroque. La Seconde Guerre mondiale constitue un brutal coup d'arrêt aggravé par les destructions. Tallinn voit 10 % de la vieille ville (et 50 % de la surface habitée) disparaître sous les bombes de l'armée Rouge. Le pouvoir communiste qui s'installe ensuite a le bon goût de ne pas défigurer le centre de la cité : en périphérie, des villes-champignons comme Mustamäe se hérissent de barres d'immeubles et de tours, tandis que la route de Narva se borde de pompeuses constructions que leur revêtement de granit sombre ne contribue pas à égayer. Les églises font l'objet de reconversions sauvages et quelques monuments témoignent de la grandeur du prolétariat avec la légèreté dont les Soviétiques conservaient jalousement le secret. Tallinn devient en 1980 ville olympique en accueillant les épreuves de voile des jeux Olympiques de Moscou.

Une « banlieue » d'Helsinki

La capitale finnoise n'est qu'à 85 km au nord de Tallinn, et 2h de navigation suffisent pour relier les deux villes... au point qu'aux beaux jours 40 ferries quotidiens débarquent des Finlandais en quête d'ivresse sur les rivages estoniens.

Le renouveau – Depuis 1991, Tallinn retrouve ses couleurs. La vieille ville est restaurée et est inscrite en 1997 par l'Unesco sur la liste du patrimoine mondial. Sous l'impulsion des banques en particulier, des immeubles modernes, parfois réussis, voient le jour : c'est le cas de la Bibliothèque nationale **(Raine Karp**, 1982) rappelant un temple aztèque, de l'immeuble à la façade pyramidale dessiné par **Raivo Puusepp** sur Tornimäe au coin de la route de Tartu (1999), de l'église méthodiste de Narva mnt **(Vilen Künnapu**, 2000) à la silhouette évoquant une cocotte en papier, sans oublier le KUMU construit quant à lui par un architecte finlandais. Sans pour autant augmenter de façon significative sa population, la ville s'étend avec la construction de zones résidentielles, souvent constituées de quelques maisons assez distantes les unes des autres, éparpillées dans un rayon de 20 km autour du centre.

Se promener dans la vieille ville★★★ (Vanalinn)

Départ de Vabaduse väljak. 1

Bordée par le boulevard qui ceint la vieille ville et qui porte ici le nom de Kaarli pst (un passage souterrain permet de le traverser sans encombre) Vabaduse väljak (place de la Liberté) est un vaste espace occupé par un parking sur lequel veille l'église St-Jean.

Prendre la rue Harju droit devant.

Tout le côté gauche de cette rue est occupé par un espace vert surélevé, aménagé sur les décombres d'un pâté de maisons mis à bas par le terrible bombardement soviétique du 9 mars 1944 qui fit 550 victimes. Dénommé la **butte de Harju (Harjuvärava mägi)**, le lieu est occupé par un jardin en terrasses aux beaux jours, par une patinoire l'hiver, et dévoile une vue sur les tours d'enceinte de la colline haute et les bulbes de la cathédrale orthodoxe *(voir p. 118 : La ville haute)*.

Prendre à gauche la rue Niguliste, devant l'office de tourisme.

Musée de l'église Saint-Nicolas★★ (Niguliste kirik muuseum) B2

Niguliste 3 - www.ekm.ee. - merc.-dim. 10h-13h30, 14h-17h - 25 Kr, TallinnCard : gratuit. Fondée au 13e s. par des négociants allemands et agrandie en style gothique au 15e s., cette église, qui fut très endommagée par le bombardement de 1944, abrite depuis 1984 un remarquable musée d'art religieux. Parmi les pièces exposées dans la nef, vous remarquerez notamment le retable de sainte Anne en bois sculpté et doré, exécuté vers 1460 par un maître de Tallinn, **Clawes von der Sittow** (actif de 1454 à 1482), ou une statue en bois polychrome de saint Canut **(Andreas Bornemann**, vers 1540). Un triptyque d'**Adriaen Isenbrandt** (v. 1480-1551) et le retable de la confrérie des Têtes Noires, attribué au **Maître de la Légende de Sainte-Lucie**, représentent l'école brugeoise. Enfin, ne manquez pas deux pièces exceptionnelles réalisées par des artistes de Lübeck : le retable de saint Nicolas (1478-1481), polyptyque à seize panneaux de **Hermen Rode**, et la fameuse *Danse macabre* de **Bernt Notke**.

Poursuivre sur Lühike jalg.

L'étroite **Lühike jalg** qui, après un coude, se transforme en escalier montant vers la ville haute, est bordée de galeries d'art et de design.

Musée Adamson-Eric (Adamson-Ericu muuseum) B2

Lühike jalg 3 - mar.-dim. 11h-18h. - 20 Kr, TallinnCard : gratuit. Peintre, tapissier, céramiste né à Tartu mais formé à Paris (notamment par Roger Bissière et André Lhôte), **Adamson-Eric** (1902-1968) a joué un rôle central dans l'art en Estonie au 20e s. Le musée qui lui est consacré présente des toiles influencées par le cubisme *(Sérénade*, 1925), ainsi que des paysages *(Paysage espagnol avec pastèque*, 1931). Travail du métal, cuirs et reliures, bijoux et porcelaines, éléments du décor réalisé pour le *Café Tallinn* à la fin de

S. Ollivier / Michelin

L'hôtel de ville médiéval, symbole des libertés communales.

sa vie, montrent l'évolution d'un artiste qui, malgré son engagement politique, vécut une période de disgrâce à l'époque soviétique, avant d'être pleinement reconnu.
Revenir en arrière et prendre à gauche Rataskaevu.
Puits des Chats – Au carrefour de Dunkri, subsiste le dernier des puits de la ville, coiffé d'une élégante toiture et dont le nom rappelle une coutume (légendaire) qui ne peut que hérisser les amoureux de ces félins.
Dunkri permet de gagner la place de l'Hôtel de Ville.

Place de l'Hôtel-de-Ville★★★ (Raekoja plats) B2

Autrefois place du marché et lieu où se déroulait l'essentiel des événements de la vie de la cité, ce vaste espace constitue un bel ensemble urbain entouré de demeures de marchands aux façades colorées et aux pignons pointus. La plupart d'entre elles sont aujourd'hui reconverties en cafés ou en restaurants.
Hôtel de ville★ (Raekoja Residents) – *Raekoja plats 1 - accès à la tour (115 marches), juin-août : tlj 11h-18h - 30 Kr, TallinnCard : gratuit – salle et grenier, mai-oct mar.-sam. 10h-16h, juil.-août lun.-sam. 10h-16h - 40 Kr, TallinnCard : gratuit.* Ce superbe édifice médiéval bordé d'une allée d'arcades a pris son apparence actuelle en 1404, du moins si l'on excepte son beffroi effilé rajouté en 1628 (et reconstruit en 1952 après que le bombardement l'ait endommagé). L'hôtel de ville est coiffé depuis 1530 par une girouette emblématique, affectueusement surnommée « le **vieux Thomas** » **(Vana Toomas)** par les Tallinnois. Remarquez les gargouilles en forme de dragons, œuvres d'un artisan local (1627).
Ouvertes seulement aux beaux jours, les salles rénovées présentent des expositions temporaires. Haute de 64 m, la **tour** est desservie par un escalier en colimaçon : outre le sympathique vieux Thomas trônant au sommet de la flèche, les audacieux qui se lanceront à l'assaut découvriront une **vue★★** superbe sur les toits de la vieille ville.
En contournant l'hôtel de ville, vous arrivez sur une petite place, **Vana Turg**, ce qui signifie « l'ancien marché » : de belles demeures de marchands s'y dressent, comme celle qui abrite le restaurant *Peppersack* (le sac de poivre suspendu à une poulie donne une touche réaliste bienvenue à l'endroit), ou celle de son confrère *Olde Hansa*, fermant la perspective sur Kuninga, qui arbore des fresques en façade.
Revenir sur Raekoja plats.
Pharmacie de l'Hôtel de ville (Raeapteek) – *Raekoja plats 11 (face à l'hôtel de ville au coin d'Apteegi) - lun.-vend. 9h-19h, sam. 9h-17h - Gratuit.* Selon la chronique, cette pharmacie (toujours en activité aujourd'hui dans un cadre à peu près inchangé) aurait été ouverte en 1422. Si les potions et autres décoctions ont cédé la place à des médicaments plus contemporains, le mobilier et le plafond de bois sombre confèrent au lieu un parfum médiéval.
Tout à côté, ouvrant sous la voûte du restaurant *Balthazar*, **Saiakang**, donnant accès à Pühavaimu *(voir p. 117)*, est bordée de cafés et de galeries d'art : ces sympathiques boutiques ont succédé aux boulangers qui ont donné son nom à ce passage.
Quitter la place par Voorimehe puis, par Nunne à droite, gagner Gümnaasiumi.

SE LOGER

- Imperial 1
- Kalev Spa Hotel & Water Park ... 3
- L'Ermitage 5
- Merchant's House 7
- Meriton Grand Hotel Tallinn 9
- Meriton Old Town 11
- Olevi Residents 13
- Schlössle 15
- Sokos 17
- Saint-Pétersbourg 19
- Three Sisters 21
- Uniquestay 23
- Viru Inn 25

SE RESTAURER

- Aed 1
- Bakuu 3
- Balthasar 5
- Beer House 7
- Cathedral 9
- Grillhaus Daube 11
- Juusterestoran St. Michael 13
- Karl Friedrich 15
- Kuldse Notsu Kõrts 19
- Kullassepa kelder 21
- Maikhrav 23
- Mõõkkala 25
- Must Lammas 27
- Old Estonia 29
- Olde Hansa 31
- Pegasus 33
- Peppersack 35
- Stenhus 37
- Troika 39

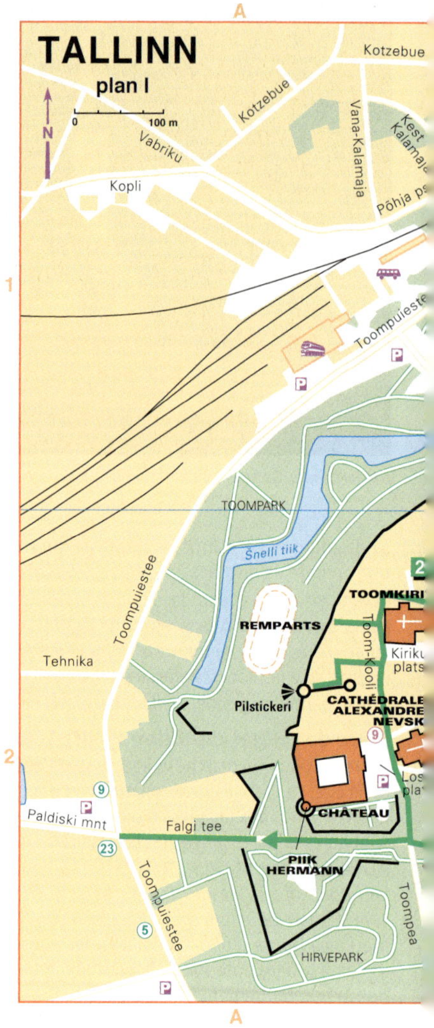

Remparts★ (Linnamüür)

Gümnaasiumi 3 - tlj sf merc.-jeu. 11h-19h, w.-end 11h-16h - 10 Kr, TallinnCard : gratuit. Vous découvrez sur la gauche de la rue (et des deux suivantes, Kooli et Laboratooriumi) une longue portion de l'enceinte médiévale qui ceignait autrefois la ville basse. Celle-ci en a conservé une bonne partie (1,8 km en tout) et une vingtaine des 46 tours qui la ponctuaient. Trois d'entre elles peuvent être ici visitées, les trois premières que vous apercevez, à savoir Sauna torn, Kuldjala torn et Nunna torn.

Prendre Suur-Kloostri à droite, puis Lai à gauche.

Lai★B1

Cette large (c'est du reste ce que signifie son nom) et longue rue pavée, aménagée à l'emplacement des murailles du 13e s., abritait les résidences des plus riches négociants de la ville, comme la **maison Menchikov** du n° 17, demeure baroque construite en 1685 et qui appartint à partir de 1711 au prince **Alexandre Menchikov** (1673-1729), le plus proche compagnon de Pierre le Grand. Sur la façade, le blason polychrome est celui des précédents propriétaires, la noble famille suédoise Stenbock.

Passer sur la gauche de la maison.

Musée estonien des Arts décoratifs et du Design★ (Eesti Tarbekunsti- ja Disainimuuseum) – *Lai 17, dans la cour - merc.-dim. 11h-18h - 30 Kr, TallinnCard : gratuit.* L'Estonie en général, et Tallinn en particulier, s'enorgueillissent de constituer un des pôles du design européen. Ce musée en fournit l'illustration, décrivant sur deux niveaux *(le rez-de-chaussée étant consacré aux expositions temporaires)* l'évolution

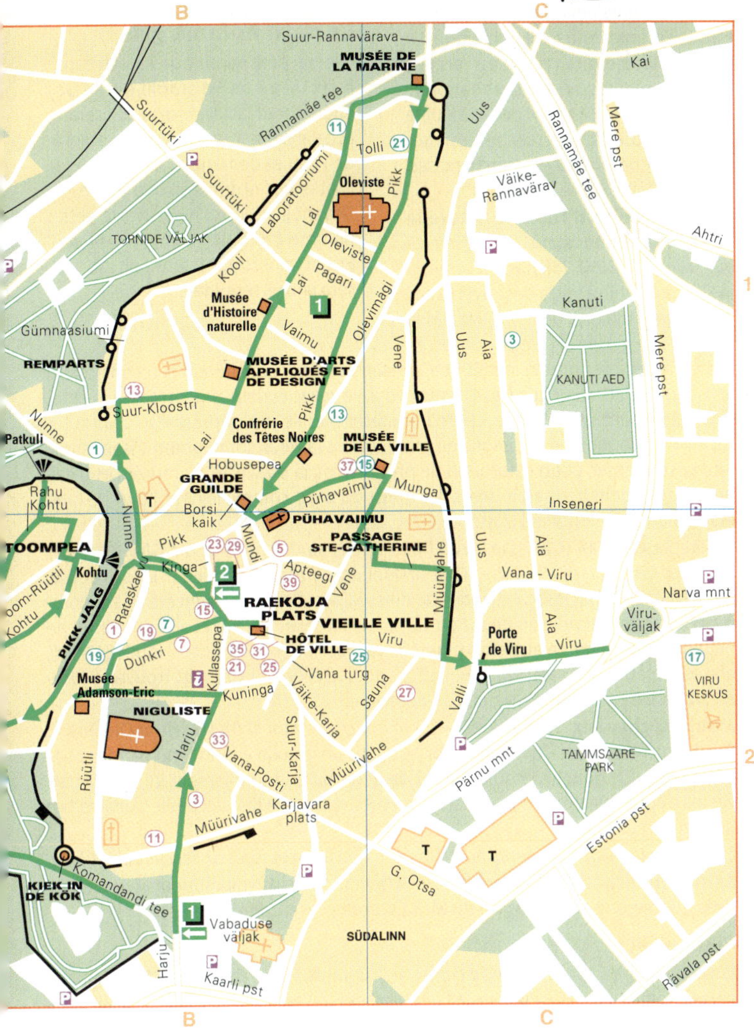

des arts appliqués dans le pays depuis le début du 20e s. L'étage supérieur, consacré aux années 1900-1960, montre les origines des différents arts décoratifs, nés à la fois de la tradition paysanne proprement estonienne et de l'artisanat germano-balte. Vous y verrez notamment des vases de Tartu (1919-1934) et du mobilier, ainsi que des bagages réalisés par la Luther Furniture Factory. Le travail du cuir est représenté par une édition du *Kalevipoeg* reliée par **Eduard Taska** (1890-1940). Travail du métal (coupes par **Ülo Sepp**), mobilier par **Adamson-Eric**, marqueterie Art déco de **Harry Tertsius** (1915-1979) et céramiques d'**Ellinor Piipuu** (1913-2006) et **Arno Alamaa** (1908-1990) montrent la vivacité de ces arts. Le deuxième étage, consacré au design depuis 1970, présente de très belles pièces, parfois étonnantes, de créateurs actuels : tapisseries de Katrin Pere, vases animaliers de Kersti Laanmaa, étonnants bijoux de Kadri Mäik et de Jürri Arrak, vases admirables de simplicité d'Aet Andresma-Tamin…

Maisons hanséatiques★★ – Coiffées d'un fronton triangulaire, les maisons des riches marchands de l'époque hanséatique arbo-

W. Buss / Michelin

Anciennes demeures de marchands.

raient en généralement une façade assez étroite compte tenu de leur hauteur. Le rez-de-chaussée était réservé à l'accueil de la clientèle, les pièces d'habitation se trouvant à l'étage. Le haut de l'immeuble était constitué d'un grenier où les négociants entreposaient leurs marchandises, hissées à l'aide d'une poulie.

Le petit homme gris

C'est un petit homme gris qui vit dans le lac Ülemiste. Il a promis que le lac engloutirait la ville lorsqu'elle serait achevée. Aussi, une fois par an, il sort de l'eau et demande : « Alors, vous avez enfin fini de construire la ville ? » Devant la réponse négative, le petit homme gris rentre dans sa tanière. Et c'est pourquoi Tallinn, dit-on, ne sera jamais terminée.

Musée estonien d'Histoire naturelle (Eesti Loodusmuuseum) – *Lai 29 - merc.-dim. 10h-17h - 30 Kr, TallinnCard : gratuit.* En préalable à votre découverte des paysages estoniens, ne manquez pas la partie de ce musée *(à l'étage)* consacrée à la faune et à la flore de la Baltique, présentées dans des dioramas reconstituant les habitats naturels. Parmi les oiseaux, vous verrez le curieux pigeon capucin et les cigognes noires et blanches. Les mammifères marins sont représentés par toutes sortes de phoques. Les poissons de mer (dont le fameux sprat, omniprésent sur la table estonienne, et un esturgeon de près de 3 m, la mascotte du musée) et d'eau douce précèdent les mammifères des forêts du pays, comme le lynx, l'ours, le loup et le renard, sans oublier l'élan.

Église Saint-Olav (Oleviste kirik) **BC1** – *Entrée sur Lai après la rue Oleviste. Accès à la tour - avr.-oct. tlj 10h-18h - 30 Kr, TallinnCard : gratuit.* Fondée au 13e s., l'église, fréquentée jadis par les marchands scandinaves, a malheureusement été très endommagée par un incendie au début du 19e s., qui lui a valu d'être reconstruite en style néogothique. Réputée autrefois pour être le plus haut bâtiment au monde (124 m), elle est célèbre pour son clocher. L'effort pour accéder au sommet trouve sa juste récompense dans la **vue★★** que l'on découvre.

Moulin à chevaux (Hobuveski) – *Sur la gauche devant l'hôtel* Meriton Old Town. Élevée au 14e s., cette tour ronde abritait jadis un moulin à farine mû par des chevaux, bien utile pour les citadins en cas de siège, ou tout simplement lorsque la bise venait et que les moulins à eau étaient inutilisables. Le lieu accueille aujourd'hui des concerts de jazz.

Continuer sur la droite devant l'hôtel Meriton Old Town *et sortir de l'enceinte fortifiée.* Avant d'entrer à nouveau dans la vieille ville, vous verrez un monument aux victimes de la dramatique **catastrophe du M/S Estonia** *(voir encadré p. 176).*

Pikk★★ BC1

Vous rejoignez à nouveau la ville close par la **Grande Porte maritime (Suur Rannavärav)** donnant accès à Pikk (« rue Longue ») qui traverse la vieille cité et reliait jadis Raekoja plats au port, alors situé à peu de distance de la porte. Sur votre gauche, une tour imposante, dite **tour de la Grosse Marguerite (Paks Margareeta)**, abrite le **Musée maritime estonien (Eesti meremuuseum** – *merc.-dim. 10h-18h - 35 Kr, TallinnCard : gratuit)* qui retrace notamment l'histoire de la pêche en mer dans le golfe de Finlande.

Trois Sœurs★ (Kolm õde) – *Sur la gauche, au coin de Tolli.* Aujourd'hui reconverties en hôtel de luxe, il s'agit de trois demeures hanséatiques typiques. Construites en style gothique tardif au milieu du 15e s., elles arborent un portail sculpté de 1651.

Confrérie des Têtes Noires – *Pikk 26.* C'est un portail baroque appliqué sur une maison Renaissance qui signale le siège de cette confrérie qui réunissait les marchands allemands célibataires. Ceux-ci, après avoir convolé, devenaient membres de la Grande Guilde. Le nom de cette puissante confrérie (il en existait une semblable à Rīga) vient de son patron, saint Maurice, représenté sous les traits d'un noir (sur la porte). Sur la façade de la demeure, remarquez les quatre blasons des comptoirs de la Hanse avec lesquels Tallinn échangeait le plus volontiers : Londres, Bergen, Bruges et Novgorod.

Guilde de Saint-Canut (Kanuti gild) – *Pikk 20.* Cette guilde qui réunit jusqu'en 1920 les artisans d'origine allemande arbore aujourd'hui une façade néogothique ornée des effigies du saint patron, jadis roi du Danemark et de Martin Luther.

Grande Guilde★ (Suur gild) – *Pikk 17 - www.eam.ee. - tlj sf merc. 11h-18h - 10 Kr, TallinnCard : gratuit.* C'est dans ce bâtiment édifié en 1410 (remarquez les bancs de pierre installés de part et d'autre de la porte) que se rassemblaient les plus importants marchands de la ville, seuls à pouvoir briguer un siège au conseil municipal ou une fonction officielle. Désaffecté depuis 1920 après avoir un temps accueilli la Bourse, le lieu abrite le **musée d'Histoire estonienne★ (Eesti Ajaloomuuseum)**. Après une exposition numismatique, la grande salle *(commencer par la gauche)* évoque de manière chronologique l'histoire de l'Estonie depuis les premières migrations, survenues dès que le retrait du glacier scandinave permit à l'homme de vivre dans la région (vers 12500 av. J.-C.), jusqu'à la fin du 18e s. *(la période suivante est traitée au musée de Maarjamäe, voir p. 124)*. Reconstitutions, objets archéologiques, outils, documents, portraits et maquettes évoquent quatre grandes périodes historiques. La première concerne la naissance et le développement de la civilisation autochtone de l'antiquité à la fin de la période viking. La deuxième est la christianisation forcée survenue à partir du 13e s. avec l'arrivée des Teutoniques qui s'emparent du pays malgré la résistance de Lembitu et des soulèvements successifs : vie monastique (cisterciens, dominicains puis franciscains), système féodal et servage, développement du commerce hanséatique, et Réforme qui s'impose à partir de 1520 dans les villes. Vient ensuite la période du « bon temps suédois » qui voit la création d'un réseau éducatif sous l'influence de Bengt Gottfried Fooselius : chaque paroisse est alors dotée d'une école, et la fondation du gymnasium (lycée) de Tallinn en 1631 précède d'un an celle de l'université de Tartu. Enfin, maquettes (de Narva, notamment), plans, gravures et portraits animent la dernière partie consacrée à la domination russe, de Pierre le Grand à Catherine II.

Demeures Art nouveau★ – Tous deux élevés par l'architecte **Jacques Rosenbaum**, originaire de Rīga, ces deux immeubles Jugendstil sont d'incontestables réussites. Le premier sur votre droite *(au no 23-25)* marque le coin de Hobusepea avec une tourelle. Vous serez frappé par sa profusion décorative polychrome où abondent mascarons, visages énigmatiques et frises, exécutés par le sculpteur **August Volz**. Remarquez sur le toit, côté Hobusepea, ce chat faisant le gros dos qui renvoie à ses frères de Rīga *(voir p. 194)*. Mais l'élément le plus étonnant est ce curieux personnage *(côté Pikk à gauche du fronton)* qui ajuste ses lorgnons pour mieux observer les appartements d'en face, ce qui a fait surnommer le lieu, « la maison du voyeur ». Avec ses lignes courbes caractéristiques de l'Art nouveau, l'immeuble à votre gauche *(au no 18)* porte une façade au décor inspiré de l'antiquité égyptienne.

Prendre à gauche Pühavaimu.

Pühavaimu BC1

Bordée elle aussi de maisons de marchands, la « rue du Saint-Esprit » doit son nom à l'une des plus anciennes églises de la ville, ornée d'une belle horloge bleue et or.

Église du Saint-Esprit★★ (Pühavaimu kirik) – *Pühavaimu 2 - www.eelk.ee/tallina.puhavaimu - lun.-sam. 9h-17h, sept. - 16h, oct.-avr. lun.-vend. 10h-15h, fermé j. fériés - 15 Kr, TallinnCard : gratuit.* Surmontée d'un élégant clocher ajouté en 1688, cette église attestée dès 1319 date dans son apparence actuelle du début du 14e s., ce qui en fait le plus vieil édifice religieux de la ville. L'intérieur à deux nefs ne manque pas d'émouvoir par son aspect archaïque. Il conserve un remarquable retable peint et sculpté en bois polychrome, exécuté par **Bernt Notke**. Remarquez également les peintures baroques qui couvrent la galerie des tribunes, sculptée et décorée par **Elert Thiele**. Le sanctuaire qui compta parmi ses pasteurs **Balthasar Russow** (1536-1600), auteur des *Chroniques livoniennes*, accueille très régulièrement des concerts.

Vene

Reliant Vana Turg *(sur votre droite)* aux remparts, cette rue est particulièrement appréciée des visiteurs qui y trouvent nombre de boutiques d'artisanat, parfois installées dans des cours intérieures.

Musée de la Ville de Tallinn★★ (Tallinna Linnamuuseum) C1 – *Vene 17, au coin de Pühavaimu - merc.-dim. 12h-0h - 35 Kr, TallinnCard : gratuit - café (au 2e étage).* Après la découverte de l'évolution de la ville à travers plans et maquettes, ce musée très bien fait vous propose au second niveau une évocation très vivante et parfois ludique de la Tallinn hanséatique : les différentes guildes, l'activité du port, le commerce, l'artisanat, la vie intellectuelle (à partir de l'époque suédoise), sont décrits à l'aide d'objets, de maquettes, d'outils et d'illustrations audiovisuelles. À ce même étage se trouvent des collections d'orfèvrerie, de porcelaine, de mobilier et de portraits des souverains suédois ou russes qui ont régné sur la ville. Le deuxième étage restitue la Tallinn de la Belle Époque (film, photos anciennes, dioramas, mannequins en costumes, reconstitution d'intérieurs). Puis est présentée la ville à l'époque soviétique, non sans un certain humour. La visite de ce passionnant musée s'achève sur des documents concernant la **Révolution chantante** de 1988 et la **Chaîne humaine** du 23 août 1989.

Église Saint-Nicolas (Nikolai kirik) – *Au n° 24.* De style néoclassique, cette église orthodoxe a été dessinée en 1820 par un architecte actif à St-Pétersbourg, **Luigi Rusca**.

Église Saint-Pierre-et-Saint-Paul (Rooma Katolik kirik) – Construite au 19e s., cette église catholique occupe une partie des terrains de l'ancien **monastère dominicain (Dominiiklaste klooster)** fondé en 1240.

Cour des Maîtres (Meistrite hoov) – *Au n° 6.* Cette agréable cour, typique du vieux Tallinn, abrite une chocolaterie fameuse, ainsi que des boutiques d'artisanat.

Passage Sainte-Catherine (Katariina käik) C2

Au n° 16. Surplombé par des arches voûtées, ce passage que bordent boutiques et ateliers d'artisans conduit à une placette où subsistent les portails ouest de l'**église Ste-Catherine** (**Katariina kirik**, détruite en 1531 par un incendie), ancien sanctuaire du monastère dominicain. Ces porches sculptés, réalisés au 14e s. dans un style gothique germanique, ont inspiré les décorateurs de nombre de maisons bourgeoises de la cité.

Au-delà, contre les murs de l'église sont apposées depuis 1960 les pierres tombales de membres de la confrérie des Têtes Noires. En 1882, le maire de l'époque, **Arthur Girard de Soucanton**, les avait faites retirer de la crypte de l'église pour les disposer à Rocca al Mare, de part et d'autre d'une avenue pompeusement baptisée Via Appia.

Le passage aboutit sur Müürivahe, rue que borde une nouvelle section des **remparts★**, ici investis par un agréable marché aux lainages.

Cloître du Monastère dominicain (Dominiiklaste kloostri klausuur) – *Müürivahe 33, accès par une cour - 15 mai-15 sept. tlj 10h-17h - 65 Kr, TallinnCard : gratuit.* L'unique aile du cloître qui s'est maintenue jusqu'à nos jours donne accès à quelques cellules de moines, ainsi qu'à l'ancien réfectoire.

Prendre à gauche dans Viru.

Porte de Viru C2

Au-delà, après le marché aux fleurs, vous retrouvez le tumulte de la vie moderne avec la **place Viru (Viru väljak)**, sillonnée par de vénérables tramways : face à vous, s'ouvre Narva mnt, bordée des immeubles de verre de la capitale contemporaine : quelques hôtels, des banques et un grand centre commercial.

Prendre Mere pst puis Ahtri sur la droite.

Musée d'Architecture estonienne (Eesti arhitektuurimuuseum) – *Ahtri 2 - mai-sept. merc.-vend. 12h-20h, sam.-dim. 11h-18h, reste de l'année mar.-dim. 11h-18h - 30 Kr, TallinnCard : gratuit.* Les anciens **entrepôts de sel Rotermann (Rotermanni soolaladu)** ont été construits en 1908 par Ernst Boustedt pour le compte d'un négociant de la ville, Christian Rotermann. Remarquablement restaurés de façon à mettre en valeur les voûtes de brique et la charpente en bois, les lieux abritent depuis 1996 un musée expliquant à l'aide de maquettes l'évolution de l'architecture dans le pays.

Église de l'Hospice Saint-Jean (Jaani Seegi kirik) – *Ahtri.* Construite en 1724, cette petite église dresse son émouvant clocher de bois sur le fond d'immeubles de verre du nouveau Tallinn…

Flâner dans la ville haute★★ (Toompea) 2

C'est sur la ville haute (littéralement colline de la Cathédrale) que Tallinn naquit. Siège du pouvoir au Moyen Âge, le lieu a conservé cette fonction jusqu'à nos jours puisque le Parlement et le gouvernement siègent aujourd'hui dans le château. Loin de l'animation de la ville basse, c'est un lieu de résidence aristocratique, comme en témoignent les hôtels particuliers construits par la noblesse germano-balte, qui sont pour l'essentiel postérieurs au terrible incendie qui dévasta les lieux au 17e s. Aujourd'hui, quelques magasins d'artisanat (ambre) et de souvenirs se sont judicieusement installés dans les ruelles pavées qu'arpentent les visiteurs.

Depuis Raekoja plats, Voorimehe, puis Pikk à gauche, donnent accès à la rampe conduisant à la ville haute.

Pikk jalg (« Longue jambe ») B2

La porte fortifiée coiffée d'une belle girouette, qui donne accès à cette longue rampe (pourvue d'une main courante fort utile pour l'ascension !), et les remparts qui la bordent, indiquent assez bien qu'entre les maîtres successifs du château et les marchands et les artisans qui s'activaient dans la cité hanséatique, la confiance était toute relative…

Une fois arrivé en haut, tourner à droite dans Piiskopi que poursuit (encore à droite) Kohtu.

Les bulbes de la cathédrale Alexandre-Nevski dominent la vieille ville.

Kohtu est bordée de beaux hôtels particuliers, comme celui qui abrite l'ambassade de Finlande, au n° 4. En face *(n° 5)*, l'immeuble historiciste est une réalisation de l'architecte allemand **Martin Gropius**.

Belvédère de Kohtu – Cette plateforme dévoile une des plus belles **vues★★★** qui soit sur les toits rouges de la vieille ville hérissée de clochers, à laquelle les orgueilleux immeubles de verre de la nouvelle Tallinn servent de toile de fond. Au loin, le regard embrasse la baie de Tallinn (jusqu'à Pirita) qu'anime le trafic incessant des ferries débarquant leurs cargaisons de Finlandais en quête de sensations alcoolisées.

Revenir sur Kohtu et poursuivre sur Rahukohtu.

Belvédère de Patkuli B1 – *Accès sous le porche du n° 5.* Tout aussi belle, la **vue★★★** est ici différente puisque vous découvrez en contrebas et au premier plan les remparts et les tours ceignant la ville basse. Au-delà se dresse le clocher de l'église St-Olav.

Tout à côté campe l'**hôtel Stenbock** : cet ancien palais de justice fut construit à la fin du 18e s. pour le compte du gouvernement russe par l'architecte **Johann Mohr**. Sur la façade, une plaque honore les gouvernants et les parlementaires estoniens assassinés ou disparus durant l'ère soviétique.

Rahukohtu (ou, si vous préférez, Toom-Rüütli) conduit à Kiriku plats.

Maison de la Chevalerie (Rüütelkonna hoone) – C'est dans ce bâtiment composite que se réunissaient les aristocrates germano-baltes. Occupé par le musée des Beaux-Arts jusqu'à l'ouverture du KUMU *(voir p. 122)*, cet immeuble, en partie baroque, en partie historiciste, est en attente d'affectation.

Cathédrale luthérienne de Tallinn★★ (Tallinn Piiskoplik Toomkirik) A2

Tlj 9h-16h. Première église d'Estonie (consacrée en 1240), la cathédrale fut détruite par un incendie qui dévasta Toompea en 1684. Sa reconstruction lui a conféré une allure baroque encore accentuée par le clocher rajouté en 1779. L'intérieur conserve une riche collection de blasons baroques réalisés en bois de chêne, un retable et une chaire exécutés par un sculpteur de Reval, **Christian Ackerman,** et de remarquables monuments funéraires, dont celui honorant le général languedocien de l'armée suédoise, **Pontus de La Gardie** *(voir manoir de Kolga p. 133).*

En poursuivant dans Toom-Kooli, on arrive à Lossi plats.

Cathédrale Alexandre-Nevski★ (Aleksander Nevski katedraal) A2

Lossi plats - tlj 9h-18h. À la fin du 19e s., les autorités russes souhaitaient que les estoniens abandonnent le luthéranisme pour l'Église orthodoxe. Traduction sur le terrain : cette immense cathédrale coiffée de bulbes en *lemekh* (écailles de bois), construite entre 1890 et 1900 à l'instigation du gouverneur **Sergueï**

Le drapeau tombé du ciel

En 1219, les Danois du roi Valdemar II mettent le siège devant Toompea. Mais alors que la forteresse oppose une résistance acharnée aux envahisseurs, leur évêque reçoit soudain entre ses mains une bannière miraculeusement tombée du ciel. Il n'en faut pas plus pour redonner courage aux guerriers qui s'emparent de la citadelle. Quant à l'étendard miraculeux, il est devenu le drapeau danois…

Shakovskoï, sur le modèle des églises moscovites du 17e s., par un architecte de St-Pétersbourg, **Mikhaïl Preobajenski**. Ce pastiche ne lésine pas sur les éléments décoratifs traditionnels de l'architecture religieuse russe avec *zakomar* en accolade, rangées de *kokochniki* en encorbellement sous le tambour des coupoles, ou mosaïques représentant le saint patron, par ailleurs prince de Novgorod *(sur la façade sud)*. Peint dans des tons pastel, l'intérieur possède une iconostase très ouvragée.

Château de Toompea★ (Toompea Linnus) plan I A2

Lossi plats 1. La forteresse que les Danois commencèrent à édifier après leur conquête de la ville a été par la suite largement agrandie et remaniée par les Porte-Glaive et leurs successeurs qui édifièrent notamment des tours d'angle, dont la plus haute, appelée **Piik Hermann** (« le grand Hermann »), culmine à une hauteur de 45 m. Du château fort d'origine, en partie détruit par un incendie en 1918, ne subsistent que les murs ouest donnant sur le versant le plus escarpé de la colline. La façade néoclassique rose vif qui donne sur la place est celle d'un palais construit en 1773 sur ordre de la tsarine Catherine la Grande, pour abriter le gouvernement de ce qui était alors une province de l'Empire russe. Le porche donne accès à une cour dans laquelle se dresse le siège du Parlement, ou **Riigikogu**, bâtiment de 1921 élevé dans un style expressionniste alors très novateur par les architectes **Herbert Johanson** et **Eugen Haberman**.

C'est en descendant le long de Falgi tee *(entre le château et la cathédrale russe puis à droite)* vers Toompuiestee que vous découvrirez la partie médiévale du château : couronnée de mâchicoulis, **Pikk Hermann** arbore fièrement le drapeau blanc-bleu-noir de l'Estonie indépendante hissé chaque matin au son de trompettes martiales.

Revenir par Falgi tee et redescendre dans le prolongement à travers les jardins par Komandandi tee.

Sur votre droite, la **colline de Linda (Lindamägi)** honore la veuve du géant Kalev. Plus loin à gauche, le **jardin du roi Danois (Taani kuninga aed)** au pied de la cathédrale marquerait l'endroit précis où se produisit le miracle qui permit aux Danois de s'emparer de la forteresse estonienne.

Kiek in de Kök★ plan I B2

Komandandi tee - mar.-dim. 10h30-18h - 25 Kr, accès au passage souterrain sous le bastion : 35 Kr, TallinnCard : gratuit. « Regarde dans la cuisine » : c'est ce que signifie le nom de cette tour dont les défenseurs auraient eu, dit-on, une vue imprenable

sur les cuisines des maisons situées en contrebas. Élevée en 1483 (mais transformée par la suite, notamment aux 16e et 17e s.), cette tour canonnière était décrite par le chroniqueur **Balthasar Russow** comme la plus puissante de la région : l'épaisseur moyenne de ses murs (4 m) lui permettait en effet de résister aux canonnades les plus intenses. Des escaliers (de bois pour les plus récents, taillés dans la pierre et en colimaçon) permettent d'accéder aux différents niveaux où sont présentées des expositions sur les différents systèmes de fortifications de la ville (de la forteresse de bois de Lindanise au château actuel de Toompea), et sur son histoire militaire (la guerre de Livonie, notamment). Reconstruit probablement par l'ingénieur suédois **Erik Dahlberg**, l'étage supérieur présente des photographies de la cité réalisées entre 1910 et 1932 par de prolifiques auteurs de cartes postales locaux, **Johannes-Georg** et **Peeter Parikas**. Par les ouvertures de ce dernier étage, vous profiterez de vues superbes tant sur la ville basse que sur Toompea.

En reprenant Komandandi tee, vous rejoignez Vabaduse väljak. Kaarli pst, longue promenade ombragée, conduit à Toompea où se trouve le musée de l'Occupation.

Musée de l'Occupation★ (Okupatsiooni muuseum) E3

Toompea 8 - www.okupasioon.ee. - mar.-dim. 11h-18h - 10 Kr. C'est à travers des maquettes, des objets, des uniformes, des documents écrits et audiovisuels que ce musée très moderne évoque les différentes occupations dont fut victime le pays entre 1940 et 1990, ainsi que les mouvements de résistance, comme celui des **Frères de la Forêt**. Visite indispensable pour mieux comprendre l'Estonie d'aujourd'hui.

Autour de la baie★, de Kadriorg à Pirita

Quitter le centre-ville par la route de Narva (Narva mnt), puis laisser Pirita tee qui longe la mer sur la gauche. Suivre ensuite à droite la direction « Kumu » par une route qui conduit à un grand parking où laisser la voiture. Vous pouvez également vous rendre à Kadriorg par les trams 1 ou 3 (jusqu'au terminus situé sur Weizenbergi en bordure du parc).

KUMU, musée d'Art estonien★★ (KUMU Eesti Kunstimuuseum) plan II F3

Weizenbergi 34/Valge 1 - www.ekm.ee. - mai-sept. tlj 11h-18h, sf jeu. 11h-21h ; oct.-avr. merc.-dim. 11h-18h - collections permanentes 55 Kr, avec expositions temporaires 75 Kr, TallinnCard : gratuit - librairie, auditorium, cafétéria (tlj 11h-21h) et restaurant (mar.-sam. 11h-21h, dim.-lun. 11h-18h). C'est un **bâtiment**★ audacieux, dont la silhouette (sous un certain angle) n'est pas sans rappeler celle de l'Institut du monde arabe de Paris.

Il accueille depuis septembre 2006 le musée d'Art estonien. Dessiné en 1994 par l'architecte finnois **Pekka Vapaavuori**, qui le baptisa « Circulos », ce grand édifice aux formes élégantes s'inscrit de façon discrète dans le paysage du parc de Kadriorg qui s'étend à ses pieds.

Une galerie souterraine, ornée de sculptures contemporaines, conduit au musée. Les collections permanentes *(3e et 4e niveaux)* présentent un panorama complet de l'art estonien, du début du 18e s. à nos jours. Les bustes de personnalités des lettres et des arts, exécutés par le sculpteur **August Weizenberg**, introduisent aux premières salles où sont représentés des artistes allemands, premiers peintres établis dans le pays pour portraiturer la noblesse locale dans les styles rococo puis Biedermeier. Parmi eux, **Carl Timoleon von Neff** (1804-1876), né en Estonie, est le premier à produire des scènes de la vie paysanne. Artiste s'exprimant sur des thèmes très divers, le véritable fondateur de la peinture estonienne, **Johann Köler**, est notamment représenté par d'excellents paysages. La sculpture est quant à elle représentée par **Amandus Adamson** *(L'Aube et le Crépuscule)*.

Pour se limiter aux jalons les plus importants, vous vous arrêterez devant les œuvres de **Paul Raud**, évoluant de l'impressionnisme au symbolisme *(Le Cimetière de Rakvere)*, et des fondateurs du « romantisme national », **Ants Laikmaa**, **Oskar Kallis** et **Kristjan Raud**, illustrateur du *Kalevipoeg*. Dans la première partie du 20e s., le modernisme s'impose avec **Nikolaï Triik** *(Paysage norvégien)* et surtout **Konrad Mägi** *(Le lac Valgjärv)*. Ils ouvrent la voie à l'avant-garde représentée par **Ado Vabbe**, le premier abstrait *(Paraphrase)*, et par le graveur expressionniste **Eduard Wiiralt** *(Tête de Soldat)*. Parmi les artistes illustrant les différents courants européens, citons **Arnolds Blumenfeldt** *(Nuit en Bavière)*, **Märt Laarman** *(Huile)*, **Eduard Ole**, **Adamson-Eric** ou **Felix Randel** *(Deux Femmes)*. **Aleksander Vardi** *(Boulevard de Paris)*, **Jaan Grünberg** et **Karl Pärsimägi**, formés à l'école Pallas de Tartu, représentent le postimpressionnisme des années 1930.

S. Ollivier / Michelin

Le KUMU, une réussite architecturale.

Après la période du « réalisme-socialiste » que résume le monumental *Conducteurs de Tracteurs relevant le défi de la compétition socialiste* (!), les peintres estoniens s'affranchissent assez vite des formes imposées, en dépit de la répression : **Henn Roode** *(Marché aux Fleurs)*, **Evald Okas** ou **Ülo Sooster** retrouvent les accents de la modernité, tandis que le pop'art apparaît dans les années 1970 avec **Leonhard Lapin** *(Croix noire, Le Baiser de Bunny)* ou **Ülevi Eljand** *(Le Tramway)*. Enfin, la dernière partie de l'exposition fait la part belle aux créateurs actuels qui n'ont rien à envier à leurs collègues occidentaux : parmi eux se détachent **Mari Kurismaa** *(En Silence)*, **Lembit Sarapuu** (dans une version postmoderne du *Kalevipoeg*) ou **Raul Rajangu**, auteur de collages.

Quitter le KUMU par le restaurant ou bien par l'entrée principale, puis aller à gauche sur le parvis. Quelques marches conduisent en contrebas au parc de Kadriorg.

Parc de Kadriorg★ (Kadrioru park)

plan II F3

Ce vaste parc a été aménagé à partir de 1718 sur l'ordre de **Pierre le Grand** au pied de la colline de Lasnamäe, dans un quartier où les riches citadins avaient pris l'habitude d'installer leur résidence estivale. Dans ce jardin, qui devait rivaliser avec les parcs des demeures pétersbourgeoises du tsar, il commanda à un architecte italien, **Niccolò Michetti** (1675-1743), un palais d'été, l'ensemble

Rumeur

Une salle particulièrement ludique du KUMU rassemble une foule de bustes d'époques, de styles et de valeur artistique les plus divers. Staline y côtoie entre autres le tsar Alexandre III, tandis que des haut-parleurs diffusent le caquetage assourdissant de centaines de conversations…

P. Plantier / Michelin

Le palais de Kadriorg : un cadeau de Pierre le Grand à sa bien-aimée.

étant baptisé du nom de l'épouse du prince, la future **Catherine Ire** *(voir p. 213).* Quelque peu réduit par rapport à sa surface d'origine, le parc, bordé par un quartier résidentiel aux agréables maisons de bois dotées de vastes jardins, est aujourd'hui un des poumons verts d'une capitale remarquablement dotée dans ce domaine.

Prendre face à vous l'allée goudronnée (Weizenbergi) qui descend vers la mer.

Maison de Pierre le Grand (Peeter I majamuuseum) – *Mäekalada 2, sur la gauche - www.linnamuuseum.ee. - merc.-dim. 11h-16h.* C'est dans cette petite maison construite en 1714 que Pierre le Grand venait de temps à autre surveiller l'avancement des travaux de son palais. Dans une pièce à vivre, une chambre et une salle à manger, vous pourrez voir quelques objets d'époque dont certains auraient appartenu au tsar.

Palais présidentiel – *Weizenbergi 39, sur la gauche.* C'est en 1937 qu'il fut décidé de construire un palais officiel pour le président de la République, Konstantin Päts, qui résidait jusqu'alors dans le palais du tsar. C'est l'architecte **Alar Kotli** qui dessina ce bâtiment dont la façade néobaroque répond à celle du palais.

Palais★★ et musée d'Art de Kadriorg★★ (Kadrioru loss, kunstimuuseum) – *Weizenbergi 37 - www.ekm.ee. - tlj sf lun. (et mar. oct.-avr.) 10h-17h - 55 Kr, TallinnCard : gratuit.* Séparé du précédent par un jardin à la française aux parterres agréablement fleuris (aux beaux jours, naturellement), le palais de Michetti commencé en 1720 n'a été terminé que huit ans plus tard par un de ses élèves, **Mikhaïl Zemtsov**. La visite du musée permet de découvrir les superbes salles du palais, à commencer par le grand salon (une merveille baroque décorée de stucs exécutés par **Antonio Quadri** et dont les cheminées sculptées par **Heinrich von Bergen**, originaire de Rīga, sont décorées de moulages réalisés par un artiste suédois, **Salomon Zeltrechts**) et la salle de banquets.

Le lieu abrite aussi un remarquable musée d'art étranger. Dans les salles du premier étage se côtoient l'art flamand (avec un portrait de Franz Pourbus le Jeune et deux tableaux de Pieter Brueghel le Jeune, sans oublier les faïences de Delft), l'art hollandais (portraits de Jacob Gerritsz Cuyp, *Dame en noir* de Bartholomeus van der Helst), l'art italien (*Le Concert* de Bernardo Strozzi) et l'art allemand. L'étage supérieur est consacré à l'**art russe** : marines (*Le Port de Tallinn* par Alexeï Bogolioubov), portraits du 18e s. (notamment par Vladimir Borovikosky), école réaliste du 19e s. avec Ivan Kramskoï *(Vieil homme)*, Ilia Repine *(Le Récit du soldat)*, Ivan Chichkine *(Forêt de pins)* et arts appliqués avec des œuvres de la manufacture impériale de porcelaine de St-Pétersbourg.

Musée Mikkel (Mikkeli Muuseum) – *Weizenbergi 28 - tlj sf lun. (et mar. oct.-avr.) 10h-17h - 20 Kr, TallinnCard : gratuit.* Les anciennes cuisines du palais abritent la collection léguée au musée d'art par Johannes Mikkel. Porcelaines chinoises et peintures hollandaises en constituent l'essentiel.

Revenir sur la route de Narva et la prendre à droite.

Dans un parc s'élève le **Pré aux Chants (Tallinna lauluväljak)**, scène du Festival de chant choral de Tallinn, qui accueille tous les cinq ans une immense manifestation : 30 000 choristes venus de tout le pays envahissent alors la scène coiffée d'une toiture en forme de coquillage, devant un public de 250 000 spectateurs (*voir photo p. 77*).

Sainte Brigitte

C'est une noble dame suédoise, Brigitte, épouse du roi Magnus Eriksson, qui est à l'origine de l'ordre religieux du Saint-Sauveur. Après la mort de son mari (1344), Brigitte fonde une abbaye sur ses terres et se rend à Rome où elle réside jusqu'à sa mort (1373) ; ne quittant la cité que pour un pèlerinage en Terre sainte. À la fin de sa vie, elle dicte ses *Révélations*, établit les règles de l'ordre du Saint-Sauveur, plus connu sous le nom de Brigittins et Brigittines. Brigitte, canonisée en 1391, devient patronne de la Suède trois ans plus tard.

Outre le traditionnel enthousiasme des Estoniens pour le chant choral, le lieu revêt une signification particulière puisque c'est ici qu'a débuté en juin 1988 la fameuse **Révolution chantante**. Au-delà, la route longe un quartier résidentiel avant de franchir la rivière Pirita.

Prendre sur la gauche Kloostrimetsa tee.

Cimetière de la Forêt (Metsakalmistu) – Agréablement situé sous les pins, ce cimetière de charme sert de dernière demeure à nombre de célébrités du monde des arts (le chanteur **Georg Ots**), des lettres **(Lydia Kõidula)** ou de la politique, comme le premier président de la République, **Konstantin Päts**.

Tour de la télévision (Tallinna Teletorn) – *Kloostrimetsa tee - tlj 10h-0h, fermée mi-janv.-mi-fév. - 60 Kr, TallinnCard : gratuit.* « Fleuron » de l'architecture soviétique, cette tour de béton de 190 m de haut (314 m avec la flèche de l'émetteur) a été élevée au moment des jeux Olympiques de 1980. Du sommet *(restaurant)*, on aperçoit Helsinki lorsque le temps est particulièrement clair…

Jardin botanique (Botaanikaaed) – *Kloostrimetsa tee 52 - www.tba.ee. - tlj 11h-16h, ou 19h selon saison - 45 Kr, TallinnCard : gratuit.* Fondé en 1861, il accueille sur 110 ha en bordure de la Pirita près de 8 000 espèces de plantes, dont un quart sont présentées dans des serres. Belle collection d'orchidées pour les amateurs.

Pirita

Le nom de ce quartier balnéaire et résidentiel est une altération du nom de sainte Brigitte. Une longue plage de sable blanc, au-delà d'un rideau de pins, et un port de plaisance, vestige des installations aménagées pour les épreuves de voile des jeux Olympiques de 1980, attirent sur les lieux nombre de citadins aux beaux jours.

Ruines du monastère Sainte-Brigitte (Pirita kloostri varemed) – *Kloostri tee 9, sur la gauche, avant le pont sur la Pirita (parking) - juin-août tlj 9h-19h, avr.-mai et sept.-oct. tlj 10h-18h, le reste de l'année tlj 12h-16h - 20 Kr, TallinnCard : gratuit.* Fondé en 1407 par des religieuses suédoises de l'ordre du Saint-Sauveur, cet important monastère fut détruit en 1577 par les troupes d'Ivan le Terrible. Il a conservé toutefois ses murs et sa façade monumentale.

Revenir vers Tallinn par Pirita tee qui longe la baie de Tallinn.

Château de Maarjamäe (Maarjamäe loss)

Sur la gauche de la route au 56 - www.eam.ee. - merc.-dim. 11h-18h, nov.-fév. 10h-17h - 25 Kr, TallinnCard : gratuit. Coiffé d'une tour crénelée, ce palais néogothique construit en 1874 abrite la section du **musée d'Histoire de l'Estonie★ (Eesti ajaloomuuseum)** consacrée à la période allant du 19ᵉ s. à nos jours.

La **route de Pirita (Pirita tee)** ramène vers le centre-ville le long de la mer. Vous y apercevrez quelques monuments, parmi lesquels, à hauteur du parc de Kadriorg, l'élégante silhouette du **Russalka**, due au ciseau d'**Amandus Adamson**, commémorant le naufrage d'un navire du même nom.

La baie de Kopli (Kopli laht) plan II D3

En retrait de la **péninsule de Kopli (Kopli pst)**, qui accueille les installations portuaires industrielles de la ville, l'ouest de Tallinn était jadis une zone résidentielle où se dressaient les manoirs d'été des nobles familles de la capitale. Il n'en reste plus grand chose aujourd'hui, même si nombre de demeures de bois qui peuplent ces quartiers ont encore fière allure.

Quitter le centre-ville par Kaarli pst, puis à sa suite, par Luise et Endla, et prendre sur la droite Tulika que prolonge Sõle.

Pelguranna

Ce quartier situé sur la rive est de la péninsule de Kopli attire en été les citadins, qui aiment d'autant plus prendre le soleil sur la grande **plage de Stroomi (Stroomi rand)** que le lieu leur fut longtemps interdit à l'époque soviétique, pour d'obscures raisons stratégiques.

P. Plantier / Michelin

Au Musée ethnographique de plein air : la campagne estonienne comme autrefois…

Jardin zoologique de Tallinn★ (Loomaaed)
Paldiski mnt 145, accessible par le bus 22 depuis Vabaduse väljak ou le Sight-Seeing bus ligne verte - www.loomaaed.ee. ou www.tallinnzoo.ee. - tlj 9h-19h, en été -21h, nov.-fév. -17h (fermeture guichets 2h avant) - oct.-avr. 50 Kr (enf. 26 Kr), mai-sept. 90 Kr (enf. 45 Kr). Ours polaires, éléphants (dans la Maison tropicale) et tigres de Sibérie sont quelques-uns des 5 000 animaux, représentant plus de 300 espèces, qui attendent petits et grands dans cet agréable parc zoologique, installé sous les frondaisons du parc Veskimetsa. L'endroit est renommé pour son rôle dans la préservation du vison d'Europe, espèce menacée de disparition.

Musée ethnographique de plein air★★ (Eesti Vabaõhumuuseum)
Vabaõhumuuseum tee 12, accès par Paldiski mnt (fléchage discret), puis à droite Lõuka qui conduit à l'entrée, ou en transports en commun par le bus 21 et la ligne bleue du Sight-Seeing tour - tlj 10h-17h, mai-oct. -20h (intérieur des maisons et taverne fermés nov.-avr. et à 18h l'été) - été 70 Kr, hiver 35 Kr, TallinnCard : gratuit. Profitez d'une belle journée pour vous rendre dans ce musée qui a investi le grand domaine de **Rocca al Mare**, situé en bordure de la mer, où un maire de Tallinn, **Arthur Girard de Soucanton**, féru d'Italie, avait fait élever son manoir en 1863.

C'est ici, sous les pins, qu'ont été répartis en onze « villages » plus de 70 bâtiments (le plus souvent de bois) représentatifs de l'architecture rurale de l'Estonie continentale et insulaire. Vous y verrez entre autres des fermes, avec notamment les caractéristiques **rehielamu**, ces bâtisses paysannes servant à la fois d'habitations et de greniers pour les récoltes. Une belle série de moulins à vents, une école, une taverne (en activité), des cabanes de pêcheurs, une église villageoise (la chapelle de Sutlepa, du 17e s.) complètent le tableau.

Meublées, décorées et animées par des personnages et des artisans en costumes traditionnels, ces demeures, reprenant vie sous l'œil émerveillé des enfants et le regard nostalgique des plus anciens, constituent la plus belle introduction possible à la découverte de la campagne estonienne.

Circuits de découverte

SOUS-MARINS ET CISTERCIENS 1

Balade à l'ouest de Tallinn.

Comme son nom l'indique, la route de **Paldiski** conduit à cette localité, située sur une péninsule. Ce port militaire, fondé par Pierre le Grand en 1716, fut aménagé par l'ingénieur militaire **Abraham Hannibal**. Cet émule africain de Vauban reste dans l'histoire pour avoir été l'arrière grand-père maternel du poète Pouchkine. Détruit en 1944 par les Allemands, le port devint sous les Soviétiques une base de sous-marins nucléaires et ce n'est qu'en 1994, avec le retrait de l'armée Rouge d'Estonie, qu'il retrouva une vie normale. Force toutefois est de reconnaître que, si ce lieu se découvre aujourd'hui une vocation balnéaire, son paysage urbain et militaro-industriel, tout comme l'âcre odeur qui se dégage des raffineries, découragent de toute velléité de baignade les âmes les mieux trempées.

Chemin faisant, rien ne vous interdit d'explorer la côte à partir de la station balnéaire de **Kloogaranna** (11 km après Keila). Les plages de **Laulasmaa** et de **Lohusalu** sont appréciées des Tallinnois, tout comme la station de **Väana-Jõesuu**, réputée pour ses falaises. Auparavant, vous aurez traversé **Keila-Joa**, connue pour sa cascade dont les eaux se précipitent d'une hauteur de 6 m, son manoir néogothique abandonné, et son parc.

En prenant la direction d'Haapsalu *(route 17, à 4 km de Kloogaranna)*, vous pourrez voir à **Padise** les **ruines d'un monastère cistercien**, fondé au début du 14e s., et fortifié après le soulèvement de la nuit de la Saint-Georges (1343), au cours de laquelle une trentaine de moines gagna directement le paradis. Après la Réforme, le lieu fut utilisé à des fins militaires jusqu'à ce qu'un incendie, en 1766, entraîne son abandon définitif.

ENTRE MAARDU ET LE PARC NATIONAL DE LAHEMAA 2

À l'est de Tallinn par la route de Narva-St-Pétersbourg (E20).

Sur le chemin du parc national de Lahemaa, la région du **lac de Maardu** peut décourager avec ses installations industrielles dans un état de semi-abandon et ses unités d'habitation quelque peu dégradées. Cependant, à proximité de la route, quelques lieux méritent un arrêt : le manoir de **Maardu** *(sur la droite)* est un petit bijou baroque du 18e s., et, 6 km plus loin *(toujours à droite)*, près de **Jõelähtme**, la **réserve de Rebala** abrite une nécropole préhistorique.

Tout de suite après, en prenant à gauche en direction de Kabermeeme, les **chutes de la Jägala (Jägala juga)** sont réellement spectaculaires, surtout au printemps et en automne, saisons de hautes eaux. Considérées comme les plus hautes du pays (8 m), elles alimentaient, jadis, le plus ancien moulin à eau connu du pays.

Enfin, **Kiiu** *(11 km supplémentaires sur la E20)* conserve un château **(Kiiu Tornlinnus)**

Tallinn pratique

Transports

Aéroport (Lennujaam) – *Lennujaama 2 - www.tallinn.airport.ee.* L'aéroport international de Tallinn est situé au sud-est de la ville sur la route de Tartu en bordure du grand lac Ülemiste **(Ülemiste järv)**. Les principales capitales européennes sont desservies par des vols directs mais ceux-ci ne sont pas forcément quotidiens et peuvent en outre être saisonniers : c'est le cas de Paris qui ne semble pas faire rêver les Tallinnois… À l'arrivée, vous pourrez rallier le centre par le bus n° 2 qui vous déposera sur la place Viru, face à la vieille ville. Vous pouvez également prendre un taxi, mais veillez à négocier le tarif de la course qui ne devrait pas excéder 100 Kr au grand maximum.

Gare ferroviaire (Baltijaam) – *Tompuistee 37 - www.baltijaam.ee.* Trains nationaux pour (et de) Tartu, Pärnu, Viljandi, Rakvere, Narva. À l'international, Tallinn est quotidiennement reliée à Moscou et St-Pétersbourg, du moins lorsque les autorités russes n'en décident pas autrement…

Gare routière (Tallinna Bussiterminal) – *Lastekodu 46.* Parmi les destinations desservies : Rīga, Vilnius et St-Pétersbourg. Vous pouvez acheter et imprimer vos billets sur *www.ecolines.ee.* et *www.eurolines.ee.* Pour les destinations intérieures, les billets peuvent être achetés à l'avance ou au moment du départ auprès du conducteur, dans la limite des places disponibles.

Port (Sadam) – Accessible à pied depuis la vieille ville, le port compte quatre terminaux (signalisés de A à D, ce dernier étant réservé à la compagnie Tallink). Les ferries des compagnies Tallink, Nordic Jet Line, Viking Line… desservent les ports d'**Helsinki** en un peu moins de deux heures. Départ du **port de passagers (Reisisadam** – *Sadama 25 - www. portoftallinn.com. - tarif simple entre 200 et 400 Kr).* Plus de vingt rotations par jour. Vous pouvez également embarquer à bord des hydrofoils de Lindaline qui effectuent la traversée en une heure et demie, mais seulement lorsque les conditions météo le permettent : le départ s'effectue alors de **Linnahall** *(Mere pst 20 - www.lindalinez.ee. - tarif à partir de 350 Kr).*

Départ quotidien pour **Stockholm** chaque jour à 18h (arrivée le lendemain à 10h), assuré par Tallink du terminal D.

Informations utiles

i Tallinn – *Niguliste 2, au coin de Kullassepa - ✆ 645 777 - www.tourism. tallinn.ee. - oct.-avr. lun.-vend. 9h-17h, sam. 10h-15h.*

TallinnCard – Disponible à l'office de tourisme, à l'aéroport, au bureau d'information du port ainsi que dans les principaux hôtels, cette carte permet d'entrer gratuitement dans la plupart des musées, d'emprunter trams et bus et de bénéficier d'un « city tour », le tout gratuitement pendant sa durée de validité, sans oublier quelques réductions figurant sur le livret. Cartes valables 6h, 24h, 48h ou 72h aux prix respectifs de 130, 350, 400 ou 450 Kr (demi-tarif jusqu'à

14 ans). Renseignements sur *www. tallinncard.ee.*

VISITES GUIDÉES

Trois lignes de **bus Sight-Seeing** vous permettent une première approche de la cité, le système « hop on hop off » vous permettant de descendre où bon vous semble et de rentrer par le bus suivant. Des écouteurs, réglables sur la langue de votre choix, vous donnent des explications détaillées, souvent pleines d'intérêt. *Tarifs : 250-350 Kr, TallinnCard : gratuit. Départ des trois lignes sur Viru väljak.*

La **ligne rouge** effectue un tour du centre avant d'explorer les quartiers de Kadriorg et de Lasnamäe ainsi que le port. La **ligne verte** vous conduit à Kadriorg et à Pirita. La **ligne bleue** met le cap à l'ouest dans la zone de Rocca al Mare avec arrêts au zoo et au musée de plein air.

Il existe également une visite guidée de 2h30 combinant le bus et la marche pour la vieille ville, mais, pour en profiter au mieux, il faut comprendre l'anglais ou l'allemand (ou le finnois !). Départs des principaux hôtels. *Renseignements sur www.travel2baltics.com.*

Vous pouvez aussi effectuer des visites guidées à **vélo** (circuits de 2h) ou en **marche nordique** (circuits de 3,5 km). *Renseignements et réservations à City Bike – Uus 33.*

Enfin, l'office de tourisme propose des **audioguides** : les casques sont prêtés pour une durée de 6h (garantie par empreinte de la carte de crédit et papiers d'identité).

Toutes ces prestations sont gratuites pour les porteurs de la TallinnCard.

QUOTIDIEN

Argent et change – Banques et distributeurs sont répartis un peu partout dans la vieille ville et ses abords. Les banques sont ouvertes en semaine de 9h à 18h, et le samedi de 9h à 15h.

Poste – Poste centrale *(Narva mnt 1 - lun.-vend. 7h30-20h, sam. 8h-18h)*. Bureau spécialisé en philatélie à Toompea sur Lossi plats. Vous pouvez également acheter les timbres dans les kiosques (6 Kr ou 6,50 Kr selon qu'il s'agit d'une carte postale ou d'une lettre).

Toilettes publiques – *Valli, près de la porte de Viru- 6 Kr.* Accessibles aux handicapés et assez propres. Les hommes iront aux portes marquées « M », les femmes à « N » comme *Naiste*. Ailleurs, profitez d'une halte dans un café...

SE DÉPLACER

Pour se déplacer dans le vieux Tallinn, la **marche** est le seul moyen de locomotion vraiment pratique, d'autant que le centre est relativement ramassé. Équipez-vous de chaussures confortables, et évitez les talons hauts qui se révèlent assez incommodes sur les pavés. Pour vous rendre dans la ville haute, vous disposez d'escaliers parfois raides et de rampes aux déclivités diverses, celles qui

D. Chapuis / Michelin

La TallinnCard, un précieux sésame.

traversent les jardins étant les plus faciles

En cas de coup de fatigue, vous pouvez monter à bord d'un des **vélos-taxis** qui attendent aux beaux jours le touriste dans la vieille ville.

Voiture – Utilisez le moins possible votre voiture : d'une part, se garer peut être un véritable casse-tête et, d'autre part, le tour de la vieille ville est conçu de telle sorte que vous risquez de vous trouver rejeté vers les faubourgs à moins de faire preuve d'une attention extrême. En outre, les trams circulant au milieu de la chaussée ne contribuent pas à faciliter la vie des conducteurs peu habitués à partager l'espace avec ce genre de véhicules.

Parking – Le stationnement dans les rues du centre-ville est payant en semaine de 7h à 19h et le samedi de 8h à 15h. Horodateurs ou employés. Tarifs différents selon les zones.

Vélo – Vous pouvez également vous déplacer agréablement à vélo. Agence de location (avec plan, antivol et casque) : **City Bike** – *Uus 33 - ✆ 511 819 - www. citybike.ee. - première heure 35 Kr, suivantes 30 Kr/h, forfaits 150 Kr/6h et 200 Kr/24h.*

Taxi – Pour vous rendre à l'écart du centre, évitez autant que possible les **taxis en maraude** dans la vieille ville : ils sont là pour le ramassage des Finlandais ivres morts qu'ils raccompagnent à leur hôtel ou au bateau au prix fort. Si vous souhaitez emprunter un taxi, demandez à la réception de votre hôtel de vous en réserver un et, quoiqu'il arrive, faites vous préciser le tarif de la course au préalable, les chauffeurs n'ayant doté leurs véhicules de compteurs qu'à titre décoratif.

Transports en commun – trams, trolleys et **autobus** sont gratuits dans la limite de validité de votre TallinnCard. Vous pouvez également vous procurer des tickets en kiosque (10 Kr) ou auprès du conducteur (15 Kr)...

Le bus **21** conduit au Musée ethnographique de Rocca al Mare, via le zoo (qui peut être également atteint par les trolleys 6 et 7). Côté est, les trams 1 et 3 vous amènent au parc de Kadriorg. Pour vous rendre à Pirita, vous disposez de plusieurs bus dont le **34A**.

Une autre solution consiste à emprunter l'une des trois lignes des Sight-Seeing Bus : le système « hop-on hop-off » permet d'attendre le bus suivant, mais attention aux horaires, surtout l'hiver…

Se loger

DANS LA VIEILLE VILLE…

Meriton Old Town (11) – *Lai 49 - 614 1400 - www.meritonhotels.com. - 41 ch. 1 500 Kr*. Cet hôtel s'est installé en 2004 dans une maison construite en 1880 contre le rempart. Le lieu est aussi calme qu'agréable même si certaines chambres sont un peu exiguës. Celles donnant côté mer sont dotées de balcons.

Viru Inn (25) – *Viru 8 - 611 7600 - www.viruinn.ee. - 15 ch. 3 200 Kr*. C'est dans une maison du 14e s. récemment rénovée, à deux pas de Raekoja plats, qu'est installé ce petit labyrinthe de couloirs et d'escaliers qui dessert des chambres confortables, toutes différentes et aménagées avec goût et sobriété.

Olevi Residents (13) – *Olevimägi 4 - 637 7650 - www.olevi.ee. - 26 ch. 1 600 Kr*. Beaucoup de charme dans cet hôtel aménagé avec goût dans plusieurs demeures du 14e s. Chambres simples mais confortables, équipées de douches ou de baignoires.

Imperial (1) – *Nunne 14 - 627 4800 - www.BalticHotelGroup.com. - 32 ch. 2 400 Kr*. Au pied de la colline de Toompea, cet hôtel confortable a investi en 1877 une maison située dans une ruelle calme près des remparts. Le charme des lieux en fait une excellente adresse pour un séjour romantique.

Schlössle (15) – *Pühavaimu 13-15 - 699 7700 - www. schlossle-hotels.com. - 24 ch. 6 500 Kr*. Trois anciennes maisons de marchands, restaurées avec soin et luxueusement décorées, accueillent cet hôtel, un des plus beaux de la ville. Confort et service irréprochables. Le sauna est aménagé dans une cave du 13e s.

Merchant's House (7) – *Dunkri 4-6 - 697 7500 - www. merchantshousehotel.com. - 37 ch. 2 500/4 000 Kr*. Cet hôtel de charme a investi deux demeures du 14e s. Il dispose d'un restaurant « fusion » et d'un « ice-bar » où les boissons sont servies dans des verres en glaçons. Le décor des chambres intègre avec bonheur un design parfois audacieux à l'architecture des lieux.

Saint-Pétersbourg (19) – *Rataskaevu 7 - 629 6500 - www. schlossle-hotels.com. - 27 ch. 5 100 Kr*. Installé dans une demeure néoclassique rénovée en style fonctionnaliste, cet hôtel accueille ses visiteurs sans discontinuer depuis le 1er mars 1850, ce qui en fait le doyen de la ville. Il a bien entendu été rénové et son décor élégant, son confort moderne comme son service et son accueil en font l'une des meilleures adresses de la capitale.

Three Sisters (Kolm Õde) (21) – *Pikk 71 - 630 6300 - www. threesistershotel.com. - 23 ch. à partir de 5 000 Kr*. Quand le design contemporain s'empare de vénérables demeures de marchands de la Hanse, le résultat peut être étonnant. C'est le cas avec cet hôtel situé près de la Porte maritime, repaire tallinnois des grands de ce monde. Luxe, calme et volupté !

…ET SES ABORDS

Kalev Spa Hotel & Water Park (3) – *Aia 18 - 649 33 00 - fax 69 33 01 - www. kalevspa.ee. - 100 ch. 1 700/1 900 Kr*. Un Spa hôtel au cœur de la vieille cité ? La chose pourrait paraître incroyable. C'est pourtant le cas puisque Tallinn s'est dotée d'un parc aquatique avec piscines et toboggans, équipé d'un hôtel. Baignade, fitness, relaxation sont les maîtres mots de ce lieu situé à deux pas de Viru väljak, presque au pied des remparts.

Scandic St. Barbara (7) – *Roosikrantsi 2a - 640 76 00 - fax 640 74 40 - www.scandic-hotels.com. - 53 ch. 1 510/1 750 Kr*. Un bel immeuble de pierre jouant les manoirs accueille cet hôtel de la célèbre chaîne scandinave. Grandes chambres dotées de tout le confort. L'*hommikusöök* (petit-déjeuner) se prend dans la salle voûtée en brique du sous-sol qui abrite une taverne bavaroise.

L'Ermitage (5) – *Toompuiestee 19 - 699 6400 - www. lermitagehoyel.com. - 91 ch. 2 020 Kr*. C'est un immeuble tout récent, situé face à Toompea et à Piik Hermann, qui abrite cet hôtel fonctionnel au confort d'un bon niveau.

Meriton Grand Hotel Tallinn (9) – *Toompuiestee 27 - 667 7000 - www.meritonhotels.com. - P sur Paldiski mnt - 164 ch. 2 400/2 800Kr*. L'ancien grand hôtel de Tallinn d'époque soviétique a été relooké (la photo ancienne des lieux qui décore la salle du petit-déjeuner montre de façon saisissante le changement !) et rénové, devenant un hôtel moderne et confortable. Ascenseur panoramique en façade et chambres vastes dont certaines donnent sur le château et Piik Hermann.

Uniquestay (23) – *Paldiski mnt 3/ Toompuiestee 23 - 660 0700 - www. uniquestay.com. - 77 ch. 1 480/1 900 Kr*. Un grand U orange signale cet hôtel qui cultive le design, le high-tech, le zen et l'aromathérapie.

Scandic Palace (5) – *Vabaduse väljak 3 - 640 7200 - www. scandic-hotels.com. - 86 ch. 2 200/2 500 Kr.* Dans un immeuble fonctionnaliste élevé en 1937 par **Elmar Lohk**, cet hôtel moderne et confortable propose des chambres aussi spacieuses qu'agréables, dotées de tout l'équipement souhaitable.

Sokos (17) – *Viru väljak 4, dans le centre commercial - ✆ 680 9300 - www.viru.ee. - 516 ch. 2 450 Kr* . Émergeant du centre commercial *Viru*, cet hôtel, bien situé à l'orée de la vieille ville et géré par des Finlandais, propose des chambres impeccables et d'un excellent confort.

À KADRIORG

Oru (1) – *Narva mnt 120B - ✆ 603 3302 - www.oru.ee. - 51 ch. 1 252 Kr* . Face au Pré aux Chants, un hôtel moderne et confortable, à taille humaine. Un peu excentré, il est relié au centre-ville par plusieurs lignes de bus (19, 35, 44 et 55).

À PIRITA

Pirita Top Spa (3) – *Regati pst 1, sur la gauche de la route, juste avant la rivière Pirita - ✆ 639 8600 - www.topspa.ee - 267 ch. 1 100 Kr* . Une pharmacie, des salons de beauté, quelques boutiques : comme la tradition des « Spa hôtels » l'exige, tout est fait pour que le curiste trouve sur place tout ce dont il peut avoir besoin, y compris des distractions (casino, spectacles, soirées dansantes...). Construit à l'occasion des jeux Olympiques de 1980 (mais rénové en 2003), ce complexe posé face au golfe de Finlande propose des chambres de bon confort et toute une gamme de soins.

Se restaurer

Beer House (7) – *Dunkri 5.* Cette immense salle au décor campagnard attire les amateurs de la bière brassée sur les lieux, dans de grands alambics situés à l'entrée. On peut s'y restaurer de plats aussi rustiques que revigorants.

Karl Friedrich (15) – *Raekoja plats 5, au 2e étage.* Le poivre est le condiment mis en avant par ce restaurant huppé qui propose dans une belle salle couverte de boiseries, canard, porc ou poulet généreusement apprêtés. Formule plus abordable au « lounge bar » du premier étage.

Old Estonia (29) – *Raekoja plats 8.* Une salle sympathique aux murs tapissés de bouteilles de vin (le lieu est également un bar à vins) et un accueil souriant. Saumon grillé et sanglier au programme. Musique « live » (jazz) en soirée.

Troika (39) – *Raekoja plats 5.* C'est en sous-sol que ce restaurant, au décor évoquant les splendeurs de la vieille Russie, vous accueille. Rien ne manque, ni le personnel en costume traditionnel, ni la balalaïka, ni bien sûr les plats traditionnels de la gastronomie russe.

Balthasar (5) – *Raekoja plats 11, accès sous le porche de Saiakang à droite.* Ce sont de belles salles aux murs couverts de boiseries et aux fenêtres ouvrant sur l'hôtel de ville qui accueillent ce restaurant qui a fait de l'ail son credo : du filet d'agneau mariné au romarin au gibier au miel et aux champignons, tout ici, et même la glace servie en dessert, est aromatisé (de façon plus ou moins accentuée selon le nombre de bulbes figurant sur le menu) à l'ail ! Un peu cher, l'endroit mérite cependant une visite.

Olde Hansa (31) – *Vana Turg 1.* Un dédale de salles superposées éclairées à la lueur vacillante des bougies. Dans un décor médiéval (le personnel et la musique sont à l'unisson et seuls les ordinateurs détonnent un peu), vous commanderez des plats aux noms évocateurs marqués volontiers par un contraste aigre-doux. Service souriant.

Peppersack (35) – *Vana Turg 6.* Ambiance, décor et formule identique au précédent : en supplément, vous aurez parfois droit ici à un combat à l'épée entre les tables. Pour ce qui est de l'assiette (généreuse), vous aurez le choix entre le « Désir de l'artisan », les « Délices du marchand », avant de terminer par la « Tentation du moine »... Les viandes grillées (bœuf, agneau...) sont absolument excellentes.

Maikhrav (23) – *Raekoja plats 8, presque au coin de Kinga.* Encore un restaurant médiéval, cette fois installé dans d'immenses salles en sous-sol. Accueil charmant, cadre élégant et formule comparable à celles de *Peppersack* et de *Olde Hansa*.

Kuldse Notsu Kõrts (19) – *Dunkri 8 - tlj 12h-0h.* Ce restaurant de cuisine estonienne occupe en demi sous-sol une longue salle rustique décorée de peintures murales. Ce sera une des occasions de déguster une authentique cuisine locale : harengs marinés aux oignons, viande en gelée à la mode de Saaremaa, saucisses de sanglier, boudin à la confiture de baies sauvages ou les délicieux sprats servis sur toast avec des œufs mimosas, des cornichons et des herbes... En dessert, essayez le *tuuliku kama*, mélange de céréales (seigle, orge, avoine) au lait caillé et aux baies.

Kullassepa kelder (21) – *Kullassepa 9.* Dans cette cave voûtée, les amateurs d'insolite et de gibier pourront goûter à l'élan (braisé), aux pattes d'ours... ou, plus conventionnel, aux plats préparés à partir de sanglier, garanti sauvage.

P. Plantier / Michelin

Ambiance médiévale garantie !

Bakuu (3) – *Harju 7, face à l'église St.-Nicolas.* Restaurant azeri disposant d'une terrasse d'été et proposant des plats relevés : vous aurez le choix entre *küfta* (soupe à l'émincé de bœuf) et toutes sortes de brochettes *(šašlik).*

Grillhaus Daube (11) – *Rüütli 11, au coin de Harju.* Annexe du *Peppersack* vouée aux grillades en tous genres (saumon, poulet, bœuf ou agneau). Cadre chaleureux et portions généreuses.

Must Lammas (27) – *Sauna 2.* Dans un intérieur élégant, voici un restaurant de spécialités géorgiennes qui, outre les préparations traditionnelles de ce pays, propose une cuisine élaborée, parfois originale, et jouant volontiers sur le contraste sucré-salé.

Juusterestoran St. Michael (13) – *Nunne 14, entrée sur Väike-Kloostri.* Restaurant voué au culte du fromage : roquefort, gorgonzola, feta… accompagnent les plats, servis par un personnel en robe de bure, hommage au monastère qui occupait jadis les lieux.

Mõõkkala (25) – *Kuninga 4.* Comme nous l'apprend l'enseigne, le nom de ce restaurant de poissons désigne un espadon. Celui-ci peut être apprêté avec des huîtres frites et nappé d'une sauce aux asperges et à la liqueur d'abricot. Vous trouverez également sur la carte du requin, de l'anguille ou du brochet, sans oublier les fruits de mer. Cadre élégant.

Stenhus (37) – *Pühavaimu 13-15.* Une salle superbe aux murs de pierre brute accueille ce restaurant réputé où vous aurez le choix entre un menu estonien (beignets de hareng, porc confit aux navets et aux oignons doux), un menu dégustation et un menu « carte blanche », constitué de sept spécialités du chef. Formule à la carte plus traditionnelle. Huîtres et caviar au prix du marché…

Pegasus (33) – *Harju 1.* Installé dans la maison des Écrivains, cet établissement fut dans les années 1960 un café légendaire où se retrouvait la bohème de la ville. C'est aujourd'hui un restaurant coté, distingué par la société gastronomique locale. Sur trois étages, dans des salles au décor minimaliste, vous dégusterez une cuisine « fusion », parfois originale, et le plus souvent de qualité.

C. Brett / Michelin

Chez Pierre, le rendez-vous des gourmands.

P. Plantier / Michelin

Kehrwieder : à la fois café et galerie.

Aed (1) – *Rataskaevu 8.* Dans un décor de verdure, *Le Jardin* se présente comme « l'ambassadeur de la nourriture naturelle ». Spécialités végétariennes, parfois à base de citrouille.

À TOOMPEA

Cathedral (9) – *Toom-Kooli 1, au coin de Lossi plats - hiver : fermé lun.* Face à la cathédrale orthodoxe, un restaurant voué aux cuisines russe et française. Au gré de votre inspiration, vous pourrez y déguster le *bortsch* (soupe froide à la betterave), les *pelmeni* (raviolis sibériens), la *krasnaja ikra* (blinis au caviar rouge), ou des cuisses de grenouille.

Pauses et petites faims

Al Sole – *Viru 8.* Un café italien au décor moderne dont la salle arbore une horloge murale digne d'une gare. Petite restauration et excellent expresso.

Rae Veinikohvik – *Raekoja plats (à côté du restaurant Old Estonia).* Une salle décorée d'instruments de musique, d'un vénérable phonographe et d'un tout aussi respectable poste de TSF, abrite ce sympathique bar à vins.

Moskva – *Vabaduse väljak 10.* Dans un immeuble fonctionnaliste, sur deux étages, un café historique qui a retrouvé toute son atmosphère en même temps que le nom que lui avaient donné les autorités soviétiques.

Kehrwieder – *Saiakang 1.* Des salles voûtées, souvent bondées, accueillent dans un décor coloré les gourmands de toute la ville.

Pierre – *Vene 6, dans la cour.* Les amateurs de chocolat (sous toutes ses formes) ne manqueront pas de s'attabler dans ce lieux au décor « décalé », situé dans une agréable cour du vieux Tallinn.

Popular – *Vana-Viru 6.* La jeunesse locale aime à se retrouver dans ce café pour tirer d'un air pénétré sur un narguilé…

Matilda kohvik – *Lühike jalg 4.* Face au musée Adamson-Eric, ce sympathique café dont la salle ouvre sur une cour propose boissons froides et chaudes ainsi qu'une petite restauration (soupe du jour, salades, quiches ou délicieuse *löhetort*, cake au saumon).

Bogapott – *Pikk jalg 9, presque à l'arrivée à Toompea.* Le lieu abrite un atelier de céramique et un petit café qui vient à point au terme de l'ascension…

Maiasmokk – *Pikk 16.* Ouvert en 1864, cet établissement aux boiseries sombres est une institution où les amateurs de massepain et de chocolat se donnent rendez-vous.

Bonaparte Deli – *Pikk 47.* Chocolats et pâtisseries attirent les gourmands dans cette annexe d'un restaurant homonyme.

CAFÉ PANORAMIQUE

Lounge – *Rävala pst 3, au 24e étage de l'hôtel Radisson.* Vue superbe, sur les toits (ou les lumières) de la vieille ville.

Achats

ACHATS COURANTS

Viru Keskus – *Viru valjäk, au coin de Narva mnt.* Grand centre commercial sur plusieurs niveaux : grand magasin généraliste **Kaubamaja**, boutiques de mode, selfs, cafés, grande librairie (au 3e niveau) avec petit rayon en français…

ARTISANAT ET SOUVENIRS

Marché aux lainages (pulls, chaussettes, bonnets) tricotés main et présentés sur des étals dans Müürivahe.

Puu-ja Putuka poot – *Vene 6, dans la cour.* Artisanat mettant l'accent sur le bois *(cade)* et le lin (gracieux « bibis »).

Hansa Lina – *Dunkri 1.* Linge de table et de maison en lin, lainages.

Eesti Käsitöö – *Piik 15 et 22 et centre commercial* Viru Keskus. Le nom signifie tout simplement « artisanat estonien » : articles en lin de qualité.

Galerija Navitrolla – *Piik jalg à l'arrivée à Toompea.* De son vrai nom Heikki Trolla, ce peintre né à Võru est l'un des plus populaires d'Estonie, grâce à ses tableaux pleins de fraîcheur dont l'atmosphère évoque le douanier Rousseau et Magritte. Dans sa galerie, son œuvre est déclinée en posters, cartes postales et T-shirts.

Tulirebase Gild – *Nunne 7.* Reliures et travail du cuir par des artisans originaires du comté de Jõgeva.

Saarema Sepa – *Nunne 9.* Ferronneries diverses (bougeoirs, chandeliers, tisonniers…) réalisées par des artisans de l'île de Saaremaa.

Keramika Atelje – *Pikk 35.* Pour les amateurs de poterie.

Galeri Kaks – *Lühike jalg 1.* Céramique et verrerie constituant une bonne introduction au design estonien.

Boutique du musée d'Histoire (Ajaloomuuseum) – *Börsi käik (passage entre Pikk et Lai).* Ouvrages historiques (certains en anglais).

À l'ombre des remparts, les lainages.

POUR LES GOURMANDS

Kalev – *Pikk 16.* Le grand chocolatier estonien : boîtes de chocolats, pâtes d'amande et figurines de massepain (petit musée).

Sports et loisirs

Patinoire en plein air – *Harju - tlj (l'hiver seulement bien entendu !) 10h-22h - lun.-jeu. 35 Kr/h (-14 ans 30 Kr/h), vend.-sam. 60 Kr/h (-14 ans 50 Kr/h) ; location de patins 15 à 20 Kr/h (selon pointure), caution carte d'identité ou dépôt de 500 Kr.*

Sauna – Le rite national. La plupart des hôtels en disposent et vous pouvez réserver votre heure auprès de la réception. Si vous préférez tenter l'aventure des saunas collectifs, sachez que les Estoniens y viennent en bande (des deux sexes), munis d'une provision de bouteilles de bière, et que vous les feriez hurler de rire en apparaissant en maillot…

Événements

Fête de la bière – *Début juillet, www.ollesummer.ee.* Les amateurs du breuvage national ne manqueront sous aucun prétexte cet événement qu'accompagnent diverses manifestations de tous ordres.

Birgita Festival – *2e semaine d'août.* Festival de musique classique et de ballets au cloître du monastère Ste-Brigitte de Pirita.

L'enseigne de la galerie Navritolla.

Parc national de Lahemaa★★

Lahemaa Rahvuspark

CARTE GÉNÉRALE 1ER RABAT DE COUVERTURE – CARTE MICHELIN N° 782 R-S 1

Lahemaa, ce sont de superbes paysages forestiers et maritimes à quelques dizaines de kilomètres seulement de Tallinn. Une flore et une faune préservées, des chaos de rochers émergeant du golfe de Finlande, ainsi se présente ce parc national que les Estoniens aiment à investir aux beaux jours pour communier avec la nature. Des manoirs restaurés, de beaux villages contribuent au charme de l'endroit que sillonnent de nombreux sentiers.

- **Se repérer** – À 40 km à l'est de Tallinn et accessible par la route de Narva, le parc national couvre une superficie de 72 500 ha.
- **Organiser son temps** – Consacrez deux à quatre jours selon vos goûts et les activités auxquelles vous comptez vous livrer... mais, surtout, choisissez de belles journées de printemps, tant pour admirer les paysages que pour randonner au sec. Attention : en hiver, nombre de routes indiquées dans les itinéraires ne sont pas déneigées.
- **Pour poursuivre son voyage** – Voir aussi Narva, le lac Peïpous et Tartu.

W. Buss / Michelin

Les rochers qui parsèment les baies sont des vestiges du glacier d'autrefois.

Comprendre

Le « Pays des Baies »

C'est un littoral ponctué de baies qui a donné son nom à cette région. Quelques falaises et des cordons dunaires bordent cette côte, dont les presqu'îles sont d'anciennes îles rocheuses reliées au continent par des dépôts de sable ; la forêt y est omniprésente, entrecoupée de lacs d'eau saumâtre, comme à Lohja ou à Käsmu. À l'arrière, le plateau calcaire est connu pour ses **alvars**, paysages envahis par les genévriers, seuls à prospérer sur la mince couche de terre recouvrant la roche. Des falaises (la plus haute, entre Vihula et Sagadi, culmine à 68 m) animent le relief, et huit rivières, aux cours marqués de chutes et de canyons, traversent le parc. La région de Palmse est connue pour ses zones karstiques avec des ruisseaux qui plongent volontiers sous terre, avant de réapparaître plus loin. Enfin, un des traits les plus caractéristiques du parc sont les grands blocs erratiques de rochers charriés jadis par le glacier continental.

La forêt et ses habitants – Pour l'essentiel, Lahemaa est constituée de forêts : près de la côte, pins et épicéas dominent ; plus en retrait, la forêt humide est constituée de bouleaux et d'aulnes. Les sous-bois sont couverts de fougères, de mousses et de lichens, et 150 espèces de champignons ont été recensées. Parmi les plantes rares et protégées, citons les **orchidées** (à Oandu), la **lunaire vivace** ou la **mûre des marais**, qui fait le bonheur des gourmands. Pour ce qui est de la faune, force est de reconnaître qu'elle est plutôt timide : si quelques **ours** ont été signalés, c'est grâce aux marques qu'ils laissent sur leur passage. Il en va de même des discrets **castors**. Quant aux **lynx**, il est bien rare qu'ils se risquent à approcher les humains. Vous aurez plus de chances de croiser, entre chien et loup, la route d'un **sanglier**, d'un **élan** ou d'un **daim**. Les ornithologues sont quant à eux à la fête puisque 222 espèces d'oiseaux ont été recensées, notamment en période de migration, dans la presqu'île de Pärispea. Hérons cendrés, grues, grands tétras, pics de toutes sortes, pinsons, gélinottes, grèbes huppés ou non, et bien d'autres, peuvent être observés, sans oublier les cigognes qui en mai investissent toits et pylônes.

Lahemaa en bref

Fondé en 1971, le parc est constitué de trois types de zones : des **réserves intégrales** fermées au public (0,1 % du territoire) ; des zones de **protection spéciale** (18 %) dont l'accès peut être limité et où toute activité économique est interdite ; le reste est une zone de gestion limitée où les activités sont autorisées si elles respectent la nature.

Découvrir le parc

Quitter la route Tallinn-Narva par la route signalisée Kolga/Kolgaküla/Loksa (attention : en venant de Tallinn, vous devrez effectuer, dans une chicane prévue à cet effet, un demi-tour sur la route à 2x2 voies). Après 2,5 km, une route asphaltée sur la gauche conduit, au bout d'un hameau pratiquement en ruine, au manoir de Kolga.

Manoir de Kolga★ (Kolga mõis)

Ce manoir commandait jadis une des plus grandes propriétés foncières d'Estonie, appartenant depuis le 13e s. aux moines cisterciens de l'île de Götland. Il fut offert en 1581 par Jean III, duc de Finlande, à un aventurier originaire de Caunes-Minervois, Pons Scopérier, dit **Pontus de La Gardie**, qui l'avait aidé à s'emparer du trône de Suède. C'est de l'époque de La Gardie que date le bâtiment auquel ont été rajoutés des éléments baroques et un majestueux portique néoclassique. L'ensemble est malheureusement très dégradé aujourd'hui.

Revenir sur la route de Loksa.

Loksa, petit bourg industriel, est le centre commercial de la région. Sur la gauche de la route d'accès, l'**église Notre-Dame (Maarja kirik)**, nichée dans son cimetière touffu, est charmante. La petite route vers **Hara**, sur la gauche, après avoir longé une plage que borde la forêt dans laquelle se dissimulent de charmantes maisons, s'interrompt à **Virve**.

Prendre sur la droite la route de Pärispea.

Presqu'île de Pärispea★ (Pärispea ps)

Étroite mais en bon état, la route est tracée entre la forêt et le rivage : vous y verrez des centaines de rochers ronds, posés sur la grève ou à demi immergés, jadis charriés par les glaciers qui occupaient les lieux. Là encore, de belles maisons de bois se dissimulent dans la forêt, notamment aux abords de **Suurpea**. **Pärispea** *(à 10 km de Loksa)* présente deux visages : celui d'une bourgade traditionnelle, et celui d'une station balnéaire dotée de villas de bois, parfois superbes et agrémentées de jardin, en bordure de la petite route conduisant à la pointe de la presqu'île et à la plage.

Revenir à Pärispea et prendre sur votre gauche la route de Viinistu/Vihasoo.

Viinistu★

3 km. Agréable village de pêcheurs situé à l'extrémité nord-est de la péninsule, Viinistu, qui aligne ses maisons de bois le long de la mer, a vu son destin prendre un tour inattendu lorsqu'il a été choisi par **Jaan Manitski**. Émigré en Suède à l'époque communiste, ce négociant revint dans son pays d'origine après l'Indépendance afin d'assurer les fonctions de ministre des Affaires étrangères. Entre-temps, il avait fait fortune et réuni une collection d'art estonien qu'il présente dans un musée installé dans une ancienne conserverie de poissons. Des salles d'expositions temporaires, des installations en plein air et un hôtel-restaurant faisant également office de galerie complètent l'ensemble.

Musée d'Art de Viinistu★★ (Viinistu kunstimuseum) – *Merc.-dim. 11h-18h - 10 Kr.* Très riche, la collection, qui comprend plus de 300 tableaux et sculptures, est représentative de l'évolution de l'art estonien évoqué par ses peintres les plus connus, comme **Gustav Raud** *(Paysage de Saaremaa)* ou **Aleksander Vardi** *(Boulevard de Clichy)*. Vous découvrirez d'excellentes vues de Tallinn et de Narva par **Ardo Sivadi** (1909-1966) ainsi que de remarquables dessins d'**Eduard Wiiralt**. Une *Mer* d'**Adamson-Eric** côtoie un paysage tout en finesse de **Paul Liivak**, un *Paysage de Löuna-Essti* de **Konrad Mägi** et un *Autoportrait* de **Ants Laikmaa**. Vous apprécierez enfin une *Nature morte* de

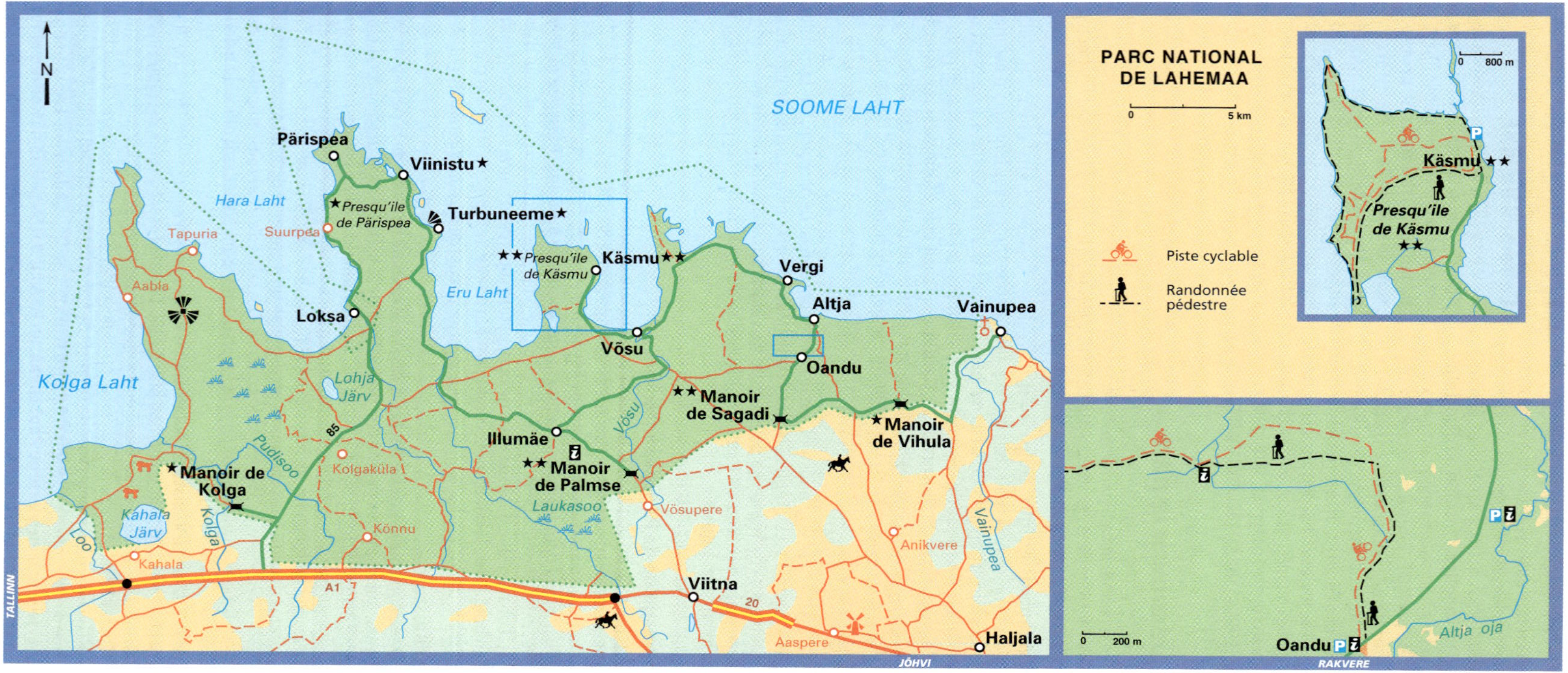
PARC NATIONAL
DE LAHEMAA
0
5 km
Piste cyclable
Randonnée pédestre
SOOME LAHT
Pärispea
Viinistu ★
★ Presqu'île de Pärispea
Turbuneeme ★
★★ Presqu'île de Käsmu
Käsmu ★★
Vergi
Altja
Vainupea
Hara Laht
Tapuria
Suurpea
Aabla
Loksa
Eru Laht
Võsu
Oandu
Kolga Laht
Lohja Järv
85
★★ Manoir de Sagadi
★ Manoir de Vihula
Illumäe
★★ Manoir de Palmse
Võsu
Pudisoo
★ Manoir de Kolga
Kolgaküla
Laukasoo
Võsupere
Anikvere
Vainupea
Kahala Järv
Kolga
Loo
Kõnnu
Kahala
A1
Viitna
20
Aaspere
Haljala
TALLINN
JÕHVI
0
800 m
Käsmu ★★
Presqu'île de Käsmu ★★
0
200 m
Oandu
Altja oja
RAKVERE

P. Plantier / Michelin

Le manoir de Palmse, fief de la famille von der Pahlen.

Henn Roode. Les contemporains sont également présents avec des peintures, des collages, des sculptures ou des installations : parmi eux, notez l'originalité du *Collage* de **Raul Rajangu** (né en 1960), un beau montage photographique de foule réalisé par **Peeter Allik** (né en 1966), la dérision de **Mall Nukke** (né en 1964), qui fournit « clés en main » un « kit » pour réaliser le *Saint Sébastien* d'Andrea Mantegna, et les sculptures de **Mati Karmin**. Bref, une collection d'une densité remarquable dont la visite complète agréablement celle du KUMU *(voir à Tallinn p. 122)*.

En quittant Viinistu, vous apercevrez encore ces étranges et sereins **paysages★** où le minéral semble se fondre dans l'élément liquide, à l'approche notamment du bourg de **Turbuneeme**.

Deux solutions s'offrent alors à vous : si vous ne craignez pas d'emprunter une voie non asphaltée, prenez la route côtière en direction de **Vihasoo** *(7 km)*. Sinon, poursuivez sur Loksa puis Kotka, et empruntez à gauche la route de Võsu tracée dans un majestueux paysage forestier *(13 km)*. Forêts et clairières où se nichent quelques hameaux se succèdent dans un paysage vallonné.

À hauteur de Vihasoo, prendre à gauche la route de Palmse.

Palmse★★

Parking sur la droite, face au manoir. Installé sur le site d'un ancien monastère cistercien fondé en 1286, ce manoir constituait avec ses dépendances le « royaume » de la famille von der Pahlen. La demeure seigneuriale actuelle fut édifiée à partir de 1730 et a pris son apparence baroque définitive en 1785. La plupart des dépendances datent quant à elles du milieu du 18e s. La visite des lieux est intéressante à plus d'un titre, car elle permet de comprendre ce qu'était la « vie de manoir » dans l'Estonie féodale d'avant 1919. En outre, Palmse est aujourd'hui la « capitale » du parc naturel et abrite son centre d'informations.

Centre d'informations du parc – *Dans les anciennes étables - 9h-17h, mai-août -19h, sept.-avr. fermé le w.-end.* Le centre propose une exposition didactique sur les espaces naturels estoniens et leur protection. Vous pourrez également assister à la projection d'un superbe diaporama intitulé *La Nature et L'Homme à Lahemaa (version anglaise sous-titrée en français).*

Manoir de Palmse★ (Palmse mõis) – *Tlj 10h-19h - 50 Kr.* Accueilli dès l'entrée par du personnel habillé en costumes du 19e s., vous parcourez les différen-

Une noble famille

C'est en 1676 que les **von der Pahlen**, une des plus anciennes familles de « barons baltes », firent l'acquisition du manoir de Palmse, dont ils allaient rester propriétaires jusqu'en 1918. Si leur principale ressource était la distillation de liqueurs, les von der Pahlen s'illustrèrent cependant dans d'autres activités. Après avoir pris part aux guerres contre Napoléon, **Carl Magnus** fut, en 1817, gouverneur général d'Estonie, de Livonie et de Courlande. Quant à son fils, **Alexander**, il supervisa à la fin du 19e s. la construction de la ligne de chemin de fer Tallinn-St-Pétersbourg.

tes pièces, aujourd'hui remeublées de façon à restituer l'atmosphère des lieux au temps de Carl Magnus. À l'étage, vous remarquerez sans doute une curieuse boîte à musique de style Biedermeier. Ne manquez pas la cuisine en traversant le sous-sol. Tout à côté se trouve la cave à vins où vous pourrez éventuellement déguster la production locale de « vin » confectionnée à base de baies sauvages.

Exposition de voitures anciennes – *Même billet.* C'est l'entrepôt à grains qui abrite cette collection de vénérables véhicules : des vélos antédiluviens, une Berliet de 1927, une BMW cabriolet de 1936 et un véhicule officiel soviétique.

L'art de faire le mort

Possesseur d'une résidence à Käsmu, **Eduard von Dellingshausen** se trouva compromis dans une tentative d'assassinat contre le tsar Alexandre II (1861). L'attentat ayant échoué, le baron jugea prudent de disparaître de la circulation. Se faisant passer pour mort, il organisa ses funérailles et fit construire une chapelle pour abriter ses « restes ». La chapelle inoccupée est toujours visible aujourd'hui au cimetière.

Parc – S'étendant derrière le manoir, il est doté d'un beau lac artificiel, bordé par une serre tropicale et par la terrasse de la cafétéria *Isabelle*. Vous trouverez enfin sur le site un hôtel, un atelier présentant la vie et les travaux des travailleurs du domaine, ainsi qu'une forge (début 19e s.) où vous pourrez vous exercer à l'activité de maréchal-ferrant.

Repartir en arrière jusqu'au carrefour d'Illumäe et prendre à droite la route de Koljaku.

Illumäe – Actuellement en cours de restauration, la grande église d'Illumäe fut élevée en 1843 à l'instigation de la famille von der Pahlen.

Après 7 km, prendre à gauche la route de Võsu.

Võsu

Doté d'une belle plage, ce village est constitué de villas de bois, parfois luxueuses, disséminées sous les arbres, de part et d'autre de la route de Käsmu. C'est le châtelain de Palmse qui la transforma vers 1880 en station à la mode qui attirait alors le beau monde de St-Pétersbourg. Une charmante petite place contribue à l'agrément des lieux.

Käsmu★★

De belles villas de bois dotées de jardins descendant vers la mer : c'est cet aspect résidentiel que présente aujourd'hui le « village des capitaines », ainsi nommé car il abritait autrefois une école navale. L'ancienne activité maritime des lieux (chantiers navals, port de commerce), que l'on a peine à imaginer aujourd'hui, est évoquée dans un petit **Musée maritime**. Vous y apprendrez notamment que les marins surpris en état d'ivresse étaient mis à l'amende. Les fonds recueillis de cette manière étaient affectés à la construction et à l'entretien du **phare** (1892), aujourd'hui restauré. Quant au commerce intense avec la Finlande, il n'a pas manqué d'enrichir des habitants du lieu, qui s'affranchissaient volontiers des lois à l'époque où le voisin du nord était soumis à la prohibition.

Depuis le village, un sentier pédestre et un sentier cycliste permettent d'explorer la péninsule au plus près du littoral et de découvrir le lac de Käsmu.

Revenir à Võsu et prendre sur la gauche la route de Vergi.

Altja

Très restaurées, les quelques maisons de bois de ce hameau de pêcheurs, posé entre mer et prairie, ont retrouvé leur toit de chaume. L'une d'entre elles abrite un atelier de sculpteur sur bois, une autre, une taverne.

Prendre la route de Sagadi.

Le hameau de **Oandu** est le point de départ de plusieurs sentiers de découverte tracés à travers le parc.

Sentier des Castors – *Départ du parking sur la route d'Altja, longueur 1 km.* Tracé en bordure de la rivière Altja, ce sentier permet de découvrir dans la boue (ou sur la neige) les traces laissées par les sympathiques rongeurs, de retour sur les lieux depuis 1995. Leur activité (notamment la construction de barrages) modifie considérablement l'écosystème des lieux et la vie de ses habitants, comme les poissons migrateurs. Deux autres sentiers permettent de gagner, à travers la forêt, Võsu (9,5 km, à pied et en vélo) ou Altja (2,5 km, à pied seulement).

Sagadi★

C'est en 1795 que fut édifié ce vaste manoir rose, précédé d'un portail que surmonte un clocheton. Soigneusement restaurés, les lieux, qui appartiennent aujourd'hui à l'Association forestière estonienne, abritent, outre la demeure seigneuriale, un hôtel, un parc forestier, ainsi que le musée de la Forêt.

Musée de la Forêt★★ (Metsamuuseum) – *1er mai-30 sept. - 10h-18h - 35 Kr.* C'est à une présentation claire, didactique et ludique que vous convie ce remarquable musée. Chacun des arbres de la forêt, du pin au peuplier en passant par le bouleau, est présenté sous toutes ses facettes : ses feuilles, son bois (et l'usage que les Estoniens en font traditionnellement : instruments de musique ou outils), ses habitants (insectes ou champignons). Des animaux naturalisés permettent de faire connaissance avec la faune du parc… sans compter sur une rencontre aléatoire !

Le manoir de Sagadi.

W. Buss / Michelin

Manoir★ (Sagadi mõis) – Ce bel édifice présente une façade centrale de style rococo, achevée en 1753 et remaniée, à la fin de ce même siècle, par l'ajout de deux ailes néoclassiques. Rénové et remeublé, le manoir accueille régulièrement des concerts.

Parc – Doté d'un étang, ce très agréable parc à la française a été rendu à son état d'origine par l'Association forestière estonienne qui y a ajouté un parc botanique doté de 100 espèces d'arbres.

Vihula★

Il ne s'agit peut-être pas du plus imposant des manoirs de la région, mais son cadre, en bordure d'un lac et d'une rivière (la Mustoja) nichés dans un écrin de verdure, en fait certainement le plus romantique. De style néo-Renaissance, le manoir actuel remplaça au 19e s. un précédent édifice en bois. Un ancien moulin à eau, une demeure du 18e s. **(Tagamõis)** reconvertie en maison d'hôte, et une île accessible par des ponceaux où se dresse l'ancienne distillerie de vodka, achèvent de composer un tableau qui ne manque pas de charme.

Aux alentours

Lacs de Viitna

8 km au sud-est du manoir de Palmse sur la route Tallinn-Narva (E 20). Au sud de la route, deux lacs, Linajärv et Pikkjärv, constituent d'agréables lieux de randonnées.

Haljala

18 km à l'est de Viitna, à gauche de la E 20. Ce gros village a conservé une belle église fortifiée, édifiée aux 15e et 16e s. qui, malgré des remaniements, a conservé son caractère défensif.

Rakvere

En arrivant dans la cité natale de **Friedrich Reinhold Kreutzwald** *(voir p. 157-158)* depuis la route de Tallinn, vous apercevrez le **château fort** perché sur une colline, que précède la statue d'un aurochs aux cornes effilées. Vous atteignez alors Tallinna,

Le manoir, résidence et entreprise

Construits par les descendants des chevaliers allemands, les nombreux manoirs estoniens servaient de luxueuses résidences aux seigneurs féodaux, avant d'être nationalisés lors de la réforme agraire de 1920. Les activités des barons ne se limitaient pas à l'exploitation agricole : les manoirs étaient entourés de bâtiments annexes, constituant de petites cités industrielles où se côtoyaient distilleries, brasseries, forges, ateliers de tissage, permettant à ces nobles personnages d'entretenir leur train de vie. Témoins d'un passé douloureux pour les Estoniens, les manoirs furent, après 1920, parfois reconvertis (en sanatoriums ou en écoles), souvent laissés à l'abandon. Bien entendu, ce n'est pas à l'époque soviétique qu'ils allaient être réhabilités. De nos jours, l'Estonie, ayant pris conscience que ses édifices sont un élément de son patrimoine national, entreprend de restaurer certains manoirs pour les vouer à des activités touristiques.

principale voie de la cité. Le centre, qui se trouve sur votre droite, est essentiellement constitué par deux rues, Pikk, au pied du château, et Lai, qui conduit à Turu plats que bordent banques et centres commerciaux.

Vallimägi – *Face au théâtre.* Dominant les plaines environnantes, cette colline fut le siège d'une forteresse autochtone dont les Danois s'emparèrent en 1220 avant d'y édifier un château terminé en 1252. Plusieurs édifices se succédèrent en ce lieu, tour à tour construits, agrandis ou démantelés par les occupants successifs, Teutoniques, Russes ou Suédois. Sculptée en 2002 afin de commémorer le 700e anniversaire de la charte de la ville, la **statue de l'Aurochs** (par **Tauno Kangro**) rappelle que le nom allemand de la cité, Wesenbergh, signifiait en bas-teuton « la colline aux Aurochs ».

Château★ (Linnus) – *1er mai-30 sept. - tlj 11h-1h - 50 Kr.* En dépit des aléas de l'Histoire qui l'ont conduit à servir de carrière aux habitants des lieux, ce château a encore fière allure, du moins si l'on fait abstraction des structures en tôle ondulée. Ces dernières abritent diverses activités destinées aux enfants : atelier où ils apprendront à confectionner des bougies ou s'initieront à l'écriture à la plume d'oie, découverte des artisans au travail (forgeron, charpentier), visite de la salle des Tortures dans les étables pour se donner le grand frisson. Les adultes pourront découvrir de leur côté l'ordre de Livonie grâce à une exposition historique.

Près de l'entrée du château, un escalier donne accès à la rue Pikk.

Pikk – Courant au pied de la colline, la principale rue du vieux Rakvere est bordée d'anciennes maisons de bois, dont certaines abritent des boutiques d'artisanat. Face à l'escalier, l'**église de la Trinité (Kolmainu kirik)**, « église-halle » de style baroque, a succédé autour de 1690 à un sanctuaire fortifié du début du 15e s. Au no 50, une maison de bois abrite le **musée de la Ville (Linnakodanku majamuuseum** – *mar.-vend. 11h-17h, sam. -15h)* qui restitue, à l'aide de reconstitutions d'intérieurs, la vie à Rakvere au 19e s.

Lahemaa pratique

Informations utiles

Centre d'information du parc national – *Dans les anciennes étables du manoir de Palmse, sur la gauche - ✆ 329 5555 - www.lahemaa.ee. - 15 oct.-15 avr. lun.-vend. 9h-17h, été tlj 9h-17h (19h mai-août).* Accueil, documentation, cartes, informations sur les sentiers et les activités, exposition, projection d'un diaporama.

Rakvere – *Turu plats - ✆ 324 2734 - 15 sept.-14 mai lun.-vend. 10h-17h, été lun.-vend. 9h-18h, sam.-dim. 10h-15h.*

S'Y RENDRE

Le parc national est accessible en voiture depuis Tallinn par la route de St-Pétersbourg *(Peterburi tee)*. Prendre la direction de l'aéroport *(Tartu mnt)*, puis à gauche au dernier carrefour avant le lac Ülemiste.

Excursions organisées depuis Tallinn – Reisiekspert AS *(Roosikrantsi 19 - ✆ 610 8634 - www.travel2baltics.com. - 900 Kr, Tallinn Card : 810 Kr)* propose entre mai et septembre une excursion quotidienne en **autocar** au départ des principaux hôtels de la ville. Départ à partir de 9h pour une journée de découverte de la nature et des manoirs. Commentaires en anglais.

Vous pouvez également choisir de découvrir le parc à **vélo** en vous adressant à City Bike *(Uus 33 - www.citybike.ee. - 759 Kr, Tallinn Card 645 Kr - inscription la veille au plus tard)*. Un car vous amène le matin de Tallinn. Vélo, carte, trousse et eau minérale compris dans le tarif.

ADRESSES UTILES

Rakvere – Distributeurs Hansapank sur Lai et Nordea sur Turu plats. La poste est située à Tallinna 12 - *lun.-vend. 8h-18h, sam. -14h.*

Se loger

LA VIE DE CHÂTEAU

Kolga mõisa – *Kolga - ✆ 607 7477 - www.kolgahotell.ee. - 16 ch. 500/900 Kr.* C'est dans deux pavillons, situés face au manoir, que cette *külalistemaja* (maison d'hôte) vous accueille. Chambres modestes mais sympathiques (version « ascétique », ou normale avec douche privative). Le restaurant est installé dans les salles voûtées aux murs chaulés du manoir. Sauna et location de vélos.

Park Hotel Palmse – *Dans la distillerie du manoir, accès signalisé - ✆ 322 366 - www.phpalmse.ee. - 28 ch. 790/990 Kr.* Ouvrant sur le superbe parc situé derrière le manoir, cet hôtel à l'ancienne (la hauteur de plafond relève d'une autre époque !) propose des chambres confortables.

Sagadi mõis hotell & hostel – *✆ 325 888 - www.sagadi.ee. - 28 ch. 955/1 091 Kr* . Dans la maison du Bailli et les bâtiments attenants, une formule classique très confortable et une formule auberge.

Vihula mõis – *Vihula küla - ✆ 322 6985 - vihulamois.ee. -19 ch. 848/1 000 Kr* . *Külalistemaja* installée dans le cadre romantique du vieux manoir ou du pigeonnier.

LES PIEDS DANS L'EAU

Kunsti ja konverentsikeskus – *Viinistu - ✆ 608 6422 - madis@viinistukust. ee. - 25 ch. 900 Kr* . Face au musée d'Art et donnant sur la mer, cet hôtel-galerie d'art au design contemporain possède un agréable restaurant.

Sinikorall – *Metsa tn 15 - Võsu - ✆ 323 8455 - www.sinikorall.ee. - 8 ch. 380 Kr.* Une auberge toute bleue agréablement située dans une pinède. Sanitaires communs.

Postimaja – *Mere 63 - Võsu - ✆ 529 2722 - rakveree@post.ee. - 5 ch. 500/600 Kr.* La poste estonienne réserve parfois bien des surprises. C'est ainsi que le bureau de poste de Võsu abrite également une petite maison d'hôte gérée directement par l'administration.

Uustalu – *Neeme tee 78a - Käsmu - ✆ 517 9359 - www.uustalu.msn.ee. - mai-sept. - ch. 600/700 Kr - 50 Kr.* Cette maison, située face à la mer tout au bout de la route, propose quelques chambres en formule B&B ainsi qu'un terrain pour planter sa tente *(25 kr/pers.)*.

RAKVERE

Wesenbergh – *Tallinna 25 - ✆ 322 3479 - www.wesenbergh.ee. - 25 ch. 890 Kr* . Un hôtel de province confortable et cossu, même si l'on pourrait préférer que les chambres soient décorées de couleurs plus harmonieuses. Le lieu possède aussi une annexe, la villa Wesenbergh. Restaurant réputé *(fermé dim.)*.

Katariina külalistemaja – *Pikk 3 - ✆ 322 3943 - www.katariina.ee. - 24 ch. 650 Kr* . C'est dans une maison construite vers 1840 pour un négociant russe, que s'est installée cette vaste maison d'hôte.

P. Plantier / Michelin

La Katariina külalistemaja à Rakvere.

Chambres modernes aux boiseries claires. La 1, très vaste et qualifiée de « suite », dispose d'un sauna privatif. Le restaurant, en sous-sol, propose des plats copieux.

SOUS LA TENTE

Campings ouverts en été à **Võsu** (Männisalu – *Laane 13 - www.mannisalu. ee.)*, **Käsmu** (Lainela – *Neeme tee 70 - ✆ 323 8133)* et **Altja** (Toomarahva – *www. zone.ee/toomarahva.)*.

Se restaurer

Bon à savoir – Les villages de la côte s'animant un peu à la belle saison, l'été voit s'ouvrir quelques tavernes à **Võsu** (O Kõrts – *Jõe 3a)* ou à **Vergi** (Port Tavern).

PALMSE

Cafeteria Isabella – *Au manoir - mai-sept. tlj 11h-19h.* Vous y dégusterez des plats concoctés selon les livres de recettes des cuisiniers de la famille von der Pahlen…

ALTJA

Altja kõrts – Installée dans une des belles maisons du hameau et dotée d'une terrasse. Rafraîchissements, petite restauration ou plats plus conséquents selon vos besoins du moment.

VIITNA

Viitna kõrts – *Route Tallinn/Narva.* Une authentique taverne du 18e s. Plusieurs salles de restaurant sont installées dans les anciennes étables. Vente de produits de l'artisanat local.

RAKVERE

Ivo Schenkeberg – *Dans le château - mai-sept. tlj 11h-19h.* Atmosphère et cuisine médiévales, selon une formule très appréciée en Estonie. Vous aurez le choix, entre autres, entre le délice du boyard (crêpes au caviar) ou le plat du couvent (boulettes de viande).

Art Café – *Lai 13.* Pour une part galerie d'art, pour l'autre café, c'est le lieu qui attire l'intelligentsia locale.

Old Victoria – *Tallinna 27.* Plus anglais que nature, ce pub de style victorien, voisin de l'hôtel *Wesenbergh*, est une bonne alternative en cas de fermeture du restaurant de l'hôtel.

Sports et loisirs

Vélo – Le parc se prête d'autant mieux à la pratique du vélo que des routes ont été aménagées et balisées pour les cyclistes. Vous pourrez louer des bicyclettes aux hôtels des manoirs de Palmse, Sagadi et Vihula, ainsi qu'à Rakvere.

Achats

Deux boutiques d'artisanat à Rakvere, sur Pikk : au nº 16, **Viru Kasitöö salong** et au nº 12, **Marit Kasitöö**. Dans les deux, lainages, objets en bois de cade, verrerie et poterie. La première d'entre elles ouvre des annexes en été aux manoirs de Palmse et de Sagadi ainsi qu'à Võsu.

Narva

67 000 HABITANTS
CARTE GÉNÉRALE 1ER RABAT DE COUVERTURE – CARTE MICHELIN N° 782 Z2

Il ne reste que peu de choses de l'ancienne cité baroque de Narva, posée en bordure du fleuve homonyme, face à la frontière russe : les bombardements de 1944 ont mis à bas, à l'exception de l'hôtel de ville, ce qui semble avoir été un joyau architectural. De l'autre côté de la ville, un fier château fait face à la forteresse russe d'Ivangorod avec laquelle il semble se confondre. Une balade dans cette région minière intéressera tant les amateurs de tourisme industriel et d'histoire, que les amoureux de mer et de nature, qui ne manqueront pas d'explorer un littoral constitué de falaises escarpées et ponctué de superbes plages de sable.

Se repérer – Principale ville de la province de l'Ida-Virumaa (dont le chef-lieu est fixé à Jõhvi), et troisième agglomération du pays, Narva est située à l'extrême nord-est de l'Estonie, sur la rive gauche du fleuve Narva, qui marque la frontière avec la Russie et se jette dans le golfe de Finlande, 14 km en aval. Dans le prolongement de la route E 20, Tallinna mnt conduit à Peetri plats où se trouve le poste frontière estonien. De part et d'autre du rond-point, la rue Pouchkine (Puškini) permet d'accéder du côté nord à ce qui reste de la vieille ville, du côté sud au château qui fait face à la forteresse russe d'Ivangorod.

Se garer – Un vaste parking est aménagé sur Peetri plats.

À ne pas manquer – Le château.

Organiser son temps – Une demi-journée suffit pour visiter la ville.

Avec les enfants – Le musée des Mines de Kohtla-Nõmme.

Pour poursuivre son voyage – Voir aussi le lac Peïpous, Tartu.

W. Buss / Michelin

Narva (à gauche) et Ivangorod : deux forteresses face à face.

Comprendre

Au carrefour de plusieurs mondes

La ville est bâtie sur la rive gauche du fleuve Narva, premier tronçon du « chemin des Varègues aux Grecs », la voie fluviale utilisée dès l'époque viking (5e-11e s.) pour relier la Baltique à la Méditerranée. Narva devient au 13e s. une cité marchande prospère, lors de l'ouverture de la route reliant Tallinn à Novgorod, et se voit accorder en 1345 le statut de ville par le roi danois Valdemar VI. Puissante plate-forme commerciale de la Ligue hanséatique, c'est aussi une place militaire d'importance, comme en témoigne le château dressé sur les bords du fleuve par les Danois en 1223, et devenu possession de l'ordre de Livonie en 1347.

De l'inconvénient d'être un lieu stratégique – Cependant, une telle situation n'a pas que des avantages et Narva va en faire la cruelle expérience, après que la principauté de Novgorod s'est ralliée au grand-duc **Ivan III** de Moscovie. Désormais unifiée et définitivement débarrassée des Mongols (1480), la Russie commence à lorgner vers l'ouest : c'est ainsi qu'Ivan III fonde la forteresse d'Ivangorod, sur l'autre rive du fleuve, en 1492. Son successeur, **Ivan le Terrible**, s'empare même de la ville en 1558 au début de la guerre de Livonie.

La première bataille de Narva – Devenue suédoise à l'issue du conflit (1583), Narva connaît son apogée et devient une des pièces maîtresses du commerce sur la mer Baltique. De nouvelles fortifications sont dessinées et la ville prend l'apparence qu'elle va conserver jusqu'en 1944. Cependant, l'appétit russe ne fait que s'aiguiser et, le 20 novembre 1700, l'armée de Pierre le Grand commandée par **Charles-Eugène de Croy** (1651-1703) met le siège devant la cité. Profitant du blizzard qui aveugle les assiégeants, l'armée suédoise commandée par **Charles XII** bouscule les troupes russes, perce leurs lignes et déclenche une panique d'autant plus incontrôlable que les troupes sont incapables de comprendre les ordres lancés par leurs officiers, pour la plupart étrangers. Le général en chef est capturé et conduit à Tallinn où il mourra. Cette bataille, où 15 000 soldats russes périrent, marque le début de la grande guerre du Nord. Cependant, **Pierre le Grand**, qui a entre-temps fondé sa capitale St-Pétersbourg (1703), s'attache à constituer une armée moderne et profite de la désinvolture du souverain suédois pour reprendre Narva en 1704.

Une ville brisée – De janvier à septembre 1944, Narva va être le théâtre d'une des campagnes les plus meurtrières de la Seconde Guerre mondiale. L'armée Rouge, qui a brisé en janvier le terrible siège de Leningrad, passe à l'offensive. Les divisions SS constituées de volontaires étrangers décident de résister sur le fleuve Narva entre la Baltique et le lac Peïpous. Plusieurs assauts sont repoussés. Les 6 et 7 mars, la cité est pilonnée et quasiment détruite, mais les vagues d'assaut suivantes ne donnent pas de résultats. Le 23 mai, **Hitler** décrète que la cité doit être défendue par tous les moyens. Après des bombardements quotidiens, les Soviétiques entrent enfin dans la ville, tandis que les SS se replient un peu plus à l'ouest sur la ligne Tannenberg, établie dans les collines connues sous le nom de **Montagnes bleues (Sinimäed)**, au sud de Sillamäe. Une nouvelle bataille, tout aussi dévastatrice, va se livrer à cet endroit car le mot d'ordre du führer est de « tenir ou mourir ». Quant à la vieille ville de Narva, elle est définitivement ruinée, d'autant que les Soviétiques, devenus maîtres du pays, ont d'autres priorités que de restaurer des monuments anciens.

Une enclave russe en Estonie – On estime aujourd'hui que plus de 90 % de la population du comté de Viru **(Ida-Virumaa)** est russophone. Cette présence n'a fait que s'accroître à l'ère soviétique. L'industrialisation lourde, due entre autres aux exploitations d'huile de schiste (qui fournit 90 % de l'électricité du pays), s'est accompagnée d'une importation de main d'œuvre qualifiée. Le paysage de la région a été bouleversé : apparition de zones industrielles dont la vétusté peut faire frémir, plaine hérissée de collines artificielles, construction de cités-dortoirs constituées de blocs d'immeubles à Narva, Kohtla-Järve ou Jöhvi, sans oublier la cité secret défense de Sillamäe. Cet apport massif de population avait en outre pour les autorités l'avantage de diluer les autochtones et de rendre plus difficile une renaissance du sentiment national estonien. De nos jours, si une certaine modernisation des infrastructures est en marche, la question douloureuse du statut des russophones (parfois attisée par des maladresses comme l'affaire du Soldat soviétique de Tallinn, en mai 2007) reste posée.

Se promener

La vieille ville (Vanalinn)

Bordée par la Narva d'un côté et de l'autre par Westervalli, qui perpétue le souvenir des remparts de la cité, l'ancienne ville baroque n'est hélas plus qu'un souvenir, de tristes blocs d'immeubles grisâtres ayant succédé aux demeures d'autrefois. Seul l'**hôtel de ville★** baroque, que surmonte un élégant beffroi *(accès par Rüütli dans le prolongement de Lavretsovi)*, construit au 17e s. par G. Teuffel, a réchappé des bombardements. En face, un vaste parc

Déracinés

Qu'ils soient d'origine ukrainienne, biélorusse ou russe, ils sont Slaves, fiers de l'être, et n'ont pas envisagé un seul instant de quitter le pays (où la plupart d'entre eux sont nés) pour rentrer au bercail lors de l'éclatement de l'URSS. Nantis d'un statut particulier (Estoniens, certes, mais sans droits civiques), ils ont fait entendre leur voix dès l'Indépendance pour être considérés comme une minorité nationale à part entière. Quant aux plus anciens, dont certains ont donné leur sang pour la libération du joug nazi, ce n'est pas sans un serrement de cœur qu'ils voient disparaître, les uns après les autres, les symboles d'un monde auquel ils ont cru avec ferveur…

conduit à la rue Lidia Koidula qui longe la rivière. Vous y verrez quelques demeures anciennes épargnées par les bombes, ainsi que les bastions érigés par les Suédois, les uns au tournant du 16e et du 17e s., les autres à la fin du 17e s. Ces derniers ont été conçus par **Erik Dahlberg** (1625-1703), l'ingénieur militaire qui fortifia la ville à la veille de la guerre du Nord.

Cathédrale de la Résurrection-du-Christ (Voskresensky katedraal)

Cet imposant sanctuaire orthodoxe a été élevé dans la dernière décennie du 19e s. pour les travailleurs de la manufacture Kreenholm (cette société de textile, dont on peut apercevoir les bâtiments de brique sur une île, légèrement en aval de Narva, était en 1913 la plus importante usine de l'Empire russe). L'édifice octogonal, de style néo-byzantin, qui peut accueillir jusqu'à 2 000 fidèles, conserve une belle iconostase.

Visiter

Château de Narva (Narva linnus)

Peterburi 2 - merc.-dim. 10h-18h. Le château de Narva est né d'une forteresse bâtie par les Danois en 1370 et qui appartint par la suite à l'ordre de Livonie. Délimitant une vaste cour, l'enceinte fortifiée fut rajoutée à la fin du 14e s. Lorsque vous y pénétrez, vous apercevez devant vous le haut (51 m) donjon carré coiffé d'une galerie de bois en encorbellement, dit le **Grand Hermann (Hermanni linnus)**, dont les murailles semblent se confondre avec celles de la forteresse russe d'Ivangorod, située sur l'autre rive du fleuve. Une curiosité : dans un angle de la cour, à gauche de l'entrée, subsiste une statue de Lénine haranguant une pelouse déserte où quelques moineaux picorent, indifférents à la rhétorique du père de la révolution d'Octobre.

Musée de Narva★ (Narva muuseum) – *Dans le donjon - merc.-dim. 10h-18h - 30 Kr.* Ce musée, dont les collections ont un intérêt très inégal, est aménagé dans les étages successifs du donjon, ce qui peut en rendre la visite éprouvante. Après quelques salles aux collections hétéroclites (célébrités locales, instruments de musique, éventails), l'**exposition historique** qui commence au 2e niveau est intéressante, même si l'absence de traduction laisse une grande part de leur mystère aux objets et documents exposés. Une évocation de la guerre de Livonie (1558-1583) et de l'ordre des chevaliers précède la vie de la cité médiévale, restituée à partir des guildes d'artisans de la cité hanséatique (enseignes, ferronneries) et d'objets cultuels en provenance d'églises de la région. La période suédoise est illustrée par une maquette des fortifications conçues par Erik Dahlberg, l'époque russe par des portraits de Pierre le Grand et des tsarines qui se succédèrent au 18e s. Enfin, photos anciennes, éléments architecturaux, vaisselle, objets et mobilier évoquent la ville baroque, telle qu'elle se présentait jusqu'aux bombardements de 1944.

S. Ollivier / Michelin

Le donjon de Narva.

De la salle supérieure, vous accéderez au corridor de bois édifié en encorbellement tout autour du sommet du donjon pour découvrir des **vues panoramiques★** (du moins par temps dégagé) sur Ivangorod et sa forteresse, la vieille ville dominée par l'hôtel de ville et, au sud, le grand lac dû au barrage sur le fleuve.

Au pays des Soviets

C'est à un voyage à la fois saisissant et émouvant que nous vous convions dans cette région du nord-est de l'Estonie, qui plus que toute autre, a conservé la marque de la défunte Union soviétique, avec ses paysages industriels ou urbains parfois ingrats, et sa population en majorité composée de russophones qui peinent à trouver leur place au sein de la nation. Dans les villes, quelques grandiloquents monuments exaltant le prolétariat subsistent au croisement d'avenues à la largeur démesurée, tandis que, aux abords, des zones industrielles tombées en jachère rouillent lentement. Ce spectacle peut être sinistre aux mois d'hiver lorsqu'un ciel plombé pèse sur ces lieux en déshérence. Mais ne vous fiez pas aux apparences : telle usine désaffectée abrite aujourd'hui une entreprise de pointe de « l'e-économie » estonienne, les espaces verts transfigurent aux beaux jours les cités, et la beauté du littoral du golfe de Finlande, ses cascades et ses plages, témoin de la vogue des « bains de mer » d'autrefois, viennent ajouter une note de gaieté à cet itinéraire dépaysant.

Quitter Narva au nord-ouest par la route de Narva-Jõesuu qui longe le fleuve.

Plusieurs monuments commémoratifs ponctuent cette route rappelant les combats qui, à diverses époques, ont ensanglanté les lieux : vous verrez ainsi une croix placée sur le champ de bataille où des soldats russes, ayant refusé de se rendre, furent massacrés par les Suédois le 19 novembre 1700, ainsi qu'un tank installé à l'endroit précis où l'armée Rouge effectua une percée décisive en 1944.

Narva-Jõesuu

Célèbre pour ses superbes plages de sable que borde une grande pinède où se dissimulent de charmantes maisons de bois, la station balnéaire de Narva-Jõesuu, située à l'embouchure du fleuve, a connu son heure de gloire à la fin du 19e s. L'intelligentsia russe en avait fait alors une de ses villégiatures estivales : les peintres **Ivan Chichkine** et **Ilia Repine**, comme le nouvelliste et dramaturge **Nikolaï Leskov**, étaient des habitués des lieux. Si certaines parties de la station sont aujourd'hui dans un état de délabrement que l'on ne peut que regretter (les combats de 1944 n'y sont pas pour rien), et si les sanatoriums (parfois à l'abandon) tant appréciés des Soviétiques ne se distinguent pas par la légèreté de leur architecture, le site ne manque pas d'allure, et l'on se prend à rêver qu'il retrouve un jour sa splendeur passée.

La route côtière 91 traverse un sous-bois peuplé de villas avant de rejoindre après 12 km la route Narva-Tallinn (E 20). Prendre vers Tallinn.

Sillamäe★

Sur la droite de la route à 9 km. Suivre la direction « Kesklinn » jusqu'à la place centrale.

Ouvrez une carte des années 1960 : cette cité n'y figure pas, non pas qu'elle n'ait pas existé, mais parce qu'elle était classée top secret par les autorités soviétiques, en raison des activités stratégiques (enrichissement de l'uranium) auxquelles elle était dédiée. La manie du secret en était arrivée au point que la cité ne disposait pas de code postal ! En contrepartie, les concepteurs de la ville se sont attachés à en faire un lieu aussi agréable que possible.

Créée après la fin de la Seconde Guerre mondiale, la cité a été édifiée selon un plan géométrique autour d'une place centrale d'où une **Promenade maritime (Mere pst)** ombragée descend vers la mer : à l'époque soviétique, on allait jusqu'à y placer aux beaux jours des palmiers conservés l'hiver dans les serres municipales !

Tout aussi ombragées, les avenues rectilignes sont bordées d'immeubles édifiés dans un style néoclassique qualifié de « rétrospectivisme stalinien ». Avec ses façades jaunes ornées de frises et de moulures, l'ensemble, qui ne manque pas d'allure, démontre que le goût architectural de l'époque stalinienne était bien éloigné des recherches constructivistes et fonctionnalistes du début de la révolution.

Sur la place que longe la rue centrale **(Kesk)**, le **Centre culturel (Kulturikeskus)**, élevé en 1949, a conservé des éléments décoratifs qui l'apparentent à certaines stations du métro de Moscou : Marx et Lénine sont toujours présents sur les bas-reliefs ornant la salle de spectacles.

L'histoire (particulière) de la cité et la vie que l'on y menait à l'époque soviétique sont présentée, dans le **Musée local (Sillamäe muuseum** – *Majakovski 18A - ✆ 397 2425 - lun.-vend. 10h-18h).*

S. Ollivier / Michelin

Le Centre culturel de Sillamäe.

Reprendre la route de Tallinn sur 7 km, et prendre à droite une petite route signalisée.

Toila

Une voie conduit au bord de mer, au-delà d'une vaste prairie. Près du grand « hôtel-Spa » et de son camping, vous pourrez vous promener sous les frondaisons du magnifique **parc Oru★** dont l'allée centrale est ombragée par les tilleuls. Érables et peupliers argentés abondent dans ce vaste parc. Près du chemin conduisant à la plage, une stèle rappelle que le poète russe **Igor Severianine** (1887-1941), ami de Maïakovski et créateur des mouvements égo-futuriste et cubo-futuriste, résidait dans ce village où le surprit la révolution russe. De l'autre côté de l'embouchure de la rivière se dressait le manoir de **Pühajõe**, construit pour **Grigori Elisseïev**, le propriétaire des célèbres épiceries de Moscou et de St-Pétersbourg. Habité plus tard par le président de la république **Konstantin Päts**, il fut détruit lors de la Seconde Guerre mondiale.

La cascade de Valaste.

La route d'Ontika grimpe de façon assez raide sur la falaise où s'accrochent des maisons de bois, et suit dès lors le golfe de Finlande dans une campagne riante. Après 6 km, sur la droite, vous pourrez apercevoir commodément les falaises à **Valaste**. Face à un parking aménagé en bordure de la route, un escalier (en colimaçon) conduit à une passerelle installée face à la **cascade (Valaste juga)** la plus spectaculaire du pays (26 m). Elle n'a rien de naturel puisque c'est un canal de drainage, et non une rivière, qui précipite ses eaux dans la mer. Cinq kilomètres après, le manoir néoclassique d'**Ontika**, hélas bien dégradé, se mire dans un petit lac. Un peu plus loin, l'hôtel de **Saka** est situé au sommet des falaises les plus hautes d'Estonie (56 m, sentiers).

Revenir sur la route de Tallinn et poursuivre sur 3 km, puis tourner à droite vers Purtse.

Élevé au 16e s. dans un style à la fois Renaissance et médiéval, l'agréable **château de Purtse** accueille aujourd'hui concerts et expositions.

Revenir sur la route et prendre la direction de Narva.

Kohtla-Järve

Créée de toutes pièces, cette ville doit son développement à l'extraction du schiste (dont on faisait de l'huile), ce qui lui vaut d'être entourée de terrils dont le plus imposant atteint une hauteur de 173 m. La route d'accès rectiligne, Kalevi, bordée de blocs d'immeubles à la soviétique, conduit à la voie principale, **Keskallee**, ombragée et dotée de petits bâtiments aux façades ocre qui, pour peu que le soleil soit de la partie, ne manquent pas d'allure. C'est sur cette allée qu'ouvre la place centrale marquée par un monument aux mineurs et encadrée d'emphatiques immeubles administratifs à colonnades.

Musée industriel (Põlevkivimuuseum) – *Dans l'hôtel de ville - ☏ 334 4701 - lun.-vend. 9h-17h - 10 Kr.* Une visite permet de tout savoir sur le schiste et l'huile que l'on en extrait, ainsi que sur le développement industriel de la cité. Pour la petite histoire, ce serait un paysan des lieux qui découvrit par hasard les vertus de cette huile et l'utilisa pour le four de son sauna… qui prit feu dès la première utilisation !

Au bout de Kalevi, prendre à droite en suivant « Kaevandus Park » (panneaux marron assez discrets). Longer le parc de Kohtla-Järve jusqu'à un carrefour à l'orée d'une zone industrielle effroyable de vétusté. Prendre à gauche au-delà de la voie de chemin de fer que l'on traverse plusieurs fois (passages à niveaux non gardés : prudence !). Après un village fantôme, on atteint Kohtla où le musée des Mines est indiqué à droite, à 3 km.

Musée des Mines de Kohtla-Nõmme★ (Kohtla Kaevendus Park) – *Jaama 1 - ☏ 332 4017 - www.kaevanduspark.ee. - visites guidées (groupes de 10 pers. mini sur réserv. préalable) lun.-vend. 10h-17h, sam.-dim. 11h-15h - 75 Kr.* C'est au-delà du village *(attention aux ralentisseurs, particulièrement raides)* et d'un bois de conifères, après avoir longé un impressionnant terril (piste de ski en hiver !), que vous atteignez le vaste bâtiment blanchâtre abritant le musée des Mines de Kohtla. Conduite par d'anciens mineurs, la visite permet de découvrir une partie des quelque 60 km de galeries de cette mine de schiste, ouverte en 1937 et en activité jusqu'en 2001. On ne peut que regretter que les conditions nécessaires pour visiter éliminent les voyageurs individuels… sauf s'ils parviennent à s'accrocher à un groupe.

Retour en direction de Narva (58 km) par la route E 20, en laissant sur la droite la cité de Jõhvi (voir p. 147).

Narva pratique

Informations utiles

Narva – *Puškini 13 - ✆ 356 0184 - www.narva.ee.*

Signalisation – Si dans cette région le russe est plus couramment pratiqué que l'estonien, la signalisation officielle reste en caractères latins.

Transports

Train – Narva est desservie par la ligne Tallinn-St Pétersbourg *via* Rakvere, Kohtla-Järve et Jõhvi.

Autocar – Au départ de Tallinn, le car d'Eurolines pour St-Pétersbourg dessert une fois par jour Narva (2h15 de trajet) *via* Kohtla-Järve (1h) et Jõhvi (1h20).

Bateau – Le port de Sillamäe est relié aux beaux jours à la Finlande (Kotka), en 6h, par un service quotidien de ferries. Retour de nuit (en 9h). Narva Line – *www.narvaline.com.*

Se loger

NARVA

King – *Lavretosvi 9, accès par Puškini puis à droite vers la vieille ville - ✆ 357 2404 - www.hotelking.ee. - 23 ch. 890 Kr.* C'est un petit bâtiment pseudo-médiéval qui abrite cet hôtel sympathique aux chambres un peu exiguës mais confortables.

Inger – *Puškini 28, côté vieille ville - ✆ 688 1102 - www.inger.ee. - 68 ch. 1 000 Kr.* Au cœur de la ville, un hôtel moderne au décor design. Sans surprise, mais accueillant et de bon confort.

TOILA

Toila Spa hotell – *Ranna 12 - ✆ 334 2900 - www.toilasanatoorium.ee. - 180 ch. 960 Kr.* C'est un grand bâtiment blanc proche de la mer qui abrite cet établissement doté d'une piscine à remous protégée des intempéries par une verrière. Dans cet endroit voué au bien-être et au thermalisme thérapeutique, tout est fait pour distraire les curistes entre deux soins (soirées dansantes, spectacles de variétés, espace jeux, chapelle, institut de beauté…).

P. Plantier / Michelin

Toila, un camping sous les arbres.

Camping Männisalu – *Mai-septembre, s'adresser au* Toila Spa Hotell *- www.toilasanatoorium.ee.* Logements dans de confortables chalets de bois disposés sous les pins dont certains peuvent accueillir jusqu'à 5 personnes *(350/600 Kr)* ou bien, pour les irréductibles du camping, dans votre tente *(50 Kr)* ou votre caravane *(110 Kr)*.

SAKA

Saka Cliff – *✆ 335 4900 - www.saka.ee. - 33 ch. 950/1 000 Kr.* C'est directement sur la falaise qu'est installé cet agréable hôtel dominant la mer. Vue superbe, confort et dîner sur la terrasse aux beaux jours.

SILLAMÄE

Krunk – *Kesk 23 - ✆ 392 9030 - www.krunk.ee. - 21 ch. 690/750 Kr.* Sur la place centrale, cet hôtel confortable a investi une demeure caractéristique de la ville. Restaurant réputé.

Se restaurer

NARVA

Aleksandr – *Puškini 13.* Spécialités russes dans un pub à la mode qui abrite également un magasin d'antiquités.

Gulliver – *Lavretsovi 7.* Face à l'hôtel *King*, une minuscule maison à pans de bois accueille ce restaurant. Cuisine locale.

KOHTLA-JÄRVE

Alexandri Pub – *Kalevi 3.* Ce café, au rez-de-chaussée de l'hôtel *Alex*, propose une restauration légère (salades, pizzas) ou plus consistante.

TOILA

Mio Mare – Juché sur le toit de l'établissement, le restaurant du *Toila Spa Hotell* propose une superbe vue sur la mer. Cuisine internationale et musique « live » les soirs de week-end.

Sports et loisirs

BIEN-ÊTRE ET THERMALISME

Le **Toila Spa Hotell** propose différents soins relaxants : massages au miel, aux pierres, enveloppements au chocolat (!), « bains de Cléopâtre » (au lait aromatisé à la cannelle), vinothérapie (usage externe seulement !). À cela s'ajoutent divers types de saunas… Renseignements et tarifs sur *www.toilasanatoorium.ee.*

Plaisance – Les navigateurs disposent du port de plaisance de **Toila (Toila sadam)** : *✆ 336 9701, GSM 516 5384.*

Bains de mer – Grandes plages de sable à Narva-Jõesuu (13 km ininterrompus) ainsi qu'à Toila.

Cyclotourisme – Location de vélos au *Camping Männisalu* à **Toila :** *25 Kr pour 1h, 50 Kr pour 2 à 4h, 100 Kr pour la journée.*

Sports d'hiver – En hiver, les terrils de Kohtla-Nõmme se muent en station de sports d'hiver. Renseignements sur *www.talvekeskus.ee.*

Rive du lac Peïpous★★

Peipsi Järv

CARTE GÉNÉRALE 1ER RABAT DE COUVERTURE – CARTE MICHELIN N° 782 W 4-5

Quatrième lac d'Europe, le lac Peïpous sert de frontière avec la Russie. Cette véritable mer intérieure est bordée de plages de sable se constituant parfois en dunes qui font le régal des Estoniens aux beaux jours. Parmi les forêts de pins ou de bouleaux se nichent des villages de pêcheurs peuplés de vieux-croyants, ces rebelles à l'église orthodoxe qui ont conservé intactes leurs traditions.

- **Se repérer –** La route 3 Jõhvi-Tartu longe le lac Peïpous entre Kauski et Mustvee, ce qui ne signifie pas que l'on aperçoive beaucoup le lac. Au-delà de Mustvee, vous pouvez emprunter la route 43 jusqu'à Alatskivi.
- **À ne pas manquer –** Kuremäe, Mustvee (et les villages des alentours).
- **Organiser son temps –** Consacrez une journée à votre exploration en vous munissant de sandwichs avant le départ.
- **Pour poursuivre son voyage –** Voir aussi Tartu, Võru, Viljandi.

P. Plantier / Michelin

Une mer intérieure entre l'Estonie et la Russie…

Comprendre

Le quatrième lac d'Europe

Avec ses 3 550 km^2, le lac Peïpous est le quatrième lac d'Europe derrière deux russes, les lacs Ladoga et Onega *(voir Guide Vert Michelin Moscou-Saint-Pétersbourg)* et un suédois, le lac Vänern *(voir Guide Vert Michelin Scandinavie)*. Drainée au nord par le fleuve Narva, cette véritable mer intérieure s'étire sur une centaine de kilomètres entre l'Estonie et la Russie. Au sud, après un cours de 100 km depuis le lac Võrtsjärv, le **Grand Emajõgi (Suur Emajõgi)** se jette dans le lac en formant un delta marécageux. Inondé au printemps, ce site fragile, apprécié des oiseaux migrateurs, constitue la **réserve naturelle de l'Emajõe Suursoo**. Au-delà, après un isthme étroit (Lammijärv), le Peïpous communique avec le **lac de Pskov (Pskovskoïé ozero)**, situé sur le territoire russe. D'une profondeur moyenne de 7 m (le maximum est seulement de 15 m), le lac Peïpous est riche en poissons, ce qui a favorisé l'installation de bourgades de pêcheurs sur ses rives.

La bataille de la Glace – Tel est le nom que les Russes donnent à cette terrible bataille qui marqua un coup d'arrêt à l'expansion des Allemands vers l'est. Désireux de s'emparer de Novgorod, alors soumise aux Mongols, les chevaliers Teutoniques prennent Pskov. Mais Novgorod fit appel au jeune prince **Alexandre**, le futur Nevski, qui reprend la cité en 1241. L'année suivante, les Teutoniques taillent en pièces un détachement russe au sud de Dorpat (Tartu). Ils décident d'attaquer Novgorod et, le 5 avril 1242, les chevaliers et leurs lourdes montures se lancent à l'assaut sur le lac Peïpous, alors gelé. Mais Alexandre les attend de pied ferme sur l'autre rive et ses archers déciment les assaillants : seule une poignée d'entre eux survit à ce combat resté célèbre.

Le refuge des vieux-croyants – En 1666, le patriarche de toutes les Russies, **Nikon**, introduit une réforme de la liturgie orthodoxe. Ce faisant, il déclenche le schisme (ou **raskol**) des vieux-croyants qui refusent ses innovations. Les **raskolniki** ou **starovery** entrent alors en sécession. Persécutés, ils se réfugient au loin. Au début du 18e s., certains d'entre eux s'établissent en bordure du lac Peïpous, côté estonien. On compte aujourd'hui dans la région une dizaine de milliers de ces vieux-croyants qui refusent tout autre sacrement que le baptême et la confession et élisent leurs prêtres au sein de la communauté. Jusqu'à une époque récente, ils sont restés à l'écart tant des Estoniens que des autres Russes, ce qui leur a permis de conserver leur mode de vie, leurs activités traditionnelles (pêche et culture de l'oignon) comme leurs traditions (fêtes religieuses célébrées selon le calendrier traditionnel, vieux slavon utilisé comme langue liturgique).

Avis aux patineurs

Le lac est ordinairement pris par les glaces entre la fin novembre et le mois de mars. Au plus fort de l'hiver, la couche de glace peut atteindre une épaisseur d'un mètre... Bref, de quoi évoluer sans autre souci que celui de ne pas franchir par mégarde la frontière russe...

Les chemins de l'orthodoxie

Itinéraire de Jõhvi à Tartu par la rive occidentale du lac Peïpous. 169 km. Une journée.

Jõhvi

En retrait de la route Tallinn-Narva, ce nœud routier et ferroviaire profite de sa situation stratégique pour développer une activité dont le signe le plus apparent est le grand nombre de centres commerciaux qui y éclosent.

Église orthodoxe – *Près de la gare routière.* Cette église n'offre guère qu'un intérêt historique : c'est ici, en effet, qu'en son jeune temps officia celui qui allait devenir le chef de l'église orthodoxe russe, le patriarche **Alexis II**.

Église Saint-Michel (Mihkli kirik) – *Rakvere mnt 6b - www.johvimuuseumiselts.ee. - mar.-sam. 11h-16h - 25 Kr.* Fondée en 1364, mais reconstruite en 1732, cette ancienne église fortifiée conserve un retable baroque réalisé en 1728 par **Johann Valentin Rabe**. La crypte abrite un **musée archéologique (Kindluskiriku muuseum)**.

Quitter Jõhvi en direction de Tartu puis prendre sur la gauche la route 32 vers Kuremäe-Vaskhnarva.

Kuremäe★

La route parcourt une campagne agréablement vallonnée. Après 20 km apparaissent sur la droite les bulbes verts du **monastère de la Dormition-de-Kuremäe★ (Kuremäe Pühtitsa klooster)**, coiffant l'éminence sur laquelle s'est construit le village *(petit parking dans le village sur la gauche de la rue, et grand parking en contrebas à droite en cas d'affluence, notamment lors du pèlerinage du 15 août)*. Fondé en 1892 par le gouverneur russe de l'Estonie, **Sergueï Shakovskoï**, ce monastère de nonnes a été élevé, tout comme la cathédrale Alexandre-Nevski de Tallinn, par l'architecte **Mikhaïl Preobajenski** qui s'est inspiré des constructions monastiques russes du 17e s. Cerné par une enceinte fortifiée de granit ouvrant par une porte coiffée d'une tour, le territoire sacré comprend six églises. La principale, la cathédrale St-Serge-de-Radonège conserve une riche iconostase et l'icône sacrée de la *Dormition de la Vierge*. Le lieu, où s'activent encore une centaine de religieuses, respire une sérénité à laquelle contribue le paysage forestier des alentours.

S. Ollivier / Michelin

L'accès au monastère de la Dormition.

Rive nord du lac Peïpous★

Au-delà de Kuremäe, la route rejoint le fleuve Narva puis atteint le lac Peïpous près de Vaskhnarva. Seuls les plus audacieux s'y aventureront (surtout au moment de la fonte des neiges) car, après Agusalu (à 8 km du lac), le revêtement de la route disparaît. Il en est de même de la route tracée sur la côte nord du lac entre Vaskhnarva et Remniku.

Vaskhnarva – *3 km après le carrefour, sur la gauche.* Ce hameau de pêcheurs marquant la frontière avec la Russie a conservé les ruines d'un château, en partie détruit lors de la guerre de Livonie.

L'autre possibilité consiste à revenir en arrière sur 2 km et de prendre sur la gauche la route de Jõuga.

La route serpente à travers une majestueuse forêt de sapins jusqu'au village de **Jõuga** où l'on retrouve la route principale.

Suivre la route 3 en direction de Tartu sur 9 km puis, après Lisaku, prendre à gauche à la station-service en direction d'Alajõe.

Alajõe★ – *13 km.* Dans ce village de pêcheurs, sur les façades de certaines maisons, vous apercevrez des poissons disposés en guirlandes en train de sécher au soleil. La petite route côtière en direction de **Remniku** *(à gauche)* parcourt une pinède bordant le lac. Plage de sable et dunes, eau agitée de vagues, tout contribue à donner l'impression que l'on est au bord de la mer. Dans les pins, des chalets plus ou moins sommaires et quelques auberges, éminemment saisonnières, accueillent les estivants.

Revenir en arrière et suivre après Kuru au plus près du lac la route de Kauksi.

Kauksi★ – Kauksi est célèbre dans toute l'Estonie pour sa **plage (rand)**, l'une des plus fréquentées du pays. Elle se dissimule derrière une vaste pinède dans laquelle se dissimulent plusieurs camps de vacances. Le lieu possède une curiosité géologique, le **« sable chantant » (Laulev liiv)**, ainsi nommé en raison des bruits produits par les pas des promeneurs sur le silex en poudre, dont ce sable est constitué.

À Kauski, vous retrouvez la route 3. Prendre à gauche la direction de Tartu.

La rive ouest du lac★

La route longe le lac que l'on n'aperçoit qu'épisodiquement en raison du rideau d'arbres qui le dissimule à la vue.

C'est au village de **Lohusuu** *(9 km)* que commence le territoire des vieux-croyants.

Après Kalmakülla, prendre sur la gauche la route signalisée Vulusi.

Vous vous trouvez alors au plus près du lac, nettement plus « lacustre » ici avec ses roseaux. Très longs, les villages des vieux-croyants alignent leurs maisons de bois de part et d'autre d'une rue unique. De temps à autre, quelques hauts miradors à l'équilibre branlant permettent aux gabelous locaux de surveiller d'éventuels mouvements de troupes sur la rive russe du lac…

Mustvee★ – Posée à l'embouchure d'une rivière, cette petite cité se signale par son église orthodoxe aux bulbes argentés. Sur la droite avant l'estuaire, la rue principale, bordée de quelques commerces (mais pas un seul café !), dessert deux nouvelles églises : celle des vieux-croyants et l'église luthérienne.

Revenir en arrière et poursuivre. Un pont franchit l'embouchure de la rivière qu'occupe un charmant petit port.

Raja – *Ne pas suivre la direction centre (keskus), mais la première rue à gauche.* Au sein d'une longue rue encadrée de maisonnettes de bois qui longe la rive du lac, la **chapelle de Raja (Raja ranasuliste palvela)** dresse sur la gauche un charmant clocher de bois. L'église, que l'on s'attend à trouver derrière, se résume malheureusement à un socle de ciment. Raja est célèbre dans le monde des vieux-croyants (qui a essaimé notamment en Amérique) pour son école de peintres d'icônes, créée à la fin du 19e s. par **Gavriila Frolov**. Son principal représentant est un peintre issu du village voisin de Tiheda, **Pimen Sofronov** (1898-1973).

En suivant au plus près le lac par la route 43, vous traverserez quelques villages aux maisons de bois gaiement colorées de jaune et de vert, comme

P. Plantier / Michelin

En bordure du lac, la petite église de Raja.

Kasepää. Au-delà, l'**Omedu jõgi** se jette dans le Peïpous après avoir formé une sorte de lac. Les pins cèdent peu à peu la place aux bouleaux. Le village de **Ranna** se résume à quelques maisons de pierre entre route et lac. Un peu plus loin, la route s'éloigne quelque peu du lac pour musarder à l'intérieur des terres.

Kodavere – Sur la gauche de la route, accessible par un chemin de terre volontiers défoncé, l'**église St-Michel (Mihkli kirik)**, reconnaissable à son clocher coiffé d'un dôme, dresse sa haute silhouette blanche dans un bosquet d'arbres sous lesquels se niche un grand cimetière. Édifié en 1777, le sanctuaire est représentatif du style néoclassique qui prévalait à cette époque. Dans le cimetière, un rocher de granit noir de plus de 4 m de haut honore les soldats estoniens morts lors de la guerre d'Indépendance de 1918-1920.

Kallaste – Voici une bien curieuse petite cité... Des chemins assez improbables conduisent à son centre, une place largement ouverte sur le lac et bordée de nobles immeubles à colonnades assez décrépits. On imagine bien des rassemblements de pionniers alignés sous des drapeaux rouges et harangués par quelque héros du peuple, à ceci près que la place est aujourd'hui rendue à une végétation presque exubérante. Côté lac, derrière un buste musculeux qui (de loin) évoque un peu la statuaire antique grecque, des falaises (modestes) dominent le lac. Ce village de vieux-croyants, fondé en 1720, a conservé une humble église de bois.

Alatskivi★ – Sur la gauche de la route, dans un parc jadis à l'anglaise, un peu à l'abandon, le curieux manoir néogothique est né d'un caprice du baron local, grand amateur de voyages en Écosse. Tombé sous le charme du château de Balmoral, ce brave homme n'eut de cesse que de se faire bâtir une résidence identique, but qu'il atteignit en 1885.

Prendre sur la gauche la route de Kolkja.

Kolkja – Sur la rive du lac, ce long village a conservé une charmante petite église de bois construite à la fin du 19e s. par les vieux-croyants. L'école primaire du village abrite un petit **musée** consacré à la vie quotidienne de cette communauté.

La route continue le long du lac vers le sud jusqu'à deux autres villages de pêcheurs, **Kasepää** et **Varnja**, où elle s'interrompt.

Revenir à Alatskivi et prendre la route 43 vers Tartu.

Rupsi – *4 km au sud.* Sur la droite de la route, dans la ferme Oja où vécut la famille Liiv, le **musée Liiv (Liivi muuseum)** est consacré à trois enfants du pays : le poète et nouvelliste **Juhan Liiv** (1864-1913), son frère aîné Jakob (1859-1938), également poète et ancien maire de Rakvere, ainsi que le compositeur **Eduard Tubin** (1905-1982), auteur d'une dizaine de symphonies, d'opéras et de ballets *(Kratt)*, mort en exil en Suède où il s'était réfugié en 1944. L'œuvre pleine de mélancolie et le destin tragique, Juhan Liiv (il souffrit de schizophrénie pendant les vingt dernières années de sa vie) contribuent à en faire un des poètes estoniens les plus populaires. Mais, pour qui n'est versé ni dans la littérature, ni dans la musique estonienne, le principal intérêt de ce musée est de permettre de découvrir l'aménagement intérieur d'une ferme traditionnelle de cette région.

Au-delà de Koosa, la route mène en 29 km à Tartu (voir pages suivantes).

Lac Peïpous pratique

Se loger et se restaurer

Bon à savoir – Les équipements touristiques (hôtels, restaurants et même cafés) sont des plus rares dans la région, et tout ou presque est fermé entre septembre et avril-mai.

Kuremäe kohvik – *Sur la droite de la route dans le village.* Des tables en terrasse, et une petite salle où vous pourrez déguster (ou acheter) de délicieux sandwichs, au saumon notamment. Quelques chambres sommaires. L'accueil (en russe) gagnerait à être plus souriant, mais le lieu est serein.

Peipsi lained – *Kalmaküla, juste avant la dérivation de Mustvee - ✆ 339 3723.* En bordure de la route principale, le lieu peut dépanner en cas de fringale soudaine...

Sports et loisirs

Les **plages** sont très fréquentées en été sur la rive nord du lac, notamment entre Kauski et Remniku.

Événement

Marathon Kalevipoeg – *Début mars.* C'est depuis 2006 que se tient chaque année sur les glaces du lac ce marathon en patins reliant Kodavere à Mustvee. Différentes distances permettent aux amateurs comme aux patineurs chevronnés de se mesurer.

Tartu★★

101 700 HABITANTS
CARTE GÉNÉRALE1ER RABAT DE COUVERTURE – CARTE MICHELIN N° 782 V6

C'est l'atmosphère bien reconnaissable d'une cité universitaire que vous trouverez en arpentant les rues de cette agréable ville, la seconde d'Estonie. Mais au-delà de cette ambiance « jeune » que l'on retrouve tant dans les rues que dans les nombreux cafés, Tartu vous offre un des plus beaux ensembles urbains néoclassiques du pays et quelques musées incontournables qui contribuent à en faire une des étapes de choix d'un voyage en Estonie.

Se repérer – Dans le prolongement du pont, la large avenue Riia est bordée d'immeubles contemporains abritant banques et centres commerciaux. C'est sur la droite que deux rues parallèles (dont l'une, Rüütli, est piétonne) donnent accès à la vieille ville, au pied de la colline de la Cathédrale.

Se garer – Le parking est payant à des horodateurs... et il n'est pas très facile de disposer de la monnaie suffisante. Une solution commode : le parking souterrain du centre commercial *Kaubamaja* (accès sur Riia, juste après le pont).

À ne pas manquer – Le Musée national estonien.

Organiser son temps – Consacrer une journée entière à la ville.

Avec les enfants – Le musée du Jouet, le musée de la Vie urbaine au 19e s. et le Musée national estonien.

Pour poursuivre son voyage – Voir aussi Võru, Viljandi.

S. Ollivier / Michelin

Dominant la ville sur la colline, l'ancienne cathédrale en partie investie par l'université.

Comprendre

« Athènes sur Emajõgi »

Ancien peuplement finno-ougrien nommé Tarbatu, Tartu entre dans l'histoire en 1030 lorsque le duc de Kiev, **Iaroslav le Sage**, fonde une forteresse sur l'actuelle colline de la Cathédrale (Toomemägi). Siège d'un évêché sous la domination allemande, la cité, alors appelée Dorpat, connaît un remarquable essor commercial aux 14e et 15e s. Devenue ville hanséatique, elle échange des marchandises avec Pskov et Novgorod. Elle élève alors une grande cathédrale de brique, tandis qu'une ville fortifiée se développe au pied de la colline. Mais la guerre de Livonie entraîne bientôt son déclin.

Une ville universitaire – Le destin de Dorpat va se nouer au « bon temps suédois ». Prise en 1625, la cité devient la capitale du gouverneur de Livonie, le baron **Johan Skytte**, ancien précepteur du roi **Gustave II Adolphe**. C'est à son initiative que le souverain fonde l'*Academia Gustaviana*, première université sur le territoire estonien, composée de quatre facultés (droit, philosophie, médecine et théologie). Cette université connaît quelques éclipses, du fait des conflits qui dévastent la région, et doit fermer ses portes en 1710 tandis que la ville passe sous le contrôle des Russes.

Ruine et renaissance – Lorsque les Russes s'emparent de la ville (1708), celle-ci n'est qu'un champ de ruines, et ses citoyens sont déportés sur ordre de Pierre le Grand. Ils ne pourront rentrer chez eux que six ans plus tard, une fois la victoire russe assurée. Une nouvelle ville se construit, pour l'essentiel en bois, et plusieurs incendies successifs vont la dévaster au cours du 18e s., n'épargnant que quelques maisons. C'est sous Catherine II que Tartu commence à se relever. La souveraine ordonne la construction d'un pont de pierre permettant à la route reliant Königsberg à St-Pétersbourg de franchir l'Emajõgi. La cité est reconstruite après l'incendie de 1775 dans le style classique alors en vogue, sous l'égide d'un maître bâtisseur de Rostock, **Johann Heinrich Walter**. En 1802, le jeune tsar **Alexandre Ier**, imprégné d'idées réformatrices, décide de rouvrir l'université. Celle-ci, sous l'impulsion de son recteur, **Georges Frédéric Parrot**, acquiert rapidement un prestige considérable. De nombreux bâtiments universitaires s'élèvent, dessinés par l'architecte **Johann Wilhelm Krause**, tandis que nombre d'étudiants se distinguent dans leurs activités scientifiques : parmi eux, **Karl Ernst von Baer,** considéré comme le père de l'embryologie moderne.

Le foyer de l'Éveil national estonien – L'université s'ouvre bientôt aux autochtones, comme le jeune poète **Kristjan Jaak Peterson**, disparu à l'âge de 21 ans. Tartu devient le principal foyer de l'Éveil national : c'est ici que **Friedrich Robert Faehlmann**, puis **Friedrich Reinhold Kreutzwald**, conçoivent l'idée du *Kalevipoeg*, l'épopée nationale qui paraît en 1862. Deux ans plus tard est fondé le premier journal rédigé en estonien, *Eesti Postimees*. En 1869, le premier festival de chants est organisé. Enfin, en 1870, la Société des étudiants estoniens dessine ce qui deviendra le drapeau national.

Se promener dans Tartu

Artère principale de la cité, la grand-route de Rīga (Riia mnt) longe la vieille ville à laquelle donne accès une immense place, bordée à droite par le centre commercial *Kaubamaja* et à gauche par le théâtre Vannemuine. En partie piétonne, Küüni s'insère entre deux squares verdoyants : Kaubahoovi plats à droite et Barclay plats.

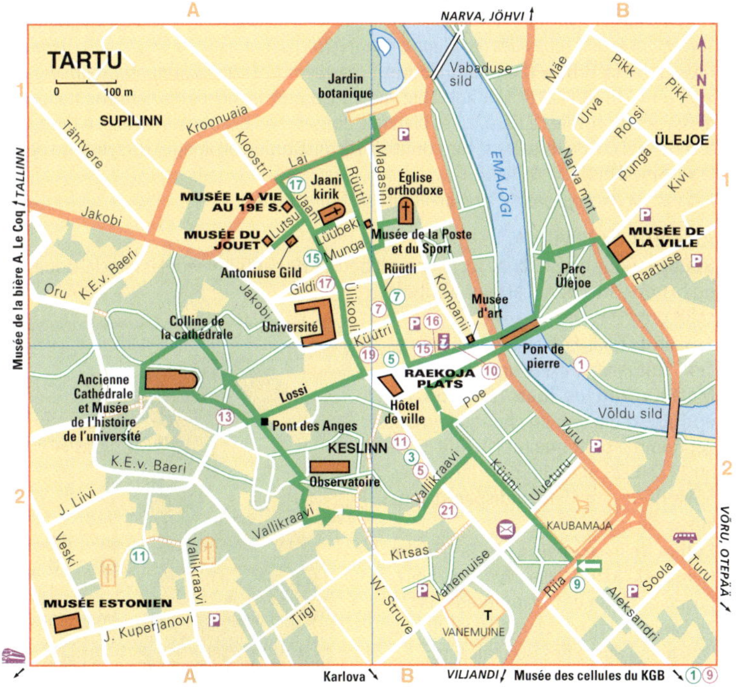

SE LOGER
Aleksandri ... 1
Barclay ... 3
Draakon ... 5
London ... 7
Pallas ... 9
Park ... 11
Tampere maja ... 15
Uppsala maja ... 17

SE RESTAURER
Atlantis ... 1
Eesti Restoran ... 5
Gruusia Saatkond ... 7
Olde Hansa ... 9
Pierre ... 10
Rasputin ... 11
Rotund ... 13
Suudlevad Tudengid ... 15
Truffe ... 16
Ülikooli kohvik ... 17
Werner ... 19
Wilde ... 21

Place de l'Hôtel-de-Ville★★
(Raekoja plats)

Cette place oblongue, d'une parfaite harmonie, qui descend en pente douce vers la rivière, est fermée sur votre gauche par l'**hôtel de ville★ (Raekoja)**. Édifié en 1789, ce bâtiment est coiffé d'un gracieux clocheton abritant un carillon de 18 cloches fondues à Karlsruhe qui égrène sa mélodie à midi et à 18h. Devant, la fontaine de **Mati Karmin**, *Le Baiser des étudiants* (1998), est devenue l'emblème de cette cité universitaire. Les étudiants sont quant à eux attablés aux terrasses des cafés qui occupent le côté nord de la place, bordé d'un bel ensemble d'immeubles de style classique. Le côté opposé est par contre une reconstruction de l'après-guerre, pastiche réussi ayant remplacé des bâtiments victimes des bombardements de 1944. Au coin de Kompanii, remarquez la demeure étroite qui semble pencher dangereusement : elle abrite le musée d'Art.

De Montbéliard à Tartu

Né dans une famille de notables huguenots de Montbéliard, **Georges Frédéric Parrot** (1767-1852) fut envoyé par ses parents à Stuttgart pour suivre des études de physique et de mathématiques, avant d'accepter un poste à Rīga en 1796. C'est là que le tsar vint le chercher pour diriger la seule université à la fois protestante et de langue allemande de l'Empire russe, celle de Tartu.

Musée d'Art de Tartu (Tartu Kunstimuuseum) – *Raekoja plats 18 - www.tartmus.ee. - mar.-dim. 11h-18h - 25 Kr.* Des expositions temporaires sont organisées au rez-de-chaussée du bâtiment. Dans les étages, une belle collection de peinture moderne met notamment l'accent sur les membres de l'école d'art locale « Pallas », qui marquèrent la première moitié du 20e s. : **Nikolaï Triik**, **Ado Vabbe**, **Konrad Mägi** et **Aleksander Vardi**.

Incursion sur la rive gauche

Dans l'axe de Raekoja plats, le **Pont aux arches (Kaarsild)** est une passerelle pour piétons lancée en 1959 sur l'Emajõgi afin de remplacer une victime de la guerre, le **Pont de pierre (Kivisilla)**, offert par Catherine II à Tartu en 1784. Une fondation s'attache à réunir des fonds pour le reconstruire à l'identique. Au-delà, les berges sont occupées par l'agréable **Ülejoe park**.

Traversant le parc, une allée rectiligne conduit à Narva mnt.

Musée de la Ville★ (Linnamuuseum) – *Narva mnt 23 - www.linnamuuseum.ee. - mar.-dim. 11h-18h - 20 Kr.* Une agréable demeure du 18e s. (cachée derrière une station d'essence) accueille ce musée très bien fait, consacré à l'histoire de la cité. Le temps fort de la visite du musée est sans doute la reconstitution en images de synthèse de la ville médiévale.

Revenir sur Raekoja plats et prendre Rüütli sur votre droite.

Au cœur de la ville★

Rüütli, longue rue piétonne rectiligne, est bordée de petits immeubles néoclassiques ou historicistes dont certains abritent cafés ou restaurants.

Au coin de Gildi, face au siège du journal *Eesti Postimees*, s'élève une statue (par **Mati Karmin**) de **Jaan Tõnisson**. Né en 1869, rédacteur en chef du journal, cet homme politique fut chef de l'État en 1927-1928 et en 1933. Arrêté par les Soviétiques en 1940, il disparaît sans laisser de traces.

Église de l'Ascension-de-la-Vierge (Uspenski kirik) – *Par Munga à droite.* Posée dans un enclos ombragé, cette église orthodoxe a succédé en 1780 à l'ancienne église des Dominicains.

Si vous poursuivez dans Munga, vous pourrez voir dans la verdure les bords de la rivière (au-delà de Vabaduse pst) plusieurs monuments. Le premier à droite honore **Kalevipoeg**, ou le fils de Kalev, le héros national *(voir p. 77)*.

Revenir sur Rüütli.

S. Ollivier / Michelin

Le Baiser des étudiants, symbole de Tartu.

Musée des Sports et musée de la Poste (Eesti spordimuuseum/Eesti postimuuseum) – *Rüütli 15 - mar.-dim. 11h-18h - gratuit.* C'est l'ancienne poste de la ville qui accueille ces deux musées consacrés à deux activités dont l'imbrication reste à démontrer. En visitant le premier, vous deviendrez incollable sur les champions que l'Estonie a donnés au monde. Le second présente des reconstitutions de bureaux de poste anciens, ainsi qu'une collection exhaustive de timbres locaux.

Rüütli se poursuit jusqu'à Lai.

Jardin botanique universitaire (Tartu Ülikooli botaanikaaed) – *Lai 38, sur la droite - tlj 10h-17h - serres : 20 Kr.* Ce superbe jardin réunit plus de 6 000 espèces représentatives de toutes les régions du globe.

Par Lai, remonter vers Jaani et la prendre à gauche.

Au pied de la colline de la Cathédrale, Jaani, que bordent quelques maisons de bois rescapées des incendies du 18e s. (et des guerres), et Ülikooli (la rue de l'Université), dans le prolongement constituent un axe parallèle à Rüütli.

Musée de la Vie urbaine au 19e s.★★ (XIX saj. TartuLinnakodaniku muuseum) – *Jaani 16 - www.linnamuseum.ee. - merc.-dim. 10h-15h - 10 Kr.* Soigneusement restaurée, cette demeure de 1744 a été meublée et décorée (dans le style Biedermeier) de façon à reconstituer un intérieur bourgeois du deuxième quart du 19e s. Au fil des différentes pièces (attention aux encadrements de portes !), remarquez en particulier la cuisine centrale avec son fourneau de type anglais, et la chambre des enfants à laquelle donnent vie quelques jouets abandonnés ici et là.

Faire quelques pas dans Lutsu sur la gauche.

Musée du Jouet★★ (Tartu Mänguasjamuuseum/Tartu Toy Museum) – *Lutsu 8 - merc.-dim. 11h-18h - 25 Kr.* Installé dans une maison de bois, ce musée ravira petits et grands. Ces derniers découvriront avec nostalgie toutes sortes de jouets anciens regroupés par thèmes, des tricycles aux poupées : une collection de poupées du monde en costume national (certaines très belles), des baigneurs en Celluloïd, des peluches, des voitures miniature, des trains électriques. Quant aux plus jeunes, ils peuvent, au gré des différentes salles, enfourcher un cheval à bascule ou faire circuler un train, avant de passer un long moment dans la salle de jeu aménagée à l'étage. Bref, un lieu ludique doté en outre d'un théâtre de marionnettes et d'une salle de cinéma.

En face au n° 5, la **Guilde de St-Antoine (Antoniuse Õu** – *mar.-vend. 11h-17h, sam. -15h)*, elle aussi en bois, regroupe les artisans de la ville. Vous pourrez y voir des ateliers de potiers, de verriers ou de tisserands et acheter quelques souvenirs.

Revenir sur Jaani.

Église Saint-Jean★ (Jaani kirik) – *Accès par l'entrée latérale sur Lüübeki.* Bâtie au 14e s., cette église gothique de brique, très endommagée en 1944, a conservé une partie des quelque 2 000 figurines en terre cuite qui ont fait sa renommée, sans doute sculptées à l'image de citoyens de la ville. Les sculptures originales ayant survécu aux différents conflits sont exposées à l'intérieur du sanctuaire (qui abrite régulièrement des concerts), celles de la façade étant remplacées par des copies. Au portail principal, vous remarquerez des scènes du Jugement dernier. L'intérieur, très dépouillé, est coiffé d'une belle charpente posée lors de la restauration récente du sanctuaire.

Université★ (Ülikool) – *Ülikooli 18 - lun.-vend. - 11h-17h - musée d'Art 5 Kr, Aula 10 Kr, « Cellule » 5 Kr.* Surmontée d'un fronton, la colonnade néoclassique de ce bâtiment dessiné en 1809 par **J. W. Krause** ne manque pas de noblesse. Le siège de l'université abrite un musée de sculptures (copies d'antiquités). Mais vous devez surtout voir l'Aula, grande salle somptueusement décorée. Sous les combles a été conservée une des curieuses cellules, équivalent du « trou » de nos casernes, dans lesquelles on confinait les étudiants dissipés pour des peines pouvant aller de deux jours (livre rendu en retard) à trois semaines (duel).

Pirogovi plats – *Sur la gauche derrière l'hôtel de ville.* Ce jardin voit ses pelouses envahies aux beaux jours : c'est le seul lieu de la ville où la consommation d'alcools en plein air est autorisée…

Prendre à gauche Lossi.

P. Plantier / Michelin

Une des terres cuites de l'église St-Jean.

Colline de la Cathédrale★ (Toomemägi)

C'est sur cette colline verdoyante que la future Tartu a vu le jour. Abandonnée, elle a été acquise au début du 19e s. par l'université qui a chargé son architecte **J. W. Krause**, d'y édifier divers bâtiments, dont la bibliothèque, aménagée dans les ruines de l'ancienne cathédrale. Vous y accéderez depuis la ville basse après avoir emprunté une rue en forte pente, Lossi, qu'enjambe le **pont des Anges (Ingli sild)**, construit en 1838 et orné d'un bas-relief à la gloire de G. F. Parrot. Un peu plus loin, le **pont du Diable (Kuradisild)** fut construit quant à lui en 1913 en hommage aux Romanov.

Cathédrale (Toomkirk) – *Sur votre droite.* C'est au 13e s. qu'a été commencée la construction de ce sanctuaire de brique, représentatif du style gothique nordique… mais qui souffrit beaucoup, tout d'abord des exactions menées par les Réformés, puis de la guerre de Livonie, et enfin d'un incendie en 1624. Abandonné, ce formidable édifice dresse ses ruines mélancoliques au sein d'un grand parc à l'anglaise, parsemé de statues honorant les gloires de l'université (von Baer et le poète **Kristjan Jaak Peterson**) et doté d'une butte artificielle, la romantique « colline des baisers ».

Musée historique de l'université de Tartu (Tartu ülikooli ajaloomuuseum) – *Mar.-dim. 11h-17h. 20 kr.* Reconstruit en 1807, le chœur de la cathédrale abrite aujourd'hui aux deux étages supérieurs ce musée évoquant les personnalités ayant enseigné ou étudié à l'université. Parmi celles-ci, les créateurs du *Kalevipoeg*, **Faehlmann** et **Kreutzwald** *(voir p. 157)* et le philologue **Mihkel Veske** (1843-1890), premier professeur estonien de langues finno-ougriennes.

Observatoire (Tähetorn) – *Accès par le pont des Anges.* Fondé en 1810, ce bâtiment jaune coiffé d'une tourelle eut parmi ses responsables **Friedrich Georg Wilhelm von Struve** (1793-1864), qui entreprit de mesurer la courbe du méridien dans la zone des pays baltes. L'arc géodésique de Struve est aujourd'hui classé au Patrimoine mondial de l'Unesco *(voir p. 286)*.

Redescendre vers la ville basse par Vallikraavi.

À l'écart du centre

Musée national estonien★★ (Eesti rahva muuseum)

Kuperjanovi 9 - www.erm.ee. - mar.-dim. 11h-18h - 10 Kr. Ce passionnant musée présente de façon didactique, claire et ludique une exposition permanente d'ethnographie intitulée « Pays, peuple et culture ». Les très riches collections sont présentées selon quatres grand thèmes. *La vie de tous les jours* évoque l'architecture traditionnelle rurale ainsi que les activités (agriculture, pêche, chasse, artisanat…) d'un village estonien. *Fêtes et festivités* déroule le cycle annuel des activités, ainsi que les rites liés aux événements personnels, de la naissance à la mort, mais fait également la part belle à la brasserie nécessaire pour produire l'indispensable bière qui accompagne toute festivité. *Les particularismes régionaux* présente notamment les costumes des quatre régions ethnographiques du pays (îles, sud, nord et est), mais aussi des minorités comme les vieux-croyants du lac Peïpous ou les Suédois de la côte. Enfin, *Être un Estonien* évoque, à l'aide de reconstitutions d'intérieurs, la vie au manoir, dans une villa fonctionnaliste de la première Indépendance, ou à l'ère soviétique dans un living-room standardisé. Visite indispensable !

Musée des Cellules du KGB★ (KGB Kongid)

Riia 15b, entrée sur Pepleri - mar.-sam. 11h-17h - 3 Kr. La « maison grise » fut investie en 1940 par les « organes » de répression soviétiques, l'année suivante par leurs homologues nazis et en 1944 à nouveau par les Russes… Les cellules installées au sous-sol ont été conservées en l'état et aménagées en musée. La visite de ces lieux où séjournèrent la plupart des victimes de la répression, dans l'attente de leur déportation ou de leur exécution, est poignante, de même que la vision des documents, des photographies et des objets évoquant les déportations dans les camps de la mort ou au Goulag (prenez garde à la hauteur des portes qui risque de faire de vous une victime posthume du KGB).

Un Wilde peut en cacher d'autres

Au coin de Vallikraavi et d'Ülikooli, la statue des deux Wilde étonne : si l'Irlandais Oscar est connu de tous, ce n'est pas le cas d'**Eduards Vilde** (1865-1933), un des plus populaires écrivains estoniens. Un troisème Wilde, Peter-Ernst, est indirectement à l'origine de cette rencontre virtuelle. C'est lui qui fonda l'imprimerie dans le bâtiment devant lequel est placé la statue, et qui abrite aujourd'hui un café et un pub irlandais.

Musée de la Bière A. Le Coq (Öllemuuseum)

Tähtvere park, Laulupeo pst, sur la droite de F. R. Kreutzwaldi (route de Tallinn) - www.alecoq.ee. - visite guidée jeu. 14h, sam. 10h-12h-14h - 25 Kr. C'est en 1826 que la première brasserie de bière estonienne créée par Justus R. Schramm s'est établie à Tartu. Très prospère, l'entreprise fut rachetée en 1913 par un citoyen belge, **Albert Le Coq**, limonadier à Londres. Les bières Le Coq sont aujourd'hui les plus populaires d'Estonie. Dans des bâtiments industriels datant de 1898, l'exposition permet de découvrir la « culture de la bière », élixir de vie estonien par excellence. Derrière le musée, le paisible quartier bordant l'Emajõgi s'est vu affubler du nom de **Supilinn (Ville de la Soupe)** en raison de ses rues portant des noms de légumes…

Quartier de Karlova

Accès depuis Riia par Tähe. Peuplé de maisons de bois dont certaines sont de style Art nouveau, ce quartier résidentiel s'est développé sur le domaine d'un manoir du 18e s., toujours visible au coin des rues Salme et Eha.

Croisière sur l'Emajõgi

Accessible par la passerelle, puis Ranna tee à gauche. Accueil rue Ujula - lun.-vend. 11h-16h - programme et tarifs sur www.lodi.ee. La grande voile carrée des barques traditionnelles de transport sur l'Emajõgi est de retour depuis qu'un groupe de passionnés est parvenu à reconstruire un de ces bateaux à la silhouette trapue en 2004. Aujourd'hui, ce dernier permet d'effectuer des excursions vers le lac Võrtsjärv ou le lac Peïpous, du côté de l'île de **Piirissaar** peuplée de vieux-croyants.

Aux alentours

Ülenurme

3 km au sud, sur la gauche de la route de Võru (signalisation), après un ensemble résidentiel bordant le parc de l'ancien manoir.

Musée agricole estonien★ (Eesti Põllumajnadus muuseum) – *Pargi 4 - Ülenurme - www.epm.ee. - 15 mai-15 sept. tlj 9h-17h, reste de l'année tlj 10h-16h.* Les dépendances de l'ancien manoir abritent ce musée, dominé par un moulin à vent provenant de Saaremaa. Élevage du bétail et de la volaille, apiculture, culture et travail du lin et des céréales, toutes les facettes de la vie rurale en Estonie d'hier et d'aujourd'hui sont ici explorées. Une belle collection d'anciens véhicules et de machines agricoles, de tracteurs et de locomobiles, est présentée dans la cour.

Otepää★

44 km au sud par la route de Võru puis à droite la route 46. C'est dans une région verdoyante et vallonnée, dotée d'agréables lacs comme celui de **Nõuni**, qu'est établie cette station de sports d'hiver construite sur plusieurs éminences. L'hiver, les amateurs se pressent autour du centre sportif pour pratiquer le patinage ou emprunter les pistes de ski de fond. L'équipement le plus impressionnant est toutefois le grand tremplin de saut. Dominée par un clocher baroque, l'**église Notre-Dame (Maarja kirik)**, édifiée en 1860, possède un riche décor sculpté inspiré du néogothique anglais. Un bas-relief rappelle que c'est ici que fut « inauguré » le 4 juin 1884 le drapeau bleu blanc noir de la Société des étudiants estoniens, futur étendard national.

Un peu plus loin, la station climatique de **Pühajärv** doit son nom au **Lac Sacré (Pühajärv)**. Vous y verrez le grand « Chêne de la guerre », ainsi nommé en souvenir d'une révolte paysanne qui enflamma la région en 1841.

En poursuivant vers la frontière lettone par la route 72, ne manquez pas à **Lossiküla** le curieux manoir de **Sangaste**, pastiche néogothique d'allure très anglaise construit en 1883 par **Otto Pius Hippius** pour le comte **Friedrich von Berg**.

29 km plus au sud, par les routes 72 puis 3, la ville frontière de **Valga**, jumelle de la lettone **Valka** *(voir p. 211)*, a conservé un hôtel de ville néoclassique en bois (1866).

Elva

21 km au sud-ouest par la route 3. Cette agréable cité très verdoyante a su profiter d'un petit lac pour se muer en station balnéaire.

Réserve naturelle d'Endla (Endla Looduskaitseala)

47 km au nord de Tartu par la route de Rakvere (39). Vous y accéderez par **Jõgeva**, cité ferroviaire réputée pour son Institut d'horticulture. Huit kilomètres plus au nord, l'école de **Tooma** *(route non goudronnée à partir de Kärde)* présente une exposition sur les milieux naturels de cette réserve marécageuse riche en castors, créée autour du **lac d'Endla (Endla järv)**. Un sentier de découverte en planches (1,3 km) permet de se dégourdir les jambes tout en découvrant les marais.

Tartu pratique

Information utile

Tartu – *Raekoja plats 14 - été lun.-vend. 9h-18h, sam. 10h-17h, dim. 10h-15h; hiver lun.-vend. 9h-17h, sam. 10h-17h.*

Se loger

Tampere maja (15) – *Jaani 4 - ✆ 738 6300 - www.tamperemaja.ee. - 4 ch. 900 Kr* . C'est la cité finlandaise qui gère ce lieu chaleureux, à la fois centre culturel et maison d'hôte, dans une demeure de bois du centre-ville.

Uppsala maja (17) – *Jaani 7, au coin de Lai - ✆ 736 1535 - www. uppsalamaja.ee. - 5 ch. 950/1 150 Kr* . L'ambition de cette maison rose du 18e s. est de perpétuer les échanges entre la ville suédoise d'Uppsala et Tartu, jumelées en 1988. Devenue une maison d'hôte, la demeure, d'un confort tout scandinave, séduit par la chaleur de son accueil.

Aleksandri (1) – *Aleksandri 42 (à 20mn à pied du centre-ville - ✆ 730 3009 - www.aleksandri.ee. - 37 ch. 600 Kr -* *70 Kr.* Rénové en 2004, c'est un petit hôtel confortable et fonctionnel.

Park (11) – *Vallikraavi 23 - ✆ 742 7000 - info@parkhotell.ee. - 19 ch. 1 080 Kr* . Sur les hauteurs de la ville (derrière l'ancienne cathédrale), un hôtel d'allure un peu vieillotte. L'accueil et l'équipement des chambres, assez vastes, en font néanmoins une adresse très convenable.

London (7) – *Rüütli 9 - ✆ 730 5555 - www.londonhotel.ee. - 60 ch. 1 660 Kr* . Un noble immeuble abrite cet hôtel raffiné au décor et à l'agencement contemporains. Belles vues depuis les étages sur les toits du vieux Tartu.

Draakon (5) – *Raekoja plats 4 - ✆ 744 2045 - www.draakon.ee. - 40 ch. 1 550/1 900 Kr* . Bel établissement idéalement situé face au *Baiser des étudiants*. Décor cossu et grand confort.

Barclay (3) – *Ülikooli 8 - ✆ 744 4100 - www.barclay.ee. - 49 ch. 1 570 Kr* . C'est en 1912 que fut élevé cet hôtel dans le style Art nouveau. Quartier général de l'armée Rouge jusqu'en 1992, le lieu a retrouvé sa vocation hôtelière depuis lors et propose des prestations haut de gamme. Le confort et le service sont irréprochables.

Pallas (9) – *Riia 4, réception au 3e étage - ✆ 730 1201 - www.pallas.ee. - 60 ch. 1 275/2 000 Kr* . L'immeuble moderne que cet hôtel occupe a été construit sur les décombres de l'école d'art Pallas, détruite par un bombardement en 1944. Les chambres, vastes et largement ouvertes par des baies vitrées sur la ville, occupent les trois étages supérieurs. La décoration s'inspire de l'œuvre des représentants de l'école. Petit-déjeuner à la brasserie au 1er étage.

Se restaurer

Gruusia Saatkond (7) – *Rüütli 8, 1er étage.* Restaurant géorgien très simple. L'escalier qui y mène est décoré de peintures murales évoquant cet État du Caucase. Vous y dégusterez une cuisine parfois assez épicée où vous aurez le choix entre *tschanahi* (cassolette de bœuf aux aubergines), *kharcho* (bœuf à la sauce aux noisettes) ou *chakapuli* (agneau au vin). Bon choix de vins géorgiens (Alazani, Superavi ou Pirosmani) et service souriant.

Olde Hansa (9) – *Aleksandri 46.* Taverne au décor rural où l'on sert une cuisine campagnarde…

Eesti Restoran (5) – *Ülikooli 8.* Spécialités estoniennes dans l'élégant restaurant du *Barclay*.

Atlantis (1) – *Narva mnt.* Face à la vieille ville, presque au débouché de la passerelle, un grand établissement dominant la rivière. Cuisine internationale et estonienne (soupe de pois et de poires, choucroute…).

Rasputin (11) – *Ülikooli 10.* Décor d'isba russe pour cette taverne à l'atmosphère détendue. Bortsch, *pelmeni* et autres blinis au programme. Jardin d'été.

Werner (19) – *Ülikooli 11.* Un lieu historique, puisque c'est en 1895 qu'il a ouvert ses portes. Installé sur deux étages (le rez-de-chaussée faisant plutôt café), le lieu présente un subtil mélange de design et de mobilier ancien dans un décor où domine le brun du lin. Cuisine « fusion ».

Pauses et petites faims

Suudlevad Tudengid (15) – *Raekoja plats 10.* Un grand café honorant *Le Baiser des étudiants*. Ceux-ci le fréquentent donc avec assiduité. Café-jazz à l'étage.

Pierre (10) – *Raekoja plats 12.* Plus classique que son grand frère Tallinnois : rendez-vous des amateurs de chocolat.

Truffe (16) – *Raekoja plats 16.* Contrairement à ses confrères et voisins, ce café joue la carte d'un design très dépouillé.

Ülikooli kohvik (17) – *Ülikooli 20.* Sur la place de l'Université, ce grand café déploie ses salles sur deux niveaux (ne manquez pas la décoration de l'étage) et des terrasses aux beaux jours. Formule snack-bar au rez-de-chaussée.

Rotund (13) – *Toomemägi.* Près de la cathédrale, une rotonde, comme son nom l'indique, qui survient à point au terme de l'ascension de Lossi.

Café Wilde (21) – *Vallikraavi 4, au coin d'Üllikooli.* Une institution célèbre pour ses pâtisseries.

Achats

Achats courants au centre commercial *Kaubamaja (Riia mnt).* Pour l'artisanat, quelques boutiques sur Raekoja plats, sans oublier l'**Antoniuse Õu** *(voir p. 153)*.

Võru★

14 487 HABITANTS
CARTE GÉNÉRALE 1ER RABAT DE COUVERTURE – CARTE MICHELIN N° 782 W8

Fondée par Catherine II, Võru est une petite cité tranquille posée en bordure d'un grand lac. C'est le cœur de la région la plus accidentée du pays qui réserve au visiteur de somptueux paysages. Si le lieu préserve jalousement ses particularismes, il n'en est pas moins cher à tous les Estoniens : c'est ici en effet qu'un médecin écrivit le fameux Kalevipoeg, à la fois épopée nationale et œuvre fondatrice de la littérature estonienne.

Se repérer – Võru est située à 68 km au sud-est de Tartu par la route E 283/2. Perpendiculaire à la rue principale (Antsla que poursuit Jüri), la rue Tartu conduit à la plage bordant le lac Tamula et que longe Vee.

Se garer – Vous pourrez laisser la voiture devant l'église ou dans les rues rectilignes de la cité qui dessinent un quadrillage parfait.

À ne pas manquer – Les deux musées de la ville et le Haanjamaa.

Organiser son temps – Consacrer une demi-journée à la ville.

Pour poursuivre son voyage – Voir aussi Viljandi ou Alūksne en Lettonie.

P. Plantier / Michelin

Lacs et forêts près de Rõuge.

Comprendre

Une création de Catherine II – C'est sur ordre de la tsarine qu'un nouveau comté, l'actuel **Võrumaa**, est créé dans cette région de lacs et de forêts. Le siège en est fixé sur la route de Tartu à Pskov, et, le 27 avril 1784, les fonctionnaires impériaux s'installent sur le site de la future capitale du comté. Après les fantaisies baroques, l'heure étant au classicisme, la ville y gagne un plan en damier qu'elle a conservé jusqu'à nos jours. Quant à la population, elle parle un dialecte particulier et s'enorgueillit que la chanson *Tii* interprétée par le groupe féminin **Neiokõsõ**, choisi pour représenter l'Estonie au concours de l'Eurovision en 2004, ait été écrite dans la « langue de Võru ».

Le père de l'identité nationale estonienne – Né à Rakvere dans une famille de serfs, **Friedrich Reinhold Kreutzwald** (1803-1882) étudie la médecine à Tartu, avant de s'établir à Võru en 1833 où il exerce son art jusqu'à sa mort. Membre de la Société savante estonienne, il se passionne pour les travaux de **Friedrich Robert Faehlmann** (1798-1850) qui avait collecté les légendes éparses relatives au fils de Kalev. Présumant qu'il s'agissait de fragments épars d'une épopée, Faehlmann tente de donner naissance à une narration mettant en scène le « défenseur de l'intégrité de l'Estonie ». Mais il meurt sans y parvenir. Kreutzwald prend sa suite en 1850 et, persuadé à la lecture du *Kalevala* finlandais d'être en présence d'une mystification, décide de prendre des libertés avec son matériau : il en résulte le *Kalevipoeg*, une épopée de 20 chants et 19 000 vers, rédigée en estonien, et pour une large part sortie de l'imagination de son auteur. Quelques années après sa publication, la jeunesse estonienne s'empare du texte et en fait le symbole de l'identité nationale.

Les Sètes, une culture originale – Ils sont quelques milliers tout au plus. Bien que tout aussi finno-ougriens que le reste des Estoniens, ils affirment être sur ce petit coin de terre qu'ils occupent, à cheval entre Russie et Estonie, depuis le commencement du monde. Ils parlent une langue bien à eux, le **võru-seto**, un estonien auquel nul autre Estonien ne comprend le moindre mot. Ils ont adopté la religion orthodoxe mais la pratiquent à leur manière et perpétuent leurs anciennes coutumes, leurs costumes traditionnels et leur chant polyphonique, le **leelo**. Ils ont un roi, **Peko**, qui réside au ciel, et élisent chaque année son représentant sur Terre. Les Sètes (*Setu* ou *Seto*) vivent sur un petit territoire au sud-est de l'Estonie, dont la capitale est de l'autre côté de la frontière *(à 2 km)* : **Pechory**, cité connue pour son superbe monastère fondé en 1743.

Le leelo

Que ce soit pour un mariage, un enterrement ou les travaux quotidiens, **leelo** était interprété par la « **mère de la Chanson** » et un chœur de 5 à 6 femmes, qui répétait les vers chantés par la soliste. Certaines mères étaient réputées pour leur mémoire phénoménale et pouvaient retenir jusqu'à 30 000 vers. Parmi les plus célèbres figurent **Hilane Taarka** (1856-1933) d'Obinitsa, et **Anne Vabarna** (1877-1964), créatrice de l'épopée de Peko, qui repose aujourd'hui au cimetière de Värska. Quelques hommes se sont aussi distingués, comme **Miko Ode** (1864-1924).

Se promener à Võru

C'est au coin de Jüri et de Tartu que se dresse l'**église Ste-Catherine (Katariina kirik)**, financée par Catherine II et construite entre 1788 et 1793 dans le style néoclassique, peut-être par **Christoph Haberland**. Sur le fronton surmontant le portail, « l'œil qui voit tout » est une claire allusion à la donatrice. Dans le jardin attenant se dressent deux mains de bronze : ce sobre monument exécuté par **Mati Karmin** commémore la **catastrophe du ferry M/S Estonia** *(voir p. 176)* : Võru et sa région furent particulièrement touchées par ce tragique événement.

Descendre vers le lac Tamula par la rue Tartu et prendre à gauche F. R. Kreutzwaldi.

Musée mémorial Kreutzwald★★ (F. R. Kreutzwaldi memoriaalmuuseum)

F. R. Kreutzwaldi 31 - merc.-dim. 11h-18h - 10 Kr. Trois demeures dans un enclos accueillent ce musée installé dans la demeure où vécut et travailla le docteur. Après une introduction où des panneaux aident à situer Kreutzwald dans son époque et son milieu, c'est avec une véritable ferveur que l'on vous accompagnera dans la maison de bois (1793) où l'écrivain vivait. Vous verrez le cabinet de consultation, une grande salle de séjour avec son piano, la cuisine… Mais c'est dans un petit bureau à l'étage que Kreutzwald troquait la blouse du médecin pour la plume de l'écrivain. Une copie de son portrait par **Johann Köler** trône dans la pièce tandis que, sur le bureau, une photo de **Lydia Kõidula** et une copie de la première lettre qu'elle lui adressa suggèrent avec discrétion une amitié romantique. Au fond du jardin, la troisième maison présente les différentes éditions et traductions du *Kalevipoeg*, ainsi que les costumes du ballet tiré de l'épopée qui fut créé, à Tartu.

Revenir en arrière jusqu'à Katarina allee.

Musée du Võrumaa★ (Võrumaa muuseum)

Katarina allee 11 - merc.-dim. 11h-18h - 15 Kr. Il présente, au deuxième étage, une remarquable exposition sur l'archéologie et l'histoire régionale. Costumes anciens, reconstitutions d'intérieurs (maison paysanne, manoir, maison sète), gravures et photos anciennes de Võru, évocation de la vie quotidienne et culturelle et des événements ayant marqué la cité, tout est ici présenté avec sensibilité. Un cahier en anglais distribué à l'accueil donne de précieuses indications sur les objets exposés dans ce musée très vivant.

Katarina allee conduit à un parc en bordure du lac où se dresse le monument dédié à Kreutzwald, réalisé par le sculpteur **Amandus Adamson**.

Un chemin en planches conduit à la plage de sable de Võru en bordure du lac Tamula.

Lac Tamula (Tamula järv)

Ce vaste lac (230 ha, profondeur : 4 m) abrite 21 espèces de poissons. Ses écrevisses étaient jadis réputées dans toute l'Europe. En hiver, le lac accueille une course sur glace dont la première édition (1964) fut organisée par le chanteur **Georg Ots**.

Aux alentours

Mõniste

25 km au sud-ouest par la route 67 au carrefour de la route 68 pour Ape (Lettonie). Situé au cœur de la forêt, ce village abrite un agréable **musée en plein air (Mõniste vabaõhu-muuseum)**, où est reconstituée une ferme estonienne traditionnelle.

Circuits de découverte

AU PIED DU « GÉANT » BALTE★★ 1

Couverte d'immenses forêts de pins où le gibier abonde (il n'est pas rare d'y croiser un daim ou une biche), cette région du sud de l'Estonie est celle de tous les records : non contente d'être dominée par le Suur Munamägi qui, avec ses 318 m d'altitude, constitue le point culminant des pays baltes, elle abrite parmi d'innombrables lacs le plus profond d'Estonie à Rõuge. Vous la découvrirez en quittant Võru vers le sud par la route 67, puis en tournant à gauche vers Rõuge. Vous entrez alors dans la région presque montagneuse du **parc naturel de Haanja (Haanja looduspark)**.

Marais de Luhasoo (Luhasoo)

Traverser Rõuge et poursuivre vers le sud (direction Krabi) sur 8 km jusqu'à Pärlijõe. Prendre alors à gauche sur 6 km. Un sentier de nature circulaire de 4,5 km permet de découvrir cet écosystème marécageux préservé et d'atteindre le **Lac noir (Mustjärv)** aux eaux acides interdisant toute forme de vie.
Revenir à Rõuge.

Rõuge★★

8 km de Võru. Sur un plateau d'altitude, ce beau village est constitué de petits groupes de maisons posées aux bords des lacs. Ceux-ci, au nombre de sept, et reliés de l'un à l'autre par des rivières, constituent un véritable chapelet, dont le fleuron au carrefour de la route de Haanja, est le **Suurjärv**, qui atteint une profondeur de 38 m. Sur la droite de la route se dresse l'**église Notre-Dame (Maarja kirik)**, construite en 1730 après que la guerre du Nord ait laissé la précédente en ruines.
Après l'église, tourner à droite vers Haanja, s'arrêter au parking de l'office de tourisme.
Posée dans un champ, une tour d'observation en bois permet d'apercevoir en contrebas la chaîne des lacs. C'est de ce lieu que part le **Sentier de l'énergie renouvelable** *(1,5 km)* que l'écologiste qui sommeille peut-être en vous se doit de parcourir. Il a été aménagé à partir de 1919 par un visionnaire, **Peeter Saarse**, dans la **vallée des Rossignols (Ööbikuorg)**. Vous y rencontrerez une petite station hydro électrique, des moulins à eau et une école chauffée à l'aide d'un générateur solaire.
La route monte en lacets serrés dans la forêt, où se dévoilent quelques lacs, jusqu'à atteindre Haanja, gros village aux maison de bois posé sur un plateau.
Suur Munamägi★★ – *Sur la droite (signalisation) - www.suurnamagi.ee. - accès à la tour : avr.-août tlj 10h-20h, sept. tlj 10h-17h, oct. w.-end 10h-17h, hiver w.-end 12h-15h - escalier 30 Kr, ascenseur 60 Kr.* Inutile de s'encorder pour partir à l'assaut de cette montagne dont le nom signifie le « Grand Œuf ». Un escalier rectiligne, tracé dans un sous-bois où se nichent des sculptures animalières, conduit au sommet où se dresse un ancien **château d'eau (Vaatetorn)**. Depuis sa plate-forme supérieure, la **vue★★** est magnifique. Une véritable mer végétale s'étend à perte de vue, trouée parfois par la tache bleue ou verte d'un lac. Les plus chanceux pourront apercevoir au loin, si l'on en croit les autochtones, les bulbes qui hérissent la cité historique de **Pskov**.
Poursuivre la route sur 6 km pour arriver à **Plaani**. Coiffée de cinq bulbes, l'église orthodoxe qui se niche dans un bosquet sur la gauche a été construite en 1879 sur ordre du tsar, soucieux de convertir ses sujets à la religion officielle.
Reprendre la direction de Võru par Haanja. Tourner à droite à Kasanitsa pour gagner la route E 263 (ou 2). La prendre à droite.

Vastseliina

Une curiosité : la grande église **Ste-Catherine (Katariina Kirik)** n'est pas dans la ville mais dans le village de **Külaoru** (à gauche de la route). Construite en 1772, elle a un style baroque malgré des aménagements néogothiques.
Après Külaoru, prendre à Kapera la direction de Vana-Vastseliina.

Rancunier

La chronique rapporte que **Pierre le Grand** aurait visité Vastseliina en 1697 et aurait été fort mécontent du manque d'égards de la garnison suédoise du lieu. Guère adepte du pardon, le tsar aurait ordonné en représailles la destruction du château et du village cinq ans plus tard.

Vana-Vastseliina★

Bientôt apparaissent les ruines de la formidable forteresse de brique du vieux Vastseliina. Construit au milieu du 14e s. par les chevaliers de l'ordre de Livonie, ce puissant château surveillait jadis la frontière entre les terres de l'Ordre et la principauté de Pskov. Ancien lieu de pèlerinage (les visiteurs de la chapelle y gagnaient quarante jours d'indulgence), le château est passé entre les mains de tout ce que la région a compté d'occupants avant d'être démantelé lors de la guerre du Nord, en 1702. C'est à la suite de cet événement que le village, rasé par les Russes, émigra quelque kilomètres plus loin.

Continuer jusqu'au village de Meremäe. Une route non goudronnée à gauche amène en 8 km à Obinitsa.

Obinitsa

Vous entrez ici en territoire sète. Au centre du village, le petit **Musée sète (Seto muuseum)** présente des objets traditionnels et, surtout, des mannequins portant des costumes : songez que le poids total des bijoux portés par ces dames peut atteindre 6 kg ! À l'orée d'une forêt, la petite église de bois, construite en 1952 par les villageois après la confiscation de leur sanctuaire par les Soviétiques, accueille chaque année, le 19 août, un pèlerinage suivi de grandes libations dans le cimetière attenant où repose **Hilane Taarka**.

Retour sur Võru (28 km) par la route d'Otsa (goudronnée).

LE SETOMAA 2

La découverte de ce territoire passe par **Värska** *(45 km au nord-est de Võru par la route 65 pour Räpina, puis prendre à droite la route 90)* en bordure du **Lammijärv**. Vous y verrez une église orthodoxe abondamment décorée d'icônes. Dans le cimetière repose la mère de la Chanson **Anne Vabarna**. Le **musée de la Ferme sète (Seto talumuuseum** – *✆ 505 4673)* comprend des bâtiments authentiques provenant de divers villages du Setomaa.

Au nord-est de Värska *(chemin de terre)*, le village de **Podmotsa**, à la frontière russe, a conservé un **tsässon**, chapelle traditionnelle sète que seule une croix sur le toit distingue des autres bâtiments ; celui-ci date de 1760. Vous pourrez en voir un autre à **Vööpsu** sur la route de **Räpina**, cité connue pour ses papeteries. Sur le chemin du retour, l'**église Notre-Dame (Maarja kirik)** de **Põlva** mérite un arrêt, bien que seule une partie du sanctuaire du 15e s. subsiste de nos jours.

Võru pratique

Informations utiles

Võru – *Tartu 31 - ✆ 078 21881 - www.visitvoru.ee. - hiver : lun.-vend. 10h-17h, sam. -15h ; 15 mai-15 sept. lun.-vend. 9h-18h, sam.-dim. 10h-15h.*

Centre d'information du **parc naturel de Haanja** – *Haanja - www.haanjapark.ee.*

Centre d'information de la **vallée des Rossignols (Ööbikuori keskus)** à **Rõuge** – *Route de Haanja - mai-sept. 10h-16h.*

Se loger

Tamula – *Vee 4 - Võru - ✆ 783 0430 - www.tamula.ee. - 25 ch. 880 Kr.* Construit directement sur la plage, cet hôtel occupe un long immeuble d'un étage où domine le bois.

Arossa Villa – *Nursi, 10 km au sud-ouest par la route 67 - ✆ 782 9114 - www.arossa.ee. - 6 ch. 750 Kr.* Chaleureuse maison d'hôte édifiée au milieu d'une prairie aménagée en terrain de camping.

Se restaurer

Pub Hundijalg – *Jüri.* Dans une petite salle décorée d'objets anciens (le fer à repasser et une paire de skis rustiques voisinent avec un portrait ovale qui pourrait être celui de votre aïeule), vous pourrez vous restaurer de quelques *snäkid* accompagnant une bière, d'une soupe (vous aurez le choix entre la *seljanka* russe et une mystérieuse « soupe française ») ou, de façon plus consistante, avec les *karbonaad*, quelques *šašlikk* ou une grillade de viande *(grill-liha)*, le tout accompagné des inévitables pommes de terre *(kartulid)* et d'une sauce *(kastmed)* au choix. Et pour vous détendre, pourquoi pas une partie de fléchettes dans la cour ?

HAANJA

Suur-Münna kohvik – Face à l'escalier donnant accès au mont, un charmant chalet propose une restauration légère que l'on prend plaisir à déguster dehors en été, sur les tables face aux prés.

VANA-VASTSELIINA

Piiri – *Devant le château - juin.-août tlj, reste de l'année vend.-sam. le soir.* Grandes salles rustiques avec tables sur tréteaux pour des repas campagnards.

Achats

Ööbikuori keskus – *Rõuge, route de Haanja.* Artisanat et souvenirs.

Viljandi★

19 870 HABITANTS
CARTE GÉNÉRALE 1ER RABAT DE COUVERTURE – CARTE MICHELIN N° 782 R6

Avec son château de l'ordre de Livonie posé sur une colline dominant un grand lac, le site de Viljandi ne manque pas d'attrait. Un agréable petit centre ancien aux maisons de bois, un festival de folklore réputé et une plage très fréquentée aux beaux jours achèvent de faire la prospérité touristique de cette cité.

- **Se repérer –** Dominant le lac qui porte son nom, Viljandi est située à 160 km au sud de Tallinn et à une trentaine de kilomètres à l'ouest du Võrtsjärv. Deux rues principales à sens unique (Jakobsoni et Uus) traversent la ville en bordant le centre ancien et aboutissent toutes les deux sur la route de Tallinn (Tallinna).
- **Se garer –** Parking sur Vabaduse plats face à l'office de tourisme et à Tallinna devant la gare routière.
- **À ne pas manquer –** Le site du château dominant le lac.
- **Organiser son temps –** Une demi-journée.
- **Pour poursuivre son voyage –** Voir aussi Võru et Pärnu.

Comprendre

Un Vercingétorix estonien – C'est en 1211 que les chevaliers Porte-Glaive mettent le siège devant Viljandi, au cœur de la région historique du Sakala. Mais ce n'est que quatre ans plus tard qu'ils parviennent à **Lõhavere** (alors nommée Leola), 25 km au nord. Là, le potentat local, **Lembitu**, se soumet et accepte d'être baptisé avec ses sujets. Cependant, les baptêmes en masse indisposent les autochtones, qui se révoltent. Une nouvelle campagne est menée en 1217 par les chevaliers pour les ramener dans le droit chemin. Le 21 septembre 1217, jour de la Saint-Matthieu, à 11 km au nord-ouest de Viljandi, les Allemands croisent la route de Lembitu qui est parvenu à unir la plus grande partie des tribus estoniennes. La bataille est terrible, mais les Estoniens sont dispersés et Lembitu tué au combat. Malgré des révoltes sporadiques, souvent sanglantes, la voie est désormais libre, même si l'Estonie ne sera véritablement soumise qu'en 1227.

Se promener à Viljandi

Prendre sur la gauche de l'office de tourisme Tasuja pst puis sur la gauche, Pikk.

Église Saint-Jean★ (Janikirk)

Pikk. Vestige d'un monastère franciscain, cette belle église a été élevée dans la seconde moitié du 15e s. Le clocher baroque est un ajout du début du 19e s. Restaurée après avoir servi d'entrepôt sous le pouvoir soviétique, elle accueille des concerts.

Centre Kondas (Kondas keskus)

Pikk 8 - ✆ 433 3968 - merc.-dim. L'ancien presbytère de l'église accueille ce musée d'art naïf honorant le peintre **Paul Kondas** (1900-1985). Outre ses œuvres, vous y verrez des peintures de **Hugo Sturm** (1891-1979) et des sculptures de **Joann Sõsha** (1913-1992).

Au carrefour, prendre sur la droite le pont de bois qui conduit au-dessus des douves au parc du château.

Parc du Château★ (Lossimäed)

C'est sur plusieurs collines verdoyantes, séparées par les profondes saignées des anciennes douves, que se dressent les ruines du château construit par les Porte-Glaive à partir de 1224. Mais, auparavant, sur votre droite, vous verrez une grange provenant de **Kirsimäe**, en cours de reconstruction. Elle doit accueillir dès 2008 le **Centre estonien de musique folklorique**. Du **château de l'Ordre★ (Ordulinnus)**, détruit lors de la guerre

P. Plantier / Michelin

L'église Saint-Jean à Viljandi.

du Nord, il reste assez de vestiges pour se représenter l'impressionnante forteresse qu'avaient érigé les Allemands pour contrôler cette région rebelle. Les chevaliers, résidant dans un premier château de bois, en avaient fait les frais le 29 janvier 1223 lorsqu'ils furent occis par des Estoniens rétifs à la christianisation. Au cœur des anciennes murailles, théâtre de verdure et belle **vue★** sur le lac de Viljandi en contrebas. Sur la droite, une **passerelle (Rippsild)** a été lancée au-dessus des douves en 1995.

Revenir par le pont de bois et prendre dans le prolongement Lossi.

P. Plantier / Michelin

Pont suspendu pour émotions fortes…

Place Laidoner (Laidoneri plats)

Vous arrivez sur l'harmonieuse place honorant **Johan Laidoner** (1884-1953) qui, après avoir été colonel dans l'armée russe lors de la Première Guerre mondiale, fonda l'armée estonienne en 1917, avant de se reconvertir dans la politique et de collaborer au coup d'État fomenté par **Konstantin Päts** en 1934. Il termina sa vie dans une prison soviétique. Ornée d'une fontaine *(Le Garçon au poisson)* réalisée par August Vomm, la place présente quelques bâtiments dignes d'intérêt comme cette demeure de bois qui, au coin de Munga, se signale par une tourelle en encorbellement.

Musée de Viljandi (Viljandi muuseum) – *Laidoneri plats 10, au coin de Lossi - Mer.-dim. 10h-17h - 20 Kr.* Installé dans l'ancienne pharmacie municipale, il est consacré à l'histoire de la ville et de la région. Vous y verrez notamment des maquettes de la forteresse de Lembitu à Lõhavere et du château de Viljandi.

Sur la droite, **l'ancien château d'eau (Vossi Veetorn** – *1er mai-30 sept. tlj 11h-18h)* restauré a été construit en 1911. Haut de 30 m et surmonté d'une structure octogonale, il permet d'admirer un beau **panorama★★** sur la ville et le lac.

Face au château d'eau, la place Laidoner communique avec une autre place ombragée où se dressent l'ancien **hôtel de ville (Raekoja)**, datant de 1774 mais très remanié. À côté, un monument a été réalisé par **Edgar Viies** à la gloire du premier grand peintre estonien, **Johann Köler** (1826-1899), natif de la région.

Trepimägi

Entre le château d'eau et l'hôtel de ville. La rue conduit à un escalier de 158 marches (en cinq volées), taillées au début du 20e s., qui permet de descendre vers le lac. Après la statue du coureur, un certain **Hubert Pärnakivi**, onze fois vainqueur de l'épreuve de course annuelle autour du plan d'eau, Vesiflirdi allee conduit à la **plage (rand)** aménagée en bordure du lac.

Lac de Viljandi★ (Viljandi järv)

Au pied de la ville et du château, ce vaste lac (4,6 km de long sur 450 m de large) est apprécié tant des baigneurs et des canoteurs que des promeneurs et des pêcheurs qui profitent de ses rives ombragées.

Aux alentours

Lac Võrtsjärv

29 km à l'est par la route de Tartu. Drainé par l'**Emajõgi**, le plus grand lac intérieur du pays avec ses 270 km^2 est renommé pour ses nombreuses espèces de poissons (brochets, perches…). Vous pourrez l'apercevoir en suivant la route de **Vaibla**, village de vacances constitué de quelques bungalows sous les pins, situé sur la rive Nord, ou un peu plus loin lorsque la route traverse l'Emajõgi *(petit port)*.

Parc national de Soomaa★ (Soomaa rahvuspark)

Quitter Viljandi vers Pärnu et Kilingi-Nõmme (route 92). Après 12 km, avant Kõpu, une route non asphaltée (signalisée « Tõramaa/Soomaa ») conduit, en 15 km, au Centre d'information de Kõrtsi-Tõramaa (☏ 435 7164 - www.soomaa.ee.). Classé parc national en 1973, Soomaa (« terre des marais ») occupe la plus vaste zone marécageuse du pays, ainsi que les forêts avoisinantes. Il est constitué de quatre grands marais reliés par des rivières qui, en période de crue printanière (ici nommée la « cinquième saison »), envahissent une grande partie du parc. Les habitants se déplacent alors à bord de barques taillées d'une seule pièce dans le tremble, nommées **haabja**.

Sillonné de pistes, le parc est doté de plusieurs tours d'observations permettant aux chanceux d'apercevoir quelques représentants de la faune locale : aigles et tétras, mais aussi 46 espèces de mammifères (ours, loups, lynx, sangliers, élans…).

C'est bien sûr en la parcourant à bord d'un *haabja* manié par un habitant des lieux que vous découvrirez le mieux cette étrange région : c'est possible à proximité d'**Aesoo**, au Centre de canoës de Saarisoo sur la rivière Navesti.

Circuit de découverte

Quitter Viljandi par la route 51 vers Põltsamaa (5 km de piste après Kolga Jaani).

Põltsamaa

Põltsamaa a conservé sur la rive droite de sa rivière un **château de l'ordre de Livonie (Ordulinnus)**, élevé sur un plan carré à partir de 1272. Ce fut le quartier général du frère du roi du Danemark, le **duc Magnus**, lorsqu'il entreprit en 1569 de devenir (avec la complicité du tsar **Ivan le Terrible**) roi de Livonie. Mais Magnus échoua dans ses tentatives pour s'emparer de Tallinn, et le tsar, irrité, s'empara de son château et le démantela (1578). Le lieu abrita plus tard une manufacture de porcelaine, restée célèbre pour ses motifs blanc et bleu.

Gagner Võhma (27 km à l'ouest), où l'on prend à gauche la route 49 vers Viljandi.

Olustvere

Sur la gauche de la route. Entouré d'un parc à l'anglaise, le manoir élevé en 1903 se mire dans un petit lac. Le lieu abrite une collection de chevaux sculptés dans le bois par un habitant du village, **Voldemar Luht**.

Forteresse de Lõhavere (Lõhavere linnamägi)

C'est en bordure de la petite route conduisant à Suure-Jaani que se dresse l'ancien château de **Lembitu**. Il s'agit d'une colline qui a été surélevée pour être fortifiée, mais, si le lieu cher aux Estoniens a livré nombre d'objets archéologiques, il ne reste naturellement rien de la forteresse elle-même, construite en bois.

Suure-Jaani

Construite sur une colline presque entièrement entourée d'eau, l'église fortifiée **St-Jean (Püha Johannese kirik)**, fondée en 1300, a conservé malgré les remaniements quelques sculptures d'époque romane.

Viljandi pratique

Informations utiles

Viljandi – *Vabaduse plats 6 - 15 mai-15 sept. lun.-vend. 9h-18h, sam.-dim. 10h-15h ; reste de l'année lun.-vend. 10h-17h, sam. -14h.* Particulièrement riche en brochures et en publications sur l'ensemble de l'Estonie.

Poste – *Tallinna 22.*

Se loger

Alice – *Jakobsoni 53 - 434 7616 - www.matti.ee/alice. - 13 ch. 600 Kr.* C'est la villa où vécut l'écrivain **Friedebert Tuglas** qui abrite cette très sympathique *külalistemaja* (maison d'hôte) aussi propre que confortable. Accueil agréable.

Grand Hotell Viljandi – *Tartu 11 - 435 5800 - www.ghv.ee. - 49 ch. 1 100/1 400 Kr.* Ne vous fiez pas à la façade un peu triste de cet hôtel. Le lieu est très confortable et idéalement situé à quelques pas du centre de la vieille ville.

Se restaurer

Tegelaste tuba – *Pikk 2b.* Ce grand pub aux murs de brique propose des plats du jour (sur ardoise) ainsi qu'une carte fournie à une clientèle d'habitués.

Eve – *Tartu 11/Lossi 29.* Malgré une atmosphère un peu compassée, le restaurant du *Grand Hotell* propose une excellente cuisine européenne.

Achats

Centre d'artisanat de Viljandi (Viljandi kasitöö koda) – *Lossi, dans la cour du musée de Viljandi - mar.-vend. 10h-17h30, sam. 10h-15h.* Vous y trouverez essentiellement des textiles (dont certains sont tissés sur place) et des lainages.

Événements

Course pédestre autour du lac – Depuis 1928, chaque 1er mai, elle réunit des centaines de participants sur les 12 km du parcours.

Festival international de marionnettes – Mi-mai.

Journées hanséatiques – Tous les ans en juin, la ville médiévale revit lors d'une grande foire artisanale.

Festival de musique ancienne – Mi-juillet.

Festival de folklore – *Dans le théâtre de verdure du château - dernier w.-end de juil. (3 j).* Attention : ce festival est très couru… au point de faire quasiment doubler les tarifs hôteliers.

Pärnu★★

44 200 HABITANTS
CARTE GÉNÉRALE 1ER RABAT DE COUVERTURE – CARTE MICHELIN N° 782 O6

Ancienne cité hanséatique, la principale station balnéaire du pays doit son succès à la vogue des bains de boue et à sa superbe plage de sable abritée au fond d'une baie. Le quartier balnéaire verdoyant et le centre ancien, ponctués de belles villas, accueillent chaque été une clientèle souvent jeune attirée tant par les joies de la plage que par les festivals et les concerts qui animent la saison.

- **Se repérer** – Riia mnt, lorsque l'on arrive du sud (et donc en principe de Rīga), aboutit tout naturellement à Pikk, avenue qui longe le centre ancien. Celle-ci conduit à une place, Keskväljak. En tournant sur la droite, le pont franchissant le fleuve Pärnu se poursuit par la route de Tallinn. Le quartier balnéaire se situe au sud de la vieille ville et est accessible par Aia.
- **Se garer** – Au centre-ville et dans le quartier de la plage (en été), le stationnement est payant par horodateurs ; comme la petite monnaie est rare en Estonie, laissez la voiture aux parkings (gratuits) du centre commercial *Port Artur*, sur Homniku.
- **À ne pas manquer** – Les villas et la plage.
- **Organiser son temps** – Une journée agrémentée d'un bain (de mer… ou de boue).
- **Pour poursuivre son voyage** – Voir aussi l'île de Saaremaa et Haapsalu au nord, et la capitale, Rīga, au sud.

S. Ollivier / Michelin

La villa Ammende, un chef-d'œuvre de l'Art nouveau.

Comprendre

La « capitale estivale de l'Estonie »

C'est en 1996 que Pärnu s'est vu décerner ce titre, qui, pour être honorifique, n'en est pas moins officiel. Auparavant, le lieu avait été le siège d'un évêché rapidement transféré à Haapsalu *(voir p. 174)* après un raid des Lituaniens qui détruisit la cité. Une nouvelle Pärnu **(Uus Pärnu)**, fondée en 1265 sur la rive gauche du fleuve, connaît la prospérité à l'époque hanséatique avant de passer sous le contrôle des Suédois qui la dotent de fortifications et d'un embryon d'université, puis des Russes. Si la ville développe des activités industrielles et portuaires, c'est en 1837 que son destin va changer avec la découverte des vertus curatives des boues. Dès lors, l'ouverture du premier établissement thermal va entraîner la construction d'hôtels et de villas et l'aménagement de parcs dans un quartier balnéaire dont le succès sait s'adapter aux contraintes de l'heure : mondain à la Belle Époque, thérapeutique à l'ère soviétique quand les travailleurs méritants de toute l'URSS étaient conviés dans d'immenses établissements gérés par les syndicats, festif aujourd'hui, la superbe plage attirant chaque été des dizaines de milliers d'Estoniens en quête de soleil.

Se promener

Vieille ville★

Du parking des centres commerciaux, gagner la gare routière.

De taille très réduite, le centre historique s'organise autour d'un axe principal rectiligne et piétonnier, **Rüütli★**, que bordent des maisons en bois des 17e et 18e s. Commerces et cafés animent en été l'endroit et les ruelles adjacentes : **Pühavaimu** bordée d'anciennes demeures ; Hospidali avec l'ancien **hospice (Seegi maja)** reconverti en restaurant ; **Homniku** où, sur la droite, se dresse la **tour Rouge (Punane torn)**, du 15e s., blanche, comme son nom ne l'indique pas, et dernier vestige des remparts.

Prendre à gauche Nikolai.

Église Sainte-Elisabeth (Eliisabeti kirik) – *Nikolai 22, au coin de Kuninga - lun.-sam. 12h-18h, dim. 10h-13h.* Baroque, cette église, que surmonte un élégant clocher, fut élevée en 1747 et baptisée en l'honneur de l'impératrice **Elisabeth Petrovna**. Elle a conservé un beau portail sculpté.

Revenir sur Rüütli et poursuivre, puis prendre à droite sur Vee.

Église orthodoxe Sainte-Catherine★ (Jekaterrina kirik) – *Vee 16 - lun.-vend. 11h-18h, sam.-dim. 9h-18h.* Coiffée d'un dôme central surmonté d'un lanternon et d'un élégant clocher effilé, cette belle église baroque a été construite en 1768 par l'architecte **P. Jegorov** sur l'ordre de la Grande Catherine. L'intérieur renferme une belle iconostase à trois registres.

Revenir sur Rüütli.

Au bout, les douves de **Vallikraav** sont bordées de vestiges des remparts suédois.

Rive droite

Traverser le pont et prendre à gauche J. V. Jaanseni.

Musée Lydia Kõidula★ (L. Kõidula muuseum) – *Jaanseni 37 - www.pernau.ee. - merc.-vend. 10h-18h - 15 Kr.* Une ancienne école accueille ce musée, ouvert à la mémoire du poète estonien par excellence, **Lydia Kõidula** (1843-1886), et de son père, **Johann Voldemar Jannsen**, personnage marquant de l'éveil national estonien.

Quartier balnéaire★★

Depuis la gare routière, Aia conduit à travers un agréable quartier résidentiel jusqu'à la **promenade A. H. Tammsaare (Tammssaare pst)**. De part et d'autre s'élevaient des villas de style Art nouveau ou fonctionnaliste. Certaines ont échappé aux appétits des promoteurs.

La promenade Tammsaare conduit sur la gauche à Supeluse. Prendre à gauche.

Maison des bains de boue (Mudaravila Hoone) – Avec ses colonnades et ses bas-reliefs à l'antique, ce pastiche néoclassique de 1927 a bel allure.

Sur la gauche, la **promenade de la Plage (Ranna pst)**, récemment aménagée par l'architecte **Kersti Lootus**, dessert la longue plage de sable fin qui se love à l'abri de la baie de Pärnu. Elle conduit à la **Maison de la plage★ (Ranahoone)**, symbole de l'architecture fonctionnaliste estonienne (abritant aujourd'hui le *Scandic Rannahotell*), élevée en 1937 par les architectes **Olev Sünmaa** et **Anton Soans**.

Ambassade d'Estonie

La plage de Pärnu.

De l'autre côté, de belles villas se nichent dans des parcs ombragés, dont la **villa Ammende★★** (Mere pst), délirant pastiche néomauresque.

Circuits de découverte

LA CÔTE AU SUD VERS LA FRONTIÈRE LETTONE 1

Quitter Pärnu en direction de Rīga (qui ici se dit Riia) par la Via Baltica (4/E67) et laisser à gauche la route 6 de Kilingi-Nõmme.

D'agréables forêts encadrent la route, dissimulant le littoral aux automobilistes.

Tahkuranna

1 km sur la gauche de Metsaküla. C'est dans l'église orthodoxe de ce village que fut baptisé en 1874 **Konstantin Päts**, un des pères de l'Estonie indépendante. Il imposa

ensuite, à partir de 1934, une dictature paternaliste qui ne prit fin qu'avec l'arrivée des Soviétiques (et sa déportation en URSS). Un monument commémore l'événement. Au-delà de Võiste, la côte autour de **Rannametsa** présente de belles dunes de sable, les plus hautes des pays baltes (34 m), recouvertes d'une forêt de pins.
Quitter la Via Baltica pour emprunter à droite la petite route côtière.

Häädemeeste et Kabli★

Häädemeeste (ancien chantier naval) puis **Kabli**, constituées de maisons de bois disséminées sous les arbres (remarquez les saunas à demi enterrés), bénéficient de belles plages de sable.
Reprendre la Via Baltica vers le nord puis tourner sur la petite route de Massiaru.

Réserve naturelle de Nigula (Nigula looduskaitseala)

Sentiers et tours d'observation permettent de découvrir cette tourbière, peuplée de nombreuses espèces d'oiseaux. Le lieu est aussi réputé pour ses **canneberges**.

EN ROUTE VERS LES ÎLES 2

Quitter Pärnu par le pont (direction Tallinn) et poursuivre tout droit sur la route 60 signalisée Haapsalu. Après Audru (14 km), tourner à droite vers Lavassaare (12 km).

Lavassaare

Le village abrite un **musée du Chemin de fer (Eesti muuseumraudtee** – *Üllejõe 1 - www.museumrailway.ee.).* Consacré aux chemins de fer à voie étroite qui sillonnaient naguère le pays, il présente sous les arbres quelque 60 locomotives et wagons.
Revenir sur la route 60.

Lihula

Sur la droite de la route avant le carrefour pour Saaremaa. Ce long village fut choisi en 1228 comme siège de l'évêché d'Ösel-Wiek *(voir p. 174)* nouvellement créé. Les évêques y firent bâtir sur une éminence une puissante forteresse dont ils partageaient la jouissance avec l'ordre de Livonie. Il n'en reste que des ruines depuis la guerre de Livonie. C'est sur la **colline du château (Lossimägi)**, au bout de la rue principale, que se dresse la colonnade néoclassique d'une belle demeure édifiée en 1828, le **manoir de Lihula (Lihula mõis)**.
Gagner la route 10 (Virtsu/Haapsalu) et prendre la petite route conduisant à Penijõe.

Penijõe

Le manoir de **Penijõe** abrite le centre d'accueil du **parc naturel de Matsalu (Matsalu rahvuspark** – *www.matsalu.ee.).* Cette vaste zone lacustre de 486 km^2 englobant une partie maritime (baie de Matsalu), est une des principales étapes des oiseaux migrateurs parcourant la région. Des sentiers non revêtus permettent aux passionnés d'apercevoir les oiseaux depuis des tours d'observation.
Revenir sur la route 10 et prendre la direction de Virtsu.

Virtsu

C'est sur une péninsule entre mer et étangs, jadis surveillée par une puissante forteresse dont il ne reste que quelques ruines, que se trouve le port desservant les îles de Muhu et de Saaremaa *(voir p. 168)*.

Embarquer

Île de Kihnu★★

Quitter Pärnu par le pont (direction Tallinn) et poursuivre tout droit sur la route 60 signalisée Haapsalu. Tourner à gauche à Audru (14 km) sur la petite route de Tõstamaa et suivre jusqu'à Pootsi où une petite route conduit au port de Munalaid, point d'embarquement du ferry pour Kihnu. Les ferries sont armés par la compagnie Kihnu Veeted AS (Kalda 2 - Pärnu - www.veeted.com). Deux départs quotidiens en été (juin-sept.) à 7h et 16h15. Temps de traversée 1h30 à 2h. Prix : 40 Kr par passager, 160 Kr pour la voiture. Hors saison : deux départs les lun., mar. et sam., et trois départs le jeu. La même compagnie assure en saison (à partir d'avril) la traversée depuis le port de Pärnu.

Mêlant des origines suédoise et estonienne, les 500 habitants de cet îlot (7 km sur 3 km) cultivent un particularisme qui se traduit tant par un dialecte singulier et un riche corpus de contes, que par un mode de vie incluant le port du costume traditionnel et des festivités liées à la fertilité comme Kadripäe ou sainte Catherine. Ces traditions sont inscrites par l'Unesco sur la liste du patrimoine immatériel de l'humanité.

Kihnu est l'île la plus importante d'un archipel de rochers et de récifs, qui compte également l'île de **Manilaid**. Quatre villages regroupent les habitants : **Sääre**, port de débarquement des visiteurs, **Lemsi**, **Linaküla** et **Rootsiküla**.

Pärnu pratique

Informations utiles

Pärnu – *Rüütli 16, au coin de Nikolai- ☎ 447 3000 - www.parnu.ee. - lun.-vend. 9h-17h.* Vous pourrez vous y procurer *Pärnu in your Pocket*, une mine d'informations !

Se loger

Bon à savoir – Grand choix d'hôtels, de pensions et de maisons d'hôte de toutes catégories, surtout dans le quartier balnéaire. L'office de tourisme peut vous aider à trouver un hébergement. Mais en haute saison, il peut être très difficile d'obtenir une chambre.

Pour vous rendre à **Kihnu** et y séjourner (en camping ou à la ferme), adressez-vous à l'agence **Kihnurand** (*☎ 446 92924 - www.kihnu.ee.*).

CENTRE-VILLE

St. Peterburg – *Hospidali 6 - ☎ 5665 8000 - www.seegimaja.ee. - 54 ch. 1 350 Kr.* C'est une belle demeure du 18e s. avec une façade à pignon qui abrite cet hôtel très confortable, bien aménagé, agréablement décoré et meublé en style baroque.

QUARTIER BALNÉAIRE

Kapten Mikkel Kurgo Villa – *Papli 13, parallèle à Tammsaare pst - www. kurgovilla.ee. - 17 ch. 1 100/1 500 Kr.* C'est une maison de bois peinte en vert pistache, l'ancienne demeure d'un authentique loup de mer, qui accueille ce sympathique hôtel, à deux pas de la plage.

Estonia – *Tammsaare pst 4a - ☎ 447 6905 - www.spaestonia.ee. - 225 ch. 700/1 400 Kr - selon le bâtiment et la saison, prix comprenant un sauna matinal et accès à la piscine (6h30-8h).* Deux bâtiments reliés par un pont de verre lancé au-dessus d'Aia, plus une annexe, abritent ce grand hôtel Spa à l'ambiance un peu soviétique…

Villa Johanna – *Suvituse 6 - ☎ 443 8360 - www.villajohanna.ee. - 11 ch. 1 200/1 500 Kr.* Une adorable villa de bois, peinte en bleu pervenche, à deux pas de la plage. Une certaine idée du confort.

S. Ollivier / Michelin

Une plage rien que pour vous, mesdames !

Scandic Rannahotell – *Ranna pst 5 - ☎ 443 2950 - www.scandic-hotels. ee. - 62 ch. 1 500 Kr.* Rénové avec soin, cet exemple d'architecture fonctionnaliste a été repris par la chaîne Scandic : c'est dire la qualité du confort de ce grand navire posé sur la plage.

Villa Ammende – *Mere pst 7 - ☎ 44 73 888 - www.ammende.ee. - 11 ch. 1 600 Kr, 13 suites à partir de 3 100 Kr.* Superbe ! Posée dans un vaste jardin, c'est une demeure Art nouveau de style néomauresque. Boiseries, sculptures, escalier monumental et grands salons permettent de revivre les fastes d'antan. Restaurant raffiné, bien entendu, et accueil très aimable.

KABLI

Lepanina – *À 1,5 km au sud de Kabli - ☎ 446 5024 - www.lepanina.ee. - 30 ch. 890/1 290 Kr, 4 suites (jacuzzi ou sauna privatif, selon saison) 1 900/2 490 Kr, bungalows (4 lits) 890 Kr, camping 180/200 Kr.* Difficile d'être plus proche de la mer que dans cet ancien club de vacances reconverti en hôtel. L'établissement aligne ses bâtiments à l'orée d'une pinède le long d'une plage étroite. Superbe vue depuis des chambres dotées de balcons. Pour compléter le tout, un restaurant agréable, des bungalows sous les arbres et même un île (sur un lac) accessible par un ponceau, romantique refuge pour ceux qui désirent lire ou méditer.

Se restaurer

CENTRE-VILLE

Piccadilly – *Pühavaimu 15.* Ce *veinikohvik* (bar à vins) cosy propose une sélection de vins au verre ou à la bouteille, du cidre et des boissons chaudes, ainsi que des salades et des pâtisseries.

Seegi Maja – *Hospidali 1.* Ce restaurant s'est établi dans une réplique de l'ancien hospice de la ville datant de 1658. Menu et ambiance médiévaux.

Café Grant – *Kuninga 25.* Un restaurant qui joue la carte des années 1920 en tentant de faire revivre un établissement légendaire. Atmosphère raffinée et cuisine française.

QUARTIER BALNÉAIRE

Lehe kohvik – *Lehe 5, entre Tammsaare pst et Ranna pst.* De sympathiques éléphants signalent ce café au décor marin qui propose une petite restauration (salades, harengs marinés…).

Rannakohvik – *Ranna pst 1, à côté du centre thermal.* Une (petite) tour de verre posée sur la plage. Cuisine légère à l'étage et sur la terrasse.

Kuursaal – *Mere pst 22.* On dansait jadis au son des orphéons dans cet historique bâtiment de bois. Aujourd'hui, c'est une taverne où l'on accompagne de bière des plats copieux dans une ambiance festive.

Îles de Muhu★ et Saaremaa★★

CARTE GÉNÉRALE 1ER RABAT DE COUVERTURE – CARTE MICHELIN N° 782 G-H-I-J-K 4/7

À quelques encablures du continent, deux îles reliées par une digue, et tout semble soudain différent. Les paysages séduisent avec leurs maisons de pierre et leurs moulins à vent. Quant aux longues plages, elles ne peuvent que susciter l'envie de se poser avant d'explorer les lieux, si possible à vélo… Ajoutez à cela une agréable « capitale » dotée d'une puissante forteresse abritant un passionnant musée et l'impressionnant cratère laissé par une météorite, et vous aurez toutes les raisons d'embarquer à la découverte de cet archipel.

- **Se repérer** – Situées sur la côte occidentale de l'Estonie, ces deux îles sont accessibles depuis le port de **Virtsu** (entre Pärnu et Haapsalu). Un ferry conduit en une demi-heure sur Muhu. Une digue relie l'île de Muhu à sa grande voisine, Saaremaa.
- **À ne pas manquer** – Kuressaare, le cratère de Kaali et la péninsule de Sõrve.
- **Organiser son temps** – Prévoyez une nuit minimum sur les îles.
- **Pour poursuivre son voyage** – De retour sur la côte, gagnez Haapsalu. Sinon, de l'île de Saaremaa, embarquez de Triigi vers l'île de Hiiumaa, ou à Mõntu pour Ventspils en Lettonie.

P. Plantier / Michelin

Le port d'Orissaare sur le Väike väin.

Comprendre

Une authenticité préservée

Fréquenté depuis des temps immémoriaux par les navigateurs, l'archipel estonien a eu pour premiers habitants permanents des Vikings, installés sur les lieux autour du 10e s. Ce peuple de marins et de pêcheurs, attaché à son indépendance comme à ses croyances, oppose une farouche résistance aux chevaliers de l'ordre Teutonique qui devront attendre 1227 pour soumettre les insulaires. Depuis lors, l'île a vécu le destin de l'Estonie, passant aux mains de ses maîtres successifs avant de connaître un remarquable essor touristique au milieu du 19e s. L'ère soviétique, en rendant plus que difficile (voire impossible) l'accès aux lieux, tant aux étrangers qu'aux Estoniens du continent, a brisé cet essor. Cependant, cet isolement a préservé l'authenticité de Saaremaa, ce qui lui permet aujourd'hui d'accueillir des visiteurs épris de nature, de randonnées pédestres et de cyclotourisme.

Le bon géant protecteur de l'île – Contrairement aux Estoniens continentaux, les insulaires ne vénèrent pas le fils de Kalev mais le **Grand Töll (Suur Töll)**. Ce roi mythique de Saaremaa protégeait ses habitants contre leurs ennemis. Vivant comme un paysan avec sa femme Piret, il était réputé pour sa force, sa taille (un petit saut au-dessus du détroit lui permettait d'aller voir son frère Leiger, souverain de Hiiumaa) et son appétit insatiable. Las, un ennemi en vint à bout en lui tranchant la tête : le chef sous le bras, le Grand Tõll se rendit alors tout seul vers sa tombe et s'y coucha, promettant à son peuple éploré qu'il en ressortirait pour l'aider en cas de guerre ou d'invasion. Mais c'était compter sans une bande de sales gosses qui s'amusèrent à crier autour de la tombe que des envahisseurs avaient mis le pied sur l'île. Le Grand Tõll ouvrit les yeux et ne mit pas longtemps à comprendre qu'il n'en était rien. Furieux d'avoir été berné, il déclara qu'on ne l'y prendrait plus quoiqu'il arrive. Et c'est ainsi que Saaremaa est tombée aux mains des chevaliers Teutoniques.

Découvrir

MUHU★

Troisième île d'Estonie par la taille avec ses 200 km^2, Muhu n'est séparée du continent que par un étroit chenal, le **Grand Détroit (Suur väin)**. Les ferries abordent à **Kuivastu**, point de départ insulaire de la route 10 qui traverse l'archipel jusqu'à la capitale de Saaremaa, Kuressaare.

Manoir de Pädaste

Accessible par une route non asphaltée mais assez carrossable par temps sec signalée à gauche. Ouvrant sur la mer et doté d'un beau parc, ce ravissant manoir, construit à la fin du 16e s., a pris son apparence néogothique actuelle autour de 1875. Les communs abritent désormais un hôtel de charme et un restaurant réputé.

La route du manoir revient vers l'intérieur des terres et retrouve la route principale à l'entrée de Liiva.

Liiva

Ce village posé au centre de l'île est connu pour son **église Ste-Catherine de Muhu★ (Muhu Katariina kirik)**. Fondé par l'ordre de Livonie, ce lieu de culte a succédé au 14e s. à un précédent édifice construit en bois. Le plan inattendu de ce bâtiment blanc dépourvu de clocher (une large nef que poursuit un chœur plus étroit, qui s'achève sur une abside encore plus étroite) lui confère une allure presque contemporaine. L'intérieur de l'église a conservé quelques traces des fresques qui le recouvraient jadis entièrement.

Koguva★★

Accès par une petite route à droite, à 2 km de Liiva. Ce village typique, un des plus beaux d'Estonie, séduit par son unité et son harmonie. Il est constitué d'un bel ensemble de demeures aux murs de granit et aux toits de chaume, entourées de haies de pierres sèches typiques de l'archipel. Ce lieu, où le temps semble s'être arrêté, est aujourd'hui protégé.

Revenir sur la route. Un pont routier (une digue plus exactement) relie l'île de Muhu à sa grande voisine, Saaremaa, à travers le Väike väin, large de 2,4 km.

SAAREMAA★★

Un cratère et des moulins

Le nord et l'est de Saaremaa. Au bout de la digue, prendre immédiatement à droite vers Orissaare.

Orissaare★

4 km. En arrivant sur le village, on découvre un charmant petit port ouvert sur le détroit, qui permettait, avant la construction de la digue, de relier les deux îles. La bourgade elle-même est avant tout un centre commerçant pour la région.

En poursuivant au-delà sur 1 km, **Maasi**, un lieu-dit, a conservé quelques traces de la forteresse circulaire de l'ordre de Livonie détruite par le feu en 1576.

Revenir sur la route 10 par la 75 et poursuivre au-delà du carrefour.

Pöide

1,5 km, puis prendre une route de terre (signalisation discrète) à gauche qui, à hauteur du village, devient grossièrement pavée. Seule une simple motte féodale indique qu'il a existé sur les lieux une puissante forteresse, antérieure à l'ar-

L'île des moulins à vent

Saaremaa comptait jadis plus de 800 moulins à vent dont seuls quelques-uns ont survécu, comme à Angla ou à Kuressaare (reconvertis en restaurant).

Contrairement aux moulins hollandais, les moulins locaux étaient conçus avec un pilier central autour duquel l'ensemble de la structure pivotait, si bien qu'ils faisaient toujours face au vent. Et les vieux insulaires vous le diront : la farine n'est jamais si bonne que lorsqu'elle est moulue par le vent du nord…

rivée sur l'île des moines-soldats de l'ordre Teutonique. En revanche, les visiteurs peuvent toujours admirer une église fortifiée, construite par les chevaliers germaniques et vouée à **Notre-Dame★ (Pöide Maarja kirik)**. L'édifice, affirmant le pouvoir des nouveaux seigneurs des îles, a ensuite été doté au début du 15e s. d'une massive tour carrée faisant office de donjon.

Revenir sur la route 10 et poursuivre vers Kuressaare.

Valjala★

23 km. La construction de l'église **St-Martin (Martini kirik)** fut commencée peu après la conquête de Saaremaa par les Teutoniques en 1227. Ce premier sanctuaire, constituant le chœur de l'église actuelle, a conservé des fragments de fresques. L'édifice fut ensuite agrandi avec l'adjonction de la nef dans un style roman tardif, avant d'être remanié en gothique au 14e s.

Après 10 km, prendre à droite en suivant la signalisation annonçant le cratère.

Kaali

C'est un véritable « village » (hôtel, restaurant, boutique de souvenirs) qui s'est constitué à proximité de la curiosité la plus étonnante de l'île. Accessible par un chemin signalisé, le **cratère de météorite★★ (Meteoridkraatid)**, dont le fond est occupé par un lac, est surnommé le « tombeau du soleil ». À peu près circulaire, d'un diamètre de 110 m et d'une profondeur de 22 m, le cratère a été créé par la chute d'une météorite d'une masse initiale 400 à 10 000 tonnes descendant à la vitesse de 20 km par seconde. Il y aurait de quoi faire frémir si l'on ne songeait que cet événement s'est produit il y a quelque 7 000 ans, bien avant la première occupation humaine des lieux…

Une petite route constituée de gravillons (attention au pare-brise !) permet de gagner la route 79 qui traverse l'île vers le nord.

Karja

À 16 km. Ce village possède une remarquable **église Ste-Catherine-et-St-Nicolas★ (Katariina ja Nikolause kirik)**. Construit au tournant des 13e et 14e s., cet édifice fortifié a conservé, outre des traces de peintures murales, un remarquable décor sculpté gothique, unique en Estonie.

Angla

Sur la gauche de la route, vous apercevrez un bel **ensemble** de cinq **moulins à vent★**, dont un de type hollandais, parmi les derniers de l'île.

Au-delà, la route conduit à **Leisi** et au port de **Triigi**, point de départ des ferries *(voir p. 173)* pour l'île de Hiiumaa *(voir p. 177)*.

La capitale et la péninsule

Kuressaare★★

Seule agglomération d'importance de l'île, Kuressaare s'est développée autour du château épiscopal et a pris son caractère baroque à l'époque suédoise (17e s.). Elle devint une station balnéaire en vogue au milieu du 19e s., lorsque le chirurgien **Nikolaï Pirogov**, professeur à l'université de Tartu, y eut envoyé en convalescence des militaires russes blessés lors de la guerre de Crimée. La ville, qui se nommait alors Arensburg, prit le nom de Kingiseppa en 1952 afin d'honorer un enfant du pays, le leader bolchevik **Viktor Kingissepp**. C'est l'époque où la cité vit naître et se développer quelques barres d'immeubles, assez discrètes heureusement, témoignant de l'incapacité des Soviétiques à concevoir quelque type d'habitat individuel que ce soit, au grand dam des locaux, individualistes dans l'âme.

Du rond-point situé à l'entrée de la ville, Tallinna conduit à la place centrale.

Place centrale (Keskväljak) – Bordée par un charmant marché, la place principale a conservé quelques bâtiments intéressants, comme l'ancien **hôtel de ville (Raekoja)**, de 1676 (beau portail baroque) et, en face, une maison de type hanséatique qui abritait jadis le poids public et est aujourd'hui reconvertie en pub. Depuis la place, Lossi, bordée de quelques belles demeures, conduit au château et au port.

Château épiscopal★ (Piiskopilinnus) – *10h-19h*. Entourée de profondes douves, cette forteresse massive aux hautes murailles enserrant une petite cour est sans doute la construction médiévale la mieux conservée du pays. C'est en 1343 que les évêques d'Ösel-Wiek firent construire ce château, dominé par la tour de Piik Hermann, après une rébellion qui avait failli mettre fin à la présence allemande sur les lieux.

Les salles du château (un véritable dédale !) abritent le remarquable **Musée régional de Saaremaa★★** qui traite tout aussi bien de la nature (dioramas restituant la faune naturalisée dans son milieu) que de l'histoire (les occupations successives des 19e et 20e s.) et de la vie quotidienne. Cette dernière est évoquée dans les salles passionnantes dédiées aux collections ethnographiques par des costumes traditionnels, des instruments de musique et des objets usuels.

En prime, dans une sorte de cul-de-basse-fosse (dans la cour), le squelette du chevalier emmuré, trouvé en 1785, semble donner quelque consistance à une légende (récurrente en Estonie) selon laquelle un inquisiteur espagnol tombé sous le charme d'une jolie blonde du pays aurait été emmuré vif sur ordre d'un évêque peu porté sur la bagatelle.

Contournant le château et son parc où se dissimulent de belles demeures de bois comme le **Kursaal**, la rue Pargi conduit à un port que bordent les grands hôtels Spa. Au bord de l'eau, une statue réalisée par **Tauno Kangro** (2002) représente le héros mythique de l'île, **Suur Tõll**, accompagné de sa femme Piret.

Péninsule de Sõrve★

Quitter la ville par Pargi et le port en suivant la direction de Sääre.

Longue et effilée, cette péninsule au sud-ouest de Kuressaare propose aux visiteurs d'agréables paysages maritimes.

Après le petit port de plaisance de **Nasva**, installé à l'embouchure de la rivière du même nom sur une petite île artificielle, la route jusqu'à **Salme** parcourt un agréable sous-bois parsemé de campings, de clubs de vacances et de maisons proposant un hébergement en B&B. Côté mer, quelques parkings permettent d'aller par des sentiers tracés sous les pins jusqu'à une grève, constituée ici de modestes falaises dominant une plage de sable.

Au-delà, la forêt disparaît. Vous passerez à **Mõntu**, point d'embarquement saisonnier pour **Ventspils** (Lettonie). Un peu plus loin, le phare de **Sääre★** se dresse à la pointe sablonneuse de la péninsule dans un lieu qui a des airs de bout du monde.

En remontant par la côte ouest de la péninsule, vous verrez quelques falaises et un moulin à vent à **Ohessaare**. La route cesse soudain d'être goudronnée et vous pourrez regagner Kuressaare en passant par le coquet village de **Ilde** niché dans la forêt, au-delà duquel vous retrouverez la route empruntée à l'aller.

Du côté ouest : flore et oiseaux migrateurs

Quitter Kuressaare par la route de Kihelkonna.

Musée rural de Mikhli★ (Mikhli Talumuuseum)

Avr.-oct. merc.-dim. 10h-18h, mai-sept. tlj 10h-18h - 20 Kr.

À hauteur de **Viki** *(29 km)*, sur la gauche de la route, ce musée ethnographique de plein air occupe une ferme dont l'exploitation a cessé lors de la collectivisation des terres décrétée par les Soviétiques. Le dernier fermier en fit alors don à l'État et a terminé sa vie comme gardien du musée.

Les différents bâtiments (du grenier au sauna), datant pour la plupart des années 1850, sont représentatifs de l'architecture traditionnelle de l'île. Le musée de plein air présente ici et là des objets fabriqués par la famille qui occupa ces lieux pendant deux siècles. Cette visite est l'occasion pour les plus grands de s'émouvoir et devrait également intéresser et distraire les enfants.

P. Plantier / Michelin

La ferme de Mikhli, miraculeusement préservée.

Kihelkonna

Au bout de la route 78, Kihelkonna possède une église datant du 13e s. mais largement remaniée en style néogothique. Un peu plus loin, vous apercevrez le clocher d'origine du sanctuaire, un bâtiment trapu de 1638 posé sur une modeste éminence afin, dit-on, de servir de phare.

Ce gros village à l'habitat dispersé dans la verdure abrite également le **manoir de Loona (Loona mõis –** *3 km sur la route de Lümanda)*. Cette demeure restaurée de style néoclassique accueille le centre d'informations du **parc national de Vilsandi (Vilsandi rahvuspark)**. Ce dernier constitue un refuge ornithologique et occupe un espace maritime constellé d'îles et d'îlots. C'est en bateau que vous pourrez découvrir ce milieu naturel, ainsi que l'île principale, Vilsandi *(renseignements au manoir ou sur www.loona.ee.)*.

Revenir à Kuressaare par Lümanda.

Réserve naturelle de Viidumäe (Viidumäe looduskaitseala)

À 5 km, un chemin sur la gauche conduit au centre de cette réserve créée afin de préserver un délicat écosystème. Depuis le parking, un sentier de 1,5 km permet aux botanistes en herbe de découvrir certaines des plantes endémiques de la région. Les voyageurs les plus courageux pourront grimper en haut du point culminant de l'île, le Vidumägi (58 m).

Retrouvant la route de Kuressaare, vous pouvez partir à la découverte de la **péninsule de Ninase** en empruntant *(7 km après le croisement)* la route de Mustjala. Au-delà, seules des pistes conduisent à la côte bordée de falaises, comme à **Panga**.

Muhu et Saaremaa pratiques

Informations utiles

Kuressaare – *Tallinna 1, dans l'hôtel de ville - lun.-vend. 9h-17h.*

Bon à savoir – Pour des raisons assez mystérieuses, les cartes de crédit françaises ont parfois du mal à passer sur l'île. Vous trouverez plusieurs distributeurs dans les banques qui bordent la place centrale de Kuressaare.

Transports

LES FERRIES

Depuis l'Estonie continentale – C'est à Virtsu (entre Pärnu et Haapsalu) que vous embarquerez pour Muhu (Kuivastu) et donc Saaremaa. *Départ toutes les heures en été, toutes les 2 heures en hiver. Réservations au ✆ 477 5020 (Virtsu) et ✆ 454 5432 (Kuivastu). Compter 55 Kr pour la voiture plus 20 Kr/passager. Durée de la traversée : 35mn environ.*

Entre Saaremaa et l'île de Hiiumaa – Départ du port de Triigi (sur la côte nord de l'île), arrivée à Sõru sur l'île de Hiiumaa. Une heure de traversée assurée par Saaremaa Shipping.

De Saaremaa à Ventspils (Lettonie) – Enfin, depuis Mõntu, sur la péninsule de Sõrve, vous pouvez gagner de mai à août et en 4h Ventspils (Lettonie) à bord des navires de SSC Ferries.

EN VOITURE

Entre les deux îles – Digue routière.

Se loger

MUHU

Pädaste – *✆ 545 8800 - www.padaste.ee. - 4 ch./8 suites 889/4 951 Kr - la ferme peut recevoir 2 à 6 pers.* Meublé et décoré avec goût, le manoir de Pädaste saura séduire les plus difficiles. Installées dans les dépendances, les chambres et les suites sont dotées de balcons donnant sur le parc ou la mer. Le charme des lieux, comme la qualité des soins proposés (aromathérapie, sauna au feu de bois), en font un des meilleurs établissements du pays.

SAAREMAA

Kuressaare :

Repo – *Vallimaa 1a, près de la place centrale - ✆ 453 3510 - www.saaremaa.ee/repo. - 14 ch. 660/1 050 Kr selon saison.* Un hôtel confortable et à taille humaine à deux pas du centre. Accueil sympathique.

Arensburg – *Loss 15 - ✆ 452 4700 - www.sivainvest.ee. - 25 ch. 750/1 850 kr.* Le plus bel hôtel de la ville a investi une noble demeure de pierre près du château. Chambres spacieuses et confortables, excellent restaurant.

Spa Hotel Rüütli – *Pargi 12 - ✆ 454 8100 - www.saaremaaspahotels.ee. - ch. 850/1 890 Kr, selon saison.* Reconnaissable aux structures bleues de sa façade, cet hôtel Spa donnant sur le port propose toute une gamme de soins, de même que son voisin le *Meri (même direction, au n° 16 - ✆ 452 2100)*, un peu plus ancien et meilleur marché.

Se restaurer

MUHU

Pädaste manor – Se définissant comme adepte d'une « nouvelle cuisine estonienne », ce restaurant qui privilégie les produits locaux, pour certains cultivés sur les terres du manoir (encore qu'en ce qui concerne les filets d'autruche, la chose doit pouvoir se discuter…), est une adresse réputée parmi les gastronomes estoniens.

SAAREMAA

Kaali :

Kaali Trahter – *Sur la route, à 100 m du cratère.* Grande taverne installée dans des salles rustiques aux pierres apparentes. Personnel en costume folklorique et plats copieux.

Kuressaare :

Vaekoja pub – *Tallinna 3.* Dans l'ancien poids public : café et restauration légère dans une ambiance jeune.

Veski Trahteri – Les salles équipées de bars sont disposées dans les étages de ce moulin à vent de 1899 (des sacs de farine servent de sièges). Nourriture copieuse privilégiant les mélanges aigres-doux, comme le hareng aux oignons. En dessert, essayez le *kamajook*.

Sports et loisirs

Thermalisme et massages – C'est l'activité qui a apporté la prospérité à Kuressaare. En interne ou en externe, vous pouvez suivre toutes sortes de traitements. Programmes complets sur *www.sanatoorium.ee.*

Relativements plates, les îles se prêtent admirablement au cyclotourisme, d'autant que la circulation automobile reste assez limitée. Les amateurs de marche trouveront à l'office de tourisme cartes et itinéraires de randonnée.

P. Plantier / Michelin

Le moulin à vent de Kuressaare.

Haapsalu★

11 966 HABITANTS
CARTE GÉNÉRALE 1ER RABAT DE COUVERTURE – CARTE MICHELIN N° 782 L4

Une ville, vraiment ? On ne le dirait pas en parcourant les ruelles du vieil Haapsalu que bordent des maisons de bois et de vastes jardins clos, ou en arpentant le front de mer mélancolique où Tchaïkovski aimait contempler le coucher du soleil. Mais Haapsalu, posée sur une péninsule étroite dotée d'un lac intérieur, c'est aussi, outre la nostalgie des étés d'antan, la fière forteresse qui abrite la cathédrale des évêques d'Ösel-Wiek.

- **Se repérer** – Sur la côte de la Baltique, Haapsalu se situe à 101 km au sud-ouest de Tallinn. Un axe principal, Posti, conduit au centre ancien face au château.
- **À ne pas manquer** – Le château épiscopal.
- **Organiser son temps** – Une demi-journée.
- **Pour poursuivre son voyage** – Voir aussi les îles de Muhu et de Saaremaa, ou Tallinn.

W. Buss / Michelin

Le Kursaal conserve le souvenir des fastes de l'époque impériale.

Comprendre

Une cité épiscopale – C'est en 1228 que l'évêque de Rīga crée le diocèse d'Ösel-Wiek, regroupant le Läänemaa et les îles de Saaremaa et d'Hiiumaa. La résidence du nouvel évêque, Gottfried, est tout d'abord fixée à **Lihula** *(voir p. 166)*. Mais en 1260, l'évêque juge plus sûr de s'installer sur la presqu'île d'Haapsalu où il entreprend de bâtir une forteresse et une cathédrale. Ces chantiers attirent sur les lieux ouvriers et artisans et Haapsalu reçoit sa charte de ville dès 1279.

Les « Suédois de la côte » – Installés sur la péninsule, mais aussi à Hiiumaa et Saaremaa bien avant que la guerre de Livonie ne fasse passer ces territoires sous le contrôle de la Suède, cette population de pêcheurs a conservé à travers les siècles sa langue, ses traditions, ses lois et ses costumes. Jouissant de privilèges particuliers (contrairement aux Estoniens de souche, les paysans suédois étaient des hommes libres), parfois victimes du pouvoir tsariste (Catherine II en fit déporter bon nombre en Ukraine), ils ont tenu bon… du moins jusqu'en 1945. À l'arrivée des communistes, la plupart d'entre eux ont pris la mer pour se réfugier dans leur pays d'origine.

Fastes de la Belle Époque – En démontrant les propriétés curatives des boues de la baie d'Haapsalu, et en fondant en 1825 le premier établissement de soins, le docteur **Carl Abraham Hunnius** (1797-1851) lance la station. L'aristocratie russe adopte la cité comme lieu de villégiature, et les quatre derniers tsars sont des habitués des lieux. La ville est reliée par une ligne maritime régulière à St-Pétersbourg, et chaque été on dénombre près de 4 000 vacanciers… Parmi eux, le plus célèbre est **Piotr Illytch Tchaïkovski**, inspiré dans certaines de ses compositions par la cité estonienne.

Se promener

Le vieil Haapsalu★

La longue et rectiligne Posti, bordée de bâtiments d'abord modernes puis nettement plus anciens (et en bois), conduit du carrefour principal à la place du château, après avoir longé les murailles de cette forteresse.

Musée Evald Okas

Harja 34. Il est consacré à l'œuvre d'**Evald Okas**, représentant du style « rugueux », ce néoréalisme économe en couleurs qui détourna les codes du réalisme-socialiste.

Place du Château (Lossi plats)

Sur cette placette harmonieuse, une demeure baroque, ancien hôtel de ville, abrite le **musée du Läänemaa** *(***Läänemaa muuseum,** *mai-sept. 10h-17h, juil.-août -19h - 50 Kr)* consacré à l'histoire locale.

Château épiscopal★ (Piiskopilinnus)

Accès par Lossi plats. Commencée en 1279 pour protéger la cathédrale, cette forteresse s'est agrandie sous les évêques successifs, jusqu'au dernier d'entre eux, Johannes Kievel (1515-1527). À son époque, elle était ceinte de murailles d'une quinzaine de mètres de hauteur. Dégradée lors de la guerre de Livonie, puis réaménagé par les Suédois qui envisageaient d'y édifier un palais, elle fut finalement démantelée par Pierre le Grand au cours de la guerre du Nord. En dépit de ces vicissitudes (et des outrages du temps), le château, qui a conservé une bonne partie de ses murailles et quelques tours, a encore fière allure. Deux tours sont accessibles, dont celle de la **Dame Blanche (Valge Daam)**.

Le « **petit château** » *(sur la droite - tlj 10h-17h - 25 Kr)* comprend les vestiges du palais épiscopal, un café, un petit **musée** présentant des armes médiévales dont certaines furent retrouvées sous les ruines des murailles, ainsi qu'un **baptistère** circulaire, édifié aux 14e-15e s.

Le bâtiment le plus remarquable est cependant la **cathédrale St-Nicolas★ (Toom-Niguliste kirik)**. Élevé en 1260, ce lieu de culte est un édifice de style transition roman-gothique (voûtes du chœur) où se manifeste l'influence cistercienne : celle-ci se révèle par l'absence de clocher, la rosace surmontant le portail et l'intérieur austère. Le portail est une reconstruction néogothique de 1888. Aujourd'hui rendu au culte, le sanctuaire a bien failli être transformé par les Soviétiques, très imaginatifs dans ce domaine, en une piscine couverte !

Promenāde

En prenant Jaani sur Lossi plats, vous découvrirez l'**église St-Jean (Jani kirik)** datant du 16e s. Vous pouvez ensuite gagner par Vee la **Promenāde**, agréable parc posé au bord de l'eau et parsemé de quelques monuments, dont celui élevé à la mémoire du compositeur **Rudolf Tobias** (1873-1918).

Sur votre droite l'ancienne **plage d'Afrique (Afrika rand)** illustre la transformation progressive de la baie d'Haapsalu en une sorte d'étang : des roseaux ont envahi les flots et constituent à cet endroit un refuge ornithologique (tour d'observation).

Suivre à gauche.

Kursaal★

Ce bel édifice de bois, élevé au bord de l'eau en 1898, était à la Belle Époque le centre de la vie mondaine. Un orchestre s'y produisait chaque jour en saison, et les vacanciers s'y retrouvaient pour danser et échanger quelques propos mondains… Bien restauré, le lieu a retrouvé sa vocation première et une partie de son lustre d'antan.

La Dame blanche d'Haapsalu

Ayant eu le malheur de s'éprendre d'une beauté locale, un chanoine de la forteresse reçoit sa belle (déguisée en garçon, toute présence féminine étant interdite dans l'enceinte du château) chaque soir dans sa cellule. Et, bien entendu, les deux tourtereaux sont pris en flagrant délit. Tandis que le chanoine coupable est enfermé dans le donjon, la jeune fille est emmurée vive dans la muraille du baptistère en cours de construction.

Mais son âme ne trouve pas le repos : et c'est ainsi que chaque année en août, les nuits de pleine lune, depuis la tour située en face du baptistère, les amateurs de fantômes se réunissent dans la tour de la Dame blanche pour voir apparaître une silhouette blanche qui erre à la recherche de son amour perdu.

Vieille ville★

Au-delà du Kursaal, vous prendrez plaisir à parcourir les ruelles pavées de la vieille ville, comme Rüütli ou Ente, bordées de maisons de bois posées dans des jardinets. Parfois à l'abandon, ces habitations sont désormais le plus souvent fraîchement repeintes de couleurs vives.

Ente conduit à une promenade piétonne, Väikne kallas, qui longe agréablement le lac intérieur de **Väike viik★**. Seul un étroit cordon littoral sépare le paisible plan d'eau de la pleine mer.

Continuer par Sadama.

Musée des Suédois de la côte★ (Rannarootsi muuseum)

Lun.-vend. 10h-18h - 20 Kr. Consacré à la présence suédoise en Estonie, ce petit musée a été réalisé grâce aux dons et au travail des quelques membres de cette communauté restés dans le pays après 1945. Documents et objets décrivent l'existence de ces pêcheurs et paysans libres, seulement soumis aux lois suédoises. Une salle ethnographique présente des costumes, des tissages et la reconstitution d'une pièce d'habitation. Mais le plus émouvant est sans doute cette « tapisserie de Bayeux » illustrant l'histoire de la communauté, de son arrivée à bord de drakkars autour de l'an 1294 à son départ en bâteaux à vapeur en 1945.

À l'écart du centre

Au bout de Posti, Jaama *(suivre la direction de Rannakülla)* conduit à une grande gare de bois (le quai était à l'époque le plus long d'Europe) conçue au début du 20e s. pour accueillir le train impérial qui, selon la chronique, n'y arriva jamais. Elle abrite un intéressant **musée des Chemins de fer (Raudteemuuseum** – *tlj 10h-18h - 20 Kr)*. Au-delà, le **parc forestier de Paralepa** est sillonné de sentiers conduisant à la plage du même nom.

Aux alentours

Taebla

15 km au nord-est sur la route 9 (direction Tallinn). Une belle demeure au toit de chaume abrite la **maison-musée de Ants Laikmaa (A. Laikmaa majamuuseum)**, illustrant la vie et l'œuvre de ce peintre auteur de portraits et de paysages (1866-1942), qui fut le premier artiste estonien à rompre avec l'académisme.

Château épiscopal de Koluvere

43 km à l'est par la route de Tallinn puis, à Risti, prendre la route 10 vers le sud. Posé sur la Liivi, ce château s'est développé autour d'un donjon de plan carré élevé au 12e s. avant de devenir, en 1439, une des résidences des évêques d'Haapsalu. En 1771, le prince **Grigori Orlov,** ancien favori de Catherine II, s'installe dans cette demeure après sa disgrâce. Le château est devenu par la suite un prospère manoir et abrite aujourd'hui un hospice.

Péninsule de Noarootsi

Au-delà de Taebla, prendre à Linnamäe la petite route de Dirhami puis tourner à gauche à Aulepa. Fermant au nord la baie d'Haapsalu, cette péninsule abrite une réserve naturelle que fréquentent des milliers d'oiseaux migrateurs.

Embarquer

Pour gagner les îles, rendez vous au port de **Rohuküla** *(9 km au sud-ouest par la route 9 au-delà de Paralepa).*

Île de Vormsi★

Trois rotations quotidiennes assurées toute l'année par la compagnie Kihnu Veeted. Durée de la traversée : 45mn env. - passager 35 Kr, voiture 70 Kr.

La catastrophe du M/S Estonia

Le 27 septembre 1994 à 19h15, le ferry *M/S Estonia* quitte le terminal B du port de Tallinn pour Stockholm, où il doit aborder le lendemain à 9h. À bord, 989 personnes. La mer est forte mais on a l'habitude et le ferry, construit en 1979, a fait ses preuves. Que se passe-t-il sur le coup de une heure du matin ? L'étrave mobile donnant accès au pont des voitures se détache soudain et l'eau glacée envahit le navire qui sombre en quelques minutes.

Ce sont 852 personnes qui disparaissent dans cette catastrophe, prisonnières de l'épave ou victimes d'hypothermie. Cette catastrophe a profondément traumatisé le pays, où tout le monde connaissait au moins l'un des passagers. Parmi les victimes, on compte dix-sept membres du conseil municipal de Võru.

Située à 12 km de la côte, la quatrième île d'Estonie (16 km sur 9, 92 km) séduit par ses paysages forestiers où se dissimulent nombre de lacs. La forte présence suédoise est visible dans les noms de lieux, à commencer par **Sviby**, le port d'arrivée. L'île a pour « capitale » **Hullo** où se dresse l'**église St-Olaf (Olavi kirik)**, dont la partie la plus ancienne (le chœur) date du 14e s.

Île de Hiiumaa★

Huit à dix traversées quotidiennes assurées toute l'année par Saaremaa Shipping. Traversée : 2h - passager 45 Kr, voiture 95 Kr.

Mesurant 65 km de long sur 45 km de large pour une superficie de 965 km², Hiiumaa est la seconde île d'Estonie après Saaremaa.

Pas joli, joli, monsieur le baron !

Propriétaire du manoir de Suuremõisa, le baron **Otto Reinhold Ludwig von Ungern-Sternberg** est un homme cultivé et profondément religieux. Mais, pour arrondir ses fins de mois, il n'hésite pas à s'emparer des cargaisons de bateaux naufragés. L'affaire tourne mal lorsqu'il poignarde en 1802 un de ses complices lors d'une discussion que l'on suppose animée. Condamné aux travaux forcés, il meurt en déportation en Sibérie en 1811.

Une route permet d'en faire le tour depuis le port d'arrivée **(Heltermaa)**. En prenant la direction de Kärdla, vous ne manquerez pas le beau manoir baroque de **Suuremõisa** édifié en 1774, qui précède le hameau de **Pühalepa**, connu pour son **église St-Laurent (Laurentine kirik)**. Ce bâtiment du 13e s., le plus ancien de l'île, conserve un retable en dolomie sculptée, unique œuvre de ce genre en Estonie, exécuté par un sculpteur d'Haapsalu, **Joachim Winter** (17e s.).

Lõpe et sa ferme-musée **(Soera muuseum)**, qui est installée dans des bâtiments datant de 1848, précède à quelques kilomètres au sud la « capitale », **Kärdla**. Au-delà, deux péninsules s'offrent à vous, toutes deux dominées par un phare. Au nord, celle de **Tahkuna** est marquée par une **colline des Croix (Ristimägi)**, à l'emplacement où les Suédois, révoltés par les tentatives des barons locaux de les asservir, furent réunis avant d'être déportés sur l'ordre de la tsarine Catherine II. Vous verrez près du phare un mémorial conçu par **Mati Karmin** en hommage aux victimes de la catastrophe du ferry *M/S Estonia*.

La péninsule de **Kõpu**, à l'ouest de l'île, après le port de **Kõrgessaare**, est ornée d'un phare pyramidal, considéré comme le symbole de ce lieu. Il fut élevé en 1531 afin de faciliter le commerce hanséatique sur cette côte périlleuse.

Enfin, sur la côte sud, vous gagnerez **Käina**, lieu de naissance du compositeur **Rudolf Tobias** (1873-1918). Ce village a conservé les ruines d'une **église St-Martin (Martini kirik)** datant du 15e s. Reliée à l'île principale par deux digues, l'**île de Kassari** possède de vastes plages réputées pour la chaleur (toute relative !) de leurs eaux.

Haapsalu pratique

Informations utiles

Haapsalu – *Posti, 100 m après le carrefour - ✆ 473 3248 - www.haapsalu.ee. - hiver lun.-vend. 10h-17h ; mai-sept. lun.-vend. 9h-18h, sam.-dim. 10h-15h.*

Hiumaa – *Hiiu 1 - Kärdla - ✆ 462 2232.*

Se loger

Promenaadi – *Sadama 22 - ✆ 473 7250 - www.BalticHotelGroup.com. - 35 ch. 1 300 Kr.* En bordure de la mer et à deux pas de la vieille ville, l'hôtel occupe une villa de 1859 que surmonte un agréable beffroi (la réception et le sauna y sont installés). Les chambres, toutes dotées de balcons donnant sur la mer, sont aménagées dans une annexe moderne. Le restaurant (cuisine européenne) est quant à lui doté de grandes baies vitrées ouvertes sur la Promenade.

Fra Mare – *Ranna tee 2 (Paralepa) - ✆ 472 4600 - www.framare.ee. - 95 ch. 1 200/2 000 Kr.* Ce grand hôtel donnant sur la plage est installé sous les pins du bois de Paralepa. Les chambres sont un peu anonymes sans doute, mais très convenables et toutes dotées d'un balcon. Cet établissement apparaît idéal pour un séjour thalassothérapie ou Spa, les deux spécialités du lieu.

Se restaurer

Wiigi – *Väike rallas.* Cette séduisante maison bleue en bordure du lac intérieur offre une terrasse aux beaux jours et un cadre au charme très anglais.

Müüriääre – *Kolga.* Salades et restauration légère vous attendent dans cet établissement à deux pas du château.

Maja Hermanum – *Lossi plats.* Cette *õlle tuba* (brasserie) au décor de brique propose une carte sans prétention. Plats copieux bien entendu !

La Baltique près du cap Kolka.

BUSS / Michelin

DÉCOUVRIR LA LETTONIE

LETTONIE
0
4 km
N
Circuits de découverte décrits dans le guide
ESTONIE
RUSSIE
BIÉLORUSSIE
LITUANIE
MER BALTIQUE
Golfe de Rīga
Cap Kolka
Parc national Slītere
Ventspils
Kuldīga
Jūrmala
RĪGA
Jelgava
Liepāja
Gauja
Hautes Terres de la Vidzeme
Vallée de la Daugava
Daugavpils et le Latgale
Dundaga
Kaltene
Talsi
Lac Engure
Lac Usma
Sabile
Tukums
Pāvilosta
Saldus
Jūrmalciems
Lac Pape
Pilsrundāle
Šiauliai
Panevėžys
Salagrīva
Rūjiena
Mazsalaca
Valmiera
Cēsis
Turaida
Sigulda
Ogre
Koknese
Jēkabpils
Daugava
Gauja
Alūksne
Cesvaine
Madona
Lac Lubāns
Rēzekne
Ludza
Lac Rāznas
Lac Ežezers
Daugavpils
A 1
A 2
A 3
A 6
A 7
A 9
A 10
A 11
A 12
A 13
A 17
A 116
P 22
P 36
P 37
P 103
P 111
P 119
P 120
P 131
122
3

LETTONIE

LATVIJA

Géographie

Situation – Bordée par la mer Baltique sur 494 km, la Lettonie est située au cœur des pays baltes, entre l'Estonie et la Lituanie. Frontières avec l'Estonie au nord (343 km), la Russie à l'est (282 km), la Biélorussie au sud-est (176 km) et la Lituanie au sud (576 km).

Superficie – 64 589 km^2, dont plus de 2 500 km^2 de lacs et 9 % de zones protégées.

Fuseau horaire – GMT + 2 (+ 3 en été).

Point culminant – 311 m (Gaiziņkalns).

Principaux cours d'eau – Daugava (1 005 km dont 352 km en Lettonie), Gauja (452 km).

Principal lac – Lubāns (80,7 ha).

Températures moyennes – Janvier (-6° à 2°) ; juillet (16° à 18°).

Longueur des jours – 6/7h (décembre) à 17/18h (juin).

Population

Nombre d'habitants – 2 287 700 hab.

Capitale – Rīga (731 762 hab.).

Villes principales – Daugavpils (115 000 hab.) - Liepāja (89 440 hab) - Jelgava (63 270 hab.) - Ventspils (43 890 hab.).

Régions historiques – Vidzeme, Latgale, Kurzeme (Courlande) et Zemgale (Semigallie).

Espérance de vie – 70,5 ans.

Nationalités – 58 % de Lettons de souche et 30 % de Russes (autres minorités : Biélorusses, Ukrainiens, Polonais).

Religions – 24 % luthériens, 18 % catholiques, 15 % orthodoxes, 35 % sans religion.

Politique

Régime – Démocratie parlementaire.

Fête nationale – 18 novembre.

Hymne national – Dievs, sveti Latviju (Dieu honore la Lettonie).

Patrimoine

Unesco – La vieille ville de Rīga.

Parcs nationaux – La Gauja (917 km^2), Ķemeri (428 km^2), Slītere (164 km^2).

Communications

Téléphone – Code téléphonique international : **371**. Faire le 6 + le numéro à 7 ou 8 chiffres, sans indicatif régional. Les numéros des mobiles, à 7 chiffres, commencent par 9 ou 6.

Internet – .lv.

Langues parlées – Letton (langue officielle), russe pour un tiers de la population. Anglais et allemand souvent compris dans les grandes villes.

Petit lexique

Bonjour/Au revoir : Sveiki (Labdien)/ Uzredzēšanos.

S'il vous plait/Merci : Lūdzu/Paldies.

Oui/Non : Jā/Nē.

À droite/À gauche : Pa labi/Pa kreisi.

Ouvert/Fermé : Atvērts/Slēgts.

Tirer/Pousser : Stumt/Grūst

Les jours de la semaine – Pirmdiena (lundi) - Otrdiena (mardi) - Trešdiena (mercredi) - Ceturtdiena (jeudi) - Piektdiena (vendredi) - Sestdiena (samedi) - Svētdiena (dimanche).

En déplacement – Aéroport : *Lidosta* - Autoroute : *Autoceļš* - Ville : *Pilsēta* - Avenue : *prospekt* - Centre : *Centrs* - Bureau de change : *Valūtas maiņas punkts* Gare ferroviaire : *Dzelzcela stacija* – Place : *Laukums* - Rue : *iela* - Pont : *Tilts* -

Hébergement – Hôtel : *viesnīca* - chambre : *istaba* - Simple/Double : *Vienvietīgs/Divvietīgs* - Petit-déjeuner : *Brokastis* - Maison d'hôtes : *Viesu nams* - Camping : *Kempings.*

Restauration – Café : *kafejnīca* - Restaurant : *Restorāns* - Non-fumeurs : *Nesmēķēt* - Pain : *Maize* - Beurre : *Sviests* - Fromage : *Siers* - Lait : *Piens* - Légumes : *Dārzenis* - Œufs : *Olas* - Poisson : *Zivs* - Viande : *Gaļa* - Eau : *Ūdens* - Eau minérale gazeuse : *Minerālūdend ar gāzi* - Vin : *Vīns*- Bière : *Alus* - Thé : *Tēja.*

Culture et loisirs – Bateau : *Laiva* - Château : *pils* - Église : *Baznīca* - Grotte : *Ala* - Lac : *Ezers* - Marché : *Tirgus* - Musée : *Muzejs* - Plage : *Pludmale* - Port : *Osta* - Rivière : *Upe* - Sauna : *Sauna* Vélo : Velosipēds

Rīga★★★

731 762 HABITANTS
CARTE GÉNÉRALE 2E RABAT DE COUVERTURE – CARTE MICHELIN N° 783 N12

« La capitale de l'inspiration » est, des trois capitales baltes, la seule qui paraisse une grande ville, tant par sa taille que par son animation. La vieille ville (Vecrīga), posée en bordure de la Daugava et où demeures médiévales et immeubles Art nouveau côtoient des églises gothiques, est en passe de retrouver son charme d'autrefois, grâce à une restauration efficace et aux restrictions imposées à la circulation automobile. Quant à la ville moderne, elle attire tant par ses quartiers branchés et ses ensembles architecturaux que par ses parcs. Bref, Rīga est une cité jeune où l'on se sent bien et que le visiteur se prend à aimer de plus en plus.

Se repérer – Sur la rive droite de la Daugava (Dvina occidentale) qui se jette dans la Baltique au cœur du golfe de Rīga, le vieux Rīga (Vecrīga) est cerné côté terre ferme par une double ceinture de boulevards encadrant le Pilsētas kanāls, niché dans la verdure des anciens bastions. Au-delà se tient la ville moderne, sillonnée par deux larges avenues : Brīvības iela conduit vers le nord à Tallinn et au parc de la Gauja ; K. Valdemāra iela franchit la Daugava sur un pont suspendu et donne accès à l'aéroport, à Jūrmala, et au-delà à la côte sud-ouest de la Lettonie.

Se garer – C'est le grand problème ! Si votre hôtel ne dispose pas de garage, vous trouverez un parking surveillé en surface sur Latviešu Strēlnieku laukums, au débouché de l'Akmens tilts, pont franchissant la Daugava : Rātslaukums. Celui de la place de l'Hôtel de Ville, n'est qu'à deux pas mais le tarif (2 Ls/h) peut être dissuasif. Plus raisonnables, les parkings souterrains proches de la vieille ville ne vous coûteront que de 0,60 à 1,50 Ls/h. Il en existe un sur Basteja bulvāris (*Europark Jēkaba Arkāde*, entre Brīvības et K. Valdemāra). Le long des rues, les emplacements autorisés sont dotés d'horodateurs. *Voir aussi Rīga pratique p. 200.*

À ne pas manquer – La cathédrale et les musées du vieux Rīga, l'ensemble Art nouveau de la rue Alberta dans la ville moderne, et le Musée ethnographique letton de plein air en bordure du lac Jugla.

Organiser son temps – Compter quatre à cinq jours pour explorer à fond la capitale lettone, visite des musées comprise.

Avec les enfants – Une visite au Musée ethnographique letton de plein air précédera une fin d'après-midi agrémentée d'un repas au complexe *Lido*.

Pour poursuivre son voyage – Voir aussi le parc national de la Gauja au nord-est et la station balnéaire de Jūrmala à l'ouest.

Comprendre

La « ville de l'inspiration »

S'il y eut certainement sur les lieux une peuplade live, dès l'an 6000 avant notre ère, la capitale lettone n'a vu le jour que bien plus tard. C'est en effet en 1163 qu'un chanoine de Brême, **Meinhard**, prit sur lui de s'en aller évangéliser les païens de Livonie (territoire recouvrant les actuelles Lettonie et Estonie) et s'établit à Ikšķile (sur la Daugava, à une quinzaine de kilomètres en amont). La cité fut érigée en évêché par une bulle papale de 1188.

Les temps héroïques – Rīga apparaît officiellement dans l'histoire en 1201 lorsque **Albert von Buxhövden** transfère l'évêché dans un lieu nommé Rije, à l'endroit même où son prédécesseur, **Berthold**, vient d'être mis en pièce par des autochtones peu séduits par l'idée d'être christianisés. Accompagné de chevaliers allemands, Albert s'est muni d'une bulle du pape Innocent III appelant à la croisade contre la Livonie. S'étant emparé des terres des riverains, l'évêque consacre le terrain sur lequel va être édifiée la cathédrale, fait construire des remparts et attire des marchands allemands en leur accordant droits et privilèges. Il fonde en 1202 l'ordre des chevaliers Porte-Glaive, chargé de sécuriser la nouvelle cité et de porter la bonne parole dans toute la Livonie, tâche dont les soudards s'acquittent joyeusement à grands coups d'épée.

Prospérité hanséatique – Au milieu du 13e s., Rīga est une puissance économique. La ville, qui dispose d'une charte calquée sur celle de Brême, est gouvernée par un conseil élu. Quant à la vie économique, elle est régie par la Grande et la Petite Guilde. Membre de la ligue hanséatique en 1282, la cité, devenue l'un des principaux ports de la Baltique, commerce avec Pskov et Novgorod, la Lituanie, l'Allemagne, la Scandinavie, l'Angleterre et la Hollande.

Sur la place de l'Hôtel-de-Ville, la maison des Têtes Noires et le clocher de Saint-Pierre.

Comme il se doit, elle est cosmopolite : aux Lettons et aux Allemands qui tiennent le haut du pavé se joignent des étrangers qui peuvent acquérir la citoyenneté moyennant un droit d'entrée. Soucieux de préserver leurs droits, les citoyens se rebellent de temps à autre contre les chevaliers de l'ordre de Livonie, qui tentent de profiter de la prospérité de la ville : ces escarmouches dégénèrent parfois en véritables guerres.

Des Polonais au « bon temps suédois » – C'est en 1561 que le dernier grand maître de l'Ordre, **Gotthard Kettler,** comprend qu'il ne pourra résister aux Russes d'Ivan le Terrible. Il cède alors les terres de l'Ordre au roi de Pologne, se réservant au passage le duché de Courlande. Ravis d'être débarrassés des chevaliers, les citoyens le sont également de leur évêque depuis qu'ils ont adhéré à la réforme luthérienne, mais la prise de possession de la cité par les Polonais en 1581 s'accompagne de l'arrivée des jésuites, ce qui ne va pas sans quelques grincements de dents, notamment lors de la réforme du calendrier.

La ville, tombée entre les mains des Suédois en 1601, retrouve la religion réformée et obtient quelques privilèges du roi **Gustave II Adolphe**, même si, en contrepartie, elle doit désormais obéissance à un gouverneur. La période suédoise est une époque de prospérité économique, qui voit quelques transformations (construction de remparts, aménagements du château) et surtout un essor culturel, avec notamment l'ouverture d'écoles.

La troisième ville de l'Empire russe – Rīga tombe en 1710 dans l'escarcelle de **Pierre le Grand**. Si le tsar renouvelle la charte de la cité, il introduit également une clause réservant la citoyenneté aux Allemands à l'exclusion des Lettons, créant ainsi des tensions entre nationalités qui vont marquer ce siècle et le suivant. Cependant, la cité se transforme : les maisons médiévales cèdent la place à des bâtiments plus importants.

Au 19e s., les remparts sont abattus et les faubourgs commencent à se peupler. Des boulevards sont tracés (le premier en 1861), des parcs dessinés, et l'architecture se développe au sein de ces nouveaux quartiers. À l'éclectisme historiciste mêlant tous les styles connus, dont l'architecte de la ville, **Johann Daniel Felsko**, est un adepte fervent, succède l'Art nouveau. En 1914, Rīga est la troisième ville de l'Empire russe après St-Pétersbourg et Moscou.

Les horreurs de la guerre – Après avoir été occupée par l'armée Rouge, Rīga devient la capitale de la Lettonie indépendante le 1er décembre 1919. Mais en juin 1940, les Soviétiques profitent du pacte Molotov-Ribbentrop (qui avait entraîné un véritable exode des Allemands de Lettonie) pour attaquer le pays. La capitale est bombardée (la place de l'Hôtel-de-Ville est pratiquement rasée) et nombre de citoyens sont déportés. D'autres le seront après l'arrivée de la Wehrmacht dans le sinistre camp de Salaspils. Après le retour de l'armée Rouge, purges et déportations vont à nouveau se succéder. Une longue nuit commence. Durant cette période poussent dans les banlieues des blocs d'immeubles sur le type des cités satellites de Moscou, dont la capitale conserve un souvenir : un imposant gratte-ciel stalinien calqué sur ceux de la métropole soviétique, situé derrière le marché central et abritant aujourd'hui l'université des Sciences.

RIGA
plan II
0
100 m
C
D
2
3
4
5
Musée Rozentals Blaumanis
ALBERTA IELA
Elizabetes iela
Pulkveža Brieža
Strēlnieku iela
Antonijas iela
Kalpaka bulvāris
J.Alunāna iela
PASAULES TIRDZNIECIBAS CENTRS "RIGA"
J.PRIMANA ANATOMIJAS MUZEJS
KRONVALDA PARKS
Citadeles bulvāris
Kronvalda bulvāris
Mikela iela
LU BIOLOĢIJAS FAKULTATE
KONGRESU NAMS
ZIEMELU RAJONS
ZEMBOPIBAS MINISTRIJA
Kalapka
Raiņa
Muitas iela
Noliktavas iela
Jekaba iela
PILSETAS
BASTEJKALNS
Basteja bulvāris
K. Valdemāra iela
Vanšu tilts
JĒKABA LAUKUMS
Torņa iela
Jēkaba kazarmas
Château
Parlement
Klostera iela
Aldaru iela
Musée letton de la Guerre
MUSÉE D'HISTOIRE ET MUSÉE D'ARTS ÉTRANGERS
Daugavas gate
Cathédrale St-Jacques
Maza Pils
TROIS FRÈRES
Smilšu iela
Meistaru iela
Valņu iela
Maison des Chats
Grande Guilde
Doma laukums
Miesnieku iela
CATHÉDRALE
VECRIGA
Zirgu
Amatu
Līvi laukums
Kalķu iela
Petite Guilde
Rozena
Tirgonu
Šķūnu iela
Laipu
Kaleju iela
MUSÉE D'HISTOIRE DE RIGA ET DE LA NAVIGATION
Palasta
Jauniela
M. Monetu
Konventa Seta
Musée des Arts appliqués
Peterbaznicas laukums
Palais de Pierre le Grand
Kungu
Ratslaukums
Skārņu iela
MUSÉE DE L'OCCUPATION DE LETTONIE
ST-PIERRE
Kalku
Audēju iela
MAISON DES TÊTES NOIRES
Latviešu Strēlnieku laukums
Kungu iela
MAISON MENTZENDORFF
Monument des Fusilliers Lettons
Église réformée
Marstalu iela
Akmenš tilts
Minsterejas
N
SE LOGER
Albert 1
Bergs 3
Centra 5
ElizaBetes nams 7
Europa Royale 9
Gutenbergs 11
Kolonna 13
Konventa Seta 15
Laine 17
Man Tess 19
Metropole 21
Monte Kristo 23
Radi un Draugi 25
Reval Hotel Latvija 27
Riga 29
Vecriga 31

E
F
Zaļā iela
Gertrūdes iela
Stabu iela
Skolas iela
Baznicas
Ste-Gertrude
Dzirnavu iela
K. Valdemāra iela
IMMEUBLE ART NOUVEAU
Lačplēša iela
Brīvības iela
Gertrūdes iela
Baznicas iela
7.DEINAS ADVENTISTU BAZNICA
K. Valdemāra iela
Skolas iela
Musée des Juifs de Lettonie
Lačplēša iela
MUSÉE DES BEAUX ARTS
Elizabetes iela
Blaumaņa iela
ESPLANĀDE
Cathédrale de la Nativité
KINO TEATRE
Terbatas iela
Dzirnavu iela
bulvāris
Brīvības bulvāris
Terbatas iela
K.Barona iela
VĒRMANES DĀRZS
Elizabetes iela
Monument de la Liberté
Brīvības bulvāris
Musée K. Barons
Raiņa bulvāris
KANĀLS
Merkela iela
Kr Barona iela
A.Kalniņa iela
Elizabetes iela
BERGA BAZAR
Aspazijas bulvāris
Opéra national
Dzirnavu iela
Vāgnera
Teātra
GALERIJA CENTRS
Audēju iela
Radio iela
Satekles iela
Marijas
Aspazijas bulvāris
Vaļņu iela
Musée de Photographie
13. janvāra iela
Centrāltirgus iela
Marché central
Pupolu iela
SE RESTAURER
Alpenrose 3
Alus Sēta 5
Amsterdama 7
Arba 9
Arbat 11
Bon Vivant 13
Dada 15
Dzirnavas 19
Gastronome 21
Kamāla 23
Kaptena Enriko Pulkstenis 25
Ķiploku Krogs 27
Krogs Citi laiki 29
Lido Vērmanītis 30
Light 31
Meinies Mūki 33
Nostaļģija 35
Opium Café 37
Palette 39
Piramīda 41
Provansa 43
Province 45
Pūt, Vējiņi ! 47
Red Fred 49
Rozengrāls 51
Skonto Zivju restorāns 53
Stender's Osta 55
Taverna Dzintara Ceļš 56
Traktirs 57
Urartu 59
Valdemārs 63
1739 65
2
3
4
5
E
F

Depuis l'indépendance – Redevenue capitale d'une république indépendante, Rīga se met au travail : les bâtiments historiques rasés en 1940 sont reconstruits à l'identique, comme l'emblématique maison des Têtes Noires ou le clocher de l'église St-Pierre. Tandis que la vieille ville est en passe de retrouver toute sa magie d'antan, la ville moderne rénove ses immeubles historicistes, Art nouveau ou de style romantique national. Mais, surtout, la cité retrouve une effervescence qu'on ne lui connaissait plus : cafés, restaurants, lieux nocturnes parfois interlopes, endroits branchés souvent installés sur des friches, entretiennent une animation permanente au cœur d'une capitale qui, en se dotant d'un aéroport moderne, devient l'une des principales cités touristiques d'Europe.

Se promener plan II

Le vieux Rīga ou la vieille ville★★ (Vecrīga ou Vecpilsēta) 1

Sur la rive droite de la Daugava, le vieux Rīga est coupé par la rectiligne **Kaļķu iela** dans le prolongement du **pont d'Octobre (Akmens tilts)**. Jadis cerné de remparts, ce dédale de ruelles et de places irrégulières hérissé de clochers et de tours est bordé au nord par K. Valdemāra iela, au sud par 13. janvāra iela, et séparé de la vieille ville par les anciens bastions aménagés en jardin.

Nous proposons de le découvrir au départ de la principale avenue de la ville, **Brīvības bulvāris**, où se dresse, outre le **monument de la Liberté (Brīvības piemineklis)**, l'emblématique **horloge Laima (Laimas pulkstenis)**. Cette petite tour élevée en 1924 doit son nom à une marque de chocolats locale et est devenue le principal lieu de rendez-vous des habitants de la capitale.

Colline du Bastion (Bastejkalns)

Depuis l'horloge, prendre Basteja bulvāris : pour vous mettre en jambes, rien de tel qu'une balade dans ce jardin public parcouru par le **canal de la Ville (Pilsētas kanāls)**. Cette colline artificielle sillonnée de chemins est parsemée de rocailles et de divers monuments commémoratifs. Ce lieu romantique a été aménagé à partir de 1857 lorsque fut prise la décision d'abattre les remparts de la vieille ville.

Entrer dans le vieux Rīga par Smilšu iela et prendre immédiatement à droite Torņa iela.

Torņa iela C/D3-4

Cette rue rectiligne est bordée sur votre droite par une série d'immeubles jaunes identiques qui lui confèrent d'autant plus d'allure que les restaurants, les tavernes et les boutiques qui ont investi ces édifices entretiennent une sympathique animation. Ce sont en fait trois bâtiments élevés au 18e s. au pied des murailles de la ville : les **casernes de Jēkab** (**Jēkaba kazarmas**), affectées à un usage militaire jusqu'à l'indépendance de 1991.

Tour poudrière (Pulvertornis) – *Sur la gauche à l'entrée de la rue.* Cette fière tour circulaire fut élevée vers 1650 par les Suédois sur les fondations d'une tour précédente, mentionnée dès le premier tiers du 14e s, qu'ils avaient eux-mêmes détruite en 1621. Jadis salle de torture et prison, la tour, ainsi que les immeubles attenants, des constructions modernes, accueillent les collections du Musée letton de la guerre.

Musée letton de la guerre (**Latvijas Kara muzejs**) D4 – *Pulvertornis, Smilšu 4 - tlj 10h-17h - gratuit.* Réparti sur trois niveaux, ce musée s'adresse avant tout aux amateurs d'histoire militaire. Il décrit à l'aide de documents, de photos, d'uniformes, d'armes, de reconstitutions d'abris, la participation lettone aux deux conflits mondiaux. Le premier se poursuivit par une brève guerre avec les Soviétiques. Quant au second, il fut marqué par trois grands temps forts : la résistance contre l'occupant soviétique (1940-1941), l'engagement auprès des troupes de la Wehrmacht à partir de 1941, et les combats de 1944 lorsque l'armée Rouge investit à nouveau le pays pour rétablir en Lettonie la domination de l'URSS. Bien fait, le musée souffre cependant de cette indulgence envers l'Allemagne hitlérienne dont les Lettons ont parfois du mal à se débarrasser.

Un peu plus loin, vous longerez un fragment reconstitué de la muraille suédoise en brique à laquelle manque cruellement la patine du temps, avant d'atteindre la **Porte suédoise (Zviedru vārti)**. Ouverte sous une maison, c'est l'unique survivante des vingt-cinq portes de l'ancienne cité fortifiée. Elle donne accès à Aldaru iela et à la charmante **Mazā Trokšņu iela** (« petite rue du Bruit ! ») qui avec ses poternes et ses gros pavés a conservé son aspect médiéval.

Arsenal (Arsenāls) – Ce long bâtiment de 1828-1830, représentatif du style classique russe, abrite aujourd'hui des expositions temporaires.

Prendre avant l'arsenal Jēkaba iela sur la gauche.

Parlement **(Saeimas nams)** D4

La façade à bossages de ce bâtiment, construit en 1867 par Robert Pflug et **Jānis Fridrihs Baumanis** (le premier architecte letton, auteur de plus de 80 réalisations dans la capitale) et agrandi en 1903 par Wilhelm Neumann, est inspirée de la Renaissance florentine. Le lieu entra dans l'histoire en 1920 lorsque l'Assemblée constituante de la république s'y réunit, puis à nouveau en août 1991 lorsqu'y fut proclamée la seconde indépendance tandis que chars et soldats soviétiques mettaient la vieille ville en état de siège. Sur la pelouse située au coin de Klostera iela, un monument commémore les barricades érigées par les manifestants afin de protéger l'Assemblée élue.

Face à la façade du Parlement, Klostera iela longe la cathédrale catholique.

Honte aux femmes infidèles !

La légende prétend que lorsqu'une épouse volage passait devant la cathédrale St-Jacques, la cloche se mettait à sonner, dévoilant ainsi son inconduite aux promeneurs et à l'époux bafoué... Elle va jusqu'à avancer que ce seraient des femmes de Rīga qui auraient subtilisé la délatrice pour la jeter au fond de la Daugava !

Mais la réalité est nettement plus prosaïque : la cloche extérieure fut fondue en 1915 pour participer à l'effort de guerre et n'a été remplacée qu'en 2001, au grand dam des paroissiennes adultères.

Cathédrale Saint-Jacques **(Sv Jēkaba Katedrāle)** D4

Hiver tlj 7h-18h30, été -19h. Construite en briques à partir de 1225, il s'agissait alors d'une église de faubourg. Si elle a conservé son apparence gothique, elle a toutefois été largement remaniée aux 15e et 16e s. et coiffée d'un clocher baroque en 1756. Le sanctuaire fut victime en 1584 du vandalisme d'une foule en furie lors de l'**émeute du Calendrier** : la population de Rīga, convertie depuis 1522 au luthéranisme, ne voyait pas sous quel prétexte elle devrait se soumettre au nouveau calendrier institué par le pape Grégoire XIII en 1582. Dans leur colère, les émeutiers s'en prirent à tout ce qui évoquait de près ou de loin le catholicisme romain. Affectée par la suite au culte réformé, ce qui explique l'aspect austère de l'intérieur, la cathédrale fut rendue au culte catholique après l'Indépendance, et Jean-Paul II y célébra une messe le 8 septembre 1993.

Les Trois Frères★★ **(Trīs Brāļi)** D4

Mazā Pils iela 17-19-21. Ces trois maisons contiguës rappellent le passé hanséatique de la cité lorsque les marchands y prospéraient. Comme la plupart des maisons de marchands, elles faisaient office à la fois d'entrepôt et de lieu d'habitation. La plus étroite des trois, au no 21, est aussi la plus jeune puisqu'elle date du 18e s. La suivante, a été construite en 1646 et s'orne d'un portail baroque ajouté cent ans plus tard. Mais la plus émouvante et aussi la plus ancienne, légèrement en retrait de la rue, a été élevée au 15e s. Sa façade toute de guingois est coiffée d'un pignon à redans, et sa porte est encadrée, comme il était alors d'usage, de bancs de pierre.

W. Buss / Michelin

Les Trois Frères : trois maisons de marchands de trois époques différentes.

Musée letton d'architecture (Latvijas Arhitektūras muzejs) – *Mazā Pils iela 19 - ☏ 722 079 - www.archmuseum.lv. - lun.-vend. 9h-17h - gratuit (donation).* Ce musée qui intéressera les amateurs (éclairés) d'architecture contemporaine a, pour le profane, le principal intérêt de permettre de découvrit l'intérieur des « Trois Frères ».
Suivre Mazā Pils iela.
Sur la droite (dans une autre branche de Klostera iela), l'**église Ste-Marie-Madeleine (Sv. Marijas Magdalēnas baznīca)**, fondée au 13e s., fut reconstruite au 18e s. pour abriter une église orthodoxe. Rendue au culte catholique en 1923, elle arbore quelques peintures murales.
Mazā Pils iela conduit à la place du Château (Pils laukums).

Château (Rīgas pils) C 3-4

Fondée en 1330 par l'ordre Teutonique pour remplacer un ouvrage précédent détruit lors d'une émeute, cette massive forteresse fut largement remaniée au cours de l'histoire, notamment lorsque les habitants de Rīga, en délicatesse avec l'ordre de Livonie, le mirent à sac en 1484. Reconstruit aux frais de la ville au début du siècle suivant, c'était alors un édifice au plan carré enserrant une cour intérieure et doté de tours d'angle dont le **donjon (Svina tornis)** donnant sur Pils laukums et la **tour du Saint-Esprit (Svēta Gara tornis)** dominant la Daugava. Le château ne tarda pas à être réaménagé, tant à l'époque des Polonais que sous le gouvernement suédois qui l'agrandit en le dotant d'une seconde cour intérieure. Un chevalier revenant sur les lieux aurait bien du mal à reconnaître sa forteresse, si l'on songe que la tour du Saint-Esprit fut modifiée pour y installer un observatoire astronomique en 1818 et qu'une nouvelle tour, dite des **Trois Étoiles (Triju Zvaigžņu tornis)**, fut élevée en 1938 par l'architecte **Eižens Laube** (elle sera décapitée quelque temps plus tard par les Soviétiques sous prétexte qu'elle exaltait le nationalisme bourgeois, avant d'être restituée en son état d'origine en 1997). Le bâtiment, qui occupe aujourd'hui un vaste espace cerné par la Daugava, K. Valdemāra iela et la place du Château, abrite la résidence officielle du chef de l'État ainsi que deux musées.

Des relations tendues

Les conflits entre les citoyens de Rīga et les chevaliers se sont succédés au cours de l'histoire. En 1297, le grand maître fut traîné par la barbe jusqu'à la potence ! En 1484, après avoir détruit le château, les habitants envoient en signe de victoire une brique de l'édifice à chacune des villes hanséatiques. Mais chacune de ces révoltes fut suivie d'une reprise en main, et la ville, condamnée à rebâtir le château des chevaliers.

Musée des Arts étrangers (Ārzemju mākslas muzejs) C4 – *Pils laukums 3, au rdc sur la gauche - ☏ 722 6467 - www.amm.lv. - mar.-dim. 10h-17h, merc. -19h - 3,50 Ls.* Après avoir traversé des salles consacrées aux antiquités égyptienne (momie), grecque et romaine (copies de statues célèbres telles que le *Discobole*), et une pièce où le roi Arthur cohabite pacifiquement avec saint Jean-Baptiste, vous découvrirez à l'étage une petite collection d'art oriental, ainsi que quelques salles réservées à l'art européen du 16e au 19e s. Parmi les tableaux exposés, outre une *Vierge à l'Enfant entouré du rosaire* par le Maître du Portrait de Habsbourg, quelques œuvres de petits maîtres flamands ou hollandais se détachent du lot, notamment un beau *Paysage d'été*. Remarquez enfin une *Arrivée au port de Marseille*, de Carl Morgenstern (1811-1893).

Musée national d'Histoire de Lettonie★★ (Latvijas nacionālais vēstures muzejs) – *Pils laukums 3, 2e étage - ☏ 722 1357 - www.history-museum.lv. - merc.-dim. 11h-17h - 0,50 Ls, Rīga card gratuit.* Plus qu'une histoire événementielle, c'est l'évolution des mœurs, de l'habitat et du style de vie en Lettonie au cours des siècles qui est retracée dans ce passionnant musée, dont la visite constitue un complément indispensable à celle du Musée ethnographique letton de plein air *(voir p. 197)*.

Présentées dans un ordre chronologique, les collections évoquent tout d'abord le mode de vie des premiers peuples venus s'installer sur le territoire en poursuivant des rennes (salle 1). Puis c'est l'arrivée des **Proto-baltes**, autour de 2300 av. J.-C. : une hutte reconstituée introduit à la vie de ces tribus (costumes et coiffes reconstitués d'après des matériaux trouvés dans des sépultures) et à leurs activités (apiculture, orfèvrerie, poterie). Cette civilisation atteint son apogée entre le 11e et le 13e s., alors que les différents peuples acquièrent des caractères particuliers permettant de distinguer Lives, Coures ou Semigalliens *(salles 2 à 4)*.

Au 13e s., l'arrivée des Croisés et la christianisation marquent un hiatus. Ce sont désormais des mœurs étrangères qui s'imposent : les salles 5a et 5b présentent une

collection d'art religieux, du gothique au rococo (voir notamment les bois sculptés de Joseph Slawitzek pour l'église de Piltene). C'est une société à deux vitesses qui s'installe. Le quotidien des **paysans lettons** est évoqué dans les salles 6 à 9 par des outils agricoles (charrues, araires) ou domestiques, souvent sculptés, des poteries, des instruments de musique *(koklēs)*, des costumes, et la reconstitution d'un intérieur paysan du Vidzeme. Les descendants des Teutoniques, eux, connaissent une vie très différente dans les **manoirs** *(muiža)*, évoquée salles 10 à 12, notamment avec du mobilier rococo, classique, Biedermeier puis Art nouveau. Vous y verrez la maquette d'un de ces domaines où la vie mondaine n'excluait pas l'activité économique.

La salle 13 évoque la première république avec des objets attendrissants (postes de radio, aspirateurs) et des produits de la vie quotidienne où vous remarquerez la forte présence de la crème Nivea… tandis que l'**architecture fonctionnaliste** est représentée par des photos. Enfin, l'ère soviétique est illustrée par une sinistre galerie de portraits sur laquelle plane la mine réjouie de Staline.

Quitter le musée en longeant à droite la façade du château.

Après le donjon, coiffé d'un pimpant clocher bleu, s'élève une petite église baroque construite en 1785 pour la communauté catholique, **Notre-Dame-des-Douleurs (Sāpju Dievmātes baznīca)**.

Prendre Pils iela.

Bordée de quelques nobles demeures (comme celle de style classique du n° 9), Pils iela conduit à la place de la Cathédrale. Sur la droite, Anglikāņu iela mène au quai de la Daugava et à l'**Église anglicane (Anglikāņu baznīca)**, construite en style néogothique par **Johann Daniel Felsko** en 1857 pour le compte de l'importante communauté britannique de la ville. L'église présente la particularité d'avoir été transformée à l'époque soviétique en… discothèque ! En débouchant sur la **place de la Cathédrale (Doma laukums - D4)**, sur votre gauche au débouché de Smilšu iela, le grand immeuble pistache et chocolat fut construit dans le style Renaissance vénitienne en 1852-1855. Cet exemple de l'historicisme qui prévalait alors en architecture abrite la **Bourse de Rīga (Rīgas birža)**. **Smilšu iela★** ravira les amateurs d'architecture du début du 20e s. avec un ensemble d'immeubles oscillant entre l'éclectisme et l'Art nouveau, comme celui du n° 2 décoré de paons, dessiné en 1902 par **Konstantins Peksens**.

Cathédrale★ (Rīgas Doma Baznīca) D4

Tlj 10h-18h, vend. -17h - 1,50 Ls, Rīga card gratuit. Construite sur un terrain consacré en 1211 par l'évêque **Albert von Buxhövden**, ce grand édifice de brique fut élevé en style roman sur un plan en croix latine. Mais l'édifice d'origine a été largement remanié au cours des siècles, notamment lorsque la nef centrale fut agrandie à l'époque gothique, aux 14e et 15e s. Les aménagement ultérieurs la voient évoluer vers le baroque (clocher, 1776), avant que **Johann Daniel Felsko** ne la réaménage dans un style néogothique, alors en vogue, et que son collègue **Wilhelm Neumann** ne lui ajoute un vestibule Jugendstil au début du 20e s.

L'intérieur, très dépouillé, luthéranisme oblige, frappe par la majesté de son élévation. Vous y verrez quelques épitaphes et pierres tombales (2e chapelle sur le bas-côté gauche), dont celle de l'évêque d'Ikšķile, le célèbre chanoine **Meinhard**. Derrière le chœur, le somptueux **buffet d'orgue★** en bois sculpté est une œuvre de Jacob Raab réalisée entre 1594 et 1601. L'instrument lui-même, le plus grand au monde à l'époque, fut inauguré en 1884. Franz Liszt composa pour l'occasion les pièces qui y furent exécutées. Quant à la chaire baroque que surmonte un ange musicien, ornée de sculptures du Christ, des apôtres et des évangélistes, elle est l'œuvre d'un sculpteur letton, **Thobias Heines** (ou Heinz), et a été installée sur les lieux en 1641. Enfin, la douzaine de vitraux ayant survécu aux bombardements de 1944 ont été réalisés en 1895 par des maîtres verriers de Rīga, Alfred Kahlert et Franz Weber.

Sur la droite du portail, prendre Palasta iela.

Une souris accusatrice

Au-dessus de la porte ouvrant sur les escaliers du clocher de la cathédrale, vous remarquerez une souris de métal… Allusion à la pingrerie du clergé qui tardait à payer les artisans, elle illustre un adage local : « Pauvre comme une souris d'église. »

Cloître – *Sur la droite du portail de la cathédrale - mai-sept. tlj 10h-17h, merc. -19h) - 0,50 Ls, Rīga card gratuit.* Le cloître du monastère adjacent, dont la galerie voûtée mesure 118 m de long, a été à nouveau inauguré en 2001 lors des journées hanséatiques. C'est à ce moment-là qu'a été installée une copie de la statue de bronze de l'évêque Albrecht, dont l'original avait disparu en Russie en 1915. C'est une souscription des descendants d'Allemands baltes qui a permis de réaliser cette copie.

Herdera laukums – Un monument évoque sur cette place la mémoire de l'écrivain allemand **Johann Gottfried von Herder** (1744-1803), qui fut l'un des premiers à s'intéresser à la poésie populaire lettone et à recueillir des *dainas*.

Prendre à gauche Palasta iela.

Musée d'Histoire de Rīga et de la navigation★★ (Rīgas vēsturesun kuģniecības muzejs) D4

Palasta iela 4 - ✆ 735 6676 - www.vip.lanet.lv/museums/Riga. - mai-sept. tlj 10h-17h, merc. -19h ; oct.-avr. jeu.-dim. 11h-17h, merc. -19h - Rīga card gratuit.

Installé dans l'ancien chapitre de la cathédrale, largement remanié, notamment en 1779 lorsque l'architecte **Christoph Haberland** dessina la salle des Colonnes, ce musée retrace l'histoire de la capitale et de son port de façon chronologique. Commençant au 2e étage, la visite présente les civilisations autochtones de la basse Daugava, évoquées par des objets mis au jour lors de fouilles près de Salaspils. Dans la section consacrée à la cité médiévale (sceaux, retables, coffres sculptés, armes et armures), remarquez en particulier un grand (2,36 m) saint Christophe de bois polychrome. La Rīga suédoise est illustrée par des tableaux et des aquarelles, monnaies et balances témoignant de l'intense activité commerciale de cette ère de prospérité. Après la noble salle des Colonnes créée pour abriter une bibliothèque, différentes salles décrivent la vie quotidienne aux 19e et 20e s. : orfèvrerie, mobilier, vaisselle plantent le décor, tandis que livres, photos, affiches de spectacles, réclames mettent l'accent sur une vie culturelle (et mondaine) intense. Enfin, dans les deux salles consacrées à la navigation, vous pourrez voir de superbes maquettes de navires.

Le preux Roland

Comment le neveu de Charlemagne, l'homme qui périt à Roncevaux et brisa sa fidèle épée Durandal, se retrouve-t-il au centre d'une place de Rīga, si éloignée du théâtre de ses exploits ? La raison est la suivante : après les guerres contre les Saxons, il symbolisait dans toute l'Allemagne du Nord le pouvoir judiciaire et la liberté des villes médiévales. C'est à ce titre que son effigie, en bois ou en pierre, orne nombre de places publiques, dont celle de Rīga. Elle fut installée en 1896 à l'initiative des Allemands qui tenaient alors le haut du pavé dans la capitale lettone.

Palais de Pierre le Grand (Pētera I piemineklis D4 – *Au n° 9.* Pierre le Grand a ceci de commun avec Napoléon : on ne compte plus les lieux où il est censé avoir séjourné. C'est dans ce palais édifié en 1711 qu'il aurait passé trois semaines lors de sa visite à Rīga. Bien entendu, les lieux ont été considérablement modifiés depuis lors.

Jauniela iela sur la gauche puis Krāmu iela à droite conduisent à la place de l'Hôtel-de-Ville qui s'ouvre sur votre droite.

Place de l'Hôtel-de-Ville★ (Rātslaukums) D4

Jadis largement ouverte sur la Daugava, cette vaste place était alors l'âme de la cité, lieu des rencontres, des célébrations, des tournois, des marchés comme des exécutions capitales. Aujourd'hui, singulièrement rétrécie par la masse du musée de l'Occupation, elle a en outre été défigurée par des bombardements le 28 juin 1941.

Hôtel de ville (Rātsnams) – Surmonté d'un élégant beffroi, et précédé d'un porche à colonnade, l'édifice actuel est la reconstruction à l'identique de l'hôtel de ville dessiné en 1750, puis en partie détruit par les bombes avant d'être rasé par les Soviétiques.

Statue de Roland – Installée à l'emplacement d'un ancien puits artésien, elle est l'œuvre du sculpteur August Volz. La pointe de l'épée du preux chevalier marque le point zéro du calcul des distances en Lettonie.

Maison des Têtes Noires★ (Melngalvju nams) D4 – *Billetterie dans le magasin de souvenirs à gauche de l'entrée - mai-sept. mar.-dim. 10h-17h, oct.-avr. 11h-17h - 2 Ls.* Après avoir été elle aussi réduite en cendres, cette superbe demeure néerlandaise de style Renaissance a retrouvé sa place au centre de Rīga en 1999. Construite en 1334 pour abriter la Grande Guilde, elle fut louée en 1477 à la **confrérie des Têtes Noires** qui devait son nom à son saint patron, Maurice, souvent représenté sous les traits d'un Maure. Cette confrérie, qui réunissait des négociants célibataires fraîchement arrivés à Rīga, devint rapidement une des principales associations de la cité, en raison du côté volontiers festif de ses membres (leur carnaval notamment était fameux) qui attirait nombre d'habitants dans leur maison. Propriétaires des lieux en 1721, les Têtes Noires donnèrent à l'édifice à la fin du 18e s. l'apparence qu'il a retrouvée aujourd'hui, si l'on excepte des éléments décoratifs rajoutés à la fin du 19e s.

Construite en brique, la maison présente donc une façade dotée d'un haut pignon à redans agrémenté d'ailerons décoratifs et couronné de gâbles. Des niches placées sous les armoiries des cités hanséatiques accueillent des statues allégoriques, tandis qu'autour de la porte, deux bas-reliefs vivement coloriés représentent d'une part saint Maurice, de l'autre une Vierge à l'Enfant.

La visite de l'intérieur permet de découvrir quelques salles d'apparat (le grand salon, la salle de Lübeck décorée d'une immense vue de Rīga). Vous pourrez également voir une superbe collection d'argenterie, du moins ce qui n'a pas été emporté par les derniers membres de la société lorsqu'ils durent quitter la Lettonie pour l'Allemagne en 1939. Mais la partie la plus intéressante est constituée par le sous-sol, vestige de la demeure du 14e s., où sont retracées l'histoire de la Confrérie et celle du bâtiment (fragments retrouvés après les bombardements), tandis que divers instruments et objets (balances, jarres, tonneaux à bière) évoquent les activités commerciales de ses membres.

Maison Schwab – Voisine de la précédente, cette demeure qui abrite aujourd'hui l'office de tourisme, est un pastiche réalisé en 1895 par **Johann Daniel Felsko**.

Musée de l'Occupation★★ (Okupācijas muzejs) – *Gratuit.* Le moins que l'on puisse dire, c'est que ce bâtiment noirâtre, construit en 1970 par l'architecte **Dzintars Driba** pour abriter un musée glorifiant les fusiliers « rouges », n'est pas des plus heureux ! Ironie de l'histoire, il accueille désormais un remarquable musée consacré aux occupations successives qu'eut à subir la Lettonie entre 1940 et 1991.

L'accueil, avec les photos de Staline et d'Hitler, donne le ton des tragédies vécues par le peuple letton : un baraquement du Goulag reconstitué, des objets personnels bouleversants, ainsi que nombre de lettres, documents et photos évoquent les périodes où purges et déportations saignèrent le pays à blanc. La période de l'Occupation allemande n'est pas éludée : après une propagande répugnante visant à implanter dans le pays un antisémitisme jusque-là inconnu (en faisant l'amalgame entre les Juifs et les communistes), 70 000 Juifs lettons furent exterminés et 25 000 déportés, un petit millier seulement ayant survécu à ces années noires.

La dernière partie de cette bouleversante exposition évoque la résistance armée des « Frères de la Forêt » (qui dura jusqu'en 1952), les purges de mars 1949, la création d'une « nomenklatura » locale et la russification qui aboutit à remplacer les presque 600 000 habitants qui avaient quitté le pays depuis 1939 (pour l'exil ou pour le Goulag) par de nouvelles populations venues de Russie, de Biélorussie et d'Ukraine.

Monument des Fusiliers lettons (Strēlnieku piemineklis) D5 – C'est en 1971 que les autorités soviétiques firent élever à la gloire des fusiliers « rouges » ce monument de granit rose réalisé par le sculpteur Valdis Albergs. Les fusiliers lettons qui s'étaient couverts de gloire lors de la Première Guerre mondiale étaient parvenus à symboliser aux yeux de leurs compatriotes le pays alors en gestation. Mais lorsque le révolution de 1917 survint, les fusiliers se partagèrent entre blancs et rouges, ces derniers donnant à l'armée Rouge un de ses commandants en chef, Jukums Vācietis... avant d'être exterminés lors des grandes purges de 1937-1938. Depuis l'Indépendance, rouges et blancs sont à nouveau réunis dans ce monument face à la Daugava qui symbolise aujourd'hui une page de la naissance du pays.

Revenir sur la place de l'Hôtel-de-Ville et prendre Kungu iela à droite.

Maison Mentzendorff★★

(Mencendorfa nams) D5

Grēcinieku iela 18, accès par Kungu iela - merc.-dim. 11h-17h - 1 Ls, Rīga card gratuit - photos 2 Ls. Cette maison qui porte le nom de son dernier propriétaire fut construite en 1695 pour un maître verrier du nom de Jürgen Helms, puis longtemps occupée par une pharmacie. Après sa restauration qui a permis d'y découvrir des peintures murales, la maison a été meublée en puisant dans le fonds du musée d'Histoire de Rīga, de façon à reconstituer l'atmosphère d'une demeure bourgeoise des 17e et 18e s.

P. Plantier / Michelin

Les fresques de la maison Mentzendorff.

Vous découvrirez au rez-de-chaussée la cuisine équipée d'ustensiles, avec son sol en dolomie grise et son four à bois, puis le vestibule décoré de portraits de membres de la Petite Guilde. Le magasin avec sa table chargée des objets usuels d'un commerçant donne accès au sous-sol où se tenait l'atelier du verrier. Après avoir enfilé des chaussons de feutre, vous accéderez au premier étage : le salon des visiteurs donne accès à une pièce décorée de fresques évoquant avec fraîcheur et un soupçon de maladresse les scènes champêtres chères à Watteau, puis à la chapelle et au cabinet de travail.

W. Buss / Michelin

Clochers du vieux Rīga : la cathédrale et l'église Saint-Pierre.

Au deuxième, après une collection de peintures des 17e et 18e s., vous découvrirez la chambre, un salon meublé en style jacobin et une salle où vous pourrez voir une bouilloire à braises (pour réchauffer les lits), une parure de mariée réalisée en écailles de poisson et une curieuse « sorcière tournante », outil de divination du 19e s. Enfin, dans le bureau, divers documents retracent l'histoire des lieux et permettent de découvrir leur état de délabrement lorsque la restauration fut entreprise.

Continuer dans Kungu iela puis prendre à gauche Mārstaļu iela.

Église réformée (Reformātu baznīca) D5

La seule église baroque de la capitale a été élevée en 1733 (avec l'autorisation de Pierre le Grand) par un maître bâtisseur nommé Christofer Meinert, et s'est vu ornée d'un porche de grès rouge réalisé à Brême. Une curiosité : c'est la seule église de la capitale qui n'est pas dotée d'un coq en guise de girouette, mais d'une étoile.

Sur votre gauche, l'étroite **Alksnāja iela** est bordée de maisons hanséatiques dont certaines ont été agréablement restaurées. La première à gauche abrite le **Musée letton de la photographie (Latvijas fotogrāfijas muzejs** – *tlj sf lun.-mar. 10h-17h, jeu. 12h-19h - 0,60 Ls, Rīga card gratuit)* qui illustre le développement de la photographie en Lettonie de 1839 à nos jours. Outre la reconstitution d'un studio de photographe, les amateurs y verront le fameux VEF Minox, « la caméra des espions » mise au point en 1937 par un ingénieur local, **Walter Zapp** (1905-2003).

Continuer dans Mārstaļu iela et, après avoir franchi Audēju iela, suivre en face Skārņu iela.

Église Saint-Jean (Jāņa baznīca) D4

Cette église de brique fut d'abord la chapelle du monastère dominicain installé sur les lieux après 1234 et dissous à la Réforme. L'édifice actuel, élevé à la fin du 16e s en style gothique tardif, présente un haut pignon à redans ; au-dessus du portail, dans les niches, sont visibles des statues de saint Jean-Baptiste (copie) et de Salomé. Le clocher est un pastiche néogothique de **Johann Daniel Felsko**. Réputé pour son excellente acoustique, le sanctuaire abrite régulièrement des concerts.

Devant la façade de l'église, un étroit passage est enjambé par une voûte en accolade donnant accès à ce qui fut le cloître du monastère dominicain. Dans la petite **cour St-Jean (Jāņa sēta)**, on aperçoit quelques vestiges des anciennes fortifications.

Revenir sur Skārņu iela.

Sur votre gauche, la placette qui borde l'église St-Pierre (occupée par des étals de vendeurs de souvenirs) s'orne d'une curieuse sculpture : il s'agit d'une réplique de la **statue des Musiciens de Brême**, illustrant un célèbre conte des frères Grimm, offerte à Rīga par cette ville d'où était originaire l'évêque Albert.

Église Saint-Pierre★ (Sv Pētera baznīca) D4

Tlj 10h-17h - visite de l'église 1,50 Ls, accès au clocher (par ascenseur, départ toutes les 10mn) 2 Ls. Dominée par son élégant clocher, cette église de brique rouge a été bâtie en style gothique et terminée en 1491… si l'on fait abstraction de reconstructions ultérieures. Au cours du 18e s., elle fut dotée d'un portail baroque surmonté d'une statue de saint Pierre. Silhouette emblématique de la cité, le clocher de bois, qui culmine à une hauteur de 123 m et que prolonge un coq doré de 1,5 m de hauteur,

> **Prédestination**
>
> L'église vouée à saint Pierre brûla une première fois en 1721 lors de la visite à Rīga de Pierre le Grand. Le tsar se sentit obligé d'encourager la reconstruction d'un sanctuaire portant son nom. En juin 1940, elle fut gravement endommagée par un bombardement de l'armée Rouge survenu… le jour de la Saint-Pierre !

a été reconstruit à l'identique en 1973. Conformément à la tradition établie en 1746 par le maître d'œuvre de l'ouvrage original, l'architecte chargé de la restauration, **Pēteris Saulītis**, se jucha à califourchon sur le coq, vida une coupe de champagne et la jeta dans le vide où elle se brisa en mille morceaux : la tradition veut que l'église demeurera en place autant de siècles qu'il y eut de morceaux de verre, ce qui semble de bon augure pour l'avenir !

Très dépouillé et d'une belle élévation, l'intérieur n'a d'autre décoration que quelques armoiries, placées sur les piliers, des personnages qui tenaient le haut du pavé au 18e s. (parmi lesquels **Wilhelm Barclay de Tolly**, d'origine écossaise, dont le petit-fils se rendit célèbre à la tête de l'armée russe en 1812). Vous y verrez un sobre monument aux victimes de la terreur communiste et, surtout, le beau sépulcre baroque des Gardes Bleus (1783), corps équestre chargé depuis 1687 d'escorter les visiteurs éminents. Mais c'est avant tout la montée au clocher qui attire ici les voyageurs qui découvriront un admirable **panorama★★★** sur la cité.

En sortant de l'église, revenir à droite vers Skārņu iela

En face de vous, **Skārņu iela★** (la « rue des Bouchers ») présente un des ensembles architecturaux les plus harmonieux de la vieille ville, un des plus anciens aussi. C'est ici que se dressait jusqu'à l'émeute de 1297 le premier château des Porte-Glaive, dont les ruines furent ensuite occupées par le monastère du Saint-Esprit. Vous verrez tout d'abord à gauche de l'église St-Jean un bel immeuble à la façade armoriée, hospice ouvert en 1593. Au-delà de l'arche de la **cour du Couvent (Konventa Sēta)** suivent quelques belles demeures, dont celle qui donne accès au **musée des Arts décoratifs** que précède la nef de l'ancienne **église St-Georges**.

Musée des Arts décoratifs et du Design★ (Dekoratīvās mākslas un dizaina muzejs) D4

Skārņu iela 10-20 - ✆ 783 0907 - www.dlmm.lv. - mar.-dim. 11h-17h, merc. -19h - 2 Ls, Rīga card gratuit. Occupant l'ancienne église St-Georges (dévolue aux expositions temporaires), ce musée déploie ses collections dans deux grandes salles. La première *(niveau 2)* est consacrée à la naissance des arts appliqués en Lettonie (19e-20e s.) : céramiques, papiers peints dessinés par Jūlijs Madernieks, tapis, vaisselle à décor cubiste (par Romans Suta), marqueterie (remarquez le coffret réalisé par Edgars Adamsons pour les 750 ans de Rīga), chopes à bière en bois, et travail de l'ambre illustrent l'évolution des Arts décoratifs. La seconde salle est consacrée au design depuis 1960 : les arts appliqués s'affranchissent dès lors presque totalement de leur côté utilitaire, comme en témoigne *Siège pour une situation conflictuelle*, de Jānis Straupe.

Passer sous le porche de Konventa sēta.

P. Plantier / Michelin

Autour du musée des Arts décoratifs, un bel ensemble urbain.

Cour du Couvent (Konventa sēta)
Plus qu'une cour, l'ancien couvent du Saint-Esprit est aujourd'hui un petit dédale de passages pavés abritant, outre l'hôtel du même nom, des galeries d'art.
Musée de la Porcelaine de Rīga (Rīgas Porcelāna muzejs) – *Kalēju iela 9/11, dans Konventa sēta - ✆ 750 3769 - mar.-dim. 11h-18h - 0,50 Ls, Rīga card 0,30 Ls.* C'est au milieu du 19e s. que la manufacture de porcelaine de Rīga a été fondée. Ce musée présente quelques-unes des plus belles pièces qui en sont sorties. Celles qui ont été créées pour le septième centenaire de la fondation de la ville impressionnent par leurs dimensions. Vous serez en revanche amusé par la production de l'époque soviétique avec ses portraits de dirigeants prolétariens.
L'étroite **Kalēju iela** (que vous prenez à gauche) ouvre par une arche sur l'axe de la vieille ville, **Kalķu iela**, sans cesse parcourue par la foule.

Place des Lives (Līvu laukums)
Cette vaste place de forme irrégulière est envahie dès les premiers beaux jours par les terrasses de cafés et de restaurants. En la prenant immédiatement sur votre gauche, vous découvrez de part et d'autre d'Amatu iela deux immeubles néogothiques : sur la gauche, la **Petite Guilde (Mazā Ģilde)** a été élevée par Johann Daniel Felsko pour les corporations d'artisans ; la **Grande Guilde (Lielā Ģilde)**, quant à elle, était réservée aux négociants et abrite aujourd'hui une salle de concerts.
Mais le bâtiment le plus connu est un immeuble Art nouveau situé au coin de Meistaru iela : c'est la fameuse **maison des Chats★ (Kaķu nams)**, édifiée par **Friedrich Scheffel** (1903). Les chats faisant le gros dos sur le toit exprimeraient selon la chronique le mépris du propriétaire des lieux envers les membres de la Grande Guilde qui avaient refusé de l'admettre parmi eux.
Par Kalķu iela, vous retrouvez Aspazijas bulvāris, dans l'axe de Brīvības bulvāris, point de départ de la découverte de la ville moderne.

La ville moderne 2 Plan II

Compter une demi-journée.

Monument de la Liberté (Brīvības piemineklis) E3
C'est en 1935 que ce monument, symbolisant la libération du peuple letton, a été réalisé par le sculpteur **Kārlis Zāle**. Juchée sur une colonne de 42 m, la figure de la Liberté (9 m de hauteur) est placée dans la perspective ouverte par Brīvības bulvāris que prolonge Brīvības iela. Autour du socle, vous verrez plusieurs figures allégoriques (dont le fameux héros **Lāčplēsis**) sur lesquelles veille une hiératique garde d'honneur qui, au grand ravissement des visiteurs, s'anime de temps à autre pour une sorte de ballet auquel la marche au pas de l'oie confère un caractère un peu mécanique.
Poursuivre dans Brīvības bulvāris au-delà de Raina bulvāris et de Kalpaka bulvāris.
Brīvības bulvāris est désormais longé par deux vastes parcs, tous deux bordés par Elizabetes iela : le **jardin Wöhrmann (Vērmanes dārzs)** à droite et **Esplanāde** sur votre gauche.

Cathédrale de la Nativité (Kristus Piedzimšanas pareizticīgo katedrāle)
Sur la gauche Construite entre 1876 et 1884 par l'architecte **Robert Pflug**, cette cathédrale orthodoxe monumentale, coiffée de cinq clochers à bulbes, a retrouvé sa vocation initiale depuis l'Indépendance après avoir abrité à l'époque soviétique un planétarium... L'intérieur peinturluré en vert pistache ne présente pas un caractère rare, hors des iconostases richement ouvragées.
Contournez la cathédrale pour traverser **Esplanāde** : cet ancien champ de manœuvres militaires, aménagé en parc en 1901, est parsemé de monuments, parmi lesquels celui élevé en 1965 à la mémoire du poète national, **Jānis Rainis**.
Deux bâtiments s'élèvent en face de vous le long de K. Valdemāra iela : à gauche, l'immeuble néogothique en brique

L'Art nouveau dans la vieille ville.
P. Plantier / Michelin

abrite l'**Académie des beaux-arts (Latvijas mākslas akadēmija)** ; sur la droite, surmonté par un dôme, le musée national des Beaux-Arts, quelque peu massif, a été construit par **Wilhelm Neumann**. Devant le perron, un monument est dédié au plus connu des peintres lettons, **Jānis Rozentāls** (1866-1916).

Musée national des Beaux-Arts★ (Latvijas Nacionālais mākslas muzejs) E2

K. Valdemāra iela 10a - ✆ 732 4461 - www.lnmm.lv. - tlj sf mar. 11h-17h - 2 Ls, Rīga card gratuit. Les collections se déploient sur deux étages de part et d'autre du grand escalier, l'aile du rez-de-chaussée à gauche étant dévolue aux expositions temporaires. Outre les débuts de la peinture lettone représentés en particulier par **Carl Timoleon von Neff** *(Femme dans un bateau)*, le rez-de-chaussée présente une belle collection de peintures russes. Les portraits de **Vladimir Borovikovski** précèdent les représentants du cercle d'Abramtsevo (**Ilia Repine**, **Vassili Sourikov**, **Konstantin Korovine**), un beau paysage de **Isaac Levitan** et un superbe sous-bois de **Konstantin Iouon**. Une salle est consacrée à **Nicolas Roerich**, aux œuvres imprégnées de mysticisme.

À l'étage sur la gauche, vous vous attarderez devant les « pères de la peinture lettone » : **Jānis Rozentāls** *(L'Artiste dans son atelier, Début de printemps en Courlande, Femme en blanc)*, **Vilhelm Purvītis** *(Soleil d'automne)* et **Jānis Valters** *(Forêt au soleil levant)*. Regardez également l'étrange *Paysage au cavalier* d'**Aleksandrs Romans**, le sombre *Lac* de **Pēteris Kalve**, les paysages violents de **Valdemārs Zeltiņš**. Les artistes adoptent ensuite les styles européens, qu'il s'agisse du symbolisme (**Rūdolfs Pērle**), du cubisme (**Oto Skulme, Jānis Liepiņš**), de l'expressionnisme (**Ģederts Eliass**), ou de la Nouvelle Objectivité (**Aleksandra Belcova**, **Uga Skulme**). Enfin, avec l'indépendance, apparaît un mouvement national exaltant les valeurs des anciens Lettons avec **Augusts Annuss**, **Ansis Cīrulis** ou **Pēteris Kundziņš**. Parmi les sculpteurs s'impose **Teodors Zaļkans.**

La dernière partie conduit de 1930 à 1945, avec des sculpteurs tels que **Kārlis Zemdega.** Le portraitiste **Valdemārs Tone** *(Femme à sa fenêtre)*, le dessinateur **Kārlis Padegs** et **Jānis Tidemanis** sont les artistes les plus connus. Enfin, une place est faite à **Gustav Klucis** qui s'inscrit dans les courants d'avant-garde de la jeune Union soviétique.

Traverser (avec précautions) la large Krišjāņa Valdemāra iela qui descend vers la Daugava, et poursuivre dans Elizabetes iela.

Elizabetes iela C/D2

Vous pénétrez alors dans un quartier constitué de larges avenues que bordent quelques **maisons de bois** remarquablement préservées dans cet environnement urbain, ainsi que des immeubles où, à l'éclectisme historiciste de la seconde partie du 19e s., a succédé l'**Art nouveau** : vous verrez un bel exemple des fastes décoratifs de ce style au coin d'Antonijas iela, avec l'immeuble décoré de dragons, une réalisation de **Konstantins Peksens** (1903). Mais l'une des plus grandes réussites du genre se trouve sur le côté gauche de la rue, au n° 10b : cette demeure a été construite par **Mikhaïl Eisenstein**, le père du fameux cinéaste soviétique. Un peu plus loin au n° 27, un hôtel a investi une noble demeure de bois datant du 18e s.

Strēlnieku iela D2

Sur la droite, encore un belle réalisation d'Eisenstein au n° 4a. Au coin d'Alberta iela se dresse un immeuble jaune hérissé de tourelles et clochetons : de style « romantique national », le bâtiment dessiné par Pēksens a été habité par le peintre **Jānis Rozentāls** et l'écrivain **Rūdolfs Blaumanis**.

Appartement-musée Jānis Rozentāls et Rūdolfs Blaumanis (Jāņa Rozentāla um Rūdolfa Blaumaņa muzejs) – *Au n° 12, 5e étage, appartement 9 - ✆ 733 164 - merc.-dim. 11h-18h, fermé dernier vend. du mois - 0,70 Ls.* La visite de cet appartement qu'habitèrent successivement un grand peintre et un des principaux écrivains lettons sera l'occasion de découvrir l'intérieur d'un immeuble Art nouveau, ainsi

W. Buss / Michelin

L'immeuble du 10b Elizabetes iela.

que le mobilier dessiné par l'architecte. Vous verrez également l'atelier de Rozentāls : tableau sur chevalet, blouse du peintre supendue à un crochet… Tout ici donne l'impression que l'artiste ne s'est absenté que pour quelques minutes.

Alberta iela★ D-E2

Percée entre 1901 et 1908, cette rue est bordée de quatorze immeubles, dont un bon nombre a été conçu par **Mikhaïl Eisenstein**. De ce bel ensemble (dont on ne peut que regretter l'état de délabrement auquel des travaux de rénovation en cours doivent remédier), remarquez en particulier la façade de briques vernissées bleues du n° 8, la belle façade toute en courbes du n° 4, la demeure du n° 2 avec ses bow-windows et celle du n° 2a ornée de sphinx, dont l'étage supérieur, factice, est purement décoratif. C'est à cette dernière adresse que le (futur) philosophe britannique **Isaiah Berlin** (1909-1995), fils d'un marchand de timbres de la ville, passa une partie de son enfance. En face, le n° 12, avec ses immenses statues, est une réalisation d'un autre architecte emblématique de l'époque, **Eižens Laube**.

Prendre dans le prolongement Dzirnavu iela.

Bordée de restaurants et de cafés branchés, cette rue parallèle à Elizabetes iela conserve quelques immeubles Art nouveau ou historicistes, parfois très délabrés.

Skolas iela abrite au n° 6 un centre de documentations et une exposition retraçant le tragique destin de la **communauté juive de Lettonie** (**Ebreji Latvijā**) – *dim.-jeu. 12h-17h - donation.*

Un peu plus loin, après avoir pris Baznīcas iela sur votre gauche, vous verrez au coin de Lačplēsa iela quelques immeubles de bois qui ne manquent pas d'allure.

Revenir par Brīvības iela et prendre à gauche Elizabetes iela.

Retrouvant Elizabetes iela, vous longerez à nouveau des immeubles intéressants comme le **Cinéma théâtre** *(au n° 61)*, réjouissant pastiche rococo dessiné en 1923 par l'architecte **Fridrihs Skujiņš**… mais malheureusement caché à la vue des passants par une structure aussi noire qu'anguleuse abritant un établissement nocturne. De l'autre côté de la rue à droite, le bâtiment brun et courbe qui abrite les ministères est une œuvre nettement moins inspirée du même architecte. Il cède la place au vaste et agréable **jardin Wöhrmann (Vērmanes dārzs)**, aménagé à partir de 1817, et parsemé de monuments comme celui honorant **Krišjānis Barons**.

Musée mémorial Krišjānis Barons (Kr. Barona memoriālais muzejs)

K. Barona iela 3, au 3e étage par un vénérable ascenseur - merc.-dim. 11h-18h (permanence pas toujours assurée, prévenir au préalable au ✆ 728 4265) - 0,60 Ls. **Krišjānis Barons** (1835-1923) est l'un de ces « Nouveaux Lettons » qui participèrent activement à l'éveil

culturel national de la fin du 19e s., en révélant la richesse du patrimoine populaire. S'il n'a pas recueilli lui-même sur le terrain l'immense corpus de plus de 200 000 **dainas** (chants populaires) lettones, il a entrepris de les classer par thèmes, les regroupant à partir d'un texte présentatif, avant de les publier en six volumes entre 1894 et 1915. Le musée installé dans son appartement présente une copie du célèbre meuble à casiers que Barons utilisait pour établir sa classification.
Revenir sur Elizabetes iela.

Berga Bazārs

Elizabetes iela 83-85. Cafés et restaurants branchés, boutiques de mode et d'artisanat, galeries d'art, centre de fitness ainsi que le plus bel hôtel de Rīga ont investi ce dédale de cours intérieures, ancienne friche industrielle rénovée par l'architecte **Zaiga Gaile**
Revenir en arrière jusqu'à K. Barona iela et prendre à gauche vers la vieille ville.
Après avoir traversé le canal, sur votre gauche, vous arrivez devant l'**Opéra national (Latvijas nacionālā Opera)** : les amateurs de chorégraphie songeront avec une certaine nostalgie que **Mikhaïl Baryshnikov** fut longtemps l'incontestable vedette du corps de ballet local.
Vous pourrez alors revenir en arrière sur Aspazijas bulvāris. Au-delà de la large 13. janvāra iela et du canal, le **marché central (Centrāltirgus)** occupe cinq anciens hangars à zeppelins.

À l'écart du centre Plan I

Musée ethnographique letton de plein air★★ (Latvijas etnogrāfiskais brīvdabas muzejs) B

Brīvības iela 440, en bordure du lac Jugla (Juglas ezers), au nord-est de la ville (accessible par le bus n° 1) - P - ✆ 799 4515 - www.ltg.lv/english/brivdabas.muzejs. - tlj 11h-17h - 0,75 Ls, Rīga card gratuit, plan 0,20 Ls. Fondé en 1824, ce musée accueille, dans une belle pinède dominant le lac, près de 120 bâtiments authentiques représentatifs des quatre grandes régions du pays (Latgale, Vidzeme, Zemgale et Kurzeme) formant quatre villages. Parmi les plus belles constructions (ou les plus représentatives), vous ne manquerez pas pour la Courlande (Kurzeme) le village de pêcheurs lives installé en bordure du lac, à côté d'un village typiquement courlandais doté de sa fumerie de poissons. Pour ce qui est du Vidzeme, parmi de belles fermes à toit de chaume, vous découvrirez une étonnante « cuisine d'été » utilisée jadis par les paysans : c'est dans cette hutte évoquant le tipi des indiens d'Amérique qu'ils vivaient, cuisinaient et brassaient la bière aux beaux jours.
Dans le Latgale, ne manquez pas l'adorable église orthodoxe, le superbe moulin à vent ainsi que le village russe. Quant à la région du Zemgale, elle est représentée par l'église luthérienne du village de Vecborne (début 16e s.), la seule église de bois de cette époque à nous être parvenue. La beauté de cet ensemble de constructions ne fait qu'aviver le regret que les demeures d'aujourd'hui aient troqué leurs revêtements traditionnels pour une triste tôle ondulée...
Croix de bords de route, saunas et autres constructions parsèment le parc qui s'anime le week-end lorsque les maisons s'ouvrent et que des artisans se mettent au travail. Vous pourrez même y déguster le miel produit localement...

P. Plantier / Michelin
Une église orthodoxe du Latgale.

Musée de l'Automobile de Rīga★ (Rīgas motormuzejs)

S. Eizenšteina iela, 7 km à l'est par Brīvības iela - ✆ 709 7170 - www.ltg.lv/motormuzejs. - tlj 10h-18h - 1 Ls. Une collection de vénérables véhicules ayant appartenu à des hiérarques soviétiques (de la ZIL blindée de Staline aux véhicules de Khrouchtchev, de Molotov et de ce grand amateur de voitures qu'était Leonid Brejnev) : c'est en cela que ce musée intéressera à la fois les historiens et les amateurs de vieilles voitures rarement visibles sous nos latitudes, comme les Zigouli et les Volga.

Mežaparks B1

7 km au nord du centre par Krišjāņa Valdemāra iela puis Duntes iela dans le prolongement. Prendre ensuite à droite Tilta iela qui se poursuit par Meža prospekts.

En bordure du vaste **lac Ķišezers**, l'immense parc de la forêt est bordé par un quartier résidentiel que les promoteurs contemplent aujourd'hui en se frottant les mains... Tout ce que Rīga comptait comme célébrités se faisait un devoir d'y habiter, avant de se retrouver pour l'éternité dans les grands cimetières proches *(accès par Varoņu iela)*, comme le **cimetière Raiņis (Raiņa kapi)**, véritables musées de la sculpture funéraire lettone.

C'est en bordure du lac *(accès par Meža prospekts)* que vous trouverez le **Jardin zoologique (Rīgas zooloģiskais dārzs)**. Fondé en 1912, il retrouve peu à peu son lustre d'antan après une période d'abandon dans les années qui suivirent l'Indépendance. Dans le parc, des allées pour la promenade et des équipements sportifs proposent aux citadins des activités de week-end, tandis que l'immense **Scène de chant choral (Mežaparka lielā estrāde)** qui peut accueillir 20 000 chanteurs témoigne de l'importance accordée par les Lettons à cet art musical.

P. Plantier / Michelin

« Cuisine d'été » au musée de plein air.

Aux alentours

Mémorial de Salaspils★★

15 km par la route de Daugavpils (A 6/E 22). La route d'accès étant sur la gauche de cette voie rapide lorsqu'on vient de Rīga, et les conducteurs lettons assez peu courtois, faire particulièrement attention au moment de tourner, ou poursuivre jusqu'au carrefour avec la route de Bauska pour aborder l'embranchement plus commodément. 1 km environ sur une route qui longe un cimetière. C'est dans un sous-bois à proximité de la cité-champignon de Salaspils que les nazis regroupèrent entre 1941 et 1944, dans trente-neuf baraquements, des dizaines de milliers de personnes. Des Juifs ou des résistants, originaires de Rīga ou d'autres pays occupés, furent ici massacrés.

Le mémorial qui se dresse aujourd'hui dans une vaste clairière est constitué d'un grand monument de béton incliné, le « mur de la vie et de la mort », frappé des mots : « Au-delà de cette porte la terre gémit. » Derrière, sur l'immense esplanade occupée autrefois par le camp, se dressent quatre grandes sculptures de béton, tandis que des stèles marquent les emplacements des gibets. L'émotion qui étreint le visiteur est d'autant plus forte que ces activités abjectes étaient menées dans un paysage verdoyant, presque riant.

Circuit de découverte

LA CÔTE DU VIDZEME

Au nord de Rīga, la via Baltica longe la côte du Vidzeme jusqu'à la frontière estonienne. Ponctué de villages dotés de plages de sable appréciées des citadins de Rīga, et de quelques petits ports, le littoral planté de pins et de bouleaux présente, pour peu que le soleil soit de la partie, une physionomie agréable.

Quitter Rīga par Brīvības iela puis, 2 km après le lac Jugla et le Musée ethnographique letton de plein air, emprunter à l'échangeur la route E 67/E 1 (direction « Ainaži/Tallina »).

Baltezers *(à 12 km au nord-est de Rīga)*, haut lieu des fêtes de la St-Jean, se mire dans les eaux d'un grand lac bordé d'une pinède. La route traverse le plan d'eau sur une digue.

Après Ādaži, la route traverse la Gauja, avant de gagner la côte à hauteur de Lilaste, à l'entrée de Saulkrasti (le contournement de cette localité est actuellement en chantier).

De longues plages de sable, une forêt de pins sous laquelle se dissimulent des résidences et les bungalows des campings, font de **Saulkrasti**, long village constitué de plusieurs centres, la seconde station balnéaire des habitants de Rīga, même si elle n'a pas acquis le prestige de Jūrmala *(voir p. 247)*.

Appréciée de la noblesse allemande au début du 19e s., l'ancienne Neubad n'a conservé que peu de témoignages de cette époque, si l'on excepte la maison du baron Kamphausen *(Ainažu iela)*.

Après la station jumelle de **Zvejniekciems**, la route s'éloigne du rivage dont quelques routes secondaires (pas toujours goudronnées) permettent cependant de se rapprocher, comme à **Tūja**, posée sur un littoral rocheux.

À **Svētciems**, une petite route non asphaltée sur la droite donne accès en 9 km à des **grottes sacrificielles livoniennes (Lībiešu upuralas)**, situées sur la rive droite de la rivière. Ces grottes, les plus profondes du pays (46 m), étaient utilisées, semble-t-il, par les Lives *(voir p. 244)* lors de pratiques rituelles.

Les Porte-Glaive

Recrutés parmi les croisés allemands chassés de Terre sainte, les membres de cet ordre militaro-religieux avaient une seule mission : combattre le paganisme par tous les moyens. En échange, un tiers des terres conquises leur revenait. Ce privilège justifia bien des abus et, rapidement devenus incontrôlables, les chevaliers édifièrent des forteresses, firent main basse sur l'essentiel des terres, réduisirent en esclavage les autochtones et établirent une hégémonie qui perdura jusqu'en 1920.

Port industriel et de pêche posé à l'embouchure de la Salaca, **Salacgrīva** présente un visage un peu ingrat, dû à la première de ces activités. Il n'en va pas de même d'**Ainaži** *(à la frontière estonienne)*, naguère haut-lieu de la navigation estonienne, où de belles maisons de bois se nichent dans une pinède, en retrait du littoral sablonneux.

Au-delà de la frontière, la route conduit à Pärnu (Estonie).

Rīga pratique

À l'arrivée

Aéroport international – *Mārupes pagasts - www.riga-airport.com.* Situé à 13 km du centre par la route rapide A 10 conduisant à Jūrmala puis à Ventspils, dans le prolongment de K. Valdemāras iela et du pont suspendu Vanšu tilts.

Pour gagner le centre, les **bus n° 22 et n° 22a** (arrêt face au hall d'arrivée, au-delà du parking courte durée) circulent entre 5h45 et 23h40. Tickets vendus à bord (il vaut mieux avoir de la petite monnaie).

Le n° 22 s'arrête à la gare centrale, au marché central et à Latviešu Strēlnieku laukums à l'orée de la vieille ville côté Daugava *(durée du trajet 30mn env., fréquence 10 à 20mn - 0,25 Ls)*.

Le n° 22a *(toutes les heures - 0,30 Ls)* vous dépose en 20mn près du musée national d'Art et de la cathédrale orthodoxe.

En **taxi**, utiliser les véhicules rouges de la compagnie Riga Taksometru Park. Trajet de 15mn environ. Il ne devrait vous en coûter que 10 Ls, du moins si le chauffeur met en marche son compteur. Dans le cas contraire, faites-vous préciser le prix de la course avant le départ.

Les agences de location ont installé leurs stands dans le hall d'arrivée. Les véhicules sont garés sur un parking signalisé, sur la droite de l'aérogare.

Gare ferroviaire (Centrālā stacija) – La gare centrale, immense structure de verre et de métal dotée de lieux de restauration, d'une consigne *(tlj 4h30-0h)* et d'un bureau de change, est située à deux pas du centre sur Marijas iela.

Gare routière – La **Rīgas autoosta** se trouve le long de 13. janvāra iela, à côté du marché central. Elle est notamment desservie par la compagnie Eurolines. Un autocar hebdomadaire pour Paris (le jeudi), plusieurs départs quotidiens pour Tallinn et Vilnius.

Port – Le terminal des ferries **(Rīgas pasažierus osta)** est très proche du centre-ville puisqu'il se situe à environ 800 m en aval du pont suspendu, Vanšu tilts.

Informations utiles

i Rīga – *Maison Schwab, Rātslaukums 6 - ☎ 703 7900 - tlj 10h-19h.* Vente de la Rīga Card, aide à l'hébergement.

i Lettonie – *Smilšu iela 4 - ☎ 722 4665 - www.latviatourism.lv. - tlj 9h-18h.* Très riche en documents et brochures. Indispensable si vous ne vous limitez pas à la visite de la capitale.

VISITES GUIDÉES

Rīga Card – Le principal intérêt de cette carte valable 24, 48 ou 72h est de proposer la gratuité dans tous les transports urbains publics, dans quelques musées (mais pas tous : consultez les conditions de visite de chacun d'entre eux), ainsi que pour une promenade guidée pédestre dans la vieille ville. Réductions pour les Sight-Seeing Tours en autocar, et dans quelques hôtels et restaurants. *En vente à l'office de tourisme 8, 12 ou 16 Ls selon durée de validité (-16 ans demi-tarif).*

Amber Way (Dzintara Cejs) – Visites guidées de la ville en **autobus** (audiophones en différentes langues) tlj toutes les 2h, durée 1h30. Départ au monument du Fusilier letton, à Rātes Pasāža ou à l'Opéra. Billets à l'office de tourisme, dans les bus et à Amber Way – *Rātslaukums 1 - www.sightseeing.lv. - 9 Ls (5-12 ans 6 Ls).*

Amber Way organise également des excursions à Rundāle *(sam. 11h30 en anglais, merc. 11h en allemand)* et à Sigulda *(lun. 11h en anglais, vend. 11h en allemand).*

Visites pédestres de la vieille ville – *En anglais 11h, en allemand 12h - 9 Ls (6-12 ans 5 Ls).* Départ à la statue de Roland sur la place de l'Hôtel-de-Ville.

CIRCULATION

Circuler dans Rīga avec son véhicule n'est pas toujours évident, surtout dans les voies empruntées par les tramways : sachez que lorsque ceux-ci s'arrêtent à leur station, vous devez faire de même, de façon à laisser les passagers circuler entre le tram et le trottoir. Les autochtones traversant en toute confiance, prenez garde à ne pas inscrire quelques piétons à votre tableau de chasse…

Pour le reste, si vous vous limitez aux grands axes, vous ne devriez pas avoir d'autre problème que les coups d'avertisseurs impérieux des conducteurs locaux, peu enclins à l'indulgence envers les visiteurs à la recherche de leur chemin. Gagnez donc votre hôtel au plus vite et laissez la voiture au parking le plus proche.

Se garer – Vous pouvez vous garer dès que vous voyez le panneau P. Les horodateurs sont en service les jours ouvrables de 8h à 20h ; coût variable selon les endroits entre 0,40 et 1 Ls/h. Attention à ne pas dépasser l'horaire : vous risquez fort de retrouver votre véhicule orné d'un ravissant sabot !

Accès à la vieille ville – Il n'est autorisé qu'aux possesseurs d'une carte permettant d'ouvrir les barrières. Certains hôtels en procurent à leur clientèle, mais cela suppose que vous ayez garé le véhicule au préalable. Vous pouvez également vous procurer cette carte *(au prix de 5 Ls/h, plus 5 Ls de dépôt de garantie)* à la **station Statoil**, située au 1c Eksporta iela, voie qui prolonge 11. novembra krastmala le long de la Daugava, au-delà de Vanšu tilts.

Transports en commun – La capitale dispose de trams, de trolleys et de bus gérés par la compagnie Rīgas Satiksme. Vous trouverez un plan du réseau à l'office de tourisme. Heure du service : 5h30 à 22h30 ou 0h30 selon les lignes.

D. Chapuis / Michelin

La Riga Card donne accès aux transports.

Si vous ne disposez pas de la Rīga Card, sachez que les billets s'achètent à l'unité auprès du conducteur au prix de 0,30 Ls (pour ce faire, veillez à monter dans la première rame du tram) et doivent être compostés. Attention, les contrôles sont assez fréquents.

Les trams 8 et 11 qui conduisent à Mežaparks depuis la place de la Gare, le bus 1 qui remonte Brīvības jusqu'au Musée de plein air et le bus 17 qui rejoint le centre de loisirs du Lido sont particulièrement précieux pour les visiteurs ne souhaitant pas emprunter leur véhicule.

Presse – Paraissant tous les deux mois et vendu en kiosque et en librairie, **Rīga in your Pocket** est un « city guides » qui peut se révéler fort utile, ne serait-ce que par son indépendance rédactionnelle. Vous pourrez également vous procurer gratuitement dans les hôtels et certains cafés le plus officiel **Rīga This Week**.

ARGENT

Banques et distributeurs fréquents aux abords des sites touristiques et sur les principales places de la vieille ville.

POSTE (PASTAS)

Poste centrale – *Stacijas laukums, près de la gare centrale - lun.-vend. 8h-19h, sam. 8h-18h, dim. 10h-16h.*

Autres bureaux – *Brīvības bulv. 32 - lun.-vend. 7h-22h, sam.-dim. 8h-20h ; Grēcienieku iela 1 - lun.-vend. 7h-20h, sam. 9h-18h, dim. 10h-16h.*

SÉCURITÉ

Quelques **agressions racistes** perpétrées par des néonazis ont été signalées ces dernières années à Rīga, et force est de reconnaître que la police locale s'est longtemps limitée à de paternelles remontrances envers les agresseurs. Une prise de conscience du problème semble toutefois se faire jour, et la condamnation des auteurs de ces actes odieux à des peines significatives pourrait faire reculer ce phénomène. Sachez également que les membres de la **communauté gay** ont tout intérêt à ne pas afficher leurs préférences en public.

Pour le reste, pas de problèmes majeurs de sécurité si vous prenez les précautions d'usage : faites attention aux **pickpockets** dans les lieux fréquentés par les touristes et, si vous êtes un adepte de ce genre de sortie, dans les boîtes de nuit.

Se loger

VIEILLE VILLE

Radi un Draugi (25) – *Marstalu iela 1 - ✆ 782 0200 - www.draugi.lv. - 76 ch. 50 Ls* ☕. Un des rares hôtels bon marché de la vieille ville, si bien que l'on oubliera volontiers le côté impersonnel des chambres, d'autant qu'elles sont confortables.

Monte Kristo (23) – *Kalēju iela 56, au delà d'Audēju iela - ✆ 6735 9100 - www.hotelmontekristo.lv. - 21 ch. 65 Ls* ☕. Hôtel récent et remarquablement bien situé à l'orée de la vieille ville.

Centra (5) – *Audēju iela 1 - ✆ 722 6441 - www.centra.lv. - 27 ch. 63 Ls* ☕. Excellent hôtel moderne au décor design et minimaliste. Accueil chaleureux, ce qui n'est pas le cas partout dans ce pays marqué par l'héritage communiste où le client est parfois considéré comme un gêneur. Certaines chambres des étages supérieurs bénéficient d'une superbe vue sur les toits de la vieille ville.

Kolonna (13) – *Tirgoņu iela - ✆ 735 82 54 - www.kolonnahotel.com. - 41 ch. 75/115 Ls* ☕. Très proche de la cathédrale, cet hôtel récent occupe une série de maisons remodelées pour l'usage hôtelier derrière une façade unique. Certaines des chambres (en particulier sous les toits) ont beaucoup d'allure.

Konventa Sēta (15) – *Kalēju iela 9-11 - ✆ 70 875 01 - fax 70 875 06 - www.konventa.lv. - P sur une petite place à proximité, carte d'accès à la vieille ville à se procurer à la réception de l'hôtel de Rome (Kalķu iela 28 au coin d'Aspazeijas bulvāris) - 141 ch. 95/135 Ls* ☕. Cet hôtel a investi un petit dédale de cours et de passages intérieurs, vestiges du monastère du Saint-Esprit qui fut installé en 1297 sur les ruines du premier château. Le lieu est bien aménagé et constitue un excellent point de chute même si l'accueil gagnerait à être un tantinet plus souriant.

Man Tess (19) – *Teātra iela 6, au coin de R. Vāgnera iela - ✆ 721 6056 - www.mantess.lv. - 6 ch. 85 Ls* ☕. Bel immeuble du 18e s. à l'ambiance ouatée. Confortable, même si le décor peut paraître un peu chargé.

Gutenbergs (11) – *Doma laukums 1, entrée dans Mūku iela, face à la cathédrale - ✆ 781 4090 - www.gutenbergs.lv. - 38 ch. 80/115 Ls* ☕. Cet hôtel feutré a investi un noble bâtiment dessiné en 1880 par Jānis Baumanis pour abriter ce qui était à l'époque la plus grande imprimerie des pays baltes. Rien que de normal donc si l'établissement s'est placé sous le vocable du père de l'imprimerie…

Vecrīga (31) – *Gleznotāju iela 12-14, entre Valnu et R. Vāgniera iela - ✆ 721 6524/6525/62566/62577 - www.vecriga.lv. - 12 ch. 65 Ls* ☕. Nichée dans une ruelle, cette demeure de 1768 s'enorgueillit d'avoir accueilli en 2000 le dalaï-lama. On ne sait ce que le saint homme a pensé du décor, qui n'est guère dépouillé, mais le lieu (qui dispose d'une charmante cour intérieure) est calme et doté de tout le confort souhaitable.

Rīga (29) – *Aspazijas bulv. 22 - ✆ 704 4222 - fax 704 4241 - www.hotelriga.lv. - P - 297 ch. 110/140 Ls.* Ce bâtiment à l'allure massive, sur lequel veille une armée de grooms et de concierges affairés, est un de ces palaces à l'ancienne au charme suranné. Les chambres, cependant, ont été rénovées et modernisées récemment.

Metropole (21) – *Aspazijas bulv. 36-38 - ✆ 722 5411 - fax 721 6140 - www.metropole.lv. - 80 ch. 80/121 Ls ☕ (selon confort et saison).* Dans un bâtiment de 1871 rénové en 1992 par une nouvelle direction scandinave, c'est le palace historique de la ville.

VILLE MODERNE

Albert (1) – *Dzirnavu iela 33 - ✆ 733 1717 - www.alberthotel.lv. - P, demander un justificatif à la réception - 246 ch. 101 Ls* ☕. L'Albert ici honoré est le père de la relativité dont les citations ornent couloirs et ascenseurs, tandis que le traditionnel écriteau « Do not disturb » cède la place à un « I am thinking » (Je pense) qui a tout de même une autre allure. Si cet hôtel de 11 étages est un peu impersonnel (mais de très bon confort) en raison de sa taille, il est remarquablement situé au sein d'une zone animée du quartier Art nouveau et dispose d'un bar panoramique offrant à ses hôtes une très belle vue.

Laine (17) – *Skolas iela 11, au fond de la cour, 3e étage - ✆ 728 9823 - www.laine.lv. - P - 34 ch. 52/65 Ls* ☕. Donnant sur une cour qu'anime parfois la mise en voix d'une cantatrice voisine, cet hôtel plein de gaieté est décoré dans des tons verts et jaunes sur le thème de l'Art nouveau. Restaurant d'été en terrasse.

ElizaBetes Nams (7) – *Elizabetes iela 27 - ✆ 750 9292 - www.elizabetesnams.lv. - 21 ch. 60/65 Ls* ☕. C'est une noble demeure de bois du 18e s. qui abrite ce petit hôtel à l'atmosphère raffinée et au décor voué au culte de la photographie contemporaine. Accueil amical et chambres personnalisées et confortables. Une adresse de charme !

Reval Hotel Latvija (27) – *Elizabetes iela 55, au coin de Brīvības iela - ✆ 6777 2222 - www.revalhotels.com. - P - 687 ch. 80/100 Ls* ☕. Ce gratte-ciel de verre est célèbre pour son bar panoramique. Les chambres sont modernes, fonctionnelles, impeccables, et sans autre charme que d'offrir une vue superbe pour celles donnant sur la vieille ville. Les boutiques, les centres de beauté et de relaxation, les bars, confèrent au hall l'air impersonnel d'une salle des pas perdus d'aéroport. Bref, l'hôtellerie contemporaine dans toute sa splendeur impersonnelle, où les fidèles lecteurs d'Henning Mankell auront du mal à reconnaître le sinistre hôtel *Latvia* qui accueillit l'inspecteur Wallander...

Europa Royale (9) – *K. Barona iela 12 - ✆ 797 9444 - fax 707 9449 - www. EuropaRoyale.com. -* P *- 60 ch. 95 Ls.* Dans un somptueux bâtiment élevé en 1876 près du jardin Wöhrmann, cet hôtel a été rénové avec le plus grand soin. Le décor et le confort sont dignes d'un hôtel de luxe.

Bergs (3) – *Berga Bazaar, Elizabetes iela 83-85 - ✆ 6777 0900 - www. hotelbergs.lv. -* P *- 38 ch. 110Ls.* Charme et raffinement : tels sont les deux mots pouvant définir cet hôtel mêlant à une architecture 19e s. le design contemporain, dans le calme d'une friche industrielle rénovée. Le confort et le service sont bien entendu à la hauteur. Une adresse culte !

AU-DELÀ DE LA DAUGAVA

Bon à savoir – Quelques hôtels de chaînes internationales (à commencer par le *Radisson*) s'implantent sur la rive gauche du fleuve entre les deux ponts urbains, anticipant sur les évolutions de la cité qui devrait voir se dresser un quartier aux allures postmodernes (sur l'île notamment).

OK Slokas (1) – *Slokas iela 12, accès en voiture par Akmens tilts puis la 2e à droite - ✆ 786 0050 - www.okhotel.lv. -* P *- 32 ch. 48 Ls.* Cet hôtel moderne et fonctionnel semble sans grande personnalité (hors une décoration très années 1950). Mais il est plutôt bien situé malgré son éloignement. Les tramways 4 et 5 que l'on prend juste au coin de la rue vous conduisent en 10mn aux abords de la vieille ville. Les plus vaillants la rejoindront à pied par le pont suspendu Vanšu tilts, avec pour récompense une succession de superbes vues sur la ville. Demandez de préférence une chambre donnant sur l'arrière.

SAULKRASTI

Marve – *Rīgas iela 28, sur la droite de la route - Saulkrasti - ✆ 6795 1060 - www. marve.lv. - 22 ch. 30 Ls.* Un hôtel confortable pour ceux qui préfèrent un séjour à la mer plutôt qu'au sein de la capitale. Autre alternative : **Jūrmala** *(voir Jūrmala pratique p. 251).*

Se restaurer

Bon à savoir – Comme dans toutes les capitales européennes, l'offre de restauration à Rīga est aussi variée qu'internationale, au point qu'il peut être difficile d'y manger letton ! Comme souvent, les restaurants « français » constituent le haut de gamme et tiennent le haut de l'affiche, mais les italiens (comme **Fellini** dans Berga Bazārs) et les japonais sont partout. Si vous souhaitez varier les plaisirs, essayez les cuisines de l'ex-URSS (russe et des républiques caucasiennes), bien plus relevées.

Horaires – Sauf précision contraire, la plupart des restaurants sont ouverts tous les jours à partir de 11h30/12h jusqu'à 24h (et plus le week-end).

Où aller ? – Les ruelles du vieux Rīga concentrent un nombre impressionnant de restaurants de tous ordres. Ils ne manquent pas non plus dans la ville moderne, en particulier dans le quartier Art nouveau, aux alentours d'Elizabetes iela, que ce soit dans le secteur de Dzintaru iela ou dans le quartier rénové de Berga Bazārs.

LA VIEILLE VILLE ET SES ABORDS

Petites faims – Tout autour de la **Galerija Centrs**, de petits établissements proposent différentes formules ou spécialités. Sur Kalēju iela, **Red Fred** (49) joue la carte nationale et propose les bières locales. Sur Audēju, **Stender's Osta** (55) au décor postmoderne propose crêpes, soupes et plats végétariens. Sur Skārnu ielka se trouve **Dada** (15) dont le décor tente d'évoquer le célèbre mouvement d'avant-garde. Sachez également que les nombreuses succursales de la chaîne **Double Coffee** proposent à midi des plats du jour. Tous ces lieux sont généralement bondés à l'heure du déjeuner.

Opium Café (37) – *Vaļņu iela 18.* Salades, soupes chaudes ou froides (*solianka* ou soupe au concombre à la menthe) et grillades, dans l'ambiance contemporaine d'un lieu qui fait aussi boîte de nuit.

Province (45) – *Kungu iela.* Ce lieu qui exalte avec des couleurs vives et gaies la France vigneronne est avant tout un bar à vin. Mais le précieux nectar étant servi à la bouteille, vous pourrez l'accompagner d'un plat du jour inspiré de notre gastronomie nationale : gageons que la version lettone de la *french ratatouille* saura vous surprendre ! Service très agréable.

Arba (Kaukāza restorans) (9) – *Rātslaukums 1.* Une salle sans grand caractère décorée de peintures en grisaille et de grands écrans plats sur lesquels s'affrontent de grandes équipes européennes de football : voilà qui semble peu engageant. Mais les spécialités caucasiennes que l'on y sert (essayez le feuilleté au fromage), accompagnées de vins géorgiens, rattrapent largement l'insipidité du cadre. Conseil d'ami : à moins de souhaiter vous assoupir, privilégiez les chaises plutôt que les banquettes, bien trop profondes pour dîner...

C. Brett / Michelin

1739, le raffinement d'une vieille demeure.

1739 (65) – *Skarņu iela 6.* Cuisine lettonne ou russe dans le cadre cossu d'une demeure affichant fièrement son année de construction. La formule déjeuner, plus légère que le « grand menu », peut être une bonne alternative.

Meinies Mūki (33) – *Jāņa sēta 1/ Kalēju iela.* Le dernier lieu à la mode, ouvert par l'ancien cuisinier de la présidence : la cuisine est un voyage dans le temps avec des recettes exhumées de vieux grimoires, servies sous les voûtes de brique d'un ancien monastère, ce qui a valu son nom de *Moines Noirs* à l'établissement.

Arbat (11) – *Riharda Vāgneras iela 3.* Cuisine russe de qualité (soupe d'esturgeon, *pelmenis* – raviolis sibériens) présentée dans un décor somptueux.

Skonto Zivju restorāns (53) – *Riharda Vagneras iela 4.* Quatre salles à manger décorées chacune dans un style différent accueillent ce restaurant de poissons réputé, doté d'un aquarium où la truite frétille jusqu'à votre commande…

Nostaļģija (35) – *Kaļķu iela 22, sur Liivu laukums.* Comme dans toutes les anciennes républiques soviétiques (et dans les pays satellites), il est de bon ton de se donner le grand frisson dans des restaurants rappelant le « bon vieux temps ». Qu'il s'agisse de véritable nostalgie ou de snobisme, toujours est-il que la formule marche. Alors pourquoi ne pas pénétrer dans cette salle somptueusement rococo (à ceci près que les médaillons peints entourés de stucs exaltent le prolétariat triomphant en lieu et place des angelots fessus qu'on s'attendrait à y trouver), dont le décor évoque celui des stations du métro de Moscou ? Cuisine aussi bien russe qu'occidentale.

Palette (39) – *Gleznotāju iela 12-14.* Protégée par une grille de fer forgé, une petite cour précède cette bonbonnière rococo. Ce restaurant lié à l'hôtel *Vecrīga* joue la carte du raffinement « à la française ».

Kamāla (23) – *Jauniela iela 14.* Pour les végétariens purs et durs tentés par les pratiques « new âge » : menu ayurvédique !

Pūt, Vējiņi! (47) – *Jauniela iela 18/22.* Sous ce vocable appelant le vent à souffler, vous trouverez à la fois un grill *(rez-de-chaussée)* et un restaurant *(à l'étage)* dans une demeure du 18e s. Carte variée où les spécialités lettones coexistent pacifiquement avec une cuisine plus internationale.

Alpenrose (3) – *Jauniela iela 16.* Déguster une raclette en Lettonie doit relever du comble du dépaysement. C'est possible dans ce petit restaurant célèbre pour sa façade peinte. Dans les deux chaleureuses petites salles superposées, vous aurez le choix entre les deux fondues les plus familières à nos palais, mais vous pourrez aussi essayer la chinoise ou la mongole.

C. Brett / Michelin

Un ambassadeur de la cuisine helvète.

Bon Vivant (13) – *Mārstalu iela 8.* Puisque l'on en est à honorer nos voisins, pourquoi ne pas faire une pause en ce lieu qui partage l'immeuble du musée de la Photographie ? Cette brasserie comme on n'en fait plus exalte la Belgique dans ce qu'elle a de meilleur : des bières (Leffe, Stella…) aux incontournables moules-frites…

Ķiploku Krogs (27) – *Jēkaba iela 3-5, accès par Mazā Pils iela.* Les amateurs d'ail se doivent de passer une soirée dans ce restaurant où tout est accommodé avec de généreuses doses de ce bulbe incomparable. Le résultat peut être surprenant lorsqu'il s'agit de saumon, par exemple, ou du dessert : mais que l'on se rassure, si la glace à l'ail figure bien sur la carte, bien malin serait celui qui, sans être prévenu, détecterait le condiment…

Rozengrāls (51) – *Rozena iela 1, au coin de Krāmu iela - tlj 11h-0h.* Le personnel est en costume médiéval et les mets sont d'époque, comme la musique « live » que l'on entend : bref, c'est à un voyage dans le temps que l'on vous convie en ces lieux où l'expérience ne manque pas puisqu'il était déjà cité (nous affirme-t-on) dans un manuscrit de 1293 !

Amsterdama (7) – *Audēju 23.* Tout de rouge revêtu, ce lieu qui joue la carte néerlandaise, outre un grand choix de bières, propose une restauration variée : produits de la mer (saumon, crevettes, calamar), porc, poulet mariné au citron, dinde marinée à la canneberge, plats végétariens... Et pourquoi pas une soupe hollandaise pour commencer ?

Taverna Dzintara Ceļš (56) – *Torņa iela 4, en demi-sous-sol des Jekāba kazarmas.* Ne serait-ce que pour visiter ses caves, entrez dans ce lieu au décor rustique et à la carte vouée à la cuisine paysanne lettone.

Alus Sēta (5) – *Maža Monētu iela 3, presque au coin de Šķūņu iela.* « La cour de la bière » : c'est ainsi que se dénomme ce restaurant (du groupe Lido) dont les salles au décor rustique proposent des spécialités lettones : *karbonāde* et *šašlik* au programme.

Piramīda (41) – *Reimersa iela 3.* Installé en sous-sol sous une pyramide de verre qui ne peut que faire songer à celle du Louvre, l'élégant restaurant du *Reval Hotel Rīdzene* propose un buffet à prix relativement modéré *(12,50 Ls)* à l'heure du déjeuner *(12h-15h)*. Repas plus conventionnels (et onéreux) le soir.

VILLE MODERNE

Krogs Citi laiki (29) – *Brīvības iela 41.* Dans l'une des maisons de bois ayant miraculeusement survécu, un décor chaleureux de taverne rustique où vous n'aurez que l'embarras du choix tant la carte est imposante.

Gastronome (21) – *Elizabetes iela 55, au pied du* Reval Hotel Latvija. C'est à la fois une épicerie fine et un restaurant de poissons et de fruits de mer où vous pourrez même déguster des huîtres.

Valdemārs (63) – *K. Valdemāra iela 23.* Contigu à l'hôtel du même nom, un restaurant pour hommes d'affaires qui se fait un honneur d'avoir le service le plus rapide de la ville, circonstance à laquelle les visiteurs pressés par le temps mais tenaillés par la faim peuvent être sensibles. Cuisine internationale.

Light (31) – *Berga Bazārs.* Ce lieu très couru des habitants de la capitale présente un décor soigneusement minimaliste, jouant sur toute la gamme des beiges. Il propose une cuisine internationale de qualité, marquée par des influences asiatiques.

Traktirs (57) – *Antonijas iela 8.* Spécialités russes en demi-sous-sol dans une salle décorée de samovars. Pour un repas plus rapide, essayez le buffet.

Kaptena Enriko Pulkstenis (25) – *Antonijas iela 13, au coin de Dzirnavu iela - tlj 11h-0h. La Montre du Capitaine Enrico* : tel était le titre d'un film letton très populaire, au point d'avoir inspiré ce lieu branché que décore tout un bric-à-brac où voisinent moto, cor de chasse, machine à coudre et billets de banque. Carte généreuse (cuisine « fusion »).

Urartu (59) – *Alberta iela 13.* Une cuisine aussi savoureuse que relevée puisant dans les recettes arméniennes (feuilles de vignes farcies, brochettes...) et géorgiennes.

Provansa (43) – *Lačplēša iela 12.* Le restaurant français le plus réputé de la ville est installé dans un belle maison de bois. Pour les nostalgiques de la soupe à l'oignon...

Lido Vērmanītis (30) – *Elizabetes iela.* Il s'agit de la version urbaine du grand *Lido (voir ci-après).* Il y a bien entendu moins de place, mais le principe est identique.

Dzirnavas (19) – *Dzirnavu iela 76.* Une autre déclinaison de la formule du célèbre *Lido* dont le succès ne se dément pas.

À L'ÉCART DU CENTRE (VOIR PLAN I)

Lido Atpūtas Centrs (1) – *Krasta iela 76, à hauteur de la tour de la télévision, accessible par le tramway n° 7.* Un immense moulin à vent signale ce lieu apprécié des enfants où des manèges divers entourent trois immenses salles au décor néorustique. Le restaurant est dédié à une cuisine lettone présentée sous tous ses aspects sur des buffets spécialisés (poisson, porc...). Si certains auront du mal à faire leur choix, tant l'offre est conséquente (et de qualité), il est douteux que vous ne sortiez pas rassasié de cet endroit qui tient autant du parc de loisirs que du restaurant !

Priedes Tavern (3) – *Dans le Musée de plein air.* Cuisine traditionnelle servie par un personnel en costume régional : le lieu ne dépare pas l'atmosphère du musée ethnographique.

Pauses et petites faims

Bon à savoir – Comme partout dans les pays baltes, la plupart des lieux de restauration cités à la rubrique précédente font également office de cafés en dehors des heures de repas.

Tejnīca – *Skarņu iela 6.* Au cœur du vieux Rīga, une maison de thé où vous pourrez acheter ou déguster dans deux salles, l'une occidentale, l'autre orientale. Les amateurs du genre pourront même assister à une danse du ventre le vendredi à 21h, chose pour le moins inattendue aussi près du cercle polaire...

Double Coffee – Vous trouverez un peu partout en ville des succursales de cette chaîne où vous aurez le choix, selon, l'heure et l'humeur, entre petits déjeuners, boissons chaudes et cocktails.

Café Rozine – *Vilandes iela.* Café, cookies et douceurs dans un décor Art nouveau.

Kanēla konditoreja – *Berga Bazārs.* Cette pâtisserie-salon de thé s'est placée sous le signe de l'odorante cannelle qui aromatise chocolats et cafés. Idéal pour une pause gourmande.

Emihla Gustava Shokolahde – *Berga Bazārs, Marijas iela 13.* Le rendez-vous des amateurs de chocolat sous toutes ses formes, à consommer sur place ou à emporter.

CAFÉS PANORAMIQUES

Skyline Bar – *Au 26e étage du* Reval Hotel, *Elizabetes iela 55, accès par un ascenseur panoramique.*

Star Lounge Bar – *Dzirnavu iela 33.* Bar de l'hôtel *Albert.*

Achats

ACHATS COURANTS

Galerija Centrs – *Audēju 17, dans la vieille ville.* Cinq niveaux de boutiques en tous genres occupent au cœur du vieux Rīga tout un pâté de maisons.

LIVRES ET CARTES

Valters un Rapa – *Aspazijas bulv 24.* La plus grande librairie du pays. Grand choix d'ouvrages sur la Lettonie, souvent traduits en anglais.

Jāna Sēta – *Elizabetes iela 83-85 à l'orée de Berga Bazārs.* Ouvrages touristiques et cartes de toutes sortes, dont certaines sont bien utiles pour les randonneurs.

SOUVENIRS

Amber Line – Pour tous les objets et bijoux à base du fameux or de la Baltique. Plusieurs boutiques à Rīga dans la vieille ville *(Torņu iela 4 et dans la galerija Centrs, Audēju 16)* ainsi qu'à la gare ferroviaire *(Stacijas laukums).*

Garage – *Berga Bazārs, Elizabetes iela.* Qu'il s'agisse d'habillement ou de tissu domestique, les lignes présentées par ce magasin raffiné (où les clients disposent d'un petit café) sont de très haute qualité. Les prix vont bien entendu de pair !

Lini um Pērles – *Klostera iela à côté de la cathédrale St-Jacques.* Articles en lin.

Sofrino – *Baznīcas iela 8.* Succursale d'un célèbre magasin moscovite, cette boutique dépendant de l'église orthodoxe russe propose de belles icônes.

Art nouveau Rīga – *Strēlniecku iela 9.* Copies d'objets (luminaires et autres), tissages, photos…

Galerija Paija – *Jauniela iela 19 - tlj 10h-19h.* De superbes poupées et toutes sortes de nounours et peluches à rapporter en souvenir à vos enfants.

Numurs 1 – *Tirgoņu iela 1.* Bijoux d'ambre, plutôt de meilleur goût qu'ailleurs (petites pépites vendues en pots), et surtout toutes sortes d'articles en lin de bonne qualité, qu'il s'agisse de linge de table ou d'habillement.

ACHATS GOURMANDS

Latvijas Balzam – *Vaļņu iela 21.* Pour vous procurer non seulement le fameux *black balzam* qui fait la fierté de la ville, mais aussi des boîtes de canneberges enrobées de sucre *(dzērvenes pōdzecukiera)*, un régal pour les gourmands !

P. Plantier / Michelin

Le rendez-vous des amateurs de lin.

Sports et loisirs

SPORTS DE PLAISANCE

Rīga Yacht Centre Andrejosta – *Eksporta iela 1a - ✆ 732 3221/61 - www.andrejosta.lv.* Sur la rive droite de la Daugava, face au terminal passagers, le plus grand port de plaisance du pays à 15mn à pied du centre de la capitale.

SAUNA

Les Lettons sont de fervents adeptes du sauna, et l'expérience mérite d'être tentée dans la capitale où les établissements pullulent (attention, ceux qui multiplient dans les brochures à l'usage des étrangers des encarts où ils vantent la plastique des masseuses n'ont bien entendu rien à voir avec les saunas traditionnels).

Parmi les Spa les plus appréciés des autochtones, voici quatre adresses à recommander :

Kolonna Spa – *Audēju iela 16, 5e étage.*

Aqua Villa – *Tirgoņu iela 11.*

Taka Spa – *Kronvaalda bulvāris 3a.*

Baltā pirts – *Tallinas iela 21, merc.-dim. 8h-21h.* Le plus traditionnel d'entre tous.

Événements

Līgo et Jāni – *23-24 juin.* Sur la place de la Cathédrale, offrande de fleurs sauvages, de branches de chênes, d'herbes, et vente d'artisanat et de produits de bouche locaux. Danses et chansons traditionnelles sur les places publiques.

Marché de Noël – À partir de la dernière semaine de novembre sur Vecrīga laukums. Produits gourmands, artisanat, décorations de Noël. La vieille ville est parcourue par des personnages déguisés et masqués, porteurs de présents.

Parc national de la **Gauja**★★

Gaujas nacionālais parks

CARTE GÉNÉRALE 2E RABAT DE COUVERTURE – CARTE MICHELIN N° 783 P11 QR10

Des paysages accidentés que recouvrent des forêts impénétrables peuplées d'une faune sauvage : ainsi se présente la vallée de la Gauja, qui pour n'être que le second fleuve du pays n'en est pas moins le plus emblématique. Sur cette terre de légendes soigneusement protégée, les amoureux de la nature sillonnent les sentiers, les amateurs d'histoire partent à la découverte des forteresses teutoniques ou des habitats primitifs de leurs lointains ancêtres. Quant aux sportifs, selon la saison, ils s'adonnent au canoë sur les eaux tumultueuses du fleuve ou au ski sur les pentes escarpées des collines.

- **Se repérer –** À une trentaine de kilomètres au nord-est de Rīga, le plus ancien parc national de Lettonie s'étend sur la gauche de la route de Pskov (E 77/A 2), entre Sigulda (où est situé le centre d'information) et Valmiera, non loin de la frontière estonienne.
- **À ne pas manquer –** Le musée et réserve de Turaida.
- **Organiser son temps –** Consacrez deux jours au parc.
- **Avec les enfants –** Le parc animalier de Līgatne.
- **Pour poursuivre son voyage –** Voir aussi Alūksne au nord-est, Daugavpils au sud-est.

W. Buss / Michelin

Les ruines de la fière forteresse élevée par les Porte-Glaive à Sigulda.

Comprendre

La « Suisse lettone »

Le terme peut sembler osé pour désigner une région qui culmine péniblement à une centaine de mètres. Et pourtant : lorsque vous découvrez ces paysages ponctués de collines volontiers escarpées, couverts de denses forêts de conifères peuplées de sangliers et de cerfs, l'illusion de se trouver au cœur des Alpes est presque parfaite… Des vallées encaissées, comme celle de la Gauja, des falaises, des ravins et des précipices, des grottes et des lacs, ainsi que des pistes de sports d'hiver, contribuent à renforcer cette impression.

Des Teutons et un prince russe – Les tribus lives établies sur les rives de la Gauja depuis le 10e s. en sont chassées au début du 13e s. par les chevaliers Porte-Glaive venus de Rīga : ces évangélisateurs musclés sécurisent la région, en partie pour le compte de l'archevêque de Rīga, en partie pour leur propre compte en bâtissant des forteresses, notamment à Sigulda, Turaida, Cēsis et Valmiera. C'est à la fin du 19e s., avec la construction de la ligne de chemin de fer Rīga-Pskov, que Sigulda va se développer. Le seigneur des lieux, le prince **Nikolaï Dimitovitch Kropotkine** (1872-1941), rejeton d'une grande famille russe, développe l'activité touristique en ouvrant l'hôtel *Segewald* (du nom allemand de la ville) et en prônant la pratique du

bobsleigh. Sigulda devient alors un lieu de vacances pour les aristocrates russes, qui apprécient les promenades sur les « chemins alpins » du parc et les rives escarpées de la Gauja. Mais la Première Guerre mondiale donne un coup d'arrêt à cet essor.

Le parc national – Créé en 1973, le parc national de la Gauja s'étend sur 91 745 ha de part et d'autre de la petite ville de Cēsis, entre Sigulda au sud-ouest et Valmiera au nord-est. C'est le **grès** qui donne sa personnalité à ce parc : constitué de sable dont la couleur varie selon la composition des grains, érodé et creusé par les vents et les pluies, ce minéral forme volontiers de spectaculaires falaises creusées de grottes, uniques dans la région. Parcouru par la Gauja qui trouve son embouchure dans la Baltique au nord de Rīga, le parc national abrite pas moins de 876 variétés de plantes, ainsi qu'une faune variée. Parmi les oiseaux, on peut apercevoir la farouche **cigogne noire**, le pic à dos blanc ou le martin-pêcheur, tandis que les sangliers, les cerfs et les daims hantent les forêts et que les castors prospèrent aux abords des cours d'eau. Sauvage et bien préservé, le parc est donc un véritable paradis pour les amoureux de la nature, qui peuvent le parcourir à pied sur des sentiers balisés ou en canoë en remontant la Gauja, du pont de Murjāni jusqu'à Valmiera. C'est également un des principaux centres de sports d'hiver de Lettonie, grâce aux pistes de ski et de bobsleigh aménagées à Sigulda.

Découvrir le parc

Sigulda★

Capitale de la « Suisse lettone », Sigulda donne l'impression, une fois que l'on a franchi le petit quartier moderne situé entre la voie rapide et la gare, d'avoir été construite dans un parc vallonné. Deux voies principales ombragées, Pils iela conduisant au château et Raiņa iela que prolonge Gaujas iela, constituent les axes de la station thermale et hivernale aux constructions disséminées parmi les sapins, séparée de la Gauja par une chaîne de collines.

Nouveau château (Jaună pils) – *Accès par Pils iela.* La résidence du prince Kropotkine, élevée en 1878 en style Tudor, fut transformée en sanatorium par la veuve de l'aristocrate. Elle abrite aujourd'hui la mairie de Sigulda ainsi qu'un restaurant.

Forteresse★ (Siguldas pilsdrupas) – Cette fière forteresse érigée en 1207 par les chevaliers Porte-Glaive (la première qu'ils édifièrent en dehors de Rīga) a été en grande partie démantelée au début du 18e s. pendant la guerre du Nord. Elle a toutefois conservé sa tour d'accès, les murailles de la salle principale percée de fenêtres gothiques, ainsi que quelques fragments de remparts. Elle abrite aujourd'hui un théâtre de verdure.

Revenir en arrière puis prendre à droite Cēsu iela et encore à droite Gaujas iela.

Église luthérienne (Luterānu baznīca) – Fondée en 1225, cette église qui se niche sous les arbres, date dans son apparence actuelle de 1701.

Centre d'information du parc (Gaujas NP apmeklētāju centrs) – *Baznīcas iela, sur la droite de Gaujas iela - mai-oct lun. 9h30-17h, mar.-dim. 9h30-18h ; nov.-avr. tlj 10h-16h.* Sur place, des dépliants, des cartes de randonnée, des informations diverses et une petite exposition sur la faune et la flore de la contrée permettent de préparer au mieux son périple.

Au-delà du centre d'information du parc, Gaujas iela serpente en lacets afin de franchir la colline séparant la cité du fleuve.

Vallée de la Gauja★ – Le fleuve animé de violents courants se présente alors dans toute sa splendeur. Devant vous, le pont est comme doublé par le téléphérique qui conduit aux ruines du château de Krimulda. Sur un éperon dominant la vallée, vous apercevez le manoir de Krimulda, beaucoup plus récent. Juste avant le pont, à gauche, la petite Peldu iela longe le cours d'eau et donne accès à un camping ainsi qu'au bas des pistes de ski et de bobsleigh.

Au-delà du pont, la route P 8, devenue désormais Turaidas iela, tourne à droite le long de la Gauja. Se rendre jusqu'au parking aménagé sur la droite et suivre les flèches menant aux deux grottes.

Grotte de Gūtmaņis (Gūtmaņa ala) – Avec ses presque 19 m de profondeur et ses 12 m de large, c'est la plus grande grotte non seulement de Lettonie mais de tous les pays baltes. Entouré de légendes, le lieu serait celui où l'infâme Jakubovsky aurait tué Maija *(voir encadré ci-dessous).*

Grotte de Viktor (Viktora ala) – *Sur la gauche de la route.* La légende nous enseigne que le jardinier Viktor aurait creusé cette niche de ses mains afin que la belle Maija puisse admirer les roses qu'il plantait en son honneur.

De l'autre côté du parking, des sentiers permettent de gagner le bord de la Gauja à hauteur de l'île de Turaida. Reprenant la route, vous apercevez devant vous les tours roses du château perché de Turaida.

La route monte alors sérieusement jusqu'au carrefour avec la P 7 (direction Saulkrasti). Grands parkings aménagés en face du site de Turaida.

Turaida★★

Face à deux immeubles collectifs absolument incongrus dans ces parages, le musée et réserve de Turaida occupe un vaste territoire constitué de plusieurs collines boisées, sur un site qu'avait choisi un chef livonien nommé **Kaupo** pour établir son château au début du 13e s.

Musée et réserve de Turaida (Turaidas muzejrezervāts) – *✆ 797 1402 - tlj 10h-17h, mai-oct. -18h ; accès au parc jusqu'à 20h - 1,20 Ls.* Près de l'entrée, plusieurs maisons traditionnelles où s'activent des artisans constituent un petit musée ethnographique de plein air. L'une d'entre elles abrite une exposition sur les fermes collectives de la période communiste.

Un chemin sur la droite conduit à la **colline de l'Église (Baznīcas kalns)** : élevée en 1753, celle-ci serait la plus ancienne église de bois de Lettonie. C'est devant le sanctuaire que se trouve la **tombe de Maija**, protégée par un tilleul. En poursuivant

La rose de Turaida

Maija vit au château de Turaida et sa beauté est telle qu'elle fait défaillir le cœur de tous les bellâtres de la contrée. Mais celui de la jeune fille bat pour un jardinier, **Viktor**, qui officie au proche château de Sigulda. Les deux tourtereaux roucoulent dans une grotte située en bordure du chemin reliant les deux châteaux, et tout va pour le mieux… jusqu'au jour où un certain Jakubovsky, un officier polonais, s'éprend de **Maija**. Dédaigné, le soudard attire la belle dans un piège : imitant l'écriture de Viktor, il lui donne rendez-vous dans la grotte. Confiante, la malheureuse s'y rend et comprend vite que le fier militaire ne la laissera pas partir sans avoir goûté à ses charmes. En désespoir de cause, elle tente un stratagème : son écharpe, affirme-t-elle, est magique, elle a le pouvoir de protéger qui la porte, et elle lui en fera don s'il renonce à ses funestes projets. « Pour vous en assurer, vous n'avez qu'à la percer de votre épée ! » s'écrie-t-elle. L'officier dégaine aussitôt et… tue la belle ! Désespéré, Viktor enterre de ses propres mains sa fiancée qui avait préféré mourir plutôt que de lui être infidèle devant l'église de Turaida.

Krišjānis Barons, sur la colline des Dainas de Turaida.

ce sentier, vous arrivez au **château★ (Turaidas pils)** de brique dominant la vallée. Élevé en 1214 sur les ordres de l'évêque de Rīga, mais brûlé en 1776, il a été en grande partie restauré au cours du dernier demi-siècle.

La **colline des Dainas (Dainu kalns)** évoque ces chansons traditionnelles lettones à l'aide de sculptures exécutées par **Indulis Ranka**. La première d'entre elles rend hommage à **Krišjānis Barons**, l'infatigable éditeur de ces textes essentiels à la redécouverte des racines de la culture nationale, qui séjourna plusieurs fois à Turaida.

Forteresse de Krimulda (Krimuldas pilsdrupas) – *Accès par la route de Saulkrasti (P 7) puis à gauche Krimuldas iela ; depuis Sigulda par le téléphérique, départ de Poruka iela face au centre d'informations du parc.* Il s'agit des ruines d'un château élevé avant 1312 et détruit en 1601. Depuis les vestiges, un escalier permet de descendre vers la vallée de la Vikmeste qu'enjambe à cet endroit un pont. De l'autre côté de Krimuldas iela, un parc ombragé abrite le **manoir de Krimulda** (1854), aujourd'hui reconverti en sanatorium.

Līgatne

Quitter Sigulda par la route E 77/A 2 jusqu'à Augšlīgatne où l'on prend à gauche (signalisation discrète, soyez très prudent en manœuvrant, connaissant la légendaire patience des camionneurs lettons).

Bordée par un lac, **Augšlīgatne** est un village agréablement fleuri situé dans un paysage vallonné. Une route locale conduit en 7 km à **Līgatne** : elle se mue alors en piste et conduit à la Gauja où un « **ferry** » **(Līgatne pārceituve**, bac qui ressemble en réalité à une sorte de radeau) permet de faire traverser le fleuve à un maximum de deux véhicules à la fois *(en été seult tlj 6h-23h - 0,40 Ls/pers. (enf. 0,20 Ls), voiture 1,15 Ls).*

Au-delà, une piste parfois peu praticable conduit en 9 km à **Lielstraupe**, village qui se mire dans un lac. Le lieu est dominé par la silhouette d'un château réaménagé en style néobaroque après un incendie survenu en 1905. L'édifice abrite une église de style gothique qui a conservé son clocher de bois.

Sentiers de nature de Līgatne (Līgatnes dabas takas) – *Revenant à Līgatne, suivez la signalisation « Nature trail » ; au carrefour en forme de patte d'oie, suivre au plus près le chemin quelque peu défoncé longeant la Gauja jusqu'à la « guérite-péage ». Un kilomètre plus loin, un parking est aménagé dans une clairière où une maisonnette abrite le centre d'informations. Route pour voitures ouverte de mai à oct. jusqu'à 17h ; l'hiver, elle est aménagée en piste de ski de fond - ✆ 415 3313 - lun.-vend. 9h-18h, sam.-dim. 9h-19h ; nov.-mars tlj 10h-16h - 10 Ls.* Des sentiers pédestres en planches et une route ponctuée de parkings permettent de découvrir dans des enclos élans, lynx, cerfs, ours et bisons d'Europe. Force est de remarquer qu'une partie des sentiers est actuellement interdite au public, du fait de l'état des planches, et que les animaux sont rares (voire, pour certains, absents). Bref, ne vous attendez pas à découvrir un parc animalier très élaboré et, afin d'éviter toute déception, ne contez pas avant la visite monts et merveilles à vos enfants…

Reprendre à gauche la route de Pskov. Après 9 km sur la gauche, une piste conduit à Kārļi à 3,5 km plus loin. Peu avant le village, on arrive à la rivière Amata.

À Āraiši, un village autochtone a été reconstitué sur l'île du lac.

Vallée de l'Amata★

Bordée de sentiers, la vallée de l'Amata dévoile quelques-uns des paysages les plus escarpés du parc de la Gauja, avec notamment de spectaculaires rochers. Le plus célèbre, le **Zvārte iezis★★**, est également, pour les moins sportifs, accessible en voiture depuis Kārļi par la route non goudronnée de Līgatne, puis à gauche par une piste d'accès *(5 km, parking).*

Revenir sur la route de Pskov puis prendre à gauche après 5 km la P 20 vers Valmiera. Après 4 km, tourner à droite.

Lac Āraiši (Āraišu ezers)

Des archéologues ont mis au jour en 1965 sur une île de ce petit lac les traces d'un village lette du 9e s. Aujourd'hui reconstituée, la **forteresse lacustre d'Āraiši (Āraišu ezrpils –** *✆ 419 7288 - tlj 10h-18h)* est formée d'une dizaine de cabanes en rondins et donne une idée de l'habitat et du mode de vie des populations autochtones avant l'arrivée des Teutoniques. Sur la rive, l'ancienne forteresse de l'ordre de Livonie a été détruite en 1577 par Ivan le Terrible. De l'autre côté du lac, l'église luthérienne a conservé quelques éléments du sanctuaire édifié à grand peine (dit-on) par les Teutoniques au 14e s.

Continuer sur la P 20 jusqu'à Cēsis. Gagner le centre et se garer à proximité de la place principale (Vienības laukums). Parkings payants aux horodateurs.

Cēsis★

C'est au 14e s. que cette ville s'est développée au pied de la forteresse élevée en 1209 sur une éminence par les Porte-Glaive. Du fait de sa position centrale, la cité devient la capitale de l'ordre de Livonie, rôle qu'elle assure jusqu'au 16e s. Mais les conflits qui jalonnent dès lors l'histoire, mettant aux prises Russes, Polonais et Suédois, entraînent la destruction de la cité. Les batailles et les sièges causent d'importants dommages à la place forte, qui est finalement abandonnée au début de la guerre du Nord. Cēsis, dès lors, entre dans une période de déclin, seulement enrayée après l'ouverture en 1889 de la route Rīga-Pskov.

Depuis la place, prendre Rīgas iela puis à droite Pils iela.

La rue du Château débouche sur un espace bordé à gauche par le **Nouveau Château (Jaunā pils)** qui abrite le **musée d'Histoire locale et d'Art** (**Cēsu Vēstures un mākslas muzejs –** *Pils laukums 9 - mar.-dim. 10h-17h).* Dans ce lieu, différentes salles présentent l'histoire de la région, de la préhistoire jusqu'à nos jours. Une section du musée est également consacrée au drapeau letton : le bâtiment fut en effet le premier du pays où flotta l'étendard national, le 13 octobre 1988, annonçant ainsi l'indépendance à venir.

Devant vous en contrebas s'étend un vaste parc au relief accidenté que surplombe à gauche la silhouette massive de l'ancienne forteresse aux grosses tours rondes. Au pied des escaliers, derrière le théâtre de verdure, un lac artificiel est doté de sculptures représentant des pêcheurs relevant leurs filets. Sur la droite du parc, le bâtiment industriel désaffecté abritait la **brasserie de bière de Cēsis (Cēsu alus)**, breuvage réputé depuis la fin du 16e s.

Château★ (Cēsu pils) – Maintes fois remanié suite aux vicissitudes de l'histoire, le château a pris son aspect définitif au 16e s. Coiffée d'un toit pentu, la tour ouest abritait jusqu'à l'abandon des lieux la résidence du grand maître de l'ordre de Livonie. Plus ancienne, la tour sud a été bâtie au-dessus du donjon.

En continuant dans Pils laukums, après l'ancien entrepôt du manoir, qui a aujourd'hui été investi par l'office de tourisme, et au-delà de Lenču iela, s'étend le **parc de Mai (Maija park)**, décoré d'une sculpture *(La Bataille avec le Centaure)* de **Kārlis Jansons** (1896-1986), premier représentant d'une dynastie de sculpteurs qui en est à sa troisième génération.

En revenant sur l'artère principale de la vieille ville, Rīgas iela, réservée aux piétons, vous apprécierez quelques-unes des anciennes demeures qui la bordent. Deux d'entre elles, datant de la fin du 18e s., méritent notamment votre attention : la maison des Négociants *(no 16)* et la maison de l'Harmonie *(no 24)*, où naquit le compositeur **Alfrēds Kalniņš** (1879-1951). Rožu laukums, l'ancienne place de la cité, donne accès à un petit ensemble de ruelles pavées.

C'est dans Lielā Skolas iela que se dresse l'**église St-Jean (Sveta Jāņa baznīca)** : construite en 1284 dans un style de transition roman-gothique, elle fut à la fois la cathédrale et le panthéon de l'ordre de Livonie. Rīgas iela descend en pente prononcée sur Līvu laukums où un supermarché a pris la relève du marché médiéval.

C'est par Līvu laukums (mais en voiture !) que vous pourrez gagner Raiskums, situé à 7 km de là. Suivre Gaujas iela qui traverse le fleuve et devient la route P 14.

Le village de **Raiskums** possède un beau parc qui entourait jadis un manoir, ainsi qu'un lac **(Raiskuma ezers)** ceint d'un sentier de 7 km de long.

Les caprices de la Gauja

Prenant sa source près du **mont Elka (Elkas kalns)**, à une trentaine de kilomètres au sud-est de Cēsis, la Gauja serpente vers l'est avant de choisir de mettre le cap sur le nord. Frôlant Gulbene, elle oblique soudain après Gaujiena, caressant la frontière de l'Estonie avant de changer à nouveau d'avis : ce sera le sud-ouest ou rien ! Elle traverse alors Valmiera, évite Cēsis, longe Sigulda, manque de peu le lac Baltezers aux portes de Rīga et, redressant sa course, se jette dans la Baltique à proximité de **Carnikava**. Ce faisant, elle a parcouru 452 km sans jamais quitter le territoire letton.

Aux alentours

Valmiera

32 km au nord-est de Cēsis par la P 20. Cette petite cité industrielle est la seule localité de quelque importance que traverse la Gauja. Très endommagée en 1944, la ville historique se serre autour de Bruņienieku iela *(sur la droite de la route venant de Cēsis, après le pont sur la Gauja)*. L'**église St-Simon (Sv Sīmaņa baznīca)**, fondée en 1283, acquit son allure actuelle en 1760. Elle s'enorgueillit de posséder un orgue dont le buffet est décoré de peintures du 17e s. La rue conduit aux **ruines du château (Pilksdrupas)** de l'ordre de Livonie.

Au nord-est de Valmiera, sur la route de Valka *(A 3)* permettant de gagner l'Estonie, vous pourrez voir les rapides de la Gauja à proximité de **Strenči**.

Plus loin, à 29 km, **Valka**, la ville frontière, manque singulièrement de charme. Il est vrai que la ville a été coupée en deux par la frontière après d'âpres négociations entre les deux pays en 1919, les Estoniens en conservant le centre (Valga) et n'accordant à la Lettonie que les faubourgs. Valka a pour principal titre de gloire son école de musique où enseignèrent le compositeur **Jānis Cimze** (1814-1881) et le chef d'orchestre **Indriķis Zīle** (1841-1919).

Rūjiena *(46 km au nord de Valmiera par la P 17)* est célèbre pour sa laiterie et sa fabrique de glaces *(visite et dégustation sur Upses iela 5-7 - ☏ 6426 3257 - 0,90 Ls)*. La ville est parsemée de monuments dus au sculpteur **Kārlis Zemdega** (1894-1963) dont l'un, *Le Planteur*, honore l'ancien Premier ministre **Arturs Alberings**, au pouvoir en 1926.

Au nord-ouest par la P 16, et après 8 km à droite, vous gagnerez **Burtnieki**, connue pour son haras et son **lac (Burtnieks ezers)**.

Vous reprendrez la P 16 pour atteindre **Mazsalaca** et le parc accidenté de la **colline aux Sons (Skaņais kalns** – *4,5 km à l'ouest par une route signalisée - 0,70 Ls)*. Bordé par la rivière Salaca, il est sillonné de sentiers tracés parmi les grottes et les rochers, et parsemé de sculptures de bois évoquant les héros des récits populaires.

Parc de la Gauja pratique

Informations utiles

Centre d'informations du parc (Apmeklētāju Centrs) – *Baznīcas iela 3, sur la droite de Pils iela - Sigulda - ✆ 6780 0388 - www.gnp.gov.lv. - avr.-oct. tlj 9h30-18h, nov.-mars lun.-sam. 10h-16h.*

ℹ **Sigulda** – *Valdemara iela 1a - ✆ 797 1335 - tlj 10h-19h, nov.-avr. -17h.*

ℹ **Cēsis** – *Pils iela - ✆ 412 1815 - www.tourism.cesis.lv. - lun.-vend. 9h-17h, sam. 10h-15h.*

Bon à savoir – Attention : la route P 54 entre Rūjiena et Karksi-Nuia (Estonie) n'est pas goudronnée de part et d'autre de la frontière, sur un tronçon de 12 km.

Se loger

À SIGULDA

Sigulda – *Pils iela 6 - ✆/fax 707 2263 - www.hotelsigulda.lv. - P - 44 ch. 30/46 Ls.* Composé de deux bâtiments reliés par une verrière, c'est l'hôtel historique de la ville, ouvert jadis par le prince Kropotkine. Les chambres, installées dans la partie moderne, rajoutée en 2001, sont fonctionnelles. Dans des bâtiments annexes, un sauna et une piscine permettent un délassement bienvenu après une journée de randonnée.

Līvkalns – *Pēteralas iela par Pils iela puis Līvkalna iela - ✆ 797 0916, www.livkalns.lv. - P - 14 ch. 40 Ls.* Réparties dans trois bâtiments posés au bord d'un lac, les chambres très confortables de ce lieu chaleureux (boiseries, toit de chaume, accueil souriant) en font un établissement de charme.

À CĒSIS

Kolonna Cēsis – *Vienības laukums 1 - ✆ 412 0122 - www.hotelkolonna.com. - P - 40 ch. 60 Ls.* On ne peut mieux situé, l'immeuble stalinien qui abrite cet hôtel aurait toutes ses chances dans un concours de laideur. Heureusement, les choses changent à l'intérieur de l'établissement, rénové et très confortable, malgré des chambres un peu anonymes.

À DIKĻI

Dikli Palace (Dikļu Pils) – *20 km à l'ouest de Valmiera - ✆ 4207 480 - fax 4207 485 - www.diklupils.lv. - 26 ch. 65/72 Ls (selon saison).* Restauré en 2003, l'ancien palais d'un baron balte, construit en 1896 et réquisitionné en 1919, abrite aujourd'hui cet hôtel raffiné.

Se restaurer

À SIGULDA

Kaķu māja – *Pils iela 8.* Dans un décor rustique et une ambiance agréable, la « maison du chat » propose des salades et des plats locaux, ainsi qu'un petit buffet.

Kropotkins – *Pils iela 6.* Le restaurant de l'hôtel *Sigulda* propose dans un cadre un peu pompeux les spécialités préférées du prince Kropotkine, que ce soit des poissons de rivière ou des viandes comme le filet de bœuf. Présentation soignée et service se voulant stylé, parfois jusqu'à l'excès.

Pilsmuiza – *Dans le Nouveau Château - tlj 12h-2h.* Atmosphère un peu guindée, manoir oblige. La carte propose de copieux plats locaux où le porc et les poissons de rivière tiennent la vedette.

À CĒSIS

Sarunas – *Rīgas iela 4, au coin de Vienības laukums.* Décor contemporain dans ce café à la mode qui présente aux beaux jours une terrasse dans la rue piétonne. La carte propose une cuisine « fusion » d'inspiration méditerranéenne. Salades et snacks pour les petites faims. Le service est parfois un peu lent au démarrage…

Café Popular – *Vienības laukums 1.* Le restaurant de l'hôtel *Kolonna*, avec ses murs en pierre apparente qui lui confèrent un aspect chaleureux, est le plus réputé du lieu.

Sports et loisirs

Randonnées à pied et en vélo – Le parc est sillonné de nombreux sentiers qui en font un paradis pour les randonneurs et les amateurs de nature. Renseignements et cartes au centre d'information du parc.

Canoë – La Gauja et l'Amata sont appréciées des canoéistes, d'autant que leurs cours présentent quelques « rapides » qui corsent la promenade. Parmi les trajets recommandés : celui qui relie Cēsis à Līgatne en 17 km. Adressez-vous aux offices de tourisme pour l'organisation pratique.

Téléphérique – *Départ de Sigulda à Poruka iela 14 - été tlj 10h-18h, hiver 10h-16h30 - 1 Ls.* Ménageant de superbes vues sur la vallée, il conduit à 1 060 m de là au manoir de Krimulda.

Sports d'hiver – Il existe des pistes de ski alpin avec remontées mécaniques à Sigulda, mais aussi à Kārļi et à Žagarkalns *(à la sortie de Cēsis par Gaujas iela puis à gauche Cirulišu iela).* La location de matériel est possible sur place.

Piste de bobsleigh (Bobsleja um kamianu trase) – *Šveices iela 13 - Sigulda.* Sur cette piste de 1 420 m de longueur aménagée en 1986, vous pourrez vous élancer tant en hiver qu'en été grâce à un bobsleigh à roue… Mais à une vitesse plus raisonnable que les pros, qui atteignent 125 km/h !

Événement

La Rose de Turaida – Chaque année, le 10 mai, les jeunes filles de la région viennent fleurir de roses la tombe de Maija.

Alūksne

9 745 HABITANTS
CARTE GÉNÉRALE 1ER RABAT DE COUVERTURE – CARTE MICHELIN N° 783 W10

Située au cœur de la région des lacs, la petite cité d'Alūksne ne manque pas d'attraits. Elle détient sans conteste un certain potentiel touristique, qu'elle envisage de développer en coopération avec sa voisine estonienne de Võru. Cependant, à l'heure actuelle, un équipement hôtelier assez insuffisant et des liaisons routières de qualité très médiocre obèrent l'essor d'une contrée qui attend encore d'être désenclavée.

Se repérer – Chef-lieu d'une région connue pour ses lacs, Alūksne est située au nord-est de la Lettonie, à proximité des frontières de l'Estonie et de la Russie. La petite cité se trouve à 27 km au sud de la route E 77/A 2 qui relie la capitale, Rīga, à Pskov. Dès l'arrivée dans la ville, vous vous trouvez sur Pils iela, une longue avenue qui borde le lac.

Se garer – Laissez la voiture à proximité du Nouveau Château.

À ne pas manquer – Le lac d'Alūksne.

Organiser son temps – Consacrez une fin d'après-midi à la ville si vous comptez passer la nuit sur place.

Pour poursuivre son voyage – Voir aussi Võru (Estonie) au nord et le parc national de la Gauja au sud-ouest.

Comprendre

Le fabuleux destin de Marta Skavronska

En 1702, pendant la grande guerre du Nord, la population se réfugie sur l'île du lac d'Alūksne, dans l'enceinte du château de l'ordre de Livonie qu'occupe alors une garnison suédoise. Les troupes russes, commandées par le comte **Boris Cheremetev**, entrent dans la ville : pour pouvoir donner l'assaut à la forteresse, elles mettent à bas toutes les maisons de bois de la cité, afin de confectionner des radeaux avec les rondins. Lorsque les soldats arrivent sous les murs, la garnison, à qui l'on a promis la vie sauve, se rend sans combattre. Mais c'est compter sans l'initiative fâcheuse (bien qu'héroïque) de deux officiers suédois qui décident de mettre le feu au dépôt de munition. L'explosion tue plusieurs centaines de Russes. Furieux, les survivants mettent à sac la ville et sa région et prennent tous les habitanst en otage. Parmi eux se trouvent le pasteur Ernst Glück et sa fille adoptive, **Marta Skavronska**, née dix-huit ans plus tôt.

La jeune Lettone, déjà veuve d'un militaire suédois, aura tôt fait d'attirer l'attention du prince Alexandre Menchikov qui en fait sa maîtresse, avant de céder obligeamment la place en 1703 au tsar Pierre le Grand qui était tombé sous le charme de la jeune femme. En 1712, Pierre le Grand épouse Marta, devenue Catherine après son baptême orthodoxe, et l'associe au pouvoir en 1724. À la mort de l'empereur (1725), elle lui succède et règne sur l'Empire russe pendant les deux années qui lui restent à vivre.

DR / Michelin

Une jeune Lettone devenue tsarine.

Se promener

Pils iela longe la rive sud du lac d'Alūksne et concentre l'essentiel des curiosités de la petite cité, à commencer par l'église luthérienne, bel édifice néoclassique (malgré son clocher baroque) élevé en 1788 sur des dessins de **Christoph Haberland**.

C'est à côté de l'église que la maison où vécut le pasteur **Ernst Glück** (1654-1705) abrite le **musée de la Bible Ernst Glück (Ernsta Glika Bībeles muzejs** – *Pils iela 25a - mar 10h-12h, merc. 14h-18h, vend. 11h-14h, sam. 10h-13h - 1 Ls).* Une exposition rappelle l'action de cet homme d'église d'origine allemande. Nommé pasteur dans la cité en 1783, il fonde des écoles destinées aux enfants de paysans lettons et entreprend de traduire la Bible dans une langue comprise par ses paroissiens. La traduction de l'Ancien Testament est ainsi achevée en 1685, et celle du Nouveau Testament, quatre ans plus tard. Différents exemplaires du Livre en différents langages sont exposés sur les lieux, ainsi qu'un exemplaire de l'édition originale de la Bible en letton datant de 1694.

Plus loin, toujours face au lac, le **Nouveau Château (Jaunā pils)**, fantaisie néogothique dessinée en 1861 par Johann Daniel Felsko abrite le **musée d'Histoire locale et d'Art (Novadpētniecības un mākslas muzejs** – *Pils iela 74 - mar.-sam. 10h-17h, dim. 10h-16h - 0,50 Ls)*. Différentes salles présentent l'histoire locale et les peintures de l'excellent portraitiste **Leo Kokles** (1924-1964).

En face du château, le **parc du Manoir (Muižas parks)** s'étend jusqu'au lac. Ce parc romantique créé à l'imitation de celui de Pavlosk gagnerait sans doute à être un peu mieux entretenu. Il est parsemé de quelques sculptures contemporaines et de monuments datant du 18e s., comme le **temple d'Éole (Eola templis)**, et abrite le mausolée de la famille des barons locaux, les Vietinghoff.

Apprécié des pêcheurs, le vaste **lac d'Alūksne★ (Alūksnes ezers)** est doté de quatre îles. Proche du rivage et accessible par un pont, l'**île du Château** (**Pilssala**) abrite les ruines de la **forteresse de l'ordre de Livonie (Livonijas ordeņa pilsdrupas)**, construite en 1342, ainsi qu'un théâtre de verdure.

L'anse dans laquelle l'île se blottit est fermée par la **péninsule du Cimetière (Kapsētas pussala).** Sur la partie sud de cette presqu'île boisée se dresse la **colline du Temple (Templa kalns)**. Cette éminence est coiffée d'une rotonde de granit, érigée en 1807 à la mémoire des combattants de la guerre du Nord.

Aux alentours

Le village de **Jaunanna** se trouve au sud d'Alūksne *(17 km par la P 43 en direction de Gulbene, avant d'emprunter un chemin d'accès non goudronné)*. Il conserve un ancien relais de chasse **(Medību pils)** et donne accès à un sentier de découverte de 2,5 km, intitulé « **Au royaume des castors** » **(Bebru valstībā)**. Plus au sud, **Gulbene** *(46 km par la P 34, puis prendre la P 35 à gauche)* constitue le terminus du train à voie étroite. C'est un gros bourg agricole qui s'est développé autour d'un château de l'ordre de Livonie. Le **parc de Vecgulbene** *(Parka iela)* abrite deux manoirs, le Palais Rouge et le Palais Blanc. C'est curieusement ce dernier que les bolcheviks ont choisi en 1918 pour établir un tribunal dont les sentences étaient immédiatement exécutées dans le parc.

Au sud-ouest *(par la P 34)*, 2 km après **Zeltiņi**, une route sur la gauche conduit à une ancienne **base soviétique de lancement de missiles (Bijusī armijas raķešu bāze)** qu'orne une immense tête de Lénine aux traits plutôt anguleux.

Au nord-ouest, suivre par la P 39 vers Ape, puis la E 77/A 12 en direction de Rīga, et, enfin, une route à droite. **Gaujiena** a conservé un ensemble éclectique constitué d'un manoir néoclassique, des ruines de la forteresse de l'ordre de Livonie et d'un vaste parc. Un sentier de découverte vous permettra également de vous dégourdir les jambes le long de la Gauja.

Alūksne pratique

Informations utiles

Office de tourisme – *Pils iela 74 - ✆ 432 2804 - www.aluksne.lv.*

Se loger

⊜⊜ **Ierullē** – *Lielā ezera iela 2b, presque au coin de Pils iela - ✆ 432 1757 - www.ierulle.lv. - 10 ch. 18/25 Ls* ☕. Près du château et du lac, ce petit hôtel arbore une curieuse façade à deux étages d'arcades. Les chambres sont propres, mais la partie sanitaire mériterait d'être revue.

⊜⊜⊜ **Jolanta** – *Merķeļa iela 16, par la route de Gulbene puis à gauche vers la gare - ✆ 438 1011 - www.jolanta.viss.lv. - 10 ch. 35/40 Ls* ☕. Une bâtisse blanche accueille ce sympathique hôtel aux chambres chaleureuses jouant sur l'alliance bois-brique. Une bonne adresse.

Se restaurer

⊜⊜ **Pajumte** – *Pils iela 68*. Petit café sans prétention doté aux beaux jours d'une terrasse. Cet établissement propose une cuisine italienne.

Sports et loisirs

Chemin de fer à voie étroite Alūksne-Gulbene (Mazbānitis maršrutā) – Ouverte en 1903, cette ligne traversant la campagne sur 33 km entre Alūksne et Gulbene, à travers un paysage verdoyant et sauvage, est une des principales attractions touristiques de la région. Renseignements, horaires et tarifs sur *www.banitis.lv.*

Vallée de la Daugava et région de Madona
Daugava/Madonas Rajons

CARTE GÉNÉRALE 2E RABAT DE COUVERTURE – CARTE MICHELIN N° 783 O-T 12-15

Venue des marais de l'ouest de la Russie, la Daugava coule sur une distance quasiment égale à celle de la Loire. Ses rives sont également ponctuées de châteaux, différents certes, mais ô combien importants dans les livres d'histoire balte. Ces berges furent le théâtre du grand poème héroïque Lāčplēsis, qui nourrit encore l'imaginaire letton. Pourtant, un rideau d'eau est tombé sur ce décor, lorsque la construction de barrages a entraîné la montée du niveau du fleuve et transformé la vallée encaissée en vallée tout court. Les paysages en ont pâti énormément, mais la séculaire importance économique du fleuve s'est confirmée. Un peu plus au nord, la bucolique région de Madona a elle aussi inspiré bien des écrivains. Vous comprendrez sans peine pourquoi en parcourant ses collines, et en longeant ses lacs où se reflètent fermes de bois brut et manoirs en tous genres.

- **Se repérer –** La Daugava coupe la Lettonie en diagonale, du sud-est à Rīga. L'autoroute A 6 la longe de la capitale à Daugavpils. La région de Madona s'étend sur les hauteurs du sud de la Vidzeme, entre la Daugava et la Gauja.
- **À ne pas manquer –** Les paysages bucoliques de la région de Madona.
- **Organiser son temps –** La vallée de la Daugava est très bien desservie et accessible toute l'année. En hiver, les Lettons skient dans la région de Madona.
- **Pour poursuivre son voyage –** Voir aussi Rīga, Daugavpils et le Latgale, le parc national de la Gauja.

F. Sichet / Michelin

Le lac Pulgosnis et les doux reliefs entre Ērgļi et Madona.

Comprendre

L'axe majeur – La Daugava (ou Dvina occidentale), fleuve long de 1 005 km, prend sa source en Russie dans la région de Toropets, traverse la Biélorussie et la Lettonie (sur 352 km) avant de rejoindre la Baltique à Rīga. Depuis des siècles, le cours d'eau sert de voie d'accès à la région. Les **chevaliers Porte-Glaive** l'ont utilisé pour christianiser le pays, les armes à la main, en construisant diverses forteresses sur ses berges. Le fleuve est aussi un axe commercial majeur parcouru par des barges transportant bois et fourrures. Lorsque plus tard, le rail et la route prennent le relais, ils suivent logiquement la Daugava, reliant les deux plus grandes cités du pays : Rīga et Daugavpils.

Quand, au 20e s., plusieurs barrages (Ķegums en 1940, Aizkraukle en 1966) sont construits pour assurer l'approvisionnement en électricité de la région, la vallée est inondée à partir de Pļaviņas. Les falaises deviennent berges, les villages disparaissent et le château de Koknese se retrouve les pieds dans l'eau.

Un petit musée est consacré au fleuve : **Daugavas muzejs –** *Doles Sala (île de Dole) - Salaspils - ☎ 721 6367 - www.daugavamuzejs.lv. - lun.-vend. 10h-17h - 0,5 Ls.*

Celui aux oreilles d'ours – Lorsque les barrages ont modifié le cours naturel de la Daugava, la légende de **Lāčplēsis** a perdu une partie de son décor. Lāčplēsis est le fils d'une ourse dont il hérite les oreilles et la force. Il possède une telle puissance qu'elle lui permet de « déchirer un ours » – c'est ce que signifie son nom. Le dernier combat du colosse de Lielvārde s'achève par la chute des deux lutteurs dans la Daugava, qui les engloutit… Mais le héros reviendrait parfois dormir sur un gros rocher au bord du fleuve : une renaissance forte de symboles.
En 1888, à l'heure du renouveau letton, **Andrejs Pumpurs** (1841-1902) fait de cette légende une épopée nationale, un emblème de la volonté de résister et d'exister du peuple letton. Elle est ensuite maintes fois adaptée – l'identité du dernier adversaire changeant suivant les aléas de l'histoire. Et l'on voit parfois les supporters lettons (football, hockey) se coiffer d'oreilles d'ours postiches, pour assurer leur équipe de leur force…
Voir le musée A. Pumpura à Lielvārde, ci-dessous.

Itinéraires de découverte

LE LONG DE LA DAUGAVA 1

Cet itinéraire de 120 km suit la rive nord de la Daugava. La première partie de la route, de Rīga à Koknese, est très fréquentée. Attention aux dangereux routiers lettons…
De Rīga, prendre l'autoroute A 6. À Ikšķile, sortir à « Ikšķile Centrs ».

Ikšķile

C'est en ce lieu, appelé Ūxkūll en langue live, que **Meinhard de Brême** fonde en 1180 une colonie de moines missionnaires, première étape de la christianisation forcée de la région. Le lieu (château, église) sert brièvement de résidence à l'évêque de Brême **Albrecht von Buxhövden**, avant que ce dernier ne la déplace en 1201 vers un site qui deviendra célèbre : Rīga.
Les panneaux marron indiquant *« Sv. Meinarda »* vous font zigzaguer vers les rives du fleuve, en passant entre les villas entourées de jardins et un joli cimetière sous les arbres. De la berge, vous distinguez l'île artificielle, si plate, où un toit protège ce site religieux peu spectaculaire mais symboliquement important. Il s'agit en effet des ruines (fondations) de la plus ancienne église en pierre des pays baltes (1184). Celle-ci fut rénovée en 1881, mais ravagée en 1916 durant la guerre, et il n'en reste pas grand chose. Pour se rendre sur place, demander à l'hôtel *Meidrops* si une excursion est prévue. En hiver, quand les eaux du fleuve sont gelées, l'accès est simplifié… Aux alentours, le chemin sur la digue et les plages sont appréciées des familles et des pêcheurs les week-ends d'été.
Reprendre l'A 6 qui traverse bientôt **Ogre**, ville de 26 000 hab. connue pour ses industries textiles. Malgré un nom assez attirant pour les francophones, cette cité, où les pins et les cheminées se concurrencent, n'offre pas grand chose à dévorer des yeux. Les touristes pointilleux pourront s'y rendre pour voir quelques villas aux façades intéressantes, le **musée de la Ville (Ogres Vēstures un mākslas muz.** – *Kalna p. - ✆ 502 4345 - mar.-vend. 10h-17h, sam.-dim. 11h-15h - 0,4 Ls)* ou un parc agréable *(Pavasara g. 6)*.
Plus loin, à **Ķegums**, vous ne pouvez manquer le barrage hydroélectrique achevé en 1940. Un musée **(Daugavas spēkstacijas muz.** – *dir. Jaunjelgava - ✆ 501 0355 - lun.-vend. 9h-16h - sur rdv)*, installé de l'autre côté du barrage, présente l'histoire de la production d'électricité en Lettonie. À réserver aux passionnés.
Si vous en êtes à votre second passage dans la région, vous pouvez choisir l'autre rive *(route P 85 puis P 87)* pour rejoindre Aizkraukle. Ici, les berges sont plus sauvages, plus accessibles. La présence du fleuve se ressent vraiment. La route traverse la bourgade endormie de **Jaunjelgava**, ancien port oublié depuis l'avènement du rail.

Lielvārde

À l'entrée de la ville, il n'est pas interdit d'oublier la reconstitution d'un fort en bois du 12e s. **(Senlatviešu pils –** *Parka iela 3 - avr.-nov. tlj 10h-19h - 1 Ls)*, qui peut néanmoins intéresser les enfants. Après le centre-ville, trois panneaux marron superposés invitent à tourner à droite, vers un parc agréable au bord du fleuve. Les modestes ruines du château du 13e s. (qui remplaça un fort live en bois) tentent d'exister au-dessus d'anciennes falaises qui, depuis la montée des eaux, ne sont plus que des berges un peu hautes. Des totems en bois se dressent bien droit à l'emplacement d'un ancien palais et rappellent les personnages de la légende de *Lāčplēsis (voir en haut de la page)*.
L'église luthérienne (1934) fait face à une jolie maison de brique et de bois abritant un musée **(A. Pumpura muz.** – *E. Kauliņa aleja 20 - ✆ 505 3759 - mar.-sam. 10h-17h,*

Le musée Pumpura à Lielvārde, sur le lieu de la légende de Lāčplēsis.

dim. -15h - 0,5 Ls). Une peinture à l'entrée recrée le paysage des poèmes héroïques d'**Andrejs Pumpurs**, inspirés de Lāčplēsis. Elle permet d'apprécier le paysage d'autrefois : les falaises et l'ancien palais. L'exposition est consacrée à la vie du journaliste et poète et à la cité de Lielvārde au 19e s. Autour, de gros rochers serviraient de lit et de couverture au héros Lāčplēsis.

La route A 6 continue vers **Aizkraukle**, ville construite près d'un barrage (1966) et garantie 100 % béton. S'y trouve pourtant un petit musée champêtre, indiqué depuis la route. Le **Kalna Ziedi** *(Muzeja iela - www.aizrp.lv/kalnaziedi. - ✆ 512 3351 - merc.-dim. 11h-17h - 0,5 Ls),* non loin d'une église moderne, se compose de maisons en bois entourées de jardins fleuris. Elles abritent des expositions ethnographiques, les résultats des fouilles de Koknese et des œuvres d'artistes régionaux.

Ruines de Koknese★

Il est difficile d'imaginer que ce petit bourg était au 17e s. la deuxième plus grande ville de Lettonie. Là où la **rivière Pērse** rencontre la Daugava, les croisés allemands construisent un château en 1209. Perché, majestueux, avec 5 tours dominant le fleuve, il fut détruit par les guerres du début du 18e s. et n'a jamais été reconstruit. Pire, en 1966, après la construction du barrage et la montée des eaux, il se retrouve les pieds dans le fleuve (une partie du village est engloutie). Il ne reste au final pas grand chose, quelques murs, un canon tel une canne à pêche sur la berge… Mais le site reste intéressant. Pour imaginer sa silhouette d'origine, il suffit de regarder les gravures vendues au stand de souvenirs ou d'aller voir sa maquette à la mairie *(Melioratoru iela 1 - lun.-vend. 8h-17h).*

Pour se rendre au château, suivre « *Kokneses pilsdrupas* » en passant devant l'église luthérienne (1687) ou traverser le parc à pied. Le manoir abrite un centre d'informations *(voir Daugava et Madona pratique, p. 220)*. Après Koknese, la route est enfin plus jolie. À **Stukmaņi**, un manoir oublié et son vaste domaine précèdent une usine de pains et de biscuits bien connus des Lettons – vente sur place.

Jēkabpils

Au rond-point, suivre « Centrs ». Le **château de Krustpils (Jēkabpils muz. –** *Rīgas iela 216b - ✆ 522 1042 - lun.-vend. 9h-17h, mai-oct. sam.-dim. 10h-15h, oct.-mai. sam. 10h-15h - 0,8 Ls - audioguide en anglais disponible)* apparaît juste après le virage. Construit en 1237 par l'évêque **Nicolas de Magdeburg** pour protéger l'axe Rīga-Daugavpils, le « château de la Croix » a encore belle allure. En 1585, le roi de Pologne en fait cadeau à Nicolas Korf pour le remercier de la prise de Daugavpils. Sa famille en restera propriétaire jusqu'en 1918, transformant au passage la forteresse en résidence. L'édifice abrite aujourd'hui le **musée d'Histoire régional**. Le lieu étant en pleine phase de rénovation, les quelques salles retrouvent peu à peu leur allure du 19e s., visible sur d'anciennes photographies. Outre un poêle coloré et un beau plafond en bois ouvragé, vous verrez des instruments de musique et d'anciens outils de propagande de l'époque communiste (slogans, portraits, drapeaux). Dans la tour la plus haute, un escalier très raide dessert des salles destinées aux expositions temporaires jusqu'à la belle charpente et à la vue sur le fleuve.

Krustpils est aussi le nom du quartier sur la rive nord du fleuve, rattaché depuis 1962 à Jēkabpils, sur la rive sud. La ville fut nommée Jēkabpils en hommage à **Jēkabs duc de Courlande**, qui la fonda officiellement en 1670, là où s'étaient installés des vieux-croyants fuyant la Russie. La cité devint un port important attirant les commerçants et artisans.

Son centre offre aujourd'hui des enfilades homogènes de façades de brique et de bois du 19e s., le long de **Pasta iela** et **Brīvības iela★**. Sur cette dernière s'élève la très photogénique **église orthodoxe du Saint-Esprit (Sv. Gara pareizticīgo baz.** – *Brīvības iela 200)*, construite en 1886 : frises de céramique, entrées en bois sculpté, vestiges de la chapelle St-Nicolas (1174). Entre la digue le long du fleuve et Brīvības iela, au milieu des jardins, se trouve le petit **Musée ethnographique en plein air Sēļu sēta (Jēkabpils Vēstures muz. « Sēļu sēta »** – *Filozofu iela 6 - ✆ 523 2501 - juin-sept. lun.-vend. 9h-17h, sam.-dim. 10h-15h - 0,8 Ls)* avec quelques maisons du 19e s., un moulin, une forge et de vieilles machines à vapeur.

Au-delà de Jēkabpils, plus aucun pont ne franchit le fleuve avant Daugavpils. Deux routes permettent de rejoindre cette dernière. L'A 6, très rapide, longe la Daugava en passant par **Līvāni**, connue pour sa verrerie créée par un marchand allemand en 1887 (boutique et exposition : **Stikla fabrika muz.** – *Zaļajā ielā 23 - ✆ 530 7162 - lun.-vend. 9h-18h - sur rdv)*. Puis vient **Līksna** et sa haute église néogothique (1913) qui surgit au-dessus des prés. Il est aussi possible de sillonner le sud de la région de Jēkabpils, une solution moins rapide mais plus bucolique (routes pas toujours asphaltées). Parmi les arrêts possibles, citons le manoir de **Gārsene (Gārsenes pils**, 1860, *à l'écart de la route P 73)*, son église luthérienne néoromantique et 7 km de chemins parcourant les environs.

LACS, FORÊTS ET POÈTES★ 2

Cette boucle de 150 km parcourt les reliefs du sud de la Vidzeme et permet d'apprécier de superbes paysages : prés, lacs, forêts, fermes et manoirs isolés. Elle peut débuter n'importe où. Pour la rejoindre : la jolie route en terre P 4 de Rīga vers Ērgļi ; la P 30 de la Gauja ; la P 37 de Jēkabpils ; la P 32 puis la P 4 de Skrīveri (sur l'A 6).

La capitale régionale est la ville récente de **Madona,** entourée de collines et de forêts. Le centre, qui s'organise autour de quelques ruisseaux bordés d'arbres, ne mérite pas une longue halte malgré quelques façades intéressantes. Mais il s'avère bien pratique pour récolter des informations ou se restaurer *(voir Daugava et Madona pratique, p. 220)*. Citons ainsi l'adresse familiale *Rudzons (Saules iela 15 - 12h-0h). Prendre la route P37 vers Cesvaine (dir. Gulbene).*

Château de Cesvaine★

La ville fut ravagée par **Ivan le Terrible** en 1577, et le château, un siècle plus tard, en 1656. Aujourd'hui, la petite bourgade traversée par une rivière cache parmi les arbres un curieux et prétentieux édifice. Ce château et pavillon de chasse, voulu par le baron Adolf von Wulf et achevé en 1897, a été imaginé par l'architecte berlinois H. Griesenbach. En grès rose, flanquée de multiples tours, cette construction est un patchwork de styles : Renaissance, romantique, Art nouveau, néogothique… Légèrement perché, en forme de U, il a fière allure. Lorsqu'en 1919, l'école du village s'y installe, on peut imaginer que les enfants furent ravis. En 2002, un grave incendie l'endommage. Sa rénovation devrait être avancée quand vous lirez ces lignes, et sa silhouette, avoir retrouvé toute son élégance. Espérons que le riche intérieur (ornements, boiseries) renaîtra lui aussi et pourra à nouveau être contemplé. Le baron repose dans le parc alentour.

F. Sichet / Michelin

Château de Cesvaine.

Revenir à Madona et suivre la route P 30 vers Vecpiebalga. Cet itinéraire vous fait traverser un paysage ondulé où les prés et les forêts se succèdent : les hautes terres de la Vidzeme dans toute leur splendeur. Une rigide église luthérienne (1845) à colonnes vous accueille à l'entrée de **Vecpiebalga**, autrefois un centre culturel majeur, comme en témoignent aux alentours les nombreuses « maisons-mémoriaux » dédiées à des auteurs lettons.

Ces terres ont inspiré nombre de ceux qui contribuèrent par leurs écrits au renouveau letton (fin 19e s.-début 20e s.). Le lycée a accueilli sur ses bancs le conteur et poète Kārlis Skalbe (1879-1945) et les frères Kaudzīte, auteurs du premier roman en langue lettone. Ce livre, *Mernieku laiki* (« Le temps des arpenteurs », 1879), parle de la campagne lettone au 19e s., lors de la redistribution des terres des propriétaires fonciers allemands.

De Vecpiebalga, prendre la direction « Inesi 6 ». La route P 33 passe non loin de Kaikaši, la maison natale de l'écrivain Antons Austriņš (1884-1934).

Terre de mousse

La **réserve naturelle de Teiči (Teiču reservāts)**, à 20 km au sud de Madona, protège une vaste étendue de marais, de tourbières et de lacs. Ce pays de mousses abrite de nombreuses espèces d'oiseaux et quelques grands mammifères. La plus grande colonie de grues du pays s'y trouve. Une tour d'observation se dresse au milieu de la réserve, sur l'île de tourbe de Siksala. Le lieu peut être visité uniquement avec un guide, en réservant à l'avance : chemin de 5 km. Pour réserver : *Ļaudona - ✆ 480 7201/6 - www.teici.lv. - lun.-vend. 8h30-17h* ou auprès de l'office du tourisme de Madona.

Lacs Inesis et Jumurda

À **Inesi**, au bord d'un lac à sept îles, vous passez devant un manoir comme il y en a tant dans les campagnes baltes. Construit par les Suédois en 1688 puis reconstruit un siècle plus tard, il est entouré de dépendances en plus ou moins bon état : moulin, baraquements, ruines d'une église orthodoxe. Les Lettons s'y arrêtent car le lieu a inspiré aux frères Kaudzīte une de leurs œuvres. *Suivre Ērgļi.* Peu après, un panneau marron propose sur la droite **Kalna Kaibēni**. Ce petit musée *(✆ 416 8216 - mi-mai.-mi-nov. tlj 10h-17h)*, consacré aux frères Kaudzīte, se tient sur une colline haute de 200 m. Les beaux bâtiments traditionnels sont entourés de sculptures inspirées par leurs écrits. Notez que la route est difficile. La P 33 continue vers Jumurda, perdant son asphalte mais restant très praticable par temps sec. Elle serpente entre les prés et domine le lac Nedzis avant de pénétrer dans la forêt. Après la rivière Ogre, vous apercevez à droite le manoir de poche Cirstu muiža. À **Jumurda** se dresse un autre manoir de style historiciste, rouge et peu spectaculaire, datant de 1856. S'y rendre permet d'approcher le beau lac Jumurda. Des dépendances (écuries) ont été aménagées pour accueillir un hôtel-restaurant très intéressant *(voir Daugava et Madona pratique, p. 220)*, idéal pour prendre un verre en terrasse ou organiser des activités. La route continue, toujours aussi belle.

D'Ērgļi à Madona

Dispersé sur plusieurs collines, **Ērgļi** est connu des Lettons pour les pistes de ski des alentours. Sa longue histoire (première mention en 1382) ne transparaît pas vraiment. Les hauteurs étaient jadis coiffées de petites forteresses. Certains des habitants descendent de familles estoniennes (Saaremaa), déplacées ici en 1740. La bourgade s'est radicalement transformée dans les années 1920-1930 avec l'arrivée du rail. Le cimetière, perché près de la retenue sur la rivière Ogre, abrite la tombe de Rūdolfs Blaumanis *(voir p. 220)*. Ērgļi est avant tout une étape pratique grâce à son bon hôtel.

Prendre la P 81 vers Madona mais tourner tout de suite à gauche au panneau « Braki 3 ».

Braki★ – Au bout de la route se trouve un joli petit hameau ethnographique **(Rakstineka R. Blaumaga memoriālais muzejs Braki –** *✆ 487 1569 - mai-oct. tlj 10h-17h - 0,8 Ls)* entouré par la forêt. Des maisons du 19e s., en rondins et à toit de chaume, entourent une cour en herbe. Des prés et des vergers parviennent de bonnes odeurs de fleurs et d'herbes sauvages. La grange typique de la Vidzeme sent la paille et la fumée. De l'outillage ancien et des traineaux sont présentés à l'intérieur. Dans la maison principale, l'aménagement rustique mais cossu

F. Sichet / Michelin

Braki, musée ethnographique.

invite à la réflexion, à l'écriture. C'est d'ailleurs ce qu'y faisait le dramaturge **Rūdolfs Blaumanis** (1863-1908), dont les œuvres trouvaient leur source dans les traditions régionales. *Revenir sur la route principale.*

De Braki à Madona – La P 81 longe bientôt le **lac Pulgosnis**, son île de bouleaux et ses rives fabuleuses. Aussitôt après vient **Meņģeļi** *(✆ 294 31659 - mi-mai-fin oct. mar.-dim. 10h-18h - 0,8 Ls)*, un petit ensemble de bâtiments où vécurent les frères **Jurjāni**, fondateurs de la musique classique lettone (fin 19e s.-début 20e s.) et amoureux des sons folkloriques. Une exposition, des concerts occasionnels et la vente de céramiques animent le lieu. Plus loin, alors que la route domine le **lac Kāla★**, vous aurez la sensation d'être arrivé… au Canada. Bordée de conifères pointus, plantés pour certains sur des îles, cette étendue d'eau est tout simplement superbe. De Vestiena, une mauvaise route mène au pied du Gaiziņkalns (312 m), point culminant du pays qu'il est possible de « gravir ».

Daugava et Madona pratique

Informations utiles

Ogre – *Ausekļa p. 4 - ✆ 507 1883 - www.ogre.lv. - oct.-avr. lun.-vend. 10h-17h, mai-nov. 9h-18h.*

Koknese – *Blaumaņa iela 3 - ✆ 516 1296 - www.koknese.lv. - lun.-vend. 9h-17h.*

Jēkabpils – *Brīvības iela 140 - ✆ 652 33822 - www.jekabpils.lv. - lun.-vend. 8h30-11h30, 12h30-17h.*

Madona – *Saieta laukums 1 - ✆ 486 0573 - www.madona.lv. - lun.-vend. 9h-17h.*

Transports

Autocar – *www.autoosta.lv.* La route A 6 est empruntée par de nombreux autocars desservant les villes entre Rīga et Daugavpils. Madona est desservie de Rīga, Gulbene et Ērgļi, entre autres.

Train – *www.ldz.lv., www.pv.lv.* Trains Rīga-Krustpils (Jēkabpils) ou Daugavpils desservant les localités intermédiaires. Une ligne relie Rīga à Ērgļi. Madona est sur la ligne Rīga-Daugava-Gulbene.

Se loger et se restaurer

VALLÉE DE LA DAUGAVA

⊖⊖⊖ **Meidrops** – *Rīgas iela 18 - Ikšķile - ✆ 503 6547 - www.hotelmeidrops.lv. - 16 ch. 45/55 Ls* ☕. Ouvert en 2006, cet hôtel calme et moderne propose de vastes chambres, en pin et moquettes, d'où vous regardez couler le fleuve. Bon petit-déjeuner, piscine couverte, sauna et activités nautiques à partir de la petite plage. Le restaurant-terrasse *(12h-0h)*, très prisé, se situe juste à côté, aménagé dans un édifice en rondins. Au menu : grillades, poissons et bons desserts.

⊖⊖/⊖⊖⊖ **Lielvardes Osta** – *Krasta iela 2 - Lielvārde - ✆ 505 3041 - www.lielvardesosta.lv. - 9 ch. 25/45 Ls* ☕. Une maison en bois triangulaire, au bord du fleuve, dont les chambres et le restaurant *(11h-23h)*, modernes et de bon goût, sont vraiment conseillés pour une halte au bord du fleuve.

⊖⊖/⊖⊖⊖ **Hercogs** – *Brīvības iela 182 - Jēkabpils - ✆ 523 3433 - www.jnami.lv. - 6 ch. 25/45 Ls* ☕. Ces maisons jumelles en brique, entre une jolie rue et le fleuve, abritent des chambres chaleureuses.

RÉGION DE MADONA

⊖⊖ **Ērgļi** – *Rīgas iela 31 - Ērgļi - ✆ 487 1604 - www.erglihotel.lv. - 21 ch. 30/35 Ls* ☕. Une adresse moderne, bienvenue pour ceux qui préfèrent le confort classique et fonctionnel d'un hôtel. Impersonnel peut-être, mais impeccable sûrement, avec service attentionné et sauna. Dommage que la salle de restaurant (menu international, pâtisseries) soit si triste.

⊖⊖/⊖⊖⊖ **Grašu Pils** – *De Cesvaine, suivre Grašu Pils - ✆ 485 2200 - www.hotelgrasupils.lv. - 10 ch. 32 Ls* ☕. Plus modeste que le château de Cesvaine voisin *(4 km)*, ce manoir comprend de vastes chambres toutes différentes, dans un cadre agréable et on ne peut plus calme (au milieu des prés).

⊖⊖/⊖⊖⊖⊖ **Jumurdas muiža** – *Jumurdas - ✆ 487 1791 - www.jumurda.lv. - 8 ch. (mais aussi une villa) à partir de 30 Ls* ☕. Les écuries du manoir sont devenues une retraite de rêve, un havre de paix au bord d'un lac. Les chambres sont belles et fraîches : plusieurs catégories de confort et de tarifs. Location de vélo, de barques, et bon restaurant où poissons et sauces aux fruits ont la part belle. Adresse recommandée.

Sports et loisirs

Cure et Spa – Au manoir de Mārciena *(Mārcienas muiža - Mārciena - ✆ 480 7300 - www.marciena.com.)*, dans un cadre agréable : saunas, piscine, bains, soins et produits biologiques.

Cyclotourisme – Une piste sillonne les alentours du mont Gaiziņkalns et du lac Jumurda : collines, manoirs, lacs. Location de vélos possible par exemple au *Jumurdas muiža (voir ci-dessus)*. Pour de longues randonnées, renseignements sur *www.celotajs.lv.* Ainsi, un trajet en vélo (12 j.), hébergement réservé, entre Rīga et Vilnius en longeant la Daugava.

Ski – La région de Madona est connue des Lettons pour ses quelques pentes propices au ski. Informations sur *www.briezkalns.lv.*

Daugavpils et le Latgale★

115 000 HABITANTS
CARTE GÉNÉRALE 2E RABAT DE COUVERTURE – CARTE MICHELIN N° 783 U16

La seconde ville du pays figure rarement sur les itinéraires touristiques. Elle s'avère pourtant intéressante avec ses façades Art nouveau, ses clochers multiformes et son étrange forteresse. Ici, tout est écrit en letton mais 85 % de la population est russophone. Vous retrouvez donc un peu de Russie sur les visages, dans les attitudes, sur les étals du marché et dans les rayons des magasins. Le Latgale, économiquement à la traîne, caractérisé par sa forte tradition catholique et païenne, enchantera les amateurs de tableaux campagnards bien léchés. Toute la palette de couleurs y passe pour peindre les collines qui ondulent, les forêts de feuillus, les prés fleuris, les volets des maisons, les foulards des grand-mères, sans oublier les centaines de lacs qui vident tous les tubes de bleus.

- **Se repérer –** Le Latgale couvre le sud-est du pays, de Daugavpils (la plus grande ville) au sud, à Rēzekne (la capitale) au nord, deux cités bien desservies.
- **Se garer –** À Daugavpils, il est préférable de choisir un hôtel avec parking.
- **À ne pas manquer –** Les clochers et l'ambiance russe de Daugavpils. Les magnifiques et bucoliques paysages de lacs, de prés et de forêts du centre du Latgale.
- **Organiser son temps –** Les saisons colorées (mai-oct.) sont conseillées : le printemps et l'été fleuris et l'automne rougeoyant.
- **Pour poursuivre son voyage –** Voir Vallée de la Daugava et région de Madona, Parc national de l'Aukštaitija, Panevėžys et le nord de l'Aukštaitija (Lituanie).

F. Sichet / Michelin

Paysage bucolique du sud du Latgale, près de Krāslava.

Comprendre

Dinaburg, Borisoglebsk, Dvinsk, Daugavpils – Ces changements de nom successifs traduisent une histoire tourmentée. En 1277, l'ordre de Livonie construit le château de Dinaburg. La ville se développe à partir du 16e s. Les Polonais la contrôlent de 1561 à 1772, date à laquelle le Latgale est annexé à la Russie. L'armée du tsar s'installe et construit la forteresse (1810). Le rail en fait une ville marchande et industrielle majeure du nord-ouest de la Russie, et sa population est multipliée par cinq (105 000 hab. en 1914). C'est en 1920, avec la première Indépendance, que le nom de Daugavpils devient officiel. La Seconde Guerre mondiale détruit 60 % des édifices. La ville est reconstruite et des milliers de travailleurs sont acheminés de toute l'URSS pour faire tourner les usines. Daugavpils, seconde ville du pays (bien que 10 fois moins peuplée que Rīga), est aujourd'hui lettone et russifiée, mais aussi marquée par le passage ou la présence de Polonais, de Juifs, de vieux-croyants et de Caucasiens.

Le Latgale, destination à part – Ainsi nommée en référence à la tribu des Latgales qui la peuplait avant le 12e s., la région se distingue en bien des points du reste de la Lettonie, du fait notamment de l'influence des pays voisins. Parmi les 19,9 % de

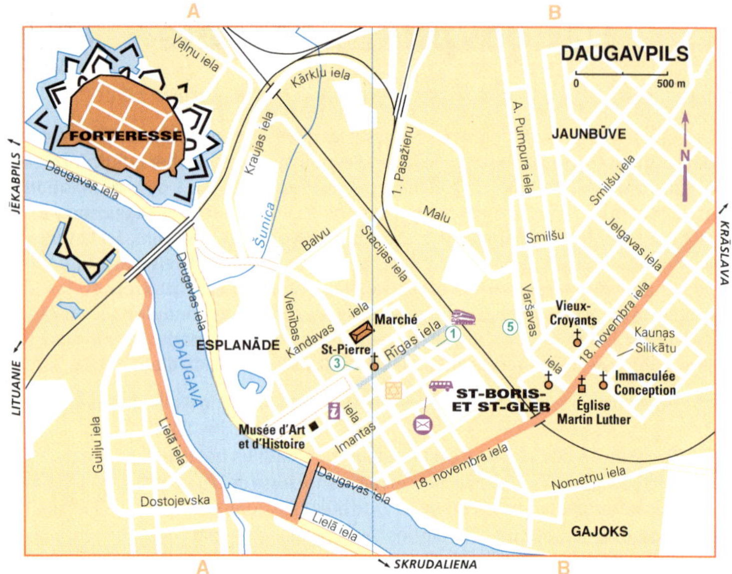

SE LOGER
Leo.............................① Parc Hotel Latgola.......③ Villa Ksenija .... ⑤

catholiques que compte la Lettonie, beaucoup peuplent les localités latgales. Cette religion, héritée de la présence polonaise (16e-18e s.), s'est superposée à une forte tradition païenne. Les imposantes églises d'Aglona, Daugavpils ou Pasiene ne font pas oublier les fêtes séculaires qui suivent le cycle de la nature. En parcourant les terres rurales, vous croiserez avant tout des personnes âgées et de jeunes enfants, et en ville des adolescents qui s'ennuient. La région est en effet la plus pauvre du pays, et les jeunes adultes la délaissent pour rejoindre Rīga ou l'Irlande. En conséquence, le dialecte local disparaît, les hameaux se vident, les commerces ferment, les friches agricoles se multiplient. En résultent pour les touristes une campagne et un rythme d'un autre temps, où l'on voit des familles s'occuper de leurs champs à la main, des carrioles ralentir les voitures, des potiers confectionner la céramique noire, des bancs d'où l'on regarde les fleurs pousser (qui remplacent le « canapé-télé »). Beaucoup aimeraient conserver les charmes et les traditions de la région, tout en la développant. Et les programmes de l'Union européenne sont attendus avec beaucoup d'espoir.

Se promener

DAUGAVPILS★

Esplanāde : le centre-ville A

Cet échiquier de rues est bien isolé : coupé de la Daugava par une digue et du reste de la ville par les rails. La tour de l'hôtel *Latgola* se dresse au centre, cernée par les lignes de tramways, les centres commerciaux et le marché. Dans ce dernier **(Zaļais Tirgus** – *Cietokšņa iela - 7h-16h)* s'alignent des étals de bonbons colorés, de salamis en tous genres et de poissons fumés dont les Russes raffolent. Les légumes sont vendus à l'extérieur par des babouchkas, dans une forte odeur d'aneth. *Ditton Nams*, accolé au marché, est un vaste bazar fait de mille et une petites boutiques.

Rīgas iela – Cette longue rue court du fleuve à la gare. À son extrémité sud, vous trouverez le **musée d'Art et d'Histoire (Novadpētniecības un mākslas muz.** – *Rīgas iela 8 - ☏ 542 4155 - www.dnmm.lv. - mar.-sam. 11h-18h - 0,8 Ls)*, aménagé dans un édifice Art nouveau de 1883, peint en gris et rose et gardé par deux lions. Malgré des explications uniquement en russe et en letton, ses vitrines permettent d'en apprendre un peu plus sur l'histoire de la ville : les premiers châteaux, les belles rues d'avant la Seconde Guerre Mondiale. Notez les dessins satiriques visant Napoléon ou les beaux vitraux soviétiques sur le thème des transports. Le Latgale est décrit à travers son folklore (costumes, outils, objets) et sa faune (animaux empaillés à l'étage). À voir aussi, des reproductions d'œuvres du maître de l'expressionnisme abstrait, **Mark Rothko** (1903-1970), natif de Daugavpils. Il émigra dans l'Oregon dès 1913 et beaucoup de ses tableaux sont exposés au National Art Gallery de Washington. En continuant vers la place Vienības, vous passez devant l'un des plus vastes et massifs édifices des états baltes : la **maison de l'Unité (Vienības bams**, 1937). Il fait office de centre culturel, de bibliothèque et de théâtre. Plus loin, là où la rue devient piétonne, se dresse l'**église catholique St-Pierre (Sv. Pētera katoļu baz.** – *Rīgas iela 39)*, un bel édifice baroque du 18e s., blanc et surmonté d'un dôme. Les façades le long de Rīgas iela deviennent de plus en plus belles en allant vers la gare, et selon les rénovations en cours.

Au sud de Rīgas iela – Les rues s'y croisent à angle droit, bordées d'édifices entre-deux-guerres, de constructions soviétiques et de places animées. La brique et le béton concurrencent d'élégantes **façades Art nouveau** que l'on rénove peu à peu. Saules iela, Mihoelsa iela et ses voisines offrent ainsi de belles enfilades d'édifices variés. Le plus beau de la ville est sans doute celui qui élève sa tourelle à l'angle de Saules iela et de Viestura iela. Ailleurs dans le quartier, vous verrez l'énorme et austère bâtiment de l'université (1840, *Ģimnāzijas iela 32)*. En face, la petite église orthodoxe (2005, *Saules iela 20)* remplace la cathédrale Alexandre-Nevsky qui s'élevait ici autrefois. La synagogue blanche (19e s., *Cietokšņa iela 38)* est la dernière survivante des quarante qu'a compté la ville. Enfin, quelques maisons en bois surprennent près de la gare. Mais les plus belles, aux volets bleus, se situent à la périphérie.

La colline des églises et Jaunbūve, au-delà des rails B

Depuis le parc central, prendre Alejas iela et ses façades harmonieuses, monter les escaliers, puis traverser le pont au-dessus des rails. Sinon, prendre le bus 3 depuis la gare routière, ou le tramway 1 depuis le centre-ville. Daugavpils est littéralement coupée en deux par les rails que seuls deux ponts et une passerelle enjambent. Du pont prolongeant 18 novembra iela, vous embrassez un magnifique panorama urbain : un **ensemble de clochers★** qui s'efforcent chacun d'être plus visible que son voisin. La palme du clinquant revient à l'**église orthodoxe St-Boris-et-St-Gleb (Sv. Borisa un Gļeba pareizticīgo katedrāla** – *Tautas iela 2)* avec ses bulbes dorés multiples, ses colonnes torsadées bleues et roses évoquant des sucres d'orge. L'intérieur de ce gros gâteau de 1905 est du même acabit et illuminé par une iconostase noire et dorée. De l'autre côté de la rue, l'église luthérienne (1893) réplique avec sa haute flèche de brique rouge. Elle côtoie la blanche **église catholique de l'Immaculée-Conception (Dievmātes kat. bazn.**, 1905). Non loin *(Puškina iela 16)*, une église de vieux-croyants complète cet éventail de lieu de cultes. Dans le quartier alentour, quelques vieilles plaques bilingues de rues demeurent encore à l'angle des blocs et des maisons en bois et en brique.

Forteresse★ (Cietoksnis) A

Daugavpils iela - ✆ 542 2818 - www.dinaburgascietoksnis.lv. - tlj 8h-18h - 0,2 Ls. Pour s'y rendre : tramway 3 à l'arrière de l'hôtel Latgola. Quel lieu étrange que cette forteresse en étoile. Cet ouvrage militaire construit par les Russes entre 1810 et 1878 (à la place d'un fort du 16e s.), a à peine changé. Elle est protégée par des douves, huit bastions, un système de remparts complexe et des passages secrets. L'espace habitable est un vaste ovale, où des rues se coupent à angle droit autour de la place où les troupes paradaient. Objet de fierté, elle est visitée par divers tsars et empereurs. Entre 1941 et 1944, les nazis la transforment en stalag. Puis l'armée Rouge y installe 6 000 soldats durant 48 ans. S'y promener aujourd'hui permet d'apprécier l'architecture défensive du lieu, mais aussi de sentir l'ambiance particulière qui y règne désormais. Ces blocs décrépits sont aujourd'hui occupés par des retraités, des démunis, des gens qui n'ont nul autre lieu où aller. Et, à n'en pas douter, habiter dans ce petit monde à part crée une identité. Des enfants jouent sur les canons, les remparts et les carcasses de voitures. Des personnes âgées longent les murs qui suintent, les allées plantées d'arbres pour se rendre au marché. La Lettonie a déposé une demande d'inscription de ce site auprès de l'Unesco.

Service à domicile

Vous remarquerez vite les personnes âgées qui attendent au bord des routes de la région. Sans véhicule et habitant des hameaux isolés, elles dépendent du passage de la camionnette de l'épicier. C'est pour certains l'unique lien avec « le monde extérieur ». Fruits, légumes, saucissons, vodka, quelques vêtements sont proposés, en plus des commandes passées quelques jours avant, voire de la maigre pension touchée.

Vous verrez aussi de petites estrades en bois au bout des chemins. Elles servent à poser les pots de lait qu'un camion-citerne récolte tous les jours. Le conducteur prend le lait et paye (ou laisse l'argent sous un caillou).

Itinéraire de découverte

SLALOM ENTRE LES LACS★

Itinéraire de 200 km, à travers les beaux paysages des hautes terres du Latgale.
Quitter Daugavpils par la A 6 en direction de Krāslava. Les prés de pissenlits et les forêts se succèdent le long de cette très jolie route vallonnée. Un cheval et un homme tracent parfois des sillons dans une parcelle cultivée. Des grand-mères et de jeunes enfants s'occupent de la vache unique, du jardin. Dans ce décor digne de *Martine à la campagne*, quelques curiosités dites mineures sont indiquées par des panneaux marron. Parmi elles, citons **Slutišķu Sādžas** *(suivre Slutišķu Vecticībnieku māja - www.naujene.lv. - été lun.-vend. 10h-17h - 0,5 Ls)*, un petit village ethnographique en plein air lié aux vieux-croyants. Pour le rejoindre, une route en terre part à droite de l'A 6, puis descend sur 2 km vers les berges de la Daugava et des clairières vertes et paisibles.

Krāslava

Un beau panorama sur la cité et la Daugava est offert depuis un parking remplaçant un ancien château. Les collines de Krāslava ont d'abord accueilli des forts latgales puis, au 14e s., un château de l'ordre de Livonie, à la base du développement de la ville. Après avoir longé des maisons en bois multicolores, vous apercevez au sommet d'une butte, sur la gauche, le manoir local **(Krāslava pils –** *Pils iela 13)*, composé de divers édifices en plus ou moins bon état. Le principal fut construit en 1791 dans un style baroque, pour la famille polonaise Plāters qui contrôle Krāslava à partir du 18e s. Le petit **musée local d'Art et d'Histoire (Vēstures un mākslas muz. –** *Pils iela 8 - mai-oct. mar.-vend. 10h-17h, sam. -14h ; nov.-avr. lun.-vend. 9h-17h - 0,4 Ls)* se trouve aux alentours, dans deux lieux différents, dont une église luthérienne de 1938. Le centre-ville commence au-delà de la rivière Jāņupīte. Ce quartier possède un vrai charme est-européen avec ses maisons de bois, ses façades de brique, son minuscule marché sur la berge. L'ambiance des petites cités marchandes qui ont vu passer bien des armées et des réfugiés, transparaît ici. Les rues Lāčplēša et Brīvības montent vers l'**église catholique St-Louis (Sv. Ludvika baz.)** achevée en 1767, et qui fut un temps résidence de l'archevêque du Latgale. Dessinée par l'architecte italien A. Paroko, blanche, sans clocher, elle est l'un des plus beaux exemples d'architecture baroque du Latgale. L'intérieur, avec ses 12 autels, est riche en détails et en couleurs.
Quitter la ville par la route P 62 en direction d'Aglona.
À Kombuļi, un panneau indique Sauleskalns, « colline du Soleil » haute de 211 m et située au bord du **lac Drīdz**, le plus profond de la région. Ses berges sont plus accessibles depuis la P 61. Au-delà Kombuļi et Grāveri, la P 62 longe de magnifique lacs (dont le lac du Diable – Velnezers), des prés puis des forêts profondes avant Aglona.

Aglona

La **basilique d'Aglona (Aglonas bazilika)**, visitée par Jean-Paul II en 1993, vous accueille du haut de sa butte. Lorsque le temps des pèlerinages (13-15 août, Assomption) est passé, elle apparaît surdimensionnée dans cet écrin de lacs et de forêts. Mais elle traduit l'identité catholique du Latgale. Sa construction débute quand la première église en bois, édifiée par des dominicains, brûle en 1766. Baroque et flanquée de deux clochers de 60 m, elle renferme dix autels de bois. L'un d'entre eux supporte la Vierge d'Aglona, une icône de chêne et d'argent miraculeuse et mystérieuse. Est-elle l'original ou la copie de l'icône offerte à Vytautas de Lituanie par le roi byzantin Manuel II Paléologue au 15e s. ? Sachez que l'autre se situe à Trakai près de Vilnius. Celle d'Aglona, présentée lors des pèlerinages, est cachée derrière une autre icône, *Marie au paradis*. À l'intérieur de la basilique, très rose, notez l'orgue qui a survécu à l'incendie de la première église et les bannières de processions dans une salle à gauche de l'autel. Au bord du lac jaillit une source sulfureuse, toujours appréciée des pèlerins bien qu'elle ait perdu ses vertus curatives (1840). *Pour visiter l'église en dehors des messes (lun.-sam. 7h et 19h, dim. 10h, 12h, 19h), faire le tour par la droite et passer par la porte arrière. Sinon, s'adresser au centre d'information juste à côté (☏ 538 1109).*
Si la littérature lettone vous intéresse, ne manquez pas **Jasmuiža** *(Aizkalne, prendre la P 62 vers Preiļi et guetter le panneau « Jasmuiža » après 20 km - ☏ 535 4677 - www.rtmm.lv. - été lun.-sam. 10h-17h - 0,6 Ls)*, un musée consacré au poète letton **Jānis Rainis** (1865-1929). Une exposition de poteries locales agrémente la visite.

En allant vers Andrupene

Quitter Aglona par la P 60 en direction de Dagda. Après Kapiņi, prendre à gauche pour effectuer un petit détour vers l'**église de Bērzgales**. Construite en 1744, sa façade à deux tours peinte en gris mauve apparaît sur une petite butte isolée et boisée. Elle

F. Sichet / Michelin

Un sauna au bord du lac Rusöns.

est l'une des plus anciennes églises en bois du pays, mais reste malheureusement la plupart du temps fermée (intérieur charmant). La route P 60 continue vers Jaunokra en traversant un paysage bucolique : prés, chemins fleuris, lac Ilzas. À Jaunorka, prendre à gauche vers Biža et Mariampole, puis à gauche vers **Andrupene**. Dans le village, suivre la route qui monte la colline vers la tour de métal à 3 bulbes. Après celle-ci se trouve un minuscule musée ethnographique constitué de maisons du 19e s. à toits de chaume **(Andrupenes lauku sēta –** *✆ 565 9233 - été mar.-vend. 9h-17h, sam. 10h-14h - 0,5 Ls).* À l'intérieur, outils, meubles et costumes rappellent la vie rurale d'il y a plusieurs décennies. En téléphonant à l'avance, on peut, semble-t-il, se faire préparer des plats locaux *(✆ 568 1681). Revenir vers le centre et prendre à gauche vers Andzeļi.*

Lacs Ežezers★★ et Rāznas

Attention, le trajet entre Andrupene et Ezernieki se fait sur une route non asphaltée.

Cette route, on ne peut plus calme, est un vrai « concentré de Latgale » : vallons, fermes à volets peints, jardins fleuris, prés avec leurs pyramides de branches pour faire sécher le foin, tas de bois bien rangés, lacs et panoramas, chants d'oiseaux permanents. Le hameau d'Andzeļi, partiellement abandonné, n'est certes pas à la hauteur. Mais sa vaste ferme collective en bois et en béton et ses blocs d'habitations pour les employés, témoignent d'une agriculture passée. La route de terre et de gravier serpente ensuite le long de la rive nord du **lac Ežezers**. Connu pour ses baies, ses 69 bancs de sable et ses îles coiffées à la brosse (bouleaux), il est absolument superbe. Les quelque saunas sur les rives attisent l'envie d'un plongeon dans ses eaux. Dans un bois, une aire de pique-nique est indiquée. Si personne ne vous a précédé sur le ponton, vous surprendrez des oiseaux et des rongeurs lacustres.

À Ezernieki, prendre à gauche la P 55, en direction de Rēzekne. À partir de Dubuļi (d'où une route mène à Lielais Lipepukalns, point culminant régional de 289 m), guettez le panneau « *Pūdnīku sakūla* ». L'« école des potiers », dans un bel environnement, est un atelier-boutique de maîtres de la **céramique noire**. Pour connaître les horaires (changeants) et les jours de démonstrations : *✆ 923 0805 - www.pudnikuskula.viss.lv.* La P 55 rejoint ensuite le **lac Rāznas**, vaste étendue auréolée de roseaux dorés. Pour l'approcher, prendre à gauche au panneau « *Malta 27* » *(route P 56)*. La route ne mène pas à Malte, mais sur les rives du lac où des foulques « klaxonnent ». En continuant vers Lipuški, la route longe des cimetières sur des buttes boisées. Le village compte un église de vieux-croyants (1904). *De retour sur la P 55, continuer vers Rēzekne.*

Rēzekne

La **capitale du Latgale** s'étale sur plusieurs collines et est traversée par la rivière du même nom. Ravagée durant la Seconde Guerre mondiale, elle n'attire pas vraiment les foules de touristes. Elle est avant tout une halte pratique avec ses commerces, son hôtel-restaurant *(voir Daugavpils et le Latgale pratique, p. 227)* et ses gares routières et ferroviaires. Ces dernières sont à l'origine du développement de la ville à la fin du 19e s. lorsque s'y croisent les lignes St-Pétersbourg-Varsovie *(gare Rēzekne I)* et Ventspils-Moscou *(gare Rēzekne II)*. Le centre-ville est marqué par l'immeuble laid de l'hôtel *Latgale* qui fait de l'ombre à la statue **Latgales Māra**. Dans le Latgale, la

Les tours de l'église Saint-Dominique à Pasiene.

F. Sichet / Michelin

déesse Māra et la Vierge se confondent. Ce monument (1939), aussi appelé « Lettonie unie », fut installé pour commémorer le départ des bolcheviks (1920). Remplacé sous les Soviétiques par une statue de Lénine, il fut à nouveau dressé là en 1992. Le **musée de la Culture du Latgale (Latgales kultūrvēstures muz.** – *Atbrīvošanas aleja 102 - ✆ 462 2464 - mar.-vend. 10h-17, sam. -16h - 0,8 Ls)* se trouve à proximité. Outre un panorama sur l'histoire de la ville, vous y verrez une intéressante galerie de céramiques régionales. En bas de la rue Dārzu, au bord de la rivière, un petit relief et un reste de mur marquent l'emplacement du château de l'ordre de Livonie qui se dressait ici au 13e s. (détruit par les Suédois en 1660). Le reste de la ville est un patchwork de blocs d'habitations, de parcs, d'entrepôts, de maisons en bois et d'églises récentes de diverses confessions. La plus visible est la haute église catholique du Sacré-Cœur (1902, *Latgales iela 88)*. La plus charmante est l'église de vieux-croyants **(Rēzeknes vecticībnieku kapu draudzes dievnams** – *Siņicina iela 4, au sud de la ville)* toute en bois (1885) et connue pour sa cloche, la plus lourde de la Baltique (4 832 kg).

Lac Lubāns★ – Les amoureux des oiseaux peuvent faire un détour par le plus vaste lac du pays, en grande partie constitué de marécages. Il s'y trouve un centre d'information et des tours d'observation. En avril et en mai, des milliers d'oiseaux transitent par ici, notamment de grandes colonies de cygnes. *Pour s'y rendre de Rēzekne : prendre la P 36 (dir. Balvi). Après Pudinava, tourner à gauche au panneau « Gaigalava 4 » et suivre Īdeņa (Īdiņi - non asphalté). La route est cernée par les marais. Au croisement « Nagli 10 », continuer tout droit pour rejoindre le centre d'information à 8 km de là.*

Pour poursuivre l'itinéraire, de Rēzekne, prendre la route A 12 vers Ludza.

Ludza★

Pas moins de 4 lacs entourent Ludza, charmante ville de 11 000 hab. qui regroupe un ensemble de curiosités attrayantes. Comme les autres cités de la région, elle est née à partir d'un château latgale mentionné en 1177. La colline surplombant le lac Lielais Ludzas a ensuite supporté les trois niveaux et les six tours de la plus grande forteresse de la région **(Ludzas viduslaiku pils drupas)**, élevée par l'ordre de Livonie en 1433. Après maintes destructions et rénovations, il n'en reste depuis le 18e s. qu'une enceinte et une arche de brique très photogéniques. Sur la même hauteur, l'église catholique de l'Ascension fut achevée en 1995. L'intérieur sobre et nu est coloré par un chemin de Croix naïf mais réussi. À côté, une chapelle rappelle l'église en bois de la fin du 18e s. qui s'élevait ici.

En bas de l'allée, le carrefour et l'église orthodoxe de 1846 font office de centre-ville. La rue Tālavijas part vers les lacs. À gauche, la rue Ezerkrasta et la synagogue du 18e s. marquent l'emplacement de l'ancien ghetto juif. Le pont qui passe entre le petit (Mazais) et le grand (Lielais) lac Ludza mène au musée local **(Ludzas novadpētniecības muz.** – *Kuļņeva iela 2 - ✆ 572 3931 - lun.-vend. 9h-17h, sam. 10h-15h - 0,5 Ls)*. La partie en plein air se compose de quelques maisons traditionnelles animées parfois par des artisans. Le bâtiment principal compte de belles collections archéologiques et historiques. La vue est belle sur les clochers de la ville, le lac, les pontons où l'on pêche, lave le linge ou discute au son des grenouilles qui coassent.

De Ludza, la route A 12 permet à des centaines de camions de rouler tambour battant vers la frontière russe à Zilupe. De là, la **route P 52** longe la Russie et la Biélorussie vers le sud à travers une région isolée, puis revient vers Ezernieki. Elle passe par **Pasiene** *(10 km au sud de Zilupe)*, village dominé par l'église St-Dominique **(Pasienes Sv. Dominika baz.)**, dont les deux flèches blanches, coiffées de rouge, regardent s'étaler les plaines forestières russes. Ce monument baroque-polonais date de 1761. Il est difficile d'admirer ses fastueux autels couverts de stucs car les portes sont souvent closes *(messe dim. 12h)*. La P 52 continue avec ou sans asphalte, de toute façon mauvaise. L'impression d'isolement est forte. Les fermes sont rares, quelques panneaux soviétiques demeurent, de petits cimetières boisés coiffent les hauteurs.

Daugavpils et le Latgale pratique

Informations pratiques

Latgale – *www.latgale.lv.*

Daugavpils – *Rīgas iela 22, derrière Vienības nams - 54 22818 - www.daugavpils.lv. - lun.-sam. 9h-17h.*

Krāslava – *Brīvības iela 13 - 562 2201 - www.kraslava.lv. - lun.-vend. 9h-17h.*

Ludza – *Baznīcas iela 42 - 570 7203 - www.ludza.lv. - lun.-vend. 9h-17h.*

Transports

Autocar – *www.autoosta.lv.* Les bus relient Rīga à Rēzekne (4h) et à Daugavpils (3h30). Des lignes peu régulières relient Rēzekne à Daugavpils ou Ludza, ou Daugavpils à Krāslava, Ludza, Aglona.

Train – *www.ldz.lv., www.pv.lv.* De Rīga, Rēzekne et Daugavpils sont à 4h de voyage. La ligne Vilnius-St-Pétersbourg passe par ces deux villes.

Se déplacer à Daugavpils – Le centre se parcourt à pied. Le tramway dessert les curiosités en périphérie.

Se loger et se restaurer

DAUGAVPILS

Leo (1) – *Krāslavas iela 58 - 542 6565 - P - 10 ch. 22/42 Ls.* Une adresse centrale, calme et familiale, aux chambres grandes mais un peu vieillottes.

Latgola (3) – *Ģimnāzijas iela 46 - 540 4900 - www.hoteldaugavpils.lv. - P - 118 ch. 30/60 Ls.* Gros bloc en plein centre, immanquable. De chaque côté des longs couloirs, des chambres impersonnelles mais fonctionnelles, offrant de belles vues sur la ville. Panorama également du bar-restaurant au dernier étage, dans un décor coloré « disco-futuriste » inattendu.

Villa Ksenija (5) – *Varšavas iela 17 - 543 4317 - www.villaks.lv. - P - 8 ch. 50/90 Ls.* Au-delà des rails et près des églises, cette élégante demeure à tourelle et girouette propose les meilleures chambres de la ville : style et confort. Restaurant recommandé où saveurs russes et européennes se rencontrent.

Gubernator – *Lāčplēša iela 10 - 542 2455 - 11h-0h.* Pub dans une cave et longue carte (en français) russo-balte alléchante. Les préparations *(4/5 Ls)* plus ou moins satisfaisantes accompagnent des bières tchèques et russes.

LATGALE

Les hôtels et les campings (liste sur *www.camping.lv.*) sont rares. Pour ces derniers, citons *Selena 3000 (Kaunata, au bord du lac Rāzna - www.selenal.lv.)*. Les gîtes ruraux sont en revanche innombrables entre Krāslava et Ludza. Parfois modestes mais toujours bon marché, bien situés au bord des lacs et souvent équipés d'un sauna. C'est la meilleure solution pour découvrir la région. Liste sur *www.celotajs.lv.*

Cakuli – *Ežera iela 4 - Aglona - 537 5465 - www.cakuli.lv. - 5 ch. 25 Ls, 12 bungalows 30 Ls.* Au bord du lac, différents types de logement, du dortoir à la chambre. Cadre agréable, sauna, vélos.

Kolonna – *Brīvības iela 2 - Rēzekne - 460 7820 - www.hotelkolonna.com. - P - 40 ch. 39 Ls.* Bien que sans caractère, les chambres sont très correctes et calmes (du moins à l'arrière). Le restaurant donne sur la rivière et propose un menu varié de plats bien faits et copieux. Voir aussi le café *Mōls (Latgales iela 22)* pour des plats locaux.

Sports et loisirs

Pour des circuits organisés de plusieurs jours à vélo, en canoë, renseignements sur *www.celotajs.lv.* Par exemple, un trajet en vélo (7 j.), hébergement réservé, entre Rīga et Vilnius traverse le Latgale.

Cyclotourisme – Les routes vallonnées et peu empruntées mènent de lac en lac. Certains gîtes louent des vélos.

Sur l'eau – Les 273 lacs de la région de Krāslava sont propices aux balades en canoë. Pour plus d'informations, s'adresser aux de Krāslava et Aglona.

Ornithologie – *Voir Lac Lubāns, p. 226.*

Céramique noire – De nombreux ateliers sont répartis autour de Rēzekne. Informations sur *www.pudnikuskula.viss.lv.*

Événements

Sudraba Zvani – 3 jours de musique sacrée à Daugavpils en janvier.

Pèlerinage d'Aglona – Du 13 au 15 août, les pèlerins viennent de toute l'Europe.

Festival international des traditions du masque – 3 jours en février à Daugavpils.

Jelgava

63 269 HABITANTS
CARTE GÉNÉRALE 2E RABAT DE COUVERTURE – CARTE MICHELIN N° 783 M13

Au premier abord, l'ancienne Mitau, qui fut la capitale des prestigieux ducs de Courlande, peut décevoir : ces avenues d'une largeur excessive bordées d'immeubles sans caractère en font l'archétype de la cité soviétique que seule sauve la verdure omniprésente. Mais, si la ville a énormément souffert du dernier conflit mondial, et si la campagne environnante prend parfois des allures de morne plaine, elles méritent cependant que l'on prenne le temps de partir à la découverte des superbes palais que les derniers ducs y ont fait édifier par les architectes de St-Pétersbourg : Rastrelli et Quarenghi.

Se repérer – Jelgava est située à 42 km au sud de Rīga par la route de Šiauliai (E 77/A 8), de part et d'autre du fleuve Lielupe dont une île abrite le château des ducs. La partie ancienne de la ville se concentre sur la rive gauche du fleuve, délimitée par deux axes parallèles : Zemgales prospekts que poursuit Akadēmijas iela, et Pasta iela, tracée entre la gare ferroviaire et la large Lielā iela qui franchit le fleuve, longe le palais et se poursuit en direction de Rīga.

Se garer – Vous trouverez des places de stationnement sur les quais du fleuve Lielupe, notamment au pied de l'hôtel *Jelgava*.

À ne pas manquer – Les palais de Jelgava, Rundāle et Mežotne.

Organiser son temps – Consacrez une journée à la ville et ses alentours.

Pour poursuivre son voyage – Voir aussi Rīga, Jūrmala ou Daugavpils.

W. Buss / Michelin

Le palais de Rundāle, dessiné par Rastrelli pour le duc Biron.

Comprendre

Heurs et malheurs du duché de Courlande et de Semigallie

L'âge d'or d'un duché – Au sud-est de la Lettonie, le Zemgale (ou Semigallie) doit son nom aux Semigalles, tribus soumises par les Teutoniques en 1290. C'est en 1561, à la faveur des guerres de Livonie, que **Gotthard Kettler**, le dernier maître de l'Ordre, s'empare du Zemgale et de la région voisine de Courlande et en fait un duché héréditaire, indépendant de fait (bien qu'il soit censé rendre tribut à la Pologne). Rīga restée sous influence polonaise, la capitale du petit État est installée à Jelgava qui porte alors le nom de Mitau. Le duché de Courlande va connaître son âge d'or sous le règne du petit-fils de Gotthard, le duc **Jēkabs** (Jacob, 1640-1682), qui développe le commerce et l'industrie, fonde les ports de Ventspils et Liepāja, met sur pied une flotte puissante et se crée un petit empire colonial en s'emparant de l'île caraïbe de Tobago (où il fonde une cité à son nom, Jekāba pilsēta) et de l'île St-James, à l'embouchure de la Gambie. Mais son successeur Frédéric II dilapide en festivités la fortune du duché et doit se résoudre à céder Tobago aux Anglais.

Successions agitées – Lorsque Frédéric II meurt, son successeur, le jeune Frédéric-Guillaume, n'a que 6 ans. Le duché attise les convoitises, tant des Polonais que des Russes. Après plusieurs retournements de situation, Pierre le Grand obtient du régent la promesse de mariage du jeune duc avec une de ses nièces, **Anna Janovna**. Les noces sont célébrées à St-Pétersbourg en 1710… mais le jeune époux n'y résiste pas et meurt l'année suivante, âgé de 19 ans. De nouveaux prétendants affluent, parmi lesquels un fils illégitime du roi de Pologne, Maurice de Saxe, qui envisage d'épouser Anna pour conforter ses chances. Mais il semble préférer les charmes du petit personnel à ceux de sa fiancée princière. Les Russes interviennent alors (1726-1727) et occupent Jelgava.

Un favori peu scrupuleux – En 1730, la mort sans héritier du jeune tsar Pierre entraîne l'avènement de Anna Ioanovna (1730). La nouvelle impératrice s'entoure d'une cour allemande et va jusqu'à faire don en 1737 du duché à son favori, un ancien palefrenier nommé **Ernest Johann von Bühren** (1690-1772), dit **Biron**. Celui-ci abuse de la situation et fait construire aux frais de sa maîtresse les palais de Jelgava et de Rundāle par Rastrelli. Tombé en disgrâce à la mort d'Anna, Biron s'exile en Sibérie d'où il continue à gouverner de loin son duché. Rappelé en 1763 de sa lointaine villégiature par Catherine II, il abdique en faveur de son fils Peter, six ans plus tard. Celui-ci cède en 1795 ses droits à la Russie, entraînant ainsi la disparition définitive du duché.

Enfants du pays

Cité natale du premier dramaturge letton, **Ādolf Alunāns** (1848-1912), fondateur en 1869 du théâtre letton de Rīga, Jelgava a également abrité l'enfance du premier président du pays, **Jānis Čakste**. Mais la ville s'enorgueillit surtout aujourd'hui d'être le berceau du groupe de rock *Prāta vētra*, plus connu à l'étranger sous le nom de *Brainstorm* : fondé en 1989, ce quintette dont le leader se nomme **Renārs Kaupers** a acquis une immense popularité lors du concours de l'Eurovision 2000 et entamé une carrière internationale qui se poursuit aujourd'hui, malgré la mort tragique d'un de ses membres, le bassiste Gundars Maušević s, survenue en mai 2004.

Se promener

Après les raids de l'aviation soviétique en juillet 1944, il restait dans la ville quelques bâtiments debout (moins de dix selon la chronique) : la cité que vous découvrez aujourd'hui ne ressemble donc en rien à la capitale des ducs. La reconstruction, sur un plan en damier, doit tout à l'urbanisme conçu dans l'après-guerre à Moscou.

Palais de Jelgava (Jelgavas pils)

Lielā iela 2, dans l'île - lun.-vend. 10h-16h. En 1642, le duc Jekābs installe officiellement sa résidence à Jelgava, dans un château élevé en 1573 pour Gotthard Kettler sur le site d'une forteresse des chevaliers de l'ordre de Livonie. Mais le château actuel a été réalisé entre 1738 et 1740 sur le site des précédents pour Biron, qui profita de ses accointances avec la cour de Russie pour embaucher Francesco Bartolomeo Rastrelli (1738). Ce beau palais baroque niché dans la verdure constitue un quadrilatère enserrant une cour intérieure. L'intérieur, remodelé pour héberger une université agricole, a malheureusement perdu les décors, que l'on imagine volontiers somptueux, réalisés pour le duc. Les lieux abritent une exposition consacrée au château, ainsi que le **panthéon** où reposent les deux dynasties qui régnèrent jadis sur le duché.

Traverser le fleuve pour gagner la rive gauche du Lielupe.

Clocher de l'église de la Trinité

Au coin de Lielā iela et d'Akadēmijas iela. Coiffé d'une structure de verre, ce clocher élevé en 1688 est le seul vestige d'une église détruite par les bombardements. Devant, un monument honore la mémoire du père de la nation lettone, **Jānis Čakste** (1859-1927). Président du gouvernement provisoire en 1918, cet avocat, ancien membre de la Douma russe, fut élu président de la République en 1922 et réélu en 1925.

Un (futur) roi de France à Jelgava

Il s'agit du comte de Provence, alias Monsieur, jeune frère de Louis XVI, qui, après avoir accueilli la révolution de 1789 avec sympathie, décide d'émigrer en juin 1791. Régent en titre après l'exécution de son frère, il devient **Louis XVIII** à la mort du Dauphin, mais les succès napoléoniens l'obligent à changer plusieurs fois de résidence. Il vécut ainsi avec sa cour dans le palais de Jelgava entre 1798 et 1807.

Academia Petrina

Akadēmijas iela 10 - ✆ 302 5830 - tlj sf lun.-mar. 10h-17h. Ce bel édifice baroque (1775) fut construit par **Severin Jensen**, architecte de la cour et collaborateur de Rastrelli, afin d'abriter la première université en territoire letton. La tour centrale (35 m) servait d'observatoire astronomique. Restauré après guerre, le bâtiment accueille le **musée d'Histoire et d'Art Ģederts Eliass (Ģ. Eliasa vēstures un mākslas muzejs)**. Nombre de salles présentent l'œuvre vigoureuse de ce peintre (1887-1975) originaire de la ville, qui fut l'un des premiers représentants du fauvisme en Lettonie.

Architectes et tsarines

Arrivé en Russie à 16 ans en compagnie de son père architecte et sculpteur, **Bartolomeo Francesco Rastrelli** (1700-1771) devient l'architecte préféré de l'impératrice Élisabeth Petrovna. Il couvre St-Pétersbourg de somptueux édifices baroques, tels que le palais d'Hiver, ou le palais de Tsarkoïé Selo... avant de connaître la disgrâce et d'être renvoyé par Catherine II qui préférait le style classique de Giacomo Quarenghi.

Cathédrale orthodoxe Sainte-Anne-et-Saint-Siméon

Raiņa iela 5, au coin d'Akadēmijas iela. En cours de restauration, cette église fut construite en 1774 sur un projet de Rastrelli.

Circuit de découverte

LE « CERCLE D'OR DU ZEMGALE »

Quitter Jelgava par la E 77/A 8 dans le prolongement de Pasta iela, en direction d'Eleja et de la Lituanie ; à l'entrée d'Eleja (27 km), prendre la route P 103 sur la gauche, direction Bauska. Après 18 km, une petite route signalisée sur la droite conduit au village de Pilsrundāle.

Palais de Rundāle★★ (Pilsrundāle)

Mai-oct. tlj 10h-18h, juin-août 10h-19h, nov. et avr. 10h-17h - palais 2,50 Ls, exposition 0,50 Ls, parc seul 0,50 Ls ; billeterie dans le pavillon sur la gauche de l'entrée, chaussons de feutre distribués dans le hall. Architecte du palais d'Hiver de St-Pétersbourg, Bartolomeo Rastrelli entreprit la construction du palais d'Été du duc Biron en 1735, mais ne put finir les travaux qu'en 1764-1765, avec l'aide de Severin Jensen, en raison des aléas du destin de son commanditaire. Par la suite, le lieu a connu bien des vicissitudes (pillages, transformation en entrepôt à blé et en gymnase à l'époque communiste), avant qu'une longue rénovation commencée en 1972 lui redonne tout son éclat.

Précédé des anciennes écuries au plan en forme d'hémicycle, ce bel édifice d'un style baroque assez sobre se présente sous la forme d'un rectangle enserrant la cour d'honneur. La façade principale, symétrique, est des plus harmonieuse. La visite de l'intérieur permet de découvrir les décors baroques et rococo créés par un artiste allemand (le stucateur **Johann Michael Graff**) et par deux peintres italiens, **Francesco Martini** et **Carlo Zucchi**, connus pour leur travail au palais d'Hiver de St-Pétersbourg. Vous découvrirez dans l'aile est de luxueuses salles d'apparat (la salle du trône, dite Salle Dorée), la Grande Galerie (30 m de long) décorée de peintures en grisailles qui conduit à la salle de bal (dite Salle Blanche), où Graff s'en est donné à cœur joie ! Remarquez au plafond le nid de cigogne constitué à partir d'un véritable nid... Le Cabinet Ovale est également décoré de stucs et de collections de porcelaines chinoises et japonaises. Deux enfilades de pièces aux murs tendus de soie se répartissent de part et d'autre de la chambre du duc. Le mobilier et les œuvres d'art exposées ne sont pas d'origine mais prétendent recréer l'atmosphère des lieux lorsqu'ils furent donnés par la Grande Catherine à un aristocrate russe, Platon Zoubov. Parmi toutes ces salles, vous ne manquerez pas d'apprécier particulièrement le salon aux tableaux hollandais avec son grand poêle en faïence de Delft, ainsi que la délicieuse chambre des Roses ornée de guirlandes de fleurs réalisées en stucs polychromes. Le portrait du duc Peter, dernier souverain de Courlande, trône dans la chambre à coucher : l'original a été exécuté par un peintre français à la cour de Russie, **Louis Caravaque** (1684-1754). Enfin, l'aile ouest est dévolue aux appartements de la duchesse dont le boudoir, avec son alcôve en forme de coquille, est encore une réussite de Graff. La chambre à coucher et le cabinet de toilettes, récemment restaurés, complètent la visite.

C'est aux beaux jours que le **parc★** à la française mérite d'être vu. Conçu comme un labyrinthe par Rastrelli et doté de pièces d'eau, il a été récemment réaménagé selon les dessins originaux de l'architecte italien. L'ancienne orangerie est de Jensen. Quant au théâtre de verdure inauguré en 2004, il a été agencé sur une idée de Rastrelli.

Reprendre la route en direction de Bauska (à 10 km).

Bauska

Château de Bauska (Bauskas pilsdrupas) – *À l'entrée de la ville, juste après le pont sur la Mūza, à gauche.* Le confluent de la Mēmele et de la Mūza (qui, une fois unies, deviennent le Lielupe) délimite un étroit promontoire boisé, localement appelé « île » de Ķirbaksala. C'est ici que s'est jadis établi un premier village et que l'ordre de Livonie fit bâtir au 15e s. une forteresse afin de contrôler la route de Rīga. Le château devient par la suite propriété de **Gotthard Kettler**, qui interdit à ses sujets de construire à proximité. La ville « émigre » alors à son emplacement actuel.

Avec ses murailles et ses tours, le château a conservé son allure médiévale. La partie résidentielle réalisée par les ducs de Courlande abrite aujourd'hui un petit musée historique. Au-delà, la presqu'île est aménagée en jardin public et accueille le théâtre de verdure, cadre des festivals de Bauska.

Reprendre la voiture pour gagner le centre-ville, au-delà du rond-point monumental distribuant la route de Kaunas/Vilnius et celle de Rīga (que l'on suit).

Le no man's land voulu par le duc est aujourd'hui occupé par des aménagements urbains sans charme excessif, même si les bulbes fraîchement repeints de l'église orthodoxe (1891) jettent une note de couleur bienvenue.

Vieille ville – Coupée en deux par la route de Rīga, elle s'organise autour de **la place de l'Hôtel-de-Ville (Rātslaukums)** et de deux rues parallèles, Rīgas iela et **Plūdona iela**. Sans grand caractère, la place a conservé en son milieu l'ancien hôtel de ville, qui, dépouillé de son beffroi du 17e s., abrite aujourd'hui quelques commerces et l'office de tourisme. Les deux rues montrent toujours, quant à elles, quelques maisons anciennes de bois ou de pierre, comme la noble demeure du Rīgas iela 41, aujourd'hui occupée par l'hôtel *Kungu ligzda*.

Au no 37 de la même rue, une demeure de brique en ruine témoigne de l'existence passée à Bauska d'une communauté juive : c'est ici que se pratiquait l'abattage rituel. L'histoire de cette communauté et une évocation de la vie citadine d'autrefois (reconstitution d'un salon de coiffure d'il y a quelques décennies) sont détaillées dans le petit **musée d'Études régionales et d'Art** (**Novapētniecības un mākslas Muzejs**, *Rātslaukums, le long de la route de Rīga - ☏ 396 0508 - www.bauskasmuzejs.lv. - mar.-dim. 10h-17h*). Ce dernier présente également une collection de poupées créées par une artiste designer lettone, **Tamāra Čudnovska**.

Enfin, si vous tenez à épuiser les charmes de la ville, vous pouvez pousser dans Plūvdona iela, toujours du même côté de la route de Rīga, jusqu'à l'**église luthérienne du Saint-Esprit** (16e s.). En gagnant Kalēju iela, vous vous trouverez ensuite devant la **pierre de Pierre le Grand**, sur laquelle le tsar aurait partagé un repas durant la guerre du Nord avec son allié, le roi de Pologne Auguste II le Fort. Plus loin, en avançant vers la rivière, le **monument de la Liberté** évoque l'incontournable héros national Lāčplēsis (le « Tueur d'ours »).

Palais de Mežotne

10 km de Bauska par la route de Rīga, puis une petite route à gauche après le pont sur la Mēmele. Un beau parc à l'anglaise bordé par le Lielupe précède cette demeure de style classique. Le domaine fut donné en 1795 par Catherine II à Charlotte von Lieven, la préceptrice de ses enfants (parmi lesquels le futur Paul Ier). La tsarine fit reconstruire le palais entre 1798 et 1802 sur des dessins de l'architecte italien **Giacomo Quarenghi** (1744-1817), maître du classicisme palladien, le maître d'œuvre local étant un Allemand, **Johann Georg Berlitz** (1753-1837). Nationalisé en 1920, le château devient une école d'agriculture avant d'accueillir, après sa rénovation achevée en 1989, un hôtel de luxe.

Pour regagner Jelgava, il sera plus prudent de revenir en arrière et de reprendre la route de Rīga jusqu'à Lecava (22 km), puis emprunter à gauche la P 93.

W. Buss / Michelin

Dans les salles du palais de Mežotne.

Jelgava pratique

Informations utiles

Jelgava – *Pasta iela 37, au coin de Lielā iela - ✆ 302 2751 - www.jelgava.lv.*

Bauska – *Rātslaukums 1 - ✆ 392 3797 - www.tourism.bauska.lv. - 1er mai-30 sept. lun.-vend. 9h-18h, sam.-dim. 10h30-15h30 ; le reste de l'année lun.-vend. 9h-17h.*

Argent – Distributeurs à Jelgava sur Leilā iela, à proximité du fleuve.

Poste – Sur Pasta iela, au coin de Raiņa iela.

Se loger

Jelgava – *Lielā iela 6, juste après le pont sur la droite lorsqu'on arrive de Rīga (se garer sur le quai) ; si vous venez du sud, gagner le quai par Akadēmijas iela puis une rue à droite et traverser Lielā iela aux feux - ✆ 30 26 193 - fax 30 83 005 - www.hoteljelgava.lv. - 35 ch. 31/65 Ls.* Bâti en 1938, cet hôtel confortable au style un peu grandiloquent et au décor que l'on pourrait qualifier de « rococo-soviétique » est idéalement situé à deux pas du centre-ville et du château. Si vous avez le sommeil léger, évitez toutefois les chambres donnant sur Lielā iela où la circulation peut être intense. Restaurant en sous-sol.

Zemgale – *Rīgas iela 11, au-delà du pont, accès par Skaulu iela - ✆ 300 7707 - www.zemgale.info. - ch. 17/60 Ls.* Ce centre de loisirs (bowling, piste de skate-board, terrains de volley et de basket…) dispose d'un hôtel sans charme et un peu éloigné du centre, mais d'un confort très convenable.

À MEŽOTNE

Mežotne Palace Hotel – *Dans le palais - ✆ 396 0711 - www.mezotnepils.lv. - 11 ch. 55/65 Ls, suites 100/125 Ls.* Restauré en 2001, le palais abrite un hôtel aux chambres (et suites) meublées et décorées en style néoclassique, Biedermeier ou Art nouveau, qui vous permettront de mener pour un soir la vie de château.

À RUNDĀLE

Balta māja – *Pilsrundāle, face au parking du palais - ✆ 396 2140 - www.kalpumaja.lv. - 8 ch. 5/15 Ls.* Surmontée d'un fronton à colombages, la « maison blanche », autrefois dévolue à la domesticité du palais, abrite désormais une sympathique petite auberge et un café.

À BAUSKA

Kungu ligzda – *Rīgas iela 41, accès depuis Rātslaukums par Plūdovna iela puis par la petite Kalēju iela à g. - ✆ 392 4000 - www.kunguligzda.viss.lv. - P - 10 ch. 25/55 Ls.* C'est une belle maison ancienne en bordure de la Mēmele qui accueille ce petit hôtel familial au cœur de la vieille ville. Terrasses, balcons (donnant sur la rivière), corridors et décrochement achèvent de donner tout son charme à ce lieu confortable et accueillant. Le restaurant n'est toutefois ouvert qu'aux beaux jours.

Se restaurer

Kafejnīca – *Driksas iela 7, entre Pasta iela et Akadēmijas iela.* Si le gérant n'a pas éprouvé le besoin de baptiser son établissement, celui-ci, qui a le mérite d'exister, propose des plats copieux et bon marché. Une alternative au restaurant de l'hôtel *Jelgava*.

En cas de petite faim, vous pouvez également vous poser aux **Trīs Pringrini**, (« Aux Trois Pingouins »), situé à l'entrée du centre commercial *Pilsētas Pasāža*.

À RUNDĀLE

Pils A & S – *Au palais.* Le restaurant du château propose aux amateurs un repas aux recettes et au décorum sortis tout droit du 18e s.

À BAUSKA

Taberna Tornis – *Rātslaukums.* Le bistrot du village qui propose à une clientèle de passage des plats aussi copieux que roboratifs.

Aveņi – *Route de Mežotne, face au hangar abritant un petit musée des Machines agricoles, 200 m environ après le pont sur la Mēmele.* Dans cette grande taverne rustique proposant (entre autres) des grillades et, bien entendu, les sempiternelles *karbonād*, les amoureux peuvent se sentir seuls au monde en se nichant au creux d'une des petites alcôves en bois, tandis que les jeunes enfants disposent d'un espace de jeu garni de peluches. Le service, attentif et souriant, est appréciable.

Pauses et petites faims

À RUNDĀLE

Vous pourrez vous restaurer légèrement au café **Komats**, ancienne taverne du palais, ou au café **Velves**, installé dans les caves de l'édifice.

Achats

Pilsētas Pasāža – *Entre Pasta iela et Akadēmijas iela - 8h-0h.* Le grand centre commercial de la ville : cafés, supermarché, boutiques diverses et curieux décor de façades anciennes aux teintes pastel.

Événements

Festival de Jelgava – *Dernier w.-end de mai.* Un jour est réservé à l'artisanat, le second aux produits de bouche.

Festival de rock – *Août.* Dans l'île du château.

AU CHÂTEAU DE BAUSKA

Festival de musique baroque – *Juil.*

Festival de musique folklorique – *Juil.*

Festival des arts médiévaux – *Sept.*

Liepāja★

89 440 HABITANTS
CARTE GÉNÉRALE 2E RABAT DE COUVERTURE – CARTE MICHELIN N° 783 E13

Une grande plage, un beau parc maritime, un superbe quartier résidentiel et l'omniprésence de la musique : tels sont les atouts touristiques de Liepāja. Ce port industriel et militaire à la vie culturelle intense se transforme à marche forcée : les demeures abandonnées et les anciens entrepôts sont restaurés, le revêtement des rues est refait, des voies piétonnes sont aménagées, les projets se multiplient, telle la construction de l'audacieuse salle de concerts Lielais Dzintars.

Se repérer – Liepāja s'est construite sur une étroite bande de sable entre deux lacs (Tosmares ezers et Liepājas ezers) et la mer. Deux canaux partagent la cité en trois parties : le vieux Liepāja (VecLiepāja) s'est construit au sud du Tirdzniecības kanāls qui le sépare de la partie moderne de la cité, Jaunliepāja ; plus au nord, le canal de Karosta (Karostas kanāls) précède la citadelle maritime russe de Karosta.

Se garer – En suivant la direction « Centrs », après avoir traversé le canal, tourner à droite dans Jūras iela que prolonge Kūrmājas prospekts. En continuant tout droit, vous trouverez un parking aménagé à proximité de la plage.

À ne pas manquer – Le parc maritime et les villas de bois du quartier balnéaire ; le retable baroque de l'église Ste-Anne.

Organiser son temps – Consacrez une journée à la ville.

Pour poursuivre son voyage – Voir aussi Ventspils ou Klaipėda et la côte de l'Ambre.

P. Plantier / Michelin

Un observatoire à oiseaux sur la rive du lac Pape.

Comprendre

Un port industriel

C'est sur les ruines de Līva, hameau voué à la pêche et à la collecte de l'ambre, que les Prussiens établissent en 1560 une cité qui prit le nom de Libau. La future Liepāja prend son essor sous les ducs de Courlande et son port se développe tandis que Rīga est sous domination suédoise.

L'essor industriel de la deuxième moitié du 19e s. est décisif : reliée par le train à Rīga et à Vilnius en 1876, la cité prend l'ascendant sur sa voisine **Grobiņa**, multiplie sa population par dix et se dote en 1899 d'un tram électrique. En même temps, elle commence à développer son activité balnéaire et devient un important centre culturel. Sa troisième facette, militaire, naît entre 1895 et 1900 lorsque le tsar **Alexandre III** fait élever la cité de Karosta dotée d'un fort que les Allemands détruisirent en 1915. Capitale provisoire de la première Lettonie lorsque **Kārlis Ulmanis** y installe son gouvernement en 1918, la ville, durement frappée par les bombardements de 1944-1945, poursuit sa vocation industrielle à l'ère soviétique. Elle connaît un apport de main d'œuvre slave (les Russes représentent encore un tiers de la population), mais devient une « cité interdite » du fait de ses activités militaires.

La capitale du rock letton – C'est avec **Imants Kalniņš** (né en 1941) et son groupe *2xBBM* que le rock s'implante à Liepāja dans les années 1960. Adepte du mouvement hippie, le groupe défie le conformisme soviétique, ce qui lui vaut une grande popularité dans la jeunesse lettone. Kalniņš n'en reste pas là puisqu'il sera par la suite le compositeur exclusif de deux autres groupes très populaires, *Menuet* puis *Pērkons,* avant de créer un nouvel ensemble, *Turaidas Roze*, et de composer l'hymne officiel de la ville, *La cité où le vent est né*. Autre icône locale, fils de l'un des pionniers du rock, **Edgars Liepiņš** (1928-1995), **Zigmārs Liepiņš** compose un opéra rock sur le thème de l'épopée nationale, *Lačplēsis*. Jusqu'à sa mort accidentelle, **Ēriks Ķiģelis** (1955-1985) fut quant à lui l'âme du groupe de hard-rock *Līvi*, surnommé les « Led Zeppelin lettons ». Ce sont enfin deux anciens de ce groupe, **Ivo Fomins** et **Tomass Klein** qui s'imposent à partir de 2002 en formant l'ensemble *Fomins & Klein*. La saga du rock à Liepāja n'est pas prête de s'arrêter, et des dizaines de nouveaux groupes émergent chaque année grâce aux scènes d'une cité qui se veut la « Liverpool lettone ».

Se promener

Le vieux Liepāja★ (VecLiepāja)

Au-delà du parking, une allée conduit à travers un jardin à la vaste plage de sable blanc. Celle-ci est dominée par un monument aux marins et pêcheurs disparus en mer, qui représente une femme attendant en vain le retour de son époux. Sur la base, une plaque commémore le cinquantenaire d'un incident qui faillit bien embraser la planète : la disparition d'un appareil de l'US Navy avec dix personnes à bord, abattu par des chasseurs soviétiques au large de Liepāja, le 8 avril 1950.

Revenir en arrière et prendre Peldu iela à travers le parc.

Parc maritime de Jūrmala★ (Piejūras Jūrmalas parks) A – Ce vaste et agréable parc, lieu de promenade favori des autochtones, a été aménagé à partir de 1870, en retrait de la plage, sur une longueur de 3 km. Jeux d'enfants, équipements sportifs (piscine, tennis) et de loisirs (minigolf, bowling, scène de concert « **Pūt Vējiņi !** ») s'y succèdent. Des sentiers de planches conduisent les estivants à travers les dunes à la belle **plage★ (pludmale)**.

Quartier balnéaire★ – Côté ville, **Liepu iela** longe un quartier résidentiel qui mérite une flânerie, permettant d'admirer les belles villas, souvent en bois, qui se dressent dans d'agréables jardins : c'est le cas de Dzintaru iela et d'Ūliha iela. Remarquez notamment sur Liepu iela l'hôtel *Roze*, ainsi que la demeure Art nouveau qui, au n° 27, abrite le consulat général de Russie.

Prendre à gauche Virnisesku iela puis encore à gauche Ūliha iela.

Église orthodoxe Saint-Alexandre-Nevski (Sv. A. Nevska pareizticigo baznīca) A – *Au n° 61*. Peinte en mauve, cette ravissante église de bois, nichée dans un jardin fleuri, a été construite en 1888.

Continuer à droite dans Peldu iela.

Valdemāra iela que vous traversez est réservée à l'unique ligne de **tramway** de la ville, vestige du plus ancien réseau des pays baltes, célèbre pour avoir inspiré le dicton « lent comme le tramway de Liepāja » !

Cathédrale catholique Saint-Joseph (Sv. Jāzepa katoļu katedrāle) B – *Par Valdemāra iela à droite puis à gauche à l'arrêt du tram Rakstvežu iela*. Construit en 1894, ce grand bâtiment néogothique arbore à l'intérieur un décor peint assez chargé.

Poursuivre dans la rue.

Marché Saint-Pierre★ (Pētertirgus) B – Construit en 1910 dans un style néomauresque, ce marché couvert très coloré est particulièrement animé. Derrière le bâtiment, un vaste espace en plein air accueille primeurs, plantes, fleurs et fripes.

Église luthérienne Sainte-Anne★ (Sv Annas luterāņu baznīca) – *Kuršu laukums, face au marché en plein air*. Fondée en 1587, c'était alors une église de bois. Différentes reconstructions ont abouti à cet édifice néogothique qui conserve un étonnant **retable** baroque en bois sculpté où évoluent une foule de personnages. Cette œuvre a été exécutée en 1697 par un artiste de Ventspils, **Nikolas Sefrens**.

En sortant de l'église, prendre la place sur votre droite puis emprunter la rue piétonne.

Zivju iela – La rue des Poissons est bordée de vieilles demeures et de quelques cafés. Vous croiserez Kungu iela et pourrez allez jeter un coup d'œil *(au n° 24 à une centaine de mètres à droite)* à la **maison de Pierre le Grand** B **(Pētera I namiņš)**, demeure datant du 16e s. où, selon la tradition, le tsar logea en 1697. Toute proche, la

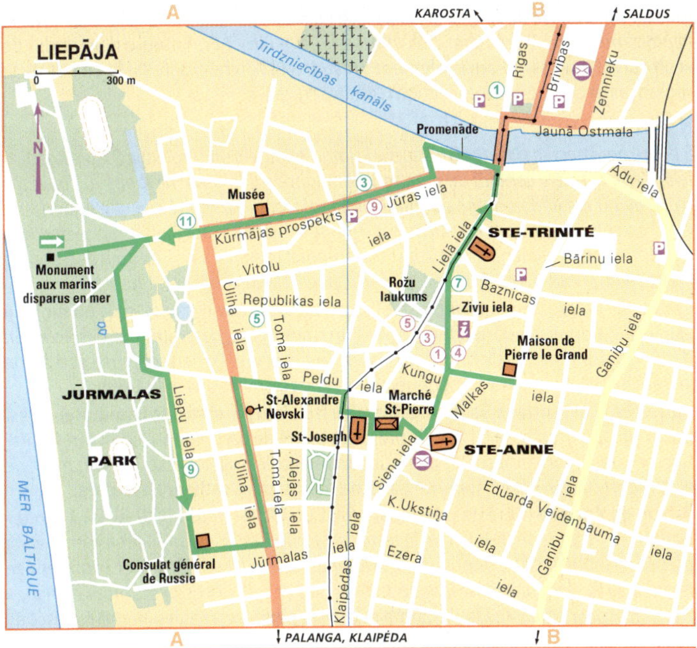

SE LOGER
- Amrita ... ①
- Fontaine ... ③
- Jugend ... ⑤
- Līva ... ⑦
- Roze ... ⑨
- Villa Jana ... ⑪

SE RESTAURER
- Agates ... ①
- Baron Bumbier's ... ③
- Latvia Pīrma Rock Kafejnīca ... ④
- Pastnieka Māja ... ⑤
- Vecais Kapteinis ... ⑨

maison des Artisans (Amatnieku nams), de 1699, accueillit quant à elle Charles XII de Suède durant la guerre du Nord. Revenant à Zilvju iela, il vous sera impossible de manquer le grand café rock de la ville qu'annonce une guitare électrique statufiée, tandis que des plots portent les empreintes des mains des rockers célèbres du lieu : cette **Latvijas mūziķu slavas aleja** est la version lettone (et musicale) de la célèbre allée de la Gloire d'Hollywood.

Rožu laukums B – Ce vaste espace triangulaire et fleuri constitue le centre de la cité. Il est bordé par la **Grande Rue (Lielā iela)**, que vous emprunterez sur votre droite.

Église de la Sainte-Trinité★ (Sv Trīsvienības luterāņu baznīca) B – *Lielā iela 9 - 10h-18h.* Un grand clocher à cinq étages coiffe ce sanctuaire baroque (élevé en 1758) auquel un coup de badigeon redonnerait un peu de gaieté. Sur le côté gauche du portail « baroquissime » (mais dénaturé par une horrible marquise) se dresse une sculpture, baroque elle aussi, orpheline, son pendant ayant disparu de son socle. L'**intérieur rococo** et riche en dorures ne manque pas d'impressionner. Le sanctuaire est surtout connu pour son **orgue** monumental (7 000 tuyaux), qui fut longtemps le plus grand au monde. L'église accueille régulièrement des concerts. Un peu plus loin, l'entrée de **Jāņa iela** est encadrée par deux anciens entrepôts, tous deux en bois.

Poursuivre jusqu'au canal et traverser (avec précaution) Jūras iela.

Canal du Commerce (Tirdzniecības kanāls) – Percé entre 1697 et 1703 entre le lac et la mer pour accueillir le premier port de la ville, il est enjambé par le **pont du Tramway (Tramvaja tilts)**, fabriqué en Belgique. Vous longerez la rive gauche sur la **Promenāde** qui permet d'apercevoir les anciens docks, réhabilités pour certains (l'un d'entre eux doit prochainement accueillir l'hôtel *Promenāde*). Le lieu est animé par l'**Horloge d'ambre (Dzintara pulkstenis)** et un lieu de concerts, le Fontaine Palace.

Revenir sur Jūras iela et prendre à gauche, puis poursuivre dans Kūrmājas prospekts.

Kūrmājas prospekts A – Ce boulevard ombragé est bordé de bâtiments qui ne manquent pas d'intérêt. C'est le cas de la grande villa éclectique à double pignon à redans qui abrite un musée, de la demeure de brique de type hollandais dont l'entrée est supportée par deux cariatides *(au coin de Cepļa iela)* et de la belle maison de bois dont la façade arbore une véritable dentelle, au coin d'Ūliha iela.

Musée de Liepāja (Liepājas muzejs) – *18 Kūrmājas prospekts - ✆ 342 2327 - www.liepajasmuzejs.lv. - merc.-dim. 10h-18h, vend. 11h-17h - 1 Ls.* Entouré d'un jardin de sculptures, il présente agréablement l'histoire et l'archéologie de la cité et de la région, ainsi qu'une belle collection d'ambre travaillé.

Karosta

8 km au nord par Rīgas iela puis à gauche la large Raiņa iela que prolonge Oskara Kapalka iela. Cette dernière conduit au pont tournant lancé sur le canal de Karosta. L'ouvrage d'art, ayant été endommagé par un navire maladroit, est fermé à la circulation sine die. *Poursuivre donc dans Pulvera iela qui longe le canal (on aperçoit la silhouette de la cathédrale russe) et prendre à gauche au rond-point (signalisation). Au bout de Ģenerāļa Baloža iela, prendre à gauche Pulkveža iela, puis à droite Studentu rotas iela.*

Vous vous trouvez sur le territoire de l'ancienne base navale russe, plus ou moins à l'abandon depuis l'Indépendance. Dans un grand parc, parcouru par des voies en damier, des bâtiments de brique achèvent leur carrière. Ce lieu solitaire est doté de la franche gaieté que revêtent généralement les installations militaires.

Cathédrale orthodoxe Saint-Nicolas★ (Sv Nikolaja pareizticigo katedrāle) – C'est le tsar Nicolas II qui posa en 1901 la première pierre de cet immense édifice (restauration en cours), construit sur les plans de l'architecte Vassili Kosyakov. Ce bâtiment de style néobyzantin est un superbe pastiche des grandes cathédrales russes.

Prison de Karosta (Karostas cietums) – *Invalīdu iela 4 - ✆ 636 9470 - www.karostas-cietums.lv. - mai-sept. tlj 10h-18h, le reste de l'année, sur réservation seulement - visite guidée en letton 0,50 Ls, dans une autre langue 1 Ls; visite guidée « avec surprises » en letton 1,50 Ls, dans une autre langue 3,50 Ls; nuit en cellule 5 Ls/pers.; nuit « extrême » 7 Ls.* Cette prison militaire, qui compta parmi ses pensionnaires les marins révoltés de 1905, resta en activité jusqu'en 1997. Aujourd'hui, ouvert à la visite, ce lieu sinistre à souhait accueille des amateurs de sensations fortes qui peuvent passer la nuit dans une cellule (brimades en option!).

Circuit de découverte

LA CÔTE DE L'AMBRE AU SUD...

Tant au nord qu'au sud de Liepāja, la côte n'est qu'une longue bande de sable blanc, propice à la baignade : mais vous n'apercevrez la mer depuis la route principale que de façon fugitive. Il vous faudra donc emprunter des pistes pour gagner les plages.

Bernāti – *19 km au sud par la route de Klaipėda (A 11) puis une route étroite jusqu'au village et enfin un chemin non asphalté à travers la forêt.* Au-delà d'une plaque en l'honneur du premier président letton, **Jānis Čakste,** qui voulait faire de l'endroit une station balnéaire, plusieurs sentiers sont tracés dans une forêt classée réserve naturelle. Du deuxième parking, on a accès à la plage, superbement sauvage.

Deux kilomètres plus au sud, sur la droite de la route A 11, une piste conduit en 7 km au village de pêcheurs de **Jūrmalciems**. Aux abords de cette localité se dresse la **Pūsēnu kalns★**, la plus haute dune de sable de Lettonie, qui culmine à 37 m.

Si vous revenez à la route principale par le même chemin, vous traverserez **Nīca**, connue pour ses jardins fleuris. Mais vous pouvez également poursuivre votre itinéraire et retrouver la route plus au sud.

Lac Pape★ (Papes ezers) – *Piste sur la gauche à hauteur de Rucava, 8-10 km difficiles.* Proche de la frontière, ce lac salé de type lagunaire présente des paysages qui rappellent ceux de la Camargue. Nombre d'oiseaux migrateurs (plus de 250 espèces) y résident entre août et novembre. Le lieu est également peuplé par des chevaux sauvages qui y ont été réintroduits. La piste conduit à un observatoire surplombant l'étang parmi les roselières puis, au-delà d'un pont, à la **maison de la Nature (Dabas māja)**, centre d'interprétation du parc naturel *(www.wwwf.lv. - mai-sept. tlj 9h-17h),* avant de se perdre entre mer et étang.

...ET AU NORD

Quitter Liepāja par la route de Rīga (A 9); à Grobiņa, prendre la route de Ventspils.

Grobiņa – Ancien port fluvial, la cité, qui s'enorgueillit aujourd'hui de ses champs d'éoliennes, a conservé les vestiges d'un château de l'ordre de Livonie.

Pāvilosta★ – *29 km.* À l'embouchure d'un fleuve côtier, cet agréable port de pêche est aujourd'hui très apprécié des surfeurs. Un petit **musée** *(rive droite, tout au bout - mai-sept. merc.-dim. 11h-17h, sam.-dim. 12h-16h)* présente les traditions locales ainsi qu'une collection d'ambre.

Plus au nord, les villages de **Ulmale**, **Labrags** et **Jūrkalne** donnent accès à la mer et possèdent pour certains des campings.

Liepāja pratique

Informations utiles

Liepāja – *Rožu laukums 5/6 - ℘ 294 02111 - www.liepaja.lv. - lun.-vend. 9h-19h, sam. 10h-18h, dim. 10h-15h.*

Se loger

Fontaine (3) – *Jūras iela 24 - ℘ 342 0956 - www.fontaine.lv. - 20 ch. 15/30 Ls.* Pour un séjour « rock », réservé à ceux qui privilégient au confort une ambiance détendue et un décor tenant du bric-à-brac ou du marché aux puces. Charmante cour à l'arrière.

Amrita (1) – *Rīgas iela 7 - ℘ 340 3434 - www.amrita.lv. - P - 83 ch. 64/70 Ls.* Juste après le pont du Tramway, un hôtel fonctionnel et moderne, sans personnalité excessive, mais aux prestations de qualité.

Līva (7) – *Lielā iela 11, au coin de Rožu laukums - ℘ 342 0102 - www.liva.lv. - P -111 ch. 34 Ls.* Il ne s'agit certes pas d'une adresse de charme : ce grand bâtiment d'allure soviétique, dont la rénovation s'achève, a pour lui son confort, irréprochable, et sa situation, on ne peut plus centrale.

Roze (9) – *Rožu iela 37 - ℘ 342 1155 - www.parkhotel-roze.lv. - P - 11 ch. 41/55 Ls, 3 appart. 59/87 Ls.* Coup de cœur pour cette superbe villa de bois dotée d'un grand jardin, face au parc maritime. Les chambres, aussi vastes que confortables, sont décorées avec goût et les salles de bains sont irréprochables.

Villa Jana (11) – *Ūliha iela 32, au coin de Kūrmājas prospekts - ℘ 4348 0517 - www.villajana.lv. - 6 ch. 40/80 Ls - sur commande.* Une belle villa néoclassique de 1905 abrite ce petit hôtel raffiné.

Jugend (5) – *Toma iela, parallèle à Ūliha iela - ℘ 342 1445 - www. jugendhotel.lv. - 7 ch. 40/70 Ls.* Demeure rose abritant une maison d'hôte dont les chambres, dotées de tout le confort, sont toutes individualisées.

Se restaurer

Agates (1) – *Zivju iela.* Salades, plats chauds et crêpes dans un cadre chaleureux face au café rock. Formule self.

Latvia Pīrma Rock kafejnīca (4) – *Stendera/Zivju iela.* Largement ouvert en hémicycle sur la place, le célèbre café rock propose salades et plats cuisinés sur trois niveaux (dont une terrasse en été).

Baron Bumbier's (3) – *Centr Kurzeme, Lielā iela 13.* Au pied du centre commercial, ouvrant sur la place des Roses (terrasse aux beaux jours), ce restaurant propose dans un décor néorustique des plats consistants à base de viande ou de poisson (saumon pour l'essentiel).

Pastnieka Māja (5) – *Leilā iela, face à Rožu laukums, après une pelouse traversée par un chemin de planches.* Cette maison moderne en bois, abondamment garnie de vitrages, abrite désormais un restaurant dont la carte associe les spécialités lettones et les plats relevant d'une cuisine fusion jouant volontiers sur le contraste des saveurs.

Vecais Kapteinis (9) – *Dubelšteina iela 14, donnant sur Jūras iela, depuis Rožu laukums par Graudu iela puis à droite Diķa iela.* C'est une vieille demeure datant de 1773 qui accueille ce remarquable restaurant, incontestablement le meilleur de la ville. Menu du jour *(biznesa pusdienas)* à prix doux, servi de 12h à 14h, et carte (très riche) le soir.

Sorties

Latvia Pīrma Rock kafejnīca – *Stendera/Zivju iela.* Dans ce centre de la vie nocturne, des concerts de rock sont assurés chaque soir par les groupes locaux en route pour la gloire.

P. Plantier / Michelin

Un haut lieu du rock letton.

Achats

Pour les éventuels pique-niques, vous vous approvisionnerez au **marché de Pētertirgus**. Pour les autres achats courants, vous devriez trouver votre bonheur au **centre commercial Kurzeme**, situé au coin de Lielā iela et de Rožu laukums, ou dans les boutiques de la rue piétonne **Tirgoņu iela**.

Saule – *Zivju iela.* Cuir, poterie, ambre, textiles, vannerie, de bonne qualité.

Amatnieku nams (maison des Artisans) – *Bariņu iela 33.* Artisans au travail et galerie de vente.

Événements

Les amateurs de rock ne manqueront ni la **Baltic Beach Party** *(fin juil.)*, qui fait de la plage une immense discothèque *(www. balticbeachparty.lv.)*, ni l'**Ambre de Liepāja (Liepājas Dzintars** – *w.-end suivant le 15 août)*, le plus grand festival de rock du pays.

La cité propose également un festival de **piano** *(mars)* et un festival d'arts visuels, le **Happening des muses** *(début juil.)*.

Kuldīga★★

13 066 HABITANTS
CARTE GÉNÉRALE 2E RABAT DE COUVERTURE – CARTE MICHELIN N° 783 G12

Avec ses ruelles bordées de demeures de bois que borde l'Alekšupīte, le caractère romantique de Kuldīga ne manque pas de séduire les visiteurs. Ses jardins fleuris, son vieux moulin, sa butte sur laquelle le château féodal de naguère a laissé la place à une isba russe, ses deux rivières, font de cette petite cité qui semble s'être préservée des outrages du temps un des lieux de séjour préféré des Lettons.

- **Se repérer** – Kuldīga est située à 88 km au sud-est de Ventspils.
- **Se garer** – Parking à l'entrée de la ville avant le pont sur la Venta ainsi que sur Pilsētas laukums (suivre le fléchage en entrant dans la ville).
- **À ne pas manquer** – Le vieux centre de Kuldīga.
- **Organiser son temps** – Consacrez à cette région deux bonnes journées entre mai et juin lorsque pommiers et lilas en fleurs illuminent villages et campagnes.
- **Pour poursuivre son voyage** – Voir aussi Liepāja et Ventspils.

P. Plantier / Michelin

Le moulin à eau de Kuldīga.

Comprendre

L'ancienne capitale de la Courlande

C'est en 1242, que le grand maître de l'ordre de Livonie fait élever son château sur une éminence en bordure de la Venta. Le fleuve est alors navigable de la mer jusqu'à la chute de Kuldīga, ce qui permet d'établir au pied du château un port fluvial. Recevant sa charte de ville en 1378, la cité devient membre de la Ligue hanséatique et, en 1561, est avec Jelgava l'une des capitales des ducs de Courlande. Les guerres successives entre Suédois, Polonais et Russes, et sa situation à l'écart des voies de circulation vont l'entraîner vers un déclin, encore accentué par l'essor de Liepāja et de Ventspils. Kuldīga deviendra alors l'agréable cité provinciale échappée du temps que nous découvrons aujourd'hui.

Se promener

Vieille ville★★ (Senatnes pilsēta)

En restant sur le côté gauche de la route, vous traverserez la Venta sur un pont de brique lancé au-dessus d'elle en 1874.

Chute de la Venta★ (Ventas rumba)

Côté amont. Cette cascade n'est certainement pas la plus haute d'Europe (2,1 m), mais elle se targue d'être la plus large puisqu'elle occupe toute la largeur de la rivière, soit 249 m à cet endroit. Selon la chronique locale, on y capturait jadis des saumons remontant la rivière. Sur la gauche, une île artificielle témoigne d'un projet pharaonique né dans le cerveau d'un tsar : il s'agissait de contourner la chute en perçant un canal de façon à créer à partir de la Venta une liaison fluviale reliant la Baltique... à la mer Noire !

Sitôt après le pont, prendre le sentier qui longe la Venta sur la gauche.

Parc du Château (Pils parks)

C'est sur cette colline, aujourd'hui transformée en un parc ombragé qu'animent des sculptures créées par **Līvija Rezevska**, que se dressait la forteresse de l'ordre de Livonie. Au sommet, une isba précédée de sculptures, dont celle de la violoniste **Lida Rubene** (1952-1980), abrite le musée régional.

De Paris à Kuldīga

C'est le trajet inattendu qu'a effectué l'isba qui abrite aujourd'hui le musée régional : le bâtiment avait en effet été élevé en 1900 dans la capitale française afin d'abriter le pavillon russe de l'Exposition universelle, avant d'être démonté et transféré à Kuldīga par un négociant désireux, dit-on, de l'offrir à sa fiancée.

Musée régional de Kuldīga (Kuldīgas novada muzejs) – *Pils iela 6 - mar.-dim. 11h-17h, oct.-août sam.-dim. 11h-18h - 0,50 Ls.* Archéologie régionale, numismatique, œuvres d'artistes locaux et photos anciennes de la ville peuplent ce musée. Comme souvent, la partie ethnographique est la plus intéressante.

Revenir sur la route et traverser.

C'est ici que l'**Alekšupīte** se jette dans la Venta : vous pourrez la franchir sur un petit pont, à hauteur d'une chute (plus impressionnante que celle du fleuve), face au **moulin à eau (Pils dzirnavas)**, fondé au 13e s. Juste en face, l'église **Ste-Catherine (Sv Katrīnas baznīca)**, édifiée en 1655 mais très retouchée, se dresse sur la rive gauche du ruisseau qu'enjambent de charmants ponceaux.

Baznīcas iela★★

Épousant le cours de l'Alekšupīte qui coule derrière les maisons, la « rue de l'église » concentre un superbe ensemble de demeures anciennes. Parmi celle-ci, remarquez au n° 17 la **maison de Stefenhagen (Stefenhagena nams)** construite en 1701. Juste après, n'hésitez pas à gagner le ruisseau par Skolas iela pour admirer l'ensemble constitué par ces maisons dominant la rivière, qui a valu à la ville le surnom (un peu exagéré !) de Venise lettone. De retour sur Baznīcas iela, vous remarquerez au n° 10 une demeure à pans de bois, la **pharmacie du duc Jēkabs (Hercoga Jēkaba aptieka)**. Enfin, au débouché de Liepājas iela, la maison du n° 7 qui date de 1670 est considérée comme la plus ancienne maison de bois de Courlande. Au-delà, au n° 5, l'**ancien hôtel de ville (Vecais rātsnams)** du début du 19e s. abrite l'office de tourisme. Après un dernier coup d'œil à la rivière *(par Pasta iela)*, vous reviendrez en arrière pour emprunter la voie piétonne.

Liepājas iela

Cette rue rectiligne, qui concentre l'animation commerçante de la cité, comprend elle aussi quelques bâtiments intéressants. Après avoir effectué un bref détour dans Raiņa iela à gauche, où s'élève l'**église catholique de la Sainte-Trinité (Sv. Trīsvienības katoļu baznīca)**, de 1640, qui a conservé son intérieur rococo, vous remarquerez, entre autres, au n° 17, une belle demeure rouge, élevée au 18e s. Enfin, glissez-vous à droite après le n° 31 dans un passage qui vous conduit au jardin un peu sauvage où se niche l'**église orthodoxe (Pareizticīgo baznīca)** aux bulbes colorés. Dur retour à notre siècle : la rue aboutit à une grande place carrée, **Pilsētas laukums**, entourée d'immeubles staliniens abritant un hôtel, des supermarché et des banques.

Aux alentours

Grottes de sable de Riežupe★ (Riežupes smilšu alas)

5 km par le vieux pont puis à gauche Krasta iela - ✆ 926 7308. - avr.-oct. tlj sf lun. 11h-18h - 2 Ls. Ces carrières souterraines de 2 km de long sont dues à l'exploitation du sable blanc, nécessaire à la verrerie, pratiquée à l'époque du duc Jēkabs. Elles constituent aujourd'hui un paysage étonnant, parfois envoûtant.

Aizpute★

38 km au sud-ouest par la route de Liepāja. Ce village baigné par la Tebra a su préserver un bel ensemble de maisons de bois de la fin du 19e s. *(sur Jāna et Katoļu iela)*. Bien qu'en ruines, la **forteresse de l'ordre de Livonie (Pilsdrupas)**, du 13e s., a toujours fière allure, et le **Musée régional (Novadpētniecibas muzejs** – *Skolas iela 1 - lun.-vend. 10h-17h - 0,30 Ls)* présente une intéressante collection ethnographique.

Circuit de découverte

Au cœur de la Courlande

Quitter Kuldīga par la P 120 en direction de Talsi.

C'est à **Renda** *(24 km)* que l'on rencontre l'**Abava** dont on va désormais suivre le cours, sans toutefois l'apercevoir souvent, en raison de l'épaisse forêt que l'on traverse. Vous pouvez néanmoins vous arrêtez au lieu-dit **Māras kambari** (grottes creusées dans le grès) et, un peu plus loin, à la **chute de l'Abava (Abavas rumba)**, deux lieux propices au pique-nique.

Sabile★ – *4 km après la chute, parking au centre du village.* Peuplé de Roms, ce village est célèbre pour son vignoble, le plus septentrional au monde, planté sur une colline escarpée, **Vīna kalns**, que vous pourrez visiter *(accès par une ruelle signalisée - parking 0,30 Ls).* Longtemps abandonnée malgré une tentative de redémarrage promue par **Kārlis Ulmanis** en 1936, la vigne de 1,5 ha est exploitée depuis 1989. Lieu d'expérimentation, elle compte 650 pieds de 15 cépages différents, dont le zulga est le plus populaire. Le vin produit est goûté chaque année lors de la fête de juillet. Sur la gauche de la route de Talsi, l'église luthérienne, charmante dans son jardinet fleuri, a conservé une cloche en fonte du 15e s.

En franchissant le pont sur l'Abava et en prenant sur la gauche, vous atteindrez le **musée d'Art en plein air de Pedvāle (Pedvāles brīvdabas mākslas muzejs)**. Ouvert aux abords d'un ancien manoir par le sculpteur **Ojārs Arvīds Feldsbergs,** il propose de découvrir une nature parsemée de sculptures et autres installations *(1,50 Ls).*

Le long de l'Abava, vous rejoindrez **Kandava,** qui a conservé les ruines d'un château de l'ordre de Livonie, avant d'emprunter sur la gauche la A 10/E 22 jusqu'au contournement de l'agréable village de **Jaunpagasts**. Plus loin, **Stende** séduit au début de l'été avec ses maisons et ses jardins fleuris.

Talsi – Cette petite ville étage ses maisons sur plusieurs collines (neuf selon les autochtones) dont les pentes dévalent vers deux petits lacs reliés par Ezera iela, le **lac de Talsi (Talsu ezers)** et le **lac de Vilkmuiža (Vilkmuižas ezers)**.

C'est à l'extrémité du premier d'entre eux, sur la **colline du Château (Pilskalns)**, que l'on a retrouvé des vestiges d'habitat médiéval d'une tribu coure. Près du second, un site funéraire de la même période a livré nombre d'objets exposés au musée local.

Les vignes du seigneur

C'est le duc **Jēkabs** qui fit planter au 17e s. cette vigne. Le vin de Sabile était alors bu à la cour de Courlande et exporté dans toute l'Europe.

Kuldīga pratique

Informations utiles

Kuldīga – *Baznīcas iela 5 - lun.-vend. 9h-17h.*

Se loger

⊖⊖ **Jāņa nams** – *Liepājas iela 36, au coin de Pulsētas laukums - ✆ 332 3456 - www.jananams.lv. - P - 28 ch. 20/40 Ls* ☕. Les chambres sont abritées dans un bâtiment annexe situé derrière le *kafejnīca* donnant sur la rue. Très bien aménagées, confortables et gaies, elles disposent de sanitaires irréprochables. Petit-déjeuner dans le café. Une excellente adresse.

⊖⊖ **Kolonna** – *Pilsētas laukums 6 - ✆ 332 2430 - www.hotelkolonna.com. - 20 ch. 44 Ls* ☕. Sur la grande place de la ville, cet ancien hôtel à la soviétique a été récemment repris par le groupe Kolonna. La rénovation intérieure offre des chambres d'un bon confort et des parties communes plus gaies que l'on ne pourrait le craindre.

Se restaurer

⊖⊖⊖ **Metropol** – *Baznīcas iela - tlj 10h-23h.* Ce grand restaurant de province propose une belle carte sortant un peu de l'ordinaire, en particulier au niveau des poissons : esturgeon et carpe sont au programme en compagnie de la truite. Service charmant et diligent.

À SABILE

⊖ **Pedvāle** – Vous pourrez vous restaurer au café installé au musée de plein air.

À TALSI

⊖⊖ **Māra** – *Lielā iela 16.* Cette salle en sous-sol aux pierres apparentes vous offre une restauration légère, avec notamment de délicieuses omelettes au fromage local.

Pauses et petites faims

Stender – *Liepājas iela 3.* Cette curieuse bâtisse en bois rappelle un grenier. Elle abrite un bar-club dont l'étonnante terrasse suspendue est très fréquentée aux beaux jours.

Achats

Avēnija – *Baznīcas iela 2-4, face à l'office de tourisme - lun.-vend. 9h-18h, sam. 9h-15h.* Ce commerce propose de la laine, du lin et des souvenirs divers dont l'omniprésent ambre.

L'**office de tourisme** abrite également un atelier de tissage.

Ventspils★ et le cap Kolka★★

43 890 HABITANTS
CARTE GÉNÉRALE 2E RABAT DE COUVERTURE – CARTE MICHELIN N° 783 F10 GHI9

« Une cité qui bouge » : c'est ainsi que Ventspils aime à se définir. Et cela est tout à fait vrai si l'on considère les nombreuses manifestations artistiques, culturelles et sportives qui émaillent la vie d'une ville, qui, tout en restant un port pétrolier, est une des plus agréables de Lettonie. Un quartier balnéaire doté de grands parcs et d'une belle plage, un centre ancien tranquille aux ruelles pavées et verdoyantes, propices à la flânerie, d'intéressants musées en font un lieu où l'on prend plaisir à séjourner.

Se repérer – Ventspils est située sur la côte de la mer Baltique, à 186 km à l'ouest de Rīga à laquelle la relie la route A 10/E 22. Après avoir franchi la Venta (qui abrite le port), la route emprunte la large Lielais prospekts, dans le quartier moderne, qui borde la vieille ville, accessible par Kuldīgas iela, et conduit au quartier balnéaire.

Se garer – Les parkings, aménagés en bordure des voies principales, sont gratuits et rarement pleins… du moins hors des périodes de festivités. Pour visiter la vieille ville, laissez la voiture sur Kuldīgas iela ; pour découvrir le quartier balnéaire, choisissez Vasarnīcu iela.

À ne pas manquer – Le château, le musée… et le cap Kolka.

Organiser son temps – Consacrez une journée à la cité, et une seconde à votre excursion aux alentours.

Avec les enfants – Le Musée maritime de plein air et la découverte du port en bateau… avant d'autres récompenses.

Pour poursuivre son voyage – Voir aussi Liepāja au sud, Jūrmala au nord-est… et pourquoi pas Saaremaa (Estonie), accessible à la belle saison depuis le port de Ventspils après une traversée en ferry de 4h.

P. Plantier / Michelin

Au Musée maritime de plein air.

Comprendre

Le port du duc Jēkabs

L'ancienne Windau s'est développée à l'embouchure de la Venta autour de son port et d'une forteresse élevée par les chevaliers de l'ordre de Livonie à partir de 1290. Membre de la Ligue hanséatique, la cité connaît une longue période de prospérité, mais c'est sous le règne du duc **Jēkabs** qu'elle atteint son apogée : féru de navigation, le duc de Courlande y établit des chantiers navals d'où sortiront ses navires appelés à sillonner les mers du globe, de Tobago à la Gambie.

Un port pétrolier – Ruinée par les épidémies et la guerre du Nord, Ventspils doit attendre le 19e s. pour se relever. C'est **Krišjānis Valdemārs** (1825-1891), journaliste, folkloriste, leader du mouvement « Jeune Lettonie » et père de la navigation lettone, qui est à l'origine de la renaissance des chantiers navals. Parallèlement, l'Empire russe s'attache à développer le port installé le long de la Venta et généralement préservé des glaces : l'Union soviétique s'inscrit dans la continuité et en fait son principal port d'exportation de produits pétroliers et chimiques.

Vers un destin touristique – Bien qu'une nouvelle cité (beaucoup moins dégradée qu'en d'autres lieux) se soit développée à l'époque soviétique au sud de la vieille ville, Ventspils a gardé tout son caractère et multiplie les initiatives afin de devenir un pôle d'attraction touristique. Les grands espaces verts sont soigneusement entretenus, les constructions nouvelles coexistent harmonieusement avec les bâtiments anciens soigneusement restaurés, tandis que la plage et le port de plaisance viennent d'obtenir le ruban bleu européen. Pendant que rues, places et quais voient se multiplier fontaines et sculptures, la ville développe les centres d'activités (parc d'aventures, Aquapark, centre olympique, musée de plein air…) et les manifestations, la plus connue étant celle qui, début août, voit les rues se couvrir de tapis floraux.

Se promener

Vieille ville★ (Vecpilsēta)

Depuis Lielais prospekts, vous gagnerez la vieille ville en empruntant la large et verdoyante **Kuldīgas iela**, que borde du côté droit un ensemble de maisons basses néoclassiques, dont certaines sont en bois. De l'autre côté, l'espace vert séparant la rue de Ganību iela est agrémenté de fontaines puis, au-delà du carrefour de Jūras iela, d'un petit square où sont réunies les sculptures lauréates du Symposium international de sculpture qui se tient chaque année dans la ville. Au-delà, la rue (piétonne aux beaux jours) se rétrécit et décrit une courbe conduisant au terminal passagers du port.

Sur la gauche, **Lielā iela**, ruelle pavée bordée de demeures anciennes, conduit à une place triangulaire sur laquelle s'élève la **bibliothèque (biblioteka)**. Ce bâtiment de verre, élevé en 2004 par **Juris Poga**, est une des fiertés de l'architecture contemporaine lettone.

Prendre Amatnieku iela, sur la droite de l'édifice.

Place de l'Hôtel-de-Ville★ (Rātslaukums) – Cette charmante place, épicentre des festivités de Ventspils, est dominée par la façade néoclassique de l'**église luthérienne St-Nicolas (Sv Nikolaja baznīca)**, édifiée en 1835. En face, précédée d'un encrier dans lequel trempent deux plumes d'oie, l'ancien hôtel de ville (18e s.) abrite aujourd'hui la **Maison internationale des écrivains et traducteurs**.

Sur la gauche, **Tirgus iela**, bordée de vieilles maisons de bois, conduit à la **place du Marché (Tirgus laukums)**, un lieu souvent animé. Celle-ci ouvre sur le quai de la Venta *(que vous prendrez vers la gauche)*.

Rue du Port (Ostras iela) – Longeant la rive de la Venta, face à des installations portuaires impressionnantes, cette agréable promenade, qui vous conduit en direction du château, vous permet d'embarquer à bord du **Hercogs Jēkabs** *(billets à la guérite, quatre à huit départs quotidiens mai-oct. - 0,80 Ls (enf. 0,30 Ls) - durée 45mn)*, pour une découverte du port jusqu'à l'embouchure du fleuve. En suivant le quai, vous découvrirez nombre de sculptures emblématiques de la cité, qu'il s'agisse des vestiges de la *Cow parade* qui se tint en 2002 ou de l'installation intitulée *Sept météorites mentales*, réalisée par **Ojārs Arvīds Feldsbergs** (1996). Un peu plus loin, c'est une fontaine en forme de boule crachant des jets d'eau qui retient l'attention, avant le monument à Valdemārs qui, assis sur un banc, contemple sereinement les activités portuaires.

Vous contournerez alors un bâtiment vert afin d'accéder à Jāna iela : cet ancien hôtel construit en style historiciste a été rénové en 1998 et abrite les bureaux des autorités portuaires.

Château de Ventspils★★ (Ventspils pils) – *Jāna iela 17 - ✆ 362 2031 - tlj 9h-18h, oct.-avr. tlj sf lun.-mar. 10h-17h - 1 Ls.* Construit au 13e s., le château, autrefois résidence du commandeur et des principaux membres de l'ordre de Livonie, a conservé son allure massive et fortifiée en dépit d'aménagements réalisés ultérieurement. Son apparence définitive s'est fixée au 16e s. L'intérieur, constitué d'une cour entourée de deux étages de portiques, abrite un remarquable musée, à la fois historique et ethnographique, consacré à la vie régionale entre la préhistoire et le 19e s. Les collections, volontiers animées d'écrans interactifs, se déploient dans les salles du rez-de-chaussée. Parmi les pièces maîtresses, remarquez dans la section préhistorique les pendentifs d'ambre réalisés au 3e millénaire av. J.-C. ou encore les bijoux de bronze exposés dans la 4e vitrine. La vie plus récente est restituée à l'aide de costumes traditionnels, ainsi que d'instruments et de documents évoquant le commerce et l'industrie au 19e s. Les étages supérieurs sont voués à des expositions temporaires, tandis qu'un bâtiment annexe attire les jeunes amateurs de sensations fortes : c'est la « cave des fantômes ».

Après la visite, que vous reveniez vers votre point de départ par **Pils iela** ou que vous choisissiez de flâner au hasard des ruelles, vous ne manquerez pas d'être charmé par votre promenade. De petites maisons de bois entourées de jardins bordent les ruelles, et seul le chant des oiseaux vient troubler le silence du centre ancien d'une ville qui laisse si facilement oublier qu'elle est un des principaux centres industriels du pays.

Le quartier balnéaire★

Bordée de belles villas, parfois de style Art nouveau, **Vasarnīcu iela** *(au bout de Lielais prospekts)* est l'axe de ce quartier qui s'est développé à l'arrière de la belle **plage (pedvāle)** de sable blanc, sur la rive gauche de la Venta, protégée par le **Môle sud (Dienvidu mols)**. En retrait, le beau et vaste **parc de Jūrmala (Jūrmalas parks)** concentre plusieurs attractions qui ne manqueront pas d'intéresser les enfants.

Aquapark – *Mednu iela 19 - ☏ 366 5853 - mai-sept. tlj 10h-22h - 2 Ls/90mn (enf. 1,50 Ls), w.-end 2,50 Ls/90mn (enf. 2 Ls), réduction après 18h.* Les attractions entourent trois piscines de dimensions différentes et les multiples toboggans.

Musée maritime de plein air★★ (Piedjūras brīvdabas muzejs) – *Riņka iela, par Vasarnīcu iela et à gauche avant le camping - ☏ 362 4467 - www.ventspilsmuzejs.lv. - mai-oct. tlj 10h-18h, nov.-avr. merc.-dim. 11h-17h - 0,60 Ls (enf. 0,30 Ls).* Après une salle d'exposition consacrée à la navigation dans la région, vous découvrirez dans le parc des bateaux de pêche présentés sous des auvents ainsi que des cabanes de pêcheur, constituant un véritable village (avec moulin à vent et ruches). Le tout est expliqué par des panneaux en anglais et complété par un agréable café-restaurant

Petit train de la forêt (Mazbānitis) – *Dans l'enceinte du musée - saison touristique w.-end - 0,50 LS (enf. 0,20 Ls).* Une authentique locomotive de 1916 tire ce petit train qui desservait les villages de la côte jusque vers les années 1950.

Circuit de découverte

AUTOUR DU CAP KOLKA

Une route côtière permet de gagner le cap Kolka depuis Ventspils. Cependant, après 24 km (au-delà du village d'Irbene), cette route se transforme en une piste impraticable en hiver, en cas de fortes pluies, et plus que poussiéreuse aux beaux jours (sans compter les projections de gravillons qui peuvent se transformer en véritable grêle pour peu que vous croisiez un poids lourd, ce qui est loin d'être exclu). Pour ceux que de telles circonstances décourageraient, nous avons conçu un circuit permettant de gagner le cap depuis Ventspils en limitant autant que possible les secteurs non asphaltés.

Quitter Ventspils par la route de Rīga. Après 7 km, la route P 124 sur la gauche conduit directement au cap Kolka. L'audace de ceux qui l'emprunteront sera récompensée : ils découvriront quelques humbles villages de pêcheurs aux maisons de bois et, à **Miķeļtornis**, le phare le plus haut du pays.

Continuer sur la route de Rīga 4 km au-delà de Pope et prendre à gauche la route de Valdemārspils.

La route asphaltée traverse une campagne souriante ponctuée par les villages de **Blāzma** et d'**Amele**.

Au-delà de ce dernier, vous devrez emprunter sur douze kilomètres un chemin qui ne retrouve un revêtement convenable qu'à l'entrée de Dundaga où vous rejoignez la route P 135, provenant de Talsi, que vous prenez à gauche.

Dundaga★

Posé depuis 1249 en bordure d'un lac formé par la rivière Pāce, le **château de Dundaga (Dundagas pils)** a conservé, malgré nombre de remaniements, son caractère fortifié, et compose, avec le beau parc qui se mire dans l'eau, un charmant paysage romantique. Toute proche, l'église édifiée en 1766 conserve un retable peint en 1912 par un grand maître de la peinture lettone, **Jānis Rozentāls**, *Matin de Pâques*. Mais l'élément le plus étonnant de ce gros village reste la statue représentant un crocodile, espèce pour le moins peu fréquente sous ces latitudes *(juste avant la rivière sur la droite de la route)*. Ce monument est dédié à un enfant du pays, **Arvīds Blūmentāls**, qui, après avoir fui la Lettonie à la fin de la Seconde Guerre mondiale, s'est établi en Australie pour exercer la profession de chasseur de crocodiles : les autochtones se flattent de voir en leur compatriote le modèle du célèbre « Crocodile Dundee ».

Poursuivre sur la P 135.

Slītere

À 16 km (chemin sur la droite conduisant à un parking). « Capitale » du **parc national de Slītere (Slīteres nacionalāis parks)**, le village possède un « **phare** » **(Slīteres baska** – *mai-mi-oct., tlj sf lun. 10h-18h - 0,50 Ls)*, ancienne tour d'observation d'éventuels incendies reconvertie aujourd'hui en tour d'observation tout court. De la plate-forme supérieure de l'édifice (qui culmine à 102 m au-dessus du niveau de la mer) s'offre une superbe **vue★** sur le territoire forestier du parc et, au-delà, sur la mer jusqu'au cap Kolka.

Les Lives (ou Livoniens)

L'originalité de cette minorité qui ne comptait officiellement que 182 membres au début de ce siècle est de descendre d'une des sept tribus finno-ougriennes établies dans les pays baltes, ce qui en fait les frères des Estoniens, des Finnois... et des Hongrois.

Protégée depuis 1921, la région a été élevée en 2000 au rang de parc national à la fois terrestre (16 360 ha) et maritime (10 230 ha). Très boisé, et modelé par la ligne des **Collines bleues (Zilie kalni)**, vestige d'un ancien cordon dunaire, le parc est peuplé de cerfs et d'élans ainsi que de plusieurs espèces d'oiseaux parmi lesquelles le balbuzard pêcheur.

Au pied du phare, un **sentier de nature (Dabas laka)** de 1,2 km, tracé dans la forêt, permet de gagner le pied des Collines bleues.

Au-delà de Slītere, la route sinue sous les frondaisons du parc (autre sentier de découverte) et, après avoir traversé la piste Ventspils-Kolka, se poursuit jusqu'au hameau de pêcheurs de Mazirbe, au cœur du territoire habité par les **Lives**.

Ces pêcheurs sont les derniers descendants d'une population autochtone dont le territoire comprenait au Moyen Âge la Courlande et une partie de la Vidzeme. Décimés par les maladies, les guerres et l'assimilation plus ou moins volontaire au peuple letton, commencée au 19e s. et accentuée à l'époque soviétique, les derniers Lives se sont réfugiés sur une étroite bande littorale comprenant une quinzaine de villages. Ce peuple de pêcheurs, aujourd'hui officiellement protégé, se distingue par sa langue (qui ne compte plus que quelques dizaines de locuteurs) et ses traditions, qui retrouvent vie chaque année lors du festival organisé à Mazirbe, qui est en quelque sorte leur capitale.

Mazirbe

Quelques maisons de bois dotées de jardins : ainsi se découvre ce village, au sein d'une clairière. Sur la gauche de la route, près de l'école, le **musée de Rāndāli** présente une collection ethnographique... mais il ne se visite malheureusement que sur rendez-vous *(contactez le ✆ 2910 0389)*. Un sentier à peu près carrossable (et sans aucune signalisation) conduit à la mer, où achèvent de rouiller quelques équipements d'observation de la défunte armée Rouge. La longue plage de sable blanc est quant à elle superbement sauvage !

Revenir sur la P 24 et la prendre sur la gauche vers le cap Kolka.

Vous aurez alors 21 km à parcourir dans la poussière et les gravillons, au sein de la forêt. Plusieurs villages lives, comme **Košrags** avec ses anciennes maisons de bois, **Pitrag** ou **Vaide** (où dans un grenier est présentée une collection de bois d'élans), tous situés à 2 km de la route, peuvent être l'occasion d'une halte et d'une baignade.

Quelques dizaines de mètres de route goudronnée conduisent au parking du cap sur lequel est installée une buvette.

Cap Kolka★★ (Kolkasrags)

Parking (payant à la buvette 0,50 Ls). La plage est accessible par un sentier de planches. Séparant la Baltique du golfe de Rīga, ce lieu, interdit à l'époque soviétique, a conservé une allure sauvage qui lui confère une envoûtante beauté. Un émouvant monument aux marins disparus en mer, et un rideau d'arbres torturés par les vents sous lequel se niche

P. Plantier / Michelin

Le monument du cap Kolka.

un « cimetière de bateaux », donnent accès à la plage de sable blanc. À 5 km au large se trouve un îlot artificiel (les roches nécessaires ont été acheminées sur les lieux en bateau ou, l'hiver, en traîneau !). Son phare a été élevé en 1872 afin de sécuriser un lieu qui, avec ses hauts-fonds mouvants et ses violents courants, était un cauchemar pour les navigateurs. Ce bout de terre solitaire est cependant tout sauf lugubre et, si vous éviterez de vous y baigner pour d'évidentes raisons de sécurité, vous prendrez plaisir à marcher sur cette plage et à emplir vos poumons de l'air vivifiant qui balaie les lieux.

Revenir à la P 124 et prendre à gauche en direction de Roja la route désormais goudronnée.

Kolka

Premier village rencontré sur la rive du golfe de Rīga, Kolka possède une jolie église orthodoxe de bois construite en 1890.

La route traverse d'autres villages lives tels que **Uši**, **Melnsils**, un hameau célèbre pour son château édifié par des pirates (depuis la plage, vue sur le cap par temps dégagé) ou **Ģipka**, connue pour son école navale.

Roja

Ce petit port de pêche permet une halte très agréable *(voir p. 250).*

Prendre sur la droite la P 126 en direction de Talsi.

Après avoir traversé **Rude**, dont les jardins ouvriers amplement garnis d'épouvantails contrastent avec les immeubles délabrés totalement incongrus dans un environnement rural plutôt riant, on atteint l'ancienne Samaska.

Valdemārpils

Cette petite cité a pris ce nom en 1926 afin d'honorer un de ses célèbres citoyens, **Krišjānis Valdemārs**. La rue principale *(Lielā iela)* qu'emprunte la route est bordée d'un bel ensemble de demeures en bois des 18e et 19e s. Sur la gauche, à la sortie de la ville, l'ancienne synagogue rappelle que la cité abritait une population composée à 80 % de Juifs autour de 1850.

Continuer jusqu'au contournement de Talsi (voir p. 240) et prendre à gauche la route A 10/ E 22 en direction de Ventspils.

Lac Usma★ (Usmas ezers)

Ce vaste lac, de plus de 13 km de long sur 4,5 km de large, semé de sept îles, est un lieu de détente très apprécié des habitants de Rīga qui aiment à venir camper sur ses berges afin d'y canoter, d'y naviguer ou d'effectuer des randonnées dans les forêts environnantes. Son île principale, **Moricsala,** est elle-même couverte d'une forêt primitive où abondent chênes, tilleuls, frênes et érables. Elle est cependant classée réserve naturelle depuis 1912, et n'est pas accessible aux promeneurs. Sur la rive ouest du lac, le village d'**Usma** est doté d'une curieuse église moderne de bois.

La route ramène à Ventspils en traversant **Ugāle** dont l'église luthérienne de 1697 conserve un des plus anciens orgues de Lettonie.

Ventspils pratique

Informations utiles

Ventspils – *Tirgus iela - www.tourism.ventspils.lv. - mai-sept. lun.-vend. 8h-19h, sam. 10h-17h, dim. 10h-15h; oct.-avr. lun.-vend. 8h-17h, sam.-dim. 10h-15h.*

Poste – *Platā iela, sur la gauche de Kuldīgas iela, après le kiosque Narvesen.*

Banques et distributeurs – *Kuldīgas iela.*

EMBARQUEMENT

Le **port de passagers** *(suivre Kuldīgas iela puis signalisation)* de Ventspils est relié régulièrement à la **Suède** (Nynashamn et Karlshamn) ainsi qu'à l'**Allemagne** (Rostock) – *Renseignements et réservations auprès de Scandilines - Plosta iela 7 - ✆ 360 7358 - www.scandilines.lt.*

Vous pouvez également gagner (à la belle saison) le port de Montu, sur l'île estonienne de **Saaremaa** – *Renseignements et réservations auprès de SLK Ferries - Plosta iela 7 - www.slkferries.ee.*

Se loger

Olimpiskā centra – *Lielais prospekts 33 - ✆ 362 8032 - www.ocventspils.lv. - 54 ch. 17 Ls.* À l'orée du « centre olympique », un hôtel moderne et fonctionnel qui joue également le rôle d'« internat » pour les sportifs à l'entraînement dans le centre. Le lieu est propre et confortable, même si les sanitaires semblent un peu fragiles. Petit-déjeuner au bar, à la carte.

Dzintarjūra – *Ganību iela 26 - ✆ 2648 2106 - www.dzintarjura.lv. -55 ch. 45/55 Ls.* L'hôtel à la soviétique par excellence, comme en témoigne le décor pompeux. Rénovées, les chambres sont confortables, mais l'ensemble est un peu froid.

Raibie logi – *Lielais prospekts 61, sur la gauche après la route de Kuldīga-Liepāja - 2914 2327 - www.raibielogi.lv. - 9 ch. 28 Ls.* Cet hôtel a récemment investi une belle maison de bois du début du 20e s., revêtue de vert et pleine de gaieté. Une bonne adresse à portée tant du quartier balnéaire que de la vieille ville.

Jūras brīze – *Vasarnīcu iela 34 - 362 2524 - jurasbrize@inbox.lv. - 14 ch. 27/40 Ls.* Sous les frondaisons du quartier balnéaire, à quelques pas de la plage, une grande villa dotée d'un jardin abrite cet hôtel de charme, la plus agréable adresse de la cité.

Piejūras kempings – *Vasarnīcu iela 56, après le Musée de plein air - 6362 7991 - www.camping.ventspils.lv.* Ouvert toute l'année, ce camping situé sous les arbres à proximité de la plage est considéré comme le plus confortable de Lettonie. Logement en bungalows *(15/28 Ls selon taille et saison)* et emplacements pour camping-cars *(5/6 Ls)* et tentes *(1,5 Ls)* pour les inconditionnels du camping traditionnel. Parties communes bien entretenues avec sauna.

AU LAC USMA

Usma Spa Hotell/Usmas kempings – *Priežkalni, sur la petite route conduisant à Usma depuis la route Ventspils-Rīga - 367 3654 - www.usma.lv. - 11 ch. 40 Ls, 5 bung. 18/45 Ls selon capacité.* En bordure de la rive du lac, un hôtel-camping qui a reçu le label écologique européen. Des bâtiments chaleureux et confortables vous reçoivent pour une pause d'autant plus sympathique qu'elle s'accompagne de différentes possibilités de remise en forme : piscines, bains à remous, massages et « rituels Spa » au chocolat, au miel ou aux fraises, cette dernière douceur étant curieusement réservée aux couples. D'agréables chalets reçoivent ceux qui souhaitent être au plus près de la nature (sans oublier les places réservées au camping pur et dur).

SUR LA CÔTE

Bon à savoir – N'escomptez pas trouver d'hôtels autour du cap Kolka : en effet, dans un but de protection du peuple live, l'ouverture de tout établissement commercial sur le territoire de cette minorité est interdite par la loi.

Se restaurer

Buginš – *Lielā iela 1-3, terrasse d'été sur Kuldīgas prospekts.* Un décor qui joue la carte rustique avec tables et bancs de bois disposés dans des salles sur deux niveaux. La carte pléthorique vous propose différents types de *šašlik* (brochettes), des grillades et des plats plus élaborés. Service efficace (mais guère polyglotte !).

P. Plantier / Michelin

Juras Brize, un hôtel dans la verdure.

Landura – *Lielā iela 6.* Ce café à l'ancienne est doté d'un petit jardin où il déploie une terrasse en été. Snacks pour les petites faims ou cuisine plus consistante.

Livonija – *Kuldīgas iela 13, à l'étage.* Nappes blanches et décor suranné pour une cuisine locale généreuse.

Melnais Sivēns – *Jāna iela 17.* Le « porcelet noir » : tel est le nom de ce restaurant installé dans le château de l'ordre de Livonie. Ambiance médiévale.

Sports et loisirs

Baignades – Fréquentée par les surfeurs et les joueurs de beach-volley, la plage de Ventspils s'enorgueillit d'avoir obtenu le « ruban bleu » européen. Vous pourrez également vous baigner sur les plages sauvages de Mazīrbe ou de Vaide. Attention : à **proximité immédiate du cap Kolka**, la baignade, rendue extrêmement dangereuse par les courants, est interdite.

Ski et **snow-board** – Mais oui, c'est possible durant la saison d'hiver, sur une colline artificielle **(Slēpošanas kalns)** de 32 m de haut, dotée de remontées mécaniques. Ce site se trouve dans le **parc d'Aventure de Ventspils (Ventspils piedzīvojumu parks** – *Saules iela 143 - www.lembergahute.lv.)*, ouvert quant à lui toute l'année.

Événements

Nombreuses animations en ville toute l'année : renseignements et programmes détaillés sur le site de l'office de tourisme.

Līgo et **Jāni** – Les festivités de la fête du solstice d'été sont célébrées dans le **jardin Reņka (Reņka dārzs)** derrière le Centre olympique. *Accès par Kuldīgas iela puis à gauche Sporta iela.*

Fête de Ventspils – *1er w.-end d'août.* Le centre-ville se couvre de tapis de fleurs.

Festival international de jazz et de pop-rock – *Une semaine à la mi-août.*

AUX ALENTOURS

Festival de Mazirbe – *Début août.* Célébration de la culture live traditionnelle.

Jūrmala★★

55 671 HABITANTS
CARTE GÉNÉRALE 2E RABAT DE COUVERTURE – CARTE MICHELIN N° 783 LM12

Nichée dans les pins sur la côte sud du golfe de Rīga, la plus prestigieuse station balnéaire de Lettonie attire les amateurs de thermalisme et de bains de mer depuis plus d'un siècle. Que vous soyez adepte ou non de ces activités, son cadre, ses belles plages de sable blanc et son développement maîtrisé qui a permis aux villas de bois de subsister, sauront vous séduire.

Se repérer – À 23 km de Rīga, Jūrmala est en fait constituée d'un ensemble de villages contigus, tels que Buļļuciems, Priedaine, Lielupe, Dzintari, Majori, Dubulti, Jaundubulti, etc. La route A 10 provenant de Rīga conduit au fleuve Lielupe au-delà duquel Rīgas iela, sous différents noms, parcourt la cité dans toute sa longueur, en retrait de la mer. C'est Majori qui est considéré comme le centre de la station. Mais, auparavant, il aura fallu acquitter un péage d'entrée de 1 Ls à l'une des machines automatiques installées sur une aire face au poste de police.

Se garer – Nombreux parkings signalisés (et payants à la belle saison) à proximité de la voie principale.

À ne pas manquer – Majori et le parc national de Ķemeri.

Organiser son temps – Il s'agit plus d'un lieu à vivre qu'à visiter : une journée suffit pour vous imprégner de l'atmosphère, mais rien ne vous interdit d'y séjourner plus longtemps…

Avec les enfants – Les plages et l'Aquapark.

Pour poursuivre son voyage – Voir aussi Liepāja, Ventspils et le cap Kolka ou la région de Kuldīga à l'intérieur des terres.

W. Buss / Michelin

L'ancien établissement de bains de Jūrmala.

Comprendre

La « Riviera lettone »

Un fleuve hésitant – En arrivant sur le golfe de Rīga, le fleuve Lielupe semble ne se décider qu'à regret à s'abandonner à la mer : et, alors qu'il pourrait arriver à son embouchure, il change subitement d'avis et prend la direction de l'est, serpente paresseusement dans les sables, décrit entre Dubulti et Majori un méandre qui pourrait lui être fatal, puis rebrousse à nouveau chemin pour, finalement, succomber à l'appel de la mer à côté de Buļļuciems. Ce faisant, il a délimité une étroite (300 m à 2,5 km) bande de sable longue de 20 km, couverte d'une belle pinède.

Naissance d'une station – Soucieuses d'échapper à la concurrence, les autorités de Rīga n'ont jamais toléré qu'une localité s'implante sur les lieux, allant même jusqu'à employer des moyens militaires pour décourager toute velléité. C'est donc à l'apparition du tourisme que Jūrmala est née, avec l'implantation en 1820 d'un centre balnéaire près de la ferme de Dubulti où un hôtel est construit en 1834. Les sources sulfureuses de Ķemeri, qui accueillent des curistes depuis 1825, se développent grâce au tsar **Nicolas Ier**, qui donne des terrains afin d'établir un Spa. La vogue des bains de mer aidant, les stations voisines naissent peu à peu (Majori est créée en 1870, année de l'ouverture de la ligne de chemin de fer Rīga-Tukums). La commune de Jūrmala, réunissant l'ensemble des stations, est officiellement créée en 1959.

Entre santé et loisirs – À l'époque soviétique, Jūrmala est choisie par les hauts dignitaires du Parti et le gratin de la société comme lieu de cure : on imagine l'ambiance qui règne dans la station, où les agents du KGB fourmillent et où l'on ne circule qu'avec un laissez-passer officiel, tandis que caméras et micros épient la moindre conversation. Alexeï Kossyguine fut l'un des habitués du lieu, de même que feu Boris Eltsine, venu s'y remettre de quelques excès.

L'atmosphère est tout à fait différente aujourd'hui et, si le succès de la station de ne se dément pas tant auprès des curistes que des citadins de la proche capitale qui envahissent les plages aux beaux jours, Jūrmala a su éviter le piège du gigantisme en imposant aux promoteurs des normes drastiques.

Se promener

La station s'étend sur une vingtaine de kilomètres entre le fleuve et la mer, de l'embouchure du Lielupe à l'est au village de Ķemeri à l'ouest.

Laisser la voiture au parking de Majori sur la droite de Lienēs iela (signalisation **i***).*

Majori★★

Tirant son nom (selon la chronique) d'un major qui y aurait possédé un manoir, Majori constitue avec sa voisine **Dubulti** le cœur de la station et concentre à la fois l'animation et les principaux centres d'intérêt. En retrait de la belle plage de sable (qui commence à s'animer au mois de mai), deux rues parallèles à la mer sillonnent le lieu : Jomas iela, piétonne, bordée de boutiques et de restaurants, et Jūras iela. De belles villas, le plus souvent en bois, parfois de style Art nouveau, parfois néoclassiques, historicistes ou de style « romantique national », généralement entourées de jardins, bordent ces rues ainsi que les venelles qui les relient et donnent à la station un charme un peu mélancolique, celui d'une époque révolue, que les quelques hôtels Spa installés dans de grands immeubles ne parviennent pas à dissiper. Bref, il s'agit d'un lieu où l'on prend plaisir à flâner en s'attachant à détailler les façades de bois décorées avec beaucoup de finesse.

Depuis le parking, prendre Jomas iela.

Musée municipal (Pilsētas muzejs) – *Tirgoņu iela 27-29, sur la droite de Jomas iela vers la route - merc.-dim. 10h-17h - 0,40 Ls.* Ce bâtiment à colonnades, d'allure monumentale, accueille des expositions temporaires, un centre culturel et la petite collection réunie par le centre d'archéologie sous-marine local.

Un peu plus loin, sur Konkordijas iela, au n° 66 *(au-delà de la route)*, se dresse le **manoir de Majori**, bâtiment néoclassique à colonnades construit en 1910.

Au bout de Jomas iela (marqué par un globe terrestre de cuivre), Turaidas iela sur la gauche conduit à la plage. Sur la droite, Dzintaru prospekts, avenue rectiligne tracée sous les pins, irrigue la station résidentielle de **Dzintari**. Avant d'arriver à la plage, vous longerez la **salle de concerts de Dzintari (Dzintaru koncertzāle)**, haut-lieu de la vie musicale locale. Au coin de Jūras iela, sur votre gauche, Pegasa pils est un bel exemple d'architecture Jugendstil.

Prendre Jūras iela.

Maison d'été de Rainis et Aspazija★ (Raiņa um Aspazija vasarnīca) – *J. Piekšāna iela 5-7, 3e rue à gauche - merc.-dim. 11h-18h - 0,70 Ls.* C'est dans cette maisonnette de bois que les poètes **Jānis Rainis** (1865-1929) et Elza Pliekšāne (1865-1943), dite **Aspazija**, passèrent les trois derniers étés de leur vie commune. Accompagnée par une dame pleine de ferveur, la visite situe d'abord l'importance des deux écrivains dans la vie culturelle lettone et leur rôle dans le mouvement d'émancipation du pays, lequel leur valut de connaître un long exil à Lugano en Italie, afin d'échapper à la police tsariste. Différents objets illustrent cette vie riche mais mouvementée : des photos, des documents, des objets personnels, des costumes de scène, des témoignages d'amitié, dont celui du peintre impressionniste russe **Konstantin Korovine** représenté par un *Paris la nuit*.

Vous découvrirez ensuite à l'étage le logement du couple et ne manquerez pas de tomber en arrêt devant l'antique machine à écrire utilisée bon gré mal gré par Rainis, réputé, paraît-il, pour l'abondance de ses fautes de frappe ! Enfin, dans l'annexe située dans le jardin a été installée la bibliothèque que les deux écrivains avaient réunie dans leur demeure de Rīga. Elle témoigne de l'intérêt pour l'histoire de deux auteurs, considérés ici comme les écrivains nationaux… au point que l'on ne peut s'empêcher, à l'issue de la visite, de se sentir un peu penaud de n'en avoir guère entendu parler avant d'arriver en Lettonie.

Établissement de bains de Rācene★ (Rācenes peldiestāde) – *Pilsoņu iela 1.* La silhouette de ce grand bâtiment de bois coiffé d'une tourelle et donnant sur la plage est devenue une image emblématique de la station. À la Belle Époque, on y prenait des bains d'eau de mer chauffée. Dans la rue suivante, son contemporain, le **pavillon de la Mer★ (Jūras paviljons)**, coiffé d'un clocheton, a été construit par **Artur Moedlinger** dans le style historiciste. Ce charme désuet, le célèbre **Baltic Beach Spa Hotel** voisin en a perdu le secret, même si les chambres avec leurs balcons en gradins donnant sur la plage sont plus qu'agréables… Devant lui, à l'entrée de la plage **Bruņurupucis**, une sculpture de J. Bārda, représente une tortue : ce symbole de longue vie s'imposait dans une station vouée à la remise en forme de patients stressés…

W. Buss / Michelin

L'une des superbes villas de Jūrmala.

Au bout de la rue, à droite, les vestiges du **Marienbāde** témoignent des débuts de la station : ce premier hôtel fut élevé en 1870 lorsqu'un bon docteur y lança ses cures de « climat thérapie ».

En revenant à l'intérieur des terres par l'hôtel de ville **(Pilsētas dome)**, vous atteignez la route principale, Jomas iela, que poursuit Z. Meierovica prospekts : c'est là sur la droite, au n° 20, que vécut **Aspazija** après la mort de Rainis. La belle et grande demeure abrite un **musée★** *(mar.-sam. 11h-17h - 0,40 Ls, gratuit le vend.)* consacré à l'œuvre romantique et féministe de la plus grande poétesse lettone.

Buļļuciems

Vous pourrez visiter le **Musée de plein air de Jūrmala★ (Jūrmalas Brīvdabas muzejs)**, installé à l'embouchure du fleuve : maisons de pêcheurs du 19e s. et navires traditionnels *(Tiklu iela 1a - ✆ 6775 4909 - mar.-dim. 10h-18h - 0,50 Ls, gratuit le vend.)*.

Aux alentours

Tukums

27 km par la route de Rīga à Ventspils (A 10/E 22). Centre de travail du métal sous le duc Jēkabs, cette petite cité industrielle, haut-lieu de la révolution de 1905 en Lettonie, a conservé un agréable centre ancien.

Ornée d'une fontaine et aménagée en square, la **place de la Liberté (Brīvības laukums)** constitue le cœur de la ville et le point de rencontre entre les deux rues principales du centre. C'est au coin de Lielā iela que se dresse l'église luthérienne largement reconstruite au 19e s. Sur la place, la **Tour du château (Pils tornis)** abrite le petit **Musée municipal d'histoire locale (Pilsētas muzejs** – *mar.-sam. 10h-17h, dim. 11h-16h)*. La **rue du Château (Pils iela)** conserve quelques bâtiments du début du 20e s. et l'église orthodoxe St-Nicolas. Un peu plus loin, au-delà de la voie de chemin de fer, dans un parc, se dresse le manoir néoclassique de **Durbes pils**.

Mais le principal centre d'intérêt est le **musée d'Art de Tukums★ (Mākslas muzejs** – *Harmonija iela 7, depuis la place par Leilā iela puis à droite Jauna iela)*. Vous y verrez une belle collection de peintures lettones du début du 20e s., représentée notamment par Purvītis, Rozentāls, Ģederts Eliass, Voldemars Tone *(Anna)* et Uga Skulme *(Moulin)*.

Jaumoku pils – *7 km de Tukum sur l'A 10 vers Ventspils puis un chemin de terre à droite.* Ce palais de style néogothique Tudor (qui abrite aujourd'hui un hôtel) a été construit en 1901 pour un maire de Rīga d'origine anglaise, **George Armisted**.

Jaunpils

26 km au sud de Tukums par la route P 104. Cette agréable bourgade qui se mire dans un étang possède un **château (pils)** construit à l'origine par l'ordre de Livonie, puis entièrement rénové en 1647. Détruit par un incendie en 1905, le château, célèbre pour le bas-relief représentant un diable vomissant apposé sur la façade, a été entièrement reconstitué il y a une trentaine d'années. L'église luthérienne a conservé une partie de style gothique tardif.

Circuit de découverte

LA CÔTE DU GOLFE DE RĪGA

De Jūrmala à Roja (93 km) par la P 128 puis la P 131 après Plieņciems. Compter 33 km supplémentaires au-delà de Roja pour gagner le cap Kolka.

Parc national de Ķemeri (Ķemeru nacionālais parks)

Quitter Jūrmala à l'ouest par la route P 128 puis tourner en direction de Ķemeri. Avant l'entrée dans le village, une route sur la droite conduit au centre d'informations du parc.

Des tourbières, des marais, des lacs et des forêts composent ce parc où des sentiers constitués de passerelles de bois permettent de découvrir la faune et la flore… du moins quand elles ne sont pas vermoulues et interdites aux promeneurs comme c'est le cas actuellement. Depuis ce centre d'informations **(maison de la Forêt** ou **Meža mājā)**, une allée conduit à travers un parc abandonné à un étrange bâtiment, le sanatorium de Ķemeri (en cours de rénovation), véritable palais réalisé en 1936 par l'architecte **Eižens Laube**.

Vous aurez plus de chance en poursuivant le long de la côte jusqu'à Lapmežciems d'où vous pourrez gagner par une petite route à gauche les rives du **lac Kaņieris**. Parsemé de rochers résultant du travail des glaciers d'autrefois, ce grand lac communique avec la mer par un canal percé à la sortie nord-est de Lapmežciems.

Lapmežciems

Il ne reste hélas pas grand chose de ce village de pêcheurs depuis les combats de la Première Guerre mondiale. Aujourd'hui connu pour ses conserveries et ses fumeries de sprats, c'était à la Belle Époque un des lieux de résidence estivale préféré du milieu artistique de Rīga.

Au-delà, **Engure** a donné son nom au lac Engure, aujourd'hui **réserve naturelle (Dabas parks)**.

Lac Engure (Engures ezers)

À partir de **Bērzciems**, un sentier permet d'accéder aux rives du lac et au Centre de recherches ornithologiques. Les profanes, munis de jumelles, se contenteront de chercher les oiseaux (cygnes, canards, hérons, etc.) depuis la tour d'observation. Ils verront, plus sûrement, les vaches « bleues » de Lettonie et les chevaux sauvages lâchés dans les environs. Les amateurs de flore pourront quant à eux emprunter le **sentier des Orchidées (Orhideju taka)**.

Mērsrags

Ce gros village posé en bordure de la mer dispose d'un port de pêche installé à l'embouchure d'un petit fleuve côtier. Depuis la plage, vous pouvez apercevoir à 50 m au large le **Rocher du Diable (velna akmeni)**.

En poursuivant sur la route, désormais très proche du rivage, vous traverserez d'agréables hameaux, comme **Upesgrīva** ou **Valgalciems** : de petits cafés pourront servir de prétexte à une halte rafraîchissante.

Kaltene

Sur la droite de la route, à la sortie de cette bourgade de pêcheurs, un parking permet d'accéder en quelques pas au **Kaltenes akmeņainā piekraste** : de gros rochers ronds, jadis charriés par les glaciers, parsemant la plage et la mer. Vous en verrez également à l'intérieur des forêts, cette fois-ci en gagnant par un sentier le **Veina kalvas**, sorte de chaos de rochers laissés autrefois par la Baltique et gisant aujourd'hui à l'ombre d'une épaisse forêt.

Roja

Petit port de pêche situé à l'embouchure de la rivière du même nom, Roja s'enorgueillit de sa belle plage de sable blanc. La cité a connu quelque importance lorsque, à l'appel de **Krišjānis Valdemārs**, elle développa des chantiers navals. Aujourd'hui vouée à la pêche, elle propose aux amateurs des balades en canoë sur le cours de sa rivière.

Musée de la pêche – *Selgas iela 33-* ✆ *326 9524*. Six salles évoquent la naissance de la marine lettone et les activités des pêcheurs de Courlande.

Au-delà, vous entrez sur le territoire des Lives : la route conduit jusqu'aux abords du cap Kolka (voir p. 244-245), séparant le golfe de Rīga de la mer Baltique.

Jūrmala pratique

Informations utiles

ℹ Jūrmala – *Jomas iela 42 - Majori - www.jurmala.lv.*

ℹ Tukums – *Pils iela 5 - lun.-vend. 9h-17h.*

Transports – Rappelons que l'entrée des véhicules dans Jūrmala est soumise à un péage de 1 Ls à régler à des appareils installés en bordure de la route A 10.

Vous pouvez vous y rendre depuis Rīga en **train** : Jūrmala est desservie par plusieurs gares (Bulduri, Dzintari, Majori, Dubulti, etc.). Départs en été toutes les 30mn pour un trajet d'environ 45mn.

Les w.-ends d'été voient la mise en service d'un **ferry** depuis 11. Novembra krastmala.

Se loger

Bon à savoir – Les prix des chambres varient du simple au triple en fonction de la saison. La plupart des hôtels sélectionnés proposent en outre des soins avec toutes sortes de massages, sans oublier le sauna sans lequel la vie n'est pas concevable en Lettonie.

À JŪRMALA

Lielupe – *Bulduru prospekts 64-68 - Bulduri - ✆ 775 2755 - www.lielupe.lv. - 207 ch. 30/90 Ls.* Un Spa hôtel installé dans un grand parallélépipède de béton : pas vraiment une adresse de charme, mais c'est fonctionnel…

Amber Sea – *Dzintaru prospekts 68 - Bulduri - ✆ 775 1297 - www.amberhotel.lv. - 31 ch. 40/156 Ls, selon présence ou non d'une terrasse.* Sous les pins, à deux pas de la plage, un hôtel rénové aux chambres confortables. Seul reproche, l'éloignement (relatif : comptez 20mn à pied) du centre.

Pegasa Pils – *Jūras iela 60 - Majori - ✆/fax 776 1169 - www.pegasapils.lv. - 40 ch. 39/95 Ls.* C'est un ensemble de deux maisons de bois de style Jugendstil qui accueille cet hôtel historique à deux pas de la salle de concerts de Dzintari. La réception est dans la demeure abritant le restaurant « musical » (et la salle du petit-déjeuner). Les chambres sont dans l'autre immeuble. Décor intérieur banal mais bon confort.

Eiropa – *Jūras iela 56 - Majori - ✆/fax 776 2211 - www.eiropahotel.lv. - 40 ch. 35/100 Ls.* Un lieu charmant à deux pas de la plage. Le bâtiment principal, en bois, possède un décor design réussi. L'annexe est plus banale.

Villa Joma – *Jomas iela 90 - Majori - ✆ 7771 1999 - www.villajoma.lv. - 16 ch. 40/90 Ls.* Ce petit hôtel est installé dans une maison de bois centenaire, superbement rénovée. Une belle adresse au cœur de la station.

Baltic Beach Spa Hotel – *Jūras iela 23-26 - Majori- ✆ 6777 1400 - www.balticbeach.lv. - 165 ch. 45/180 Ls.* Le must : largement ouvertes sur la mer, les vastes chambres disposées en gradins sont dotées de larges balcons.

P. Plantier / Michelin

La colonnade néoclassique d'une villa.

Se restaurer

Alus krodziņš – *Jomas iela 64a.* Doté d'un jardin, cet établissement sert les bières locales accompagnées de spécialités lettones.

Majorenhoff – *Jomas iela 42 - Majori.* Les grillades, les poissons (notamment un excellent turbot aux bolets) et la carte des vins sont à un prix raisonnable.

Caviar Club – *Jūras iela 23-25.* Le restaurant du *Baltic Beach Hotel* propose une cuisine européenne soignée dans un cadre raffiné. Vue admirable.

Sports et loisirs

PLAGES

Jūrmala offre 32 km de plages de sable blanc. Celles de **Majori** et de **Bulduri** ont reçu le label du drapeau bleu européen. Celles de **Dubulti** et de **Dzintari** sont quant à elles appréciées des amateurs de beach-volley. **Pumpuri** est le royaume des surfeurs.

SPA

Un peu partout ! Deux établissements se détachent du lot, tant pour la qualité des soins que pour leur inventivité : le célèbre **Baltic Beach** et le **Jūrmala Spa** *(entre Jomas iela et Jūras iela).*

AQUAPARK

Līvu Akvaparks – *Viestura iela 24, sur la rive du Lielupe à l'entrée de la ville - lun.-vend. 12h-22h, sam.-dim. 10h-22h.* Toboggans et piscines amuseront les petits, tandis que les plus grands les attendront dans un sauna, un Jacuzzi ou dans l'un des bars de ce complexe couvert, qui comprend également un restaurant.

Événements

Vie musicale intense aux beaux jours à la **Dzintaru koncertzāle** : concours de piano *(mai)*, festival de musique d'opéra *(août)* et concerts (rock, folklore, classique…).

Le château de l'Île, dans le parc national historique de Trakai.

W. Buss / Michelin

DÉCOUVRIR LA LITUANIE

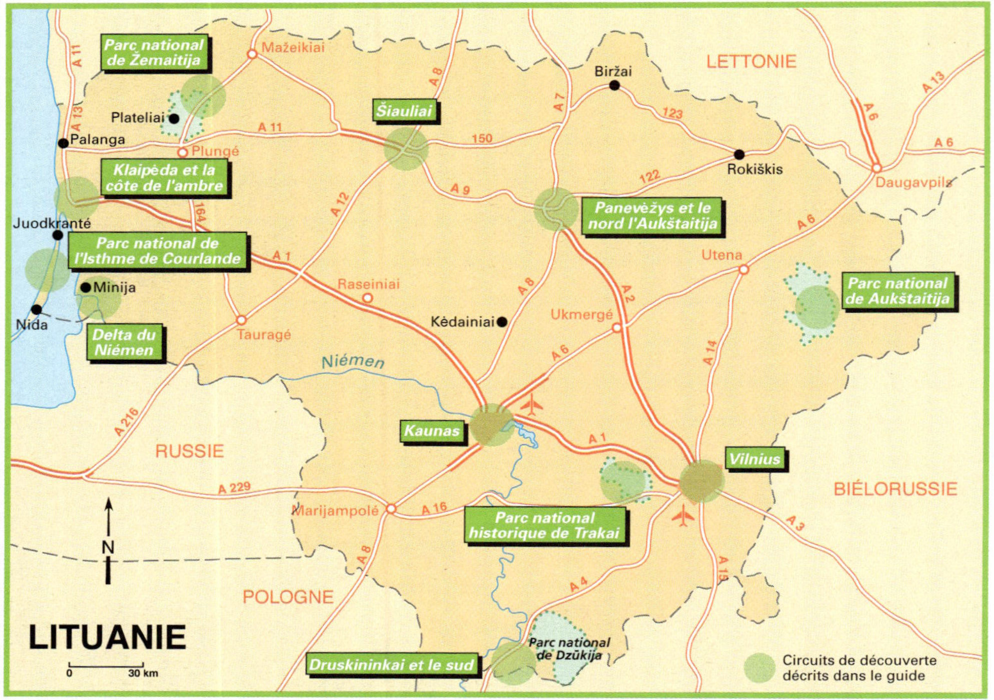

LITUANIE
0
30 km
N
LETTONIE
BIÉLORUSSIE
RUSSIE
POLOGNE
Parc national de Žemaitija
Šiauliai
Klaipėda et la côte de l'ambre
Parc national de l'Isthme de Courlande
Delta du Niémen
Panevėžys et le nord l'Aukštaitija
Parc national de Aukštaitija
Kaunas
Vilnius
Parc national historique de Trakai
Druskininkai et le sud
Parc national de Dzūkija
Mažeikiai
Biržai
Rokiškis
Daugavpils
Plateliai
Palanga
Plungė
Juodkrantė
Minija
Nida
Raseiniai
Kėdainiai
Ukmergė
Utena
Tauragė
Niémen
Marijampolė
Circuits de découverte décrits dans le guide

LITUANIE

LIETUVA

Géographie

Situation – Des trois pays baltes, la Lituanie est l'État situé le plus au sud. Seul une portion de sa façade ouest est bordée par la mer Baltique sur 99 km. Frontières avec la Lettonie au nord (453 km), la Biélorussie à l'est (502 km), la Pologne (91 km) et la Russie (enclave de Kaliningrad, 227 km) au sud.

Superficie – 65 300 km².

Fuseau horaire – GMT + 2 (+ 3 en été).

Point culminant – 294 m (Juozapinės).

Principaux cours d'eau – Niémen (937 km dont 475 km en Lituanie), Neris, Šventoji, Nevėžis.

Principal lac – Drūkšiai (4 480 ha).

Températures moyennes – Hiver (-5°), printemps (12°), été (17°), automne (4°).

Longueur des jours – 7h (décembre) à 17h (juin).

Population

Nombre d'habitants – 3 425 000 hab., dont 68 % de citadins. Densité : 55 hab./km². Accroissement : - 0,6 %.

Capitale – Vilnius (542 000 hab.).

Villes principales – Kaunas (420 000 hab.), Klaipėda (189 000 hab.), Šiauliai (130 000 hab.), Panevėžys (116 300 hab.).

Régions historiques – Aukštaitija, Dzūkija, Žemaitija, Suvalkija.

Espérance de vie – 73 ans.

Nationalités – 84 % Lituaniens, 6,5 % Polonais, 6 % Russes, 1,2 % Biélorusses, 0,6 % Ukrainiens.

Religions – 80 % catholiques. Autres : orthodoxes, protestants, juifs, Romuva (paganisme).

Politique

Régime – Démocratie parlementaire.

Fête nationale – 16 février.

Hymne national – Tautiska Giesme (Chanson nationale).

Patrimoine

Unesco – Centre historique de Vilnius, Kernavė, Isthme de Courlande, Arc géodésique de Struve.

Parcs nationaux – Aukštaitija (300 km²), isthme de Courlande (265 km²), Dzūkija (550 km²), Trakai (80 km²), Žemaitija (200 km²).

Communications

Téléphone – Code téléphonique international : **370** suivi du numéro du correspondant à 7 chiffres. De ville à ville composer le 8, attendre la tonalité, composer l'indicatif régional suivi du numéro du correspondant à 7 chiffres.

Internet – .lt.

Langues parlées – Lituanien (langue officielle). L'anglais est parlé par les jeunes, l'allemand sur la côte et le russe par les russophones et les personnes âgées.

Petit lexique

Bonjour/Au revoir : Laba diena (journée), Labas rytas (matin)/Viso gero.

S'il vous plait/Merci : Prašau/Ačiū.

Oui/Non : Taip/Ne.

À droite/À gauche : Į dešinę/Į kairę.

Ouvert/Fermé : Atidaryta/Uždaryta

Les jours de la semaine : Pirmadienis (lundi), Antradienis (mardi), Trečiadienis (mercredi), Ketvirtadienis (jeudi), Penktadienis (vendredi), Šeštadienis (samedi), Sekmadienis (dimanche).

En déplacement – Aéroport : *Oro uostas* - Autoroute : *Greitkelis* - Avenue : *Prospektas* - Gare : *Stotis* - Place : *Aikštė* (ai.) - Pont : *Tiltas* - Rue : *gatvė* (g.).

Hébergement – Hôtel : *Viešbutis* - Chambre : *Kambarys* - Simple/Double : *Vienvietis/Dvivietis* - Petit-déjeuner : *Pusryčiai* - Camping : *Kempingas.*

Restauration – Pain : *Duona* - Beurre : *Sviestas* - Fromage : *Sūris* - Lait : *Pienas* - Légumes : *Daržovės* - Poisson : Žuvis - Viande : *Mėsa* - Vin : *Vynas.*

Culture et loisirs – Château : *Pilis* - Cimetière : *Kapinės* (kap.) - Église : *Bažnyčia* (bažn.) - Église orthodoxe : *Cerkvė* - Manoir : *Rūmai* - Marché : *Turgus* - Musée : *muziejus* (muz.) - Parc : *Parkas* - Plage : *Paplūdimys (Pliažas)* - Lac : *Ežeras* (ež.) - Mont ou colline : *Kalnas* (kal.) - Rivière : *Upė* - Vélo : *Dviratis.*

Vilnius★★★

542 000 HABITANTS
CARTE GÉNÉRALE 2E RABAT DE COUVERTURE – CARTE MICHELIN N° 784 Q21

Vilnius en a vu de toutes les couleurs : étendards d'envahisseurs de tous horizons, artistes à larges palettes, âges d'or et années sombres, briques ocre, murs pastel, bois brut, régimes rouge, blanc et autres. Malgré cette histoire tourmentée, la capitale a finalement peu changé depuis le 17e s. Vue de haut, elle est demeurée un hérisson de clochers dominant le plus vaste quartier baroque d'Europe. Mais au ras des pavés, on découvre un large éventail de styles architecturaux, des blessures, des vides, d'innombrables perspectives. Ce trésor est rénové, choyé, pour préparer l'avenir sans renier le passé. Si les jeunes Lituaniens s'habillent à la dernière mode, ils se retrouvent sur les marches de la cathédrale ou sous les voûtes gothiques d'un café. Ici, on se balade des fleurs à la main, celles que l'on va offrir ou que l'on a reçues – pour le plaisir d'ajouter une touche de couleur.

W. Buss / Michelin

Quelques-uns des clochers de Vilnius, vus de la colline des Trois-Croix.

- **Se repérer** – Vilnius se situe à l'est du pays, à 300 km de la côte et de Rīga, et 185 km de Minsk. La ville est née sur la rive gauche (sud) de la Néris, où se situe le centre. L'agglomération s'est étendue vers le nord en repoussant la forêt.
- **Se garer** – Pour des raisons de coût (parcmètres ou parkings gardés), de sécurité et de place, il est recommandé de choisir un hôtel équipé d'un parking. Ne vous garez jamais entre des lignes jaunes ou sur les emplacements réservés *(Rezervuota)*.
- **À ne pas manquer** – Le panorama du haut de la colline de Gediminas. Les courbes inhabituelles de Ste-Anne. Les perspectives de Gedimino pr. ou Aušros Vartų g. L'intérieur de l'église St-Pierre-et-Paul. Lire la Constitution d'Užupis. Les couleurs variées des ruelles pavées, tôt le matin ou en début de nuit.
- **Organiser son temps** – Vilnius, belle toute l'année, peut être parcourue en 2 jours. Mais 2 journées supplémentaires permettent de s'attarder dans les musées (fermés le lundi, voire le mardi). Le dimanche est idéal pour visiter les églises animées par les messes (couleurs, chants, senteurs qui changent selon les lieux). En été, vous vivrez forcément un festival mais vous devrez réserver vos nuitées.
- **Avec les enfants** – La tour de la télévision. Akropolis (patinoire, bowling, jeux). Les insectes et les plantes prisonniers de l'ambre.
- **Pour poursuivre son voyage** – Voir aussi Trakai, Kaunas la rivale, Druskininkai, ses eaux et son parc soviétique, les lacs et forêts du parc national d'Aukštaitija.

Comprendre

Un loup en rêve – Lors d'une chasse à l'aurochs, le **grand-duc Gediminas** s'assoupit un instant et rêve d'un énorme loup de fer hurlant comme cent loups au sommet d'une colline. À son réveil, il demande au grand prêtre Lidzeika d'interpréter cet étrange songe. Ce dernier y lit un présage des dieux pour installer ici même une ville puissante qui dirigerait les terres lituaniennes. Gediminas suit son conseil et investit en 1323 le site de Vilnius, déjà occupé depuis de nombreux siècles. La cité entre collines et rivières est fortifiée et repousse aux 14e-15e s. les assauts des chevaliers Teutoniques et des Tatars. Marchands, artisans, architectes de renom venus de toute l'Europe s'y installent progressivement et une université est créée par les Jésuites (1579). Vilnius devient petit à petit l'une des plus importantes cités d'Europe orientale.

Fière d'être baroque – L'essor du mouvement baroque correspondant à l'âge d'or de Vilnius, les Lituaniens sont particulièrement attachés à ce style, symbole de leur grandeur et de leur indépendance. Au 17e s., de riches et influentes familles invitent des architectes étrangers. Les Italiens Matteo Castello, Constantino Tencalla inaugurent la transformation de Vilnius en édifiant l'église Ste-Thérèse et la chapelle St-Casimir de la cathédrale. La famille Pac confie aux sculpteurs Giovanni Maria Galli et Giovanni Pietro Perti la réalisation de l'intérieur de l'église St-Pierre-et-Paul. Artistes et artisans locaux, découvrant ces nouvelles techniques, « lituanisent » peu à peu ce style Italien. Les règles du sud sont mêlées d'influences baltes : utilisation du bois, art populaire.

Au 18e s., **Jan Krzysztof Glaubitz** (ou Glaubicas, -1767) dessine ou redessine St-Jean, St-Casimir, Ste-Catherine, l'hôtel de ville, et devient le chef de fil de l'école locale. Dans le même temps, des églises baroques-lituaniennes sont construites dans tout le pays. Aujourd'hui, le centre historique baroque de Vilnius couvre 360 ha, compte 1 500 édifices et est classé au patrimoine mondial de l'Unesco (1994).

La Jérusalem du Nord – Lorsque Gediminas invite l'Europe à Vilnius, il permet l'installation de 300 juifs. Cette communauté, qui grandit peu à peu à partir du 15e s., se désigne sous le nom de **Litvak**. Elle voit naître des personnalités comme **Gaon** (le Sage) **de Vilna** (1720-1797), grande figure du judaïsme orthodoxe et opposant à l'hassidisme, et **Eliezer Ben Yehuda** (1858-1922), créateur de l'hébreu moderne. C'est au 19e s., alors que la Lituanie vit sous le joug tsariste, que Vilnius gagne son titre de Jérusalem du Nord. Elle devient le foyer de la langue littéraire yiddish (mélange de dialectes allemands médiévaux et d'hébreu enrichi de slavismes), un centre culturel et social majeur où, par opposition aux Russes qui tentent de les rééduquer, les Litvaks créent une identité nouvelle, mêlant les traditions juives à la conscience nationale lituanienne. Alors que la Première Guerre mondiale débute, la population juive de Vilnius atteint 100 000 personnes (40 % des habitants). Se sentant un peu à l'étroit, de nombreuses familles émigrent et essaiment l'esprit litvak à travers le monde avec l'écrivain **Romain Gary**, le peintre **Marc Chagall**, ou les architectes de l'État d'Israël, Menahem Begin et Golda Meir. Entre les deux guerres, Vilnius devient le siège mondial de l'Institut scientifique yiddish, compte de nombreuses écoles, des infrastructures culturelles et 105 synagogues. Leur culture est encouragée par la Lituanie indépendante, mais pas leur participation à la vie politique.

Avec l'avancée de l'armée nazie, de nombreux juifs polonais rejoignent Vilnius. Mais la ville est prise et 35 000 juifs sont massacrés en 3 mois à Paneriai *(voir p. 274)* – une solution finale rapide, non dissimulée aux Lituaniens. Le Petit Ghetto est créé, et les nazis le rase 46 jours plus tard, tuant ses 11 000 habitants. À partir de septembre 1941, le reste de la population juive survit dans le Grand Ghetto, dans la pauvreté. Utilisée comme main d'œuvre corvéable, elle est exterminée ou déportée deux ans plus tard malgré une vive résistance. Après la guerre, les Soviétiques rasent les cimetières juifs et les ghettos. Aujourd'hui, il ne reste plus que 4 000 juifs en Lituanie, et les anciens ghettos sont un enjeu urbanistique et immobilier, source de bien des débats.

Plaques et musées rappellent le passé juif de la ville *(voir p. 268)*.

2009, 2011 – La Lituanie est mentionnée pour la première fois dans un texte de 1009, date connue de tous les écoliers du pays. En 2009, on fêtera donc le millénaire de cette existence « lue et approuvée ». À cette occasion, Vilnius portera le titre de « Capitale européenne de la culture », comme Lille en 2004. Derrière son slogan *Créativité et vitalité*, elle montrera au reste du continent à quel point elle est belle, vivante et tout simplement… qu'elle existe. **Čiurlionis**, le peintre et compositeur national sera à l'honneur, tout comme l'art baroque (architecture, danse, musique, littérature, peinture) dont la cité est l'une des plus belles vitrines. L'autre événement attendu est l'inauguration du palais des Grands-Ducs, vaste édifice Renaissance situé derrière la cathédrale, détruit au 17e s., et reconstruit à grands frais depuis quelques années. Deux ans plus tard, le pays accueillera l'Euro 2011 de basket (l'autre religion des Lituaniens). Personne ici ne doute du sacre de son équipe. Et on espère d'importantes retombées pour Vilnius, une ville encore peu connue de ce monde vers lequel elle s'ouvre en se jumelant à 14 cités dont Taipei, Chicago, Le Pirée, Budapest ou Oslo.

VILNIUS
0
200 m
A
B
1
2
3
4
Manoir de Verkiai
Marché Kalvarijų
Parlement et Bibliothèque nationale
Europas aikštė
Europa Tower
Šnipiškių g.
Kalvarijų g.
A. Goštauto g.
Lukiškių g.
St-Raphaël
Upės g.
Neris
A. Goštauto g.
Pont vert
Kražių g.
J. Savickio g.
ST-PHILIPPE-ET-JACQUES
Šermukšnių g.
J. Tumo-Vaižganto g.
Vasario 16-osios g.
Kaštonų g.
A. Jakšto g.
A. Vienuolio g.
Opéra
Palais des congrès
Tilto g.
2
MUSÉE DES VICTIMES DU GÉNOCIDE
Gedimino
J. Lelevelio g.
VILNIAUS G.
Tauro g.
prospektas
Gedimin
TAURAKALNIS
A. Stulginskio g.
A. Smetonos g.
Jogailos g.
19
V. Kudirkos g.
Pamėnkalnio g.
Totorių g.
PROFSĄJUNGŲ KULTŪROS RŪMAI
Musée de l'Holocauste
VILNIAUS G.
11
Labdarių g.
M. Valančiaus g.
Islandijos g.
Musée juif Gaon de Vilna
Palais Radvilos
V. Myckolaičio-Putino g.
Akmenų g.
Tauro g.
Rožių alėja
Pylimo g.
VILNIAUS G.
Buste de Frank Zappa
Liejyklos g.
5
K.Kalinausko g.
Benediktinių g.
St-Ignace
St-Constantin-et-Michel
STE-CATHERINE
J. Basanavičiaus g.
Klaipėdos g.
S. Nėries Gimnazija
Algirdo g.
Teatro g.
Église réformée
Musée du théatre, de la musique et du film
VILNIAUS G.
Švitrigailos g.
Pylimo g.
Monument et plaque pour Romain Gary
1
17
TRAKŲ G.
Mindaugo g.
29
Vivulskio g.
Église de l'Assomption
Pranciškonų g.
Kėdainių g.
Mikalojaus
Vingrių g.
Lydos g.
T.Ševčenkos g.
ST-NICOLAS
Žemaitijos g.
Naugarduko g.
Vingrių g.
Ligoninės g.
Synagogue
Pylimo g.
Plačioji g.
Šaltinių g.
Kruopų g.
Aguonų g.
Šv. Stepono g.
Mindaugo g.
Raugyklos g.
Kauno g.
SE LOGER
AAA Hostel.......... 1
Apia..................... 3
Artis..................... 5
Barbacan............. 7
City Gate.............. 9
Domus Maria....... 11
Ecotel.................. 13
Grybas Namai...... 15
Narutis................ 17
Novotel................ 19
Old Town Hostel.. 21
Radisson SAS Astorija................ 23
Relais & Châteaux Stikliai................ 25
Shakespeare Boutique Hotel..... 27
Telecom Guest-House......... 29
SE RESTAURER
Čagino.................... 1
Čili Kaimas............. 3
Forto Dvaras............ 5
Gusto Blyninė.......... 7
La Provence............ 9
Mano Guru............. 11
Markus ir Ko........... 13
Ponių Laimė........... 15
Skonis ir Knapas..... 17
Žemaičiai............... 19

C
D
N
Šeimyniškių g.
Raitininkų g.
Sporto g.
Slucko g.
Juozapavičiaus g.
Olimpiečių g.
Žvejų g.
Rinktinės g.
Žygimantų g.
T. Kosciuškos g.
Karaliaus Mindaugo tiltas
Neris
Radvilų g.
Arsenalo g.
MUSÉE DES ARTS APPLIQUÉS
NOUVEL ARSENAL EXPOSITION HISTORIQUE ET ETHNOGRAPHIQUE DU MUSÉE NATIONAL
Vieil arsenal
EXPOSITION ARCHÉOLOGIQUE DU MUSÉE NATIONAL
KALNŲ PARKAS
T. Vrublevskio
K. Škirpos al.
Vilnia
Funiculaire
Tilto g.
COLLINE DES TROIS CROIX
COLLINE DE GEDIMINAS
Ž. Liauksmino
prospektas
CATHÉDRALE DE VILNIUS
Musée de la tour Gediminas
Théatre dramatique national
Palais des Grands-Ducs
Beffroi de la cathédrale
KATEDROS AIKŠTĖ
Odminių
Gucevičiaus g.
Šventaragio g.
Barboros Radvilaitės g.
Maironio g.
SEREIKIŠKIŲ PARKAS
L. Stuokos
Šiltadaržio
Liejyklos g.
S. Skapo g.
Bernardinų
PILIES G.
GALERIE-MUSÉE DE L'AMBRE
STE-ANNE
ST-FRANÇOIS DES BERNARDINS
Totorių
Palais présidentiel
ST-JEAN
Šv. Mykolo g.
Statue d'A. Mickiewicz
St-Michel
Universiteto
Maison Alumni
UNIVERSITÉ
Literatų g.
Vilnia
Šv. Jono g.
Maison des signataires
Šv. Ignoto g.
ST-ESPRIT
Église de la Miséricorde divine
Rusų g.
Latako g.
Malūnų g.
Cimetière Bernardinų
Užupio g.
DOMINIKONŲ G.
Église Pyatnitskay
Ste-Mère-de-Dieu
UŽUPIS
Švarco g.
Gaono
Ange d'Užupis
St-Barthélémy
GALERIE DE VILNIUS
Žydų g.
STIKLIŲ G.
St-Nicolas
Paupio g.
CONSTITUTION D'UŽUPIS
Vokiečių g.
Antokolskio g.
DIDŽIOJI G.
Savičiaus g.
N.-D.-de-la-Consolation
Église luthérienne
Maison de M.K. Ciurlionis
Augustijonų
Aukštaičių g.
Ancien Hôtel de Ville
Musée Kazys Varnelis
Kūdrų
Musée Pouchkine
Ašmenos
ST-CASIMIR
Mėsinių g.
Centre d'art contemporain
Šv. Kazimiero g.
Maironio g.
Pl. Geto Aukų
DIDŽIOJI G.
Bokšto g.
Bastion de l'Artillerie
ÉGLISE DE L'ASCENSION
Etmonų
Rūdninkų g.
Karmelitų g.
Subačiaus g.
Pasažas
Subačiaus g.
Société philharmonique
AUŠROS VARTŲ G.
A. Strazdelio g.
Žiupronių g.
Žiupronių g.
Arklių g.
ST-ESPRIT
Šv. Dvasios g.
Église de Tous-les-Saints
Visų Šventųjų g.
Ste-Trinité
M. Daukšos g.
STE-THÉRÈSE
K. Vanagėlio g.
Rasų g.
Gėlių g.
Bazilijonų g.
PORTE DE L'AUBE
Marché Hales
Sodų g.
Pylimo g.
Lepų g.
Aušros Vartų g.
Cimetière Rasų
Cimetière d'Antakalnis
Église St-Pierre-et-Paul
1
2
3
4

Se promener

Si les musées sont votre priorité, n'oubliez pas avant de choisir votre itinéraire qu'ils n'ouvrent qu'à partir de 10h ou 11h, et que la plupart sont fermés le lundi. Il est difficile de donner des horaires d'ouverture précis pour les lieux de culte catholique. Bien des églises ne sont ouvertes que pour les messes (horaires affichés à l'entrée ou à consulter dans les guides *In your pocket*, *voir p. 24*).

VILNIUS, EN HAUT, EN BAS★★ 1

Place de la Cathédrale★★ (Katedros aikštė) C2

Jadis, sur ce lieu de confluence, coulait la Vilnia et brûlait un feu païen. Ici, la vieille ville rencontre la nouvelle, les skaters slaloment entre les bigotes, les employés de bureau envient les collégiens, les touristes regardent les Lituaniens (et vice versa). La place aux limites imprécises apparaît d'autant plus étendue que les bâtiments qui l'entourent sont bas et en retrait. Les rues qui la délimitent ont remplacé les canaux et les remparts qui fermaient l'espace. De ces fortifications qui protégeaient le château inférieur et la cathédrale, seul le **beffroi** demeure. Haut de 57 m, construit aux 13e et 14e s. et embelli à diverses époques, il est à la fois l'un des plus anciens édifices du pays, le phare qui permet de se repérer et le lieu de rendez-vous de la ville. Les yeux au sol, cherchez le *stebuklas* (« miracle ») où s'acheva la chaîne humaine de 2 millions de Baltes en quête d'indépendance reliant, en 1989, Tallinn à Vilnius. Derrière la cathédrale, le **palais des Grands-Ducs** (appelé aussi Palais royal ou Château inférieur – *Žemutinės piliės*) est reconstruit à l'identique pour accueillir (2009) un musée des Beaux-Arts.

Cathédrale de Vilnius★★ (Arkikatedra Bazilika) C2

Katedros a. 1 - 7h-19h30. Jadis on vénérait ici Perkūnas, le dieu du tonnerre. Lieu des baptêmes, des mariages royaux et des couronnements, le symbole de l'évangélisation du pays est devenu celui de la Lituanie à nouveau indépendante. Les premières églises sur ce site furent élevées en 1251 par **Mindaugas** et en 1388 par le roi Jogaila. Depuis, la cathédrale a subi de très nombreuses modifications (11 reconstructions pour cause de guerres, d'incendies et d'effondrements) pour devenir le plus grand lieu de culte du pays. À la fin du 18e s., son allure gothique, ses éléments extérieurs Renaissance ou baroque disparaissent presque entièrement pour laisser place à une façade néoclassique. Au-dessus de ses blanches colonnes, ont été placées les répliques des statues de sainte Hélène, saint Casimir et saint Stanislas que Staline avait fait détruire. Des statues d'Abraham, de Moïse et des évangélistes (façade), des ducs de Lituanie (côté sud) et de saints et des apôtres (côté nord) animent les façades assez sévères. L'intérieur, moins remanié, comprend trois nefs supportées par des colonnes massives qui dégagent une impression de force, de solidité. Les fresques et les tableaux du 16e s. au 19e s., ainsi que les onze chapelles (décorées à différentes époques) atténuent la sévérité du lieu. La chapelle Wołłowicz (2e à gauche) est d'une grande richesse artistique : autel baroque et coupole. La plus visitée est la chapelle baroque **St-Casimir**★★ (1636) au fond à droite. La vie du saint patron et l'histoire de la Lituanie y sont relatées par des sculptures de bois couvertes d'argent, des marbres et des fresques, sur la coupole et les murs. Notez la représentation avec trois mains du saint, l'imposant tombeau d'argent de Casimir et les statues de Ladislas IV et d'Alexandre Jagellon. La **crypte**, où figure une fresque du 14e s. (la plus ancienne du pays), abrite les sépultures de plusieurs nobles et religieux, dont le grand-duc Vytautas.

Longer le parc et pénétrer dans la cour du vieil arsenal d'où part le funiculaire (A/R 2 Lt) qui gravit la colline de Gediminas. Garder le ticket pour redescendre.

Nefs multifonctions

Quand les **Soviétiques** prennent le pouvoir en Lituanie, beaucoup de lieux de culte sont recyclés pour diverses fonctions. On expose des peintures dans l'espace clair de la cathédrale qui se fait musée. L'église évangélique est transformée en cinéma. On installe des panneaux de basket dans la petite église luthérienne. Le folklore et l'artisanat sont à l'honneur dans l'église de Tous-les-Saints. Les vieux meubles s'entassent entre les autels de l'église St-Jean. Celle de l'Assomption accueille les rayonnages des Archives nationales. L'église des Bernardins profite à l'académie des Arts de Vilnius. Les artisans travaillent dans St-Barthélémy à Užupis. La belle Ste-Catherine devient entrepôt pour le musée des Arts, et la Kenessa karaïte, un entrepôt tout court. Enfin, St-Casimir, symbole national, a droit à un traitement spécial : elle accueille… un musée de l'Athéisme.

Colline de Gediminas ★ (Gedimino kalnas) CD2

C'est à partir de ce relief de 48 m que Vilnius fut fondée, remplaçant Trakai dans son rôle de capitale. Depuis le 13e s. une tour octogonale en brique (*Gedimin bokštas*) s'y dresse, vestige du haut-château (*Aukštutinės Pilies*). Visible de toute la ville, elle est surmontée d'un drapeau lituanien (après avoir vu flotter bien des couleurs). Elle abrite le **Musée de la tour de Gediminas** (**Aukštutinės Pilies Muziejus** – *℘ 261 74 53 - 10h-17h sf lun. - 4 Lt*) que l'on parcourt en empruntant des escaliers très raides. Une maquette en bois montre la structure de la cité aux 14e et 17e s. L'ancienne cathédrale (différente de l'actuelle, mais où l'on reconnaît la chapelle St-Casimir) apparaît clairement. Après un passage par une salle d'armes, vous parvenez à une terrasse d'où la **vue sur la ville**★★ est inoubliable : forêt de clochers, de béton et d'arbres.

Redescendre par le funiculaire pour visiter les musées.

D'ici, avec du temps, il est possible de se rendre à l'église St-Pierre-et-Paul et au cimetière Antakalnis (voir p. 272) en longeant la bruyante Kosciuškos T. g.

Les musées des arsenaux CD2

Divers musées, dont des sections du **Musée national (Lietuvos nacionalinis muziejus)** occupent les arsenaux au pied de la colline. Celui des arts appliqués et l'exposition archéologique du Musée national se répartissent dans le **vieil arsenal** (16e s.). Les collections ethnographique, et historique, occupent le sobre et longiligne **nouvel arsenal** (18e-19e s.), gardé par une statue du roi Mindaugas (2003) qui commémore les 750 ans de son couronnement. Parce qu'ils proposent un voyage temporel en Lituanie, de sa naissance à 1945, ces musées sont prisés par les groupes scolaires.

Musée des Arts appliqués★ (Taikomosios dailės muziejus) – *Arsenalo g. 3A - ℘ 262 80 80 - www.ldm.lt. - mar.-sam. 11h-18h, dim. 11h-16h - 4 Lt.* Rénové en 1986, ce bâtiment blanc et massif du 16e s. abrite des expositions permanentes et temporaires. Des meubles, des porcelaines, des faïences ou des tapisseries de différentes écoles européennes s'alignent dans de vastes salles. L'art et l'artisanat lituaniens sont présents sous la forme de céramiques, de bijoux d'ambre, de costumes et de nombreuses pièces d'art sacré (icônes, pietà et croix sculptées) allant du 15e au 19e s.

Musée national - Exposition archéologique ★★ – *Arsenalo g. 3 - ℘ 212 2452 - www.lnm.lt. - mai-sept. 10h-17h, dim. 15h, sf lun. ; oct.-avr. 10h-17h, sf lun.-mar. - 4 Lt - entrée face au funiculaire.* Riche et bien présentée, elle couvre la période allant de l'apparition des premiers habitants à la formation de l'État lituanien au 13e s. Le quotidien des habitants est mis en avant : chasse, pêche, cultes. Les bijoux de bronze, d'ambre ou de verre sont très variés car ils furent conçus à une époque où la croix n'était pas l'unique source d'inspiration. De magnifiques costumes, des cartes, des photographies et des schémas permettent de comprendre la formation de la culture balte, de découvrir les diverses ethnies qui l'ont créée, leurs points communs et leurs particularités.

Musée national - Exposition historique et ethnographique ★★ – *Arsenalo g. 1 - ℘ 262 94 26.* Au rez-de-chaussée sont organisées des expositions temporaires. À l'étage, vous verrez de belles reconstitutions d'**intérieurs paysans** du 19e s. avec meubles, costumes régionaux, outils agricoles ou textiles. La richesse de l'**artisanat du bois** est évidente : quenouilles sculptées, statues religieuses peintes, charrettes ciselées, coffres peints.

L'art religieux (belles pietà) et païen figure en bonne place. Les salles historiques présentent les périodes fastes (première indépendance), comme sombres (le temps des déportations) de la Lituanie. Le Grand-Duché renaît ici grâce à des armes, des cartes, des meubles, des portraits et des monnaies.

Revenir en direction de la cathédrale. Sur la place, passer devant la statue équestre de Gediminas (Vytautas Kašuba et Mindaugas Šnipas, 1996). Rejoindre la rue Pilies. Prendre la première rue à gauche, Bernardinų g., là où des théières colorées décorent le mur.

Rue Bernardinų★ (Bernardinų gatvė) C2-3 D3

Cette étroite et sinueuse rue pavée est bordée de porches, de maisons colorées, de cours intérieures plus ou moins bien entretenues (n° 5, n° 11), de murs lisses et aveugles ou percés de fenêtres de tailles diverses. On peut dormir dans la maison Olizar (n° 8), un petit palais baroque devenu hôtel. La maison des 17e-18e s. du n° 11 fut habitée par Adam Mickiewicz en 1822. Le bâtiment vert de gris, entourant une cour lumineuse (mur et galerie en bois jaune), abrite le **musée Mickiewicz** (**Mickevičaus memorialinis butas-muziejus** – *Bernardinų g. 11 - ℘ 279 18 79 - mar.-vend. 10h-17h, sam.-dim. 10h-14h - 2 Lt)* qui présente divers objets ayant appartenu au poète romantique, auteur de *Gražia'*. En suivant la rue jusqu'à son terme, vous découvrirez les courbes inhabituelles de l'église Ste-Anne.

La statue de Adam Mickiewicz devant l'église Sainte-Anne et l'église des Bernardins.

Églises Sainte-Anne★★★ (Šv. Onos bažnyčia) et Saint-François-des-Bernardins★ (Bernardinų bažnyčia) D3

Maironio g. 8-10 - Ste-Anne : oct.-avr. avant la messe de 17h30, dim. 9h-11h ; mai-sept. mar.-dim. 10h-18h - St-François : tlj. La construction du monastère des Bernardins commence au 15e s. à l'arrivée de la congrégation à Vilnius. Ces deux édifices forment un ensemble remarquable, à la fois contrasté et harmonieux, intéressant quel que soit l'angle sous lequel vous le regardez. En voyant Ste-Anne et sa façade en dentelle de briques (33 sortes différentes), **Napoléon** aurait voulu la transporter en France au creux de sa main. Cette église de poche, dont les courbes s'élèvent vers le ciel, est considérée comme le chef-d'œuvre de l'art gothique lituanien. Ne reposant que sur des pilotis de bois, elle est aussi précieuse que fragile. La première église sur ce lieu date de 1394, mais l'édifice actuel a été construit entre 1495 et 1500 par **Benedikt Rejt** (1454-1531), architecte de nombreux aménagements du château de Prague, dont la célèbre salle Ladislas. Le clocher ne fut par contre élevé qu'en 1873. En poussant les portes ouvragées de l'église, on découvre l'intérieur sobre, souvent endommagé par des incendies et des pillages (par les soldats de Napoléon). Toutes les courbes (voûtes, colonnes) qui modèlent les murs blancs sont reprises sur les vitraux colorés.

La grande **église gothique St-François**, cachée derrière Ste-Anne, apparaît bien sévère comparée à cette dernière. Son aspect général date des rénovations du 16e s., mais des éléments Renaissance et baroque des 17e-18e s. apparaissent nettement, en particulier à l'intérieur. Le haut de sa façade à deux niveaux contrastés est orné d'une fresque de Kanutas Ruseckas (1846), représentant la crucifixion. Les deux petites tours octogonales font écho à la tour principale en brique, à l'arrière. Les canonnières de l'église (autrefois intégrées aux remparts de la ville) ne l'ont pas protégée des attaques du temps et des aléas de l'histoire. Le mauvais état des fresques du 16e s. (qui couvrent ses voûtes complexes et ses 8 piliers) a quelque chose d'émouvant. Ce qu'il en reste permet d'imaginer la splendeur passée de ce lieu. Espérons que la rénovation promise de ces scènes bibliques et hagiographiques ne sera pas trop brutale. L'autel principal, haute composition de bois, est l'œuvre de D. Gitotto (18e s.). Les dix autres autels que comptait l'édifice devraient être reconstruits, tout comme les pierres tombales. Une chapelle abrite le Christ en croix le plus ancien de Lituanie (15e s.).

Après la visite de Ste-Anne, traverser la place pour rejoindre l'église St-Michel.

Rue Šv. Mykolo (Šv. Mykolo gatvė)

Église St-Michel (Šv. Mykolo bažnyčia) D3 – *Šv. Mykolo g. 9.* Faisant face à l'évidente beauté de Ste-Anne, cette église pâle est souvent oubliée. Il s'agit du **seul ensemble Renaissance** (style Lublin) de la ville. Achevée en 1625, elle sert de mausolée aux Sapiega (ou Sapieha), noble et influente famille qui occupa le devant de la scène politique et économique à partir du 16e s. Bien que saccagée par les cosaques en 1655, elle conserve un grand autel où marbres multicolores et albâtre blanc se mettent mutuellement en valeur. Les diverses tombes baroques et maniéristes peuvent être longuement détaillées, tout comme les motifs géométriques variés qui décorent les voûtes. Le beffroi du 18e s. est surmonté par l'archange St-Michel. L'église abrite un petit **musée d'Architecture** *(✆ 261 6409 - lun. et dim. 11h-17h, merc.-jeu. 11h-18h).*

Suivre la rue Šv. Mykolo, passer devant une étonnante maison de brique. La galerie-musée de l'Ambre est annoncée par une belle enseigne ornée de quatre silhouettes.

Galerie-musée de l'Ambre★ (Gintaro muziejus-galerija) – *Šv. Mykolo g. 8 - ✆ 262 30 92 - www.ambergallery.lt. - 10h-19h - gratuit.* Au sous-sol, l'ambre est mis en valeur dans un décor de fours à céramiques datant du 16e s. On apprend d'abord à prononcer son nom en 28 langues. Des textes en anglais expliquent l'origine de la résine, les routes commerciales, les différentes teintes (l'ambre n'est pas toujours couleur ambre !). À l'aide de loupes, on plaint les plantes et les insectes prisonniers.

Revenir en arrière et passer devant la statue d'A. Mickiewicz. Longer la rivière et prendre le pont situé face à l'hôtel Marbre Residence. *Vous entrez en république d'Užupis.*

République d'Užupis★★ (Užupio Res Publika) D3

Sur les rambardes du pont qui enjambe la **Vilnia**, des amoureux accrochent des cadenas où ils ont gravé leurs noms avant de jeter la clé dans la rivière. Ces petits riens, ainsi qu'un curieux panneau de signalisation, indiquent l'entrée de cette république, indépendante depuis le 1er avril 2000, qui ne figure sur aucune carte du monde – comme Montmartre ou Christiania. Créée par des artistes et des rêveurs, elle possède un drapeau, un hymne, un président, un gouvernement (qui se rassemble au café *Užupis Kavinė*), une armée et une fête nationale le 1er avril. La rue principale, Užupio gatvė, sent la peinture fraîche de toutes les couleurs. Ses façades rénovées cachent des passages et des cours intérieures parfois délabrés. On y fait encore des feux de bois, on y puise de l'eau à des fontaines, on y cultive quelques légumes. Ce lieu populaire s'est fait bohême mais, fort de son succès, devient peu à peu branché. Les petites gens, les artistes de la première heure s'y accrochent encore malgré la pression des promoteurs immobiliers. La *gentryfication* est en marche : la quête du « tendance » prend le dessus sur l'esprit du quartier. Pour comprendre ce dernier, lisez la **Constitution d'Užupis★★**. Autre symbole du lieu, l'ange en haut de sa colonne réveille de sa trompette Užupis et, qui sait, le monde depuis le 1er avril 2002.

Užupis n'est pas né avec la République. Ce village devenu faubourg au-delà de la Vilnia existe depuis le 15e s. et attire depuis longtemps les artisans *(voir l'encadré p. 269)*. Sous le régime soviétique, des artistes ont trouvé refuge dans ce quartier populaire et abandonné. On parcourt ses rues pour l'ambiance, pour le plaisir de croiser des « gueules ». On compte aussi quelques édifices intéressants. Citons la maison classique des Honesti *(Užupio g. 7)* ou l'**église St-Barthélémy (Šv. Baltramiejaus baž.** – *Užupio g. 7a., 1824)*. Cette dernière, l'une des plus petites églises de la ville, servit longtemps d'atelier. Les trois statues actuelles du fronton de la cathédrale ont été sculptées ici. Elle accueille désormais les catholiques biélorusses de la capitale. Un peu plus haut, le café *Torres* est célèbre pour sa terrasse offrant une superbe vue sur la vieille ville. En suivant Polocko g. (en haut d'Užupio g.), vous atteindrez le très bucolique **cimetière Bernardinų (Bernardinų kapinės)** aménagé ici depuis 1810.

Après ce parcours « bohême », descendre Užupio g. et franchir le pont.

Autour de la rue Bokšto (Bokšto gatvė)

Église de la Sainte-Mère-de-Dieu (Skaisčiausios Dievo Motinos cerkvė) – *Maironio g. 12.* La silhouette et la blancheur de cette église orthodoxe sont frappantes lorsque l'on regarde la ville d'en haut. Sa coupole pointue, son style gothique-byzantin, évoquent plus la Géorgie que l'Europe balte. Une première église aurait été construite ici par la femme du grand-duc Algirdas au 14e s., enterrée sur ce site. Le lieu fut successivement orthodoxe, uniate, puis à nouveau orthodoxe en 1868, année de sa dernière

La Constitution d'Užupis

Sur un mur de Paupio g., elle est gravée en français sur des miroirs. On se reflète donc au sens propre dans ses 41 articles. À vous de voir si vous vous y reflétez aussi au sens figuré.

1) L'Homme a le droit de vivre près de la petite rivière Vilnia et la Vilnia a le droit de couler près de l'Homme.

3) L'Homme a le droit de mourir mais ce n'est pas un devoir.

8) L'Homme a le droit de n'être ni remarquable, ni célèbre.

13) Le chat a le droit de ne pas aimer son maître mais doit le soutenir dans les moments difficiles.

15) L'Homme a le droit de douter mais ce n'est pas obligatoire.

24) L'Homme a le droit de ne rien comprendre du tout.

29) L'Homme ne peut pas partager ce qu'il ne possède pas.

transformation. Assez nu et clair, l'intérieur étonne par sa sobriété. L'**iconostase**, très riche et sur cinq niveaux, n'en ressort que mieux.

Zigzaguer dans les rues **Rusų** et **Literatų** (noter la maison Piaseki au n° 5) qui serpentent vers Pilies g. N'emprunter cette dernière que brièvement avant de trouver Bokšto g. Passer devant la porte baroque de l'ancien hôpital Savičius (n° 6) avant de prendre à droite, Savičiaus g. Le peintre et compositeur **M. K. Čiurlionis** a vécu dans la solide maison ocre du n° 11 (**M. K. Čiurlionio namai** – *Savičiaus g. 11 - ✆ 262 24 51 - www.ciurlonis.lt. - 10h-16h sf sam.-dim.)*. L'artiste y est présenté à travers une petite exposition et vous pourrez acquérir des reproductions de ses œuvres. Aux alentours, partir à la recherche de la plus étroite ruelle de la ville. Suivre la **rue Augustijonų** qui se trouve entre la maison Čiurlionis et l'église délabrée Notre-Dame-de-la-Consolation (1768). Cette rue pavée, avec son arbre penché, ses murs colorés, est égayée par les bruits d'une cour d'école. *Au bout, tourner à gauche vers Bokšto g. et grimper.*

Bastion de l'Artillerie (Artilerijos Bastėja) – *Bokšto g. 20 - ✆ 261 21 49 - www.lnm.lt. - mar.-sam. 10h-17h, dim. 10h-15h - 4 Lt.* En brique et en tuiles rouges, le bastion du 17e s. épouse parfaitement la forme de la colline. Il est bien seul, mais permet d'imaginer l'**ancien système défensif** (dont on évoque la reconstruction), long de 3 km, qui protégea la ville des Russes et des Suédois. Des armes, des munitions et des armures anciennes sont exposées à l'intérieur. Le complexe abriterait également un dragon légendaire susceptible de vous changer en pierre. La vue sur la ville est très jolie depuis la terrasse (au pied de l'église de l'Ascension, 17e-18e s.).

Monter jusqu'à la rue Subačiaus que l'on prend à droite pour rejoindre la place où trône l'élégant édifice historiciste (1902), couleur glace à la pistache (sans colorant) de la **Société philharmonique** (**Nacionalinė filharmonija** – *Aušros Vartų g. 5*).

Rue Aušros Vartų★★★ (Aušros Vartų gatvė) C4

Le regard porte naturellement vers le haut de Aušros Vartų g., où s'alignent de belles façades (historicistes, médiévales) et des édifices religieux de trois confessions.

Église de la Sainte-Trinité (Šv. Trejybės cerkvė) – *Aušros Vartų g. 7 - ouverte lors des messes : lun.-merc. 18h30, jeu.-sam. 17h30, dim. 10h.* Il faut passer sous de belles arches baroques (*bazilijonų Vartai*, 1761) pour atteindre une calme cour et l'église un peu décrépite d'un monastère uniate spécialisé dans l'impression d'ouvrages religieux. Construite en 1514, elle fut remaniée aux 18e et 19e s. Sa porte principale est entourée de deux niches où l'on devine encore des fresques intéressantes. Remarquer la tour-clocher massive à l'écart, inchangée depuis le 16e s.

Église du Saint-Esprit★ (Šv. Dvasios cerkvė) – *Aušros Vartų g. 10.* Cette église de style baroque précoce, située en hauteur, est le principal lieu de culte orthodoxe du pays, d'où une affluence impressionnante aux messes dominicales. On y accède en passant sous un portail néobyzantin, marquant l'entrée du monastère. Sa silhouette actuelle fut dessinée par **Jan Krzysztof Glaubitz** entre 1749 et 1753. L'intérieur se compose de voûtes et de colonnes roses, bleues et blanches, sur lesquelles se détache un autel baroque vert menthe à l'eau (18e s.) qui fait office d'iconostase. La crypte abrite les corps de trois saints (Jean, Antoine et Eustache), martyrs du 14e s. La couleur de leurs tenues mortuaires change selon la fête religieuse. Le 26 juin, les corps présentés nus deviennent miraculeux (vertus curatives).

Église Sainte-Thérèse★ (Šv. Teresės bažnyčia) C4 – *Aušros Vartų g. 14.* Construite de 1633 à 1650, sa haute façade baroque dessinée par l'architecte italien **Constantino Tencalla** (qui participa à la décoration de la chapelle St-Casimir dans la cathédrale) domine la rue, et lui donne un petit air romain (hauteur, obélisques). L'intérieur rococo est demeuré inchangé depuis sa réalisation au 18e s. L'espace réduit est entièrement occupé par des statues et ornements (nuages, dorures). La vie de sainte Thérèse est relatée à travers des fresques peintes par **Maciej Sluščianskis**.

La porte de l'Aube★★ (Aušros Vartai) – Cette porte à deux visages, qui gardait la route de Minsk, est la seule rescapée (16e s.) des neuf entrées que comptait la capitale. Sa sobre façade donnant sur l'extérieur de la vieille ville est surmontée du *Vytis* : un chevalier blanc et deux griffons – blason de la Lituanie. Côté nord, elle capte tous les regards et provoque signes de croix et

W. Buss / Michelin

La Vierge de la porte de l'Aube.

W. Buss / Michelin

La porte de l'Aube (Aušros Vartai) et son icône miraculeuse, éclairée.

génuflexions. Car une fenêtre laisse entrevoir la lumineuse **icône miraculeuse de la Vierge**, peinte en 1620 sur des panneaux de chêne. Abritée dans la chapelle de la Vierge-Marie (*6h-19h*), la Madone au visage noir de Vilnius, représentée sans l'Enfant dans un habit d'argent doré, attire le dimanche une foule fervente, tant catholique qu'orthodoxe. *Pour monter dans la chapelle, passer la porte au n° 14 de la rue, là où est inscrit* Galerija. *Puis prendre l'escalier à droite.*

Redescendre Aušros Vartų g. jusqu'au luxueux hôtel Astorija. En face se dresse le conservatoire de musique qui assure l'ambiance sonore du lieu (vocalises et gammes).

Rue Didžioji★★ (Didžioji gatvė)

Elle relie Aušros Vartų g. à Pilies g. et devient une place au niveau de l'hôtel de ville.

Église St-Casimir★ (Šv. Kazimiero bažnyčia) – *Didžioji g. 34 - ouverte pour la messe : lun.-sam. 17h30, dim. 10h30 et 12h.* Au sommet de sa coupole brille la couronne de la dynastie des Jagellon dont Casimir, devenu saint patron de la Lituanie, est le plus illustre représentant. La construction de l'édifice en 1604 (sur le modèle de la *chiesa del Gesù* de Rome), voulue par les Jésuites, en fait la plus ancienne église baroque de la capitale. Son statut de symbole lui a valu une histoire tourmentée (nombreuses reconstructions) et diverses utilisations : grenier géant pour les troupes de Napoléon (1812), église orthodoxe à bulbes (1868), temple protestant (1915-1917), puis musée soviétique de l'Athéisme (1961-1989). L'intérieur étonne par sa sobriété, conséquence des nombreuses détériorations infligées. La lumière jaillit avec modération par les vitres de la coupole au décor rococo, créant une atmosphère sereine.

L'ancien hôtel de ville (Vilniaus rotušė) C4 – *Didžioji g. 31 - ✆ 261 80 07 - www.vilniausrotuse.lt. - lun.-vend. 8h-18h.* Imaginé par le même architecte que la cathédrale, il date de 1799, mais est établi ici depuis le 14e s. De ses marches qui partent à l'assaut de six colonnes doriques, on contemple la place rénovée. Le hall, qui accueille des expositions d'artistes lituaniens, surprend avec ses voûtes basses aux courbes généreuses.

Place de l'Ancien-Hôtel-de-Ville (Rotušė aikštė) – Cet espace penché et triangulaire fut durant des siècles le théâtre d'événements historiques et le centre de la vie sociale (marché, amusements). Aujourd'hui, on s'y rassemble pour fêter Noël ou célébrer la nation. De belles façades racontent l'histoire du lieu : la clinique de l'université au n° 10, la guilde des marchands au n° 24 (16e s.) ou la Petite Guilde au n° 26 (15e s.) qui abrite les cartes géographiques, les peintures et l'art oriental du **musée Kazys Varnelis** (**K. Varnelio muziejus** - *✆ 279 16 44 - merc.-dim. 9h-17h - 3 Lt*). Visitez l'**église orthodoxe St-Nicolas** (**Šv. Mikalojaus cerkvė** - 16e s.) largement rénovée au 19e s. mais qui cache quelques discrets éléments gothiques en son sein. La place en sablier vous mène naturellement vers le bas de la rue Didžioji. Au n° 1, à l'entrée de la maison Franck (16e s.) qu'occupe le **Centre culturel français**, une plaque commémorative indique « *Ici Stendhal fit étape en décembre 1812 lors du passage de l'armée napoléonienne* ».

Passer le porche en face pour visiter la Galerie de peinture de Vilnius.

Galerie de peinture de Vilnius★ (Lietuvos dailiės muziejus)

Didžioji g. 4 - ✆ 212 08 41 - www.ldm.lt. - mar.-sam. 12h-18h, dim. 17h - 5 Lt. La galerie est abritée dans le **palais Chodkiewicz** (18e-19e s.), un grand U de 3 étages. De beaux

éléments de décors demeurent (moulures, lustres, cheminées, mobilier classique et Empire) et rendent la visite très agréable. Les portraits de grands personnages de l'histoire lituanienne (nobles, scientifiques, religieux) se succèdent dans diverses salles et composent une partie des œuvres lituaniennes des 16e-19e s., exposées chronologiquement. Ceux de **Jonas Rustemas** (1762-1835), spécialiste du genre, sont nombreux. Une salle entière est consacrée au grand peintre du 18e s., **Pranciškus Smuglevičius** (1745-1807), qui comme Rustem fut l'illustre membre de l'École de Vilnius, liée à l'université. On doit à Smuglevičius le tableau *La Mort de St-Stanislas* qui orne le grand autel de la cathédrale, et des fresques de la librairie de l'université. Sont également présentées dans les salles 1 et 2 des œuvres d'artistes étrangers qui ont travaillé en Lituanie, comme le Hollandais **Danchers de Ry** (1605-1661) à qui l'on doit la décoration de la chapelle Wołłowicz *(voir p. 260)*. De nombreux manuscrits, lettres (de Victor Hugo, Voltaire), livres anciens, cartes à jouer, cartes géographiques (1re carte du Grand-Duché), renforcent l'intérêt historique de l'exposition. D'anciens dessins de Vilnius offrent une autre vision de la ville. Celui datant de 1857 montre des paysans discutant là où s'élèvent désormais les tours de la place Europos. Des expositions temporaires mettent en avant des peintres contemporains.
Poursuivre la descente en traversant une place prisée des vendeurs de souvenirs. Autour, on trouve l'ambassade de France et l'**église orthodoxe Pyatnitskay** (1864).

Rue Pilies★★ (Pilies gatvė) C2-3

La rue « du Château », axe principal et piéton de la vieille ville, vous ramène en pente douce vers la place de la Cathédrale. Elle offre une grande variété de façades qui forment une attrayante haie d'honneur architecturale. Ne vous laissez pas trop distraire par l'animation permanente, les commerces et les stands d'artisanat qui colonisent le lieu depuis des siècles et levez les yeux pour détailler les édifices. Notez le caractère baroque de la maison Victoria, au n° 32, qui cache une petite cour intérieure. La guilde des barbiers (n° 30) date du 17e s. mais supporte désormais de très visibles éléments historicistes. C'est dans l'élégante et ornementée maison Sztral (n° 26) que fut déclarée l'Indépendance de la Lituanie le 16 février 1918 (**Signatarų namai** – *☎ 231 44 42 - lun.-vend. 10h-17h - 2 Lt).* L'hôtel *Narutis* (n° 24) est aussi rose que classique, mais son entrée rappelle son passé gothique. L'université débute à gauche. Plus bas, à noter encore, le long collège médical (n° 22) et la belle utilisation de la brique au n° 12 (la plus ancienne maison de la ville, 15e s.) ou la maison de la Capitulation au n° 4. Malgré l'intérêt de Pilies g., évitez de « filer droit » et aventurez-vous dans les ruelles alentours, où se cachent des cours et des cafés en sous-sol.

MÉMOIRE, SAVOIRS, POUVOIRS★★ 2

Débuter le parcours sous les châtaigniers de la **place Daukanto**, face au palais présidentiel et ses quatre drapeaux : trois tricolores et le *Vytis*, l'emblème lituanien.

Palais présidentiel (LR Prezidentūra) C3

Daukanto ai. 3/8 - ☎ 266 41 54 - www.president.lt. - ne se visite que via un voyage organisé. Jadis évêché, ce palais reconstruit dans un style classique au 19e s. par **V. Stasov**, abrite la présidence depuis 1997. Le lieu a vu passer Napoléon et le tsar Alexandre Ier en 1812, a servi de palais des arts, avant d'abriter brièvement l'ambassade de France après 1991. À gauche, la **place Donelaičiui** marque l'entrée de l'université.

Université★★ (Vilniaus Universitetas) et église Saint-Jean★★ (Šv. Jonų baž.) C3

Universiteto g. 3 - ☎ 268 70 01 - www.vu.lt. - 10h-19h sf dim. - 5 Lt, à payer dans le bureau à gauche de l'entrée ; plan explicatif en français pour déambuler librement dans les cours. Ce complexe lieu de savoir est devenu une fierté architecturale lituanienne. Il a été choisi pour représenter le pays dans un parc d'attractions bruxellois et figure sur les billets de 100 Lt. Fondée en 1579 par les Jésuites, c'est la plus ancienne université d'Europe orientale. Dans ce pôle de la Contre-Réforme, on enseigne la philosophie, la théologie, le droit et la médecine. Le poète **Adam Mickiewicz** (1798-1855) y est formé avant sa fermeture par les Russes entre 1832 et 1919. Elle est aujourd'hui la plus grande du pays – près de 25 000 étudiants fréquentent ses diverses facultés. C'est un quartier à part entière, compris entre les rues Šv. Jono, Pilies, Skapo S. et Universiteto. Des édifices de couleurs et de styles divers (gothique, Renaissance, baroque, classique) s'imbriquent, autour de treize cours reliées les unes aux autres par des passages. Un vrai labyrinthe ! Toutes les cours n'ont pas le même intérêt, mais chacune offre une ambiance différente, surtout quand les étudiants les animent. N'hésitez pas à pénétrer dans les divers bâtiments où se répartissent quelques salles intéressantes.

W. Buss / Michelin

L'église Saint-Jean, dans l'une des treize cours de l'université.

Cour de la bibliothèque – La seule cour ouverte (depuis le 19e s.) est la première que l'on découvre. Notez la belle porte de bronze gravée de la bibliothèque, œuvre de **Jonas Meškelevičius**. À droite, la façade est ornée de fenêtres rococo et de fresques astronomiques colorées. Une tour baroque domine l'ensemble.

Bibliothèque★★ – Créée en 1570, 9 ans avant l'université, elle abrite près de 5 millions de volumes, du 13e s. à nos jours, dont des manuscrits et des originaux : incunables, cartes, gravures, atlas. La *Révolution des corps célestes* de Copernic (1543) et le *Catéchisme* de **Martynas Mažvydas** (premier livre lituanien, 1547) sont les plus précieux. Quelques-unes de ses salles sont remarquables. Ainsi la **salle Pranciškus Smuglevičius** (17e s.), du nom du peintre qui l'a décorée, évoque un long couloir aux voûtes richement décorées de fresques et d'ornements religieux ou d'inspiration antique. Ou encore la salle Lelewel installée dans une ancienne chapelle rococo.

Ces salles peuvent se visiter en groupe, sur réservation. Informations à l'entrée.

Cour Motiejus Kazimieras Sarbievijus – Nommée en hommage à un poète du 17e s., cette cour où pousse un bouleau est le carrefour de l'université. Les voûtes de la **librairie** *Littera* sont décorées par des fresques colorées de **Kmieliauskas** (1978). Des escaliers mènent à une salle couverte de fresques inspirées par le monde rural.

Grande cour★ – Entourée d'arcades, la cour la plus harmonieuse du complexe est embellie par la façade baroque de **l'église St-Jean★★ (Šv. Jonų bažnyčia)**. Construite en 1387, aux premières heures de la christianisation du pays, elle existait déjà lors de la création de l'université. Il ne demeure pas grand chose de son origine gothique depuis les reconstructions du 18e s. par Jan Krzysztof Glaubitz. À l'intérieur, les 10 autels restant sur les 22 d'origine (18e s.) forment un ensemble riche, complexe mais harmonieux, unique dans cette partie de l'Europe. Notez la chapelle Ste-Anne (2e à gauche) et son autel St-Victor portant un crucifix pris par la vigne. Le soleil illumine les vitraux colorés dessinés à Paris et à Rīga. Quelques-unes des chapelles abritent des livres scientifiques anciens et une carte du pays au 16e s. Le clocher de 68 m est le plus haut de la vieille ville et devrait bientôt être accessible au public.

Cour de l'Observatoire – Depuis la Grande cour, on accède à cet ancien jardin en passant sous l'arche d'un édifice du 16e s. De petite taille, plantée d'une poignée d'arbres, elle est un agréable petit havre. L'observatoire, créé en 1753, se distingue par ses deux petites tours à coupoles et sa façade ornée de sculptures du zodiaque.

Sortir de l'université, prendre Universiteto g. qui monte à gauche.

Au n° 3, une plaque marque l'entrée de la **maison Alumni**. Passer sous le porche pour découvrir ses arcades sur trois niveaux (1622), un bel exemple d'architecture Renaissance. Il s'agit à l'origine d'un séminaire uniate fondé par le pape Grégoire XIII en 1582. Les fresques de la façade ont été couvertes de peinture au 19e s.

En haut de la rue, jeter un coup d'œil à la jolie rue Šv. Jono. Prendre Dominikonų g.

Rue Dominikonų★ (Dominikonų gatvė)

Le long d'une courte pente s'alignent de beaux édifices qui évoquent d'appétissantes pâtisseries. Au n° 15, la maison Górecki, jadis gothique, offre une belle façade néoclassique colorée. Sa voisine du n° 13, la maison Zawisza, est plus discrète. Au n° 11, la **maison Pociej** (17e s.) fut tour à tour repaire de rebelles et maison d'édition d'ouvrages en lituanien (début 20e s.). Vous noterez les ornements et les teintes typiques du baroque. En face (n° 12), la petite **église de la Miséricorde divine** date du 16e s. Elle a été rénovée pour abriter une peinture miraculeuse datant de 1934. Tournez à droite pour effectuer un aller-retour sur **Šv. Ignoto g.**, rue médiévale en pleine transformation. Ici, une petite église jésuite du même nom (St-Ignace) arbore deux ancres marines inattendues à son entrée. Achevée en 1647, elle est désormais l'église de l'armée lituanienne. Les drapeaux de l'OTAN et du Vatican se tiennent donc côte à côte, sous des restes de fresques qui ne couvrent que l'ultime partie de la nef. Le noviciat jésuite et ses trois niveaux d'arcades sont accolés à l'édifice.

Revenir sur Dominikonų gatvė pour un aller-retour vers l'église du Saint-Esprit.

Église du Saint-Esprit (Šv. Dvasios bažnyčia/Dominikonų bažnyčia) C3 – *Dominikonų g. 8.* Vaste mais peu visible depuis la rue, elle fut fondée en 1408 puis rattachée à un monastère dominicain en 1501. Reconstruite au 18e s., ce bel exemple d'architecture baroque tardif est le principal lieu de culte polonais de la ville. L'**intérieur Rococo★★** est on ne peut plus riche : les 16 autels, les 45 tableaux, les orgues (les plus anciens du pays, 18e s.) disparaissent presque sous les stucs et les statues. Les teintes rose, crème et or dominent. Les fresques de la coupole *(Apothéose du Saint-Esprit*, 19e s.) vous emmènent dans un tourbillon de saints et de nuages. Dans la **crypte** labyrinthique, 2 000 corps momifiés, dont des soldats napoléoniens, reposent depuis le 17e s.

Revenir sur vos pas vers la rue Stiklių. La prendre à droite.

Rue Stiklių★★ (Stiklių gatvė) et Petit Ghetto

La rue « des souffleurs de verre », toute en courbes et couleurs, est l'une des plus photogéniques de la ville. Des galeries et des boutiques d'artisanat *(voir encadré ci-contre)* s'y succèdent, annoncées par de belles enseignes. Le salon de thé *Ponių Laimė* propose d'excellentes pâtisseries. Sur **Žydų gatvė**, n'hésitez pas à pénétrer dans les ateliers aux volets peints où de vieilles dames confectionnent des ceintures de mariage colorées. Plus loin, une plaque marque l'emplacement de l'ancienne **Grande Synagogue** qui pouvait accueillir 5 000 personnes. Le grand vide qui suit témoigne de la destruction de ce quartier durant la Seconde Guerre mondiale. La toponymie des rues alentours traduit le dramatique passé juif du quartier : Žydų g. (rue des juifs), Gaono g. (érudit, 1720-1797), Antokolskio M. g. (sculpteur). Revenus sur Stiklių g., vous passez devant hôtel *Stikliai*, seul Relais & Châteaux des pays baltes. Un peu plus bas (sur Gaono g.), une plaque rappelle le **Petit Ghetto** et ses 11 000 victimes.

Au bout de la rue Stiklių, vous découvrez la place triangulaire de l'hôtel-de-ville. Derrière ce dernier se dresse le **Centre d'art contemporain (Šiuolaikinio meno centras)** – *Vokiečių g. 2 - ☏ 262 34 76 - www.cac.lt. - mar.-dim. 11h-18h30 - 3-6 Lt, selon l'exposition.* Le SMC est abrité dans un vaste complexe construit par l'architecte **V. Čekanauskas** en 1967. Le lieu participe activement à la vie artistique locale en présentant des expositions temporaires (artistes locaux et étrangers) très variées, dans de grandes pièces recréant volontairement une ambiance de friche industrielle.

Autour de l'ancien Grand Ghetto C4

L'ancien Grand Ghetto (sept. 1941-sept. 1943), délimité par les rues Rūdninkų, Pylimo et Vokiečių, n'est pas un lieu qui se visite. Il n'en reste rien ou presque. On parcourt cette zone en imaginant les ruelles qui remplissaient les vides et en regardant le quartier renaître. En visitant les deux musées indiqués plus loin *(voir Détour pour mémoire, p. 270)* vous découvrirez grâce à des photographies ce qu'était ce quartier avant sa destruction. La **place Geto Auku**, en pente, est longée par la rue Rūdninkų. Le Judenrat, siège administratif du ghetto, se trouvait au n° 8, ce que rappelle une plaque au fond de la cour. Au n° 18 de cette même rue, un plan du Grand Ghetto marque l'emplacement de la porte de ce dernier. Un peu plus loin se dresse l'**église de Tous-les-Saints (Visų Šventųjų bažnyčia)**, aussi rose à l'extérieur que multicolore à l'intérieur. Présente depuis le 17e s., sa façade traduit les multiples transformations subies. À gauche en sortant de l'église se trouve la **rue Pylimo**. Devant l'hôtel *Conti*, la curieuse sculpture d'un œuf interpelle les passants. Le quartier alentour possède un charme est-européen qu'on qualifiera de décadent, avec ses beaux immeubles (*Šv. Stepono g.*) délabrés. Non loin, le **marché Hales** s'est refait une beauté. Mais si sa belle halle de fer et de verre brille de mille feux, elle n'abrite plus qu'un supermarché. De vieilles dames, fichu sur la tête, continuent néanmoins d'y vendre des herbes, légumes et fromages aux entrées. En suivant Pylimo g., passer devant la **Synagogue (Sinagoga** – *Pylimo g. 39 - ouverte pour les services à 8h30 et 19h*). Construite en 1903, en style mauresque, elle a récemment été rénovée. Sa belle façade jaune et

Découvrir l'artisanat lituanien à Vilnius

À Užupis, des ateliers-galeries présentent la **ferronnerie (Kalvystės muziejus –** *Užupio g. 26 - mar.-sam. 10h-6h, démonstration mar. 13h-18h)* ou la **céramique noire (Juodosios keramikos centras –** *Paupio g. 5 - mar.-vend. 12h-17h)*, une tradition toujours vivace en Lituanie. Les *Verbos*, des rameaux de fleurs séchées, spécialités des femmes de Čekoniškės, et les œufs peints, sont deux **objets liés aux fêtes de Pâques**. On peut les découvrir à Sauluva *(Literatų g. 20 - lun.-sam. 11h-19h, démonstration mar., merc., jeu.)*. Des **vitraux** s'admirent à Vitražo Manufaktūra *(Stiklių g. 6-8 - mar.-sam. 10h-18h, sam. 10h-16h)*. De vieilles dames accueillantes réalisent des **ceintures de mariage** colorées *(Žydų g. 2)* à acheter toutes faites ou sur mesure *(2 j., 80 Lt)*. La galerie Godas *(Naugarduko g. 20 - lun.-dim. 10h-18h)* est spécialisée dans la confection de mobiles en papier découpé. Le travail de l'**ambre** s'expose dans une galerie-musée *(voir Se Promener 1)*.
La brochure *etnographics fine crafts and fairs programme* (à l'office de tourisme) indique d'autres adresses, les horaires des visites et des démonstrations. Retrouvez ces réalisations au Dailės Salonas *(Stiklių g. 16 - www.lietuvostautodaile.lt.)*, siège d'une association nationale d'artisans. Le 4 mars, pour la St-Casimir (Kaziukas), la vieille ville se transforme en marché artisanal.

grise embellit et « orientalise » la rue. Utilisée comme entrepôt par les nazis, elle a échappé à une destruction pourtant promise. Elle demeure ainsi l'unique survivante des 105 synagogues que compta la ville. Sur sa façade on peut lire en hébreu : « Une maison de prière est sacrée pour toutes les nations. »

Prendre Ligoninės g. pour rejoindre la place Geto Auku. Passer devant la statue de T. **Shabad**, *docteur de la communauté juive décédé en 1935, qui servit de modèle pour les nouvelles enfantines Docteur Aibolit (de Korney Chukovsky), connues de tous les enfants russes. Descendre la ruelle Mėsinių g. qui ramène à Vokiečių gatvė.*

Rue Vokiečių (Vokiečių gatvė)

La « rue allemande » est l'une des plus vieilles de la ville. Mais les seuls édifices anciens se concentrent côté sud : à voir le porche au n° 20, les maisons du n° 24 (16e s.) ou du n° 28 (1790). Voitures et piétons se partagent cet axe agréable (élargi par les Soviétiques qui l'ont rêvé en autoroute). *Prendre à gauche Šv. Mikalojaus g.*

Église Saint-Nicolas★ (Šv. Mikalojaus bažnyčia) B4 – *Šv. Mikalojaus g. 4.* La plus ancienne église gothique du pays, de taille modeste, fut construite par des marchands allemands au 14e s. alors que la Lituanie n'était pas encore catholique. Son fronton de briques rouges en escalier cache un espace intérieur réduit. On déambule sous de magnifiques voûtes autrefois couvertes de fresques, aux courbes soulignées par la brique (on pense à des alvéoles). Entre 1901 et 1939, l'église est devenue un **centre de la culture lituanienne**, en tant que seul lieu où la messe était donnée en lituanien. Une statue de saint Christophe, saint patron de la capitale, trône dans la cour.

Revenir vers Vokiečių gatvė. En passant sous un porche, vous découvrirez la petite **église luthérienne** (**Ev. liuteronų bažnyčia**, 17e s.), presque cachée entre divers bâtiments. *Au croisement qui suit, prendre à gauche la rue Trakų.*

Rue Trakų★ (Trakų gatvė) B3

Cette jolie rue bordée de maisons basses et colorées est animée par de nombreux commerces. En traversant un petit parc, vous atteignez l'**église de l'Assomption** (**Pranciškonų bažn. –** *Trakų g. 9)*. Comme tout ce quartier ancien (*Piaski* ou « faubourg de sable »), le lieu de culte franciscain, contruit au 14e s., tombe en ruine. Il est promis à la rénovation. De très nombreux éléments baroques ont été ajoutés au 18e s. à la structure gothique. Une petite tour ronde sur la façade nord témoigne des toutes premières heures du gothique. À l'intérieur une minuscule chapelle a été rénovée, elle est presque trop clinquante au milieu des fresques que l'on ne peut qu'imaginer. Une Vierge miraculeuse attire les croyants. Au bout de Trakų gatvė, deux musculeuses statues supportent le balcon de l'élégante maison Empire Tyszkiewicz. En face, une niche du bel édifice Umiastowski abrite la statue à bouclier du *Gardien de la cité*.

Détour par la rue J. Basanavičiaus (Basanavičiaus J. gatvė)

Monter par le côté droit pour admirer les hauts édifices ornementés comme la maison Bulota au n° 19. Un monument et une plaque (n° 18) rappellent que **Romain Gary** vécut de 1917 à 1923 dans cette maison néo-gothique citée dans *La Promesse de l'aube*. En haut de la rue scintillent les murs blancs et les bulbes verts de la très photogénique

église orthodoxe St-Constantin-et-Michel (Šv. Konstantino ir Michailo cerkvė) A3, contruite en 1913 pour marquer les 300 ans de la dynastie Romanov.

Revenir sur Pylimo g., prendre à gauche et passer devant l'église évangélique (néo-gothique, 1835) connue pour ses plafonds décorés, puis à droite la **rue Klaipėdos**. S'y trouve l'entrée du **musée du Théâtre, de la Musique et du Film (Lietuvos Teatro, Muzikos, Kino Muziejus –** *Vilniaus g. 41 - ✆ 262 24 06 - mar.-vend. 12h-18h, sam. 11h-16h - 4 Lt).* En poussant la petite porte à l'arrière du palais Radziwiłł (16e-17e s.), vous réveillerez peut-être la personne à l'entrée. Les deux premiers arts cités sont privilégiés grâce à un très grand nombre de costumes, de manuscrits, de souvenirs de grands acteurs et de musiciens, et d'instruments traditionnels.

Église Sainte-Catherine★★ (Šv. Kotrynos bažnyčia) B3

Vilniaus g. 30 - avant sa rénovation complète, elle est ouverte lors des concerts. La plus belle église baroque de la ville s'est récemment refait une beauté à tel point qu'elle paraît neuve (trop diront certains). Sa façade pêche et crème toute en lignes verticales, la ferronnerie noire qui souligne ses formes, captent le regard. Il s'agit à l'origine d'une église en brique (17e s.) rattachée à un vaste monastère de bénédictins dont on peut voir quelques vestiges aux alentours. L'architecte J. K. Glaubitz dessina sa silhouette actuelle lors de sa reconstruction entre 1741 et 1773 suite à un incendie. L'intérieur, très riche (stucs, faux marbres), est embelli par des sculptures et des tableaux de **Simonas Čechavičius** (18e s.), considérés comme des chefs-d'œuvre de l'art lituanien. L'acoustique du lieu étant réputée, on y donne fréquemment des concerts.

Rue Vilniaus★ (Vilniaus gatvė) B1-2-3

Cet axe prolonge Vokiečių g. pour mener à Gedimino pr. puis à la Néris. Marchez côté droit pour apprécier les façades rénovées, comme celle des n° 25 ou 39. Au n° 22 se dresse le **palais Radvilos** (**Radvilų rūmai –** *✆ 262 09 81 - www.ldm.lt. - mar.-sam. 12h-18h, dim. 12h-17h - 5 Lt)* construit au 17e s. par Jonušas Radvila, chef des armées du grand-duché de Lituanie. L'édifice Renaissance fut détruit dès la fin du 17e s. En partie rénové en 1967, il abrite une galerie de portraits des ducs Radvila ainsi que des expositions temporaires présentant des œuvres d'artistes locaux.

Détour pour mémoire

Avant de rejoindre Gedimino pr., vous pouvez effectuer un détour en suivant Islandijos g. pour rejoindre Pylimo g. et Pamėnkalnio g.

Buste de Frank Zappa – *Kalinausko K. g. 1.* Il trône depuis 1995 en haut d'une colonne au milieu d'un parking et se détache sur un mur peint. Voulu par les fans lituaniens de la légende du rock, son intérêt dépend avant tout de votre attachement à l'artiste.

Musée juif Gaon de Vilna (Lietuvos valstybinis Vilniaus Gaono žydų muziejus) B2 – *Pylimo g. 4 - ✆ 212 79 12 - www.jmmuseum.lt. - lun.-jeu. 10h-17h, vend. 10h-16h - 2 Lt.* De nombreux documents, photographies et œuvres d'art font revivre la Jérusalem du Nord. Le lieu, récemment rénové, est remarquablement aménagé. Vous y trouverez une carte de tous les lieux de la ville liés à l'histoire juive locale.

Musée de l'Holocauste B2 – *Pamėnkalnio g. 12 - ✆ 262 07 30 - www.jmmuseum.lt. - lun.-jeu. 10h-17h, vend. 10h-16h - 2 Lt.* Dans une maison en bois, peinte en vert sapin, en haut d'une ruelle qui part de Pamėnkainio g. (petit panneau bleu « *jewish museum* »). L'exposition riche de nombreux documents (malheureusement peu traduits) retrace l'histoire des juifs de Lituanie. La salle où l'on relate la vie quotidienne dans le ghetto est particulièrement émouvante. Devant, sur la placette, se dresse un monument discret au consul du Japon **Sugihara** qui sauva 6 000 vies *(voir l'encadré p. 323).*

Revenir sur Vilniaus g. Les belles façades se multiplient près de Gedimino pr.

Gedimino★★ (Gedimino prospektas) ABC2

Dans les dépliants touristiques, on aime souvent affubler chaque capitale de ses propres Champs-Élysées. Pour Vilnius, le long boulevard Gedimino (2 km) qui relie la place de la Cathédrale au Parlement fait très bien l'affaire. Percé à partir de 1836, cet axe s'est rapidement imposé comme le plus important de la ville. Et à chaque changement de pouvoir, on s'est empressé de le baptiser à sa guise (St-Georges, Mickiewicz, Staline, Lénine). Peu à peu rénové, bordé de quelques superbes façades de styles divers, du néo-baroque au fonctionnalisme (le théâtre et ses trois muses, les commerces, les hôtels, la poste), il se fait piéton en fin de semaine et accueille une foule avide de consommer. La très colorée maison du Grand-Duc (n° 20) et Gedimino pr. 9 sont ainsi devenus des centres commerciaux. Au croisement avec Vilniaus g., vous profitez à votre droite de la plus **belle perspective de la ville★★** : vers la cathédrale et la colline Gediminas. En face, les arbres de la place Savivaldybės cachent le palais du Gouvernement. Le lieu est conquis chaque samedi par la jeunesse locale qui s'y

La cathédrale et son beffroi, au bout du boulevard Gedimino.

retrouve, drague et skate. Le lieu est idéal pour voir les modes vestimentaires en vogue dans la capitale. La petite église St-Georges (16e s.) se cache non loin.

Détour par le Pont vert (Žaliazis tiltas) B1

Accès par Vilniaus g., en traversant Gedimino pr. De ce pont, sous le regard de statues soviétiques (jeunesse, agriculture, industrie et paix), on embrasse un panorama à 360°. Au sud, l'**opéra (Operos ir baleto teatras,** 1974) brille avec ses lustres immenses que l'on devine derrière des murs de verre. La façade côté rivière est décorée de 10 grandes statues taillées à la serpe. À l'ouest se dresse une miniature de l'une des 7 tours de Moscou. Au-delà du pont, un édifice néogothique inattendu (maison Raduszkiewicz, 1900) fait face à la très baroque église St-Raphaël. Derrière se détachent la coupole du planétarium et les tours de verre de la place Europos *(voir p. 272)*.
Revenir sur Gedimino pr. que l'on suit vers l'ouest vers la place Lukiškių.

Places Lukiškių (Lukiškių ai.) et de l'Indépendance (Nepriklausomybės ai.)

Cet espace est trop vaste et trop vide pour que l'on s'y sente bien et on envisage sérieusement de le « remplir » avec un mémorial qui prendrait la place que la statue de Lénine occupait (aujourd'hui au Grūto Parkas – *voir p. 331*). À l'ouest, le long des rues Savickio J. et Tumo-Vaižganto J., on peut voir quelques-uns des rares immeubles Art nouveau de la capitale. Au nord trône la massive église St-Philippe-et-St-Jacques (1690). Au sud, l'ancien siège du KGB abrite le **musée des Victimes du génocide★★ (Genocido Aukų muz.)** A2 – *Aukų g. 2a - ✆ 249 62 64 - www.genocid.lt. - mar.-sam. 10h-17h, dim. 10h-15h - 4 Lt, photos 4 Lt, audio-guide en anglais 7 Lt, visite guidée en anglais 30-40 Lt.* À la base de cet austère bâtiment de 1890 (un tribunal à l'origine) ont été gravés les noms de jeunes victimes de 1945-1946. Face à l'entrée du musée (sur le côté), une colonne de marbre rose semble pencher, mais se tient bien droite pour rappeler le sort des déportés de 1942-1956. L'exposition créée dans le lieu qui servit de siège et de prison au KGB (1940-1941), à la Gestapo (1941-1944) puis à nouveau au KGB (1944-1991), s'avère très bien faite. Des objets, des textes et des images se superposent pour illustrer le quotidien sous l'Occupation, le fonctionnement du KGB (structures, équipements), la lutte des partisans, la déportation en Sibérie, la résistance au communisme. Au sous-sol, la prison du KGB est présentée inchangée avec ses cellules, ses salles de confinement, d'exécution ou de torture, ses douches et sa promenade.

Au-delà de la place Lukiškių, le boulevard Gedimino se parcourt en regardant les coupoles argentées de l'église Znamenskaya, et plus loin encore, la tour de la télévision. Les façades grises, beiges et roses sont peu à peu rénovées et s'harmonisent plutôt bien : frises roses du n° 35, riches ornements du n° 41, chouettes du n° 39. De plus en plus de boutiques et de galeries s'installent et repoussent les limites du centre-ville. Sur la place de l'Indépendance, divers édifices imposants et sévères se côtoient, gardés par de grands mâts où flotte le drapeau national. La bibliothèque nationale Martynas Mažvidas (1953) se tient bien droite grâce à huit colonnes. C'est dans le **Parlement (LR Seimas)**, vaste bunker de 1982, que l'acte pour la Restauration de la Lituanie indépendante est proclamée le 11 mars 1990. Devenu symbole, le lieu est pris d'assaut par les troupes soviétiques en janvier 1991. Côté rivière, des plaques de béton, vestige des **barricades** dressées par la population, ont été conservées. Au-delà du pont s'étend le quartier de Žvėrynas *(voir ci-dessous)*.

Aux alentours du centre-ville

Colline des Trois Croix (Trijų kryžių kalnas)

Depuis le centre, accès par le parc Sereikiškių (Maironio g.) ou par Kosciuškos T. g. Trois croix blanches se dressent en haut d'une colline boisée à l'endroit où, selon la légende, sept frères franciscains ont été crucifiés. Les premières croix ont été érigées au 17e s., retirées par les Soviétiques, puis reconstruites en 1989. Magnifique **vue★★**.

Église Saint-Pierre-et-Paul ★★ (Šv. Apaštalų Petro ir Povilo bažnyčia)

Antakalnio g. 1 - accès : trolleybus 2, 3 ou 4 de Arsenalo g. ou à pied en suivant Kosciuškos T. g. à partir du musée des Arts appliqués (voir p. 261). Construite à partir de 1668, là où l'on vénérait la déesse païenne de l'amour Milda, elle est l'une des plus belles églises baroques de la capitale. À la fin du 17e s. les sculpteurs italiens Giovanni Pietro Perti et Giovanni Maria Galli y ont installé 2 000 statues de stuc blanc, toujours en place aujourd'hui. En pénétrant on découvre une rare profusion de sculptures et bas-relief (scènes guerrières, bibliques et mythologiques) sur lesquels ombre et lumière se livrent à un jeu de contraste permanent. La moindre parcelle de mur est utilisée ! S'y mêlent figures historiques, plantes, animaux, emblèmes, anges, instruments de musique, corps, arbre de la science du bien et du mal, squelettes. Plusieurs chapelles et autels occupent chaque côté de la nef centrale. Des démons sévissent dans la chapelle des Sts-Guerriers (première à droite). Des éléphants supportent celle dédiée à saint Augustin (seconde à gauche). La coupole se couvre d'anges, surveillés par les quatre évangélistes. Notez un lustre représentant un bateau (réalisé à Liepāja, Lettonie, en 1905) ou encore la tombe du général Mykolas Kazimieras Pacas (à droite du porche), commanditaire de l'édifice. Il y est inscrit : « *Ici repose un pécheur.* »

Cimetière d'Antakalnis★★ (Antakalnio kapinės)

Accès : trolleybus 2, 3 ou 4 de Arsenalo g., s'arrêter après le rond-point (ou trajet à pied en 15mn), puis suivre les panneaux rouges puis blancs indiquant Antakalnio Kapinės. Le gazon et la mousse poussent entre les tombes espacées, les oiseaux gazouillent : un lieu de repos agréable pour quelques minutes… ou pour l'éternité. Ce magnifique cimetière s'étend depuis 1809 sur de petites collines boisées et offre au promeneur une balade historique intéressante. Sur les tombes simples ou sculptées, sous les croix ou les étoiles rouges, on lit du polonais, du lituanien, des caractères cyrilliques. De grands mémoriaux témoignent de l'histoire tourmentée du pays. Les restes de 30 000 soldats napoléoniens morts à Vilnius durant la retraite de Russie ont été rassemblés ici. Une pietà rend hommage aux victimes des combats pour l'Indépendance de 1991. Des dignitaires communistes ou des artistes côtoient des soldats polonais. Des visages vous regardent sur plusieurs gradins qui partent à l'assaut du relief.

Šnipiškės : de l'autre côté de la Néris

Le quartier de la **place Europos (Europas aikštė)**, au-delà du pont piéton Baltasis, est vu comme un symbole du Vilnius moderne. Cette place ronde et penchée est un nouveau carrefour pour les jeunes, les hommes d'affaires et les amateurs de *mall* à l'américaine. La zone connaît une mue rapide mais semble en quête d'harmonie : les tours ultramodernes côtoient encore d'anciens immeubles soviétiques appelés à disparaître, et la Galerie nationale (1980) est en pleine transformation. Les gratte-ciel, dont les Lituaniens sont si fiers, poussent aussi vite que les champignons des sous-bois. L'**Europa Tower** (129 m), soulignée d'orange et de marron, est pour l'instant la plus haute. Pour combien de temps ? En été, les abords du fleuve se transforment en *Vilnius plage*. Si vous abordez le quartier par le **Pont vert (Žaliazis tiltas)**, vous êtes accueilli par les deux tours de l'**église St-Raphaël (Šv. Rapolo baž.)**, achevée en 1730 dans un style baroque tardif. Derrière se trouve la coupole du planétarium tandis qu'à son pied débute la très longue avenue Kalvarijų. Le **marché Kalvarijų (Kalvarijų turgus –** *Kalvariju g. 61 - merc.-dim. 6h30-16h30)* n'est pas le plus beau du monde, ni même de la ville, mais le plus grand. Cet assemblage d'étals et de stands hétéroclites pas très bien rangés comblera les amateurs de réalité quotidienne. Dans le quartier, de vieilles maisons en bois et des cours humides semblent en sursis sous le regard des tours du quartier d'affaires. Les projets immobiliers ne manquent pas.

Quartier Žvėrynas et parc Vingis (Vingio Parkas)

Trolleybus 1, 3 ou 7 depuis le centre-ville. Ce quartier lové au creux d'une boucle de la Neris a été nommé « ménagerie » à l'époque où cette zone forestière servait de réserve de chasse. Elle n'est urbanisée que depuis la fin du 19e s. Dans ce lieu très calme mais promis à devenir un prolongement du centre-ville, le promeneur découvre un mélange de bâtiments de styles, de couleurs et de matériaux différents. S'y mêlent des jardins villageois, des villas en bois colorées (protégées par un programme norvégien comme à Užupis, Kalvarija, Antakalnis), une maison design, des ambassades (dont celle d'Estonie, moderne et d'un bleu étrange). Dans le prolongement de Gedimino pr., depuis 1903, se dresse l'église orthodoxe Znamenskaya et ses multiples coupoles argentées. Non loin, sur Liubarto g., une **Kenessa** (maison de prière karaïte, 1922) très orientale fait face à une maison villageoise en bois vert foncé. Depuis la rue Birutės, une passerelle mène au **parc Vingis**, presque cerné par la rivière Néris. Autrefois domaine de la famille Radvila, cette pinède abrite le grand amphithéâtre de 20 000 places où se déroule tous les cinq ans le festival lituanien de Chant et Danse.

Tour de la télévision (Televizijos Bokštas)

Sausio g. 13/Osios g. 10 - ☏ 252 53 53 - www.lrtc.lt. - 10h-21h - 21 Lt (enf. 9 Lt) - accès par le trolleybus 11 depuis la place Lukiškių, arrêt « Televizijos Bokstas ». Depuis 1980, par temps clair, on aperçoit sa svelte silhouette à l'ouest du centre-ville. Culminant à 326,47 m, c'est le plus haut édifice lituanien. Sa taille est utilisée pour offrir de beaux **panoramas★** depuis une plateforme à 165 m (restaurant rotatif), pour sauter à l'élastique, pour former un immense sapin de Noël illuminé. Elle est également devenue un lieu d'histoire, depuis le 13 janvier 1991, date à laquelle les troupes soviétiques tentèrent d'y stopper l'indépendance en marche. Une exposition de photographies, les croix en bois en hommage aux victimes et la toponymie des rue alentours, rappellent l'événement. Au sud s'étend le quartier bétonné de Lazdynai.

Sud-est de la ville

Cimetière Rasų (Rasų kapinės) – *Sukilėlių g - accès : bus 31 depuis la gare, premier arrêt au-delà des rails.* Plusieurs grandes personnalités lituaniennes, polonaises ou biélorusses, reposent dans ce cimetière arboré créé en 1800, notamment sur la **colline des Écrivains**. La tombe de Mikalojus Konstantinas Čiurlionis est la plus visitée.

Musée Pouchkine (Puškino memorialinis muziejus) – *Subačiaus g. 124 - ☏ 260 00 80 - 10h-17h, sf lun.-mar. - 4 Lt - accès : bus 10 (dir. Markučiai) depuis la cathédrale, jusqu'au terminus.* Ici, au milieu de cet agréable parc, ont vécu **Grigorij Pushkin** (fils d'Alexandre) et son épouse à partir de 1899. Mobilier, manuscrits, photographies et quelques objets ayant appartenu au poète sont exposés.

F. Sichet / Michelin

Kernavė et ses collines où jadis s'élevaient des châteaux.

Itinéraire de découverte

Boucle de 142 km autour de Vilnius. Du centre, suivre les panneaux indiquant les routes A 4 (dir. Druskininkai) et A 16 (dir. Marijampolė). À 10 km, après le carrefour où débutent l'A 16 et l'A 4, prendre la 1re sortie à gauche, traverser les rails et remonter à droite Agrastų g.

Mémorial et musée de Paneriai (Panerių memorialas/muz.)

Aukštieji Paneiriai (banlieue sud-ouest) - musée : Agrastų g. 15 - ✆ 260 20 01 - juin-sept. merc.-sam. 11h-18h, oct.-mai sur rdv - en train : des trains pour Trakai s'arrêtent à Paneriai, il faut ensuite marcher 1 km le long d'Agrastų g. Dans cette forêt, les nazis et fascistes locaux assassinèrent 100 000 personnes (juin 1941-juillet 1944) : parmi elles, la quasi totalité de la population juive de la ville (70 000 personnes), des opposants lituaniens, des prisonniers russes et des intellectuels polonais. Autour du musée, des sentiers mènent aux fosses, aujourd'hui rendues à la nature, où l'on exécutait et enterrait.

Revenir sur la route principale et suivre l'A 16 jusqu'à **Trakai★★★** *(voir p. 282). Après la visite de Trakai, prendre la route 107 (qui prolonge la rue passant devant le château) en direction de Vievis. De là suivre* Kernavė. *Se garer et suivre l'allée piétonne.*

Kernavė★★

Les historiens lituaniens s'emballent quand le nom de Kernavė est prononcé : « *berceau de l'État lituanien* », « *10 000 ans d'histoire* », « *Pompéi lituanien* », « *dernière cité païenne d'Europe* »... Toute cela n'apparaît pas d'emblée au visiteur qui arrive dans ce petit village de 250 âmes, dont le nom signifie approximativement « *marécageux* ». Mais ce site de collines au bord de la Neris est pourtant un formidable témoin de l'histoire du peuplement des pays baltes. Il est peut-être plus encore, car seuls 2 % des 195 ha de cette réserve culturelle classée par l'Unesco en 2004 ont été fouillés.

Les premiers habitants s'installent il y a 11 000 ans, lorsque les glaciers se retirent et découvrent de petites collines. Des outils, des bijoux et des tombes des diverses périodes révèlent une présence humaine permanente depuis cette période jusqu'au 15e s. Au début de notre ère, on élève des habitations de plus en plus nombreuses et solides. Le village devient un lieu d'échanges important. Les Huns y font un « passage » au 5e s. Aux 13e-14e s., Kernavė est à la fois capitale, centre marchand et artisanal majeur, protégé des razzias par quatre châteaux perchés sur les collines. En 1253, **Mindaugas** (1238-1263), le premier roi et unificateur de la Lituanie, y aurait été couronné. Mais en 1390, les chevaliers Teutoniques détruisent la ville féodale. **Vytautas le Grand** y réside et y élève la première église en 1420, sonnant le glas du paganisme ; ses fondations ont été mises à jour près de l'église actuelle. À partir du 15e s., l'importance de Kernavė décline. Les rares habitants s'établissent à l'emplacement du village actuel. Durant la période soviétique, 80 % des habitants du village travaillent pour le même kolkhoze et mènent une farouche résistance à l'athéisme imposé par les autorités. Après la fermeture du kolkhoze, le village se vide de nombre de ses habitants.

Musée archéologique – Il devrait ouvrir fin 2009. Il regroupera les résultats des fouilles entamées en 1979 : outils paléolithiques, poteries brossées et urnes funéraires de l'âge du bronze, armes et outils agricoles de l'âge du fer (cette vallée fertile de Pajauta a toujours été propice à l'agriculture), monnaies, fragments d'habitats médiévaux en bois… Ils permettront de découvrir le quotidien et l'artisanat des différentes époques, les traditions funéraires païennes.

Le site – *Payant fin 2009.* Au bout de l'allée piétonne, après l'église néogothique (1920), le visiteur profite d'un superbe panorama sur la rivière et les collines. Dès le 19e s., ces reliefs fascinent et, en pleine période romantique, on les nomme « château » *(pilies)*, « déité païenne » *(Lizdeikos)*, « trône de Mindaugas » *(Mindaugo sostas)* et « autel » *(aukuro)*. Une ville où s'activaient des artisans s'étendait au pied des reliefs, de chaque côté de la rivière. Il est possible de se promener dans le site, de monter en haut des tertres en suivant des chemins aménagés. Pour les visites guidées, le parcours du site en Kernavette (minibus), contactez l'office de tourisme.

Prendre la route 116 jusqu'à Dūkštos, puis tourner à gauche dans la route 108. La suivre jusqu'au croisement avec l'A 14. De là, faire un aller-retour par l'A 14 (dir. Utena) vers le Centre de l'Europe.

Kernavė pratique

Office de Tourisme – *Kerniaus g. 4 - ✆ 382 47315 - www.kernave.org. - mar.-sam. 9h-17h.* Possibilité de réserver un lit chez l'habitant ou en chambre d'hôte (dans l'ancien kolkhoze). L'office de tourisme peut vous mettre en contact avec des guides *(12 Lt)*. Pour un guide francophone, contactez l'agence **Taïga Euro Baltika** *(✆ 8698 21284 - office@taigaeurobaltika.com. - 100 Lt - voir aussi Vilnius pratique)*. Les nouvelles modalités pratiques de visite après 2009 sont à suivre sur *www.kernave.org*.

Transports – Des bus relient Vilnius *(gare routière)* à Kernavė. Les agences d'excursions citées dans *Vilnius pratique* proposent des excursions à Kernavė.

Événements – *Les Journées de l'archéologie vivante* (3 j.) se déroulent autour du 6 juillet. Elles permettent de découvrir l'histoire du lieu de manière vivante : démonstration de poterie, combats de chevaliers, musique et cuisine médiévales, artisanat ancien. Kernavė est aussi le lieu idéal pour vivre la nuit de la St-Jean.

Centre de l'Europe (Europos centras)

À 26 km au nord de Vilnius - www.egc.lt. - 24h/24 pour le site, 9h-18h pour le centre d'informations. En 1989, l'Institut géographique national français a désigné ce lieu comme centre de l'Europe : 54° 54′ de latitude nord et 25° 19′ de longitude est. Vous trouverez sur place des informations sur le mode de calcul employé. Le lieu est agréable, tout en pelouses, étangs et forêts. La région est d'ailleurs prisée par les riches habitants de la capitale qui y élèvent des villas. Une colonne entourée de drapeaux et une pierre ornée d'une rose des vents marquent ce centre. Un terrain de golf entoure le site.

Reprendre l'A 14 en direction de Vilnius. Ne pas suivre les panneaux Europos Parkas (route difficile). Au premier échangeur à l'entrée de la ville, suivre à gauche Molėtų plentas puis, au rond-point, suivre les panneaux marron Verkių rūmai et Europos Parkas.

Manoirs de Verkiai (Verkių rūmai)

À 10 km au nord du centre-ville - parc ouvert en journée - en bus : n° 35 ou 36 (arrêt Verkių rūmai) à partir du carrefour de Kalavrijų g. et Žalgirio g. Là où la forêt et les lacs (ici appelés « lacs verts ») n'ont pas encore été mangés par la ville, deux manoirs se font face en haut d'une colline. Construits à partir de 1780, ils sont un bel exemple d'architecture classique et inclus à un vaste domaine comprenant également un chemin de Croix et l'église du Calvaire (*Kalvarijų Šv. Kryžiaus bažn.*). L'ensemble appartient à l'Académie des sciences. Au bout du parc, après un arbre mort qui supporte des nichoirs colorés, la vue sur la forêt et les banlieues de Vilnius qui s'étendent est saisissante.

Suivre les panneaux « Europos Parkas ». La dernière partie de la route est difficile.

Europos Parkas★

Joneikiškių - 10 km au nord de Vilnius - ✆ 237 70 77 - www.europosparkas.lt. - 9h-coucher du soleil - entrée 18 Lt, photo 6 Lt, parking 4 Lt - plan en français fourni, guide en allemand ou anglais 50 Lt. En bus : n° 36 jusqu'au terminus, puis 3 km de marche. Lorsque l'on décide de mettre en valeur le centre géographique de l'Europe *(voir ci-dessus)* l'artiste Gintaras Karosas trouve l'idée ridicule. Il imagine donc un autre centre où de grands noms de l'**art contemporain** (Sol Le-Witt, Dennis Oppenheim ou Corinne Béoust pour la France) venus de 27 pays exposent leurs œuvres en pleine nature. On découvre donc sur 55 ha, près de **100 sculptures** de toutes dimensions. Même si vous n'appréciez pas cette forme d'art, ne vous privez pas, été comme hiver, de cette balade dans une superbe forêt de conifères bien droits (les plus belles sculptures du lieu ?), animée par divers oiseaux (geais criards, pic-vert indignés, pinsons mélodieux).

*Revenir vers la ville. Au rond-point prendre à gauche Jeryzalės g. Elle passe devant l'***église Kalvarių** *(18e s.), entourée d'un des plus vastes chemin de Croix du pays (reconstruit), puis se prolonge par la très longue Kalvarijų g. qui file tout droit vers le centre de Vilnius.*

Vilnius pratique

Informations utiles

Les curiosités sont indiquées par des panneaux marron. Devant les sites principaux, des informations payantes par téléphone sont proposées en français.

Office de tourisme – *Vilniaus g. 22 - 262 96 60 - www.vilnius-tourism.lt. - lun.-vend. 9h-18h, sam.-dim. 10h-16h (été).* Documentation variée, parfois en français. Possibilité de louer des vélos, d'organiser des excursions ou des visites guidées à Vilnius, de réserver une chambre (6 Lt).

Autres bureaux : *Didžioji g. 31 (ancien hôtel de ville) - 262 6460, gare ferroviaire 269 2091.*

La **Vilnius City Card**, valable 1, 2 ou 7 jours, donne accès aux musées (Vilnius et Trakai), aux transports en commun et offre des réductions dans certains restaurants.

Magazine – Dans les librairies et les hôtels, vous trouverez les guides *In your pocket*, en anglais, actualisés tous les deux mois. Ils recensent les événements ainsi que les restaurants et les cafés de la ville.

Centre culturel français – *Didžioji g. 1 - 231 29 84 - www.ccf.lt. - lun.-vend. 7h-20h, sam. 9h-16h.* Librairie, salle de lecture de journaux (*Le Monde* du jour) et de magazines. Café.

Radio – RFI sur 98.2 FM.

Pratique

AMBASSADES ET CONSULATS

France – *Švarco g. 1 - 212 2979.* Urgences : *699 43 230 - www.ambafrance-lt.org. - lun.-vend. 9h-17h30.*

Belgique – *Kalinausko g. 2b - 266 0820 - www.diplomatie.be/vilnius. - lun.-vend. 9h-16h.*

Suisse – *Gostauto g. 12a - (6) 103 7210.*

Canada – *Jogailos g. 4, ét. 7 - 249 0950 - www.canada.lt. - lun.-vend. 8h30-17h.*

Russie – *Latvių g. 53 - 272 1763 - www.rusemb.lt. - lun.-vend. 8h-17h.*

Biélorussie – *Muitines g. 41 - 213 2255 - www.belarus.lt. - lun.-jeu. 8h30-16h30, vend. 15h.*

VOYAGES ET VISAS

voir aussi p. 280 Visites et activités.

Taïga Euro Baltika – *212 1388 - www.taigaeurobaltika.com.* Agence franco-balte qui organise des voyages sur mesure pour individuels ou groupes (pays baltes, Kaliningrad, Biélorussie). Vous pouvez tout leur demander (guide, séjour thématique), ils peuvent le faire !

Kelvita – *Geležinkelio g. 16 (gare ferroviaire) - 210 6130 - www.kelvita.lt.* Hôtels, location de voiture, tickets et service de visa (Russie, Biélorussie).

Baltic Travel Service – *Subačiaus g. 2 - 1593 - www.bts.lt.* Hôtels, avion, location de voiture, visas, ferries, séjours.

POSTE ET TÉLÉCOMMUNICATIONS

Indicatif téléphonique : 5.

Poste centrale – *Gedimino pr 7 - 261 6759 - www.post.lt. - lun.-vend. 7h-19h, sam. 9h-16h.*

Téléphoner – Les cabines à cartes sont nombreuses dans toute la ville. Les cartes s'achètent dans les postes et les kiosques.

Internet – Des ordinateurs sont souvent accessibles dans les hôtels. Un Internet café dans la vieille ville : Collegium – *Pilies g. 22 - 261 8334 - 8h-22h, sam.-dim. 11h-22h.*

ARGENT

Banques et distributeurs sont omniprésents dans le centre-ville (principalement sur Gedimino pr. et Vokiečių g.) et changer ou retirer de l'argent ne devrait pas vous poser le moindre problème. Les grandes enseignes sont Hansabank, Nordea, SEB ou DNB.

SÉCURITÉ

Vilnius n'est pas une ville dangereuse quand on prend ses précautions : éviter de montrer une trop grande richesse, faire attention aux pickpockets dans les lieux bondés. Le quartier de la gare est déconseillé à la nuit tombée.

Police – 02 ou 112.

URGENCES

Votre ambassade vous conseillera un médecin francophone en cas de besoin.

Numéro d'urgences – *112* (police, pompiers, urgences).

Hôpital universitaire et urgences – *Šiltnamių g. 29 - 216 9140.*

Baltic-American Medical Clinic – *Nemenčines g. 54a - 324 2020 - www.bak.lt.* - clinique anglophone 24h/24.

Pharmacies – Elles sont nombreuses à travers toute la ville. Cette adresse est centrale et ouverte 24h/24 – Gedimino Vaistinė - *Gedimino pr. 27 - 261 0135.*

Transports

ARRIVER ET PARTIR

En avion :

Aéroport (Ora Uostas) – *Rodūnios g. 2 - 230 6666 - www.vilnius-airport.lt.* À 5 km au sud du centre-ville. Terminal petit, moderne et facile à utiliser. Salle d'arrivée avec arcades et moulures. Banque, téléphones, consigne (24h/24) et agences de location de voitures.

Trajet aéroport/ville – Les bus sont un moyen bon marché (1,4 Lt) rapide et facile d'emploi, pour rejoindre le centre (jusqu'à 22h30 ou 23h). Ils attendent à la sortie du hall d'arrivée. Ligne 1 : de et vers la gare. Ligne 2 : passe par Gedimino pr. (place Lukiškių). En taxi : seule la compagnie Martonas effectue le trajet à partir de l'aéroport. Comptez 25 à 35 Lt.

Compagnies aériennes – Air Baltic *(Universiteto g. 10 - 243 0618 ou 235 6000 à l'aéroport - www.airbaltic.com.),*

FlyLal *(Gustaičio g. 4 - ✆ 252 5555 - www.flylal.lt.)*, **SAS** *(✆ 235 6000 à l'aéroport - www.sas.lt.)*, **Lufthansa** *(✆ 232 9292 à l'aéroport - www.lufthansa.com.)*, **CSA** *(Valenčiaus g. 4 - t 215 1503 - www.czechairlines.lt.)*, **LOT** *(✆ 273 9020 à l'aéroport - www.lot.com.)*.

En train :

Gare ferroviaire (Geležinkelio Stotis) – *Geležinkelio g. 16 - ✆ 233 0088 - www.litrail.lt. - réservation : ✆ 269 37 22 - 7h30-20h.* Au sud du centre-ville et desservie par de nombreux bus. Guichets lignes intérieures à gauche : Kaunas 12/j en 1h20-2h, Kalipėda 2/j en 5-9h, Trakai 8/j en 40mn, Ignalina 7/j en 2h, Šiauliai 5/j en 3h. Guichet lignes internationales à droite : Kaliningrad, Minsk, St-Pétersbourg, Moscou, Varsovie (1 changement).

En autocar :

Gare routière (Autobusų Stotis) – *Sodų g. 22 - ✆ 1661 - www.autobusai.lt.* Située face à la gare ferroviaire, elle est peu attrayante mais bien organisée. Les tickets peuvent s'acheter à l'avance *(5h30-19h30)*. Lignes intérieures principales : Kaunas 2-3/h en 2h, Trakai 30/j en 45mn, Druskininkai 10/j en 2h, Palanga 3/j en 6h, Klaipėda 7/j en 5-7h, Panevėžys 10/j en 2h, Šiauliai 5/j en 4h30. Lignes internationales : Rīga 5/j en 3h30-5h, Tallinn 2/j en 9-12h, Varsovie 3-4/j en 9-10h et vers toute l'Europe. Ces compagnies se partagent le marché :

Toks – *Sodų g. 22 - ✆ 233 5277 ou 1161 - www.toks.lt. - 6h-21h.*

Eurolines – *Sodų g. 22 - ✆ 215 1377 ou 233 6666 - www.eurolines.lt. - 6h-21h.*

Ecolines – *Vilniaus g. 45 - ✆ 262 0020 - www.ecolines.net.* Aussi à la gare routière.

En voiture :

Grâce à de grands boulevards, aborder ou quitter Vilnius est assez aisé. Des bouchons apparaissent aux heures de pointe, mais en règle général le trafic est fluide. Laissez la priorité aux trolleys et aux tramways. Circuler au sein la capitale est problématique pour les novices car la signalisation fait cruellement défaut. L'accès à la vieille ville est règlementé et, hormis pour garer votre voiture dans le parking de l'hôtel, y circuler est déconseillé (rues étroites, sens uniques).

Se garer – Pour des raisons de coût (parcmètres ou parkings gardés), de sécurité et de place, il est fortement recommandé de choisir un hôtel équipé d'un parking (P).

Location – Ces agences possèdent un bureau à l'aéroport : **Eurorenta** *(✆ 611 16611 - www.eurorenta.lt.)*, **Avis** *(✆ 232 9316 - www.avis.lt.)*, **Budget** *(✆ 230 6708 - www.budget.lt.)*, **Unirent** *(✆ 239 5864 - www.unirent.lt.)*, **Europcar** *(✆ 216 3442 - www.europcar.lt.)*. En ville, voyez aussi **Lintinterp** *(Bernardinų g. 7 - ✆ 212 3850 - www.lintinterp.lt.)*.

SE DÉPLACER EN VILLE

En transports en commun :

Les trolleys, les bus et les tramways sont nombreux, bon marché et faciles à utiliser. Les transports en commun circulent de 5h à 23h30 environ. Les tickets, valables pour un trajet, s'achètent à bord (1,4 Lt) ou dans les kiosques (1,1 Lt). Ils doivent impérativement être poinçonnés. Dans les véhicules modernes, la station suivante est clairement signalée sur un écran. Des minibus, plus rapides, suivent eux aussi des lignes fixes pour des tarifs légèrement supérieurs. Informations sur tout le réseau : *www.vilniustransport.lt.*

En taxi :

Ils sont bon marché (*2 Lt/km*). Veillez à ce que le taximètre marche et évitez les taxis en maraude. Le plus simple est d'appeler une compagnie sûre : Martonas *(✆ 240 0004)*, Ekipažas *(✆ 239 5539)* ou Vilniaus Taksi *(✆ 266 6662)*.

À pied :

La ville se parcourt facilement à pied, les distances étant relativement courtes et le relief modéré. Mais les pavés obligent à s'équiper de bonnes chaussures.

En vélo :

Pistes cyclables et loueurs se multiplient (office de tourisme par exemple), et pédaler s'avère intéressant pour rejoindre des sites hors du centre. Sachez qu'il existe des vélos-taxis, sorte de pousse-pousse modernes à pédales.

Se loger

L'offre est vaste mais il est préférable de réserver en été ou durant les fêtes de fin d'année. Réserver directement sur les sites Internet des hôtels permet de bénéficier de tarifs préférentiels.

AUBERGES DE JEUNESSE

On peut désormais trouver un lit très bon marché *(40-50 Lt)* dans la vieille ville :

Old Town Hostel (21) – *Aušros Vartų g. 20 - ✆ 262 5357 -* . Dortoir et ch. doubles entre la Porte de l'Aube et la gare. Cuisine, Internet et location de vélos.

AAA Hostel (1) – *Sodų g. 17 - ✆ 213 99 94 - www.ahostel.lt. -* . Dortoirs, ch. doubles. Original et bien tenu. Certains lits sont dans des capsules tokyoïtes. Internet.

PENSIONS ET PETITS HÔTELS

Domus Maria (11) – *Aušros Vartų g. 12 - ✆ 264 4880 - www.domusmaria.lt. -* P *- ♿ - 39 ch. 250 Lt.* Disposées le long des couloirs voûtés d'un ancien couvent de Carmélites du 17e s., les chambres sont simples mais grandes et tout confort. Le rapport qualité/prix est excellent compte tenu de la situation de l'établissement, juste à côté de la Porte de l'Aube. Une pension/hôtel calme et offrant un parking : un vrai trésor.

Telecom Guest-House (29) – *Vivulskio g. 13a - ✆ 264 4861 - www.telecomguesthouse.lt. -* P *- 10 ch.*

180/350 Lt. Cette adresse se cache dans une cour calme à deux pas de l'église des Romanov et à peine plus loin de la vieille ville. Les chambres de style scandinave, sont chaleureuses et bien conçues.

Apia (3) – *Šv. Ignoto g. 12 - ✆ 212 3426 - www.apia.lt. - 12 ch. 310 Lt.* Charmant petit hôtel aménagé dans deux maisons d'une des plus jolies rues de la vieille ville. Les clients apprécient les chambres simples mais chaleureuses et le petit bar aux lumières rouges.

Grybas Namai (15) – *Aušros Vartų g 3a - ✆ 261 9695 - www.grybahouse.com. - P - 10 ch. 345 Lt.* Un hôtel de poche où l'on se sent chez des amis : cheminée, salle à manger accueillante. C'est un plaisir de se retrouver dans la plus belle rue de la ville, tout comme de rejoindre sa chambre lumineuse chaque soir.

HÔTELS

City Gate (9) – *Bazilijonų g. 3 - ✆ 210 7306 - www.citygate.lt. - P - ♿ - 29 ch. 300 Lt.* Comme son nom l'indique, l'hôtel se situe près de la Porte de l'Aube. Un emplacement idéal et des chambres confortables et calmes. Le manque d'originalité du décor est vite oublié grâce à la jolie cour évoquant un caravansérail et à la gentillesse du personnel.

Ecotel (13) – *Slucko g. 8 - ✆ 210 2700 - www.ecotel.lt. - P - ♿ - 168 ch. 200 Lt.* Cet hôtel situé non loin du quartier d'affaires (à 15mn à pied du centre) offre des chambres sans surprises mais calmes et fonctionnelles. Une adresse idéale pour les personnes motorisées.

Barbacan (7) – *Bokšto g. 19 - ✆ 266 0840 - www.barbacan.lt. - P - ♿ - 32 ch. 200 Lt.* Un hôtel récent dans une belle demeure rénovée à flanc de colline. Le bastion de l'Artillerie surveille vos nuits qui seront calmes et agréables dans des chambres trop classiques mais confortables. Belles vues sur Užupis. Sauna, piste de bowling.

Novotel (19) – *Gedimino pr. 16 - ✆ 266 6200 - www.novotel.com. - P - ♿.* L'architecture de ce bâtiment central a fait couler beaucoup d'encre. Mais laid ou beau, il abrite des chambres impeccables, fraîches et fonctionnelles. Vue superbe depuis les derniers étages.

Artis (5) – *Liejyklos g. 11 - ✆ 266 0366 - www.centrumhotels.com. - P - ♿ - 65 ch. 550 Lt.* Ce bel édifice du 19ᵉ s. rivalise presque avec le Palais présidentiel voisin. Le décor soigné crée une atmosphère agréable.

Shakespeare Boutique Hotel (27) – *Bernardinų g. 8 - ✆ 266 5885 - www.shakespeare.lt. - P - 31 ch. à partir de 365 Lt.* On se laisse prendre par l'atmosphère du lieu et son concept *boutique/hôtel* littéraire. Dans les parties communes de cette maison du 17ᵉ s., le brun, le rouge et le bois dominent. De confortables fauteuils invitent à prendre un brandy ou un thé. Les chambres portent le nom d'un écrivain qui a oublié quelques-uns de ses ouvrages près du lit. Les petits détails du décor, le confort, la belle vue parfois sur Ste-Anne, font craquer même les plus blasés.

Narutis (17) – *Pilies g. 24 - ✆ 212 2894 - www.narutis.com. - P - ♿ - 50 ch. 690 Lt.* Les arches de brique de l'entrée rappellent que cet hôtel fut gothique lors de sa construction (16ᵉ s.). Les chambres très soignées proposent tout le confort moderne malgré l'atmosphère de la vieille ville qui traverse les murs. Le petit-déjeuner se prend sous des voûtes après quelques brasses dans la piscine aménagée dans la cave.

Radisson SAS Astorija (23) – *Didžioji g. 35 - ✆ 212 0110 - www.vilnius.radissonsas.com. - P - ♿ - 119 ch. 620/690 Lt.* Sa belle façade regarde St-Casimir. On y loge les diplomates, qui apprécient l'ambiance 1900, le raffinement des chambres et l'excellent restaurant.

Relais & Châteaux Stikliai (25) – *Gaono g. 7 - ✆ 264 9595 - www.stikliaihotel.lt. - P - ♿ - 44 ch. 850 Lt.* Cette maison du 16ᵉ s. se situe au croisement des plus pittoresques rues de la vieille ville. Les chambres uniques, le restaurant dans le jardin intérieur, les salons habitués aux célébrités, sont ce qui se fait de mieux en Lituanie sans pour autant intimider.

Se restaurer

SALONS DE THÉ, REPAS RAPIDES

Ponių Laimė (15) – *Stiklių g. 14 - ✆ 264 9581 - 9h-20h, sam. 10h-20h, dim. 11h-18h -* Agréable et bien situé, ce salon de thé aux volets peints propose de très bonnes pâtisseries, mais aussi des salades, des tartes salées ou de quoi faire un repas plus copieux. Service très aimable.

Skonis ir Knapas (17) – *Trakų g. 8 - ✆ 212 2803 - 9h30-23h.* Dans un passage, un salon de thé et de café très couru. Les chaises et canapés confortables sont répartis sous des voûtes, au milieu d'un décor « historique » chaleureux. Large éventail (au sens propre comme au figuré) de thés et de cafés, à déguster avec des pâtisseries et des salades.

F. Sichet / Michelin

Salon de thé Ponių Laimė.

Gusto Blyninė (7) – *Aušros Vartų g. 6 - ✆ 262 0056 - 9h-22h.* Que vous les appeliez crêpes, blinis ou pancakes, ils sont tous là : sucrés, salés, très copieux et bon marché.

RESTAURANTS

/ **Čili Kaimas** (3) – *Vokiečiu g. 8 - ✆ 231 2536 - 10h-0h (vend.-sam. 2h) -* ♿. Le décor rustico-moderne ravit les locaux comme les touristes. La salle principale organisée autour d'un arbre est la plus agréable. Tous les classiques lituaniens sont proposés : viandes en sauce, préparations de pommes de terre, *šaltibarščiai* (soupe de betterave froide) bien rose, salades, *cepelinai* et « plateau à bières » variés et fournis.

/ **Forto Dvaras** (5) – *Pilies g. 16 - ✆ 261 1070 - 11h-0h (dim., lun., mar. 22h).* La carte évoque un fast-food avec ses photos. Mais elle s'avère bien pratique pour les touristes hésitant entre tous ces plats locaux et copieux, tels que le gratin de pommes de terre aux lardons ou les *lietiniai* variés.

/ **Žemaičiai** (19) – *Vokiečiu g. 24 - ✆ 261 6573 - www.zemaiciai.lt. - 11h-0h.* Le labyrinthe de pièces de cette maison du 16e s. assure une certaine intimité. Aux classiques locaux s'ajoutent quelques recettes plus élaborées (gibiers, poissons), plus ou moins réussies selon le choix. Attention aux escaliers très verticaux.

/ **Stiklių Aludė** – *Gaono g. 7 - ✆ 264 9595 - 11h-0h.* Presque au sein de l'hôtel Stikliai ((25)), ce restaurant-brasserie propose une excellente cuisine locale dans un décor soigné.

/ **Markus ir Ko** (13) – *Antokolskio g. 11 - ✆ 262 3185 - 12h-0h.* Ce pub est l'adresse préférée des carnivores au cœur de la vieille ville. Les viandes bien cuites sont accompagnées par des sauces variées… et un pianiste inspiré.

/ **Čagino** (1) – *Basanavičiaus J. g. 11 - ✆ 261 5555 - 12h-0h.* L'église des Romanov n'est pas loin et cette noble famille aurait sans doute apprécié la cuisine russe servie ici, dans un décor de voûtes et de briques. Tout ce qui figure sur la carte, tel le brochet au miel et aux baies, est aussi agréable à savourer qu'à lire.

/ **Belmontas** – *Belmonto g. 17 - ✆ 686 14656 - www.belmontas.lt. - 12h-23h.* Cette adresse en périphérie de la ville se situe dans un cadre naturel très agréable. Autour d'un moulin du 16e s., trois restaurants (et terrasses) accueillent des centaines de Lituaniens avides de cuisine du terroir authentique. Ce lieu, mi-gastronomique mi-parc d'attraction, est idéal pour la famille.

/ **Mano Guru** (11) – *Vilniaus g. 22 - ✆ 212 0126 - 7h-21h, sam.-dim. 9h-20h.* Femmes et hommes de tous âges viennent s'asseoir dans de confortables fauteuils pour soigner leur ligne avec des soupes et des salades variées (35 sortes).

C. Brett / Michelin

Restaurant La Provence.

Brasserie Astorija (23) – *Didžioji g. 35 - ✆ 212 0110 - 12h-0h, dim. 23h.* Le restaurant de l'hôtel *Astorija* propose une carte variée qui change au fil des saisons. Le menu *brasserie-fusion* est imaginatif et se déguste dans un bel atrium.

La Provence (9) – *Vokiečiu g. 22 - ✆ 262 0257 - 11h-0h.* Sa cuisine franco-méditerranéenne est à juste titre considérée comme l'une des plus intéressantes de la capitale. Les plats de haute volée, innovants ou classiques, à base de produits fins et frais (huîtres, foie gras), sont servis dans un cadre historique très raffiné. Très belle carte de vins.

Stikliai (25) – *Gaono g. 7 - ✆ 264 95 80 - 12h-15h, 18h-0h, sam.-dim. 12h-0h.* Le restaurant du Relais & Châteaux offre une carte gastronomique digne de son rang.

En soirée

PRENDRE UN VERRE

Paparazzi – *Totorių g. 3 - ✆ 212 0135 - 16h-3h, vend.-sam. 6h.* Un beau décor dédié à la photographie permet de siroter des cocktails tout en laissant son regard se promener sur les murs. Le lieu est assez sélect certains soirs mais toujours vivant.

Užupis Kavinė – *Užupio g. 2 - ✆ 212 21 38 - 10h-23h.* Café et restaurant dans une maison en brique près de la « frontière » entre Užupis et le reste du monde. Intérieur chaleureux (bois, peintures, antiquités) et belle terrasse en été. Le conseil de la République se réunit dans ce lieu un peu bohème.

Mano Kavinė – *Bokšto g. 7 - ✆ 215 3000 - 11h-2h, vend.-sam. 4h, dim. 1h.* Ce café sans prétention, prisé des étudiants, offre une ambiance très décontractée, pas désagréable du tout.

Iki Aušros – *Aušros Vartų g. 15 - ✆ 610 04131 - 19h-22h, vend.-sam. 4h.* Presque à l'ombre de la Porte de l'Aube, vous dégusterez les meilleurs cocktails de la ville, dans un décor raffiné qui plaît à sa clientèle exigeante.

À côté, **Absento Fėjos** *(Aušros Vartų g. 11 - mar.-jeu.18h-2h, vend.-sam. 5h -* 💳*)* constitue une alternative (moins sérieuse) à la précédente.

Avilys – *Gedimino pr. 5 - ✆ 212 1900 - 12h-0h, vend.-sam. 1h.* Si le restaurant de « la ruche » ne vaut pas le déplacement, les diverses bières non filtrées qui y sont brassées raviront les amateurs. Celle au miel est particulièrement intéressante.

Avec vue :

Skybar – *Konstitucijos g. 20 (hôtel* Reval*) - ✆ 272 6272 - 16h-1h, vend.-sam. 2h30.* Situé tout en haut de la tour du Reval, dans le quartier des affaires, ce bar « dans le ciel » est un lieu chic et futuriste. La vue sur la vieille ville est si belle que les bons cocktails donnent vite le vertige.

Tores – *Užupio g. 40 - ✆ 262 9309 - 11h-0h.* La terrasse de ce café-restaurant en haut de la colline d'Užupis attire locaux et touristes avec sa superbe vue sur la ville.

CLUBS, DISCOTHÈQUES

Cozy – *Dominikų g. 10 - ✆ 261 1137 - jeu. 22h-2h, vend.-sam. 22h-4h.* Sous ses voûtes, on boit des cocktails, on se restaure légèrement, on écoute des DJ's et on danse. Un lieu multifonction couru.

Brodjvėjus – *Mėsinų g. 4 - ✆ 210 7208 - 12h-2h/4h.* Ce pub à la lituanienne est célèbre pour ses nuits de fièvre et ses concerts toutes les fins de semaine.

Gravity – *Jasinskio g. 16 - ✆ 249 7966 - vend.-sam. 22h-5h.* Un bar club bunker au décor futuro-kitch qui n'est pas le club le plus raffiné de la capitale mais sans doute le plus vivant et le plus populaire.

Pabo Latino – *Trakų g. 3 - ✆ 262 1045 - merc. 20h-1h, jeu. 3h, vend.-sam. 5h.* Le décor très soigné et la musique latino variée (mais pas seulement) attirent une foule d'*aficionados* qui crée l'une des atmosphères les plus intéressantes des nuits Vilnus-*iennes*.

THÉÂTRE ET CONCERTS

Les lieux de spectacles (salles, églises) ne manquent pas à Vilnius et la programmation de la saison régulière est complétée en été par des festivals *(voir Événements, p. 281)*. Pour connaître les concerts, les opéras, les ballets, il est conseillé d'acheter le magazine *In your pocket* qui recense tous les deux mois les soirées à venir. Informations et réservations dans les offices de tourisme

Les trois muses du Théâtre national.

ou dans les lieux de spectacles mêmes :

Société philharmonique (filharmonija) – *Aušros Vartų g. 5 - ✆ 266 5226 - www.filharmonija.lt. - réserv. : mar.-sam. 10h-19h, dim. 10h-12h.* Les meilleurs orchestres du pays s'y produisent.

Opéra et Ballet national (Operos ir baleto teatras) – *Vienuolio g. 1 - ✆ 262 0727 - www.opera.lt. - réserv. : lun.-vend. 10h-19h, sam. 18h, dim. 15h.*

Théâtre dramatique national (Lietuvos dramos teatras) – *Gedimino pr. 4 - ✆ 262 977 - www.teatras.lt. - réserv. : 11h-19h, sam.-dim. 11h-18h.* La grande salle de théâtre du pays gardée par trois muses.

Palais des congrès (Kongresų rūmai) – *Viniaus g. 6 - ✆ 261 8828 - www.lvso.lt. - réserv. : lun.-vend. 12h-19h, sam. 11h-16h.*

Théâtre de marionnettes Lėlė (Teatras Lėlė) – *Arklių g. 5 - ✆ 262 8678 - réserv. : mar.-dim. 10h-16h.*

Siemens Arena – *Ozo g. 14 - ✆ 1653 - www.bilietai.lt.* Les grands événements se déroulent dans ce Bercy local.

CINÉMA

Les programmes sur *www.cinema.lt.*

Coca-Cola Plaza *(Savonarių g. 7 - ✆ 1567)* et **Forum Cinemas Akropolis** *(Ozo g. 25 - ✆ 248 4848 - www.forumcinemas.lt.)* sont les deux grands multiplex de la ville.

Skalvija – *Goštauto g. 2 - ✆ 261 0505 - www.skalvija.lt.* Cinéma d'art et essai.

Visites et activités

TOURS ET VISITES

Des visites guidées (en lituanien et en anglais) classiques ou thématiques, diurnes ou nocturnes, sont proposées par l'office de tourisme. Des audioguides (anglais et russe pour le moment) sont également disponibles pour 35 Lt (durant 4h). Ceux qui préfèrent être assis prendront le bus à impériale qui part de la place de l'Hôtel-de-Ville *(mar.-dim. l'apr.-midi - www.vap.lt.)*

Avanturas – *Literatų g. 8 - ✆ 265 2355 - www.avanturas.lt.* Cette agence offre les services de guides très compétents et des visites thématiques variées.

Senamiesčio Gidas (Vilnius City Tour) – *Aušros Vartų g. 7 - ✆ 261 5558 - www. vilniuscitytour.com.* Visites guidées de la ville en minibus et à pied, excursions dans le pays, montgolfière. Guides francophones sur demande (site Internet).

Voir aussi Taïga Euro Baltika p. 276.

GALERIES D'ART

La ville en compte plus de 70 réparties entre le centre historique et Užupis. Une liste complète est disponible sur : *www. culture.lt/galleries.* et dans *In your Pocket.*

SPORTS ET LOISIRS

Pour toutes les activités extrêmes : *www. activeholidays.lt.*

Montgolfière – *Oreivystės centras - Motoru g. 6 - ✆ 273 2703 - www. oreivysteicentras.lt. - lun.-vend. 9h-17h.* Survol de Vilnius et de Trakai en ballon.

Saut à l'élastique – Saut du haut de la tour de la télévision *(voir p. 273)*. *✆ 635 17828 - www.bungee.lt. - mai-oct.*

Golf – *Girijos Kaimas - ✆ 262 5241*. Près du centre de l'Europe, à 25 km de Vilnius.

Akropolis – *Ozo g. 25 - www. akropolis.lt*. L'immense centre commercial compte un bowling *(9h-4h)*, une patinoire *(8h-0h)* et une aire de jeux *(10h-22h)*. Bus 56 de la place Lukiškių.

Vilnius Plage – En été, les bords de la Neris se muent en plage/aire de jeux.

En spectateur :

Le grand club de **basket** de la capitale, Lietuvos Rytas *(www.bc.lrytas.lt.)*, déchaîne les passions, surtout quand il affronte le rival du Žalgiris Kaunas, ou qu'il dispute les compétitions européennes. Ces rencontres de prestige se jouent à la Siemens Arena *(Ozo g 14 - ✆ 1653 - www. tiketa.lt. pour réserver)*.

Achats

Les commerces se concentrent sur Gedimino pr. (enseignes intern.), **Pilies g.** et Aušros Vartų g. (ambre, souvenirs, marché artisanal) et **Stiklių g.** (lin, ateliers d'artisans). Il existe aussi d'immenses centres commerciaux périphériques tel, Akropolis *(voir ci-dessus - tlj 8h-0h)* et Europa *(Konctitucijos g. 7a - tlj 10h-22h)*.

MARCHÉS

Kalvarijų turgus – *Kalvarijų g. 61 - merc.-dim. 6h30-16h30 - accès : trolley 5 et 6 depuis la cathédrale*. Un grand bazar qui comblera les amateurs « d'authentique » et de réalité quotidienne. On y trouve des produits typiques : miel, baies (fraîches, en confiture), biscuits.

LIBRAIRIES

Les *Knyga*, nombreuses sur Gedimino pr. ou autour de l'université, proposent toutes des ouvrages touristiques. La **librairie du CCF** *(voir p. 276)* vend des livres sur la Lituanie et quelques œuvres littéraires lituaniennes en français.

MODE LITUANIENNE

Lino Kopos – *Krokuvos g. 6 - www. linokopos.lt. - lun.-vend. 10h-19h, sam. 11h-15h*. Boutique de l'un des maîtres lituaniens des vêtements en lin.

R. Piekautaitė *(Didžioji g. 20 - www. ramunepiekautaite.com. - lun.-vend. 11h-19h, sam. 17h)* et **J. Statkrevičius** *(Odminių g. 11 - www.josefstaktus.com. - mar.-sam. 11h-19h, dim. 16h)*, les stylistes lituaniens les plus connus de la planète.

Zoraza – *Stiklių g. 6 - lun.-vend. 11h-19h, sam. 15h*. Mode audacieuse et colorée.

ARTISANAT (ambre, lin...)

Voir l'encadré p. 269 pour des adresses plus pittoresques.

Galerie-musée de l'Ambre – *Voir p. 263*.

Mažasis Gintaro Muziejus – *Didžioji g. 6 - ✆ 262 4986 - 10h-19h*. L'une des meilleures adresses pour des objets en ambre.

Linen & Amber Studio *(Stiklių g. 2 - 10h-19h, dim. 17h)* et **Lino Namai** *(Pilies g. 38 - lun.-vend. 10h-17h, sam. 18h, dim. 11h-17h)* offrent une grande variété d'articles en lin.

Elementai – *Stiklių g. - lun.-vend. 11h-19h, sam. 11h-17h*. Icônes, mode, bijoux et céramiques.

Russian Art Shop – *Bokšto g. 4 - ✆ 212 3236 - 12h-18h*. Poupées russes, souvenirs soviétiques, porcelaines, icônes, châles...

DIVERS

Plusieurs boutiques d'antiquités se concentrent sur **Dominikonų g.**, comme Vilnius Antique Centre (n° 16) ou Senasis Kuparas (n° 14).

Muzikos Bomba – *Vilniaus g. 22 - lun.-vend. 10h-19h, sam. 17h*. CD de musique locale et internationale.

AJ Šokoladas *(Gedimino pr. 46 - 10h-20h)* et **Šokolado Namai** *(Trakų g. 13 - lun.-vend. 10h-20h, sam.-dim. 11h-18h)*, ce qui se fait de mieux en matière de chocolat.

Skonis ir Kvapas – *Trakų g. 8 - lun.-sam. 11h-19h, sam. 15h*. Cigares, thés et cafés.

Poste centrale – *Gedimino pr. 7 - ✆ 261 6759 - www.post.lt. - lun.-vend. 7h-19h, sam. 9h-16h*. Cartes postales, timbres...

Événements

Festivals culturels, fêtes religieuses et païennes, les évènements sont très nombreux à Vilnius. Pour les dates et les nouveautés : *www.vilniusfestivals.lt.* ou *www.tourism.vilnius.lt.*

Užgavėnės – En février, le carnaval envahit les rues. Les enfants déguisés font du porte à porte.

Défilés traditionnels aussi à Rumšiškės, le Musée en plein air près de Kaunas.

Kaziukas (St-Casimir) – Autour du week-end du 4 mars, grande foire artisanale dans le centre-ville.

Lygiadienis – Carnaval païen célébrant l'équinoxe de printemps.

Jour d'Užupis – Le 1er avril, la République fête son indépendance : défilé, tampon sur les passeports...

Naujasis Baltijos Šokis – Festival international de danse. 10 jours en mai.

Festival de Vilnius – Musique classique, folk ou jazz dans les cours de la vieille ville. Tout le mois de juin.

Kristupo fest. (festival St-Christophe) – Festival de musique, de danse, d'artisanat, animant tout l'été salles et églises.

Jour de l'État – Fête nationale (6 juil.).

Festival Baltica – Festival des traditions populaires baltes qui se déroule à tour de rôle dans l'une des capitales. À Vilnius en juillet 2008, 2011...

Vilniaus Dienos (Jours de Vilnius) – Début septembre : carnaval, feux d'artifice, concerts.

Vilnius jazz – En automne, des groupes du monde entier confirment la tradition jazz du pays.

La Lituanie organise tous les 4 ans un **grand événement chanté** durant une semaine. Il regroupe 30 000 chanteurs dans des parcs ou sur des scènes géantes. Prochain rendez-vous en 2011.

Parc national historique de Trakai★★

Trakų istorinis nacionalinis parkas

6 500 HABITANTS
CARTE GÉNÉRALE 2E RABAT DE COUVERTURE – CARTE MICHELIN N° 784 P21

Si la cité-péninsule de Trakai proclamait son indépendance, son drapeau ne serait pas difficile à imaginer. Il comprendrait le vert des forêts qui la cernent. Le bleu des 32 lacs tentaculaires qui l'encerclent. Et enfin, le rouge des briques de son magnifique château insulaire digne des contes de fées. Tout ce qui entoure la résidence de Vytautas le Grand, fierté de la Lituanie, semble être là uniquement pour la mettre en scène, pour figurer sur la carte postale. En été, les vaguelettes du lac lèchent ses flancs, les cygnes et les voiliers blancs tournent autour comme hypnotisés. En hiver, au pied de ses remparts, les pêcheurs percent la glace et les enfants tracent des terrains de hockey éphémères. Trakai est aussi le foyer lituanien des Karaïtes qui, avec leurs petites maisons colorées et leur gastronomie parfumée, apportent une touche exotique très appréciée des Lituaniens.

Se repérer – Trakai se situe à 26 km au sud-ouest de Vilnius. Suivez l'A 16 jusqu'au village, sans vous laisser distraire par les nombreux panneaux « Trakų… ». La ville est aménagée sur une péninsule entourée de lacs (Galvė, Totoriškių…). Elle est traversée par Vytauto g. et Karaimų g. qui mène au château (en sens unique).

Se garer – Les parkings proches du château sont payants (horodateurs).

À ne pas manquer – Château de l'Île. Musée et spécialités karaïtes.

Organiser son temps – Une demi-journée suffit pour visiter le village. Le w.-end, il est envahi par une foule de touristes et la visite du château est fastidieuse. Le Musée karaïte ferme les lundis et mardis, et le château, le lundi en hiver.

Avec les enfants – Château de l'Île.

Pour poursuivre son voyage – Voir aussi Vilnius, Kaunas, Druskininkai.

P. Plantier / Michelin

Le château de l'Île, entouré par les glaces hivernales.

Comprendre

Capitale médiévale, parc national – En 1341, le grand-duc **Kęstutis** quitte sa forteresse du vieux Trakai **(Senieji Trakai**, *voir p. 284)* pour s'établir entre les lacs, 3 km plus au nord. Lui et son fils **Vytautas** édifient alors le château de la presqu'île, puis celui de l'île (fin 14e s.-début 15e s.), pour constituer un système défensif contre les chevaliers Teutoniques. Le lieu devient un aimant pour les artisans et les marchands. Des Russes, des Allemands, des Polonais, des Tatars et des Karaïtes se mêlent aux Lituaniens. Au 17e s., la peste et les guerres ravagent Trakai. La forteresse de l'île est abandonnée et la ville perd son rôle de pôle politique et économique. Le château, en piteux état mais porteur d'un symbole fort pour la Lituanie d'avant l'indépendance, inspire les peintres et les poètes romantiques du 19e s. Il est rénové à partir des années 1950. Un parc national est créé en 1991 pour sauvegarder les richesses historiques, ethnoculturelles et naturelles de la région. Avec 32 lacs, Trakai est devenu la base de loisirs préférée des habitants de Vilnius et le décor favori des photographes de mariages…

Les Karaïtes – L'étymologie du nom de ce peuple originaire de Mésopotamie est liée à l'étude des Écritures. Leur religion s'appuie sur l'Ancien Testament mais s'oppose à la validité de la Torah orale. N'étant pas d'origine sémite, ils se définissent comme des Turcs pratiquant une religion issue du judaïsme. Ils parlent une langue turque associant plusieurs dialectes, dont le *Karaj tili*, connu de quelques personnes à Trakai. Lorsque Vytautas étend son grand-duché et atteint la mer Noire, il ramène dans ses bagages près de 400 familles karaïtes de Crimée. Il les installe à Trakai en 1397 et emploie les hommes comme gardiens de sa forteresse. Leur quartier correspond à l'actuel Karaimų g. Dès 1441, ils jouissent d'une certaine autonomie et participent à l'économie locale. Par la suite, leurs droits leur seront retirés ou restitués, ce qui influera sur l'intensité des échanges commerciaux. Aujourd'hui, il ne reste que 260 Karaïtes en Lituanie, dont 70 environ à Trakai. Le musée, la *kenessa* et les restaurants, réputés pour leurs *kibinai* (chaussons) et leurs préparations à base de mouton (si rares en Lituanie), permettent de découvrir cette culture.

Une autre *kenessa* peut être vue à Vilnius – quartier de Žvėrynas *(voir p. 273)*.

Se promener

Des pontons, des promenades et des terrasses s'alignent sur les berges du lac Galvė (« tête »), où jadis les grands-ducs jetaient les têtes de leurs ennemis.

Château de l'Île★★ (Salos Pilis)

53946 - www.trakaimuziejus.lt. - mai.-sept. 10h-19h, oct.-avr. mar.-dim. 10h-17h - musée historique : 10 Lt, suppl. pour les expositions temporaires. Attention, pour visiter le musée, il faut emprunter des escaliers de bois très raides. Construite de la fin du 14e s. au début du 15e s., cette forteresse imprenable perd sa fonction défensive après la victoire sur les chevaliers Teutoniques à Žalgiris en 1410. Elle devient alors la résidence du grand-duc Vytautas. Le premier pont mène à un îlot gardé par le « totem » de Vytautas, mort ici en 1430. Le second s'achève au pied des remparts. Le lac Galvė, douve naturelle, est ainsi franchi. Une fois à l'intérieur du château, peut-être le trouverez-vous trop parfait, trop « décor de cinéma ». Mais la magie opère. Le lieu donne envie aux enfants de jouer aux chevaliers et aux princesses. La première cour, très vaste, est bordée d'une série de tours pointues et d'anciennes casernes qui abritent les expositions temporaires. L'ensemble constitue l'avant-château, qui accueille souvent des manifestations folkloriques ou médiévales (artisanat, tir à l'arc…). Par un escalier de bois, vous accédez à la partie la plus ancienne du château, compact et flanqué d'un donjon massif. Le **musée d'Histoire de Trakai (Trakų istorijos muz.)** y est aménagé et propose de (re)monter le temps en passant de salle voûtée en salle voûtée. L'histoire du lieu est mise en scène grâce à des maquettes, des armes qui ont fait toutes les guerres, des monnaies à l'effigie des puissants d'ici et d'ailleurs (dont un trésor de 9 000 pièces), des verreries et des céramiques témoignant d'un artisanat vivace, de beaux costumes traduisant la diversité ethnique de Trakai (Karaïtes, Tatars).

Au bout de la passerelle, prendre à gauche Karaimų gatvė.

Karaimų gatvė★

Cette rue si logiquement nommée concentre la majeure partie des maisons karaïtes du village et correspond au minuscule quartier (appelé *Petite Ville* au Moyen Âge) occupé par cette communauté. Ces maisons en bois le long de pentes douces sont orientées le côté face à la rue avec une façade visible percée de trois fenêtres : une pour Dieu, une pour le grand-duc Vytautas, une pour la famille. Laquelle le chat de la maison a-t-il choisi aujourd'hui pour vous regarder passer ?

Kenessa – *Karaimų g. 30 - si le lieu est fermé, demander au musée au n° 22 - donation.* La première *kenessa* de Trakai (14e s.) fut durant longtemps la seule en Europe. Pénétrer dans cette maison de prières karaïte (*kenessa* signifie « temple ») élevée en 1894, permet d'en apprendre un peu plus sur cette culture « importée » par Vytautas.

Un cimetière karaïte est de l'autre côté du lac Totoriškių (accès par Žalioji g.).

Musée karaïte★ (Karaimų etnografinė paroda) – *Karaimų g. 22 - 55286 - merc.-dim. 10h-18h - 4 Lt.* Depuis 1938, ce musée présente l'histoire et les coutumes du peuple karaïte, ses origines et son installation en Lituanie. Des photographies, des costumes, du mobilier, des bijoux, des ustensiles et des costumes l'illustrent d'une manière variée et colorée. Pour compléter la découverte culturelle, pourquoi ne pas goûter aux spécialités culinaires karaïtes *(voir Trakai pratique p. 285)* ?

C. Brett / Michelin

Maisons karaïtes sur Karaimų g., dans le vieux Trakai.

Aller au bout de Karaimų g. La vieille poste *(Karaimų g. 5)*, une maison bleue en bois (1810) avec 2 colonnes, abrite le siège du parc national. Prendre à gauche pour trouver le discret **monastère dominicain** installé ici depuis la fin du 18e s. à l'emplacement des portes du château de la Presqu'île. Une chapelle (beaux vitraux) abrite une **exposition d'art sacré (Sakralino meno ekspozicija** – *Kestucio g. 4 - ☏ 53941 - merc.-dim. 10h-18h - 4 Lt)*. Différents objets liturgiques et œuvres d'art rappellent l'importance du monastère avant sa fermeture en 1863 par les autorités tsaristes.

Château de la Presqu'île (Trakų pusiasalio pilis)

Kestucio g. 4. Ses remparts ovales, jadis flanqués de onze tours, épousent la forme d'une petite péninsule. Sa construction aurait débuté au 14e s. sous le duc Kęstutis quand ce dernier abandonne sa résidence de Senieji Trakai. Il est alors nommé « nouveau château ». En 1430, le grand-duc Vytautas solidifie le complexe qui sert de résidence à plusieurs grands-ducs. Détruit en 1655 durant les guerres russo-suédoises, il n'a jamais été reconstruit – seulement rénové à partir du 19e s. Ses ruines (murs et tours) servent de cadre à des concerts estivaux et aux manifestations moyenâgeuses de début juillet. Au-delà de la colonne St-Jean-de-Népomucène (17e s., saint patron de Trakai), l'**église de la Visitation-de-la-Vierge (Šv. Marijos Apsilankymo baž.)** est le résultat de maintes constructions et destructions. Vytautas la fonda en 1409, mais elle fut détruite en 1655 et à nouveau élevée en 1718 – d'où ses lignes baroques. L'autel supporte l'icône de la Madone de Trakai, couronnée par le pape Clément XI en 1718.

Aux alentours

Voir aussi l'itinéraire de découverte au départ de Vilnius, p. 274.

Senieji Trakai (« Vieux Trakai ») – *À 3 km au sud de Trakai.* Difficile de croire que ce hameau fut la capitale et la résidence des grands-ducs avant que Vilnius ne lui vole le premier de ces titres. Du château en brique évoqué dans des chroniques du 14e s., il ne reste rien. Endommagé lors des guerres contre les chevaliers Teutoniques, il a été supplanté par les deux châteaux de Trakai. Il se situait à l'emplacement de l'actuelle église néogothique de l'Annonciation (1899). Le village est une calme enfilade de maisons identiques, pointues et colorées. La route qui le relie à Trakai est bordée de sculptures historiques en bois (Vytautas, Birutė).

Paysagiste aux 4 vents

Édouard-François André (1840-1911), né à Bourges dans une famille de pépiniéristes, a dessiné des parcs prestigieux à Monte-Carlo, Montpellier (Champ de Mars), Montevideo… Celui qui fut explorateur-biologiste dans les Andes en 1875-76, est bien connu de la famille **Tyszkiewicz**, qui lui a confié la réalisation de parcs autour de ses manoirs. Le plus beau est celui de **Palanga★★** *(voir p 306)*, riche de 500 espèces de plantes. On lui doit aussi les parcs de Lentvaris *(voir page suivante)*, Užutrakis et Trakų Vokė, tous trois près de Trakai.

Manoir d'Užutrakis (Užutrakio dvaro sodyba) – *À 5 km au nord de Trakai. Prendre la route 107 vers Vievis et tourner dans la première à droite vers le camping, puis suivre les panneaux marron.* Lorsque vous regardez le château rouge de Trakai, vous distinguez en arrière-plan une tache blanche sur les berges. Il s'agit du manoir d'Užutrakis, très attirant de loin mais, comme beaucoup de ses cousins, en attente de rénovation. L'élégant édifice néo-Renaissance, commandé par le comte Józef Tyszkiewicz (1868-1917), est achevé en 1901. Sa période faste est brève car les Soviétiques l'utilisent comme sanatorium puis camp de pionniers, sans se soucier de le préserver. Le manoir est pour le moment fermé, mais les alentours valent le coup d'œil. Édouard-François André qui a dessiné le beau parc où eau et plantes se mêlent étroitement, ne reconnaîtrait peut-être pas son œuvre. Mais les essences exotiques qu'il a plantées sont toujours là.

Domaine de Lentvaris (Lentvario dvaro sodyba) – *À 10 km à l'est de Trakai. À la sortie de Trakai, à la station-service* Lukoil, *prendre la route à gauche vers Lentvaris, aller dans le centre du village et suivre les panneaux marron indiquant le manoir.* Ce village de banlieue cache un palais au milieu d'un parc de E.-F. André, jadis splendide. La silhouette du manoir néogothique, en brique et flanqué d'une haute tour pointue, date de la fin du 19e s. Émergeant des arbres au-dessus d'un lac, il est très photogénique.

Trakai pratique

Informations

Vytauto g. 69 - 51934 - www.trakai.lt. - lun.-jeu. 8h-17h, vend. 14h45, pause à midi. Des panneaux d'informations (carte et adresses) sont répartis dans le village.

Indicatif tél. : 528.

Transports

Voiture – De Vilnius, prendre la route A 16 (dir. Marijampolė).

Autocar – Nombreux, ils relient en 45mn la gare routière de Vilnius au rond-point à l'entrée de Trakai *(Vytauto g. 90).*

Train – Environ 7 trains relient Vilnius à Trakai en 45mn. Gare : *Vilniaus g. 5.*

Se loger

Les **gîtes** au bord de l'eau ne manquent pas. Réservation à l'office de tourisme.

Kempingas Slėnyje – *Slėnio g. 1 - Užutrakis - 53880 - www.camptrakai.lt.* Un vrai pôle touristique sur la rive nord du lac Galvė : bungalows *(100 Lt)*, chambres, saunas, location de vélos et bateaux, plage… Ouvert toute l'année.

Karaimų 13 – *Karaimų g. 13 - 51911 - P - 10 ch. 160/180 Lt.* Cette petite pension propose des chambres en pin dans une maison traditionnelle.

Margis – *Penkininkai - 21717 - www.margis.lt. -50 ch. à partir de 250 Lt.* L'hôtel, moderne et 4 étoiles locales, offre 41 chambres en bordure du lac Margis, à 6 km à l'ouest de Trakai à l'écart de l'A 16.

Akmeninė Rezidencija – *Bražuolės - 614 86654 - www.akmenineuzeiga.lt. - 20 ch. à partir de 300 Lt.* Difficile de concurrencer la « résidence de pierres » ! Situées au bord du lac Galvė, ces bâtisses de bois, de pierre et de chaume cachent de confortables chambres et un restaurant international réputé. Le tout dans un cadre enchanteur : lac, terrasse, pontons.

Se restaurer

Senoji Kibininė – *Karaimų g. 65 - 55865 - 10h-22h.* Les *kibinai*, chaussons karaïtes farcis de viandes et sérieuses réponses aux *cepelinai*, sont servis dans cette belle maison de bois et son jardin.

Kybynlar – *Karaimų g. 29 - 285 5179 - 11h-22/23h.* Ce beau restaurant offre un menu karaïte complet où les plats d'agneau ravissent les Lituaniens.

Apvalaus Stalo Klubas – *Karaimų g. 53a - 55595 - 12h-22h.* De cet établissement cossu, la vue est imprenable sur le château. Au choix : une pizzeria prisée ou un restaurant romantique au menu recherché.

Loisirs et excursions

À l'office de tourisme : location de vélos (8 Lt/h), contacts pour organiser une pêche sur la glace, une balade en traineau ou en montgolfière… Le camping et le Centre national des sports *(Trakų poilsio centras – Karaimų g. 73 - www.sc.trakai.com.)* sont de grandes bases de loisirs.

Sports d'eau – Pédalos et barques se louent à l'heure (8 Lt) près de la passerelle vers le château.

Randonnées – Une piste cyclable et des chemins de randonnée sillonnent le parc national. Carte à l'office de tourisme.

Excursions – Les agences signalées dans *Vilnius pratique (voir p. 276)* proposent des excursions à Trakai, en bus, en ballon.

Événements

Anniversaire de Trakai – Diverses animations durant 2 jours fin mai.

Journées médiévales – Dans la cour du château de la Presqu'île (2 j., mi-juin).

Opéra Pilėnai – Deux représentations dans le château de l'Île (début juil.).

Festival de musique de chambre – En soirée, tous les dimanche de mi-juin à mi-août, au manoir d'Užutrakis.

Journées de l'artisanat – Foire artisanale dans le château de l'Île (2 j., mi-août).

Parc national d'Aukštaitija★★

Aukštaitijos nacionalinis parkas

CARTE GÉNÉRALE 2E RABAT DE COUVERTURE – CARTE MICHELIN N° 784 R17-18 S18 T16-18

Une grande partie des prénoms lituaniens sont encore d'origine païenne et liés à la nature. Vous comprendrez peut-être mieux pourquoi en parcourant l'est de l'Aukštaitija (Rytų Aukštaitija). Ici, les lacs et les forêts laissent encore peu de place aux hommes, dont les maisons en bois si particulières sont dispersées comme des confettis colorés. La population y vit au rythme des saisons, au plus près de la flore et de la faune. Les minuscules hameaux sont entourés de clairières de pissenlits qui changent trois fois de tenue chaque année : vertes, puis jaunes, puis blanches. Toute la région offre de merveilleux paysages. Mais son cœur bat dans le parc national qui porte son nom. Il se découvre un peu en voiture, beaucoup à pied, passionnément à vélo... avec ennui, pas du tout.

- **Se repérer** – L'Aukštaitija des lacs et des forêts couvre le nord-est du pays et entoure le parc national portant son nom. De Vilnius, le parc est atteint par la superbe route 102 (forêts, paysages bucoliques) : dir. Švenčionys puis Ignalina.
- **À ne pas manquer** – Laisser la voiture et découvrir les lacs, forêts et villages.
- **Organiser son temps** – L'hiver est rude. Le printemps (fleurs), l'été (soleil) et le début de l'automne (forêt rougeoyante) sont en revanche indiqués. Le temps que vous y passerez dépend de votre intérêt pour le tourisme en plein nature.
- **Avec les enfants** – Musée de l'Apiculture ancienne. Activités en plein air.
- **Pour poursuivre son voyage** – Voir aussi Vilnius, Panevėžys, Latgale.

F. Sichet / Michelin

D'anciennes ruches devant le musée de l'Apiculture à Stripeikiai.

Comprendre

Parc national – Fondé en 1974, il couvre 40 570 ha, d'Ignalina à l'est à Tauragnai à l'ouest. Sa surface ondulée est à 70 % couverte de forêts de conifères. Ses 126 lacs, souvent communicants, sont un paradis pour les amateurs de canoë. Plus de 700 espèces végétales, 100 de mammifères (élans, visons, sangliers) et 80 de poissons y sont recensées. Environ 2 000 personnes vivent dans 116 hameaux, une présence humaine séculaire attestée par des tertres funéraires de l'âge du bronze. Aux 12e-15e s., diverses collines fortifiées formaient une ligne défensive. Les petits villages-rue nés au 16e s. (maisons perpendiculaires à la rue) ou les fermes dispersées établies au 18e s. sont dignes d'un musée ethnographique avec leurs édifices en bois brut. Les charnières en bois ou les toits de chaume ont disparu au début du 20e s., remplacés par les tuiles de bois et la tôle.

L'arc géodésique de Struve – Voilà le plus méconnu des sites classés par l'Unesco ! **F. G. W. von Struve** (1793-1864) appartient à une famille d'astronomes. Né à Altona au Danemark, il étudie à Tartu (Estonie) avant de fonder l'observatoire Pulkovo de St-

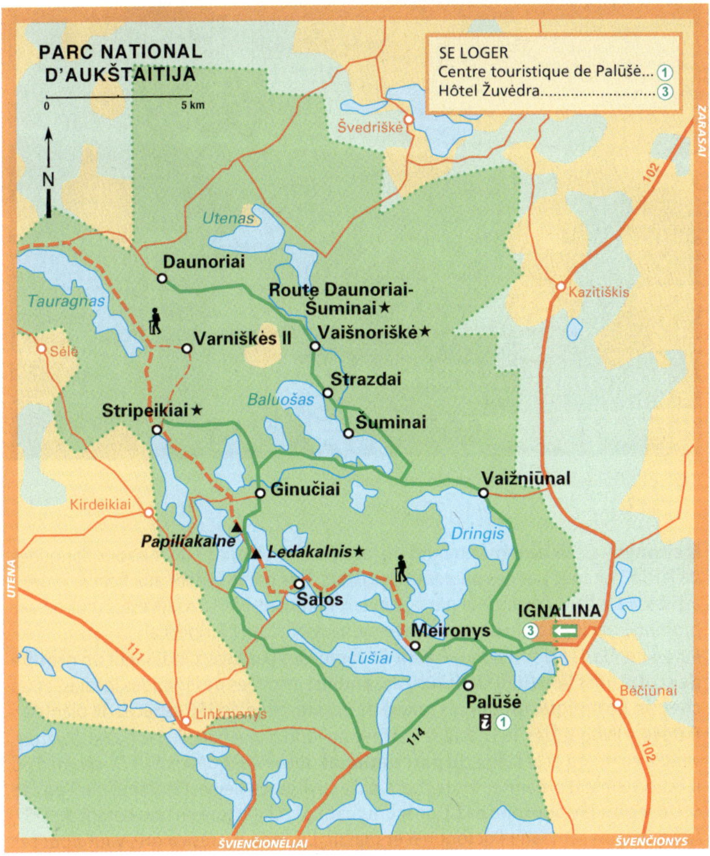

Pétersbourg. Entre 1816 et 1855, il se lance dans un grand travail de géodésie, la science qui a pour but la mesure de la terre et l'étude de ses formes. Il construit une chaîne de repères géodésiques de triangulation, composée de 258 triangles et 265 points fixes. Cet arc de 2 800 km, allant de la mer Noire à Hammerfest (Norvège), marqua une étape importante dans les techniques de cartographie, en aidant à déterminer la taille et la forme de la terre. En 2005, l'Unesco a classé 34 de ces points fixes (dans 10 pays), marqués là par un obélisque, là par un trou dans la roche. Trois d'entre eux se situent à l'est de la Lituanie (à Panemunis, Nemenčinė et Nemėžis).

La Lituanie et ses abeilles – En lituanien, les animaux crèvent, mais les humains et les abeilles *(bitė)* meurent, une particularité linguistique très significative. Ici, cet insecte vénéré dans de nombreuses mythologies, ne pique que les envieux, les jaloux, et est ainsi considéré comme sage et fiable. Il a même un dieu, **Babilas**, et une reine, la déesse **Austėja**. L'« amitié par les abeilles » est une coutume ancienne qui touche l'organisation familiale et les rapports entre les hommes (seuls ces derniers s'occupent des abeilles). Partager l'exploitation d'un essaim crée des relations très fortes entre deux familles, qui durent parfois plusieurs générations.

Itinéraires de découverte

À TRAVERS LE PARC NATIONAL D'AUKŠTAITIJA★★ 1

Itinéraire de 55 km (plus un détour optionnel de 15-30 km). Certaines portions empruntent des routes non asphaltées, à éviter par temps humide.

Ignalina – Cette ville tranquille entourée de lacs est la porte d'entrée (gares, commerces) du parc national et de la station de ski la plus connue du pays. Elle s'est développée avec l'arrivée de la voie ferrée entre Varsovie et St-Pétersbourg en 1862. Cet assemblage bien rangé de maisons de bois et de petits blocs ne possède pas de charme particulier, mais il s'en dégage une impression de bien-être. C'est sans doute la localité du pays où les panneaux indicateurs sont les plus nombreux. En bas de l'hôtel *Žuvėdra*, un ponton permet de traverser le lac Paplovinis et d'en faire le tour.

Quitter Ignalina par la route 114 (dir. Palūšė), puis prendre à gauche vers Meironys.

L'église de Palūšė, merveille de l'architecture en bois.

Meironys – Ce village-rue au bord du lac Lūšiai se compose de maisons flanquées de jardins animés par des poules et des chats. Des grand-mères aux fichus colorés, assises sur le banc devant leur porte, surveillent l'ensemble. La route est un cul-de-sac prolongé par le chemin de randonnée menant à Salos et Stripeikiai.

Revenir sur la 114 et se rendre à Palūšė. En route, des panneaux indiquent un **groupe de sculptures (Medinių skulptūrų ansamblis)** inspirées de légendes locales, et un **chemin botanique (Botaninis takas)** de 3,5 km, riche de 150 espèces de plantes.

Palūšė – Évoqué dès 1651, Palūšė est lové au fond d'une baie du lac Lūšiai. S'y trouvent le camping et le **siège du parc national** *(suivre Aukštaitijos N. P. Direkcija)* d'où il est possible d'organiser toutes sortes d'activités. Le lieu est dominé par l'**église St-Joseph★ (Šv. Juozapo baž.)**, un monument d'architecture en bois datant de 1757, flanqué d'un campanile octogonal et massif. L'intérieur, très coloré, vaut pour ses autels des 17-18e s. Au-dessus de la porte, on vous invite à « entrer bon » *(užeik geras)* et « sortir meilleur » *(išeik gerenis)*. Du parvis, la vue sur le lac « du chat sauvage » est saisissante. Il peut se parcourir en canoë *(location sur la rive)*.

Après Šakarva, joli village coincé entre deux lacs, prendre « Kirdeikiai 12 km » puis, après 7 km, à droite vers Ginučiai et Ledakalnis (route non asphaltée).

Ledakalnis★ – La route serpente dans un paysage vert (forêt), bleu (lacs) et or (joncs). Un totem indique la colline de Ledakalnis. Elle ne fait que 175 m de haut mais offre un panorama à 360° sur la mosaïque de lacs et de forêts du parc national. Est-ce pour cette raison qu'on y pratiquait des sacrifices à la déesse Lada, mère de ce monde ? Un chemin et un pont mènent vers **Salos II**, un hameau de maisons traditionnelles devenu réserve culturelle. De retour sur la route en direction de Ginučiai, vous passez près du lac Linkmenas et de la colline de Papiliakalnė, jadis fortifiée (13e s.).

Ginučiai – Beaucoup d'habitations de ce village au milieu des lacs se prolongent par des pontons. Le **moulin à eau (Ginučių vandens malūnas –** *✆ 8616 29366 - mar.-sam. 10h-17h, dim. -15h - 2 Lt)*, près du pont, est le plus intact des six que compte le parc. La visite de ce bâtiment du 19e s. est rapide : mécanisme, vieilles photos. Vous retiendrez surtout le grondement de l'eau et la forte odeur de bois brut et de vase.

Sortir de Ginučiai (dir. Vaišniūnai). Tourner vers Stripeikiai. La route non asphaltée traverse une magnifique forêt de conifères bien droits.

Stripeikiai – Ce hameau évoqué dès 1357, dispersé et absolument charmant, rassemble tout ce qui fait le charme de la région : prés fleuris, forêts, étangs et maisons en bois. Parmi ces dernières se trouve le **musée de l'Apiculture ancienne★ (Senovinės bitininkystės muz. –** *✆ 386 36210 - mai-oct. 10h-19h - 3 Lt, visite guidée possible)*. Perché sur une petite hauteur, il est entouré de ruches anciennes : tronc coiffé d'un chapeau de paille ou véritable sculpture. Certaines sont occupées et l'on regarde les travailleuses ailées aller et venir dans la bouche d'un dieu local (dont Babilas le dieu des abeilles). Visiter ce lieu permet d'apprécier l'artisanat du bois et les traditions locales d'apiculture. Dans chaque maison à toit de chaume, une exposition raconte les techniques d'apiculture, la protection des ruches contre les ours, les fleurs régionales, le folklore entourant l'abeille. Il est possible d'acheter du miel *(medus)*.

Vous pouvez marcher à travers prés vers le petit hameau préservé et isolé de Varniškės II (bâtiments du 19e s., arbres séculaires).

Revenir vers Ginučiai et prendre la direction de Vaišniūnai par une route qui slalome entre les lacs.

Vous pouvez soit revenir vers Ignalina *(suivre « Ignalina 6 km »)*, soit prendre la **piste forestière★** (par temps sec uniquement) indiquée à gauche *(dir. Vaišnoriškė, Daunoriai)*. Cette dernière traverse une forêt si belle et si sauvage qu'on culpabilise rapidement de rouler ici, de troubler la tranquillité des animaux que l'on s'attend à voir à chaque virage.

Cette route traverse ou frôle de pittoresques villages de fermiers et de forestiers : **Šuminai**, ses pins, ses érables et ses saunas au bord du lac Baluošas, **Strazdai** et ses granges du 19e s., **Vaišnoriškė★** et ses barrières si particulières, ses granges à toits si bas qu'ils touchent presque le sol (pour protéger les tas de bois). La route rencontre brièvement la rivière Būka, qui évoque à la fois les contes de fées (on se surprend à chercher des elfes) ou les récits de Jack London. Au hameau de Daunoriai, une église peinte en vert regarde les prés à pissenlits ou une grand-mère garde sa vache unique. La route bitumée continue vers Tauragnai et Utena.

GRANDE BOUCLE FORESTIÈRE★ 2

Itinéraire de 287 km (plus quelques détours) à faire en un ou deux jours. Les « belles pierres » sont rares, mais les paysages, superbes.

D'Ignalina, prendre la belle route 102 vers Dūkštas. De là, faire un aller-retour pour **Visaginas** *(voir l'encadré ci-dessous) par la 113. Puis prendre la 179 vers Salakas.*

Salakas/Zarasai – La route fait des montagnes russes sur les collines. Une vache, un cheval broutent les herbes hautes près des fermes espacées. Au détour d'un virage apparaissent le lac Luodis et le clocher de Salakas surgissant au-dessus des arbres. Prendre « *Zarasai 24* » à droite pour atteindre l'**église Notre-Dame-des-Peines**, entourée de maisons jaunes. Cet édifice néoromantique (1911) offre un contraste saisissant entre l'extérieur en pierre brute et l'intérieur aux voûtes de couleurs douces.

Reprendre la 179 qui traverse alors le **parc régional de Gražutė**, connu pour le réservoir d'Antalieptė, un lac compliqué qui s'éparpille en de multiples baies et îles, formant une dentelle d'eau et de forêts. L'A 6 mène ensuite à **Zarasai**, petite ville établie dans un site superbe, entre deux lacs servant de piscine géante en été.

Route 117 en direction d'Obeliai. Après 2-3 km, prendre « Stelmužė 10 km ».

Stelmužė – La route zigzague à l'horizontale et à la verticale, d'où une limitation à 60 km/h. Elle rejoint ce village frontalier isolé, où les grenouilles qui coassent s'occupent de la bande son.

Se garer près de l'église et du chêne si vieux qu'il se tient avec des béquilles. Âgé de 1 500 ans, il serait l'un des plus anciens d'Europe. Il veille sur l'**église de la Ste-Croix**, entièrement en bois, dont la façade s'orne de colonnes. L'édifice est en général fermé *(℘ 385 39 082 - mar.-dim. 10h-18h -1 Lt)*, mais quelqu'un viendra ouvrir en voyant la voiture. Construite en 1650 et 1713, elle renferme un autel baroque couvert de sculptures d'angelots blancs en bois.

Revenir sur la 117 (dir. Obeliai), puis tourner à gauche (178) vers Dusetos.

Détour en URSS

Visaginas est un bel exemple de ville planifiée, à vocation unique, qu'on a fait pousser au milieu de « rien ». Entourée de lacs et de forêts mais pourtant si peu naturelle, si peu spontanée, elle évoque ces localités sibériennes bâties autour de bases militaires ou de conglomérats industriels. Née en 1975 sous le nom de **Sniečkus** (leader communiste lituanien) pour accueillir les ouvriers (venus de toute l'URSS) de la centrale nucléaire d'Ignalina, elle est la plus jeune cité lituanienne. Ses avenues rectilignes forment des carrés occupés par des blocs de béton. Ceux-ci abritent des habitations, des équipements de loisirs collectifs, un centre culturel. Une autoroute seulement empruntée par les bus acheminant les ouvriers, mène à la centrale en longeant des usines délabrées. Planté au bord du **lac Drūkšiai**, le complexe de type Tchernobyl fournissait 80 % de l'électricité au pays. Le lieu, qui inquiète vivement l'Europe, sera fermé pour transformation en 2009, laissant planer un doute sérieux sur les ressources énergétiques de la Lituanie durant la transition qui devrait durer… 30 ans. L'avenir (pour ne pas dire le présent) de Visaginas, ville qui se vide, est bien incertain.

Dusetos – La 178 suit le long lac Sartai jusqu'à ce village dont le blason s'orne de trois chevaux rouges. Une légende dit qu'un paysan a conquis le cœur de la plus belle fille du village en battant le seigneur du lieu à la course sur la glace. Depuis s'y déroule une course de chevaux sur le lac gelé (1er sam. de fév.), un événement local devenu un rendez-vous international.

La localité n'est pas à la hauteur des paysages qui l'entourent. Au bout de l'unique rue, l'église de la Sainte-Trinité (1888) est fière de sa Madone d'argent de 1668.

Reprendre la 178 qui passe par le joli hameau d'Antalieptė dont les maisons de bois s'alignent le long de la rivière. *Suivre l'A 6 jusqu'à Utena.*

F. Sichet / Michelin

Une route forestière près de Ginučiai.

Utena – Ce pôle industriel serait né dès le 13e s. Mais ses rues traduisent peu cette longue histoire. Le centre s'organise autour de la place pentue Utenio, animée par des sculptures originales. S'y trouve le **Musée régional (Utenos kraštotyros muz.** – *Utenio ai. 3 - ✆ 389 61637 - merc.-dim. 10h-18h - 2 Lt)* qui expose de fort belle manière des collections archéologiques, numismatiques et ethnographiques. Non loin, un ange blanc garde l'entrée de l'église à coupole de l'Ascension (1884, *Vytauto g. 4*). Les alentours quasi-villageois de cet édifice de style byzantin surprennent en plein centre-ville. Au n° 36 de Basanavičiaus g. *(dir. Kaunas)*, l'ancien relais de poste (1835) s'étend de tout son long. Le tsar Nicolas Ier et Honoré de Balzac y firent escale.

Si l'artisanat vous intéresse, faites un détour par un **musée des Céramiques (V. Valiušio keramikos muz.** – *Topolių g. 7 - Leliūnai - ✆ 389 60885 - mar.-sam. 12h-16h - réserver à l'avance)* dans le village Leliūnai, à 12 km à l'ouest d'Utena par l'A 6.

D'Utena, prendre la route A 14 en direction de Molėtai et Vilnius. Après 23 km, prendre à gauche au panneau marron « Lietuvos etnokosmologijos muz. ».

Kulionys – La jolie petite route mène au **musée d'Ethnocosmologie (Lietuvos etnokosmologijos muz.** – *Kulionys - ✆ 383 45424 - www.cosmos.lt. - avr.-nov. mar.-dim. 8h-15h30, nov.-mars mar.-sam. 8h-15h30 - 5 Lt - réserver à l'avance pour une visite guidée en anglais ou pour les observations nocturnes).* Ce lieu en pleine transformation sera théoriquement modernisé pour 2009 et offrira une découverte chronologique du rapport de l'homme à l'espace, de l'évolution du calcul du temps et des distances. La visite est complétée par une montée dans l'observatoire du musée d'où la vue est superbe sur les lacs et les forêts alentours.

L'observatoire lui-même, à 500 m de là, est réservé aux scientifiques. Non loin du musée, une route en terre mène à un **ancien observatoire solaire** reconstitué **(Dangaus stebykla** – *✆ 8 682 14559 - j.vaiskunas@mail.lt. - sur réservation).* Ce cercle de petits totems représente un calendrier, le zodiaque. Les explications (en lituanien) sont données par un passionné intarissable.

Molėtai – Entourée de lacs et sans béton ou presque, la cité s'étale le long de Vilniaus g. La rue passe devant une rangée de maisons (en brique, 19e s.) de marchands juifs évoquant Liverpool *(Vilniaus g. 42).*

À côté, le modeste **musée du District (Molitų Krasto** – *Inturkes g. 4 - ✆ 383 51138 - 2 Lt)* rassemble de l'outillage pour travailler le lin, des costumes traditionnels… Vilniaus g. s'achève à l'est devant les deux tours blanches de l'église néobaroque St-Pierre-et-Paul (1905). La forêt commence juste derrière.

Deux options pour rejoindre **Labanoras**. La plus rapide : prendre la route 114 qui passe par **Mindūnai** et son petit **musée de Pêche à l'ancienne (Mindūnų Žvejybos muz.** – *✆ 8687 01795 - sur RV).* La plus belle (non asphaltée – par temps sec uniquement) : prendre la route 173 *(dir. Pabradė)* puis à Inturkė, tourner à gauche au panneau « *Kertuoja 8* ». La route contourne le lac Kertuojai avant de pénétrer dans une superbe et profonde forêt. Suivre « *Labanoras* » entre lacs, fourmilières, végétation attrayante.

Labanoras★ – Au milieu d'une clairière, une poignée de maisons de bois forme le charmant hameau de Labanoras. Les pissenlits et les tulipes, ces fleurs dont la forme inspire l'artisanat local (tissus, ceintures), colorent le tout à la belle saison. La jolie église en bois (1820) attire le dimanche une population se déplaçant à vélo. La localité a donné son nom au plus vaste **parc régional** lituanien où 285 lacs et 30 rivières découpent la forêt de pins. Près de 200 hameaux, souvent une simple maison de forestier, sont perdus au milieu de cet univers végétal. Le siège du parc *(✆ 838 731357 - www.labanoroparkas.lt. - lun.-dim.)* se trouve à côté de l'intéressant hôtel-restaurant local *(voir Aukštaitija pratique ci-dessous)*, bien gardé par un couple de cigognes peu sauvages. Ici, vous trouverez un plan précis et des conseils ou des contacts pour explorer cette zone en voiture, à pied, en vélo (location possible) ou en canoë.

La route 114 continue vers Ignalina, via Kaltanėniai. Un détour est possible par **Kretuonys** et ses maisons traditionnelles. Pour rejoindre Vilniius, prendre la 102 à Švenčionys, où se dresse une église orthodoxe vêtue d'un polo de marin délavé…

Aukštaitija pratique

Informations utiles

Ignalina – *Taikos g. 11 - ✆ 386 52597 - www.ignalina.lt/tic.*

Palūšė (siège du parc national) – *✆ 386 47478 - www.anp.lt. / www.paluse.lt. - lun.-sam.*

Utena – *Utenio ai. 5 - ✆ 389 54346 - www.utenainfo.lt.* et *www.utenaregion.lt.*

Molėtai – *Inturkės g. 4 - ✆ 383 51187 - www.infomoletai.lt.*

Indicatifs tél. – Ignalina/Visaginas : *386* ; Zarasai : *385* ; Utena : *389* ; Molėtai : *383* ; Švenčionys : *387.*

Pratique – Vous trouverez des commerces à Ignalina. Les offices de tourisme diffusent une brochure sur les lieux (restaurants, fabriques) faisant la promotion des produits régionaux. Ils sont signalés par le logo *Kulinarinis paveldas.*

Transports

Ignalina est accessible en autocar d'Utena et Molėtai (reliés à Vilnius et Kaunas). Les liaisons entre Ignalina et Vilnius s'effectuent en train *(7/j en 2h - ligne vers Turmantas)*. L'un des trains continue vers Daugavpils et St-Pétersbourg.

Se loger et se restaurer

GÎTES RURAUX

Liste sur *www.countryside.lt.* et réservation à l'office de tourisme.

Alių vienkimis – *Alių (près d'Utena) - ✆ 8611 42287 - www.aliai.lt.*

Miškininkės – *Miškininkės (bordure du PN) - ✆ 8616 00692 - www.miskiniskes.lt.*

CAMPING

On ne campe pas n'importe où dans les parcs, des aires rudimentaires sont prévues à cet effet en plus des vrais campings.

Apple Island – *Lac Graubuostas - Žalvarai - www.appleisland.lt. - tte l'année.*

Centre touristique de Palūšė – *Palūšė - ✆ 386 47478 ou 52891 - mai-sept. - www.paluse.lt. - aussi des bungalows (70 Lt).*

HÔTELS

Žuvėdra – *Mokyklos g. 11 - Ignalina - ✆ 386 52314 - www.zuvedra.com. - 8 ch. à partir de 170 Lt.* La « mouette » propose des chambres neuves, modernes et fonctionnelles au-dessus d'un restaurant-terrasse apprécié des locaux. Belle vue sur le lac depuis certaines chambres. Sauna.

Labanoras – *Labanoras - ✆ 655 70917 - www.hotellabanoras.lt. - 6 ch. 70 Lt/pers.* Une adresse à part. La belle maison compte six immenses chambres rustico-kitsch. Réveil au claquement de bec des cigognes. Le restaurant permet de goûter des spécialités de champignons et des fruits des bois. Location de vélos *(5 Lt/h).*

Sports et loisirs

Se déplacer en voiture permet d'effleurer le parc national. Mais si l'on a le temps, il est préférable de partir à la rencontre de la nature et des hameaux endormis par les chemins balisés à vélo (70 km), à pied (30 km) ou en canoë (35 km). Bordés d'aire de campings, ils peuvent être suivis quelques heures ou plusieurs jours et sont décrits sur les plans fournis par le siège du parc national à Palūšė. C'est le lieu pour organiser une randonnée, une excursion en canoë (location sur la rive, *www.valtine.lt.*) guidée ou non, une partie de pêche (permis vendu sur place, pêche sur glace en hiver). Le parc régional de Labanoras offre aussi toutes ces possibilités. Souvent, les propriétaires des gîtes ruraux proposent ces mêmes activités. Pour des aventures de plusieurs jours, contactez l'agence Geras Vėjas – *✆ 8652 12000 - www.gerasvejas.lt.* Le Lietuvos žiemos sporto centras *(www.lzsc.lt.)* à Ignalina est une station de ski courue.

Événements

Sartai – Course de chevaux sur lac gelé à Dusetos (fév. - 1er sam.).

Fête du miel – Le 15 août au musée de l'Apiculture ancienne à Stripeikiai.

Visagino Country – Festival de musique country, mi-août. *www.visagino-country.lt.*

Panevėžys et le nord de l'Aukštaitija

116 300 HABITANTS
CARTE GÉNÉRALE 2E RABAT DE COUVERTURE – CARTE MICHELIN N° 784

La cinquième ville du pays, dont les tours de béton s'aperçoivent de loin dans ce paysage bien plat, a peu à offrir aux touristes étrangers pressés. Néanmoins, les plus curieux, ou tout simplement ceux qui doivent y faire étape, constateront les efforts qu'elle fait pour s'embellir et montrer son dynamisme. La plaine alentour est bien triste par temps gris. Mais qu'elle est belle quand, balayée par le vent, elle regarde les gros nuages qui font la course. Quelques agréables cités, enrichies par les activités agricoles, s'y répartissent ça et là : Biržai la capitale de la bière, Rokiškis la multicolore ou Anykščiai la littéraire entourée de pins.

- **Se repérer –** L'Aukštaitija couvre un large quart nord-est du pays. Sa partie nord, autour de Panevėžys, est constituée de plaines, tandis que le sud et l'est, autour du parc national *(voir p. 286)*, forment une région de lacs et de forêts.
- **Organiser son temps –** La région est vaste et ne comprend pas d'attractions majeures. La visite de Panevėžys ne nécessite pas plus d'une poignée d'heures.
- **Avec les enfants –** Musée du Train d'Anykščiai. Musée du Cheval de Niūronys.
- **Pour poursuivre son voyage –** Voir aussi Parc national d'Aukštaitija, Šiauliai, Kaunas.

W. Buss / Michelin

Le château de la famille Radziwiłł à Biržai.

Comprendre

Voix de la terre – L'agriculture a longtemps été l'activité unique du nord de l'Aukštaitija. Chaque village comptait son moulin (certains sont restaurés) et le lin couvrait les plaines. Si la culture en est moins intense, Panevėžys possède encore la plus grande filature du nord de l'Europe. L'industrie agroalimentaire s'est logiquement installée dans les villes : minoterie, sucre à Panevėžys, laiteries à Rokiškis. La bière est aussi produite ici, et cela depuis des siècles. Plusieurs brasseries parfument l'air de Biržai, tandis que la Kalnapilis fait la fierté de Panevėžys.

L'artisanat du bois demeure vivace. Les croix ou les totems taillés dans le chêne, mêlant les symboles chrétiens et païens, sont encore présents dans les cimetières et au bord des routes. De beaux exemples de cette tradition protégée par l'Unesco peuvent être vus au musée de Rokiškis. L'Aukštaitija se distingue aussi par une forte tradition de chants. Les *sutartinės* à deux voix et les *valiavimai* qui accompagnaient le travail du lin sont les plus typiques. La nature offre ce qu'il faut pour produire les instruments qui les soutiennent. Le *skudučiai*, sorte de flûte de Pan, se fabrique avec des roseaux. Les *ragai* et les *daudytės* sont des cornes de bois de différentes formes et longueurs. Quant au *kanklės*, il s'agit d'une caisse de bois trapézoïdale, sur laquelle on tend des cordes. La coutume dit qu'il faut le confectionner le jour de la mort d'un proche pour qu'il donne un son profond…

Se promener

Le **centre-ville de Panevėžys** s'organise sur la rive gauche de la Nevėžis, autour de la place triangulaire Laisvės et du lac Senvagė (d'où un homard géant émerge). Les blocs de béton (hôtel *Panevėžys*) côtoient des édifices 19e-20e s. colorés (rues A. Smetonos, Respublikos) et des maisons en bois. Par beau temps, quand la population anime les parcs en bord de rivière, l'ensemble est agréable. On saisit mille et une scènes du quotidien autour de la gare routière et du **marché central (Prekybos centras** – *Ukmergės g.)*, véritable labyrinthe de baraques et de stands où l'on vend de tout. Mais par temps gris, la pauvreté du patrimoine architectural et le grand nombre de vendeurs de soleil artificiel (solariums) deviennent flagrants.

Réveiller un musée

Dans les musées provinciaux, vous êtes peu dérangé par d'autres touristes. L'impression d'être le premier « client » de la semaine est forte. Vous réveillez les employés, souvent des dames d'un certain âge qui discutent, grignotent ou somnolent. Elles réagissent à votre apparition en souriant ou en soupirant, se répartissant dans les pièces, qu'elles allument puis éteignent sur votre passage.

Musée de Panevėžys (Kraštotyros muz.) – *Vasario 16-osios g. 23 - ✆ 461 973 - www.paneveziomuzeius.lt. - mar.-sam. 10h-17h - 2 Lt.* Cette maison en brique est un vaste fourre-tout où sont exposés des pièces archéologiques, des bijoux anciens, des objets de la première Indépendance, des outils agricoles et une collection inattendue de papillons exotiques. Face au musée, le **hall des mariages**, tout en béton, accueille les familles endimanchées dans des salles illuminées par d'immenses vitraux colorés. Il abrite une exposition du sculpteur sur bois Vytauto Ulevičiaus (1934 -), que l'on espère non temporaire. La **Dailės Galerija** *(Respublikos g. 3 - www.arspanevezys.lt. - ✆ 584 802 - mar.-dim. 11h-17h)* regroupe des poteries créées par des artistes internationaux lors du symposium annuel de céramiques. Non loin, à l'écart de la rue Respublikos, on peut voir le train et le wagon rouge du **Théâtre de marionnettes itinérant** (**Pasaku traukinas** – *Respublikos g. 30 - ✆ 511 236 - lun.-vend. 8h-12h, 13h-17h).* Ce lieu confirme la tradition théâtrale de la ville, dont le théâtre dramatique J. Miltinio est le fer de lance *(J. Miltinio dramos teatras - Laisvės ai. 5 - www.miltinio-teatras.lt.).*

Aux alentours

Upytė – *À 11 km au sud, par la route 195.* À la sortie du village, sur la route d'Ėrikšiai, un moulin de 1880 abrite une petite exposition sur le travail du lin *(✆ 45 555 503, téléphoner à l'avance).*

Réserve de bisons Pašilių stumbrynas – *À 32 km au sud de Panevėžys, entre Ramygala et Krekenava - ✆ 8687 58571 ou 868616434 - www.panrs.lt/kregparkas.* L'accès est plus facile de Ramygala. Mais de Krekenava, la route forestière non asphaltée traverse une superbe forêt de bouleaux et de conifères plantés dans un sol très humide. Attention, les deux derniers kilomètres sont difficiles (ornières). Cette zone est l'une des dernières en Europe où vivent des bisons en liberté. Après 200 ans d'absence, ils ont été réintroduits ici en 1969. Bien qu'ils paissent parfois aux abords des villages alentour, il est plus aisé de les voir dans les vastes enclos du siège de la réserve où certains sont nourris. Il est impératif de téléphoner à l'avance.

Itinéraires de découverte

BOUCLE-PLAINE

Cette boucle de 250 km à travers le nord de l'Aukštaitija peut être effectuée en 1 ou 2 jours. Mais attention, les possibilités d'hébergement sont rares.

Depuis le centre de Panevėžys, franchir le pont, passer devant l'église de brique St-Pierre-et-Paul (1884). Prendre à droite la 122 en direction de Rokiškis, jusqu'à ce que la direction de Biržai par la 191 soit indiquée. La route traverse une belle forêt et deux clairières. Si vous n'avez pas peur des routes en terre et que vous aimez les petites églises en bois, faites un détour par **Lebeniškiai**, et surtout **Antašava**, avant d'atteindre **Vabalninkas**. Ce village est dominé par l'église blanche de l'Assomption (1817). Un cimetière juif, sous les arbres, témoigne de l'importance de cette communauté du 17e s. à la Seconde Guerre mondiale. *Prendre la 124 en direction de Biržai.*

Biržai★

La ville la plus septentrionale de l'Aukštaitija s'étend au bord du lac artificiel Širvėna, créé au 16e s. et entouré de bouleaux (le nom de la ville signifierait « bosquet de bouleaux ») et de roseaux qui ondulent avec le vent. Une statue du poète Julius Janonis

(1896-1917) regarde de haut la place centrale, un peu trop vide. Non loin de la blanche église St-Jean-Baptiste, un pont franchit les douves qui protègent le château.

Château (Biržų Rūmai) – Sa construction par la famille Radvila (Radziwiłł) en 1589 a entraîné la création du lac. Le système défensif du château fut testé lors des guerres contre la Suède au 17e s., il a même été détruit en 1704. Ce n'est qu'en 1985 que l'édifice sera reconstruit pour abriter sur trois niveaux le **Musée régional Sėla** *(J. Radvilos g. 3 - ✆ 450 33390 - 4 Lt - explications en lituanien)*. Au sous-sol, des animaux empaillés gardent l'entrée d'une salle voûtée où a été recréé un intérieur paysan. Le 1er étage présente une belle **collection ethnographique★**, avec des meubles artisanaux, des coffres peints, différents tissus aux motifs variés, des croix et des cannes sculptées, des céramiques et des tabatières. Une salle est consacrée aux instruments de musique : appeaux, accordéons, *ragai*, *daudytės*, *kanklės*. Au rez-de-chaussée, une Bible de Brest de 1553 fait office de vedette du musée.

Manoir d'Astravas (Astravo Dvaro Sodyba) – La superbe silhouette du manoir néoclassique construit par les Radvila en 1849 apparaît de l'autre côté du lac. Un pont de bois de 500 m mène à ce lieu qui mériterait une rénovation rapide.

Capitale lituanienne de la bière – Vous aurez remarqué qu'il flotte ici une forte odeur de fermentation. Si autrefois chacun fabriquait sa propre bière, aujourd'hui la ville ne compte que 6 brasseries. Il est possible de participer à l'excursion *Aulas Kelias* à partir du château *(bkm_sela@is.lt.)* ou de visiter seul les brasseries suivantes : Rinkuškiai *(Alyvi g. 8 - www.rinkuskiai.lt.)* la plus grande, Ponoras *(Plento g. 39 - ✆ 450 32577)*, Biržų Alus *(Rotušes g. 22 - www.birzualus.lt.)*, établie depuis 1686, et Butautų bravoras *(village de Pačeriaukštės - ✆ 450 57275)* et sa bière si particulière brassée depuis 1750. Vous serez surpris par la diversité des goûts, des textures et des couleurs.

Prendre la route 123 qui traverse la plaine cultivée vers Rokiškis.

Rokiškis★

Le centre de cette ville en longueur se situe… au nord. Les rues ont un aspect villageois avec leurs maisons flanquées de petits jardins et leurs demeures en bois à deux niveaux *(Respublikos g.)*. Elles mènent à la longue **place Nepriklausomybės**, entourée d'édifices hétéroclites : style, matériaux (bois, pierre, béton), colonnes, tourelles disposées de face ou de côté. Aucun n'étant peint de la même couleur, l'ensemble évoque un arlequin urbain. Un si vaste espace n'est pas aisé à animer et, bien que concentrant tous les services, il peut s'avérer très triste lors d'un après-midi pluvieux.

À l'ouest, l'église de brique néogothique **St-Mathieu (Šv. Mato baž.)** fut construite par des artisans silésiens en 1881. Ses extrémités variées (pointues, en escalier, arrondies) lui confèrent une silhouette gracieuse et unique. Des colonnes multiples s'élancent vers sa haute nef et de beaux vitraux illuminent l'autel en chêne sculpté. De l'autre côté de la place, un chemin mène au **manoir (Rokiško Dvaro Sodyba)** qui forme une perspective avec l'église. Cet élégant petit palais est le plus prestigieux édifice d'une propriété citée pour la première fois en 1499. Le bâtiment actuel (1801) fut rénové en 1905 (style néomaniériste) et abrite le **Musée régional** *(Tyzenhauzų al. 5 - ✆ 458 31512 - www.muziejus.rokiskyje.com. - lun.-vend. 8h-17h - 4 Lt)*. Des expositions variées (archéologie, art, mobilier, numismatique) et bien présentées retracent l'histoire du manoir et de la région. Dans divers bâtiments et dans le parc, une **collection de sculptures sur bois** (17e-20e s.) témoigne de la vitalité de cet artisanat en Lituanie. On y voit notamment les œuvres de Lionginas Šepka (1907-1985).

Quitter Rokiškis par la route 120 en direction d'Anykščiai.

Faire un détour par le petit village insulaire de **Salos.** Plus loin sur la 120, **Svėdasai** jouit aussi d'un beau site entre deux lacs. Son « église-cocktail » mêle des murs de bois peints couleur moutarde, une coupole néoclassique et un clocher néogothique blanc brillant. Avant Anykščiai, un panneau annonce Niūronys à droite.

Niūronys

Après 5 km, la maison du poète **Jonas Biliūnas** (1879-1907) – *mar.-sam. 9h-17h - 2 Lt)* est indiquée sur la droite. Que vous connaissiez ou non ses œuvres, ne manquez pas cette petite maison de bois, son jardin, son puits et ses rondins bien rangés. Une vraie image d'Épinal ! À Niūronys, le **musée du Cheval (Arklio muz. –** *✆ 381 51722 - 8h-17h - 4 Lt)* présente les liens entre la Lituanie et cet animal (culture, économie), et des attelages de diverses époques dans lesquels on peut se promener.

Anykščiai

Parce qu'elle a inspiré de nombreux écrivains (Biliūnas, Vienuolis, Baranauskas, Buivydautė, Didžiulienė), la petite cité a une place à part dans le cœur des Lituaniens. Ces derniers viennent visiter les « maisons-mémoriaux » tout en profitant de cette belle région de pins et de lacs. Sur la place principale, une rangée de petites maisons colorées cache un quartier en bois. L'église néogothique **St-Mathieu** (1909 et 1928) élève très haut ses deux clochers de 84 m. La Šventoji coule en contrebas. De l'autre côté de la rivière, tout de suite après le pont, se trouvent l'office de tourisme et le **musée Baranauskas-Vienuolis** *(www.baranauskas.lt.)*. En prenant à droite vous accédez au **musée du Train (Siaurojo geležinko muz.** – *Vilites g. 2 - ✆ 381 58015 - mai-oct. 10h-17h, nov.-avr. sur RV - 3 Lt)*, aménagé dans une gare repeinte qui pourrait servir au tournage d'un western. En dehors de l'exposition très vivante sur l'histoire du chemin de fer à voie étroite qui dynamisa la ville à partir de 1898, des excursions animées sont organisées en train vers **Rubikiai** et son charmant lac où flottent 19 îles plates. Au sud de la ville *(dir. Kurkliai)* s'étend la forêt de pins d'Anykščių Šilelis que **Baranauskas** protégea de ses vers quand le tsar voulu l'abattre. Bronius Pundzius (1907-1959) y a sculpté en 1943, sur un énorme rocher de 265 t **(Puntunko akmuo)**, les visages (et le testament) des aviateurs Darius et Girėnas, qui tentèrent la traversée New York-Kaunas en 1933.

La route 121 revient vers Panevėžys en passant par Troškūnai et sa belle église de la Sainte-Trinité (1788). Possibilité aussi de rejoindre le sud-est de l'Aukštaitija (Molėtai, Ignalina : voir p. 286).

Panevėžys pratique

Informations utiles

Panevėžys – *Laisvės al. 11 - ✆ 45 508 080 - www.panevezystic.lt.*

Biržai – *J. Janonio ai. 2 - ✆ 450 33496 - www.birzai.lt.*

Anykščiai – *Gegužė g. 1 - ✆ 381 59177 - www.anyksciai.lt.*

Indicatifs tél. – Panevėžys *45*, Anykščiai *381*, Biržai *319*, Rokiškis *458*.

Visites – Si le patrimoine industriel vous intéresse (lin et verrerie à Panevėžys ou Biržai), il est possible de visiter des sites de production avec une agence (Taïga Euro Baltika par exemple – *voir Vilnius pratique, p. 276*) ou en s'adressant à l'un des offices de tourisme.

Transports

Panevėžys est un important carrefour routier, traversé par la Via Baltica et relié à Vilnius par l'A2. On peut rejoindre en autocar tout le pays, et aussi Rīga, Tallinn et l'Europe (Eurolines – *à la gare routière, Savanorių ai. 5 - www.eurolines.lt.)*.

Se loger et se restaurer

Gîtes ruraux : Le confort est simple mais le cadre (forêt, lac) compense. Ainsi dans la région d'Anykščiai : V. Židono Riešutas *(Kunigiškiai I - ✆ 698 80512)* ou Barono Vila *(Butėnai - www.baronovila.lt.)*. Liste sur *www.countryside.lt.* ou *www.anyksciai.lt.*

À Panevėžys :

Romantic – *Kranto g. 24 - ✆ 584 860 - www.romantic.lt. - P - 39 ch. à partir de 320 Lt*. Aménagé dans un ancien moulin (1848) en bordure du parc, cet hôtel est l'un des plus agréable du pays. Les chambres sont charmantes et chaleureuses avec leur parquet sombre, leurs draps en lin. Le personnel très aimable vous oriente vers un vaste centre de soins et l'excellent mais coûteux restaurant *Déjà-vu*.

Nendrė Vėjyte – *Respublikos g. 6 - dim.-jeu. 9h-23h30, vend.-sam. 9h-0h.* Dans cette belle maison, on s'installe confortablement dans des chaises-canapés autour des tables, en attendant des plats locaux copieux et bien faits.

À Biržai :

Helveda – *J. Janonio ai. 7 - ✆ 450 31150 - 6 ch. 120/160 Lt*. Cette pension aux chambres simples mais accueillantes est à deux pas du château.

Tyla – *Tylos g. 2 - ✆ 450 31191 - www.tyla.lt. - 16 ch. 170 Lt*. Hôtel avant tout fonctionnel (confortable mais sans surprise) – la meilleure option en ville.

À Rokiškis :

Pagunda – *Respublikos g. 45a - ✆ 458 31226 - www.pagunda.lt. - P - 10 ch. 160 Lt*. Ce petit établissement bon marché offre des chambres sans originalité mais tout confort et à un rapport qualité/prix imbattable. L'accueil est très sympathique, même si on ne parle pas toujours la même langue. Le modeste restaurant semble prêt à recevoir un mariage populaire. À côté, une pâtisserie offre une alternative pour un snack léger.

Sports et loisirs

L'office du tourisme de Biržai propose une visite des brasseries et du canoë sur la Nemunėlis. Celui d'Anykščiai vous oriente vers une découverte du vin local (mélangé à des fruits) et vers le **lac Rubikiai** et ses activités nautiques. Beaucoup de gîtes ruraux proposent aussi ces activités.

Événements

Bėk, bėk, žirgeli – Le 1er w.-end de juin, Fête du cheval et du folklore à Niūronys.

Festival du vin – À Anykščiai en juillet.

Symposium international de céramique – À Panevėžys (juil.-août).

Jours de Biržai – Début août, la ville fête ses bières et son folklore.

Aisus Kankleliai – Les années impaires (sept.) à Panevėžys, un festival folklorique.

Šiauliai

130 000 HABITANTS
CARTE GÉNÉRALE 2E RABAT DE COUVERTURE – CARTE MICHELIN N° 784

Détruite par les guerres, les plus anciennes comme les plus récentes, la quatrième ville du pays n'a pas grand chose à offrir aux amateurs de vieilles pierres. Mais, à l'image de sa haute et longiligne cathédrale, elle s'efforce de renaître de ses cendres après chaque coup dur du destin. Sa population dynamique, ses industries ou ses musées modestes, mais originaux, l'attestent. Vous pouvez donc y consacrer un peu de votre temps, avant de vous rendre à la colline des Croix, étonnante butte-témoin de la ferveur catholique lituanienne et pôle touristico-religieux de la région. La plaine bosselée où tournent encore quelques moulins compte bien d'autres manifestations variées de la foi des Lituaniens, comme la petite église de bois de Rozalimas ou la blanche basilique de Šiluva.

Se repérer – Šiauliai se situe à l'extrême est de la Žemaitija, sur la route reliant Panevėžys à la côte. Le centre-ville s'étale de chaque côté de la rue piétonne Vilniaus. La circulation peut être chaotique aux heures de pointe le long des avenues à sens unique où la signalisation manque.

À ne pas manquer – Colline des Croix. Musée villageois de Kleboniškiai.

Pour poursuivre son voyage – Voir aussi Panevėžys, Parc national de Žemaitija, la Lettonie.

W. Buss / Michelin

La colline des Croix – quand la volonté d'exister et de croire sculpte le paysage.

Se promener

Cathédrale Saint-Pierre-et-Paul (Šv. Petro ir Povilo baž.) – *Aušros takas 3.* Sa flèche blanche de 75 m domine une vaste place entourée de bâtiments administratifs. Construite entre 1595 et 1625, cette église a, tout comme la ville, attiré tous les conflits et fut de nombreuses fois détruite… et autant de fois reconstruite. Son plan se rapproche de l'édifice d'origine : forme compacte et éléments défensifs. Mais sa silhouette actuelle et l'intérieur (tout aussi blanc) datent de 1954. Sur le mur sud, se trouve un ancien **cadran solaire**. Un autre, beaucoup plus monumental, peut être vu en bas de l'escalier qui descend vers le **lac Talkša**. Un archer, aussi nu que doré, se tient au sommet d'une colonne depuis 1986, année du 750e anniversaire de la victoire des Samogitiens sur les chevaliers Porte-Glaive (1236).

Vilniaus gatvė – La portion piétonnière de cet axe du centre-ville fut la première du genre en URSS. Bordée d'édifices très variés, elle est souvent animée (à défaut d'être belle) et égayée par diverses sculptures : un cochon, des trolls, une chaussure, des pélicans, une tour-horloge dominée par un coq. Elle est désormais concurrencée par un centre commercial flambant neuf *(Tilžės g./P. Cvirkos g.)*, un *mall* à l'américaine qui vide les rues de la ville. Quelques musées attirent de rares touristes. Le **musée du Vélo (Dviračių muz.** – *Vilniaus g. 139 - ✆ 524 395 - mar.-sam. 11h-18h - 2 Lt)*, dans un bloc de béton brut, signale sa fonction grâce à un vélo géant. L'exposition rappelle l'histoire du vélo et son lien avec la ville qui abrite l'unique usine de bicyclettes du pays (Balti Vairas). Le **musée de la Photographie (Fotografijos muz.** – *Vilniaus g. 140 - ✆ 524 396 - mar.-sam. 11h-17h - 2 Lt)* évoque l'évolution technique des appareils et la longue tradition lituanienne concernant cet art. Un peu à l'écart de Vilniaus g., quelques édifices sont susceptibles d'intéresser les curieux. La maison Venklauskis *(Venclauskių rūmai - Vytauto g. 89 - ✆ 524 389 - mar.-vend. 9h-17h, sam. 11h-16h - 2 Lt)* et surtout la **villa Frenkel (Frenkelio vila** – *Vilniaus g. 74 - ✆ 524 389 - mar.-vend. 10h-18h, sam. 11h-17h - 2 Lt)*, avec sa façade Sécession, offrent de beaux intérieurs : salons, mobilier, art lituanien, art oriental… Toutes deux font partie du musée Aušra.

Non loin de la gare se dresse l'**église St-George (Šv. Jurgio baž.** – *Kražių g. 17)*, un lieu de culte orthodoxe en brique (1909) devenu ensuite catholique. Enfin, dans les faubourgs, l'exposition du **musée du Chat (Katinų muz.** – *Žuvininkų g. 18 - ✆ 523 883 - mar.-sam. 11h-17h - 2 Lt)* attirera les amoureux du plus fascinant des animaux, avec 10 000 chats de toutes formes (livres, poèmes, vitraux, statuettes, peluches, cristaux…) et du monde entier. Pour vous y rendre, descendre Vilniaus g., tourner à gauche après l'étang, jusqu'au *Šiaulių Jaunųjų Gamtininku Centras*.

Aux alentours

Colline des Croix★★ (Kryžių kalnas)

À 12 km au nord de Šiauliai en dir. de Rīga (A 12). La petite route, dont la vitesse est limitée à 40 km/h, est indiquée au dernier moment par un panneau marron. Les autocars vers Joniškis ou Rīga peuvent, sur demande, stopper à l'arrêt Domentai, d'où 2 km de marche vous mènent à la colline. Ce tertre supportait-il jadis un château ? S'agissait-il d'un lieu où brûlait un feu païen ? Les versions diffèrent. Elles sont encore plus nombreuses lorsqu'il s'agit d'évoquer les premières croix qui furent plantées ici.

Les Lituaniens élevaient des symboles sculptés dans du bois de chêne comme offrandes aux dieux, bien avant d'être chrétiens. La tradition est si ancienne, si particulière, que l'Unesco la protège. Sur cette colline, les croix seraient apparues en 1831 suite aux répressions tsaristes et se multiplièrent au fil des conflits et des malheurs qui s'abattirent sur la Lituanie. Le petit relief devient vite un symbole de résistance, une colline sainte. À cause de ce statut, les Soviétiques la rasent à plusieurs reprises, en interdisent l'accès, mais sans succès. Les croix sont plantées à nouveau. À l'Indépendance, plus de 40 000 croix pointent vers le ciel désormais lituanien. Depuis, elles se sont multipliées et sont plus de 100 000, plantées là par des pèlerins ou des touristes du monde entier, anonymes ou prestigieux (le pape **Jean-Paul II** s'y rend en 1993). Ces croix, ces Christ et ces personnages en bois sculpté possèdent tous une histoire, traduisant une demande, un espoir. Les détailler peut être un jeu : grandes ou minuscules, en bois ou en métal, anonymes ou signées, sculptées par un artisan local ou *made in China*, isolées ou amoncelées, plantées il y a des années ou le matin même, achetées en Pologne ou au stand à l'entrée. Ce lieu fascinant interpelle forcément, émeut ou dérange. Que l'on y voit un formidable symbole de la foi et de la nation lituanienne ou une religiosité excessive, il ne laisse personne indifférent et c'est ce qui doit attirer chacun ici. Un **monastère** franciscain a été construit non loin à la demande de Jean-Paul II. Notez les vitraux et la belle baie vitrée.

🚲 Une piste cyclable relie le site à la ville. Une carte, voire un vélo, sont fournis par l'office du tourisme de Šiauliai.

Base aérienne de Zokniai – *À Zokniai, au sud-est de la ville. Les visites guidées ont lieu du 1er avr. au 1er oct. sur réservation à l'avance (plusieurs jours) auprès de l'office du tourisme de Šiauliai – ✆ 523 110 - tic@siauliai.lt. - 15 Lt/pers. en groupe de 30 pers., transport inclus.* L'OTAN occupe désormais ce qui fut l'une des plus grandes bases aériennes d'URSS. Construite en 1935, occupée par 55 000 hommes, équipée de deux pistes de 3,5 km, elle faisait partie de la ligne défensive occidentale soviétique. La visite permet de parcourir les hangars, les souterrains, le poste de commandement.

Peines et plaines

Le nom de Šiauliai apparaît en 1236 lors de la bataille de Saulė (au nord de Šiauliai), où l'armée lituano-samogitienne vainc l'ordre des chevaliers Porte-Glaive. Cette date marque un tournant dans la lutte des peuples baltes face aux chevaliers. Née au cours d'une guerre, Šiauliai a ensuite attiré les conflits. Durant la Première Guerre mondiale, elle est détruite à 65 %. Elle se relève pendant l'Indépendance, mais subit le même sort lors du second conflit mondial. Malgré cela, la ville est demeurée un pôle économique majeur depuis le 16e s.

Kurtuvėnai – *À 20 km au sud de Šiauliai par l'A 12 et la 215.* Cet agréable petit village, dominé par l'église baroque St-Jacques (1792), est au centre d'un parc régional constitué de lacs, de forêts, de zones humides et de sources bouillonnantes (comme celle de Svilė). Il est possible de parcourir ces terres à cheval, mais aussi à vélo ou à pied. Toutes les informations sur les activités et l'hébergement sont disponibles au siège du parc *(Parko 2 - ✆ 370 333 - www.kurtuva.lt.).* Il est abrité dans un bel édifice en bois du 18e s., ancien grenier du manoir du domaine.

Itinéraire de découverte

CROIX ET MOULINS

Attention, cet itinéraire de 178 km (jusqu'à Raseiniai) emprunte par endroits des routes non asphaltées, déconseillées en hiver ou par temps de pluie.

De la cathédrale, descendre Tilžės g. et suivre « Rīga » jusqu'à la **colline des Croix★★** *(voir p. 297). Revenir à l'entrée de Šiauliai et suivre « Pasvalys » (route 150). Après 11 km, tourner à droite vers Stačiūnai.*

Stačiūnai – Ce typique village de plaine caché dans un bosquet est gardé par un moulin photogénique. Construit en 1890, il abrite une modeste exposition d'outillage rural. Le hameau se compose de petites maisons, d'une petite rivière, d'une petite église, d'un petit cimetière et d'un petit magasin… un bel ensemble de petits riens.

De la place herbeuse prendre la direction « Pakruojis 18 km ». Puis sur la route 150, ne pas manquer le panneau indiquant « Pakruojis » à 2 km à gauche.

Pakruojis – Ce gros bourg s'est autoproclamé capitale de l'humour, de la bière et… des corbeaux. Les rues et leurs quelques jolies façades peuvent être assez animées les jours de marché. *Passer devant l'église et prendre la route de Linkuva.* Plus loin est indiqué le **manoir de Pakruojis (Pakruojo dvaro sodyba –** *Parko g. 5 - ✆ 617 70185 - visite sur rendez-vous).* L'édifice central de style néoclassique (fin 18e s.) est le plus imposant des 43 bâtiments hétéroclites établis ici depuis 1531. Ce domaine, le plus grand du pays, est en très mauvais état, mais des projets de rénovation existent.

Revenir vers la ville et suivre la 149 (vers Panevėžys). Tourner vers Rozalimas.

Rozalimas – Dans ce charmant village coloré, en pleine forêt, chaque maison possède son jardin et son tas de bois (le bruit des tronçonneuses est permanent). L'église (1771) en bois à deux tours est peinte en jaune vif, comme de nombreuses maisons. Parmi les plus anciennes se trouve l'une des rares synagogues du pays. Le joli nom féminin de la localité vient de celui de Rozalija, épouse du propriétaire de ces terres au 18e s.

Depuis l'église, suivre « Šeduva 22 km ». À l'entrée de Plaučiškiai, une ferme collective abandonnée (typique dans cette région) est curieusement peinte en rose. Le contraste avec Rozalimas est frappant. Ici, les maisons en briques claires, construites pour les ouvriers de la ferme, sont bien disposées et identiques.

Après Plaučiškiai, la route redevient en terre. Dans la plaine cultivée, on remarque quelques buttes herbeuses appelées « colline des sorcières » (anciens tertres fortifiés et lieux où auraient officié des prêtresses au début de notre ère). On suit la charmante rivière Daugyvenė.

Pakalniškiai – Au niveau du moulin en bois (1884), tourner à gauche et se garer avant le pont. Plus loin, au bord de la rivière, vous attend le très intéressant **Musée villageois de Kleboniškiai★ (Kleboniškių kaimo buities muz. –** *✆ 422 42005 ou 422 449292 - avr.-oct. mar.-dim. 9h-17h - 6 Lt).* Il est constitué de 26 maisons en bois (19e-20e s.), entourées des caractéristiques barrières de branches croisées. Les intérieurs ont gardé une atmosphère d'antan. Le lieu vit avec ses chats, ses poules, ses vergers entretenus, ses toits de chaume que l'on répare. En hiver, il est possible que vous n'y voyiez personne.

À la sortie du village, rejoindre l'A 9 (Šiauliai-Panevėžys). Prendre à droite en direction de Panevėžys. Quitter l'A9 au panneau marron indiquant à gauche **Burbiškio dvaras** *(✆ 422 51747 - avr.-oct. mar.-dim. 9h-17h - 6 Lt).* Ce manoir de poche est l'un des seuls du pays à avoir été rénové. Son petit parc tout en ponts, pièces d'eau et sculptures de **Kazimieras Ulianskis** (1878-1914) est un lieu de promenade agréable, accueillant notamment un festival des tulipes au

F. Sichet / Michelin

Le musée villageois de Kleboniškiai.

printemps. Le manoir du 19e s. de style historiciste, vidé de ses meubles d'origine, accueille des conférences dans un cadre charmant.

Revenir en direction de Šiauliai, et s'arrêter à **Šeduva** (dont le blason s'orne d'une fleur de lys très française), où une belle église jaune à deux tours domine 2-3 rues grossièrement pavées. Édifiée en 1640, puis modifiée en 1806 et au début du 20e s., elle montre des éléments historicistes et des clochers rappelant son passé baroque. Près de la place, un minuscule **Musée ethnographique** *(Veriškių g. 7 - mar.-dim. 9h-16h - 2 Lt)* ravira ceux qui aiment… les musées minuscules. À la sortie de la ville, un restaurant dans un moulin attire une foule de locaux *(voir Šiauliai pratique, ci-dessous)*.

Continuer par l'A 9 et prendre à gauche la 148 en direction de Rasieiniai.

Tytuvėnai – Au centre de cette petite ville encerclée par la forêt se trouve un monastère élevé par les Franciscains à partir de 1614. L'ensemble est dominé par l'**église de la Vierge-Marie (Šv. Mergelės Marijos baž.)** dont le formidable autel (17e-18e s.) est l'un des plus beaux exemples de l'art baroque lituanien. La cour, les fresques des galeries et la chapelle des Stes-Marches (inspirée par la Scala Santa du palais du Latran à Rome) mériteraient d'être rénovées. Mais les pèlerins y affluent toujours nombreux.

Aller-retour possible à **Lioliai** *(à 19 km, route en partie non asphaltée)* pour visiter une petite église baroque en bois de 1768, dédiée à saint Simon et saint Jude Thaddée.

Šiluva – Les Lituaniens ne se pressent pas à Šiluva (La « Lourdes lituanienne ») pour ses maisons de bois colorées, mais pour la très haute (44 m) et très blanche **chapelle de l'Apparition-de-la-Vierge** qui surgit telle une fusée au-dessus des collines. La Vierge serait apparue ici sur une pierre, en 1608, pleurant la destruction d'une ancienne église par les calvinistes. Depuis, les pèlerins tournent autour de l'autel bâti à partir de ce petit roc. L'édifice actuel date de 1924. À côté, l'église de brique de la Nativité-de-la-Vierge abrite une icône qui daterait de la première église (celle pleurée par la Vierge). Elle est présentée début septembre lors d'un important pèlerinage.

Raseiniai – L'ancienne prison de ce gros bourg, au beau blason orné d'un lynx, est aménagée en un modeste mais intéressant **musée d'Histoire (Raseiniu istorijas muziejus** – *Muziejaus g. 3 - ✆ 428 51892 - lun.-vend. 9h-17h, sam. 9h-15h -1 Lt*). S'y côtoient des expositions d'histoire régionale, d'artisanat et d'art populaire.

Šiauliai pratique

Informations utiles

Šiauliai – *Vilniaus g. 213 - ✆ 523 110 - www.tic.siauliai.lt.* Vous y trouverez des conseils sur des activités : montgolfière, cyclotourisme (location), équitation.

Poste – *Aušros al. 42.*

Police – *Aušros al. 19 - ✆ 397 455 ou 112.*

Indicatifs tél. – Šiauliai *41*, Šeduva *422*, Pakruojis *421*.

Transports

Train – De la gare *(Dubijos g. 44 - ✆ 203 445)*, trains vers Vilnius, Klaipėda et Rīga.

Autocar – De la gare routière *(Tilžės g. 109 - ✆ 525 058)*, nombreux départs vers Vilnius, Kaunas, Klaipėda, Panevėžys et Rīga.

Se loger

Šaulys – *Vasario 16-osios g. 40 - ✆ 520 812 - www.saulys.lt. - P - 41 ch. 250 Lt.* La meilleure option de la ville n'est pas folichonne avec son décor de Formica et son système d'ouverture des chambres digne d'une prison.

Tomas – *Tilžės g. 63a - ✆ 415 150 - www.hoteltomas.lt. - P - 30 ch. 180 Lt.* Cet hôtel de la périphérie, sans caractère mais confortable, est une autre bonne option.

Turnė – *Rūdės g. 9 - ✆ 500 150 - www.turne.lt. - P - 23 ch. 220 Lt.* Dans une impasse entre blocs et potagers, le *Turnė* est calme, bon marché et kitch.

Se restaurer

Kapitonas Morganas – *Vilniaus g. 183 - ✆ 526 477.* Ce restaurant affiche souvent complet avec sa carte internationale et sa vue sur Vilniaus g.

Fortas – *Tilžės g. 109 - 11h-0h.* Aménagé dans le nouveau *mall*, ce restaurant confortable propose un menu si varié que chacun y trouvera son compte.

Entre Šiauliai et Panevėžys :

Šeduvos Malūnas – *✆ 422 56 300.* Situé à l'entrée de Šeduva, ce moulin abrite un restaurant sympathique, où l'on déguste de solides spécialités locales autour d'un mécanisme de 1905.

Žarija – *A9, 10 km après Radviliškis - ✆ 614 27461 - www.smuklezarija.lt.* Équivalent au précédent.

Évènements

Pèlerinage à la colline des Croix – Le dernier dim. de juil., les croyants affluent massivement vers ce lieu de ferveur.

Saulės žiedas – En juillet à Šiauliai, un festival folklorique éclectique.

Tulpių Žydėjimo Šventė – *Burbiškio dvaras - ✆ 422 42 001.* En mai, une journée consacrée aux tulipes autour du manoir.

Parc national de Žemaitija★

Žemaitijos nacionalinis parkas

CARTE GÉNÉRALE 2E RABAT DE COUVERTURE – CARTE MICHELIN N° 784

La Žemaitija (ou Samogitie en français) couvre tout le nord-ouest de la Lituanie, mais c'est autour du lac Platelių que son cœur bat le plus fort. Le christianisme n'y prend racine qu'en 1413 et se mêle plutôt qu'il ne se substitue à de solides traditions païennes. Considérés par les autres Lituaniens comme taciturnes et pragmatiques, les Samogitiens sont fiers de leurs particularismes, leur dialecte, leur artisanat, leur musique. Ils l'expriment avec vigueur lors des fêtes (Mardi gras, St-Jean) où l'on rend grâce aux forêts, aux collines et aux superbes lacs. Prenez le temps de parcourir les villages où les ruches colorées s'agglutinent autour des maisons et des églises en bois pittoresques. Et réveillez-vous au bord de l'eau avec le chant des oiseaux.

- **Se repérer** – Le parc national s'étend autour du lac Platelių. Les deux grandes villes de la région, Plungė et Telšiai, se situent au sud du lac sur l'axe routier majeur entre la côte, Šiauliai et Panevėžys.
- **À ne pas manquer** – Les pistes forestières autour du lac Platelių. Le village de Žemaičių Kalvarija.
- **Organiser son temps** – En été, période propice pour profiter des lacs et des forêts, il est conseillé de réserver les nuits en gîte rural. Les fêtes de Mardi gras et de la St-Jean, hautes en couleur, valent vraiment le détour.
- **Avec les enfants** – Les activités en plein air au bord du lac et en forêt à partir de Plateliai : marche, cyclotourisme, canotage.
- **Pour poursuivre son voyage** – Voir aussi Klaipėda et la côte de l'ambre, delta du Niémen, Šiauliai.

W. Buss / Michelin

Après-midi tranquille dans le village pittoresque de Žemaičių Kalvarija.

Comprendre

Le parc national – Créé en 1991, il couvre 21 700 ha, dont 9 700 ha de forêts, 1 550 ha de lacs et 1 000 ha de zones humides. Le plus grand des lacs de la région, **Platelių**, creusé par un glacier, fut, selon une légende, aspiré dans le ciel avant de retomber lorsqu'on prononça les mots : *« Ale plate lej. »* (« Que la pluie se déchaîne. ») Il est célèbre pour sa clarté, ses rives forestières, ses 7 îles et une espèce de saumon. Le microclimat de la région (long hiver, pluies et brouillards fréquents) a engendré une forêt composée à 50 % de sapins qui évoque la taïga. L'humidité favorise l'installation des mousses, et les sous-bois se couvrent de baies en été. Les castors colonisent la plupart des cours d'eau et des lacs tandis que les rapaces et 10 variétés de chauve-souris occupent les airs. Le parc est également une réserve culturelle où les traditions samogitiennes (coutumes, architecture, artisanat, calvaires et cimetières) sont entretenues.

Itinéraires de découverte

LE PARC NATIONAL ET LES COLLINES DE LA ŽEMAITIJA★

Ce circuit de 70 km (plus deux détours de 60 km et 85 km) peut débuter de Telšiai ou Plateliai, selon votre lieu d'hébergement.

Telšiai

Elle n'est pas la plus belle cité du pays, mais les visiteurs apprécient le charme désuet de son petit centre, ses églises perchées et sa place penchée qui domine le lac Mastis. Ces quelques atouts en font une étape agréable à l'écart des routes touristiques. La **cathédrale St-Antoine (Šv. Antano bažn.)**, de style baroque tardif, se tient depuis 1765 en haut de l'une des 7 collines sur lesquelles s'étend la ville. L'intérieur lumineux, à deux niveaux, surprend avec sa galerie et son double autel central. Elle forme un bel ensemble avec la résidence néoclassique de l'évêque (1929). Un peu plus au nord, au bout de Zalgirio Birutės g., se trouve la minuscule **église orthodoxe St-Michel (Šv. Mikolajaus cer.)**, seul lieu de culte de style cubiste (et cubique) du pays (Vsevolod Kopylov, 1939).

Au bord du lac, le **musée Alka** *(Muziejaus g. 31 - ✆ 70 282 - mar.-sam. 9h-17h, dim. 10h-16h - 2 Lt)* offre un petit panorama historique et ethnographique sur la région. Au n° 88 de la même rue, notez la demeure de l'artiste Alfredas Jonušas *(✆ 70 763 - téléphoner avant de s'y rendre)* qui affiche clairement sa passion pour le Japon, notamment à travers des copies de monuments. Plus loin, dans un parc, les maisons, les fermes et les moulin du 19ᵉ s. du **Musée en plein air de Žemaitija (Žemaitijos kaimo muz.** - *Parko g. 8a - ✆ 70 282 - mai-oct. merc.-sam. 9h-17h, dim. 10h-16h - 2 Lt)* permettent de découvrir l'architecture caractéristique de la région.

Longer Respublikos g., au bout de laquelle trois totems saluent les autos. Couper l'A 11 pour relier **Alsėdžiai** *par une route en terre lisse.* Ce village fut au 15ᵉ s. un centre religieux majeur. Son église en bois du 18ᵉ s. cache un riche autel. *De la place, prendre la route de gauche (« Plateliai »). Au carrefour avec la route 164, suivre à droite vers Z. Kalvarija.*

Žemaičių Kalvarija (autrefois Gardai)★

Ce pittoresque petit village, dont le nom signifie « calvaire samogitien », est mentionné pour la première fois en 1253. On évoque alors un château et un site funéraire existant dès le 9ᵉ s. Traversé par la **rivière Varduva**, il s'étale sur plusieurs petites collines qui, toutes coiffées d'un édifice religieux, composent un long chemin de Croix que des milliers de pèlerins parcourent le 1ᵉʳ dimanche de juillet. Ces chapelles de bois ou de brique, édifiées dès le 17ᵉ s., sont pour certaines de petits chefs-d'œuvre d'architecture traditionnelle, qui abritent parfois de précieuses peintures. On remarque d'emblée les deux clochers blancs de la haute **église de l'Annonciation**. Construite entre 1785 et 1822, elle présente des éléments baroques et néoclassiques. L'intérieur, détruit en 1896 par un incendie, a été rénové au début du 20ᵉ s. L'autel principal supporte une peinture miraculeuse de la Vierge, ramenée de Rome au 17ᵉ s. par les Dominicains. Partez à la recherche de jolies scènes du quotidien entre maisons colorées et vieilles chapelles de bois, parfois coiffées d'un nid de cigognes. Le vendredi matin, un modeste petit marché champêtre anime le terrain de basket.

Revenir sur la route 164, suivre en direction de Plungė et tourner à droite vers Plateliai. La route forestière très agréable rejoint le lac Platelių. *En tournant au panneau « Puil-siavietė 2 km »,* vous atteignez l'isolé hôtel *Linelis* et les belles rives du lac. *Revenir sur la route pour rejoindre Plateliai.*

Plateliai et le parc national★

Le village de Plateliai, sur la rive ouest du lac du même nom, est le centre du parc national et de cette région riche en traditions. L'office de tourisme *(voir Žemaitija pratique, p. 303)* est une mine d'informations pour organiser son séjour. Vous y trouverez la liste des hébergements : ancien manoir **(Dvaro svetainė)**, chez l'habitant, à la ferme, en gîte rural... et vous pourrez réserver. Le personnel passionné et compétent vous proposera des cartes des itinéraires (à pied, à vélo, en voiture) autour du lac et aux alentours pour découvrir des sites naturels, des ateliers d'artisans, des villages pittoresques. On peut aussi prendre part à des excursions, acquérir un permis de pêche et voir une petite exposition sur la faune et la flore de la région.

Plateliai – La rue principale de ce village né au 15ᵉ s. mène à une petite place où une maison de bois abrite l'office de tourisme. Les principales attractions se situent un peu plus loin, en direction de Beržonas. L'église de rondins St-Pierre-et-Paul (1744) renferme un bel autel baroque. Aux alentours, d'anciennes granges *(Didžioji g. 22 - tlj - 1 Lt)*, jadis dépendances du manoir (brûlé en 1943) du comte Choisel-Gouffier, abritent une **exposition de masques du Mardi gras**. L'hôte le plus prestigieux du parc du manoir est le frêne dit « des sorcières », le plus gros du pays.

Le yacht club et le lac – Pour se rendre au lac, tourner au panneau surmonté d'un bateau à l'entrée nord du village. Arrêtez-vous au terrain de basket, et marquez des paniers avec l'une des plus belles vues du pays : le lac et ses îles, les forêts. Sur place, location d'embarcations et circuit pédestre balisé de Šeirė (4 km) pour se délasser.

La base de Plokštinė – *Accès à 5 km au sud de Plateliai par une piste indiquant « Plokštinė – Militarizmo ekspozicija » - ✆ 448 49231 - visite guidée : en été toutes les deux heures entre 10h-18h - 5 Lt ; en hiver, s'adresser à l'office du tourisme de Plateliai (même numéro) - 25 Lt.* La forêt profonde à l'est du lac abrita de 1962 à 1978 une base soviétique de missiles à ogives nucléaires R12. Construite par 10 000 soldats et utilisée dans le plus grand secret, elle comprend 4 silos de 27 m de profondeur. Le complexe (centre de commandement, silo, moteur), où la nature reprend peu à peu ses droits, se visite. Un chemin balisé de 3,2 km permet d'en faire le tour, tout en observant la faune et la flore.

ALLER-RETOUR PLUS OU MOINS SÉRIEUX

Quitter Plateliai en direction de Salantai. Après 6 km vous atteignez **Gintališkė** et sa charmante petite église de bois (1782) dédiée à saint Matthieu, qui évoque plus une maisonnette villageoise qu'un lieu de culte. À **Salantai**, des maisons jaunes et vertes font une haie d'honneur pour vous escorter jusqu'à l'église néogothique de l'Assomption (1911). *Prendre la route 196 (dir. Skuodas) et tourner à* **Mosėdis**. Il semble que ce curieux village coloré ait été atteint par une pluie de météorites. Des rochers de toutes formes s'alignent dès l'entrée de la bourgade avant de se multiplier au bord des étangs, à flanc de colline et dans le parc au pied de l'église (1783). L'explication se trouve dans le **musée des Rochers uniques** *(Salantų g. 2 - été : lun.-vend. 8h-18h, sam.-dim. 10h-18h ; hiver : lun.-vend. 8h-17h - 2 Lt)*, aménagé dans un moulin à eau – une maison noire près du pont. Un physicien local, **Vaclovas Intas**, a débuté cette lourde collection de rochers transportés de tous les pays baltes en 1979.

Revenir vers Salantai et poursuivre sur la 169 jusqu'au panneau marron indiquant « Orvidų sodyba ». Cette ferme aménagée en musée **(Orvidų sodyba** – *Gargždelė - ouvert du matin au soir)* se cache dans un bosquet. Un tank vous accueille sur le parking. Les Orvidas, une famille d'artistes, ont rassemblé ici depuis les années 1970 toutes sortes d'objets, de rochers et de croix, qu'ils ont entassés, empilés, assemblés pour créer un curieux parc de bizarreries. *Revenir vers Salantai puis Plateliai.*

DE PLATELIAI À PLUNGĖ

En quittant Plateliai vers le sud, vous atteignez **Beržonas**. Ce hameau s'étend autour d'une petite église en bois (1746, l'une des plus anciennes du genre en Lituanie) aux quelques ornements discrets mais colorés. Elle est entourée d'un chemin de Croix dont les chapelles de bois de 1760 ont été reconstruites. La route serpente ensuite entre les lacs bordés de joncs et de conifères. Sur les rives, les traits blancs des bouleaux dans la masse sombre de la forêt forment un long code barre naturel. Des barques couchées ou qui se balancent apportent çà et là une touche de couleur. Un panneau indique à gauche la piste forestière de Plokštine menant à la base militaire. *Rejoindre la route 164 et prendre la direction de Plungė.*

Plungė

Les abords industriels de la ville ne sont pas très engageants mais Plungė, connue pour ses activités textiles (lin), compte un manoir célèbre. En 1873, la famille Ogiński achète ici un domaine pour y construire, six ans plus tard, un petit palais néo-Renaissance sur le modèle du Palazzo Vecchio florentin. Ce lieu, où Čiurlionis étudia, conserve aujourd'hui une belle silhouette, mais l'intérieur est en partie endommagé. Le manoir et le

Mardi gras samogitien

Si Mardi gras *(Užgavėnės)* est fêté dans tout le pays, il l'est avec encore plus de vigueur dans la Žemaitija. D'origine païenne (on salue la fin de l'hiver) et adapté par le christianisme (7 semaines avant Pâques), il donne lieu à des festins et à des défilés. On se costume, on porte des masques pour caricaturer les mêmes figures depuis des siècles : la mort, le diable, le voleur... On escorte le *Morė*, une effigie de femme tournant sur une roue, qui est promenée avant d'être brûlée. Ensuite, on mange, on danse, on chante (chants régionaux à deux voix caractérisés par leur lenteur) jusqu'à l'aube, au son d'instruments traditionnels comme le *kanklė* à 9 cordes.

Une exposition de masque est présentée à Plateliai.

vaste parc (dit du « Chêne-Tonnerre ») qui l'entoure abritent des œuvres d'art classiques ou populaires rassemblées en un **musée d'Art de la Samogitie (Žemaičių dailės muz.** – *Parko g. 1 - ✆ 52 492 - www.oginski.lt. - merc.-dim. 10h-17h - 3 Lt).*

Il est possible de rejoindre Telšiai par l'A 11. Avec du temps devant soi, le petit détour décrit ci-dessous ramène également vers Telšiai via l'arrière-pays. Pour cela, retrouver la route 164 qui quitte Plungė vers le sud en direction de Rietevas.

PETITE BOUCLE AU SUD DE ŽEMAITIJA

La route (forêt, prés, hameaux) mène tout droit à la place centrale de **Rietavas**, dominée par l'impressionnante église blanche de l'Archange-St-Michel (1854). *À la sortie du village, prendre à gauche vers Laukuva puis encore à gauche vers Tverai*, que l'on atteint par une jolie route bordée de forêts, de champs et de rares habitations. **Tverai** est un petit bourg de maisons multicolores groupées autour d'une église en bois à deux tours (1897) et de son clocher de brique à l'écart. *Suivre Varniai.* Le **lac Lūkstas** apparaît à droite de la route déserte avant d'atteindre **Varniai**, entre forêts et terres humides. Des rues bordées d'arbres mènent à trois églises d'époque, de formes et de dimensions variées. Le petit centre est animé par les enfants qui rentrent de l'école à pied. La route 60 vers Telšiai traverse des forêts et des zones humides (jolie alternative en passant par le village de Žarėnai). À **Rainai**, *suivre à droite le panneau marron (pas celui de gauche), puis prendre tout de suite à gauche pour éviter cette déprimante localité.* Vous atteignez une petite chapelle grise, pointue et perchée. Consacrée en 1991, elle commémore le massacre de 76 opposants politiques par le NKVD (НКВД – département gouvernemental chargé de la sécurité en URSS) en juin 1941.

Žemaitija pratique

Informations utiles

Plateliai – *Didžioji g. 8 - ✆ 448 49231 - www.zemaitijosnp.lt. - info@zemaitijosnp.lt. - tlj sf dim.* Au centre du parc national et à l'office de tourisme, le personnel montre une réelle volonté de faire connaître le lieu *(voir Plateliai, p. 301)*. Panneaux avec informations. Location de vélos en face.

Telšiai – *Turgaus ai. 21 - ✆ 444 53010 - www.telsiai.lt.* Accueillant et complet, dans un joli bâtiment pointu sur la place.

Varniai – *S. Daukanto g. 6 - ✆ 444 47455 - www.varniai-museum.lt.*

Indicatifs tél. – Telšiai *444*, Plungė et Plateliai *448*.

Transports

La voiture est de loin le moyen de transport le plus pratique pour parcourir la région. Mais Telšiai et Plungė se trouvent sur des lignes ferroviaire et routière entre Klaipėda et Šiauliai et sont donc correctement desservies. Il existe aussi des autocars depuis Kaunas et Vilnius. Des lignes locales desservent ensuite Plateliai, sporadiquement.

Se loger et se restaurer

Cette région est idéale pour essayer un hébergement pittoresque. L'office du tourisme de Plateliai fournit la liste (et réserve) des chambres en gîte rural, à la ferme. Certains gîtes, malgré des tarifs bas, sont de vrais paradis : au bord d'un lac, sauna, dîner typique. Ainsi : **Janina Rumšienė** *(www.rumsu-sodyba.lt.)* et **M. Striaukienė « Pas tėvukus »** *(✆ 448 49152)*. Ces hébergements sont également recensés sur *www.countryside.lt.*

HÔTELS

Pas Stefa – *Respublikos g. 49 - Telšiai - ✆ 444 74520 - www.passtefa.lt. - P - 7 ch. à partir de 180 Lt.* La façade, la réception modeste et les tarifs ne permettent pas d'espérer grand chose. Pourtant, les chambres neuves sont impeccables, chaleureuses et bien équipées. Petit sauna, restaurant sous voûtes et accueil très aimable en anglais.

Linelis – *Paplatelės - ✆ 448 49422 - www.linelis.lt. - 22 ch. 190 Lt.* Cet hôtel familial est isolé sur la rive est du lac. Le décor est quelconque mais le confort suffisant. Il est possible d'y louer des vélos et des embarcations. Accès de Plungė : *prendre la 164 vers Suda, et tourner en direction de Plateliai au bout de 9 km (pas avant). Puis prendre « Puislsiavietė 2 km ».*

Sports et loisirs

Des chemins pédestres et des pistes cyclables permettent de parcourir les rives du lac, d'en faire le tour. Il en existe aussi dans le parc régional autour de Varniai. L'office du tourisme de Plateliai fournit des cartes et indique les loueurs de vélos.

De nombreuses activités vous seront aussi conseillées par l'office de tourisme ou par votre hôte (gîte rural) : canoë, pêche, canotage, cueillette et, en hiver, pêche et ski de fond sur le lac gelé.

Événements

Mardi gras – En février ou mars, la fête à Plateliai est colorée et populaire.

St-Jean – Les 23-24 juin, on fête l'arrivée de l'été au bord du lac.

Pèlerinage de Žemaičių Kalvarija – Durant plusieurs jours, autour du 1er w.-end de juil., les pèlerins parcourent par centaines le chemin de Croix.

Klaipėda et la côte de l'ambre★

189 000 HABITANTS
CARTE GÉNÉRALE 2E RABAT DE COUVERTURE – CARTE MICHELIN N° 784

Le blason de Klaipėda, unique porte maritime lituanienne, s'orne d'un château et d'un bateau. Ces symboles rappellent que la cité fut, durant des siècles, incontournable pour qui voulait maîtriser le littoral. Une mouette posée sur l'une des grues du port peut apercevoir l'isthme et la lagune de Courlande, ou les dunes et les forêts de Palanga, la cité de l'ambre. Mais avant de découvrir ces beautés naturelles, parcourez les ruelles pavées du centre historique, où des maisons à colombages, des statues et des musées, témoignent du passé glorieux de l'ancienne et éphémère capitale de la Prusse. Chose rare en Lituanie, les clochers ne sculptent pas l'horizon. On visite donc peu d'églises, mais on assiste en direct à la renaissance d'une cité traditionnellement cosmopolite et dynamique, en goûtant la bière Švyturys (« phare »), brassée ici depuis 1784.

Se repérer – Klaipėda, la seule grande ville côtière lituanienne, se situe à 310 km à l'ouest de Vilnius et à égale distance de Rīga. L'autoroute A 1 la relie à Kaunas et à la capitale. La cité est traversée par la rivière Danė, au sud de laquelle se trouve le centre historique. Le bac vers l'isthme de Courlande et le port de ferries se situent respectivement à 3 km et à 6 km de là.

Se garer – Il n'existe pas de parking dans la vieille ville où il est des plus mal aisé de circuler. Se garer partout ailleurs est (pour l'instant) gratuit, mais le nombre de places est limité. Préférez un hôtel avec parking.

À ne pas manquer – La vieille ville et les postes de Klaipėda. Palanga, le musée de l'Ambre et l'ambiance balnéaire. Les plages et les embruns de la Baltique.

Organiser son temps – Une journée suffit pour découvrir la ville. Les hôtels de la région affichent vite complet en été, ce qui oblige à réserver, en particulier durant le Festival de la mer (juil.).

Avec les enfants – Les plages et les forêts du littoral sont de vastes aires de jeux. Musée de la Mer à Smiltynė *(voir p. 314)*.

Pour poursuivre son voyage – Voir aussi delta du Niémen, isthme de Courlande, Parc national de Žemaitija.

Comprendre

Memel et la Lituanie Mineure – En 1252, l'ordre Teutonique élève un château entre lagune et Baltique. Parce que l'on pensait que la lagune était le delta du Niémen, le lieu est nommé **Memel**, nom germanique du fleuve. Aux 16e-18e s., la cité, résolument allemande et protestante, croît entre la rivière Danė et les remparts. Avec Kaliningrad elle forme la **Lituanie Mineure**, territoire allemand à forte population lituanienne, où de nombreux courants intellectuels et une culture propre se développent. Stratégique et enfin prospère (le bois et le courrier de Russie y transitent), elle attire les conflits. En 1807, la cité de 5 500 habitants devient brièvement la capitale de la Prusse, **Napoléon** occupant le reste du territoire. Memel se développe rapidement malgré un grand incendie en 1854. Les églises et les moulins se multiplient et les marchands étrangers (écossais notamment) s'établissent en ville. Les dunes alentour sont plantées de pins.

À la fin du siècle, l'arrivée du rail bouleverse l'économie de la ville qui s'oriente vers l'industrie lourde. Après le traité de Versailles, la région, déclarée zone internationale, est occupée par l'armée française. Mais en 1923 la Lituanie indépendante l'annexe (devenant ainsi un État maritime), la développe et la nomme Klaipėda – nom mentionné dès le 15e s. Le 23 mars 1939, **Hitler** proclame en direct l'annexion de la ville. Le port abritant des sous-marins nazis, la cité sera ensuite détruite par les Soviétiques. Reconstruite et repeuplée de Lituaniens et de Russes (les Allemands jusqu'alors majoritaires sont évacués en 1944), elle devient l'un des grands ports de l'URSS.

Mue ambitieuse – Depuis 1970, des investissements permettent de relever l'économie de la ville et de restaurer le quartier historique. Cette zone hybride, où les maisons à colombages et les vides laissés par les bombardements se mêlent, retrouve son harmonie. Le développement est désormais passé à la vitesse supérieure. Les quais de la Danė s'embellissent et les alentours du château deviendront un front de mer à la mode mondiale, qui permettra de mieux accueillir les passagers des navires de croisière (des consommateurs rentables qu'il faut choyer). Le port marchand se modernise aussi, tandis que les nouveaux quartiers se verticalisent. Les K et D *(voir* *p. 306)* ne seront bientôt plus les seuls gratte-ciel, car on imagine des tours de 35 à 40 étages. Klaipėda attire des firmes internationales. Le commerce et la spéculation sont en expansion, et cela se voit.

Se promener

La vieille ville (Senamiestis)

La place du Théâtre (Teatro aikštė) – Cette place, qui accueillait le marché au 17e s., est belle ou quelconque selon l'angle choisi. L'édifice le plus remarquable est le théâtre dramatique (1819 puis 1857) et sa belle façade néoclassique. Du balcon, Hitler annonça l'annexion de la ville à l'Allemagne en 1939. La frêle silhouette d'Anne de Tharau, l'amour malheureux du poète **Simon Dach** (1605-1659), lui fait face. La chanson que lui avait dédiée ce leader d'un cercle d'écrivains de Königsberg (Kaliningrad allemande), est encore chantée dans les pays germanophones.

W. Buss / Michelin

La très germanique place du Théâtre.

La **rue Turgaus (Turgaus gatvė)** est plus harmonieuse que la place qu'elle dessert. Le regard suit l'enfilade de ses belles façades rénovées, jusqu'à une haute cheminée qui évoque la fusée de Tintin.

Prendre la rue Mėsininkų qui mène directement au musée qui suit.

Musée de la Lituanie Mineure★ (Mažosios Lietuvos istorijos muz.) – *Didžioji Vandens g. 6 - ✆ 410 524 - www.mlimuziejus.lt. - mar.-sam. 10h-18h - 3 Lt.* Dans une belle maison (1774) de briques beiges, magnifiquement aménagée, la Petite Lituanie (Klaipėda/Kaliningrad) est étudiée sous tous les angles : archéologique, ethnographique, historique. Des cartes, des maquettes, des photographies, des monnaies, des costumes et des objets artisanaux permettent de comprendre les spécificités de cette région germano-lituanienne.

Rue Aukštoji★ (Aukštoji gatvė) – Sur une courte distance, elle rassemble les plus belles maisons 18e s. de la ville. Le quartier a en effet peu souffert de l'incendie de 1854. Au n° 3, un ancien entrepôt à grains (d'où toutes ces fenêtres pour faciliter le séchage), bâtiment à colombage, abrite aujourd'hui une exposition d'art. Ce style, dit *fachwerk*, est typique de l'ancienne Memel. L'**ancienne poste** au n° 13 **(Paštas** – *lun.-vend. 9h-13h, 14h-17h)* est annoncée par une solide enseigne en fer forgé. L'intérieur, une agréable pièce de bois et de cuivre, offre un petit voyage dans le temps, une ambiance de musée ou de western. À côté, notez cette étonnante maison moutarde « à grosse tête ».

Prendre Daržu g. à droite pour rejoindre le château, tout en jetant un coup d'œil à la belle maison à colombage au n° 18 de la rue Sukilėlių. Ce type de construction, assez légère, convenait très bien au sol peu stable de la région.

Château (Klaipėdos pilies) – *Pilies g. 4 - ✆ 410 527 - www.mlimuziejus.lt. - mar.-sam. 10h-18h - 4 Lt. Guetter la borne jaune de signalisation. Traverser ensuite la zone industrielle à pied pour atteindre le site.* Du château de l'ordre de Livonie, il ne reste en fait pas grand chose. L'exposition, qui retrace son histoire (1252-17e s.) et celle de la ville, est installée dans le bastion Friedrich, unique vestige du complexe défensif entouré de douves, et désormais noyé dans le port moderne (en attendant un aménagement).

Revenir vers l'ancienne poste puis poursuivre sur Aukštoji g. (à droite).

Quartier du marché (Turgaus aikštė) – À partir de cette large place rectangulaire et colorée, *passer le marché couvert et prendre la rue Šaltkalvių* où se situe le **musée du Fer forgé (Kalvystės muz.** – *Šaltkalvių g. 2 - ✆ 410 526 - www.milmuziejus.lt. - mar.-sam. 10h-18h - 3 Lt).* Ce lieu dédié à la ferronnerie depuis le 19e s. associe à la fois une exposition de croix, de portes, de girouettes (recueillies dans tout le pays) et une vraie forge où des artisans s'activent. En suivant la même rue, atteindre une cour fermée entourée de vastes édifices à colombage. Revenir en arrière et face au musée, *prendre le passage Friedrich* **(Friedricho Pasažds)**. Récemment rénové, il regroupe divers restaurants occupant de belles demeures. Il rejoint Titų g.

Détour panoramique – *Traverser le rond-point en haut de Titų g.*, passer l'odorante brasserie Švyturys (*visites possibles, réserv. auprès de l'office de tourisme*), pour atteindre **Ste-Marie-Reine-de-la-Paix (Marijos Taikos Karalienės baž.)**. Il est possible de monter dans le clocher (47 m) de cette église achevée en 1962, et de comprendre ainsi comment la ville s'organise.

Retour vers la Danė – *Revenir vers Titų g.* Noter les belles façades des n° 13 et 16 et la carte de la ville peinte à l'angle avec Turgaus g. Prendre cette dernière à droite pour découvrir de la butte un ancien élément des fortifications **(Jono Kalnelis)**. *Sur Turgaus g., suivre la ruelle au n° 31* pour rejoindre la Danė, au niveau d'un des symboles de la ville, le trois mâts *Meridianas*. Ce navire-école, construit en 1948, abrite aujourd'hui un restaurant. En regardant l'autre rive des quais en pleine rénovation, on réalise ce qu'a voulu faire l'architecte des deux tours flambant neuves : **un K et un D**.

L'échiquier de la vieille ville – Le quadrillage de rues qui borde la Danė a souffert des destructions du dernier conflit mondial. Les bâtiments sont donc assez récents mais l'ambiance demeure presque médiévale : pavés, étroitesse des rues, bars. Cherchez le chat *(Kalvių g. 7)* et la souris *(angle de Kurpių g. et Mėsininkų g.)*. Au n° 7 de Kepėju g., la grosse boîte en bronze d'**Algirdas Bosas** (1943-) attire aussi l'attention avec ses riches ornements historiques et… personnels. Au-delà de la rue Pilies, la rue Žvejų se poursuit vers le pont tournant (1855) du **vieux port** *(en rénovation)* et l'embarcadère pour Smiltynė, sa plage et son **aquarium**, à 500 m de l'autre côté de la lagune.

Voir Isthme de Courlande, p. 310.

Le quartier de Naujamiestis, au-delà de la Danė

Franchir la Danė par le pont près du navire *Meridianas (voir ci-dessus)*. Vous êtes accueilli par une sculpture monumentale symbolisant l'unité de la Lituanie. Prendre la rue Liepų jusqu'aux 4 colonnes du **musée de l'Horlogerie★ (Laikrodžių muz.** – *Liepų g. 12 - ✆ 410 413 - mar.-sam. 12h-18h, dim. 17h - 4 Lt)*. Après avoir appris les divers modes de calcul du temps employés au cours de l'Histoire, vous découvrirez des montres et des horloges classiques ou originales, anciennes ou futuristes, des œuvres d'art métalliques et même… végétales. Juste à côté, l'étonnant édifice (fin 19e s.) tout en brique et tourelles de la **poste centrale★ (Centrinis paštas** - *Liepų g. 16)* ne passe pas inaperçu. Sa haute tour (44 m), gardée par des dragons, renferme 48 cloches de 10 à 903 kg qui sonnent de concert à midi les week-ends d'été. Même si vous n'avez aucune missive à envoyer, entrez pour apprécier l'intérieur en bois (décoré de frises fleuries et d'oiseaux messagers) et les guichets gothiques. En continuant par la même rue, vous parvenez à la **Galerie de peintures (Paveikslų galerija** – *Liepų g. 16 - ✆ 410 416 - www.ldm.lt. - mar.-sam. 14h-18h, dim. 12h-17h - 4 Lt)* qui, dans un ensemble de bâtiments hétéroclites, abrite une exposition d'art lituanien 1920-1940. Plus loin débute le **parc des Sculptures M. Mažvydas (Skulptūrų parkas)** où, près d'une minuscule église orthodoxe, se répartissent d'innombrables statues. Elles remplacent un cimetière rasé par les Soviétiques. Les œuvres sont si variées que l'on ne peut pas s'y ennuyer.

Retour vers le centre par Mažvydo al. qui rejoint la rue commerçante H. Manto.

Aux alentours

Palanga★

À 25 km au nord de Klaipėda (voir Itinéraire de découverte, p. 308). Les deux villes sont reliées par une piste cyclable forestière (qui longe les plages).

Pêcheurs, marchands et chercheurs d'ambre (le blason de la ville comporte un collier d'ambre) en ont fait leur havre durant des siècles. Sa belle plage accueille depuis le 19e s. vacanciers, curistes et retraités qui gonflent la population résidente (20 000 hab.). Malgré sa popularité et son ambiance de fête perpétuelle en été, l'omniprésence des pins lui permet de conserver son caractère sauvage. La discrète rivière Rąžė la coupe en deux. Au sud s'étend un parc forestier qui cache de belles villas. Au nord, Palanga se fait ville banale. La rue Vytauto traverse le tout en passant devant la gare routière et l'église néo-gothique (1906) dédiée à l'Assomption de la Vierge.

Poste avancé(e)

Klaipėda est le plus septentrional des ports de la Baltique libre de glaces en hiver. La seule vraie route reliant la Prusse à la côte balte et à la Russie y passait. Ces atouts lui ont valu d'être une tête de pont des importations et des exportations pour la Russie (bois, fourrures), puis l'URSS (hydrocarbures). Dès le 18e s., voyageurs et courrier transitent par la ville. Les taxes prélevées enrichissaient considérablement Klaipėda. Curieusement, le relais de poste a changé souvent de place jusqu'en 1893, année de la création de la poste centrale. Ce complexe de brique avec des étables complète l'hébergement à l'*Hôtel de Russie*, ouvert en 1657. Aujourd'hui, les touristes peuvent visiter deux belles postes *(voir p. 305 et ci-dessus)*.

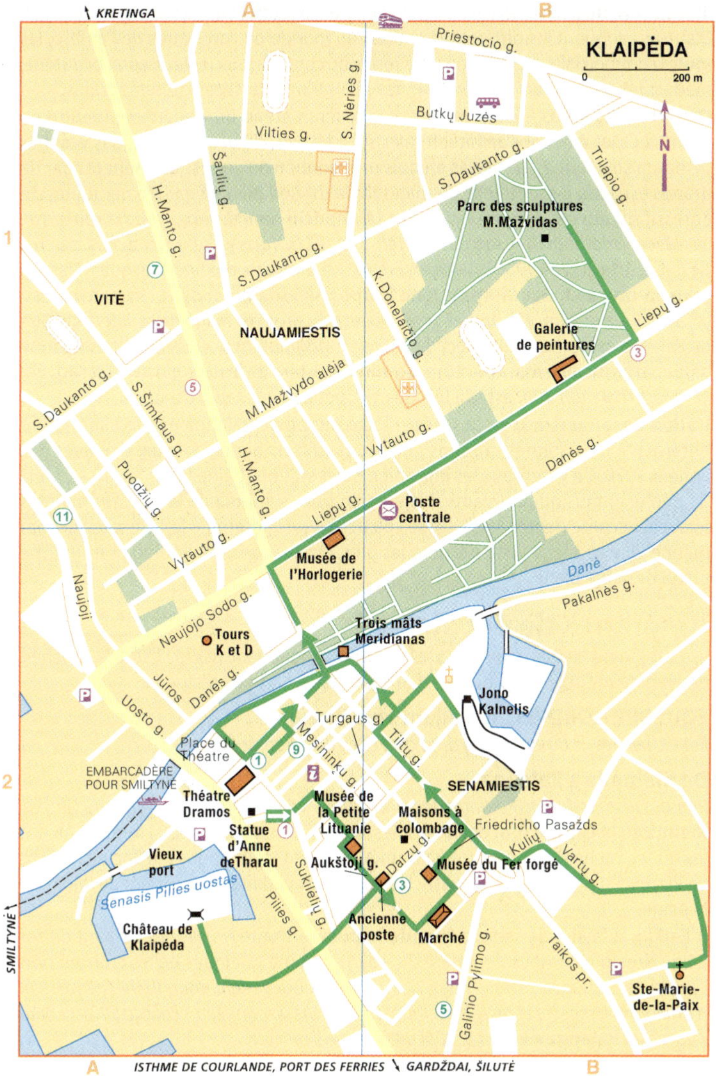

SE LOGER
- Europa Royale 1
- Euterpė 3
- Lūgnė 5
- Navalis 7
- Preludija 9
- Vecekrug 11

SE RESTAURER
- Anikės Teatras 1
- Ararat 3
- Čili Kaimas 5

Parc botanique★★ (Palangos botanikos parkas) – Une partie de la forêt qui longe la plage a été aménagée en 1897 par le paysagiste français **Édouard- François André** (1867-1942, *voir encadré, p. 284*). Plus de 18 km de chemins pour piétons et cyclistes serpentent entre des pins bien rangés et 500 essences odorantes. Ils mènent à la mer (plage Pavillon Bleu), à des plans d'eau, à des statues (dont celle d'Eglė, reine des couleuvres), à une roseraie ou à l'ancien lieu de culte païen de la **colline Birutė (Birutės kalnas)**. Une petite chapelle occupe désormais ce site nommé Birutė en souvenir de la prêtresse qui officiait ici avant d'être enlevée et mariée au grand-duc Kęstutis.

Musée de l'Ambre★★ (Gintaro muz.) – *Vytauto g. 17 - ✆ 51319 - www.pgl.lt. - mar.-sam. 10h-19h, dim. 18h - 5 Lt.* Au milieu du parc, un beau manoir néo-Renaissance (19e s.) construit pour la **famille Tiškevičius** sert de cadre à une superbe exposition consacrée à l'or de la Baltique. On y apprend les différentes formes et couleurs de l'ambre – ce qui permet de savoir si le caillou que l'on a trouvé sur la plage en est ou n'en est pas. Trois salles sont consacrées aux plantes et aux insectes pris dans la résine. D'autres évoquent les différentes régions du monde où l'on trouve de l'ambre, les routes commerciales, l'utilisation de la résine au cours des siècles (artisanat, bijouterie, médecine). Le parcours s'achève par des réalisations d'artistes contemporains.

Quartier des villas – Entre le parc et la rivière s'étend un « quartier-pinède » en échiquier. Des créations architecturales scandinaves, de beaux hôtels, des vestiges de béton soviétiques, des villas en bois rose bonbon ou vertes, sont séparés par de grands espaces. Il est difficile de manquer la maison bleu vif gardée par un totem agressif du **musée Antanas Mončys (A. Mančio namai muz. –** *Daukanto g. 16 - ✆ 49366 - mar. 12h-17h, merc.-dim. 14h-21h - 2 Lt).* Vous y découvrirez les œuvres de cet artiste (1921-1993) émigré en France : sculptures, dessins, masques. Dans la **maison-musée Jonas Šliūpas** (**Jono Šliūpo memorialinė sodyba** - *Vytauto g. 23a - ✆ 54 559 - mar.-dim. 12h-19h - 2 Lt)*, propriété du premier maire de la ville, l'histoire de Palanga est retracée à travers de belles photographies. À côté, une bâtisse jaune pâle autoproclamée **manufacture d'ambre (Gintaro dirbtuvės gal. –** *Vytauto g. 21 - ✆ 460 36719 - 10h-20h)* est à la fois une boutique et un atelier d'ambre.

L'allée Besanavičiaus et la jetée – L'axe piéton de Palanga est un alignement hétéroclite d'anciennes maisons en bois, d'édifices neufs, de jeux, d'épaves des années 1970. On y retrouve les ingrédients des stations balnéaires : terrasses, filets de pêche et musique bruyante. La jetée en bois, symbole de la ville, fut maintes fois reconstruite depuis 1888. De ses planches, on contemple la côte sans deviner qu'une ville se cache juste derrière les pins. De chaque côté s'étend une superbe plage de sable blanc.

Itinéraires de découverte

Le delta du Niémen *(voir p. 315)* et l'isthme de Courlande *(voir p. 310)*, très proches, peuvent faire l'objet d'excursions d'une journée à partir de Klaipėda.

ÉQUERRE NORD-EST (en allant vers Plungė)

Petit itinéraire de 80 km le long de la côte et en direction de Plungė.

De Klaipėda à Palanga

Prendre la direction de Palanga depuis le centre-ville et tourner au panneau Girulai.
Melnragė et **Girulai** sont devenues des stations très populaires. La forêt de pins et les dunes cachent des villas ou des aménagements touristiques (d'anciens camps de Pionniers) plus ou moins réussis. De nombreux parkings permettent de rejoindre la plage.

À Karklė, la falaise de sable d'**Olando kepurė**, affronte les vagues du haut de ses 24 m. Non loin, le vieux cimetière du village compte quelques belles croix en bois sculpté. *La route quitte la forêt pour rejoindre l'A 13 où deux demi-tours fléchés permettent d'atteindre Nemirseta et ses dunes. Tourner à gauche au panneau « Policija 500 m » pour approcher* **Palanga★★** *(voir p. 306) par son meilleur côté.*

Šventoji – Ce très ancien port devenu station balnéaire, à 12 km au nord de Palanga, était sans doute beau il y a 10 ans et le sera peut-être dans le même laps de temps. Pour le moment, c'est un vaste chantier en quête d'harmonie, dominé par une église moderne (en forme de proue de navire prête à fendre les flots). Les nombreux jeux pour les enfants, de belles sculptures (*Les Filles du pêcheur* par exemple), et bien sûr la plage et les pins, permettent néanmoins d'y passer de bons moments en famille.

De Palanga à Plungė

Suivre l'A 11 en direction de Kretinga. La route quitte peu à peu la plaine côtière pour s'enfoncer à l'intérieur des terres de la Žemaitija. À **Kretinga**, *au premier carrefour, prendre à gauche.* Dans un parc étrange, avec des arbres certes, mais aussi des blocs (où se cache l'office de tourisme) et un reste d'usine, un grand manoir flanqué d'une serre, construit en 1874 pour les Tiškevičius, attire l'attention. Il abrite le **musée de Kretinga (Kretingos muziejus –** *✆ 445 53505 - hiver : musée et serre mar.-dim. 10h-18h ; été : serre lun. 10h-18h, mar. 20h30, serre et musée merc.-dim. 10h-18h - 5 Lt).* Ce musée très provincial présente des peintures, du mobilier et des objets religieux en bois. La serre de dimensions modestes renferme plus de 600 espèces et fait office de café apprécié des familles locales. Kretinga a prospéré au 17e s. à partir du monastère franciscain et de sa haute église de l'Annonciation (1619, 1908, 1982). Deux ou trois cafés sur la grande place animée par les collégiens permettent de se restaurer simplement.

L'A 1 continue et surplombe **Kartena**, un village aux toits gris niché dans une vallée. Prendre la 2e à gauche pour voir sa petite église en bois, beige et rouge. Après le village, le relief s'affirme et la route file vers Plungė *(voir p. 302).*

Klaipėda pratique

Informations utiles

Klaipėda – *Turgaus g. 5 - ✆ 412 186 - www.klaipedainfo.lt. - lun.-vend. 9h-18h, juin-sept. sam. 10h-16h, juin.-août dim. 10h-16h.* Bien documenté, accueil anglais ou allemand. Internet 30mn/1 Lt.

Palanga – *Kretingos g. 1 - ✆ 460 48811 - www.palangatic.lt. - mêmes horaires.*

Publications – *In your pocket (www.inyourpocket.com.)* et *Exploring Klaipėda (www.exploring.eu.)*, en anglais.

Consulat de Russie – *Donelaičio g. 21 - ✆ 499 952 - lun.-vend. 8h30-12h30.*

Indicatifs tél. – Klaipėda *46*, Palanga *460*.

Transports

Avion – Aéroport de Palanga *(www.palanga-airport.lt)*.

Ferries internationaux – Départs vers l'Allemagne et la Suède du terminal *(Kalaipėdos nafta – Perkėlos g. 10 - ✆ 395 050 - www.spk.lt.)* à 6 km au sud du centre-ville ; accès : bus 1A. Pour se procurer des billets, s'adresser à une agence : Krantas/Cruiseklaipeda *(Teatro ai. 5-7 - ✆ 395 111 - www.krantas.lt. - lun.-vend. 8h-18h, sam. 10h-15h)*.

Bacs pour l'isthme de Courlande – *www.keltas.lt.* Un bac pour piétons relie le vieux port *(Žvejų g. 8)* et Smiltynė en 7mn. Les touristes motorisés prennent le bac à 3 km au sud *(Nemuno g. 8)*. Départs de 6h30 à 22h30, toutes les 20 à 40mn. Traversée de 5mn *(ticket – 42 Lt/voiture, 1,5Lt/passager, à garder pour le retour)*.

Train – De Klaipėda *(Priestoties g. 5, accès par bus 8 - ✆ 313 677)*, des trains rallient Vilnius, Kaunas, Kretinga et Šiauliai.

Autocar – Les gares de **Klaipėda** *(Buktų Juzės g. 9, accès par bus 8 - ✆ 411 557)* et de **Palanga** *(Kretingos g. 1 - ✆ 533 33)*, reliées ttes les 30mn, desservent le reste du pays.

Se loger

À Klaipėda :

Lūgnė (5) – *G. Pylimo g. 16 - ✆ 411 884 - www.lugne.com. - P - 47 ch. 170 Lt* ☕. Dans cette bâtisse jaune en bordure de la vieille ville, l'accueil est sympathique, mais le confort, basique et le décor, d'un goût contestable. Le petit déjeuner, modeste, se prend dans un pub. Une solution économique et pratique.

Preludija (9) – *Kepėjų g. 7 - ✆ 310 077 - www.preludija.com. - 6 ch. 220 Lt* ☕. Cette demeure de 1856 abrite des chambres modernes et impeccables.

Euterpė (3) – *Daržų g. 9 - ✆ 474 703 - www.euterpe.lt. - P - 22 ch. 260 Lt* ☕. Le bâtiment de cette adresse récente se fond dans une rue de la vieille ville. Les chambres sont vastes et soignées, modernes et scandinaves.

Navalis (7) – *H. Manto g. 23 - ✆ 404 200 - www.navalis.lt. - ♿ - P - 28 ch. 415 Lt* ☕. La brique, le bois et divers éléments de décor modernisent cet immeuble de 1863. Les chambres scandinaves (matières et couleurs) sont très attrayantes.

Vecekrug (11) – *Jūros g. 23 - ✆ 301 002 - www.vecekrug.lt. - ♿ - P - 23 ch. 350 Lt* ☕. Le design intérieur est très réussi et complète l'indéniable confort.

Europa Royale (1) – *Žvejų g. 21 - ✆ 404 444 - www.groupeuropa.lt. - ♿ - P - 50 ch. 490 Lt* ☕. L'hôtel le plus huppé de la ville se distingue par sa situation, ses chambres et son Spa.

À Palanga :

Mama Rosa – *Jūratės g. 28 - ✆ 48 581 - www.mamarosa.lt. - 8 ch. à partir de 250 Lt* ☕. Cette adresse combine un décor très anglais (chambres, salons) et des équipements modernes (Spa).

Hôtel Spa Palanga – *Birutės al. 60 - ✆ 41 414 - www.palangahotel.lt. - 30 ch. à partir de 350 Lt* ☕. Un bâtiment très moderne sur lequel se penchent les arbres. Grand luxe et design raffiné.

Se restaurer

À Klaipėda :

Anikės Teatras (1) – *Sukilėlių g. 8 - ✆ 314 471 - 11h-0h.* La meilleure table de la ville, sur la place du Théâtre, propose une excellente carte internationale.

Čili Kaimas (5) – H. *Manto g. 11 - ✆ 310 953 - 10h-0h.* L'intérieur tout en bois de ce cube soviétique est insoupçonnable de l'extérieur. On y sert une bonne cuisine populaire lituanienne.

Ararat (3) – *Liepų g. 48 - ✆ 410 001 - 11h-0h.* Dans un décor chaleureux de bois et de coussins, découvrez les délices de la très parfumée cuisine arménienne.

À Palanga :

Žuvinė – *Basanavičiaus al. 37 - ✆ 48 070 - 10h-22h (vend.-dim. 0h).* Les amateurs de poisson se précipiteront dans cette grande maison de bois et de verre.

Sports et loisirs

L'office de tourisme organise des sorties de pêche sur glace, de « chasse » à l'ambre.

Le littoral peut être parcouru à vélo. La carte des pistes et les adresses des loueurs sont fournies par l'office de tourisme.

Achats

Smėlio Krantas – *Žvejų g. 4 - ✆ 315110.* Lin, ambre, verres, livres. La manufacture *(voir p. 308)* vend de belles pièces d'ambre.

Événements

Durant l'été, Palanga distrait chaque jour les vacanciers avec divers événements.

Jūros šventė – Klaipėda fête la mer en juillet (5 j.) - *www.juros.svente.lt.*

L'éperlan de Palanga – En janvier, la ville fête le poisson préféré des Lituaniens.

Isthme de Courlande★★

Kuršių Nerija

CARTE GÉNÉRALE 2E RABAT DE COUVERTURE – CARTE MICHELIN N° 784

Au large des côtes, une étroite langue de sable forme presque un pont entre Kaliningrad et Klaipėda. Les Lituaniens la nomment flèche de Courlande (Kuršių Nerija) ou encore Neringa, du nom de la géante bienfaitrice qui l'a créée. Les vagues de la Baltique assaillent à l'ouest ses plages sans fin de sable blanc. Les eaux calmes de la lagune baignent ses charmants villages de bois à l'est. Entre les deux, de hautes dunes nues rêvent du Sahara. D'autres, couvertes de forêts, font de l'ombre aux promeneurs et aux élans. Annoncées par des girouettes porteuses de messages, les maisons rouges et bleues des pêcheurs accueillent désormais des touristes en quête de paysages fabuleux et de découvertes ethnoculturelles.

- **Se repérer** – L'isthme de 98 km (dont 51 km en Lituanie) s'étend au large de la côte lituanienne qu'il sépare de la Baltique en formant une lagune. Il est accessible en bac depuis Klaipėda. Une seule route (la 167) le traverse, de Smiltynė au nord à Nida au sud. Au-delà de Nida, l'isthme devient territoire russe (Kaliningrad).
- **À ne pas manquer** – Le très beau village de Nida. Dunes et plages.
- **Organiser son temps** – La lagune prise par la glace est fascinante. Mais le printemps (pour les solitaires) et l'été (pour les grégaires) sont plus indiqués pour profiter de l'isthme à pied, à vélo et dans l'eau. En été, il est essentiel de réserver l'hébergement à l'avance. Hors saison, beaucoup de restaurants sont fermés.
- **Avec les enfants** – Colline des Sorcières. Musée marin. Les dunes et les plages.
- **Pour poursuivre son voyage** – Voir aussi Klaipėda, delta du Niémen.

W. Buss / Michelin

La dune de Vecekrugas, la plus haute de l'isthme.

Comprendre

Fragile rempart – La géante **Neringa** résidait sur une île située à l'emplacement de Juodkrantė. Lorsqu'une énorme tempête menaça la côte et le château de son fiancé (à Ventė dans le delta), elle éleva un rempart de sable pour les protéger. Ainsi sont nés, selon la légende, cet isthme, aussi appelé Neringa, et la lagune abritée, si bénéfique aux pêcheurs. Les scientifiques préfèrent la version selon laquelle la mer et les vents ont déposé (il y a 5 000 ans) du sable sur des hauts-fonds, formant des îles, puis l'isthme. Aux 16e-17e s., lorsque les hommes exploitent la forêt à tout va (pour fournir les chantiers navals de Klaipėda), le sable qui n'est plus fixé se met en mouvement et ensevelit les villages situés sur la côte balte. La population de pêcheurs et de forestiers change maintes fois d'établissement et se réfugie côté lagune, créant les localités actuelles. À partir du 19e s., les dunes sont boisées afin de stopper leur progression, un programme salvateur toujours en cours. Les paysages du parc national, si beaux et si fragiles que l'**Unesco** les a inscrits sur sa liste en 2000, sont donc nés de ces aménagements. Mais comme dans *La Femme des sables* du Japonais Abé Kôbô, le sable aidé par le vent et les pas des touristes… ne renonce jamais.

Voie postale, carte postale – Les premiers habitants s'établissent il y a 5 000 ans. À partir du 13e s., les chevaliers Teutoniques arrivent sur les terres des **Sembes** et des **Coures**, construisent des forts et font de la péninsule une voie d'accès de Königsberg vers Memel et Rīga, où ils sont déjà établis. La route militaire devient peu à peu route postale. Des auberges apparaissent, autour desquelles des hameaux se constituent. En 1525, l'isthme tombe sous la coupe du grand-duché de Prusse, le luthéranisme s'impose. La région reste isolée et seulement peuplée de quelques centaines de pêcheurs dispersés. Les habitants sont Allemands, Lituaniens ou Kurzemes. À ces derniers, arrivés au 15e s. et parlant letton, on doit les *lėkiai* qui ornent les maisons, et les voiliers de pêcheurs à fond plat que sont les *kurėnai.* Alors que la population vit chichement, la voie postale et ses relais gagnent en importance, comme tronçon de l'axe Paris-St-Pétersbourg. Son glas sonne en 1833 avec l'ouverture de la route continentale passant par Tilsit (Sovetsk), alors que les habitants n'en finissent plus de fuir le sable. Après la plantation de nouvelles forêts, la destinée de l'isthme change peu à peu. Le tourisme estival apporte de nouveaux revenus et supplante peu à peu la pêche. Les artistes et intellectuels allemands sont les premiers « clients ». En 1944, les habitants sont forcés de s'exiler en Allemagne. Le lieu se peuple alors de Lituaniens et d'une population venue de toute l'URSS pour travailler dans les kolkhozes de pêche. Après l'Indépendance, l'isthme est coupé en deux entre la Lituanie et Kaliningrad, ce qui n'est pas sans poser des problèmes pour sa préservation.

Itinéraire de découverte

SUIVEZ LA FLÈCHE★★

L'itinéraire de 55 km suit l'unique route de l'isthme (167) à partir de Nida (au sud).

Nida★★

Les premiers habitants se fixent entre la lagune, les dunes et les forêts en 1730, après avoir fui l'avancée du sable à plusieurs reprises. Avec 1 600 résidents, Nida est la plus grande agglomération de la région, et son pôle touristique. S'y concentrent de nombreuses infrastructures (pensions, poste, banques) et la majeure partie de la centaine de maisons traditionnelles de l'isthme. Elles forment un quadrillage de rues au sud du port. Des **lėkiai** ornent le faîte des toits parfois en roseau. Ces chevrons croisés représentant des têtes de chevaux ou des oiseaux protégeaient les habitants des maladies et des intempéries. Des dentelles de bois peintes en blanc, des volets bleus, des girouettes plantées dans les jardins fleuris, complètent ce tableau de maisons de poupées. Parmi elles, on compte un **Musée ethnographique (Žejo etnografinė sodyba** – *Naglių g. 4 - ✆ 52372 - mai-sept. mar.-dim. 10h-18h, oct.-avr. mar.-sam. 10h-17h - 1 Lt)*, une demeure où le temps s'est figé à la fin du 19e s. pour nous rappeler le quotidien des pêcheurs de l'époque. Autour du port, des poissons juste fumés sont vendus sur de petits stands. Une promenade longe la lagune vers le nord et permet de découvrir des musées et d'autres maisons pittoresques. L'hôtel *Jūratė*, ex *Reine Louise*, se dresse à l'emplacement de l'ancien relais de poste incendié en 1829.

Musée-galerie de l'Ambre (Gintaro galerija muz.) – *Pamario g. 20 - ✆ 52573 - mai-sept. 9h-21h, avr.-oct. 10h-19h.* L'ambre, et ce que l'on peut en faire, est exposé dans une maison à girouettes, à côté de copies des pièces du trésor de Juodkrantė.

Église luthérienne – *Pamario g. 43 - messe dim. 11h.* Cette église néogothique de poche est perchée depuis 1888 sur une hauteur boisée. Ses orgues réputées sont utilisées pour des concerts. L'église est entourée d'un cimetière des 19e-20e s. où certaines tombes se signalent par des **Krikštai**, monuments funéraires typiques de la région, utilisés dès le 12e s. Ils rappellent l'arbre mythique du monde, élément fort du paganisme. Le matériau dans lequel ils sont sculptés dépend du défunt : bois de genre féminin pour les femmes (pin, tilleul), de genre masculin pour les hommes (bouleau, chêne). Les différents symboles qui les décorent sont liés à la vie de la personne disparue.

Plage pratique

Les **plages** sont bien indiquées et desservies par des chemins les reliant aux stations ou aux parkings. Situées côté Baltique (baignade dans la lagune déconseillée), elles sont si longues qu'il y a de la place pour tout le monde. Plus vous vous éloignez des lieux habités, plus le sable est à vous. Mais attention, dans les lieux équipés (surveillance, W.- C., douches) il existe des plages pour tous, des non-mixtes, des naturistes (familiales, pour hommes, pour femmes). Cela est signalé par des panneaux sur les chemins d'accès.

Musée d'histoire (Neringos istorijos muz.) – *Pamario g. 53 - ✆ 52372 - mai-sept. mar.-dim. 10h-18h, oct.-avr. mar.-sam. 10h-17h - 2 Lt.* Ce complexe moderne abrite une exposition sur l'histoire de l'isthme, de la préhistoire au 20e s. La route postale, la pêche et la navigation tiennent une place importante. L'évocation de la chasse aux corbeaux rappelle les années de pénuries. À côté, une exposition *(Skruzdynės g. 2 - mai-oct. tlj 9h-19h)* raconte le passage de nombreux artistes allemands à la fin du 19e s.

Maison de Thomas Mann (Tomo Mano memorialinis muz.) – *Skruzdynės g. 17 - ✆ 52260 - www.mann.lt. - juin-août mar.-dim. 10h-18h, sept.-mai mar.-sam. 11h-17h - 2 Lt.* Entre 1930 et 1932, l'écrivain allemand (1875-1955) passe deux étés en famille à Nida, qui, semble-t-il, l'inspire puisqu'il y écrit *Joseph et ses frères*. Sa relation avec Nida et la Lituanie est présentée dans cette belle maison qu'il fit construire.

Dune de Parnidis★ (Parnidžio kopa) – De hautes dunes nues lèchent les quartiers sud de Nida. Celle de Parnidis (52 m), dernière dune mouvante de l'isthme, peut être gravie par des escaliers de bois que l'on atteint en suivant la côte. De là-haut, la vue est saisissante sur Nida, la lagune, la mer et le « **Sahara lituanien** » qui s'étend au-delà des barbelés de la frontière avec Kaliningrad. Ce lieu est fragile (plantes rares, sable instable) et il convient de ne pas s'éloigner des chemins tracés. En effet, chacun de vos pas déplace une tonne de sable… Le sentier *Parnidžio pažintinis takas,* long de 1,9 km, est bordé de panneaux explicatifs (en anglais) présentant la flore et la faune. Les plus pressés peuvent se rendre au sommet en voiture par une route qui longe le camping et atteint un cadran solaire géant détruit par un ouragan en 1999. De là, dans les années 1920, des passionnés du vol à voile se lançaient dans les airs. En contrebas, la « Vallée de la mort » abritait un camp de prisonniers de guerre français entre 1870 et 1872 (guerre de 1870). Les Prussiens les employèrent pour planter des pins sur les dunes, aménager des quais et creuser le canal reliant Klaipėda à Minija.

Plages et forêt – De nombreux chemins traversant la forêt partent de Nida vers la Baltique. L'un d'entre eux mène au phare de la colline d'Urbas, lumineux depuis 1874. Au-delà de la route 167, les plages sont bien équipées et très fréquentées en été.

Prendre la route 167 en direction de Juodkrantė. Tourner à Preila.

De Nida à Juodkrantė

Preila et Pervalka – Les habitants du village ensablé de Naujieji Nagliai se sont établis ici en 1843. La localité mêle de belles maisons (flanquées de tas de bois ronds sur lesquels dorment des chats) et des édifices soviétiques encombrants. Au sud, la **dune de Vecekrugas (Vecekrugo kalnas,** 67,2 m), couverte de pins, est la plus haute de l'isthme. Son nom fait référence à une auberge ensevelie. Il est possible d'atteindre son sommet, et de profiter du panorama, par un chemin qui part de la piste cyclable. Au nord de Preila, la piste passe près de la dune de Karvaičių, du nom du village qu'elle a recouvert. À **Pervalka,** hameau fondé en 1844, il n'y a rien d'autre à faire que regarder le phare de Žirgai et rejoindre la Baltique en marchant sous les pins.

Continuer en direction de Juodkrantė. La route traverse la **réserve de Naglių (Nagliu rezervatas)**, connue pour sa faune très riche. D'un parking débute un chemin de 1,2 km (il est interdit de s'en écarter) qui traverse un paysage de dunes mortes couvertes d'une végétation particulière. Ces dunes recouvrent le village de Nagliai depuis le 19e s.

Un peu avant Juodkrantė, guetter le panneau « Garnių kalnas ».

Colline des Cormorans★ (Garnių kalnas) – Un escalier mène à une plate-forme offrant, entre avril et septembre, un impressionnant spectacle : amphithéâtre d'arbres morts blanchis par le guano, grands nids noirs, conversations assourdissantes des volatiles, circulation intense entre le site et la lagune. Cette vaste colonie de 4 000 cormorans (nids les plus hauts) et de hérons gris s'est installée à partir du 19e s.

Juodkrantė★

Le nom de la seconde localité de l'isthme, implantée en 1675, évoque un endroit sombre. En hiver, les filets de pêche étendus à l'entrée du village accrochent la brume (comme les toiles d'araignées, la rosée) et forment de longs fantômes. Mais au printemps, la glace de la lagune et les traîneaux de pêcheurs disparaissent. Le gris uniforme laisse place au rouge des maisons, au vert de la forêt, à l'ocre de la brique, au bleu de

Drapeaux de bois

Les **girouettes**, symboles de l'isthme, sont à l'origine (19e s.) un système de marquage et de contrôle des *kurėnai* (voiliers de pêcheurs). Elles représentent les écussons des villages : noir et blanc côté isthme, rouge et blanc côté mer. S'y ajoutent des symboles identitaires tels que l'élan (force), l'église (foi), des croix et des ronds (composition de la famille). On les installe aussi sur les maisons.

la lagune… Près de l'église luthérienne (1885), les maisons de pêcheurs sont restées inchangées depuis un siècle, bien rangées autour du presbytère à colombages (1832). Parmi elles, une **galerie-boutique** *(L. Rėzos g. 13 - ✆ 53357 - mai-oct. 10h-17h, nov.-avr. sporadiquement)* vend de belles girouettes. Après le port, un panneau indique « *Raganų kalnas* ».

Filets de pêche fantômatiques en hiver.

Colline des Sorcières★ (Raganų kalnas) – L. *Rėzos g.* Un agréable chemin joue aux montagnes russes dans une superbe forêt qui accueillait autrefois des cérémonies païennes. Les arbres, le chant des oiseaux et le grondement des vagues au loin pourraient suffire. Mais de 1979 à 1981, une cinquantaine d'artistes ont déposé de grandes sculptures en chêne inspirées du folklore et des légendes locales. Le soleil, des poissons, des sorcières, des diables et la géante Neringa sont des figures récurrentes. À chaque virage, une œuvre dressée, allongée, suspendue ou biscornue, vous surprend.

Plus au nord, des villas rappellent le statut de station balnéaire chic de Juodkrantė, acquis durant les années 1920. Dans la **baie de l'Ambre (Gintaro įlanka)**, la compagnie Stantien & Becker a extrait 2 250 t d'ambre entre 1860 et 1890, dont le fameux trésor de Juodkrantė (figurines datant du néolithique). Il a en partie disparu durant le dernier conflit mondial, mais les artisans prennent encore ses pièces comme modèles.

La 167 traverse la zone incendiée en 2006. Les routes à gauche mènent aux plages. Continuer vers Smiltynė où les limitations de vitesse sont très strictes.

Smiltynė

Ce lieu-dit, équipé d'une auberge dès 1525, est le quartier de loisirs de Klaipėda (dont il dépend administrativement). Un bac le relie au vieux port, en face. Du débarcadère, d'où la vue sur les grues est impressionnante, des chemins mènent aux plages très populaires *(1 km)* et aux musées *(1,5 km)*. Le **musée de la Nature (KNNP gamtos muz.** – *Smitlynės g. 10 - ✆ 402256 - mai-sept. merc.-dim. 11h-18h - 2 Lt)* se divise en trois sections réparties dans autant de villas de bois. La faune et la flore de l'isthme y sont détaillées par familles. La formation de l'isthme, l'évolution des paysages devient

compréhensible grâce à des cartes et des photographies. Plus loin, un *kurėnas* (voilier à fond plat, 1935) et des chalutiers (1940) flottent au-dessus du béton. Ils rappellent l'importance de la pêche, activité également omniprésente dans la **ferme ethnographique** du 19e s. (horaires : voir *Musée de la Mer*) toute proche.

Musée de la Mer (Lietuvos Jūrų muz.) – *Smiltynės g. 3 - 490751 - www.juru.muziejus.lt. - mai-sept. mar.-dim. 10h30-18h30, oct.-avr. sam.-dim. 10h30-17h - 8 Lt.* Il se situe à Kopgalis (« l'extrémité de la dune ») à la pointe nord de l'isthme. Des dauphins et des otaries font le spectacle au **delphinarium** *(les jours d'ouverture, deux à trois spectacles dans l'après-midi - 10 Lt)*. Les expositions sont, elles, installées dans un bastion hexagonale achevé en 1871 pour protéger l'entrée du port. Les aquariums consacrés à la faune aquatique (mer, lagune, lacs) fascinent les petits, mais sont loin des standards des complexes qui fleurissent partout en Europe. Dans les entrepôts de munitions, l'histoire de la marine marchande et militaire lituanienne est relatée grâce à des maquettes et des ancres de toutes tailles.

L'isthme pratique

Informations utiles

Nida – Office de tourisme *(Taikos g. 4 - 52345 - www.visitneringa.com/fr. - lun.-vend. 10h-18h, juin-août sam. 9h-20h, dim. 9h-15h)* et **siège du parc national** *(Nagliu g. 8 - 51256 - www.nerija.lt.)*.

Smiltynė – *Smiltynės g. 11 - 46 402257.*

Pratique – Nida : poste, banque.

Indicatifs tél. – Nida *469*, Smiltynė *46*.

Achats – Voir *Nida* et *Juodkrantė* pour l'achat d'ambre (musée-galerie, *p. 311*) et de girouettes (galerie-boutique, *p. 313*).

Transports

Un **bac** pour piétons relie Klaipėda *(Žvejų g. 8 - piéton : AR 2 Lt, cycliste : AR 3 Lt)* à Smiltynė en 7mn. Les véhicules prennent le bac à 3 km au sud *(Nemuno g. 8 - voiture : AR 42 Lt + 1,5 Lt/passager)*. Départs de 6h30 à 22h30, toutes les 20 à 40mn. Informations sur *www.keltas.lt*.

Attention, l'unique station-service de l'isthme se situe à la frontière russe.

Les voitures sont soumises à un **péage** de 10 Lt pour parcourir le parc national. Il se paie sur la route pour Juodkrantė.

Se loger

Le camping sauvage est interdit. Dans les maisons de pêcheurs, aménagées en pensions, le petit-déjeuner n'est pas toujours assuré. En été, réserver au plus tôt sur : *www.visitneringa.com*.

Nidos Kempingas – *Taikos g. 45a - Nida - 682 41150.* Beaux emplacements au pied de la dune de Parnidis.

HÔTELS

Vandeja – *Naglių g. 17 - Nida - 8614 67196 - - 10 ch. à partir de 150 Lt.* Cette maison de pêcheurs au sud du port compte des chambres sans style particulier mais vastes et bien tenues.

Vila Banga – *Naglių g. 11 - Nida - 51139 - www.nidosbanga.lt. - - 6 ch. 200 Lt.* Cette maison rouge et bleu au toit de chaume abrite sept chambres (100 % pin) confortables et accueillantes.

Vila Flora – *Kalno g. 7a - Juodkrantė - 53 024 - 17 ch. 220 Lt.* Les chambres confortables mais d'un style imprécis sont au-dessus d'un très bon restaurant de cuisine internationale.

Se restaurer

Vous trouverez des stands de poissons fumés à Nida, Preila et Juodkrantė.

Kepykla – *Pamario g. 3 - Nida -* . Cette boulangerie est idéale pour un casse-croûte ou un petit-déjeuner.

Kuršis – *Naglio g. 29 - Nida -* . Un café-restaurant ouvert toute l'année. Plats copieux, servis avec le sourire.

Pastogė – *Kuverto g. 2 - Nida - 51149.* Au bord de l'eau est servie une copieuse et typique cuisine côtière.

Seklyčia – *Lotmiškio g. 1 - Nida - 52945.* L'intérieur de cette maison de bois sur le chemin des dunes est adorable et le poisson, cher mais excellent.

Vila Flora – *Voir Se loger, ci-dessus.*

Sports et loisirs

Les offices de tourisme sont des mines d'informations : cartes des chemins pédestres et des pistes cyclables, adresses des loueurs de vélos, liste des sports nautiques, guides.

Piste cyclable Nida-Juodkrantė★★ – Suivre ce tracé de 30 km est le meilleur moyen de découvrir Neringa, sa faune, sa flore, ses dunes et ses villages actuels ou ensevelis. Attention, les pentes sont parfois raides et le sable mou.

Diverses compagnies proposent des **croisières dans la lagune**, qui permettent de relier Nida (et Juodkrantė) à Klaipėda ou à Rusnė *(voir Delta pratique, p. 317)*. Les offices de tourisme en fournissent la liste.

Événements

De juin à août, des manifestations sont groupées sous le nom d'**Extravagances estivales (Vasaros pramogų kolekcijos) :** folklore (St-Jean), artisanat, concerts (Festival Thomas Mann), fête des pêcheurs (Juodkrantė -juil.). Programme sur : *www.vasareneringoje.lt.*

Delta du Niémen★

Nemuno Deltos Regioninis Parkas

CARTE GÉNÉRALE 2E RABAT DE COUVERTURE – CARTE MICHELIN N° 784

Là où le Niémen rencontre la lagune s'étend une région à la fois belle et austère. Attention, n'attendez pas là des paysages spectaculaires ou des édifices inoubliables. Cette étendue d'eau et de terre ne se visite pas mais se vit. Il faut y consacrer du temps pour l'apprécier, pédaler ou voguer plutôt que rouler, écouter les oiseaux, parler aux carpes, même aux plus muettes. Ici les nids de cigognes sont plus hauts que les clochers et les seuls embouteillages possibles sont dans le ciel, lors des migrations. Ces doigts de fleuve raviront avant tout les ornithologues et les touristes curieux, amateurs de calme et d'isolement.

- **Se repérer –** Le delta occupe l'angle sud-ouest du pays, là où le Niémen se jette dans la lagune de Courlande. Šilutė en est la porte d'entrée. Au-delà, le fleuve se divise en trois bras : l'Atmata le principal, le Pakalnė et le Skirvytė à la frontière.
- **À ne pas manquer –** Minija (Mingė) et sa « rue-canal ». Les oiseaux du delta.
- **Organiser son temps –** La glace en hiver et les crues de mi-saison gênent les déplacements. Mais les paysages transformés sont superbes. L'été est la meilleure saison pour parcourir la région. Mais il faut réserver à l'avance ses nuitées. Septembre-octobre et avril-mai sont propices à l'observation des oiseaux.
- **Pour poursuivre son voyage –** Voir aussi Kaunas, Klaipėda, isthme de Courlande.

F. Sichet / Michelin

L'Atmata, principal bras du Niémen dans son delta.

Comprendre

Une (presque) terre et des hommes – Après 935 km de course, le Niémen se déleste ici d'une partie des alluvions qu'il transporte, créant des zones émergées qui s'étendent constamment. Leur hauteur dépasse rarement le mètre. Le résultat est un puzzle de lacs, de rivières, d'îles, de marais, de forêts (10 %) et de polders, remparts construits par les hommes. Sur ces terres, vraiment occupées depuis le 15e s., l'habitat est lâche. Les fermes et les villages isolés lors des crues ne sont reliés au reste du monde que par bateau. La population vit de l'élevage, du tourisme et de la pêche. Le poisson, préparé en soupe ou fumé, est très réputé. Longtemps allemande, la région ne devient lituanienne qu'en 1923. Un folklore unique est né de ce mélange culturel germano-lituanien et des conditions de vie particulières. Mais ce monde rude change. Le dialecte du delta et les chants sont oubliés. Les toits de tôle remplacent ceux de roseau. Le tourisme aidera-t-il à préserver sainement ce patrimoine ?

Sanctuaire animal – Ce milieu unique est protégé depuis 1992 par un parc régional. S'y côtoient 50 espèces de mammifères discrets (loutres, castors, chevreuils, chauve-souris migratrices), des reptiles, de bruyants amphibiens, des insectes. Un grand nombre de poissons frayent, migrent ou circulent de la lagune aux bras d'eau au gré des crues : éperlans, saumons, lamproies, anguilles… On peut observer 300 espèces d'oiseaux (passereaux, rapaces, échassiers, palmipèdes…), résidents ou migrateurs. Le delta est une étape majeure sur la route migratoire Arctique-Afrique. Les vedettes de ce sanctuaire sont la rare cigogne noire et les rapaces pêcheurs ou nocturnes.

Itinéraire de découverte

ENTRE TERRE ET EAU

Šilutė

Née de la fusion de divers hameaux, cette ville calme est le point d'accès incontournable du delta. L'office de tourisme et l'unique hôtel se trouvent chacun à une extrémité de l'axe principal arboré. Le **Musée ethnographique** *(Lietuvininkų g. 36 - ✆ 62209 - mar.-sam. 10h-18h)*, grâce à des photographies anciennes et des cartes, retrace l'histoire médiévale, allemande et lituanienne du delta. Le folklore particulier de la région apparaît à travers de nombreux costumes et des pièces d'art populaire. La banque, la poste (n° 23, 1909), le supermarché et quelques belles façades (dont la caserne, n° 22), complètent le paysage urbain. N'oublions pas l'église évangélique aux ornements discrets, élevée en 1926. Au bout de la rue, un pont enjambe la Šyša, non loin de la place du vieux marché **(Turgaus)**, la plus ancienne partie de la ville.
Franchir ce pont en direction de Rusnė. En route, un **chemin éducatif (Žalgirų pažintinis takas)** est proposé. Sur 1,8 km, il pénètre dans une belle forêt humide.

Rusnė et la rive sud de l'Atmata

On ne s'en rend pas forcément compte, mais **Rusnė** est la plus grande île du pays (46 km^2). D'une hauteur moyenne de 0,8 m, elle est en partie constituée de polders, que les eaux se réapproprient durant les crues. Ses 3 000 habitants vivent de pêche et d'élevage. Rusnė est aussi le nom du principal village du parc régional, établi là où le fleuve se sépare en trois bras. Autour d'une place herbeuse s'alignent quelques maisons traditionnelles et une église luthérienne (1809) typiquement allemande. Les plus belles maisons se situent de chaque côté de Žvejų g. Elles constituaient autrefois le hameau de **Skirvytėlė**. Un petit **Musée ethnographique (Etnografinė žvejo sodyba** – *Skirvytėlės g. 8 - ✆ 58169 - en été 9h-18h - don*) est indiqué à 1,3 km. Dans cette demeure en bois, est recréée la vie d'antan des habitants du delta. *Revenir sur la place et suivre la direction de* **Pakalnė**. Parmi les quelques belles habitations gardées par des cigognes se trouve le centre d'informations du parc *(Pakalnė g. 40a - ✆ 58154 - mai-sept. lun.-vend. 8h-17h)* qui présente une exposition sur le delta. On peut y louer un vélo, réserver une excursion. La route perd ensuite son asphalte et traverse des prés quadrillés par des canaux. *À Uostadvaris, prendre à gauche (dir. Švyturys).* Au bout du chemin, un phare en brique de 1876 se dresse près d'une station de pompage construite en 1907 *(✆ 62230 - visite sur demande). De retour à Uostadvaris, continuer tout droit.* La route est alors entourée par l'eau, l'Atmata à gauche et un ensemble d'étangs et de roseaux à droite formant une réserve ornithologique très riche.
Revenir à Šilutė, tourner à gauche après le pont, prendre la 2e à gauche après Turgaus.

Rive nord de l'Atmata

L'axe non asphalté traverse des terres spongieuses. Un **chemin éducatif (Aukštumalos pažintinis takas**, 1,7 km) sillonne un marécage. *De retour sur la route, prendre « Minija 5 km » après le pont (et pas au premier panneau).*

Minija★ (ou Mingė) – Après la Venise verte (marais poitevin), la Venise chinoise (Suzhou) et les innombrables Venise du Nord (Stockholm, Amsterdam…), voici la Venise de Lituanie. Le titre est bien pompeux pour ce minuscule hameau qui ne compte qu'une rue. Certes. Mais cette unique rue est une rivière. C'est vers elle que se tournent les maisons rouges aux toits ouvragés, parfois en roseau. Leur jardins fleuris mènent à des pontons le long desquels des bateaux se balancent. Des cordes pendent des branches d'arbres, invitant les enfants à se balancer

Le jour de la cigogne

Le 25 mars est associé à la cigogne. Ce jour là, les paysans inspectent les semences en espérant une bonne récolte. Le pays a la plus grande colonie de cigognes *(Gandras)* d'Europe : 14 000 couples. Cet oiseau apprécie les plaines et les zones humides de la Lituanie. Les habitants lui aménagent des plateformes afin de l'attirer (il protège la maison, les chevaux), mais il aime aussi les clochers, les calvaires et les cheminées. Voir une cigogne noire reste un privilège, bien que 10 % résident dans les pays baltes.

avant de plonger en criant. Ce beau tableau estival devient bien triste par mauvais temps. Aucun pont ne relie les deux rives de ce hameau établi depuis 1540. Ici on travaille (pêche) et on va au café en bateau.

Revenir en arrière, prendre la 1re à gauche. Suivre Ventė.

Ventės Ragas – En regardant une carte, vous remarquerez d'emblée cette pointe s'avançant dans la lagune. La vigie du delta a attiré les chevaliers Teutoniques au 14e s., qui y élevèrent le château des Vents *(Windenburg)*, détruit un siècle plus tard par… les vents. Aujourd'hui, la route s'achève au pied d'un phare de brique (1852). Depuis 1929, ce bout du monde accueille une **station ornithologique** *(✆ 68514 - juin-sept. 10h-17, oct.-mai lun.-vend. 10h-17h - 1 Lt)*. Des filets permettent aux scientifiques de capturer puis de baguer les oiseaux lors de leurs migrations entre l'Arctique et l'Afrique. Ventės Ragas est une vraie « tribune » à cette période, d'où les passionnés assistent au passage de centaines d'espèces. Une exposition présente la faune avicole locale. La jetée en contrebas est idéale pour regarder, par beau temps, les dunes de l'isthme de Courlande. Aux alentours, les plages étroites sont couvertes de coquillages.

F. Sichet / Michelin

Mouillage près de Pakalnė.

Pour prolonger l'itinéraire. À **Kintai**, l'église évangélique (18e s.) a été construite avec les pierres du château de Ventė. Autour du village, les arbres penchent tous du même côté. **Macikai**, près de Šilutė, se souvient dans un petit musée qu'elle abritait un camp de concentration. À **Švėkšna,** le bois des maisons contraste avec la brique de la haute église néogothique (1905). À **Priekulė**, sur la route de Klaipėda, les rues sont bordées de quelques façades allemandes du début du 20e s.

Delta pratique

Informations utiles

Šilutė – *Lietuvininkų g. 10 - ✆ 77795 - www.siluteinfi.lt. - lun.-vend. 8h-12h, 13h-17h.* Informations pour le séjour : guides, excursions, hébergement, transports…

Pakalnė – *Voir p. 316.*

Indicatif tél. – *441.*

Langues – Allemand et russe sont les principales langues étrangères parlées.

Transports

Autocar – En haute saison, de nombreux autocars relient Šilutė à Klaipėda, Kaunas et Vilnius. La fréquence diminue en hiver.

Se déplacer – Sillonner le delta en voiture implique d'emprunter des routes non asphaltées parfois difficiles.

Se loger et se restaurer

Pour les campeurs, l'office de tourisme indique les aires gratuites (camping payant à **Ventė :** *www.ventaine.lt.)*. Il permet aussi de choisir et de réserver une nuitée en gîte rural ou à la ferme. Souvent au bord de l'eau, ces logements simples permettent de vivre le delta au plus près (activités, gastronomie, sauna). Parmi les meilleures adresses, signalons **Pakalnės Vingis** *(Pakalnė - www.pakalnevingis.lt.)* ou **Evė** *(Minija - www.eve-lietuvoje.net.)*. En été, il vaut mieux réserver à l'avance.

Deims – *Lituvininkų g. 70 - Šilutė - ✆ 52345 - P - 42 ch. 190 Lt.* L'ancien hôtel soviétique a fait sa mue. Si le hall rappelle un peu une clinique, les chambres sont vastes et chaleureuses. Le restaurant sert, dans un cadre agréable, des plats internationaux et locaux.

Kintai – *Kintai - ✆ 69510 - www.kintai.lt. - 150 Lt.* Cette pension et restaurant bordant la Minja, propose des hébergements variés (certaines chambres flottent). Canoë, pêche, excursions.

Sports et loisirs

L'office de tourisme et les gîtes sont les intermédiaires incontournables pour organiser vos loisirs : naviguer (canoë, voile, bateau à moteur), pêcher (sur l'eau, sur la glace), découvrir la gastronomie, observer les oiseaux, pédaler (une piste sillonne le delta) ou partir en randonnée.

Il est possible de rejoindre **Nida** en bateau tout en visitant le delta (5h). Informations : office de tourisme et *www.pajuris.net.*

Événements

Stintmečio renginys Šaktarpis – Rusnė, début avril, fête la saison des éperlans.

Kaunas★★

420 000 HABITANTS
CARTE GÉNÉRALE 2E RABAT DE COUVERTURE – CARTE MICHELIN N° 784 M20

Tout comme Vilnius, Kaunas s'étale sur des collines à la confluence de deux rivières. Tout comme Vilnius, Kaunas porte le titre de capitale. Plus que Vilnius, Kaunas est connu des fans de basket-ball de tout le continent. Son nom est associé au verbe « se battre », son emblème est le taureau – deux images de sa farouche volonté d'exister. Car si la seconde ville du pays est un pôle démographique et économique majeur, elle n'attire pas encore les mêmes hordes de touristes que sa voisine. Pourtant, le centre historique coloré et à taille humaine, l'allée de la Liberté perpétuellement animée et les édifices entre-deux-guerres, abritent un nombre de musées impressionnant. Agréable à vivre, équipée d'hôtels et de restaurants de qualité, Kaunas est la base idéale pour explorer la région alentour.

- **Se repérer** – Kaunas se situe au centre du pays, à 100 km à l'est de Vilnius et à 210 km de la Baltique. À la fois nœud routier et ferroviaire, la ville est facile à rejoindre. Mais dans l'agglomération la signalisation fait vraiment défaut.
- **Se garer** – Le mauvais état de la voirie oblige les voitures à de dangereux zigzags. Le système de paiement par carte magnétique (à acheter dans les kiosques) n'est vraiment pas pratique. Le mieux est de choisir un hôtel équipé d'un parking.
- **À ne pas manquer** – La cathédrale et la vieille ville. Les tableaux de Čiurlionis. L'animation de l'allée Laisvės. Le Musée en plein air de Lituanie. Kėdainiai.
- **Organiser son temps** – Kaunas se parcourt en un jour ou deux. Évitez le lundi, jour de fermeture des musées. Le musée en plein air ne se visite qu'en été.
- **Avec les enfants** – Musée en plein air de Lituanie. Musée zoologique.
- **Pour poursuivre son voyage** – Voir aussi Delta du Niémen, Druskininkai, Trakai, Vilnius.

W. Buss / Michelin

Les clochers du vieux centre de Kaunas, vus de la rive sud du Niémen.

Comprendre

Capitale éphémère – Le nom de Kaunas apparaît pour la première fois en 1030 dans des textes, et en 1140 sur les cartes du géographe arabe **al-Idrīsi**. Après la construction d'un château au 13e s., ce lieu entre deux rivières forma un rempart contre l'invasion des chevaliers Teutoniques. À partir du 15e s., le poste militaire devient une ville à part entière et se lie à la Hanse. Ses échanges commerciaux sont alors dynamisés par les marchands allemands. Son importance stratégique et démographique attirera les envahisseurs qui la détruiront et/ou la renforceront à plusieurs reprises. En 1812, **Napoléon** commence ici sa conquête de la Russie quand, du haut d'une colline **(Jiesios)**, il regarda la Grande Armée passer le Niémen.

Kaunas vécut son heure de gloire lors de la première Indépendance. Après l'annexion de Vilnius par les Polonais en 1920, elle devient capitale. Le président, le Parlement, la banque nationale et des ambassades s'y installent. Le consulat de France loge ainsi au n° 9 de Laisvės g. La ville grandit, s'embellit, se dote d'édifices de prestige (néoclassiques, académiques, Bauhaus...), et favorise l'apparition d'artistes et de penseurs. Vilnius retrouve ensuite son rang, mais les murs et les habitants de Kaunas conservent une certaine fierté de cette période.

Panier percé – Depuis 1944, les habitants de Kaunas s'habillent souvent en vert et blanc, les couleurs du **BC Žalgiris**, le club de basket de la ville. Son nom s'inspire de la victoire de Vytautas sur les chevaliers Teutoniques en 1410. Et des victoires, le club en a connues de nombreuses. Il collectionna les titres de champion de la République soviétique de Lituanie, devenant l'une des meilleures équipes d'URSS (seule rivale du CSKA Moscou) et d'Europe. Depuis l'Indépendance, les succès sont toujours au rendez-vous et on peut parler d'hégémonie au regard de son palmarès dans la compétition LBL (de Lituanie). Ses participations à l'Euroligue, le championnat des meilleures équipes européennes qu'il remporte en 1999, font connaître Kaunas à travers le continent. Sur le plan national, le club de la ville au taureau fait face à la concurrence de l'équipe de Vilnius du Lietuvos Rytas. La rivalité entre les deux capitales s'exprime aussi sur les parquets...

Née d'un amour en fuite

Parmi les légendes relatant la création de Kaunas, une, fort romantique, remporte le plus de suffrages. La belle **Milda** a en charge le feu sacré (élément récurrent du paganisme) de la colline d'Aleksotas (rive sud du Niémen). Distraite par son amour pour **Daugerutis**, elle laisse s'éteindre la flamme éternelle. Les amoureux sont alors condamnés à mort par les dieux. Mais le couple aidé par le **prêtre Auskaras** se cache dans une grotte pour y vivre reclus. Là nait un fils nommé Kaunas qui fondera une ville, de l'autre côté de la rivière.

Se promener

Au cœur de la vieille ville (Senamiestis)

Kaunas s'est développé à partir du château *(voir p. 320)*. Une fois celui-ci détruit, le cœur de la cité s'est déplacé vers la place Rotušės.

Place Rotušės★★ (Rotušės aikštė) A1 – Cette place a accueilli le marché pendant des siècles. Presque carrée, elle est entourée de belles maisons de marchands allemands des 15e-17e s. Remarquer les teintes variées, le manque d'harmonie des hauteurs et les toits gigognes qui lui confèrent beaucoup de caractère. La belle maison grise du n° 28 est décorée de quelques fresques. Elle semble dévorer le petit édifice en escalier qui abrite le point d'informations. À l'ouest de la place, voyez *Geriamos Venduo*, une étrange fontaine murale gardée par deux chiens inquiétants.

L'hôtel de ville (Kauno rotušė) – La tour blanche de 53 m de cet édifice surnommé le « cygne blanc » domine la place. À sa structure baroque (1542) s'ajoutent depuis 1780 des éléments Renaissance et classiques. Le lieu a connu un nombre incroyable de fonctions : chancellerie, ensemble de boutiques, prison, hôtel pour le tsar, club de pompiers, école polytechnique, théâtre, hôtel de ville, avant d'accueillir finalement les cérémonies de mariage à partir des années 1970. Ne pas manquer l'animation créée par le défilé des mariés le samedi en fin de matinée. Un petit **musée de la Céramique (Keramikos muziejus** – *Rotušės ai. 15 - ✆ 203 572 - mar.-dim. 11h-17h - 3 Lt)* est aménagé dans les caves voûtées et présente des pièces du 16e s. à nos jours.

Musée de la Pharmacie et de la Médecine (Medicinos ir farmacijos istorijos muziejus) – *Rotušės ai. 28 - ✆ 201 569 - merc.-dim. 11h-18h - 3 Lt.* La jolie petite maison grise du 16e s. abrite une belle pharmacie du 19e s. et une intéressante exposition qui permet d'en savoir plus sur les étranges pratiques médicinales des siècles passés.

Église jésuite Saint-François-Xavier (Šv. Pranciškaus Ksavero baž.) – *Rotušės ai. 7-9.* Sa façade austère et ses tours concurrencent le palais des mariages. Elle est l'un des éléments du complexe jésuite (aujourd'hui lycée) qui s'étend sur le flanc sud de la place jusqu'au Niémen. Construite en 1666, détruite par un incendie en 1732, elle a subi de nombreuses transformations, devenant cathédrale orthodoxe Alexandre-Nevski et même école technique ou salle de sport sous les Soviétiques. Le grand autel de faux marbre (rouge et gris) est le seul élément baroque d'origine.

Statue et musée Maironis (Maironio Lietuvos literatūros muziejos) – *Rotušės ai. 13 - ✆ 200 410 - mar.-sam. 9h-17h - 3 Lt.* La statue du prêtre et poète **Jonas Mačiulis** (1862-1932), dit **Maironis**, est assise au sud-ouest de la place. Celui dont les écrits ont réveillé le nationalisme lituanien a habité de 1910 à 1932 cette maison du 18e s. Maironis repose à l'extérieur de la cathédrale *(voir page suivante)*.

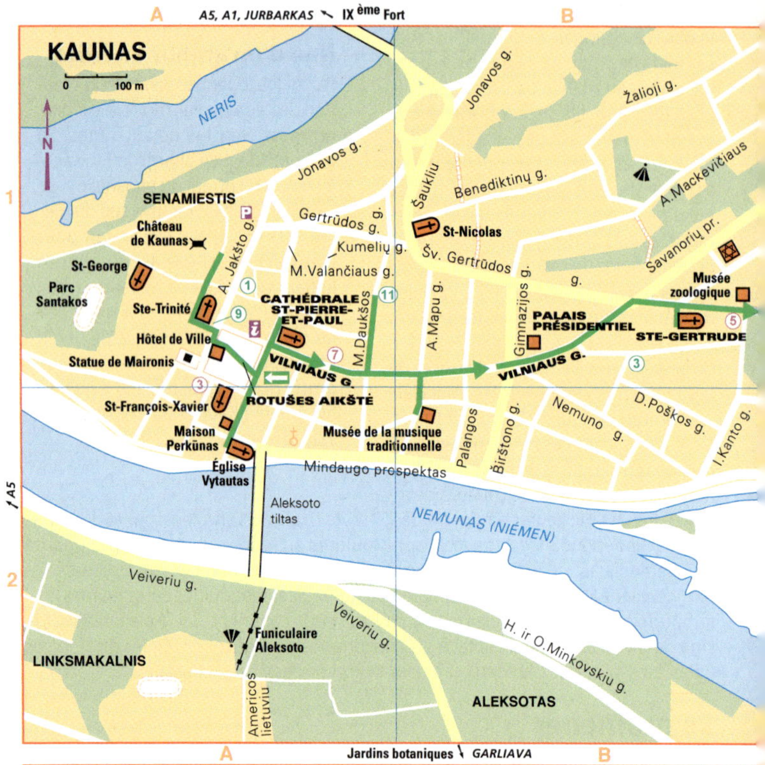

SE LOGER

Apple Economy Hotel ①	Kaunas ⑦
Best Western Santaka ③	Kauno Arkivyskupijos GH ⑨
Daniela ⑤	Kunigaikščiu Menė ⑪
	Metropolis ⑬

Musée des Communications (Ryšių istorijos muziejus) – *Rotušės ai. 19 - ☏ 424 920 - merc.-jeu., sam.-dim. 10h-18h - 2 Lt.* L'exposition, qui relate l'histoire des communications en Lituanie du Moyen Âge à nos jours (messages, poste, téléphones, premiers timbres, satellites), est installée dans une poste construite en 1820.

Église de la Sainte-Trinité et église St-Georges – L'angle nord-ouest de la place est occupé par un bel ensemble d'édifices religieux : églises, séminaire, siège du diocèse. La première (**Šv. Trejybės baž.** - *Rotušės ai. 19*), de style Renaissance, basse et aux murs jaunes, a été construite entre 1624 et 1634 (modifiée au 18e s.), et comporte quelques éléments gothiques intéressants. L'intérieur a été totalement revu en 1939. La seconde (**Šv. Jurgio baž.** – *Papilio g. 7)* est une remarquable église gothique en brique (début 16e s.), élément d'un monastère de Bernardins. Endommagée par divers incendies, il n'en reste que l'enveloppe, et seule la sacristie a été rénovée.

Si les grilles sont ouvertes, rejoindre le château en traversant le séminaire. Sinon, faire l'aller-retour par A. Jakšto g.

Château de Kaunas (Kauno pilis) – *Papilio g.* Stratégiquement placé au bout de la « péninsule », ce château du 13e s. fut l'un des verrous occidentaux de la Lituanie face aux chevaliers Teutoniques (qui le détruisirent en 1362, tout comme les Russes en 1655). La ville s'est développée à partir de ses remparts. Bien qu'il n'en reste pas grand chose, le château conserve une très belle allure avec ses toits gigognes et sa tour pointue, dont la rénovation est contestable (le lieu abrite des expositions temporaires).

Le chemin qui mène au bout du **parc Santakos** (où se rencontrent les deux rivières) est la balade préférée des habitants de Kaunas qui y fêtent également la St-Jean.

Au sud de la place Rotušės – En suivant Aleksoto g., au sud de la place, vous parvenez à la **maison Perkūnas (Perkūno namas** A2– *Aleksoto g. 6)* qui, si vous arrivez de Vilnius, vous rappellera immédiatement l'église Ste-Anne. Ce comptoir de marchands du 16e s. de style gothique flamboyant doit son nom au dieu lituanien du tonnerre dont on a retrouvé ici une statuette en bronze en 1818. Celle-ci se trouve maintenant à

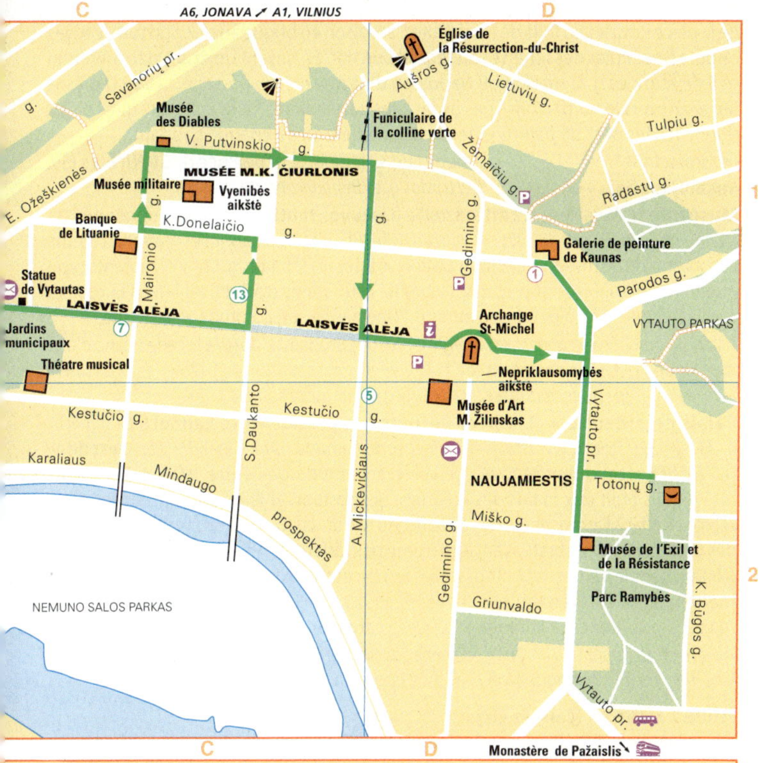

SE RESTAURER

Berneliu Uzeigu	1	Miesto Sodas	5
Medžiotoju Užeiga	3	Riešutas	7

l'entrée d'un gymnase jésuite où entrent et sortent des enfants en uniforme vert sapin. En face, l'**église gothique Vytautas (Vytauto bažn.** – *Aleksoto g. 3)*, construite par des moines franciscains en 1413, est tout aussi rouge brique. Près de la petite porte, à droite, remarquez l'échelle graduée qui rappelle que les crues du Niémen peuvent être hautes. L'intérieur est décoré par de beaux croisillons de brique (au-dessus de l'autel) et des blasons colorés sur les vitraux. L'écrivain et activiste **Juozas Tumas-Vaižgantas** (1869-1933) y repose. Les alentours proches montrent tout le travail de rénovation qu'il reste à faire pour embellir le vieux centre.

Le pont au-dessus du Niémen mène au **funiculaire Aleksoto** *(lun.-vend. 7h-12h, 13h-16h, 0,6 Lt)*. Il permet de dominer le centre historique. *Revenir sur la place.*

Cathédrale Saint-Pierre-et-Paul★★ (Petro ir Kovilo bazilika) A1

Viniaus g. 1. C'est la seule basilique gothique du pays. Ses premières pierres auraient été posées en 1410, sous Vytautas. Très sobre à l'extérieur, dans sa forme (belles ouvertures gothiques) comme dans ses ornements, cette belle église cache un intérieur extrêmement riche, embelli par des éléments Renaissance et baroques. Sous de superbes voûtes, on compte neuf autels dont un remarquable grand autel baroque du 18e s. où les douzes apôtres sont représentés. Onze tableaux sont signés **Michele Elviro Andrioli** (1836-1893), fils d'un capitaine de la Grande Armée de Napoléon fait prisonnier par les Russes en 1812. Au bout de la nef à droite, la **chapelle néogothique** St-Jean-Baptiste (1895), ocre et or, est l'œuvre de Florian Vyganovski (1854-1905). À noter aussi, au bout de la nef gauche, deux belles peintures du 17e s. : le *Couronnement de la Vierge* et l'*Assomption de la Vierge*. Diverses personnalités religieuses sont enterrées dans la crypte, tandis que le prêtre et poète Maironis repose sur le flanc sud à l'extérieur. *Suivre Vilniaus gatvė.*

Rue Vilniaus★ (Vilniaus gatvė) A-B1

Cette rue piétonne, bordée de maisons des 16e-19e s., est la colonne vertébrale du centre historique. Cette belle enfilade Mitteleuropa pourrait tout aussi bien être vue à Sibiu ou České Budějovice. La perspective vers l'ouest est très belle, avec les clochers de la place Rotušės en toile de fond. Notez la maison en brique au n° 7. Son toit de tuiles ondule pour créer des fenêtres au regard perçant. En faisant un écart, découvrez au n° 8 de Mutinės g. la maison où Napoléon dîna lors de son passage. La rue Dauksos (en allant vers le nord) n'offre pas de façades particulières, mais il semble que l'on ait donné ici des pots de peinture de couleurs différentes à chaque habitant.

Non loin se trouve l'église gothique (15e s.) légèrement perchée de **St-Nicolas (Šv. Mikalojaus baž.** – *angle de Šv. Gertrūdos g. et Benediktinų g.).*

Musée de la Musique traditionnelle (Lietuvos tautinės muzikos muziejus) B2 – *Zamenhofo g. 12 - ☏ 422 295 - mar.-sam. 10h-18h - 2 Lt.* Les deux jolies maisons, comme le contenu de ce musée, valent un petit écart depuis Vilniaus g. Les instruments typiquement lituaniens sont présentés, comme ceux venus d'autres régions d'Europe et que le folklore local a peu à peu intégrés. Une bande son accompagne la visite.

À l'angle de Birštono g. se dresse l'église dite des Étudiants, dont la façade s'orne d'une mosaïque (1931) représentant le Christ. *Un passage souterrain permet de poursuivre vers le palais présidentiel sans être dérangé par les automobiles.*

Palais présidentiel★ (Lietuvos Respublikos prezidentūra kaune) B1 – *Vilniaus g. 33 - ☏ 320 589 - www.istorineprezidentura.lt. - merc.-dim. 11h-17h - 3 Lt.* C'est de ce bel édifice récemment rénové que la Lituanie fut dirigée entre 1920 et 1939, alors que Vilnius était aux mains des Polonais. L'exposition et le décor permettent de se replonger dans l'atmosphère de l'époque. Au rez-de-chaussée, vous verrez du mobilier, des tableaux et des objets ayant appartenu aux différents présidents (dont les statues trônent dans le parc). Les photographies en noir et blanc des visites d'officiels étrangers mettent en valeur les costumes des années 1920. Une salle est consacrée aux cadeaux faits à la présidence. À l'étage se trouve le cabinet vert du président.

Au carrefour suivant, Vilniaus g. devient Laisvės alėja. Possibilité ici de faire un petit crochet vers la synagogue (voir l'encadré page suivante).

Allée Laisvės★ (Laisvės alėja)

Combien de fois un habitant de Kaunas fait-il ce trajet chaque année ? L'allée piétonne « de la Liberté », qui court sur 1,7 km d'ouest en est depuis le 19e s., regroupe magasins et services tout en reliant vieille ville et ville moderne. Perpétuellement animée, rectiligne, plantée d'arbres et égayée par des sculptures, elle est bordée de façades très variées : statues bien droites du Théâtre dramatique (n° 71), moderne/ancien de l'hôtel *Kaunas* (n° 79), café *Metropolis*, très soviétique centre commercial *Merkijus*.

Église Sainte-Gertrude★ (Šv. Gertrūdos bažn.) B1 – *De l'extrémité ouest de Laisvės al., passer sous le porche au n° 101a.* Cette petite église gothique en brique se cache entre divers bâtiments qui, s'ils la mettent peu en valeur, semblent la protéger. Elle était à sa construction (fin 15e s.) le lieu de culte des faubourgs de la ville, sur la route de Vilnius. L'intérieur minuscule, 10 bancs tout au plus, a été joliment rénové. Ancien et moderne (chemin de Croix en céramique, pupitre en ferronnerie) s'y marient très bien.

Musée zoologique (Tado Ivanausko zoologijos muziejus) – *Laisvės al. 106 - ☏ 229 675 - mar.-dim. 11h-19h - 5 Lt.* Près de 13 000 animaux empaillés, venus contre leur gré du monde entier, se tiennent très serrés les uns contre les autres sur plusieurs étages. Ils ont été rassemblés par le collectionneur **Tadas Ivanauskas** (1882-1971).

Poste centrale (Paštо) – *Laisvės al. 102.* En pénétrant dans cet édifice rationaliste de 1930, vous découvrez le hall décoré de reproductions de timbres, de fresques et de vitraux colorés. Tous les timbres lituaniens depuis 1991 s'affichent sur des panneaux. Une salle est consacrée aux philatélistes, au fond à gauche.

Jardins municipaux (Miestos sodas) C1 – Une volontaire statue de **Vytautas** piétinant un Russe, un chevalier Teutonique, un Polonais et un Tatar, garde cette place arborée. Une discrète sculpture horizontale (2002), dans le gazon, rend hommage à Romas Kalenta, un étudiant qui s'immola par le feu le 14 mai 1972, devenant un symbole de la résistance aux Soviétiques.

Des bustes de musiciens annoncent le **Théâtre musical (Muzikinis teatras**, 1892-1931), élégant édifice néobaroque qui accueillit le premier Parlement de Lituanie en 1920. À sa droite, des restes de remparts médiévaux et une petite tour pointue se reflètent dans un immeuble en verre flambant neuf.

Après être passé devant le Théâtre dramatique, prendre à gauche S. Daukanto g. (au niveau du café Metropolis*), pour rejoindre la place Vyenibės.*

Autour de la place Vyenibės (Vyenibės aikštė)

La place « de l'Unité » est encadrée par des édifices hétéroclites : béton brut pour l'université, verre trop brillant du siège d'une banque, lignes austères du musée.

Musée militaire (Vytauto didžiojo karo muziejus) – *Donelaičio g. 64 - ✆ 320 939 - merc.-dim. 11h-18h, fermé le dernier jeu. du mois - 2 Lt.* Le sévère immeuble (1934) du musée Vytautas (qui figure sur les billets de 20 Lt), canons au vent, semble en état de siège permanent. Il présente la Lituanie de la préhistoire à nos jours. S'y trouve l'épave du *Lituanica*, le fameux avion de **Steponas Darius** (1896-1933) et **Stasys Girėnas** (1893-1933), qui tentèrent la traversée New York-Kaunas en 1933 (et introduisirent le basket en Lituanie). L'esplanade, où trônait Lénine *(à voir au Grūto Parkas, p. 331)*, a retrouvé son aspect d'origine (1920) avec une flamme au soldat inconnu entourée de croix en bois et de bustes d'hommes d'État et de militaires. La tour est un carillon de 1935 comptant 35 cloches encore utilisées pour des concerts.

Banque de Lituanie (Lietuvos bankas) C1 – *Angle de Donelaičio g. et Maironio g. - lun.-vend. 9h - 17h.* L'intérieur néo-académique de ce bâtiment de grès rose brun construit en 1929 par **Mykolas Songaila**, vous réserve des surprises. Le décor entre-deux-guerres n'a pas changé (mobilier, luminaires) et diverses œuvres exposées évoquent la grandeur de la Lituanie de la 1re Indépendance. La banque figurait sur les billets de 100 Lt de l'époque. *Remonter Maironio g. jusqu'à Putvinskio g. Prendre à droite.*

Musée des Diables Antanas Žmuidzinavičius (Velniukai)

Putvinskio g. 64 - ✆ 221 587 - www.ciurlionis.lt. - mar.-dim. 11h-17h - 5 Lt. On visite l'appartement d'A. Žmuidzinavičius (1876-1966), puis sa collection de 2 000 diables. Cet artiste était fasciné par l'aspect du diable dans le folklore (séducteur, créateur, punisseur), la présence de son nom dans les expressions lituaniennes et son rôle de lien entre paganisme et christianisme. Le diable est présenté sous plusieurs formes : Hitler et Staline piétinant la Lituanie, trolls scandinaves, poupées vaudoues… Les explications (en anglais) sur les légendes locales sont instructives. Notez que les salles sont fermées par des grilles… pour que les diables ne s'échappent pas !

Musée d'État Mikalojus Konstantinas Čiurlonis★ (Nacionalinis Čiurlionio dailės muziejus) C1

Putvinskio g. 55 - ✆ 229 400 - www.ciurlionis.lt. - mar.-dim. 11h-17h - 5 Lt. La partie arrière de l'édifice du Musée militaire abrite, derrière sa colonnade de béton, une exposition d'art, d'arts appliqués et d'art populaire local du 16e au 20e s. À voir, de belles céramiques, des peintures de **Sklérius** (scènes quotidiennes, 1920) ou d'**Alexandravičiaus**. L'**annexe moderne★★** (2003), un presque cube très réussi, abrite les tableaux du génie, compositeur et peintre (abstrait et romantique), national **M. K. Čiurlionis** (1875-1911). Ses tableaux sont souvent lumineux, parfois inondés, saturés de lumière. L'artiste s'inspire de thèmes mythologiques, de la nature (série *Spring*), du folklore lituanien *(Lituanian graveyard)*. Les tableaux *Sonate des étoiles* ont été choisis pour représenter la Lituanie lors du cinquantenaire du traité de Rome. *Continuer sur Putvinskio g., bordée de villas rationalistes, vers le funiculaire (n° 22).*

Kaunas juif : le Schindler japonais et le IXe Fort

Chiune Sugihara (1900-1986), consul du Japon en Lituanie quand Kaunas était sa capitale, alla à l'encontre des ordres de sa hiérarchie en délivrant des visas de transit à des juifs entre 1939 et 1940. Il sauva ainsi plusieurs milliers de personnes. Ceux qui ont pu s'en sortir ont relaté l'acte héroïque de Sugihara.

À visiter, la **maison-musée Sugihara namai** *(Vaižganto g. 30 - ✆ 332 881 - oct.-avr. lun.-vend. 11h-15h, mai-sept. lun.-vend. 10h-17h et sam.-dim. 11h-16h).* À lire, *Visas pour 6 000 vies*, Yukiko Sugihara, éd. Picquier, 2002.

IXe Fort★ (IX Fortas) – *Žemaičių Plentas 73 (échangeur entre A 5 et A 1), bus 23 ou 35 depuis le centre - ✆ 377 715 - merc.-lun. 10h-18h, hiver -16h - 2 Lt/musée.* Les Russes ont construit cet ensemble de neuf forts autour de la ville pour protéger leur empire (19e s.). Le IXe Fort (1901-1913), situé aujourd'hui aux limites des banlieues nord, a été rendu tristement célèbre par les nazis. Près de 80 000 personnes y sont mortes, dont la majorité de la communauté juive de Kaunas, mais aussi des Juifs français. En témoigne l'inscription « *Nous sommes 900 Français* », signée par Abraham Wechsler, déporté ici le 15 mai 1944 par le convoi 73. Deux expositions retracent ce massacre ainsi que l'oppression soviétique du peuple lituanien (le lieu devint une prison sous Staline). Sculpté en 1983 par **Alfonsas Ambraziūnas**, l'énorme monument aux victimes, haut de 32 m, domine la fosse commune.

Synagogue (Choralinė sinagoga) – E. *Ožeškienės g. 17 - 9h-17h.* L'intérieur de cet édifice (1871) d'Ustin Golinevich vaut le détour. Le ghetto de Kaunas se situait sur la rive ouest de la Neris, entre les rues Demokratų, Panerių et Jurbarko.

Détour sur les hauteurs (Žaliakalnis)

Funiculaire de la colline verte (Žaliakalnio funikulierius) C1 – *Putvinskio g. 22 - 7h-19h - 0,5 Lt par trajet.* Il part d'une jolie station, annoncée par une statue jouant de la flûte et le panneau « *Funikulierio 75 Metai* ». Les deux petites cabines en bois sont mues par le même mécanisme depuis 1931. Le voyage permet d'apprécier le confort rétro d'origine (bancs en bois en escalier) et le sourire du chauffeur en uniforme aubergine fatigué. Vous arrivez directement face à une énorme église blanche.

Église de la Résurrection-du-Christ (Kauno paminklinė Kristhaus Prisikėelimo) – *Žemaičių g. 31 - terrasse : 12h-18h en hiver, 11h-18h en été - escalier : 3 Lt, ascenceur : 5 Lt.* Elle évoque une centrale électrique ou un radiateur géant. Sa construction par l'architecte **Karolis Reisonas** (1894-1981) débute en 1932 et dure près de 70 ans, interrompue par les conflits et les aléas politiques. Les Soviétiques en firent une usine à radios. L'édifice rationaliste fut rénové puis consacré en 2004. L'intérieur (blanc, aluminium, marbre) peut accueillir 5 000 fidèles. Dans ce lieu, à la propreté d'un hôpital tout juste inauguré, on se sent comme à l'intérieur d'un grille-pain. On peut monter dans la « tour-terrasse » de 70 m pour bénéficier du superbe panorama.

Une fois redescendu, suivre A. Mickevičiaus g. et reprendre Laisvės al. à gauche.

Autour de la place de l'Indépendance (Nepriklausomybės aikštė)

Église de l'Archange-Saint-Michel (Šv. Mykolo arkangelo igulos baž.) D1 – L'édifice que l'on a en ligne de mire depuis le début de l'allée Laisvės était à l'origine une église orthodoxe et a été construit entre 1891 et 1893 par l'architecte russe **Konstantin Limarenko**. Le soleil joue toute la journée sur ses coupoles néobyzantines. Après avoir accueilli des œuvres d'art durant la période soviétique, elle sert au culte catholique depuis 1991. L'intérieur de cette église que les habitants nomment *Sobaras* (du russe *собор* : « cathédrale ») a été modifié en 1934. Sur des murs très blancs se détachent un chemin de Croix moderne et des vitraux colorés évoquant l'Assomption.

Musée d'Art M. Žilinskas (M. Žilinsko dailės galerija) – *Nepriklausomybės ai. 12 - ✆ 322 788 - www.ciurlionis.lt. - mar.-dim. 11h-17h - 5 Lt.* La statue d'homme nu (Petras Mazūras, 1989), qui garde l'entrée du complexe, fit scandale lors de son inauguration. Ce bâtiment de 1989, moderne il n'y a pas si longtemps, vieillit déjà mal. Il met peu en valeur les diverses œuvres exposées. La section arts appliqués présente du mobilier et de la vaisselle européenne ou asiatique. La ville est fière de la sculpture de Rodin et de l'unique Rubens du pays, qui s'ajoutent à une vaste collection de peintures des 19e-20e s. La salle 14 est consacrée aux peintres baltes du 20e s. Peut-être y reconnaîtrez-vous des lieux parcourus : Jelgava (Lettonie), Ruhnu (Estonie) ?

Galerie de peinture de Kaunas (Kauno paveikslų galerija) – *Donelaičio g. 16 - ✆ 221 789 - mar.-dim. 11h-17h - 3 Lt.* Vous y verrez des œuvres de **Jurgis Mačiūnas** (1931-1978), initiateur du mouvement Fluxus, et de quelques-uns des artistes qu'il a inspirés.

Parc Ramybės et quartier des gares D2 – Le parc, un ancien cimetière rasé par les Soviétiques en 1960, s'étend le long de l'avenue Vytauto qui relie le centre aux gares. On y trouve le **musée de l'Exil et de la Résistance (Rezistencijos ir tremties muziejus** – *Vytauto pr. 46 - ✆ 323 179 - mar.-vend. 10h-16h).* Dans l'ancien bâtiment administratif du cimetière, une exposition de photographies et d'objets fait revivre la résistance aux Soviétiques de 1945-1953 et les déportations vers les goulags. Non loin se dressent deux églises orthodoxes de 1862 et 1935. À l'autre bout du parc, une minuscule **mosquée** *(Tototrių g. 3)* accueille la communauté tatare depuis 1930. Les abords des gares routière et ferroviaire récemment modernisés, avec leurs édifices soviétiques et historicistes, rappellent bien d'autres faubourgs des pays d'Europe de l'Est, avec leurs cafés populaires, leur petit marché où l'on vend tout et n'importe quoi et ces éternelles silhouettes masculines en trois-quarts de cuir noir.

Aux environs

voir l'itinéraire 2, p. 326 , pour le **monastère de Pažaislis★** et le **Musée en plein air de Lituanie★★**.

Jardins botaniques (Kauno Botanikos sodas) – *Žilibero g. 6, accès par le bus 7 ou 12 depuis le château - ✆ 295 300 - 8h-17h - parc : 2 Lt, serres : 2 Lt.* Situés au sud de la ville, ces beaux jardins de 1920, plantés d'essences décoratives et médicinales du monde entier, raviront les amateurs de calme, de senteurs et de couleurs.

Kėdainiai★

À 47 km de Kaunas par l'A 1 puis l'A 8 ou la 229. Nombreux autocars entre les deux villes. Kėdainiai est l'une des rares villes moyennes lituaniennes qui mérite de s'y attarder. Au-delà de la banlieue industrielle se cache le petit centre-ville harmonieux de la *capitale du concombre*. L'influente famille protestante Radvila (qui gouverna aussi Vilnius) en avait fait son fief, si bien qu'à partir du 16e s. la ville devint le centre lituanien de la Réforme. Au 17e s., les Écossais, attirés par un régime de taxes peu contraignant, représentent 50 % des habitants. S'y côtoient aussi Russes, Allemands, catholiques et, avant la Seconde Guerre mondiale, une importante population juive.

La rue piétonne **Didžioji** suit le tracé d'une des voies commerciales empruntées par les marchands de la Hanse (de Vilnius à Raseiniai). Dès le 17e s., elle devient la rue la plus prestigieuse, où chaque « fortune » devait élever un édifice. Le résultat est un axe qui serpente, bordé de façades lisses et harmonieuses.

Quitter l'autoroute

Peu de gens s'arrêtent sur l'autoroute entre Kaunas et Klaipėda. Le paysage, si vert en été, si triste en hiver, s'avère monotone et incite à « en finir » au plus vite. Mais divers détours sont possibles : la charmante **Kėdainiai** *(route 229, voir ci-contre)*, la Lourdes lituanienne qu'est **Šiluva** *(route 146 et route 148, voir p. 299)*, un restaurant spécialiste de la truite *(au niveau de Raseiniai, visible au bord de l'autoroute)*, les chênes sculptés du musée de **Bijotai** *(35 km après Raseiniai - 10h-15h)*, l'église de **Girdiškė** toute proche, ou celle de **Rietavas** *(route 164, p. 303)*.

Le **Musée régional** *(Didžioji g. 19 - ✆ 51 330 - mar.-sam. 10h-17h - 2 Lt)* est installé dans un monastère de Carmélites de 1704. Les histoires de la ville, de la famille Radvila et de la communauté juive sont exposées à travers tableaux, meubles, objets divers et photographies. En passant le porche (toujours au n° 19), chacun se laisse surprendre par la belle et rustique **église de bois St-Joseph★ (Šv. Juozape baž.)** construite en 1766 par les Carmélites. L'intérieur, aussi blanc que l'extérieur est sombre, renferme un intéressant autel. Didžioji g. rencontre ensuite Senoji g. En prenant à droite, vous découvrez deux belles maisons du 17e s. puis l'**église Évangélique Réformée (Evangelikų reformatų baž. –** *Senoji g. 1 - ✆ 53685 - en été : mar.-sam. 11h-16h ; en hiver : sur rdv - 2 Lt)*. Cet édifice Renaissance du 17e s., flanqué d'un clocher baroque à quatre niveaux, évoque une petite forteresse. Il abrite dans sa crypte le mausolée de la famille Radvila, comprenant six sarcophages ouvragés.

La rue Didžioji passe ensuite devant l'office de tourisme, avant de devenir place. Appelé **rinka** (marché) en raison de son ancienne fonction, cet espace est bordé par une série de maisons de marchands à pignons étroits et colorés (16e-17e s.), devenues un symbole de la ville. S'y trouvent aussi l'**hôtel de ville Renaissance (Miesto rotušė –** *Didžioji g. 1*, 1654) et la maison de Jurgis Anderson, maire écossais de la ville au 17e s. En reprenant Senoji g. en sens inverse, vous rejoignez une vaste place (un autre lieu de marché) fermée par deux **synagogues** des 17e et 19e s., vestiges du Kėdainiai juif. La plus grande est l'une des dernières synagogues baroques du pays. La plus petite abrite le **centre multiculturel (Daugiakultūris centras –** *Senosisos Rinkos ai. 12 - mar.-sam. 10h-17h - 2 Lt)*.

Itinéraires de découverte

LES CHÂTEAUX ROUGES DU NIÉMEN★ 1

La route 141 suit le cours du fleuve sur 172 km jusqu'à ce qu'il s'éparpille en un delta. Quelques châteaux-manoirs en brique (construits par la noblesse au 17e s.) et des villages calmes en bordent la première partie.

Traverser le pont au nord du centre historique et suivre la direction de Jurbarkas. Après la sortie de Kaunas, la route 141 traverse la rivière Nevėžis puis s'élève.

Raudondvaris – En haut de la côte, un carrefour offre deux choix : un manoir à droite et une église à gauche. La demeure rouge brique (après la grille, identifiable avec ses portes aux formes particulières) ne doit pas être confondue avec le **manoir**. Ce dernier, de style Renaissance, date de 1615 (reconstruit en 1877 et en 1967) et aurait besoin d'être rénové. Il abrite un modeste musée consacré au compositeur **Juozas Naujalis** (1869-1934), qui fut un temps organiste à l'église du village. La route de gauche mène à l'église Ste-Thérèse-de-l'Enfant-Jésus (1938) perchée sur la colline et à un cimetière dévalant la pente. La statue pensive de Naujalis tourne le dos à la vallée.

Vilkija – Ce village tout en bois s'étend à flanc de colline. Après le panneau *« Vilkija »*, suivre la direction Jurbarkas – la route descend vers le fleuve. Puis prendre à droite au panneau marron indiquant l'exposition historique et folklorique du **musée Juškai (Antono ir Jono Juškų etninės kultūros muz.** *– mar.-sam. 8h-12h et 13h-17h - 2 Lt)*, du nom des frères ethnographes Juška (fin 19e s.). Grimper la colline et tourner à gauche face à la grande maison jaune, au niveau de la statue de saint Florent, protecteur du lieu. L'église à deux flèches pointues est dédiée à saint Georges (début 20e s.).

Revenir sur la route 141 qui suit les courbes du fleuve entre champs, bois et hameaux. À la sortie de Seredžius, un panneau marron indique à droite **Belvedeno Dvoro rūmai**, un « manoir-belvédère » blanc en ruine, en haut de la colline boisée.

Veliuona – Suivre le panneau marron « *Velinos D. Rūmai* ». La route passe entre d'anciens tertres fortifiés qui défendaient la frontière face aux chevaliers Teutoniques. Situé en hauteur, le village est constitué de maisons colorées, d'un café, d'un magasin, d'une église Renaissance (17e s.) et de bancs tournés vers la vallée. La mairie s'orne d'un blason de la ville en fronton (une carpe à grandes dents et l'inscription 1501-2001 commémorant les 500 ans de la cité). Ce joli village coloré aurait vu mourir en 1341 le **grand-duc Gediminas**, enterré en haut de la colline Ramybės.

Raudonė – Le château est indiqué dès l'entrée du village. Une mauvaise route en côte rejoint un édifice en U, flanqué d'une tour crénelée d'où l'on profite d'une belle vue *(10h-17h)*. Entouré de vieux chênes et de mares aux canards, il est aujourd'hui devenu une école. Le premier château Renaissance du lieu, demeure de la famille de marchands prussiens **Kirschenstein**, daterait de la fin du 16e s. Les différents aménagements réalisés au cours des siècles en font un patchwork de styles. Sur l'autre rive, des clochers surgissent parfois au-dessus de la forêt.

Château de Panemunė ★ (Panemunės Pilis) – Le panneau indicateur apparaît au dernier moment. La route monte vers le château et ses deux tours pointues coiffées de girouettes au milieu d'un beau tableau de collines arborées, de mares et d'étangs communicants (jadis inclus au système de fortification). La basse-cour et l'école voisine créent l'ambiance sonore. Le *Pardutūovė* (« magasin ») local crée un peu d'animation. Le château vu de près déçoit par son état. Construit en 1610 par un architecte hollandais pour un marchand hongrois, il a été largement modifié au 18e s.

En route pour le delta du Niémen, **Jurbarkas**, où se situe le premier pont depuis Kaunas, offre peu d'intérêt. Ville d'immeubles, elle est flanquée d'un parc entourant un manoir. Là sont exposées des œuvres du sculpteur **Vincas Grybas** (1890-1941) à qui l'on doit de nombreuses statues des grands hommes lituaniens, qui « apparurent » dans les cités du pays lors de la première Indépendance.

La route traverse ensuite une forêt dense et s'éloigne du Niémen. On peut rejoindre brièvement le fleuve en faisant un détour par **Smalininkai** *(puis rejoindre la 141 plus loin en passant entre deux rangées d'arbres)*. À partir de ce village un peu loin de tout, le Niémen se fait frontière. Désormais, la rive sud est le territoire de l'enclave russe de Kaliningrad. Dans chaque hameau, on retrouve un nid de cigogne, un panneau de basket, un café, parfois un bâtiment administratif très laid, une école et de vieilles femmes en foulard et bottes de caoutchouc. Avant la ville frontière de **Pagėgiai**, on aperçoit au loin les tours de la cité russe de **Sovetsk**. Le paysage devient ensuite franchement plat et nu, annonçant le delta *(voir Delta du Niémen, p. 315)*.

MER DE KAUNAS ET COURBES DU NIÉMEN★ 2

Itinéraire de 115 km qui permet de rejoindre le sud du pays en suivant le Niémen. *Longer les rails qui partent à gauche de la gare, monter jusqu'au rond-point puis prendre à droite. Au rond-point suivant, tourner à droite et suivre jusqu'aux panneaux marron.*

Monastère de Pažaislis★ (Pažaislio vienuolyno ansamblis)

Masiulio g. 31, depuis le centre, trolley 5 jusqu'au terminus, puis marche de 1,5 km le long de la forêt - ✆ 37 456 485 - www.pazaislis.lt. - tlj 11h-17h, mais il est conseillé de téléphoner avant ; messe dim. 11h. On passe devant la **mer de Kaunas (Kauno marios)**, un lac de retenue créé en 1959 par un barrage sur le Niémen. Une forêt de pins couvre les alentours. Les parkings au bord de l'eau servent malheureusement de lieux de beuveries et ne sont pas très propres. Le vaste monastère baroque de Pažaislis fut construit au 17e s. pour l'ordre Camaldule (fondé par saint Romuald en 1012 à Camaldoli, en Toscane) à la demande de Krzystof Zygmunt Pac (1621-1684), par les architectes et les artistes italiens Giovanni Pietro Perti, Giovanni Battista Merli, Michelangelo Palloni, Giuseppe Rossi et Giambattista Frediani. Les trois premiers ont également réalisé l'église St-Pierre-et-Paul de Vilnius *(voir p 272)*. Le complexe est dominé par la coupole hexagonale de l'**église de la Visitation-de-la-Vierge**, haute de 50 m. L'intérieur est richement décoré : fresques rénovées en 1966, marbres roses et gris, stucs, chêne sculpté. Une Vierge couvre la coupole.

Entre les bâtiments, les jardins et vergers confèrent beaucoup de charme au lieu. La cour principale abrite la tombe du prince **Alexei Lvov** (1798-1870), compositeur de l'hymne de la Russie tsariste. Le lieu fut tour à tour catholique, orthodoxe sous les tsars,

F. Sichet / Michelin

Musée de plein air de Rumšiškės.

et hôpital psychiatrique sous les Soviétiques. Depuis 1992, les nonnes de St-Casimir l'occupent et des festivals de musique classique s'y déroulent chaque été.

Quitter la ville pour prendre l'A 1 en direction de Vilnius. Tourner à « Lietuvių liaudies buities muziejus ». La route longe le nouveau village de Rumšiškės, qui remplace l'ancien, inondé lors de la création de la mer de Kaunas en 1959.

Musée en plein air de Lituanie★★ (Lietuvių liaudies buities muziejus)
S. Nėries g. 6 - Rumšiškės - ✆ 346 47392 - 1er mai-31 oct. mar.-dim. 10h-18h ; hiver : ouvert sur demandes spéciales uniquement et lors du Mardi gras - à pied : 6 Lt, en voiture : 10 Lt, visite guidée sur réservation (lituanien, russe, anglais, polonais) : 50 Lt. Si le temps vous manque pour découvrir la campagne lituanienne, une visite au musée en plein air de **Rumšiškės** (1966) s'impose. En bordure de la mer de Kaunas et sur près de 180 ha de bois, de clairières et de collines, des villages typiques des régions du pays ont été reconstitués. Suivre les 6 km de chemins (si possible à pied) permet d'apprécier autant la nature que la diversité de l'**architecture rurale** (forme des toits et des barrières, matériaux).

Autour de la place d'un bourg rural vous retrouvez l'école, l'auberge, les commerces, les ateliers d'artisans. Le hameau de la Žemaitija, région du lin et des céréales, est dominé par un moulin. Les maisons sont ici plus grandes qu'ailleurs et flanquées de grands greniers. La Suvalkija, région de plaines, est représentée par une ferme à cour fermée entourée de fleurs. Ici, les tuiles rouges remplacent celles en bois ou le chaume. Le village de la Dzūkija, avec ses maisons modestes et son séchoir à champignons, rappelle que cette région vit avant tout de la forêt. Enfin, celui de l'Aukštaitija, le plus complet, compte une église (1775) entourée de croix sculptées, un moulin, une brasserie et un manoir. La plupart des bâtiments, datant des 18e-20e s., se visitent. Les intérieurs paysans reconstitués permettent d'imaginer la vie rurale : chambre familiale, cuisine et ustensiles, bains, sauna, mobilier, instruments de musique, costumes, tissus. D'innombrables outils agricoles, des puits, des ruches, des vergers, donnent des indications sur les ressources, le travail de la terre. L'ensemble est animé les week-ends par des groupes folkloriques et des artisans : sculpteurs, vanniers, potiers, travail du lin et du fer, cuisine. Les **fêtes** (Mardi gras, Pâques, Pentecôte, St-Jean, le 7 juillet et l'Assomption) sont l'occasion de manifestations qui permettent de découvrir les traditions lituaniennes où paganisme et christianisme se mêlent.

Retrouver la route 188. La suivre jusqu'à la route 129. Après Jieznas, prendre à droite l'A 16 en direction de Birštonas. Faire un détour par **Nemajūnai.** S'y trouve l'unique église néogothique (fin 19e s.) en bois du pays. À l'intérieur, notez le beau tapis du 19e s., fait de ceintures de mariage.

Birštonas

Là où le Niémen s'élargit, face à la forêt, cette bourgade tranquille aligne de petites maisons de bois et quelques hôtels. L'**église St-Antoine-de-Padoue** (**Šv. Antano Paduviečio baž.** – 1909) avec son sol de mosaïques est entourée de sculptures en bois. Non loin, le sanatorium *Tulpė* rappelle ce qui attire les Lituaniens ici depuis le 19e s. : des eaux curatives. Birštonas est une station thermale, plus petite, plus familiale,

Normandie-Niémen

L'escadrille française Normandie-Niémen, qui combattit avec l'armée Rouge contre les nazis (1942-1945), stationna à **Alytus** durant l'été 1944. Son nom lui a été donné par Staline, pour la remercier d'avoir participé à la défense du fleuve.

Ramanausko-Vanago muz. – *Birutės g. 2 - Alytus - ✆ 51931 - visite seulement sur rdv.*

moins moderne, moins internationale que Druskininkai. Mais ses environs boisés (parc régional Nemuno Kilpos) et ses chemins de promenade le long du fleuve n'ont rien à envier à sa rivale du sud. En saison, un bateau permet de rejoindre l'autre rive (sanatorium *Tulpė*). L'histoire du lieu, des premières descriptions au 14e s. à l'embouteillage des eaux Birutė et Vytautas, peut être découverte dans un **musée** *(Vytauto 9 - ✆ 65606 -merc.-dim. 10h-17h - 2 Lt).*

Reprendre l'A 16 en direction de **Prienai**. Traversée par une courbe du Niémen, cette bourgade apparaît d'emblée sympathique car sans béton. Il est constitué de maisons en bois de toutes les couleurs, dont les jardins plongent dans le fleuve. L'église de l'Annonciation (1750), jaune et en pin, renferme de beaux autels. *Quitter Prienai vers le sud et Alytus, par la route 130.* Cette dernière retrouve le fleuve à **Balbieriškis**. En haut d'une colline, une plate-forme permet de dominer le fleuve et la forêt.

Alytus

L'accueil est en béton quand on vient de l'ouest ! La sixième ville du pays, très industrielle, n'a pas de beaux édifices à proposer. Mais la forêt qui pénètre dans la ville crée une atmosphère particulière. De nombreux chemins sillonnent cette zone boisée, entre anciens tertres fortifiés et sculptures (dont l'ange *Nikė*), entre ville et fleuve. Au cœur de la **forêt de Vidzgiris**, un mémorial rappelle le massacre de 35 000 juifs par les nazis. Dans le centre-ville, détruit en 1941, subsiste la petite église en bois des **Saints-Anges-Gardiens (Šv. Angelų sargų baž.** – *Savanorių g. 14,* 1830-1905), entourée d'un cimetière et d'un clocher évoquant un phare. Le **Musée ethnographique** *(Savanorių g. 6 - ✆ 73505 - mar.-sam. 9h-18h)* présente l'artisanat et le folklore de la Dzūkija, région dont Alytus est la capitale. En traversant le pont, apparaissent les flancs des collines où s'accrochent des maisons en bois. En 1795, lors de la troisième partition de la Lituanie et de la Pologne, le Niémen servait ici de frontière. Alytus était coupé en deux : rive droite russe, rive gauche prussienne.

Aux alentours d'Alytus – Le hameau de **Raižiai** fut habité par des Tatars à partir du 15e s., comme l'attestent d'anciennes tombes. La mosquée du 16e s. y est aujourd'hui remplacée par un édifice en bois (1889) renfermant un intéressant *minbar* du 17e s. À **Punia**, monter en haut d'un tertre qui fut jadis (13e-14e s.) une grande forteresse.

De Alytus, il est possible de rejoindre rapidement Druskininkai *(voir p. 330)* à 47 km de là, en passant par Seirijai *(route 132)* ou Merkinė *(route 129).*

Kaunas pratique

Informations utiles

Kaunas – *Laisvės al. 36, et aussi à la gare - ✆ 323 436 - www.visit.kaunas.lt. - oct.-avr. lun.-vend. 9h-17h, mai et sept. lun.-sam. 9h-18h, juin-août 9h-18h.* Tickets de bus, informations, hébergement, location de voitures, visites guidées *(www.turinfo.lt.)* et l'utile revue *Kaunas in your pocket*. Le centre sur Rotušės est moins complet.

Centre Robert Schuman – *Gedimino g. 43 - ✆ 203 994 - www.robertschuman.ktu.lt.* Centre culturel franco-lituanien.

Poste – *Laisvės al. 102 - lun.-vend. 7h30-19h, sam. -17h.*

Internet – À la poste (*3 Lt/h*) et au Kavinė Internetas (*Vilniaus g. 26*).

Birštonas – *Jaunimo g. 3 - ✆ 65740 - www.birstonas.lt.*

Alytus – *Rotušės ai. 14a - ✆ 52010.*

Kėdainiai – *Didžioji g. 1 - ✆ 60363 - www.visitkedainiai.lt.*

Indidatifs tél. – Kaunas *37,* Kėdainiai *347,* Birštonas *319,* Alytus *315.*

Transports

Avion – L'aéroport *(www.kaunasait.lt.)* accueille des compagnies *low-cost*.

Train – De la gare, au sud du centre-ville, *(Čiurliono g. 15 - ✆ 221 093)*, partent 15 trains quotidiens pour Vilnius.

Autocar – La gare routière *(Vytauto pr. 24 - ✆ 409 060)* compte des guichets Kautra, Eurolines, Ecolines. Autocars vers le pays, Rīga, Tallinn, Kaliningrad et l'Europe.

Taxis – Compagnies conseillées : Milvasa - *✆ 1400*; Forsarus - *✆ 388888.*

Transports en commun – Ticket *1 Lt.* Trolleys 1, 5, 7 entre le centre et les gares.

Se loger

☺ Kauno Arkivyskupijos Guest House (9) – *Rotušės ai. 21 - ✆ 373 22597 - www.kaunas.lcn.lt/guesthouse. - 21 ch. 80 Lt.* Ces chambres (2-4 lits) basiques dans la maison de l'archevêché sont calmes, propres et très bon marché.

☺☺ Metropolis (13) – *Daukanto g. 21 - ✆ 205 992 - www.takiojineris.com. - 70 ch. 100 Lt.* Les chambres rénovées de cet édifice de 1899, élégant et central, sont idéales pour les voyageurs à petit budget.

☺☺☺ Apple Economy Hotel (1) – *Valančiaus g. 19 - ✆ 321 404 - www.applehotel.lt. - P - 14 ch. 230 Lt.* Tout est résumé dans le nom de cet hôtel de la vieille ville. Le confort est simple, mais la propreté impeccable et le décor tout en pommes sont des petits plus.

☺☺☺ Kunigaikščių Menė (11) – *Daukšos g. 28 - ✆ 320 800 - www.hotelmene.lt. - P - 8 ch. 250 Lt.* Un petit bijou dans le quartier historique. Les chambres sont simples mais claires et confortables. L'accueil charmant, les caves 16e s. et le parking incitent à réserver.

☺☺☺☺ Daniela (5) – *Mickievičiaus g. 28 - ✆ 321 505 - www.danielahotel.lt. - ♿ - P - 75 ch. à partir de 300 Lt.* Cette adresse centrale, confortable et parfois surprenante (décor original), est la propriété de la légende du basket lituanien : Arvydas Sabonis.

☺☺☺☺ Best Western Santaka (3) – *Gruodžio g. 21 - ✆ 302 702 - www.santaka.lt. - P - 78 ch. 480 Lt.* Ce bâtiment industriel, à deux pas de l'église Ste-Gertrude, a été fort bien rénové. Derrière ses murs brique, blancs, verts, vous trouverez des chambres impeccables, luxueuses pour certaines, et des parties communes très soignées.

☺☺☺☺ Kaunas (7) – *Laisvės al. 79 - ✆ 750 850 - www.kaunashotel.lt. - ♿ - P - 62 ch. 400 Lt.* L'équipe de France de football en a fait ses quartiers lors d'une rencontre l'opposant à la Lituanie. Car l'hôtel a des arguments à faire valoir : bien placé, chambres inégales mais agréables, et nombreux services (sauna, gym...).

À Kėdainiai :

☺☺ Grėjaus Namas – *Didžioji g. 36 - ✆ 51500 - www.grejausnamas.lt. - 15 ch. 190 Lt.* La maison jaune sur la rue principale abrite des chambres bien équipées. Restaurant sous voûtes.

Se restaurer

◉ Riešutas (7)– *Vilniaus g. 3.* Cette épicerie vend tout ce qu'il faut pour pique-niquer.

☺☺ Berneliu Uzeigu (1) – *Donelaičio g. 11 - ✆ 207 700 - 10h-0h.* Cette maison de bois aménagée « chasse pêche et traditions » est une adresse prisée. Les soupes, les spécialités régionales et les desserts aux fruits rouges *(varškės kremas)* sont bien préparés et généreusement servis. Autre adresse moins chaleureuse en centre-ville : *Valančiaus g. 9 - ✆ 200 913.*

☺☺ Miesto Sodas (5) – *Laisvės al. 93 - ✆ 424 424 - 10h-0h.* Dans un décor moderne, on vous propose une carte de plats internationaux où tout le monde trouve son compte. Des baies vitrées permettent de profiter de l'animation.

☺☺☺ Medžiotojų Užeiga (3) – *Rotušės ai. 10 - ✆ 320 956 - 11h-0h.* Dans le cadre cossu d'une ancienne auberge de chasseurs, vous dégustez « tout ce qui bouge » dans les forêts baltes : sanglier, élan, gibier d'eau, tous bien accompagnés.

En soirée

Avilys – *Vilnaus g. 34 - 12h-0h, sam. -2h.* Dans des caves médiévales, on apprécie une bière brassée sur place.

Senamiesčio vyninė – *Daukšos g. 23 - 11h-23h.* Voici la meilleure adresse de Kaunas pour déguster des vins du monde dans un décor soigné.

B.O – *Muitinės g. 9 - 9h30-2h, sam.-dim. 9h30-15h.* Le lieu préféré des étudiants pour oublier les examens.

Clubs – Ex-it *(Maironio g. 19 - sam. 22h-6h)*, Los Patrankos *(Savanorių g. 124 - mar.-sam. 20h-4h)* et City Metro *(Daukanto g. 19 - merc.-sam. 21h-2h/4h).*

Concerts – Théâtre musical *(Laisvės al. 91 - www.muskinisteatras.lt. - réserv. mar.-dim. 11h-18h)* et Kauno filharmonija *(Sapiegos g. 5 - www.kaunofilharmonija.lt. - 14h-18h).*

Sports et loisirs

Basket – Žalgiris joue au complexe Darius ir Girėnas *(Perkūno g. 3).* Voir le centre d'informations pour l'achat de billets.

Lokės Pėda – *Lokėnėliai - ✆ 699 211 44 - www.lokespeda.lt.* Entre Jonava et Ukmergė, en pleine forêt, un parcours-aventure où l'on « vole » d'arbre en arbre.

Achats

Vous trouverez des timbres et des monnaies à la poste et des « souvenirs Čiurlionis » au musée qui lui est consacré.

Souvenirs – Ambre, céramiques, lin et objets en bois : Suvenyrai *(Vilniaus g. 32)*, Kauno Langas *(Valančiaus g. 5)*, Antikvaro Kolekcija (antiquités – *Rotušės a. 29).*

Librairie – Centrinis Knygynas *(Laisvės al. 81 - lun.-vend. 10h-19h, sam. 17h).*

Évènements

Mardi gras – Fête folklorique au Musée en plein air de Lituanie *(voir p. 327).*

Kaunas Jazz – Festival de jazz international, fin avril. *www.kaunasjazz.lt.*

Panemenių žiedai – En mai au château de Raudonė, folklore et artisanat.

Journées de Kaunas – Fête locale autour du 20 mai : carnaval, folklore, artisanat.

Fête du concombre – Kėdainiai en juillet.

Festival musical de Pažaislis – Musique classique (*mai-août*) dans les cours du monastère et en ville. *www.pazaislis.lt.*

Druskininkai et le sud★

22 000 HABITANTS
CARTE GÉNÉRALE 2E RABAT DE COUVERTURE – CARTE MICHELIN N° 784 M23

Si les champignons croyaient au paradis, il ressemblerait sans doute à cette belle région de lacs, de forêts de pins et de terres sableuses qu'est la Dzūkija. On vient de toute la Lituanie et de la Pologne pour profiter de ces paysages et des eaux bienfaitrices de Druskininkai. La jolie petite cité qui a vu grandir l'artiste national Čiurlionis offre un cocktail d'attractions qui contentent les amateurs d'activités de plein air, de manifestations culturelles ou de voyages dans le temps. Pour résumer, Druskininkai, pôle touristique d'une région où l'on chante mieux que partout ailleurs, porte bien son titre de capitale lituanienne du bien-être.

- **Se repérer** – Située à 130 km au sud de Vilnius et de Kaunas, Druskininkai est le pôle touristique de la Dzūkija. Cette région est bordée à l'ouest par la Suvalkija.
- **À ne pas manquer** – Druskininkai. Le parc stalinien de Grūto Parkas.
- **Organiser son temps** – Durant les vacances et le week-end, Druskininkai s'anime, les hôtels se remplissent et les tarifs augmentent. Sinon, le lieu est bien tranquille. De Vilnius, la ville peut faire l'objet d'une excursion d'une journée en voiture.
- **Avec les enfants** – Le parc aquatique de Druskininkai. Girios Aidas.
- **Pour poursuivre son voyage** – Voir aussi Vilnius, Trakai, Kaunas, Pologne.

Comprendre

Eau salée – Le nom de Druskininkai, qui apparaît pour la première fois en 1596, signifie approximativement « faiseur de sel », ce qui prouverait que les habitants récoltent depuis des siècles le sel des eaux minérales qui jaillissent ici. Dès le 18e s., on évoque des soins prodigués près des sources. En 1835, les recherches menées par le professeur Fonberg, de l'université de Vilnius, confirment les propriétés de ces eaux. Le **tsar Nicolas Ier**, en autorisant alors l'ouverture de centres de cure, offre à la petite cité un rôle qu'elle joue encore aujourd'hui. Pour loger et divertir les patients de plus en plus prestigieux, on construit des villas, on donne des concerts. Les Soviétiques en feront plus tard une cité thermale populaire en ouvrant de gigantesques sanatoriums de béton. Depuis le début du 21e s., la ville se modernise et reçoit dans des installations performantes les touristes locaux, russes et surtout polonais.

« Sans baies ni champignons, les filles iraient nues » – Ce dicton local, qui évoque la principale richesse de la région, ferait regretter l'abondance de fruits forestiers… Du printemps à l'automne, on cueille, on consomme et on vend (au bord des routes) airelles, fraises, myrtilles et quelques-unes des 400 espèces de champignons comestibles que compte le pays. Cette activité familiale est source de plaisir et de revenus. Les baies permettent de confectionner des confitures et d'excellents desserts (à goûter absolument). Les champignons *(grybas)* sont souvent séchés et préparés à Noël.

Varėna (à 50 km par l'A 4, près du très rond **lac Glėbas**) organise une fête des champignons le dernier samedi de septembre. Les centres d'informations du parc national de la Dzūkija *(voir p. 332)* organisent des cueillettes guidées.

Se promener

Cette charmante ville fleurie et bien entretenue est un curieux mélange de palais thermaux élégants, de maisons anciennes en bois et de sanatoriums soviétiques en béton. L'église néogothique de la Vierge-Marie (20e s.) fait ainsi face à l'ananas de béton qu'est l'hôtel *Pušynas*. Les constructions sont posées çà et là sous les arbres, autour

Promenons-nous dans les bois…

Le doux relief de la région permet d'arpenter à pied ou à vélo les chemins balisés. L'office de tourisme fournit des cartes et l'adresse de loueurs de vélos. Les cyclistes ont 3 beaux circuits. Le **Žvaigždžių orbita** *(20 km)* dessert des lacs, longe le Niémen, traverse le village de Švendubrė dans la vallée de Raigardas, peinte par Čiurlionis. Le **Saulės takas** *(24 km)* suit la Ratnyčia et rejoint Naujasodės (parc de sculptures Antanas Česnulis – *merc.-dim. 10h-18h)* puis le lac et le hameau de Latežeris où l'on verra d'anciennes fermes. Enfin, le **Žilvino takas** *(20 km)* rejoint le joli village de Grūtas et le **Grūto Parkas**★★ à travers forêts et petits lacs.

du **lac Druskonis**, le long du Niémen. On flâne dans les parcs, les rues et les chemins calmes, dans une atmosphère typique des villes d'eau, les cheveux encore mouillés, un sac de sport à la main. Seuls les enfants des panneaux « *Attention école* » courent.

Quartiers des thermes – Les centres thermaux se répartissent un peu partout en ville. Il peut s'agir d'immenses sanatoriums de béton *(Nemunas)* comme d'élégants édifices, combinés ou non à un hôtel. L'allée Vilniaus est bordée du plus beau d'entre eux, le **Druskininkų gydykla** *(Vilniaus al. 11 - ✆ 60 508 - www.gydykla.lt.)*, qui séduit avec ses murs d'un beau vert et sa colonnade. Près d'une belle mosaïque, au **Mineralinios Vandems Biuvetė** *(7h30-19h30)*, on peut goûter aux eaux Aušra (fraîches et douces) ou Druskininkai (tièdes et salées). Le parc à l'arrière, le long du Niémen, avec ses parterres, ses sculptures, ses bancs et sa fontaine de Beauté (très beaux vitraux), est bien agréable. Côté ville, au-delà de la scène en plein air qui anime les soirées d'été, vous ne pouvez manquer la petite église orthodoxe bleue à plusieurs bulbes, qui se dresse au centre du carrefour *(Laisvės ai.)*, marquant plus ou moins le centre-ville. Construite en 1865, elle est aussi attrayante à l'intérieur qu'à l'extérieur. Non loin, le petit **musée Jacques Lipchitz** *(Šv. Jokūbo g. 17 - ✆ 56 077 - été seult mar.-jeu. 12h-17h - 3 Lt)* est dédié à l'œuvre de ce sculpteur cubiste français (1891-1973).

W. Buss / MICHELIN

Vitraux des thermes Druskininkų gydykla.

Parc aquatique (Druskininkų Vandens Parkas) – *Vilniaus al. 13 - ✆ 52 337 - www.akvapark.lt. - 10h-22/23h - nombreux tarifs selon les activités, le jour, les heures et la durée choisis : à partir de 26 Lt pour 2h.* Cet immense tripode de béton (un ancien complexe soviétique) évoque un vaisseau spatial à trois réacteurs, posé au bord du Niémen. Les familles lituaniennes, polonaises, russes et biélorusses s'y embarquent sans peur tous les week-ends, pour profiter d'une vaste piscine, de tuyaux-toboggans géants, des remous, de la chute d'eau, des saunas et des hammams thématiques, des cafés, des boutiques... Bref, c'est un vrai parc d'attractions où il fait bon passer des heures.

Musée municipal (Druskininkų miesto muz.) – *Čiurlionio g. 59 - ✆ 51 024 - lun.-sam. 11h-17h - 3 Lt.* Abrité dans la villa Liksma, belle maison à tourelles au bord du lac, ce musée présente dans un cadre très agréable l'histoire de la ville et de sa région.

Musée-mémorial Čiurlionis (M. K. Čiurlionio memorialinis muz.) – *Čiurlionio g. 35 - ✆ 52 755 - mar.-dim. 11h-17h - 3 Lt.* Né à Varėna en 1875, l'artiste passe son enfance dans cette maison de bois. Il y revient entre 1896 et 1910 (un an avant sa mort à Varsovie) pour créer dans un environnement calme. On a ici reconstitué l'intérieur de l'époque avec du mobilier, des photographies, des instruments. Il s'agit aussi d'un centre culturel, où le travail du peintre et compositeur est présenté à travers des concerts. Une statue moderne de Čiurlionis se dresse depuis 1975 au bout de la rue Kudirkos.

L'Écho de la forêt « Girios Aidas »★ (Miešto namai Girios aidas) – *Čiurlionio g. 116 - ✆ 53 901 - merc.-dim. 10h-18h - 4 Lt.* La **maison-arbre**, un jouet connu des enfants des années 1970, existe vraiment – elle se trouve à l'entrée de la ville *(2 km du centre)*. Cette maison en bois est construite (Algirdas Valavičius, 1971) autour d'un seul pilier et se retrouve comme suspendue entre les arbres. Elle est occupée par un chêne et peuplée d'animaux et de créatures (elfes, trolls, sorcières).

Aux alentours

Grūto Parkas★★ – *Grūtas - ✆ 55 511 - www.grutoparkas.lt. - été : 9h-20h, hiver : 9h-17h - 10 Lt - à 8 km de Druskininkai, sur la route Vilnius.* Ce joli village de bois, au bord d'un lac et en pleine forêt, abrite un bien curieux parc historique. Il a ouvert en 2001, à l'initiative de Viliumas Malinauskas, entrepreneur qui a fait fortune dans le commerce des champignons. Il regroupe ces statues de leaders et d'intellectuels communistes qui « décoraient » les places des villes du pays. Elles sont mises en scène le long de superbes chemins forestiers. Un wagon qui servit aux déportations, des barbelés, des miradors et des haut-parleurs qui diffusent des discours en russe vous accompagnent. Des panneaux expliquent en anglais l'histoire du personnage représenté et l'emplacement occupé par la statue. On retrouve ainsi l'ensemble *Aux partisans soviétiques de l'ombre* qui trônait sur les marches de la rue Pylimo ou la statue de Lénine de la place Lukiškių, à Vilnius. Diverses attractions rappellent bien des souvenirs aux Lituaniens : le théâtre en plein air, le bureau de vote, le distributeur de glaces. Le restaurant propose un menu d'époque avec sprats, oignons et saucisses, servis dans des écuelles en fer blanc par des serveurs à foulards rouges. Dans deux baraques en bois, des expositions sont consacrées à l'art et à la propagande au quotidien (drapeaux, bibliothèque parfaite, journaux). Voici une plongée instructive au temps de la **LTSR** (sigle de la Lituanie soviétique), tout en profitant d'un cadre magnifique.

Parc national de Dzūkija★ – Couvrant près de 56 000 ha, il s'agit du plus grand parc du pays. Ses terres sableuses appréciées des tétras sont réputées favoriser la pousse de dizaines d'espèces de baies et de champignons. Il est traversé par le Niémen et la Merkys, et compte près de 50 lacs de toutes tailles et divers villages traditionnels. Sa partie sud, la **réserve de Čepkeliai**, couvre un immense marais. Aux deux sièges du parc, **Merkinė** *(Vilniaus g. 3 - ✆ 310 57245 - lun.-vend. 8h-16h)* et **Marcinkonys** *(Miškininkai g. 61 - ✆ 310 44466 - dzukijanp@is.lt. - lun.-sam. 9h-17h30)*, vous trouverez cartes et adresses permettant d'organiser des balades en vélo, à pied, voire en canoë. Dans ce dernier village, un musée ethnographique présente l'artisanat local.

Itinéraire de découverte

Dzūkija et Suvalkija

Itinéraire de 265 km qui permet de rejoindre le Niémen à Jurbarkas *(voir p. 326)*. *Quitter Druskininkai par l'A 4 en direction de Vilnius. S'arrêter au* **Grūto Parkas★★** *(voir ci-dessus), reprendre l'A 4 mais suivre à gauche la route 133 vers Merkinė.*

Merkinė – Ce village en longueur, situé à la confluence de trois rivières, est l'un des plus anciens du pays (1377) et fut, autrefois, un pôle religieux et culturel majeur. Il a notamment vu passer le tsar Pierre le Grand. Son église de l'Assomption (derrière le magasin principal) fut construite en 1615 dans un style gothique mais a subi diverses rénovations. Désormais résolument baroque, elle abrite la **Madone de Merkinė**, peinte sur bois au 16e s. Aux alentours de la place du village et de son église orthodoxe jaune moutarde s'alignent des maisons traditionnelles et fleuries. Cette région, que diverses armées se sont disputées, est aussi réputée pour l'artisanat de céramique noire. Une route touristique relie les ateliers (informations à l'office de tourisme).

Suivre la 133 en franchissant le Niémen. Après 15 km, prendre à gauche Liškiava. Après 7 km, au cimetière, continuer tout droit vers l'église.

Liškiava – Ce hameau peut aussi être atteint à pied, à vélo ou en bateau *(voir Druskininkai pratique, p. 333)*. Situé à l'ouest du parc national, il est connu pour son église qui domine le Niémen depuis 1720. L'intérieur rococo de l'église abrite une peinture miraculeuse de la Vierge découverte à Kaliningrad en 1699. La localité conserve le souvenir d'un château du 14e s., à travers un tertre dominant le fleuve.

Suivre Druskininkai, mais prendre la 180 (dir. Leipalingis).

En route vers Marijampolė – À **Leipalingis**, prendre à gauche *(route 134)* puis à nouveau à gauche pour rejoindre l'église de l'Assomption. Cet édifice néoclassique blanc, d'une taille inattendue au milieu de petites maisons colorées, date du début du 19e s. *Continuer sur la 134 qui serpente entre lacs, prés et forêt jusqu'à* **Veisiejai**. Dans ce charmant hameau, à cheval entre deux bras d'un lac, les maisons en bois, l'église St-Georges (19e s.) et le stade sont installés au bord de l'eau. Il y a ici autant de barques que de voitures. La 134 traverse ensuite un paysage bucolique fait de forêts « pointues », de vallons, d'étangs, de fermes et de vergers. Les cigognes y sont à leur aise. **Lazdijai**, cité dont le blason s'orne d'un élan, est un centre régional où maisons de bois et bâtiments administratifs fonctionnels se côtoient sous des arbres fleuris. La plaine remplace ensuite les collines. **Kalvarija**

Tautiška Giesmė

Le *Chant national* a été écrit en 1898 par le journaliste et scientifique Vincas Kudirka (1858-1899). Il est publié la première fois dans les colonnes de *Varpas* (« la cloche »), à Kudirkos Naumiestis. Le chant est adopté comme hymne national après l'Indépendance de 1918. Interdit par les Soviétiques, il est entonné par les Lituaniens lors des manifestations à la fin des années 1980. C'est l'hymne national depuis l'Indépendance.

servait de relais (19e-20e s.) sur la route commerciale Varsovie-St-Pétersbourg. L'église néoclassique (1840), blanche mais décrépite, a été largement réaménagée en 1905. La présence d'une communauté juive autrefois importante est attestée par une synagogue et une *yeshiva* vieilles de 200 ans. *Suivre la 201 jusqu'à Marijampolė.*

Marijampolė – Au milieu d'une plaine fertile déprimante sous un ciel gris, Marijampolė (60 000 hab.) est la capitale de la région agricole de la Suvalkija. La ville, née sous le nom de Starapolė, se développe au 19e s. lorsque l'axe Kaunas-Varsovie gagne en importance. L'église orthodoxe *(Vytauto g.*, 1896), une synagogue, la gare en brique (1924) et quelques façades sur les rues Vytauto, Gedimino, Butlerienos, témoignent de ces années d'expansion. L'église néobaroque **St-Michel-l'Archange** (1824) s'élève à l'emplacement du monastère mariste à partir duquel la ville a grandi. Jouxtant ces édifices, le centre bétonné très soviétique offre un saisissant contraste. Près du collège, un marché à l'ancienne en partie couvert permet de retrouver des odeurs campagnardes au cœur d'une ville industrielle : navet, aneth, cochonnailles fumées. Le petit **Musée ethnographique (Etnografijos muziejus** – *Vytauto g. 31 - mar.-dim. 10h-18h - 2 Lt)* compte une salle exposant le folklore propre à la Suvalkija.

Vers Jurbarkas – La route vers le Niémen vous paraîtra bien monotone. En suivant l'A 7, au-delà de Vilkaviškis, un **manoir (Paežerių dv. namai)** néoclassique de la fin du 18e s. se dresse au bord du lac Paežerių. La route 138 relie Vilkaviškis à Šakiai en « rebondissant » sur la frontière avec Kaliningrad à **Kudirkos Naumiestis**. Ce bourg, construit autour de l'église de la Découverte-de-la-Sainte-Croix (18e s.), tient une place à part dans le cœur des Lituaniens. Il fut un centre important du renouveau culturel et politique lituanien à la fin du 19e s. **Vincas Kudirka** (1858-1899), auteur de l'hymne national y est né, enterré et statufié. Et il a ajouté son nom à celui de la ville.

Druskininkai pratique

Informations utiles

Druskininkai – *Gardino g. 3 - ✆ 60 800 - lun.-vend. 8h30-17h15* ou *Čiurliono g. 65 - ✆ 51 777 - tlj 10h-18h45 - www.druskininkai.lt.*

Marijampolė – *Kudirkos g. 41 - ✆ 51109.*

Publications – *Exploring Druskininkai* donne un grand nombre d'informations.

Poste Druskininkai – *Kudirkos g.*

Indicatifs tél. – Druskininkai *313*, Varėna *310*, Lazdijai *318*, Marijampolė *343*.

Transports

Autocar – Les autocars partent de la gare routière *(Gardino g. 1 - ✆ 51 333)* vers Vilnius (10/j), Kaunas (6/j), Alytus, Palanga, Panevėžys, Šiauliai, Varsovie, Kaliningrad.

Se loger et se restaurer

Camping – À 3 km du centre, Druskininkų kempigas *(Gardino g. 3a - ✆ 60 800).*

Gîtes ruraux – Liste sur *www.countryside.lt.* ou auprès de l'office de tourisme.

HÔTELS

Regina – *T. Kosciuškos g. 3 - ✆ 59 060 - www.regina.lt. - 40 ch. à partir de 230 Lt.* Les chambres fonctionnelles de cet établissement central offrent un décor agréable en été.

Druskininkai – *V. Kudirkos g. 43 - ✆ 52 566 - www.hotel-druskininkai.lt. - 50 ch. 290 Lt.* Ce bâtiment de bois et de verre abrite de grandes chambres tout confort. Une heure de hammam dans le superbe Spa est comprise dans le prix. À noter aussi le petit-déjeuner copieux et un personnel décontracté mais efficace.

Europa Royale – *Vilniaus al. 7 - ✆ 42 221 - www.europaroyale.com. - 65 ch. à partir de 260 Lt.* Voici l'adresse de l'établissement le plus luxueux de la ville, accolé à la colonnade et au parc. L'intérieur de ce long manoir du 18e s. est embelli par des couleurs chaudes, des tapis rouges et un restaurant sous une belle verrière. Les chambres offrent un confort raffiné et divers aménagements attractifs.

Kolonada – *V. Kudirkos g. 22 - ✆ 51 222 - 10h-23h.* Le week-end, on s'y restaure correctement en écoutant des groupes variés (jazz, classique, rock), dans un cadre 1920 sympathique.

Sports et loisirs

L'agence Druskininkų Gelmė *(V. Kudirkos g. 45 - ✆ 53 393)* propose des sorties en canoë-kayak et une excursion de 3h en bateau sur le Niémen vers Liškiava, dont 1h30 de visite du village *(mai-oct. - 26 Lt).*

Spa – Bains de boue, d'algues, de perles, massages au miel, aromathérapie, la gamme de soins est vaste. Parmi les établissements les plus complets, citons celui de l'hôtel *Druskininkai (voir ci-contre)*, le *Druskininkų gydykla (voir p. 331)* et le *Spa Vilnius (K. Dineikos g. 1 - ✆ 53 811 -www.spa-vilnius.lt.).*

Randonnées/vélo – *Voir encadré p. 330.*

Événements

Été de Druskinikai avec Čiurlionis – De juin à septembre, des artistes locaux et internationaux offrent concerts classiques et manifestations autour de Čiurlionis.

Festival des champignons – Le dernier samedi de septembre, à Varėna.

Vous trouverez ci-dessous les définitions de quelques termes employés de façon récurrente dans ce guide, qu'ils désignent des styles artistiques, des objets de la vie quotidienne, des peuples ou des régions historiques...

Arbre chantant – Cithare traditionnelle (*kannel*, *kokles* ou *kanklės* en estonien, letton, lituanien).

Biedermeier (style) – Nom d'un style de peinture et d'art décoratif très apprécié en terres germaniques dans la première moitié du 19e s.

Borussie – Prusse orientale, avant la conquête germanique.

Cepelinai – Quenelles de pommes de terre farcies au fromage. Leur nom est dérivé de leur forme évoquant un zeppelin.

Coures (ou **Koures**) – Peuple indo-européen installé dans la péninsule de Courlande.

Courlande – *Kurzeme* en letton. Dans son acception géographique, désigne la région située au sud-ouest de la Lettonie, entre Baltique et Daugava, jadis peuplée par les Coures. Dans son acception historique, le duché réunissant la Courlande et la Semigallie (Zemgale) fondé à titre héréditaire par Gotthard Kettler, dernier grand-maître de l'ordre de Livonie en 1561. Dans la pratique, ce duché resta indépendant jusqu'en 1795, date de son rattachement à l'Empire russe.

Dainos/Dainas – Chants populaires estoniens/lettons.

Dzerveres – Canneberge (cranberry), la baie rouge emblématique. Enrobée de sucre, elle peut être consommée comme des bonbons, à moins de servir d'assaisonnement aux viandes ou à certains desserts.

Finno-ougrien – Désigne l'ethnie comprenant les Finnois, les Lapons et les Hongrois, dont font partie les Estoniens... ainsi que les langues parlées par ces populations.

Fluxus (mouvement) – Ce mouvement artistique pluridisciplinaire et joyeusement iconoclaste, prônant le non-art et la non-musique, réunissait des personnages tels que Joseph Beuys ou Wolf Vostell. Il a été créé en 1964 par un musicien lituanien, **Jurgis Mačiunas**.

Fonctionnalisme – Style architectural en vogue notamment sous la première république estonienne. Pour les fonctionnalistes, la forme, dégagée de toutes fioritures inutiles devait répondre à un besoin.

Germano-baltes – Citoyens d'origine et de culture allemande qui formaient la classe dirigeante en Estonie et en Lettonie jusqu'aux premières indépendances.

Historicisme ou **Éclectisme** – En vogue au 19e s., l'historicisme s'inspirait des formes architecturales du passé : d'où son sobriquet de « style néo » (néobyzantin, néogothique...).

Iconostase – Cloison décorée d'icônes séparant dans les églises orthodoxes le chœur, où seuls pénètrent les officiants, des fidèles.

Jaani – La Saint-Jean, principale festivité des pays baltes, célébrant depuis l'époque païenne le solstice d'été.

Jugendstil – Variante germanique de l'Art nouveau.

Kalevipoeg – Le « Fils de Kalev » : héros de l'épopée nationale estonienne composée par Friedrich Reinhold Kreutzwald.

Kama – Mélange de céréales grillées, consommées avec du lait ou du yoghourt. C'est la base de tout petit-déjeuner estonien digne de ce nom.

Karaïtes – Descendants des 400 familles amenées en 1396 de Crimée par Vytautas le Grand pour constituer sa garde personnelle à Trakai. Originaires de Mésopotamie, les Karaïtes, dont le nombre est estimé à 260 aujourd'hui, ont conservé leur langue (un dialecte turc), leur religion (dérivée du judaïsme) et leur cuisine.

Koklės – Voir Arbre chantant.

Lāčplēsis – « L'Éventreur d'ours » : héros fondateur de la mythologie nationale lettone. Ses faits et gestes ont été relatés par Andrejs Pumpurs.

Latgale – Parfois appelée Latgalie en français, cette région du sud-est de la Lettonie doit son nom à la tribu des Latgaliens. Devenue polonaise en 1662, elle doit à cette circonstance ses particularismes, notamment la prédominance du catholicisme.

Līto – Autre nom de la Saint-Jean.

Litvaks – Noms que se donnaient les Juifs installés depuis le 14e s. dans le duché de Grande Lituanie, particulièrement dans la région de Vilnius et en Biélorussie. Leur brillante civilisation a fait surnommer Vilnius la « Jérusalem du nord ».

Lives – Peuple d'origine finno-ougrienne (comme les Estes) établi jadis sur le territoire actuel de la Lettonie de part et d'autre de Rīga. Les Lives, dont il subsiste quelques centaines de représentants sur la côte autour du cap Kolka, ont donné leur nom à la Livonie.

Livonie – Territoire comprenant le sud de l'Estonie et le nord de la Lettonie administré après la conquête allemande par l'ordre de Livonie.

Manoir – *Mõis* en estonien, *muiza* en letton, *rūmai* en lituanien. À la fois habitation privée des féodaux germano-baltes et centre d'une exploitation agricole et industrielle (distillerie, forges, textile…), le manoir est resté le centre de la vie rurale jusqu'aux réformes agraires de 1920.

Melnais Balzams – Balzam noir, la liqueur nationale lettone fabriquée à Rīga depuis le 18e s.

Perkūnas/Pērkons – Dieu du Tonnerre, c'est la principale divinité des anciens Lettons et Lituaniens.

Porte-Glaive (chevaliers) – Le **Schwertbrüderorden**, ordre de chevalerie germanique, a été fondé en 1202 par Albert von Buxhövden, évêque de Rīga, pour convertir les païens. En 1237, il fusionne avec l'ordre des **Chevaliers Teutoniques** dont il devient une branche baptisée **ordre de Livonie**.

Proto-Baltes – Appellation désignant les peuples d'origine indo-européenne ayant entamé leur migration depuis la mer Caspienne (ou l'Anatolie selon certains) au IIe millénaire avant J.-C. Parmi eux, les Borussiens (devenus Prussiens), les futurs Lettons (Coures, Sémigalliens, Latgaliens…) et les Lituaniens (Samogitiens…).

Rannarootsi – Littéralement les « Suédois de la côte », nom donné aux populations d'origine suédoise qui ont peuplé la côte occidentale et les îles d'Estonie jusqu'en 1944.

Rasos – Fête de la rosée célébrée lors du solstice d'été (Saint-Jean) en Lituanie.

Rehielamu – Bâtiment principal de la ferme estonienne, il fait à la fois office de lieu d'habitation et de grange, où sont conservées les récoltes.

Romantisme national – Mouvement pictural et architectural prônant à l'époque des Éveils nationaux un retour aux valeurs autochtones idéalisées.

Rūpintojėlis – « Le penseur », personnage typique de la sculpture populaire lituanienne sur bois.

Samogitie – *Žemaitija*, province du nord-ouest de la Lituanie.

Sauna – *Saun* en estonien, *pirts* en letton, *pirtis* en lituanien. L'activité quotidienne par excellence !

Semigallie – *Zemgale* en letton.

Sètes (Setu, Seto) – Ce peuple finno-ougrien partagé entre l'Estonie et la Russie en bordure du lac de Pskov ne compte que 7 000 âmes qui s'expriment en võru seto…

Sprat – *Kilu* en estonien, *sprotai* en lituanien. Apparenté au hareng mais bien plus petit (environ 10 cm), le sprat, qui nage en bancs, est un des poissons les plus appréciés des pêcheurs (et des gourmets) de la Baltique.

Sutartinės – Mélopée traditionnelle lituanienne.

Suur Tõll – Héros mythique de l'île estonienne de Saaremaa.

Teutoniques (chevaliers) – Ordre militaire allemand, formé à l'exemple des Templiers, qui germanisa la Prusse.

Tsässon – Humbles chapelles orthodoxes construites dans les villages sètes du sud-est de l'Estonie. Seule une croix les distingue des autres bâtiments. Les services duraient une heure, d'où leur nom, dérivé du mot russe signifiant « heure ».

Vana Tallinn – De composition passablement mystérieuse, c'est la boisson estonienne par excellence. Elle se consomme avec du lait, ou mélangée à du vin blanc, voire pure.

Vieux-croyants – Appelés aussi **Raskolniki** (Schismatiques), ces orthodoxes russes avaient refusé les réformes liturgiques imposées en 1666 par le patriarche Nikon. Pourchassés, ils se sont réfugiés aux marges de l'empire, en Sibérie et en Estonie sur la rive occidentale du lac Peïpous.

Pour faciliter la recherche, les lettres Ā, Č, Ģ, Ķ, Š et Ž sont classées à la suite des lettres A, C, G, K, S et Z, et non en fin de liste comme le voudrait l'ordre alphabétique en Estonie.

Tallinn, EST : villes, curiosités, sites isolés et régions touristiques (EST pour Estonie, LT pour Lituanie, LV pour Lettonie et RUS pour Russie).

Čiurlionis, Mikalojus Konstantinas : noms historiques et termes faisant l'objet d'une explication.

A

Ā

B

E

F

G

H

L

N

O

P

Q

R

T

U

V

W

Y

Z

Ž

CARTES ET PLANS

CARTES GÉNÉRALES

CARTES THÉMATIQUES

Estonie

Lettonie

Lituanie

PLANS DE VILLES

Estonie

Lettonie

Lituanie

Manufacture française des pneumatiques Michelin
Société en commandite par actions au capital de 304 000 000 EUR
Place des Carmes-Déchaux - 63000 Clermont-Ferrand (France)
R.C.S. Clermont-Fd B 855 200 507

Compogravure : Maury, Malesherbes
Impression et brochage : IME, Baume-les-Dames
Dépot légal 01-2008 – ISSN 0293-9436
Imprimé en France 12-2007

QUESTIONNAIRE
LE GUIDE VERT

VOTRE AVIS NOUS INTÉRESSE...
TOUTES VOS REMARQUES NOUS AIDERONT À ENRICHIR NOS GUIDES.

Merci de renvoyer ce questionnaire à l'adresse suivante :
MICHELIN
Questionnaire Le Guide Vert
46, avenue de Breteuil
75324 PARIS CEDEX 07

En remerciement,
les 100 premières réponses recevront en cadeau
la carte Michelin Départements de leur choix !

VOTRE GUIDE VERT

Titre acheté : ....

Date d'achat : ....

Lieu d'achat (librairie et ville) : ....

VOS HABITUDES D'ACHAT DE GUIDES

1) Aviez-vous déjà acheté un Guide Vert Michelin ?

O oui O non

2) Achetez-vous régulièrement des Guides Verts Michelin ?

O tous les ans
O tous les 2 ans
O tous les 3 ans
O plus

3) Sur quelles destinations ?

– régions françaises : lesquelles ? ....

....

– pays étrangers : lesquels ? ....

....

– Guides Verts Thématiques : lesquels ? ....

....

4) Quelles autres collections de guides achetez-vous ?

....

5) Quelles autres sources d'information touristique utilisez-vous ?

O Internet : quels sites ? ....

....

O Presse : quels titres ? ....

....

O Brochures des offices de tourisme

Les informations récoltées sur ce questionnaire sont exclusivement destinées aux services internes de Michelin, ne feront l'objet d'aucune cession à des tiers et seront utilisées pour la réalisation d'une étude. Elles seront également conservées pour créer une base de donnnées qui pourra être utilisée dans le cadre d'études futures. Ce questionnaire est donc soumis aux dispositions de la loi « Informatique et libertés » du 6 janvier 1978. Vous disposez d'un droit d'accès, de modification, de rectification, de suppression des données qui vous concernent.

VOTRE APPRÉCIATION DU GUIDE

1) Notez votre guide sur 20 : ....

2) Quelles parties avez-vous utilisées ? ....

....

3) Qu'avez-vous aimé dans ce guide ? ....

....

4) Qu'est-ce que vous n'avez pas aimé ? ....

....

5) Avez-vous apprécié ?

	Pas du tout	Peu	Beaucoup	Énormément	Sans réponse
a. La présentation du guide (maquette intérieure, couleurs, photos...)	O	O	O	O	O
b. Les conseils du guide (sites et itinéraires)	O	O	O	O	O
c. L'intérêt des explications sur les sites	O	O	O	O	O
d. Les adresses d'hôtels, de restaurants	O	O	O	O	O
e. Les plans, les cartes	O	O	O	O	O
f. Le détail des informations pratiques (transport, horaires, prix…)	O	O	O	O	O
g. La couverture	O	O	O	O	O

Vos commentaires ....

....

6) Vos conseils, vos avis, vos suggestions d'amélioration : ....

....

7) Rachèterez-vous un Guide Vert lors de votre prochain voyage ?

O oui O non

VOUS ÊTES

O Homme O Femme Âge : .... Profession : ....

Nom ....

Prénom ....

Adresse ....

....

....

....

....

Acceptez-vous d'être contacté dans le cadre d'études sur nos ouvrages ?

O oui O non

Quelle carte Michelin Départements souhaitez-vous recevoir ?

Indiquez le département : ....

Offre proposée aux 100 premières personnes ayant renvoyé un questionnaire complet.
Une seule carte offerte par foyer, dans la limite des stocks disponibles.